UMA HISTÓRIA CULTURAL DA
RÚSSIA

ORLANDO FIGES

UMA HISTÓRIA CULTURAL DA RÚSSIA

Tradução de
MARIA BEATRIZ DE MEDINA

8ª edição

EDITORA RECORD
RIO DE JANEIRO • SÃO PAULO
2024

CIP-BRASIL. CATALOGAÇÃO NA PUBLICAÇÃO
SINDICATO NACIONAL DOS EDITORES DE LIVROS, RJ

F481h Figes, Orlando
8ª ed. Uma história cultural da Rússia / Orlando Figes; tradução de
Maria Beatriz de Medina. – 8ª ed. – Rio de Janeiro: Record, 2024.
il.

Tradução de: Natasha's dance: a cultural history of Russia
Inclui bibliografia e índice
Glossário
ISBN: 978-85-01-40076-5

1. Rússia – História. I. Medina, Maria Beatriz de. II. Título.

17-41251

CDD: 947.083
CDU: 94(470+571)

Copyright © Orlando Figes, 2002

Título original em inglês: Natasha's dance: a cultural history of Russia

Todos os direitos reservados. Proibida a reprodução, armazenamento ou transmissão de partes deste livro, através de quaisquer meios, sem prévia autorização por escrito.

Texto revisado segundo o Acordo Ortográfico da Língua Portuguesa de 1990.

Direitos exclusivos de publicação em língua portuguesa para o Brasil adquiridos pela
EDITORA RECORD LTDA.
Rua Argentina, 171 – 20921-380 – Rio de Janeiro, RJ – Tel.: (21) 2585-2000, que se reserva a propriedade literária desta tradução.

Impresso no Brasil

ISBN 978-85-01-40076-5

Seja um leitor preferencial Record.
Cadastre-se no site www.record.com.br e receba informações sobre nossos lançamentos e nossas promoções.

EDITORA AFILIADA

Atendimento e venda direta ao leitor:
sac@record.com.br.

Para Lydia e Alice.

Sumário

Notas sobre os mapas e o texto	9
Mapas	11
Introdução	19
1. A Rússia europeia	31
2. Filhos de 1812	109
3. Moscou! Moscou!	197
4. O casamento camponês	281
5. Em busca da alma russa	361
6. Descendentes de Gêngis Khan	439
7. A Rússia pela lente soviética	523
8. A Rússia no estrangeiro	629
Notas	707
Glossário	773
Cronologia	777
Agradecimentos	797
Cessões de direito	801
Guia de leituras complementares	803
Índice	835

Notas sobre os mapas e o texto

MAPAS

Os topônimos indicados nos mapas eram usados na Rússia pré-1917. Os nomes soviéticos estão no texto, quando apropriado. Desde 1991, a maioria das cidades russas retomou seu nome pré-revolucionário.

NOMES RUSSOS

Os nomes russos foram escritos no original de acordo com o sistema padrão de transliteração para o inglês da Biblioteca do Congresso dos Estados Unidos; na tradução brasileira, adotou-se a notação inglesa, com algumas adaptações para o português.

DATAS

De 1700 até 1918, a Rússia seguia o calendário juliano, treze dias atrasado em relação ao calendário gregoriano em uso na Europa ocidental. As datas deste livro são citadas de acordo com o calendário juliano até fevereiro de 1918, quando a Rússia soviética passou a adotar o calendário gregoriano.

USO DE SISTEMAS DE MEDIDAS

Todas as medidas de distância, peso e área seguem o sistema métrico.

NOTAS

Sempre que possível, a citação de obras literárias neste livro é feita com base em traduções para a língua inglesa disponíveis em livrarias; estas, por sua vez, foram traduzidas para o português.

Mapas

Mapa 1. São Petersburgo e arredores

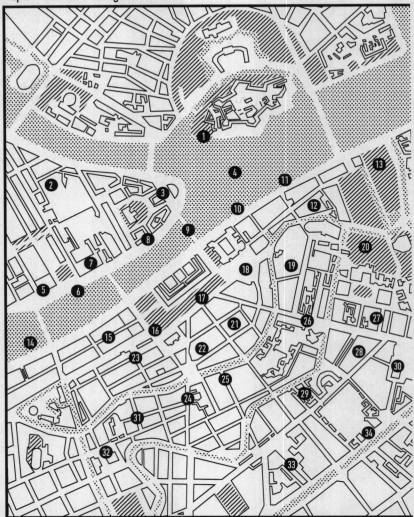

1. Fortaleza de Pedro e Paulo
2. Ilha Vasilievski
3. Kunstkammer
4. Grande rio Neva
5. Academia Imperial de Artes
6. O Cavaleiro de Bronze
7. Universidade de São Petersburgo
8. Academia de Ciências
9. Palácio de Inverno
10. Hermitage
11. Cais do Palácio
12. Rua Millionaia
13. Jardim de Verão
14. Cais Inglês
15. Senado
16. Praça do Senado
17. Almirantado
18. Praça do Palácio
19. Mansão Volkonski
20. Igreja do Sangue Derramado
21. Gorokhovaia Prospekt
22. Catedral de Santo Isaac
23. Casa de Nabokov
24. Voznesenski Prospekt
25. Rio Moika
26. Catedral de Kazan
27. Nevski Prospekt
28. Biblioteca Pública Imperial
29. Canal Catarina
30. Teatro Alexandre
31. Conservatório
32. Teatro Mariinski
33. Mercado de Feno
34. Rio Fontanka

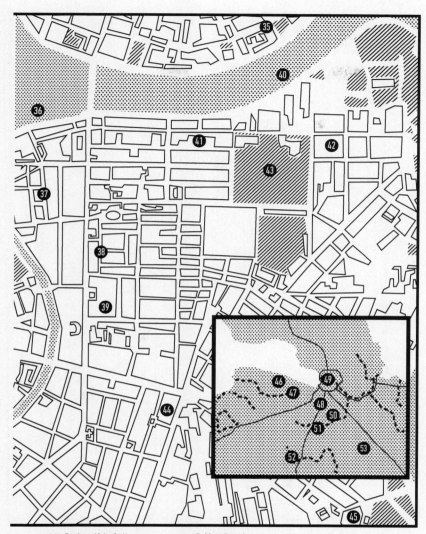

35. Penitenciária de Kresty
36. Palácio de Verão
37. Faculdade de Direito
38. Liteinyi Prospekt
39. Casa da Fonte
40. Estação Municipal de Águas
41. Quartel da Guarda Montada
42. Palácio Tauride
43. Jardins Tauride
44. Estação Moscou
45. Mosteiro Alexandre Nevski
46. Oranienbaum
47. Peterhof
48. Tsarskoie Selo
49. São Petersburgo
50. Pavlovsk
51. Gachina
52. Vyra, propriedade dos Nabokov
53. Rio Oredej

Mapa 2. Moscou e arredores

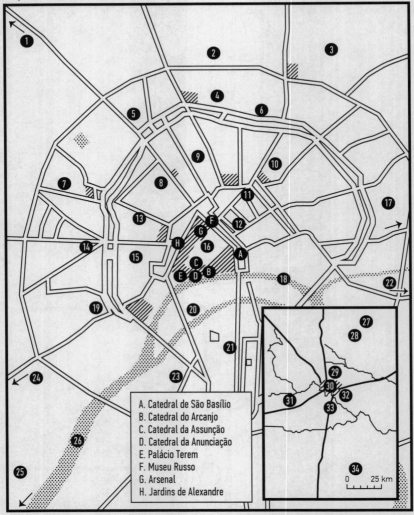

A. Catedral de São Basílio
B. Catedral do Arcanjo
C. Catedral da Assunção
D. Catedral da Anunciação
E. Palácio Terem
F. Museu Russo
G. Arsenal
H. Jardins de Alexandre

1. Sheremetevo
2. Estrada do Anel
3. Strannoprimnyi Dom (Hospital Sheremetev)
4. Teatro de Artes de Moscou (local original)
5. Monumento a Pushkin
6. Anel do Jardim
7. Mansão Riabuchinski, por Shekhtel
8. Tverskaia
9. Mansão de Zinaida Volkonski
10. Lubianka
11. Teatro Bolshoi
12. Praça Vermelha
13. Universidade de Moscou
14. Arbat
15. Vozdvijenka
16. Kremlin
17. Preobrajenskoie
18. Rio Moscou
19. Catedral do Cristo Salvador
20. Museu Tretyakov
21. Casa Ostrovski
22. Rogojskoie
23. Zamoskkvoreche
24. Convento Novodevichi
25. Colina dos Pardais
26. Rio Moscou
27. Serguiev Possad
28. Abramtsevo
29. Ostankino
30. Moscou
31. Zvenigorod
32. Kuskovo
33. Kolomenskoie
34. Melikhovo, propriedade de Chekhov

Mapa 3. A Rússia europeia

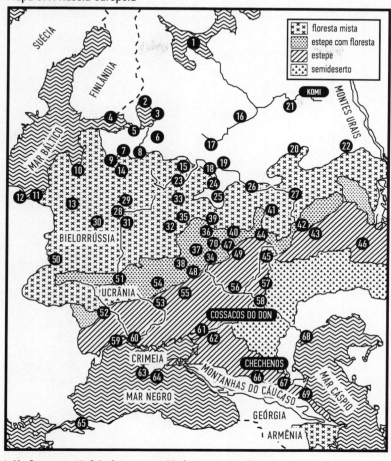

1. Mar Branco
2. Lago Lagoda
3. Olonets
4. Rio Neva
5. São Petersburgo
6. Rio Volkhova
7. Lago Ilmen
8. Novgorod
9. Pskov
10. Riga
11. Königsberg
12. Dantzig
13. Vilna
14. Mikhailovskoie, propriedade de Pushkin
15. Bejetsk
16. Rio Sukhona
17. Vologda
18. Iaroslav
19. Kostroma
20. Viatka
21. Ust-Sysolsk
22. Perm
23. Tver
24. Suzdal
25. Vladimir
26. Nijni Novgorod
27. Kazan
28. Talashkino, colônia artística
29. Vibebsk
30. Minsk
31. Smolensk
32. Optina Pustin, mosteiro
33. Moscou
34. Iasnaia Poliana, propriedade de Tolstoi
35. Kaluga
36. Tula
37. Mtsensk
38. Orel
39. Riazan
40. Solomenko, colônia artística
41. Alatyr
42. Stavropol
43. Samara
44. Penza
45. Petrovsk
46. Oremburgo
47. Tambov
48. Voronej
49. Ivanovka (propriedade de Rachmaninoff)
50. Ustilug, propriedade de Stravinski
51. Kiev
52. Rio Bug
53. Rio Dniepr
54. Mirgorod
55. Chuguiev
56. Rio Don
57. Rio Volga
58. Tsasritsin
59. Odessa
60. Kherson
61. Taganrog
62. Rostov
63. Sebastopol
64. Ialta
65. Constantinopla
66. Piatigorsk
67. Rio Terek
68. Astracã
69. Grozni
70. Astapovo

Mapa 4. A Rússia na Ásia

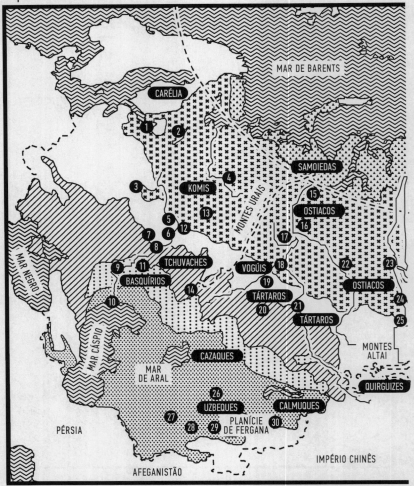

1. São Petersburgo
2. Petrozavodsk
3. Moscou
4. Rio Vichegda
5. Ardatov
6. Alatyr
7. Penza
8. Ardym
9. Tsasritsin
10. Astracã
11. Rio Volga
12. Kazan
13. Viatka
14. Oremburgo
15. Rio Ob
16. Kondinsk
17. Rio Konda
18. Tobolsk
19. Rio Tobol
20. Atbassar
21. Omsk
22. Rio Ob
23. Rio Ienissei
24. Ionisseisk
25. Krasnoiarsk
26. Tashkent
27. Bukhara
28. Samarcanda
29. Khokand
30. Almara

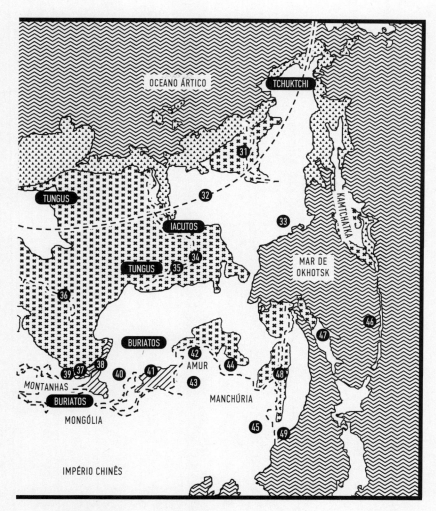

31. Rio Kolyma
32. Círculo Polar Ártico
33. Magadan
34. Iaktusk
35. Rio Lena
36. Rio Tunguska
37. Irkutsk
38. Lago Baikal
39. Urik
40. Chita
41. Nerchinsk
42. Rio Amur
43. Blagoveschensk
44. Svobodni
45. Kharbin
46. Ilhas Curilas
47. Sacalina
48. Khabarovka
49. Vladivostok

Introdução

Em *Guerra e paz*, de Tolstoi, há uma cena famosa e adorável em que Natasha Rostova e o irmão Nikolai são convidados pelo "tio" (como Natasha o chama) a ir à sua cabana simples de madeira no fim de um dia de caçada na floresta. Lá mora o "tio", um oficial reformado do Exército, excêntrico e de coração nobre, com a empregada doméstica Anisia, serva robusta e bonita da sua propriedade que, como fica claro pelos olhares ternos do velho, é sua "esposa" extraoficial. Anisia traz uma bandeja carregada de petiscos russos feitos em casa: picles de cogumelo, bolos de centeio com creme de leite, compotas de mel, hidromel borbulhante, aguardente de ervas e vários tipos de vodca. Depois de comerem, a melodia de uma balalaica se torna audível, vinda do quarto dos servos caçadores. Não é o tipo de música de que uma condessa gostaria — uma simples balada pastoril —, mas, ao ver como a sobrinha se comove com ela, o "tio" pede o violão, tira o pó e, com uma piscadela para Anisia, começa a tocar, com o ritmo preciso e acelerado de uma dança russa, a conhecida canção de amor "Lá vem uma donzela pela rua". Embora Natasha nunca a tivesse escutado, essa canção popular provoca um sentimento desconhecido no seu coração. O "tio" canta como os camponeses, com a convicção de que o significado está nas palavras e que a melodia, que existe apenas para enfatizá-las, "vem de si mesma". Para Natasha, esse modo direto de cantar dá ao ar o encanto simples do canto dos pássaros. O "tio" a chama para participar da dança camponesa.

— Então, agora, sobrinha! — exclamou, acenando para Natasha com a mão que acabara de tocar um acorde.

Natasha tirou o xale dos ombros, correu para encarar o "tio" e, com as mãos na cintura, fez também um movimento com os ombros e assumiu uma postura.

Onde, quando e como essa jovem condessa, educada por uma governanta francesa *émigrée*, embebeu-se daquele espírito no ar russo que respirava e obteve aqueles modos que o *pas de châle*, seria de supor, há muito teria apagado? Mas aqueles eram o espírito e os movimentos russos inimitáveis e impossíveis de ensinar que o "tio" esperara dela. Assim que ela assumiu a pose e sorriu triunfante, com orgulho e alegria marota, o temor que a princípio tomara conta de Nikolai e dos outros de que talvez ela não agisse do modo correto se desfez, e todos já a admiravam.

Ela agiu do modo correto com tamanha precisão, com precisão tão completa, que Anisia Fiodorovna, que imediatamente lhe entregara o lenço de que precisaria para a dança, tinha lágrimas nos olhos, embora risse ao observar essa condessa esguia e graciosa, vestida de sedas e veludos e tão diferente dela, que ainda era capaz de entender tudo o que estava em Anisia e no pai, na mãe, na tia de Anisia e em todos os homens e mulheres russos.[1]

O que permitiu a Natasha captar tão instintivamente o ritmo da dança? Como pôde entrar tão facilmente nessa cultura de aldeia da qual, pela educação e pela classe social, estava tão afastada? Devemos supor, como Tolstoi nos pede nessa cena romântica, que uma nação como a Rússia pode se manter unida pelos fios invisíveis de uma sensibilidade nativa? A pergunta nos leva ao centro deste livro. Ele se denomina uma história cultural. Porém, os elementos de cultura que o leitor aqui encontrará não são apenas grandes obras criativas como *Guerra e paz*, mas também artefatos, desde os bordados populares do xale de Natasha às convenções musicais da canção camponesa. E são evocados não como monumentos à arte, mas como impressões da consciência nacional que se misturam à política e à ideologia, aos costumes e crenças sociais, ao folclore e à religião, aos hábitos e convenções e a todo o resto do bricabraque mental que constitui uma cultura e um modo de vida. Não é argumento meu que a arte possa servir ao propósito de uma janela para a vida. A cena da dança de Natasha não pode ser abordada como registro literal da vida, embora as lembranças desse período mostrem que houve mesmo mulheres nobres que captaram dessa maneira as danças de aldeia.² Mas a arte pode ser vista como um registro da crença — nesse caso, o anseio do escritor por uma comunidade ampla com o campesinato russo que Tolstoi dividia com os "homens de 1812", os nobres e patriotas liberais que dominam as cenas públicas de *Guerra e paz*.

A Rússia convida o historiador cultural a sondar debaixo da superfície de aparência artística. Nos últimos duzentos anos, as artes na Rússia serviram de arena para o debate político, filosófico e religioso, na ausência de parlamento e de imprensa livre. Como escreveu Tolstoi em "Algumas palavras sobre *Guerra e paz*" (1868), as grandes obras artísticas em prosa da tradição russa não foram romances no sentido europeu.³ Elas foram imensas estruturas poéticas para a contemplação simbólica, não muito diferentes dos ícones, laboratórios para testar ideias; e, como a ciência ou a religião, eram movidas pela busca da verdade. O tema abrangente de todas essas obras era a Rússia — o seu caráter, a sua história, os seus costumes e convenções, a sua essência espiritual e o seu destino. De forma extraordinária, talvez exclusiva da Rússia, a energia artística do país foi quase inteiramente dedicada à busca da compreensão da ideia da sua nacionalidade. Em lugar nenhum o artista foi mais sobrecarregado com a tarefa da liderança moral e da profecia nacional, nem mais temido e perseguido pelo Estado. Alienados da Rússia oficial pela política e da Rússia camponesa pela educação, os artistas russos tomaram a si criar uma comunidade nacional de valores e ideias por meio da literatura e das artes plásticas. O que significava *ser* russo? Qual era o lugar e a missão da Rússia no mundo? E onde estava a verdadeira Rússia? Na Europa ou na Ásia? Em São Petersburgo ou em Moscou? No império do tsar ou na aldeia lamacenta de uma só rua onde morava o "tio" de Natasha? Estas eram as "malditas perguntas" que ocuparam a mente de todos os escritores, críticos literários e historiadores, pintores e compositores, teólogos e filósofos sérios na época de ouro da cultura russa, de Pushkin a Pasternak. São elas as perguntas que estão sob a superfície da arte neste livro. As obras aqui discutidas representam uma história das ideias e atitudes — conceitos da nação pelos quais a Rússia tentou se entender. Se olharmos com atenção, elas podem se tornar uma janela para a vida íntima de uma nação.

A dança de Natasha é uma dessas aberturas. No seu âmago, é um encontro entre dois mundos inteiramente diferentes: a cultura europeia das classes superiores e a cultura russa do campesinato. A guerra de 1812 foi o primeiro momento em que os dois se moveram juntos numa formação nacional. Movida pelo espírito patriótico dos servos, a aristocracia da geração de Natasha começou a se libertar das convenções estrangeiras da sua sociedade e buscar uma noção de nacionalidade baseada em princípios "russos". Trocaram o francês que falavam pela língua nativa; russificaram os costumes e vestimentas, os hábitos alimentares e o gosto na decoração de interiores; foram ao campo aprender o folclore, a dança e a música camponesas, com a meta de criar um estilo nacional em todas as suas artes para alcançar e educar o homem comum; e, como o "tio" de Natasha (ou até mesmo o seu irmão, no final de *Guerra e paz*), alguns renunciaram à cultura da corte de São Petersburgo e tentaram adotar um estilo de vida mais simples (mais "russo") ao lado dos camponeses das suas propriedades.

A interação complexa entre esses dois mundos teve influência crucial sobre a consciência nacional e sobre todas as artes no século XIX. Essa interação é uma característica importante deste livro. Mas a história que ela conta não pretende sugerir que a consequência foi uma única cultura "nacional". A Rússia era complexa demais, socialmente dividida, politicamente diversificada, mal definida em termos geográficos e, talvez, grande demais para uma cultura única se passar por herança nacional. Em vez disso, a minha intenção é me rejubilar com a enorme diversidade de formas culturais da Rússia. O que torna tão esclarecedor o trecho de Tolstoi é o modo como traz à dança tantas pessoas diferentes: Natasha e o irmão, a quem esse mundo estranho mas encantador da aldeia é subitamente revelado; o "tio", que vive nesse mundo mas não faz parte dele; Anisia, que é aldeã mas que também mora com o "tio" à margem do mundo de Natasha; e os servos caçadores e os outros servos domésticos, que observam, sem dúvida com diversão curiosa (e talvez com outros sentimentos também), a bela condessa executar a sua dança. A minha meta é explorar a cultura russa da mesma maneira que Tolstoi apresenta a dança de Natasha: como uma série de encontros ou atos sociais criativos que foram realizados e entendidos de muitas formas diferentes.

Ver uma cultura dessa maneira refratada é questionar a ideia de um núcleo puro, orgânico ou essencial. Não havia dança camponesa russa "autêntica" do tipo imaginado por Tolstoi e, assim como a melodia que Natasha dança, a maioria das "canções populares" russas, na verdade, vinha das cidades.[4] Outros elementos da cultura aldeã que Tolstoi retratou podem ter chegado à Rússia vindos da estepe asiática — elementos importados pelos cavaleiros mongóis que dominaram a Rússia do século XIII ao XV e, depois, em sua maioria, se instalaram na Rússia como comerciantes, pastores e agricultores. O xale de Natasha, quase com certeza, era persa; e, embora os xales camponeses russos entrassem na moda depois de 1812, os motivos ornamentais provavelmente derivavam de xales orientais. A balalaica descendia da *dombra*, instrumento de cordas semelhante originário da Ásia central (ainda amplamente usado na música cazaque) que chegou à Rússia no século XVI.[5] A própria tradição da dança camponesa russa derivava de formas orientais, na opinião de alguns folcloristas do século XIX. Os russos dançavam em filas ou círculos e não em pares, e os movimentos rítmicos eram executados pelas mãos e ombros além dos pés, dando-se grande importância à dança feminina com gestos sutis como de boneca e imobilidade da cabeça. Nada poderia ser mais diferente da valsa que Natasha dançou com o príncipe Andrei no primeiro baile, e imitar todos esses movimentos deve ter sido tão estranho para ela quanto, sem dúvida, pareceu à plateia camponesa. Mas, se não há cultura russa antiga a ser extraída dessa cena de aldeia, se boa parte de qualquer cultura é importada do exterior, então, em certo sentido, a dança de Natasha é um emblema da opinião a ser exposta neste livro: não há *quintessência* da cultura nacional, somente imagens míticas dela, como a versão de dança camponesa de Natasha.

Meu objetivo não é "desconstruir" esses mitos, nem desejo afirmar, no jargão usado pelos historiadores culturais acadêmicos de hoje, que a nacionalidade da Rússia não passava de "construção" intelectual. Havia uma Rússia bastante real — uma Rússia que existia antes da "Rússia", da "Rússia europeia" ou de quaisquer outros mitos de identidade nacional. Havia a Rússia histórica da antiga Moscóvia, que fora muito diferente do Ocidente, antes que Pedro, o Grande, no século XVIII, a obrigasse a se adequar aos modos europeus. Durante a vida de Tolstoi, essa velha Rússia ainda era animada pelas tradições da Igreja, pelos costumes dos mercadores e boa parte da nobreza da terra e pelos 60 milhões de camponeses do império, espalhados em meio milhão de aldeias remotas pelas florestas e pela estepe, cujo modo de vida pouco mudara em séculos. São as batidas do coração dessa Rússia que reverberam na cena da dança de Natasha. E sem dúvida não foi fantasioso por parte de Tolstoi imaginar que houvesse um senso comum que ligasse a jovem condessa a todas as mulheres russas e a todos os homens russos. Afinal, como este livro buscará demonstrar, há um temperamento russo, um conjunto de crenças e costumes nativos, algo visceral, emocional, instintivo, passado de geração em geração, que ajudou a configurar a personalidade e a unir a comunidade. Esse temperamento fugidio se mostrou mais duradouro e mais significativo do que todos os Estados russos: ele deu ao povo coragem para sobreviver aos momentos mais sombrios da sua história e uniu os que fugiram da Rússia soviética depois de 1917. Meu objetivo não é negar essa consciência nacional, mas sim sugerir que a sua compreensão estava envolta em mitos. Forçadas a se tornar europeias, as classes instruídas ficaram tão alienadas da antiga Rússia, esqueceram por tanto tempo como falar e agir do modo russo, que na época de Tolstoi, quando lutaram para se definir novamente como "russos", elas foram obrigadas a reinventar aquela nação por meio de mitos artísticos e históricos. Redescobriram a sua "russianidade" por meio da literatura e das artes plásticas, assim como Natasha encontrou a sua "russianidade" por meio dos rituais da dança. Daí o propósito deste livro não ser simplesmente o desbancar desses mitos. É, isso sim, explorar e dispor-se a explicar o poder extraordinário que esses mitos tiveram ao configurar a consciência nacional russa.

Os principais movimentos culturais do século XIX foram todos organizados em torno dessas imagens fictícias de nacionalidade da Rússia: os eslavófilos, com o seu mito acessório da "alma russa", de um cristianismo natural do campesinato e o culto de Moscóvia como portadora de um modo de vida verdadeiramente "russo" que idealizavam e puseram-se a promover como alternativa à cultura europeia adotada pelas elites instruídas desde o século XVIII; os ocidentalistas, com o culto rival a São Petersburgo, aquela "janela para o Ocidente", com seus conjuntos clássicos construídos sobre terras pantanosas recuperadas do mar — símbolo da ambição iluminista e progressista de redesenhar a Rússia em bases europeias; os populistas, que não estavam longe de Tolstoi, com a noção do camponês como um socialista natural cujas instituições aldeãs serviriam de modelo para a nova sociedade; e os citas, que viam a Rússia como cultura "elementar" da estepe asiática que, na revolução que viria, varreria o peso morto da civilização europeia e criaria uma nova cultura na qual homem e natureza, arte e vida, fossem um só. Esses mitos eram mais do que apenas "construções" de uma identidade nacional. Todos tiveram papel fundamental na configuração das ideias e alianças da política da Rússia, assim como no desenvolvimento da noção de individualidade, desde as formas mais elevadas de identidade pessoal e nacional até as questões mais cotidianas de vestimenta, comida ou a língua que se falava. Os eslavófilos servem de exemplo. Nas décadas de meados do século XIX, a sua ideia de "Rússia" como família patriarcal de princípios cristãos autóctones foi o núcleo organizador de uma nova comunidade política cujos membros vinham da antiga nobreza das províncias, dos mercadores e da intelectualidade de Moscou, do sacerdócio e de determinados setores da burocracia estatal. A noção mítica de nacionalidade da Rússia que uniu esses grupos teve presença duradoura na imaginação política. Como movimento político, os eslavófilos influenciaram a posição do governo a respeito do livre comércio e da política externa e a atitude da nobreza diante do Estado e do campesinato. Como movimento cultural amplo, eles adotaram um certo estilo de fala e vestimenta, códigos distintos de comportamento e interação social, um estilo de arquitetura e decoração de interiores e uma abordagem própria da literatura e das artes plásticas. Tudo eram sapatos de casca de bétula trançada, casacos feitos em tear doméstico e barbas, sopa de repolho e *kvas*, casas de madeira com aparência folclórica e igrejas coloridas com cúpulas bulbosas.

Com demasiada frequência, na imaginação ocidental essas formas culturais foram percebidas como "autenticamente russas". Mas essa percepção também é um mito: o mito da Rússia exótica. É uma imagem exportada primeiro pelos Ballets Russes, com as suas versões exóticas da dança de Natasha, e depois configurada por escritores estrangeiros como Rilke, Thomas Mann e Virginia Woolf, que consideraram Dostoievski o maior dos romancistas e espalharam versões próprias da "alma russa". O mito que mais precisa ser refutado é o da visão da Rússia como exótica e distante. Os russos se queixam há muito tempo que os ocidentais não entendem a sua cultura, que veem a Rússia de longe e não querem conhecer suas sutilezas íntimas, como fazem com as culturas do seu domínio. Embora em parte se baseie em ressentimen-

INTRODUÇÃO

tos e orgulho nacional ferido, a queixa tem as suas razões. Tendemos a consignar os artistas plásticos, escritores e compositores russos ao gueto cultural de "escola nacional" e julgá-los não como indivíduos, mas pelo modo como se adaptam a esse estereótipo. Esperamos que os russos sejam "russos" — que a sua arte se distinga facilmente pelo uso de temas folclóricos, cúpulas bulbosas, som de sinos, e seja cheia de "alma russa". Nada contribuiu mais para obscurecer o entendimento adequado da Rússia e de seu papel central na cultura europeia entre 1812 e 1917. Os grandes personagens culturais da tradição russa (Karamzin, Pushkin, Glinka, Gogol, Tolstoi, Turgueniev, Dostoievski, Chekhov, Repin, Tchaikovski e Rimski-Korsakov, Diaguilev, Stravinski, Prokofiev, Shostakovich, Chagall e Kandinski, Mandelstam, Akhmatova, Nabokov, Pasternak, Meyerhold e Eisenstein) não eram simplesmente "russos": eram europeus também, e as duas identidades estavam entrelaçadas e, de várias maneiras, eram mutuamente dependentes. Por mais que tentassem, era impossível para russos como aqueles suprimir qualquer das partes da sua identidade.

Para os russos europeus, havia dois modos bem diferentes de comportamento pessoal. Nos saraus e salões de baile de São Petersburgo, na corte ou no teatro, eles eram *comme il faut*: exibiam os seus modos europeus quase como atores num palco público. Mas em outro plano, talvez inconsciente, e nas esferas menos formais da vida privada, prevaleciam os hábitos de comportamento russos nativos. A visita de Natasha à casa do "tio" descreve uma dessas mudanças: o modo como se espera que ela se comporte em casa, no palácio Rostov, ou no baile onde é apresentada ao imperador é diametralmente oposto a essa cena de aldeia na qual a sua natureza expressiva tem rédea solta. Evidentemente, é o seu prazer gregário num ambiente social tão relaxado que se transmite na dança. Essa mesma sensação de relaxamento, de se tornar "mais natural" num meio russo, era compartilhada por muitos russos da classe de Natasha, inclusive o seu "tio", ao que parece. As diversões simples da casa de campo ou *dacha* — caçar na floresta, visitar a casa de banhos ou o que Nabokov chamava de "o esporte tipicamente russo de *hodit' po gribi* (procurar cogumelos)"[6] — eram mais do que o resgate de um idílio rural: eram uma expressão da russianidade. Interpretar hábitos como esses é uma das metas deste livro. Com o uso de artes plásticas, ficção, diários, cartas, memórias e literatura descritiva, ele busca apreender as estruturas da identidade nacional russa. Hoje em dia, "identidade" é uma palavra da moda. Mas não significa muita coisa, a menos que se consiga mostrar como se manifesta no comportamento e na interação social. A cultura não é formada apenas de obras de arte e discursos literários, mas de sinais, símbolos e códigos não escritos, rituais, gestos e atitudes em comum que firmam o significado público dessas obras e organizam a vida íntima de uma sociedade. Assim, o leitor encontrará aqui obras da literatura, como *Guerra e paz*, entremeadas com episódios da vida cotidiana (infância, casamento, vida religiosa, reações à paisagem, hábitos de comer e beber, atitudes perante a morte) em que se possam discernir os contornos dessa consciência nacional. São esses os episódios nos quais podemos encontrar, na vida, os fios invisíveis de uma sensibilidade russa em comum, como Tolstoi imaginou na famosa cena da dança.

São necessárias algumas palavras sobre a estrutura do livro. Ele é a interpretação de uma cultura, não uma história abrangente, portanto os leitores devem atentar que grandes personagens culturais talvez recebam menos do que valem as suas páginas. A minha abordagem é temática. Cada capítulo examina uma linha separada da identidade cultural russa. Os capítulos avançam do século XVIII até o XX, mas as regras da cronologia estrita são quebradas em nome da coerência temática. Há dois breves momentos (as seções de encerramento dos capítulos 3 e 4) em que se atravessa a barreira de 1917. Quanto às outras poucas ocasiões em que períodos históricos, fatos políticos ou instituições culturais são tratados fora de sequência, dei algumas explicações para os leitores sem conhecimento detalhado da história russa. (Os que precisarem de mais informações podem consultar a cronologia.)

INTRODUÇÃO

A minha história termina na era Brejnev. Nela a tradição cultural que o livro mapeia chega ao fim de um ciclo natural, e o que vem depois pode ser o começo de algo novo. Finalmente, há temas e variações que reaparecem no livro inteiro, *leitmotifs* e linhagens como a história cultural de São Petersburgo e as narrativas familiares das duas grandes dinastias nobres, os Volkonski e os Sheremetev. O significado dessas voltas e reviravoltas só será percebido pelo leitor no final.

1
A Rússia europeia

1

Em 1703, numa enevoada manhã de primavera, uma dúzia de cavaleiros russos seguia pelos charcos áridos e desolados onde o rio Neva deságua no mar Báltico. Procuravam um local para construir um forte contra os suecos, na época em guerra com a Rússia, e os proprietários desses pântanos havia muito abandonados. Mas a visão do rio largo e sinuoso a fluir para o Báltico era cheia de esperanças e promessas para o tsar da Rússia — sem saída para o mar —, que cavalgava à frente dos batedores. Quando se aproximaram da costa, ele apeou. Com a baioneta, cortou duas tiras de turfa e as arrumou numa cruz sobre o chão pantanoso. Então, Pedro disse: "Aqui haverá uma cidade."[1]

Poucos lugares poderiam ser menos adequados para a metrópole do maior Estado da Europa. A rede de ilhotas no pantanoso delta do Neva era coberta de árvores. Varrida por névoas espessas do derretimento da neve na primavera e castigada por ventos que muitas vezes faziam os rios subirem sobre a terra, não era um lugar para habitação humana, e nem os poucos pescadores que se aventuravam por lá no verão ficavam muito tempo. Lobos e ursos eram os únicos moradores.[2] Mil anos antes, a área ficava debaixo do mar. Havia um canal que ia do mar Báltico ao lago Ladoga, com ilhas onde hoje se encontram as elevações de Pulkovo e Pargolovo. Ainda no reinado de Catarina, a Grande, durante o final do século XVIII, Tsarskoie Selo, onde ela construiu o Palácio de Verão nas colinas de Pulkovo, ainda era conhecido pelos moradores locais como Sarskoie Selo. O nome vinha de *saari*, palavra finlandesa que significa "ilha".

Quando os soldados de Pedro cavaram o chão, acharam água a cerca de um metro de profundidade. A ilha do Norte, onde a terra era um pouco mais elevada, era o único lugar para lançar alicerces firmes. Em quatro meses de atividade intensa, nos quais pelo menos metade da força de trabalho morreu, 20 mil conscritos construíram a Fortaleza de Pedro e Paulo, cavando a terra com as próprias mãos, arrastando troncos e pedras ou levando-os às costas e carregando terra nas dobras da roupa.[3] A escala exaustiva e o ritmo da construção foram espantosos. Em poucos anos, o estuário se tornou um movimentado canteiro de obras e, assim que se assegurou o controle da Rússia sobre o litoral com as vitórias sobre a Suécia de 1709 e 1710, a cidade passou a assumir nova forma a cada dia que passava. Um quarto de milhão de servos e soldados, vindos de longe, do Cáucaso e da Sibéria, trabalharam dia e noite para limpar florestas, cavar canais, criar estradas e erigir palácios.[4] Carpinteiros e pedreiros (proibidos por decreto de trabalhar em outro lugar) inundaram a nova capital. Carregadores, quebradores de gelo, condutores de trenó, barqueiros e operários chegavam em busca de trabalho, dormindo em barracos de madeira que se entulhavam em qualquer lugar vazio. Para começar, tudo foi feito de forma rápida, com ferramentas manuais primitivas: o machado predominava sobre o serrote, e carroças simples foram feitas com troncos grandes sem galhos e minúsculas rodas cortadas de troncos menores de bétula. A procura de pedra era tão intensa, que todo barco ou veículo que chegasse à cidade era obrigado a levar quantidade específica de rochas. Mas novos empreendimentos logo surgiram para fabricar tijolo, vidro, mica e lonas, enquanto os estaleiros aumentavam constantemente o trânsito congestionado nas vias fluviais da cidade, com barcaças e barcos a vela carregados de pedra, e milhões de troncos desciam o rio todo ano.

Como a cidade mágica de algum conto de fadas russo, São Petersburgo cresceu com velocidade tão fantástica, e tudo nela era tão brilhante e novo que o lugar logo ficou envolto em mitos. Quando Pedro declarou "Aqui haverá uma cidade", as suas palavras refletiram a ordem divina: "Faça-se a luz." E diz a lenda que, quando proferiu essas palavras, uma águia em voo mergulhou sobre a sua cabeça e pousou no alto de duas bétulas que estavam amarradas para formar um arco. Os panegíricos do século XVIII elevaram Pedro à condição de deus: ele era Titã, Netuno ou Marte fundidos num só. Comparavam "Petrópolis" à antiga Roma. Era um vínculo que Pedro também fez ao adotar o título de "imperador" e ao cunhar a sua imagem na nova moeda de rublo, com coroa de louros e armadora, numa imitação de César. Os famosos versos iniciais de *O Cavaleiro de Bronze* (1833), poema épico de Pushkin (que todo estudante russo sabe de cor), consolidaram o mito da criação de Petersburgo por um homem providencial:

> Na praia, co'as ondas desoladas
> Pensava ele uma alta ideia,
> E fitava ao longe...[5]

Graças aos versos de Pushkin, a lenda chegou ao folclore. A cidade recebeu o nome do santo padroeiro de Pedro e, desde então, foi rebatizada três vezes com as mudanças da política, mas ainda é chamada simplesmente de "Píter" pelos moradores.*

Na imaginação popular, o surgimento milagroso da cidade saída do mar lhe deu desde o princípio uma condição lendária. Os russos diziam que Pedro fizera a cidade no céu e depois a baixara, como uma

---

* O nome russo se pronuncia "Piôtr"; e "Píter" (da grafia e pronúncia holandesas originais de "Sankt Piter Burkh") indica certo estrangeirismo que, como ressaltou o poeta Joseph Brodski, soa bastante correto no caso dessa cidade não russa (ver Joseph Brodski, "A Guide to a Renamed City", em *Less Than One: Selected Essays*, Londres, 1986, p. 71).

maquete gigantesca, até o chão. Era a única maneira de explicar a criação de uma cidade construída na areia. A noção de uma capital sem alicerces no solo foi a base do mito de Petersburgo que inspirou tantas obras pictóricas e literárias russas. Nessa mitologia, Petersburgo era uma cidade irreal, um mundo sobrenatural de fantasias e fantasmas, um reino estrangeiro do apocalipse. Era o lar dos personagens solitários e perseguidos que habitam os *Contos de Petersburgo* (1835), de Gogol; de fantasistas e assassinos como Raskolnikov do romance *Crime e castigo* (1866), de Dostoievski. A visão de uma inundação arrasadora se tornou tema constante das histórias de terror sobre o fim da cidade, de *O cavaleiro de bronze*, de Pushkin, a *Petersburgo*, de Bieli (1913-14). Mas essa profecia se baseava em fatos: afinal, a cidade fora construída acima do chão. Uma quantidade colossal de entulho fora lançada para erguer as ruas além do alcance das águas. As inundações frequentes nos primeiros anos da cidade exigiram reparos e reforços que as ergueram ainda mais. Em 1754, quando começaram as obras do atual Palácio de Inverno, o quarto no mesmo lugar, o terreno onde foram lançados os alicerces era 3 metros mais alto do que cinquenta anos antes.

Cidade construída na água com pedras importadas, Petersburgo desafiava a ordem natural. O famoso granito das margens do rio veio da Finlândia e de Carélia; o mármore dos palácios, da Itália, dos Urais e do Oriente Médio; gabro e pórfiro vieram da Suécia; dolerito e ardósia, do lago Onega; arenito, da Polônia e da Alemanha; travertino, da Itália; e azulejos, dos Países Baixos e de Lubeck. Só a pedra calcária foi extraída no local.[6] A façanha de transportar quantidade tão grande de pedra só foi superada pela construção das pirâmides. A imensa pedra de granito do pedestal da estátua equestre de Pedro, o Grande, de Falconet, tinha 12 metros de altura e quase 30 de circunferência. Com uns 660 mil quilos, exigiu mil homens durante dezoito meses para transportá-la até a capital, primeiro com uma série de roldanas, depois numa balsa especialmente construída, pelos 13 quilômetros desde a clareira na floresta onde fora encontrada.[7] *O cavaleiro de bronze* de

Pushkin transformou o monumento inerte num emblema do destino da Rússia. As 36 colunas colossais de granito da Catedral de Santo Isaac foram cortadas no chão com marretas e talhadeiras e depois puxadas a mão por mais de 30 quilômetros até as balsas no golfo da Finlândia, de onde foram remetidas para São Petersburgo e montadas por enormes guindastes feitos de madeira.[8] As pedras mais pesadas foram movidas durante o inverno, quando a neve tornava mais fácil puxá-las, embora isso obrigasse a esperar o degelo da primavera para serem embarcadas. Mas, mesmo assim, o serviço exigia um exército de vários milhares de homens com duzentas juntas de cavalos para os trenós.[9]

Petersburgo não cresceu como as outras cidades. Nem o comércio nem a geopolítica podem explicar o seu desenvolvimento. Em vez disso, ela foi construída como uma obra de arte. Como disse a escritora francesa Madame de Staël ao visitar a cidade em 1812, "aqui tudo foi criado para a percepção visual". Às vezes, a cidade parecia montada como um cenário gigantesco — os prédios e as pessoas servindo apenas de adereços teatrais. Os visitantes europeus de Petersburgo, acostumados à *mélange* de estilos arquitetônicos das suas cidades, espantavam-se principalmente com a estranha beleza antinatural dos seus conjuntos e muitas vezes os comparavam a algo do palco. "A cada passo me espantei com a combinação de arquitetura e decoração cenográfica", escreveu na década de 1830 o viajante marquês de Custine. "Pedro, o Grande, e os seus sucessores viram a capital como um teatro."[10] Em certo sentido, São Petersburgo era apenas uma versão mais grandiosa daquela produção cenográfica posterior, as "aldeias de Potemkin": estruturas clássicas de papelão cortado montadas da noite para o dia ao longo das margens do rio Dnieper para deliciar Catarina, a Grande, que passava de barco.

Petersburgo foi concebida como composição de elementos naturais: água, pedra e céu. Essa concepção se refletia nas vistas da cidade no século XVIII, que pretendiam enfatizar a harmonia artística de todos esses elementos.[11] Sempre amante do mar, Pedro se sentiu atraído pelo largo e rápido rio Neva, e pelo céu aberto como pano de fundo para o seu quadro vivo. Amsterdã (que ele visitara) e Veneza (que só conhecia de livros e pinturas) foram as primeiras inspirações para o projeto de canais ladeados de diques e palácios. Mas Pedro era eclético no gosto arquitetônico e tomou emprestado das capitais da Europa o que mais gostava. O austero estilo barroco clássico das igrejas de Petersburgo, que as destaca das cores vivas das cúpulas bulbosas de Moscou, foi uma mistura da catedral de St. Paul em Londres com a de São Pedro em Roma e com as igrejas de torre única de Riga, na Letônia de hoje. Das suas viagens europeias na década de 1690, Pedro trouxe arquitetos e engenheiros, artesãos e artistas, projetistas de móveis e jardineiros paisagistas.*

Escoceses, alemães, franceses, italianos — no século XVIII, todos se instalaram em grande número em São Petersburgo. Não se pouparam despesas para o "paraíso" de Pedro. Até no ponto máximo da guerra com a Suécia, na década de 1710, ele se intrometia constantemente nos detalhes dos planos. Para tornar os Jardins de Verão "melhores do que Versalhes", ele encomendou peônias e árvores de frutos cítricos da Pérsia, peixes ornamentais do Oriente Médio e até pássaros canoros da Índia, embora poucos sobrevivessem ao inverno russo.[12] Peter baixou decretos para que os palácios tivessem fachadas regulares de acordo com os projetos aprovados por ele, linhas uniformes no telhado e grades de ferro específicas nos balcões e muros do "lado do dique". Para embelezar a cidade, Pedro mandou até reconstruir o abatedouro em estilo rococó.[13]

"Reina nesta capital um tipo de arquitetura bastarda", escreveu o conde Algarotti em meados do século XVIII. "Ela rouba dos italianos, dos franceses e dos holandeses."[14] No século XIX, a visão de Petersburgo como cópia artificial do estilo ocidental se tornara lugar-comum. Alexandre Herzen, escritor e filósofo do século XIX, disse certa vez

---

* Os principais arquitetos de Petersburgo no reinado de Pedro, o Grande, foram Domenico Trezzini (da Itália), Jean Leblond (da França) e Georg Mattarnovy (da Alemanha).

que Petersburgo "difere de todas as outras cidades europeias sendo parecida com todas".[15] Mas, apesar dos empréstimos óbvios, a cidade tinha caráter próprio e distinto, produto da localização aberta entre mar e céu, da grandiosidade da escala e da unidade dos conjuntos arquitetônicos, que deram à cidade uma harmonia artística inigualável. O artista Alexandre Benois, personagem influente do círculo de Diaguilev que cultuava a Petersburgo do século XVIII, captou essa concepção harmônica. "Se é bela", escreveu em 1902, "então o é como um todo, ou melhor, em bocados imensos".[16] Enquanto cidades europeias mais antigas foram construídas no decorrer de vários séculos, terminando no máximo como coletâneas de belos prédios em diversos estilos de época, Petersburgo ficou pronta em cinquenta anos, de acordo com um conjunto único de princípios. Além disso, em lugar nenhum esses princípios permitiam tanto espaço. Os arquitetos de Amsterdã e Roma eram limitados pelo espaço onde enfiavam as suas edificações. Mas em Petersburgo eles foram capazes de expandir os seus ideais clássicos. A linha reta e o quadrado receberam espaço para respirar em paisagens expansivas. Com água por toda parte, os arquitetos puderam construir mansões baixas e amplas, usando o seu reflexo em rios e canais para equilibrar proporções, produzindo um efeito inquestionavelmente bonito e grandioso. A água deu leveza ao pesado estilo barroco e movimento aos prédios criados à sua beira. O Palácio de Inverno é um exemplo supremo. Apesar do tamanho imenso (1.050 cômodos, 1.886 portas, 1.945 janelas, 117 escadarias), quase parece flutuar sobre a margem do rio; o ritmo sincopado das colunas brancas ao longo da fachada azul cria uma sensação de movimento ao se refletir no Neva que passa ao lado.

    O segredo dessa unidade arquitetônica foi o planejamento da cidade como uma série de conjuntos interligados por uma rede harmoniosa de avenidas e praças, canais e parques, dispostos contra o rio e o céu. A primeira planta real data da criação da Comissão para o Desenvolvimento Ordenado de São Petersburgo, em 1737, doze anos depois da morte de Pedro. No centro, estava a ideia da cidade que se abria em leque, com três avenidas radiais partindo do Almirantado, assim como Roma brota da Piazza del Popolo. Portanto, a torre dourada do Almirantado se tornou o centro simbólico e topográfico da cidade, visível no final das três longas avenidas (Nevski, Gorokhovaia e Voznessenski) que convergem sobre ela. A partir da década de 1760, com a criação da Comissão para a Construção em Cantaria de São Petersburgo, o planejamento da cidade como uma série de conjuntos se tornou mais pronunciado. Impuseram-se regras estritas para assegurar o uso de pedra e fachadas uniformes nos palácios construídos na elegante Nevski Prospekt. Essas regras destacavam a concepção artística da avenida como uma linha reta e ininterrupta que se estendia até onde a vista alcançasse. Isso se refletiu nas vistas harmoniosas do artista M. I. Makhaiev, contratado pela imperatriz Isabel para marcar o quinquagésimo aniversário de fundação da cidade, em 1753. Mas a harmonia visual não era o único propósito dessa regulamentação: o planejamento da capital em zonas também era uma forma de ordenamento social. As áreas residenciais aristocráticas em torno do Palácio de Inverno e dos Jardins de Verão eram claramente separadas por uma série de canais e avenidas da zona de escriturários e comerciantes perto do Mercado de Feno (a Petersburgo de Dostoievski) ou dos subúrbios mais distantes para os trabalhadores. As pontes sobre o Neva, como sabem os leitores que assistiram ao filme *Outubro* (1918) de Eisenstein, podiam ser levantadas para impedir que os trabalhadores chegassem às áreas centrais.

São Petersburgo era mais do que uma cidade. Era um projeto vasto e quase utópico de engenharia cultural para reconstruir o russo como um europeu. Em *Memórias do subsolo* (1864), Dostoievski a chamou de "cidade mais abstrata e intencional de todo esse mundo redondo".[17] Todos os aspectos da sua cultura petrina pretendiam ser a negação da Moscóvia "medieval" (do século XVII). Na concepção de Pedro, tornar-se cidadão de Petersburgo era deixar para trás os costumes "sombrios" e "atrasados" do passado russo em Moscou e entrar, como russo europeu, no mundo ocidental moderno de progresso e esclarecimento.

Moscóvia era uma civilização religiosa. Enraizava-se nas tradições espirituais da Igreja Oriental que remontavam a Bizâncio. De certa forma, parecia-se com a cultura medieval da Europa central, com a qual era aparentada na religião, na língua, nos costumes e em muito mais. Mas, em termos históricos e culturais, permanecia isolada da Europa. Os territórios ocidentais não passavam de um pequeno apoio no continente europeu: as terras bálticas só foram capturadas pelo Império Russo na década de 1720, a Ucrânia ocidental e a melhor parte da Polônia, só no final do século XVIII. Ao contrário da Europa central, Moscóvia teve pouca exposição à influência do Renascimento e da Reforma. Não participou das descobertas marítimas nem das revoluções científicas do início da era moderna. Não tinha grandes cidades no sentido europeu, nenhuma corte principesca nem episcopal para patrocinar as artes, nenhuma classe burguesa ou média de verdade e nenhuma universidade nem escola pública além das academias dos mosteiros.

Em Moscóvia, o domínio da Igreja atrapalhou o desenvolvimento das formas artísticas seculares que se desenvolveram na Europa desde o Renascimento. Em vez delas, o ícone era o foco do modo de vida religioso de Moscóvia. Além de obra de arte criativa, era um artefato ritual cotidiano. Encontravam-se ícones por toda parte — não só em lares e igrejas, mas também em lojas, escritórios e santuários à beira do caminho. Não havia quase nada que ligasse o ícone à tradição europeia de pintura secular que teve origem no Renascimento. É verdade que, no final do século XVII, os pintores de ícones russos, como Simon Ushakov, começaram a abandonar o austero estilo bizantino dos ícones medievais e adotar as técnicas clássicas e a sensualidade do estilo barroco ocidental. Mas, invariavelmente, os visitantes da Europa se espantavam com o estado primitivo das artes visuais da Rússia. "Enfadonhos e feios", observou Samuel Collins, médico inglês da corte russa, sobre os ícones do Kremlin na década de 1660; "quem vê as suas imagens não as toma por melhores do que biscoitos de gengibre dourados."[18] Os primeiros retratos seculares (*parsuny*) datam da década de 1650. No entanto, ainda mantêm o estilo bidimensional dos ícones. O tsar Alexei, que reinou de 1645 a 1676, foi o primeiro governante russo de quem temos algo que lembre remotamente uma semelhança confiável. Os outros tipos de pintura (natureza-morta, paisagem, alegoria, cotidiano) ficaram totalmente ausentes do repertório russo até o reinado de Pedro e mesmo mais tarde.

O desenvolvimento de outras formas seculares de arte foi igualmente impedido pela Igreja russa. A música instrumental (ao contrário do canto sagrado) era considerada pecaminosa e implacavelmente perseguida pelas autoridades eclesiásticas. No entanto, havia uma rica tradição popular de menestréis e músicos ou *skomorokhi* (representados por Stravinski em *Petrushka*) que perambulavam pelas aldeias com pandeiros e *gusli* (um tipo de cítara), evitando os agentes da Igreja. A literatura também era refreada pela Igreja onipresente. Não havia jornais nem revistas impressos, nenhuma peça de teatro nem poesia, embora houvesse uma viçosa produção de contos e versos populares publicados na forma de gravuras ilustradas (*lubki*) depois que técnicas de impressão barata se tornaram disponíveis no final do século XVII. Quando Pedro subiu ao trono em 1682, apenas três livros de natureza não religiosa tinham sido publicados pela imprensa de Moscou desde sua criação nos anos 1560.[19]

Peter detestava Moscóvia. Desprezava a cultura arcaica e o provincianismo, o medo supersticioso e o ressentimento pelo Ocidente. A caça às bruxas era comum e hereges estrangeiros eram queimados em público na Praça Vermelha — o último deles, protestante, em 1689, quando Pedro tinha 17 anos. Quando jovem, Pedro passava muito tempo no especial subúrbio "alemão" onde, sob pressão da Igreja, os estrangeiros de Moscou eram obrigados a residir. Vestia roupas ocidentais, fazia a barba e, ao contrário dos ortodoxos, comia carne na Quaresma. O jovem tsar viajou pelo norte da Europa para aprender por conta própria as novas tecnologias de que a Rússia precisaria para se lançar como potência militar continental. Na Holanda, trabalhou em estaleiros.

Em Londres, visitou o observatório, o arsenal, a Royal Mint, casa da moeda britânica, e a Royal Society. Em Königsberg, estudou artilharia. Nas suas viagens, recolheu o que precisava para transformar a Rússia num Estado europeu moderno: uma Marinha segundo o modelo holandês e inglês; academias militares que eram cópias da sueca e da prussiana; sistemas jurídicos emprestados dos alemães; e uma Tabela de Hierarquia (do serviço público) adaptada dos dinamarqueses. Mandou pintar cenas de batalhas e retratos para divulgar o prestígio do seu Estado; e comprou esculturas e quadros decorativos para os palácios europeus de Petersburgo.

Na nova capital, tudo pretendia forçar os russos a adotar um modo de vida mais europeu. Pedro disse aos seus nobres onde morar, como construir as suas casas, como se deslocar pela cidade, onde ficar na igreja, quantos criados manter, como comer em banquetes, como se vestir e cortar o cabelo, como se comportar na corte e como conversar na sociedade instruída. Na sua capital obrigatória, nada foi deixado ao acaso. Essa regulamentação obsessiva deu a São Petersburgo a imagem de lugar hostil e opressor. Ali estavam as raízes do mito da "cidade irreal" do século XIX — estrangeira e ameaçadora para o modo de vida russo — que teria papel central na literatura e nas artes plásticas russas. "Em Petersburgo", escreveu Benois, "há aquele mesmo espírito romano, um espírito de ordem rígido e absoluto, um espírito de vida formalmente perfeita, insuportável para o geral desmazelo russo, mas, inquestionavelmente, não lhe falta encanto." Benois comparou a cidade a um "sargento com porrete" — tinha um "caráter de máquina" —, enquanto os russos eram como uma "velha desgrenhada".[20] A imagem da cidade imperial no século XIX foi definida pela noção do seu controle governamental. De Custine observou que Petersburgo era mais parecida com "o Estado-maior geral de um exército do que com a capital de uma nação".[21] E Herzen disse que a sua uniformidade lhe lembrava um "quartel militar".[22] Aquela era uma cidade de proporções inumanas, uma cidade ordenada pela simetria abstrata das suas formas arquitetônicas e não pela vida dos habitantes. Na verdade, o propósito mesmo dessas formas era arregimentar os russos, como soldados, para que entrassem na linha.

Mas, sob a superfície desse mundo de sonho europeu, ainda se via a velha Rússia. Pressionados pelo tsar para construir fachadas clássicas, muitos nobres permitiam que animais perambulassem pelo pátio dos palácios de Petersburgo como faziam nos jardins de Moscou, de modo que Pedro teve de baixar numerosos decretos proibindo vacas e porcos de passear pelas suas belas avenidas europeias.[23] Mas até a Nevski, a mais europeia dessas avenidas, foi arruinada por uma tortuosidade "russa". Projetada como "prospekt" formal, seguindo em linha reta do Almirantado, numa extremidade, até o Mosteiro Alexandre Nevski a 3 quilômetros de distância, foi construída por equipes separadas, cada uma partindo de uma ponta. Mas não conseguiram manter a linha e, quando terminada, em 1715, havia uma curva perceptível onde os dois grupos se encontraram.[24]

2

O palácio Sheremetev, junto ao rio Fontanka, é um símbolo lendário da tradição de Petersburgo. O povo daquela cidade o chama de "Casa da Fonte". A poeta Anna Akhmatova, que morou lá intermitentemente num apartamento anexo entre 1926 e 1952, o via como espaço íntimo e precioso onde ela coabitava com o espírito de grandes personagens artísticos do passado. Pushkin, Krylov, Tiutchev e Jukovski — todos estiveram lá.

> Não tenho pretensão especial
> A esta casa ilustre.
> Mas acontece que quase a vida inteira
> Vivi sob o louvado teto
> Do Palácio da Fonte [...] Como indigente
> Cheguei e como indigente partirei [...][25]

A história do palácio é um microcosmo do plano de Pedro de estabelecer a cultura ocidental em solo russo. Ele foi construído num terreno pantanoso concedido em 1712 pelo tsar a Boris Sheremetev, marechal de campo do exército de Pedro na batalha de Poltava. Naquela época, o terreno ficava nos arredores de Petersburgo e as florestas davam um caráter rural ao palácio. O presente de Pedro foi um dentre vários a servidores ilustres. Eles receberam ordens de construir palácios em estilo europeu com fachadas regulares à margem do Fontanka como parte do plano do tsar de desenvolver Petersburgo. A lenda diz que a terra estava desocupada em 1712. Mas Akhmatova acreditava que houvera lá uma fazenda sueca, já que ela distinguiu carvalhos da época anterior a Pedro.[26]

No início do século XVIII, a família Sheremetev já estava bem estabelecida como clã riquíssimo com ligações íntimas com a corte. Parentes distantes dos Romanov, os Sheremetev tinham sido recompensados com vastidões de terra pelo serviço leal à Coroa como diplomatas e comandantes militares. Boris Sheremetev era um antigo aliado de Pedro. Em 1697, viajara com o tsar na primeira viagem à Europa, onde permaneceu na Polônia, na Itália e na Áustria como embaixador russo. Veterano das guerras contra os suecos, em 1705 tornou-se o primeiro conde (*graf*) da Rússia — título que Pedro importou da Europa como parte da campanha de ocidentalizar a aristocracia russa. Boris era o último dos antigos boiardos, os principais nobres de Moscóvia, cuja riqueza e poder vinham dos favores do tsar (todos tinham praticamente desaparecido no final do reinado de Pedro, quando os nobres recém-titulados os superaram). A Rússia não tinha uma nobreza no sentido ocidental — uma classe independente de proprietários de terras que pudessem agir como contraponto ao poder do tsar. Desde o século XVI, o Estado anulara os direitos quase feudais dos príncipes locais e transformou todos os nobres (*dvoriane*) em servos da corte (*dvor*). Moscóvia foi concebida como Estado patrimonial, pertencente ao tsar como feudo pessoal, e o nobre era juridicamente definido como "escravo" do tsar.* Pelos seus serviços, o nobre recebia terras e servos, mas não como propriedade absoluta ou alodial, como no Ocidente, e somente

---

* Ainda no final do século XIX, os nobres de todos os níveis, inclusive condes e barões, tinham de assinar as suas cartas ao tsar com a fórmula "Vosso humilde escravo".

na condição de servir ao tsar. A mais leve suspeita de deslealdade podia levar ao afastamento e à perda das propriedades.

Antes do século XVIII, a Rússia não tinha palácios nobres grandiosos. A maioria dos servidores do tsar morava em casas de madeira não muito maiores do que as cabanas dos camponeses, com mobília simples e vasilhas de argila ou madeira. De acordo com Adam Olearius, enviado do duque de Holstein a Moscóvia durante a década de 1630, poucos nobres russos tinham camas de plumas; em vez disso, "deitam-se em bancos cobertos com coxins, palha, esteiras ou roupas; no inverno, dormem sobre estufas de topo plano [...] [deitam-se] com os criados [...] as galinhas e os porcos".[27] O nobre raramente visitava as suas várias propriedades. Despachado de um ponto a outro do vasto império do tsar, não tinha tempo nem vontade de fincar raízes num só lugar. Considerava as propriedades fonte de renda a serem prontamente trocadas ou vendidas. A bela propriedade de Iasnaia Poliana, perto de Tula, por exemplo, trocou de mãos mais de vinte vezes durante o século XVII e o começo do XVIII. Foi perdida no carteado e em bebedeiras, vendida a pessoas diferentes ao mesmo tempo, emprestada e trocada, penhorada e repenhorada, até que, na década de 1760, depois de anos de briga na Justiça para dirimir todas as questões de propriedade, foi comprada pela família Volkonski e, finalmente, passada por via materna para o romancista Tolstoi.[28] Devido a esse estado de fluxo constante, houve pouco investimento real dos nobres na terra, nenhum movimento geral para desenvolver propriedades ou erigir palácios e nada do que ocorreu na Europa ocidental desde a época medieval: a concentração gradual do domínio de uma família numa só localidade, com a propriedade passada de geração em geração e laços construídos com a comunidade.

O avanço cultural dos boiardos moscovitas foi bem inferior ao dos nobres europeus do século XVII. Olearius os classificava "entre os bárbaros [...] [com] opiniões grosseiras sobre as artes e as ciências naturais elevadas".[29] O dr. Collins se queixou de que "não sabem comer ervilhas e cenouras cozidas e, como porcos, as comem com casca e tudo".[30] Esse atraso, em parte, resultava da ocupação mongol da Rússia desde 1230, mais ou menos, até meados do século XV. Os tártaros deixaram vestígios profundos nos costumes e hábitos dos boiardos. Durante mais de trezentos anos, no período do Renascimento no Ocidente, a Rússia ficou isolada da civilização europeia. O país que saiu do período mongol era muito mais voltado para dentro do que no início do século XIII, quando a Rus de Kiev, confederação frouxa de principados que constituiu o primeiro Estado russo, estava intimamente ligada a Bizâncio. As antigas famílias de príncipes foram solapadas e tornadas mais servis ao Estado de Moscóvia, cujo poder econômico e militar foi fundamental para libertar a Rússia dos cãs mongóis. O nobre russo da era moscovita (c. 1550–1700) não era um senhor de terras no sentido europeu. Era um servo da Coroa. Na cultura material, pouco se distinguia do povo comum. Vestia-se, como os mercadores, de kaftan semioriental e casaco de pele. Dominava a família, como o mercador e o camponês, com os costumes patriarcais do *Domostroi*, o manual do século XVI que ensinava os russos a disciplinar o lar com a Bíblia e a vara. As maneiras do nobre russo eram sabidamente grosseiras. Às vezes, até magnatas como Boris Sheremetev se comportavam como bêbados rústicos. Durante a viagem do tsar Pedro à Inglaterra, o seu séquito residiu na mansão do diarista John Evelyn, em Sayes Court, Kent. Os danos que causaram durante a estada de três meses foram tão extensos — gramados escavados, cortinas rasgadas, móveis destruídos e retratos de família usados pelos visitantes para a prática de tiro ao alvo —, que Evelyn foi forçado a apresentar uma conta elevada à corte russa.[31] A maior parte da nobreza não sabia ler e muitos não conseguiam sequer fazer somas simples.[32] Pouco viajado e não exposto a europeus, que eram forçados a residir num subúrbio especial de Moscou, o nobre desconfiava de modos novos ou estrangeiros. A sua vida era regulada pelos rituais arcaicos da Igreja, com o seu calendário organizado para contar os anos desde a criação teórica do mundo (com o nascimento de Adão) em 5509 a.C.*

Com a reforma da sociedade de Pedro, o nobre se tornou a agência, e o seu palácio, a arena da apresentação dos modos europeus à Rússia. O palácio era muito mais do que uma residência nobre, e a propriedade campestre, muito mais do que um local de prazeres nobres ou entidade econômica: ela se tornou o centro de civilização da localidade.

Pedro lançou as bases do Estado absolutista (europeu) moderno quando transformou todos os nobres em servos da Coroa. A antiga classe dos boiardos gozara de determinados direitos e privilégios oriundos da tutela da terra e dos servos; existira um Conselho de Boiardos, ou Duma, que aprovava os decretos do tsar, substituído pelo Senado em 1711. Mas a nova aristocracia de Pedro era inteiramente definida pela posição no funcionalismo público e no serviço militar, e os seus direitos e privilégios lhes eram atribuídos de acordo com essa posição. Pedro criou uma Tabela de Hierarquia que organizava os nobres de acordo com o posto (e não com o berço) e permitia aos plebeus receber a condição de nobre por serviços prestados ao Estado. Esse ordenamento quase militar dos nobres teve um efeito profundo e duradouro sobre o seu modo de vida. Como sabem os leitores de Gogol, o nobre russo era obcecado pelo posto. Cada um deles (e havia quatorze na Tabela de Pedro) tinha uniforme próprio. O avanço das calças brancas para as pretas, a troca da fita vermelha pela azul, da linha prateada pela dourada ou a simples adição de uma listra eram eventos rituais de imensa importância na vida bem organizada do nobre. Cada posto tinha o seu título de nobreza e modo de tratamento: "Vossa Excelentíssima" para os dois postos superiores; "Vossa Excelência" para os postos três e quatro, e assim por diante escala abaixo. Havia um código de etiqueta estrito e

---

* Em 1700, Pedro, o Grande, introduziu o sistema ocidental de contagem dos anos. No entanto, até 1918 a Rússia continuou a adotar o calendário juliano, treze dias atrás do calendário gregoriano em uso no resto da Europa. Em termos de tempo, a Rússia imperial sempre esteve atrás do Ocidente.

elaborado que especificava como os nobres de cada posto deveriam se dirigir aos outros postos ou aos mais jovens ou mais velhos. Um nobre mais velho que escrevesse a outro mais novo poderia assinar as cartas usando simplesmente o sobrenome; mas esperava-se que o nobre mais jovem, ao responder, acrescentasse o seu título e posto ao sobrenome, e não fazê-lo era considerado uma ofensa que poderia terminar em escândalo e duelo.[33] A etiqueta ainda exigia que o nobre no serviço público apresentasse os seus respeitos à família de um funcionário público em cargo mais elevado no dia do santo do seu nome e nos aniversários da família, assim como em todas as festas religiosas. Nos bailes e festas públicas de São Petersburgo, considerava-se erro grave um rapaz permanecer sentado enquanto os mais velhos estavam de pé. Assim, no teatro os oficiais inferiores se mantinham de pé nas galerias para o caso de um oficial superior entrar durante a apresentação. Dizia-se que todo oficial estava em serviço o tempo todo. G. A. Rimski-Korsakov (antepassado distante do compositor) foi expulso da Guarda em 1810 porque num jantar, depois de um baile, desabotoou o botão de cima da farda.[34] O posto também trazia consideráveis privilégios materiais. Os cavalos das estações de troca eram distribuídos estritamente de acordo com o status do viajante. Nos banquetes, a comida era servida primeiro aos hóspedes de posto mais alto, sentados com os anfitriões à cabeceira da mesa russa em forma de Π (P), seguidos pelos postos inferiores nas pontas. Se a cabeceira quisesse repetir, as pontas nem eram servidas. Certa vez o príncipe Potemkin convidou um nobre menor para um banquete no seu palácio, e o convidado sentou-se à ponta da mesa. Depois, o anfitrião lhe perguntou se gostara da refeição. "Muito, Excelência", foi a resposta. "Vi tudo."[35]

Os Sheremetev subiram muito depressa ao topo dessa nova hierarquia social. Quando Boris Sheremetev morreu em 1719, o tsar disse à viúva que seria "como um pai" para os seus filhos. Piotr Sheremetev, único filho sobrevivente, foi criado na corte e se tornou um dos poucos companheiros seletos do herdeiro do trono (Pedro II).[36] Depois de uma carreira na Guarda quando adolescente, Sheremetev se tornou camareiro da imperatriz Ana e depois da imperatriz Isabel. Sob Catarina, a Grande, tornou-se senador e foi o primeiro a ser eleito Marechal da Nobreza. Ao contrário de outros favoritos da corte que subiam e caíam com a mudança de soberano, Sheremetev permaneceu no cargo durante seis reinados consecutivos. As ligações da família, a proteção que recebia do príncipe Trubetskoi, cortesão influente, e os vínculos com o conde Nikitza Panin, conselheiro diplomático de Catarina, impediram que fosse vítima dos caprichos de algum soberano. Foi um dos primeiros nobres da Rússia a serem independentes no sentido europeu.

A riqueza fantástica do clã Sheremetev tinha muito a ver com essa nova confiança. Com mais de 800 mil hectares de terras e mais de 200 mil "servos calculados" (o que significava na realidade talvez 1 milhão de servos), em 1788, época da morte de Piotr, os Sheremetev eram, com folga considerável, a família com mais propriedades de terra do mundo. Em termos monetários, com uma renda anual por volta de 630 mil rublos (63 mil libras esterlinas) na década de 1790, eles eram tão poderosos e bem mais ricos do que os maiores lordes ingleses, os duques de Bedford e Devonshire, o conde Shelburne e o marquês de Rockingham, todos com renda anual de cerca de 50 mil libras.[37] Como a maioria das fortunas nobres, a dos Sheremetev vinha principalmente das enormes concessões imperiais de terras e servos em recompensa por serviços prestados ao Estado. As dinastias mais ricas da aristocracia tinham todas permanecido perto do ápice do Estado tsarista durante a sua grande expansão territorial entre os séculos XVI e XVIII e, consequentemente, tinham sido recompensadas com concessões generosas de terra fértil no sul da Rússia e na Ucrânia. Essas eram os Sheremetev e os Stroganov, os Demidov e os Davidov, os Vorontsov e os Iussupov. Como cada vez mais magnatas do século XVIII, os Sheremetev também ganhavam muito com o comércio. Naquele século, a economia russa cresceu num ritmo fantástico, e, como donos de vastas extensões de florestas, fábricas de papel, lojas e outras propriedades urbanas, os Sheremetev apuraram um lucro enorme com esse crescimento. No final do século XVIII, os Sheremetev eram quase duas vezes mais ricos do que todas as outras famílias russas, com exceção dos Romanov. Essa riqueza extraordinária se explicava, em parte, pelo fato de que, ao contrário da maioria das dinastias russas, que dividiam a herança entre todos os filhos e às vezes até as filhas, os Sheremetev passavam a parte do leão da riqueza para o primeiro herdeiro do sexo masculino. O casamento também foi um fator fundamental na ascensão dos Sheremetev ao topo da riqueza — especificamente, o casamento brilhante, em 1743, de Piotr Sheremetev com Varvara Cherkasskaia, herdeira de outro clã absurdamente rico, por meio de quem os Sheremetev adquiriram a bela propriedade de Ostankino, nos arredores de Moscou. Na segunda metade do século XVIII, com a imensa fortuna gasta nessa propriedade pelo filho Nikolai Petrovich, primeiro grande empresário do teatro russo, Ostankino se tornou a principal joia da família.

Os Sheremetev gastaram quantias exorbitantes nos seus palácios, frequentemente muito mais do que ganhavam, de modo que, em meados do século XIX, tinham acumulado dívidas de vários milhões de rublos.[38] Os gastos extravagantes eram uma fraqueza peculiar da aristocracia russa. Em parte, derivavam da insensatez; em parte, dos hábitos de uma classe cuja riqueza chegara com pouco esforço e numa velocidade fantástica. Boa parte dessa riqueza assumia a forma de concessões imperiais que visavam a criar uma corte soberba que se comparasse a Versalhes ou Potsdam. Para ter sucesso nessa cultura centrada na corte, exigia-se do nobre um estilo de vida fabuloso. A posse de um palácio opulento, com mobília e obras de arte importadas, bailes luxuosos e banquetes de estilo europeu, tornou-se um atributo fundamental do posto e da posição social com probabilidade de conquistar favores e promoções na corte.

Grande parte do orçamento dos Sheremetev ia para a enorme criadagem doméstica. A família mantinha um exército imenso de criados. Só na Casa da Fonte havia 340 deles, o suficiente para pôr um camareiro em cada porta; e, no conjunto das residências, os Sheremetev empregavam mais de mil pessoas.³⁹ Séquitos tão vastos eram o luxo de um país com tantos servos. Em comparação, até as mais grandiosas famílias inglesas tinham um número minúsculo de criados: nos anos 1840, os Devonshire tinham uma criadagem residente de apenas dezoito pessoas em Chatsworth.⁴⁰ Os estrangeiros sempre se espantavam com o grande número de criados nos palácios russos. Até o embaixador francês conde de Ségur exprimiu espanto com o fato de uma residência particular ter quinhentos criados.⁴¹ Ter montes de criados era uma fraqueza peculiar da aristocracia russa — e talvez uma razão para o seu fim. Até famílias nobres medianas das províncias mantinham grande criadagem, além dos seus recursos. Dmitri Sverbeiev, pequeno funcionário público da região de Moscou, recordou que, na década de 1800, o pai tinha uma carruagem inglesa com seis cavalos dinamarqueses, quatro cocheiros, dois postilhões e dois pajens de libré com o único propósito de fazer a curta viagem anual a Moscou. Na propriedade da família, havia dois chefes de cozinha, um valete e um ajudante, um mordomo e quatro porteiros, um cabeleireiro pessoal e dois alfaiates, meia dúzia de criadas, cinco lavadeiras, oito jardineiros, dezesseis auxiliares de cozinha e vários outros criados.⁴² Na residência dos Selivanov, família nobre mediana da província de Riazan, o regime doméstico da década de 1810 continuava a ser determinado pela cultura da corte, na qual o seu ancestral servira na década de 1740. Havia uma enorme criadagem, com oitenta pajens vestidos com uniformes verdes-escuros, perucas empoadas e sapatos especiais feitos de pelos trançados de rabos de cavalos, necessários para sair dos cômodos andando de costas.⁴³

Na casa dos Sheremetev, as roupas domésticas eram outra fonte de enorme extravagância. Nikolai Petrovich, como o pai, era um seguidor dedicado da moda europeia e gastava por ano o equivalente a vários milhares de libras esterlinas com tecidos importados para as suas roupas. O inventário do seu guarda-roupa, feito em 1806, revela que possuía nada menos que 37 tipos diferentes de uniformes da corte, todos costurados com fios de ouro e todos nos tons de verde ou marrom escuros dos tecidos de malha ou caxemira que estavam em moda na época. Havia dez conjuntos de fraque com abotoamento simples e dezoito com abotoamento duplo; 54 sobrecasacas; dois casacos de pele branca, um deles de urso polar, o outro de lobo branco; seis casacos de pele castanha; dezessete paletós de lã; 119 pares de calças (53 brancas, 48 pretas); catorze roupões de seda; duas capas com capuz e máscara de tafetá rosa para festas a fantasia; duas roupas venezianas de tafetá preto forrado com cetim azul e preto; 39 kaftans de seda francesa bordada com fios de ouro e prata; oito kaftans de veludo (um lilás com bolinhas amarelas); 63 coletes; 42 cachecóis; 82 pares de luvas; 23 chapéus tricornes; nove pares de botas; e mais de sessenta pares de sapatos.[44]

A diversão também era coisa cara. Em si, a casa dos Sheremetev era uma pequena corte. As duas residências principais de Moscou — Ostankino e a propriedade de Kuskovo — eram famosas pelos divertimentos luxuosos, com concertos, óperas, fogos de artifício e bailes para vários milhares de convidados. Não havia limites para a hospitalidade dos Sheremetev. Na Casa da Fonte, onde o costume dos nobres russos de abrir as portas na hora das refeições era seguido com irrestrita generosidade, era comum haver cinquenta convivas no almoço e no jantar. O escritor Ivan Krylov, que jantava lá com frequência, recordou que havia um convidado que passou anos comendo lá sem que ninguém soubesse quem era. A expressão "na conta dos Sheremetev" entrou na linguagem, significando "gratuito".[45]

Quase tudo da casa dos Sheremetev era importado da Europa. Até itens básicos encontrados com abundância na Rússia (madeira de carvalho, papel, cereais, cogumelos, queijo e manteiga) eram preferíveis, embora mais caros, quando estrangeiros. As informações sobre as compras de Piotr Sheremetev no exterior entre 1770 e 1788 foram preservadas nos arquivos. Ele comprava de mercadores estrangeiros de São Petersburgo ou por meio de agentes especialmente encarregados de adquirir mercadorias para si. Roupas, joias e tecidos vinham diretamente de Paris, geralmente do alfaiate de Versalhes; os vinhos eram de Bordéus. Chocolate, fumo, mantimentos, café, doces e laticínios vinham de Amsterdã; cerveja, cães e carruagens, da Inglaterra. Eis uma das listas de compras de Sheremetev:

kaftan de tecido felpudo
camisa costurada com ouro e pérolas
kaftan e calças de seda castanho-escura mais
                [camisa amarela
kaftan de algodão vermelho com azul dos dois lados
camisa de seda azul costurada com ouro
kaftan e calças de tecido com camisa de seda fúcsia
                [costurados com ouro e prata
kaftan e calças cor de chocolate com camisa
                [de veludilho verde
sobrecasaca de veludo preto
fraque de veludo preto com pintinhas
fraque com 24 botões de prata
2 camisas de piquê costuradas com ouro e prata
7 *arshins** de seda francesa para camisas
24 pares de punhos de renda para camisolas
12 *arshins* de tecido preto para calças e 3 *arshins*
                [de veludo preto
várias fitas
68 quilos de tabaco de qualidade
28 quilos de tabaco comum
36 latas de creme para cabelo
72 garrafas de tônico capilar
caixa de rapé dourada
2 barris de lentilhas

---

* Um *arshin* corresponde a 71 centímetros.

1 quilo de baunilha
28 quilos de trufas em azeite
90 quilos de macarrão italiano
110 quilos de parmesão
150 garrafas de anchovas
5 quilos de café da Martinica
10 quilos de pimenta-do-reino
9 quilos de pimenta-branca
3 quilos de cardamomo
35 quilos de passas
75 quilos de groselha
12 garrafas de mostarda seca inglesa
vários tipos de presunto e bacon, linguiças
fôrmas para manjar branco
600 garrafas de borgonha branco
600 garrafas de borgonha tinto
200 garrafas de champanhe
100 garrafas de champanhe sem gás
100 garrafas de champanhe rosê.[46]

Se Boris Sheremetev foi o último dos antigos boiardos, o filho Piotr talvez tenha sido o primeiro, e sem dúvida o mais grandioso, cavalheiro europeu da Rússia. Nada demonstrava com mais clareza que um nobre fizera a transição de boiardo moscovita para aristocrata russo do que a construção de um palácio em estilo europeu. Sob o seu teto grandioso, o palácio reunia todas as artes europeias. Com o salão de saraus e o salão de baile, era como um teatro onde os integrantes da aristocracia exibiam a sua graça, os seus ares e os seus modos europeus. Mas não era apenas um prédio ou um espaço social. O palácio era concebido como força civilizadora. Era um oásis de cultura europeia no deserto do solo camponês russo, e a sua arquitetura, os seus quadros e os seus livros, as suas óperas e orquestras de servos, os seus parques ajardinados e fazendas-modelo, pretendiam servir de meio para o esclarecimento do público. Nesse sentido, o palácio era um reflexo da própria Petersburgo.

Como a Rússia, a Casa da Fonte era originalmente de madeira, uma *dacha* de um único andar erigida às pressas por Boris Sheremetev no fim da vida. Piotr reconstruiu e aumentou a casa com pedras nos anos 1740 — o começo do frenesi de construção de palácios em São Petersburgo depois que a imperatriz Isabel ordenou a construção das suas grandes residências imperiais na cidade: o Palácio de Verão junto ao rio Fontanka (1741-44), o Grande Palácio de Tsarskoie Selo (1749-52) e o Palácio de Inverno (1754-61) que conhecemos hoje. Todas essas obras-primas barrocas foram construídas pelo arquiteto italiano Bartolomeo Rastrelli, que foi para a Rússia com 16 anos. Ele aperfeiçoou a síntese dos estilos barrocos russo e italiano tão característica de São Petersburgo. Esse estilo essencial, distinto da versão europeia pela vastidão, pela exuberância das formas e pela ousadia das cores, imprimiu-se na Casa da Fonte, que pode ter sido projetada pelo próprio Rastrelli; decerto a obra foi supervisionada por Savva Chevakinski, principal assistente de Rastrelli em Tsarskoie Selo e nobre menor de Tver, formado na Escola Naval, que se tornou o primeiro arquiteto russo digno de nota. A fachada clássica era ornada com máscaras de leão e símbolos marciais que proclamavam as glórias do clã Sheremetev, e esse tema continuava nas grades de ferro e nos portões. Atrás do palácio havia extensos jardins, reminiscentes dos de Tsarskoie Selo, com caminhos ladeados por estátuas de mármore da Itália, uma gruta inglesa, um pavilhão chinês e, num toque mais brincalhão, fontes para refletir o nome da casa.[47]

Por dentro, a casa era uma típica coleção europeia de esculturas, baixos-relevos, móveis e decoração, refletindo o gosto por luxos caros. O papel de parede (da França) acabara de entrar em moda e parece que na Casa da Fonte foi usado pela primeira vez na Rússia.[48] Piotr Sheremetev era um seguidor da moda que mandava redecorar a casa quase todo ano. No andar de cima havia um grande salão de recepção usado para bailes e concertos, com assoalho de parquete e teto alto e pintado, tendo de um lado, em toda a extensão, grandes janelas voltadas para a água e, do outro, enormes espelhos com candelabros folheados a ouro, cujo efeito maravilhoso era inundar a sala com luz extraordinária. Numa ala especial, havia uma capela com ícones valiosos; no andar de cima, uma longa galeria de exposição; um museu de curiosidades; uma biblioteca com quase 20 mil livros, a maioria deles em francês; uma galeria de retratos reais e familiares por servos artistas; e uma coleção de quadros europeus, que os Sheremetev compravam às dezenas. As galerias continham obras de Rafael, Van Dyck, Correggio, Veronese, Vernet e Rembrandt. Hoje, elas estão no Hermitage, no Palácio de Inverno.[49]

Sem se contentar com um palácio só, os Sheremetev construíram mais dois, muito mais caros, em Kuskovo e em Ostankino, nos arredores a oeste de Moscou. A propriedade de Kuskovo, ao sul de Moscou, embora tivesse uma casa de madeira relativamente simples que dava ao lugar um ar rural, era ambiciosa na sua concepção. Diante da casa havia um lago artificial de tamanho suficiente para a encenação de batalhas navais falsas a que até 50 mil convidados assistiam; um eremitério que abrigava várias centenas de quadros; pavilhões e grutas; um anfiteatro aberto para a temporada de verão; e um teatro fechado maior (o mais avançado da Rússia quando foi construído na década de 1780), com capacidade para 150 pessoas na plateia e palco profundo o bastante para as mudanças de cenário da grande ópera francesa.[50] Nikolai Petrovich, que levou a ópera Sheremetev ao nível mais alto, mandou reconstruir o teatro de Ostankino depois que o de Kuskovo pegou fogo em 1789. O teatro de Ostankino era ainda maior do que o de Kuskovo, com capacidade para 260 pessoas sentadas. As instalações técnicas eram muito mais sofisticadas do que as de Kuskovo; havia uma engenhoca especialmente projetada que transformava o teatro em salão de baile, cobrindo a plateia com um piso.

3

A civilização da aristocracia se baseava no talento artesanal de milhões de servos. O que lhe faltava em termos de tecnologia a Rússia mais do que compensava com o suprimento ilimitado de mão de obra barata. Muitas coisas que deixam os turistas boquiabertos com o esplendor e a beleza do Palácio de Inverno — o parquete interminável do assoalho de madeira, a abundância de folha de ouro, a carpintaria ornamentada e os baixos-relevos, o trabalho de agulha com linhas mais finas do que cabelos, as caixinhas em miniatura com cenas de contos de fadas feitas de pedras preciosas e os intrincados mosaicos de malaquita — são frutos de muitos anos de trabalho não reconhecido de servos artistas desconhecidos.

Os servos eram essenciais para os palácios dos Sheremetev e as suas artes. Dos 200 mil servos calculados que os Sheremetev possuíam, várias centenas eram selecionados todo ano e treinados como artistas plásticos, arquitetos, escultores, marceneiros, pintores decorativos, douradores, gravadores, horticultores, técnicos teatrais, atores, cantores e músicos. Muitos desses servos eram mandados ao exterior ou à corte para aprender o seu ofício. Mas onde faltava talento, muito se podia conseguir pelo número. Em Kuskovo, havia uma orquestra de trompas na qual, para poupar tempo na formação dos músicos, cada um aprendia a tocar apenas uma nota. O número de músicos dependia do número de notas da música tocada; o seu único talento era tocar aquela nota no momento apropriado.[51]

A família Argunov teve papel fundamental no desenvolvimento das artes russas. Todos os Argunov eram servos dos Sheremetev. O arquiteto e escultor Fiodor Argunov projetou e construiu as principais salas de recepção da Casa da Fonte. O irmão Ivan Argunov estudou pintura com Georg Grot na corte imperial e logo criou fama como um dos principais retratistas do país. Em 1759, pintou o retrato da futura imperatriz Catarina, a Grande — honra rara para um artista russo da época, quando a corte buscava na Europa os pintores dos seus retratos. Pavel Argunov, filho mais velho de Ivan, foi arquiteto e trabalhou com Quarenghi em Ostankino e na Casa da Fonte. Iacov Argunov, filho mais novo de Ivan, ficou conhecido pelo retrato do imperador Alexandre que fez em 1812. Mas o mais importante dos três irmãos Argunov foi o do meio, Nikolai, indiscutivelmente um dos melhores pintores da Rússia no século XIX.[52]

A posição do servo criativo era complicada e ambígua. Havia artistas muito valorizados e recompensados pelos seus senhores. No mundo dos Sheremetev, os cantores e chefes de cozinha apreciados eram os mais bem pagos. Nos anos 1790, Nikolai Petrovich pagou ao seu cozinheiro um salário anual de 850 rublos (quatro vezes a quantia paga aos melhores cozinheiros das casas nobres inglesas) e ao melhor cantor de ópera, 1.500 rublos. Mas outros servos artistas eram muitíssimo mal pagos: Ivan Argunov, encarregado de todas as questões de artes plásticas da Casa da Fonte, recebia inexpressivos 40 rublos por ano.[53] Os servos artistas tinham condição social mais elevada do que o restante da criadagem doméstica. Moravam em casas mais confortáveis, recebiam melhor comida e às vezes tinham permissão de trabalhar como autônomos ou de atender a encomendas da corte, da Igreja ou de outras famílias nobres. Mas, como todos os servos, eram propriedade do senhor e podiam ser punidos como qualquer outro servo. Essa servidão era um obstáculo pavoroso para os artistas que lutavam por independência. Como gerente artístico da Casa da Fonte, Ivan Argunov era responsável por supervisionar as mudanças frequentes da decoração do palácio, organizar bailes de máscaras e festas a fantasia, pintar cenários para produções teatrais, soltar fogos de artifício e por incontáveis tarefas braçais domésticas. Os seus projetos artísticos pessoais eram constantemente abandonados para que pudesse cumprir alguma pequena tarefa por ordem do senhor; caso não o fizesse, o conde podia multá-lo ou mandar que o açoitassem. Ivan morreu servo. Mas os filhos seriam libertados. De acordo com o testamento de Nikolai Petrovich, 22 servos domésticos, inclusive Nikolai e Iacov Argunov, receberam a liberdade em 1809. Nove anos depois, Nikolai Argunov foi eleito para a Academia Imperial de Artes, primeiro artista russo de origem serva a ser homenageado pelo Estado.[54]

Um dos retratos mais memoráveis de Argunov representa outra ex-serva dos Sheremetev: a condessa Praskovia Sheremeteva. Argunov a pintou com um xale vermelho e uma miniatura faiscante do marido, o conde Nikolai Petrovich Sheremetev, pendurada no pescoço. Na época do retrato (1802), o casamento do conde com a antiga serva e prima-dona da sua ópera foi ocultado do público e da corte. Assim permaneceria até a morte dela. Nesse retrato presciente e enternecedor, Argunov transmitiu a tragédia dos dois. É uma história extraordinária que nos revela muito sobre os obstáculos enfrentados pelo servo criativo e sobre os costumes da sociedade.

Praskovia nasceu numa família de servos da propriedade dos Sheremetev em Iukhotsk, na província de Iaroslav. O pai e o avô eram ferreiros, e a família recebera o sobrenome de Kuznetsov ("ferreiro"), embora Ivan, o pai, fosse conhecido por todos os servos como "o corcunda". Em meados da década de 1770, Ivan se tornou mestre-ferreiro de Kuskovo, onde a família recebeu uma casa de madeira com um grande terreno nos fundos. Ele mandou os dois filhos mais velhos aprenderem o ofício de alfaiate, e o terceiro se tornou músico da orquestra dos Sheremetev. Praskovia já fora notada pela beleza e pela voz, e

Piotr Sheremetev mandou-a estudar para a ópera. Praskovia aprendeu italiano e francês e falava e escrevia com fluência ambos os idiomas. Aprendeu a cantar, representar e dançar com os melhores professores da terra. Em 1779, com 11 anos, estreou no palco como a criada da primeira apresentação russa da ópera cômica *L'Amitié à l'épreuve*, de André Grétry, e, dali a um ano, recebeu o seu primeiro papel principal como Belinda de *La Colonie*, de Antonio Sacchini.[55] A partir daí, ela quase sempre cantou o papel principal feminino. Praskovia tinha uma bela voz de soprano que se distinguia pela clareza e pela extensão. A chegada à primazia da ópera Sheremetev na Rússia durante as duas últimas décadas do século XVIII esteve intimamente ligada à sua popularidade. Ela foi a primeira grande estrela real da Rússia.

A história do romance de Praskovia com o conde poderia ter saído diretamente de uma ópera cômica. O palco do século XVIII estava cheio de servas que se apaixonavam por nobres jovens e elegantes. A própria Praskovia representara o papel da mocinha serva de *Aniuta*, ópera de imensa popularidade na qual a origem humilde da encantadora heroína impede que se case com o príncipe. É verdade que Nikolai Petrovich não era bonito nem elegante. Quase vinte anos mais velho do que Praskovia, era baixinho, gorducho e não gozava de boa saúde, o que lhe provocava melancolia e hipocondria.[56] Mas era romântico, tinha delicada sensibilidade artística e o mesmo amor à música que Praskovia. Ele a vira crescer quando menina na propriedade e mais tarde desabrochar como cantora na sua ópera; reconhecia tanto as suas qualidades espirituais quanto a beleza física. Finalmente, apaixonou-se por ela. "Tenho por ela os sentimentos mais ternos e apaixonados", escreveu em 1809,

> mas examinei o meu coração para saber se buscava prazeres da carne ou outros para adoçar a mente e a alma além da beleza. Ao ver que buscava prazeres corporais e espirituais em vez de amizade, observei por muito tempo as qualidades do alvo do meu amor, e encontrei uma

mente virtuosa, sinceridade, amor à humanidade, constância e fidelidade. Encontrei o apego à santa fé e sincero respeito a Deus. Essas qualidades me encantaram mais do que a beleza, pois são mais fortes do que todas as delícias exteriores, além de raríssimas.[57]

Não que tivesse começado assim. O jovem conde gostava de caçar e perseguir moças; e até a morte do pai em 1788, quando assumiu a administração das propriedades da família, Nikolai Petrovich passou a maior parte do seu tempo nessas ocupações sensuais. O jovem proprietário reivindicava com frequência o seu "direito" às moças servas. Durante o dia, enquanto elas trabalhavam, ele passava pelos quartos das moças das propriedades e jogava um lenço na janela da escolhida. À noite ele a visitava e, antes de partir, pedia-lhe que devolvesse o lenço. Numa noite de verão, em 1784, Praskovia levava as duas vacas do pai pelo rio quando alguns cães começaram a persegui-la. O conde, que voltava para casa a cavalo depois de um dia de caçada, chamou os cães e abordou Praskovia. Ouvira dizer que o pai dela pretendia casá-la com um guarda florestal local. Ela estava com 16 anos — idade relativamente avançada para o casamento de uma serva. O conde lhe perguntou se era verdade e, quando ela respondeu que sim, disse que proibiria o casamento. "Não nasceste para isso! Hoje és camponesa, mas amanhã serás uma dama!" Então, o conde deu meia-volta e foi embora.[58]

Não se sabe exatamente quando o conde e Praskovia tornaram-se de fato "marido e mulher". Para começar, ela era apenas uma das várias divas que recebiam tratamento especial do seu senhor. Ele dava às cantoras e dançarinas favoritas apelidos inspirados em pedras preciosas — "Esmeralda" (Kovaleva), "Granada" (Shlykova) e "Pérola" (Praskovia) — e cumulava-as de bônus e presentes caros. As "moças da casa", como dizia Sheremetev nas cartas ao contador, estavam sempre na presença do conde. Elas o acompanhavam nas viagens a São Petersburgo durante o inverno e voltavam com ele a Kuskovo no verão.[59] Tudo indica que eram o harém do conde, principalmente pelo fato de que, pouco antes do casamento com Praskovia, ele casou as outras e deu dotes a todas.⁶⁰

Os haréns de servas estavam em alta moda no século XVIII e começo do XIX. Ironicamente, entre os nobres russos a posse de um grande harém era considerada um marco de modos e civilização europeus. Alguns, como o de Sheremetev, eram mantidos com presentes e patrocínio, mas outros, pelo total poder do proprietário sobre os servos. Serguei Aksakov, na sua *Crônica de família* (1856), conta a história de um parente distante que criou um harém de servas: quem tentasse se opor, inclusive a própria esposa, era surrado ou encarcerado.⁶¹ São abundantes os exemplos desse comportamento na literatura de memórias do século XIX.⁶² A mais detalhada e interessante delas foi escrita por Ianuarius Neverov, cujo pai fora capataz da propriedade de um nobre octogenário chamado Piotr Koshkarov. Doze ou quinze moças servas mais bonitas eram estritamente segregadas numa ala feminina especial da casa e deixadas sob o controle da principal governanta, Natalia Ivanovna, ex-amante que deu à luz sete filhos de Koshkarov. Dentro do harém ficava o quarto do senhor. Quando ia dormir, todas as moças iam junto, rezavam com ele e punham os seus colchões em volta da sua cama. Uma das moças despia o senhor, ajudava-o a deitar-se e lia para todas um conto de fadas. Então todos passavam a noite juntos. Pela manhã, Koshkarov se vestia, rezava, tomava uma xícara de chá e fumava cachimbo, depois começava as "punições". As moças desobedientes, ou aquelas que ele simplesmente gostava de punir, levavam tapas ou varadas; outras eram forçadas a rastejar pelo chão. Para Koshkarov, essa violência sádica fazia parte do "jogo" sexual. Mas também servia para disciplinar e aterrorizar. Uma moça acusada de ligações secretas com um criado passou um mês inteiro presa no tronco. Depois, diante de toda a comunidade de servos, a moça e o amante foram açoitados por vários homens até caírem de exaustão, e os dois pobres coitados foram largados no chão como trouxas ensanguentadas. Mas, ao lado dessa brutalidade, Koshkarov se preocupava muito em educar e aprimorar as suas moças. Todas sabiam ler e escrever, algumas em francês; uma delas ensinou Neverov a decorar *A fonte de Bakhchissarai*, de Pushkin. Usavam roupas europeias, tinham lugar especial na igreja e, quando substituídas por outras mais novas no harém, casavam-se com os servos caçadores do senhor, a elite dos criados, e recebiam dotes.[63]

No início da década de 1790, Praskovia se tornara a esposa não oficial de Sheremetev. Não eram mais apenas os prazeres da carne que a tornavam atraente, e sim, como ele disse, a beleza também da mente e da alma. Nos dez anos seguintes, o conde ficaria dilacerado entre o amor por ela e a sua elevada posição na sociedade. Sentia ser moralmente errado não se casar com Praskovia, mas o seu orgulho aristocrático o impedia. Os casamentos com servos eram raros na cultura da aristocracia russa do século XVIII, obcecada pela condição social — embora se tornassem relativamente comuns no século XIX —, e impensáveis para um nobre tão rico e importante quanto ele. Sequer se sabia se teria um herdeiro legítimo caso desposasse Praskovia.

O dilema do conde era enfrentado por nobres em numerosas óperas cômicas. Nikolai Petrovich era um homem suscetível ao culto do sentimentalismo que inundou a Rússia nas duas últimas décadas do século XVIII. Muitas obras que produziu eram variações sobre o conflito entre convenção social e sentimento natural. Uma delas foi uma produção de *Nanine*, de Voltaire (1749), na qual o herói, o conde Olban, apaixonado pela tutelada pobre, é obrigado a escolher entre os seus sentimentos românticos e os costumes da classe que proíbem o casamento com a moça humilde. No final, ele escolhe o amor. Os paralelos com a sua própria vida eram tão óbvios, que Nikolai Petrovich deu o papel de Nanine a Anna Izumudrova, muito embora Praskovia fosse a sua atriz principal na época.[64] No teatro, o público se solidarizou com os amantes desiguais e aplaudiu o ideal básico do Iluminismo que embasava essas obras: todas as pessoas são iguais. Mas, na vida real, ninguém defendia a mesma opinião.

A relação secreta de Praskovia com o conde a deixou numa posição quase insustentável. Durante os primeiros anos da ligação, ela permaneceu serva e morava junto dos outros servos em Kuskovo. Mas a verdade não podia ser escondida dos colegas servos, que se ressentiram da sua posição privilegiada e lhe deram apelidos desdenhosos. Até a família dela tentou se aproveitar da situação e a amaldiçoou quando ela não levou ao conde as suas exigências mesquinhas. Enquanto isso, o conde pensava em deixá-la. Contaria a ela os seus deveres para com a família, como teria de se casar com alguém da mesma posição social, enquanto ela tentaria ocultar o seu tormento, escutando em silêncio e só caindo em lágrimas quando ele se fosse. Para proteger a si e a Praskovia da maledicência, o conde construiu uma casa especial, uma simples *dacha* de madeira, perto da mansão principal, para que pudesse visitá-la com privacidade. Proibiu-a de ver pessoas e de ir a qualquer lugar que não fossem o teatro e a igreja: para passar os dias, ela só podia tocar espineta ou fazer trabalhos de agulha. Mas isso não impediu que a fofoca dos servos chegasse ao público de Moscou: surgiam visitantes para espiar a casa dela e, às vezes, até implicar com a "noiva camponesa".[65] Para o conde, essa foi razão suficiente para abandonar Kuskovo. Em algum momento entre 1794 e 1795, ele se mudou para o novo palácio de Ostankino, onde poderia acomodar Praskovia em aposentos mais luxuosos e reservados.

Mas, mesmo em Ostankino, a situação de Praskovia continuou difícil. Alvo do ressentimento dos servos, também foi repudiada pela sociedade. Foi só pela força do seu caráter que conseguiu manter a dignidade. É simbólico que os seus maiores papéis foram sempre os de heroínas trágicas. A apresentação mais louvada foi como Eliane de *Les Mariages Samnites*, montada para a visita do recém-coroado imperador Paulo a Ostankino em abril de 1797.[66] O libreto da ópera de Grétry poderia ser a história da vida de Praskovia. Na tribo samnita, há uma lei que proíbe às moças revelar os seus sentimentos por um homem. Eliane desobedece à lei e declara o seu amor ao guerreiro Parmenon, que não pode nem quer se casar com ela. O chefe samnita a condena e a expulsa da tribo; ela então se disfarça de soldado e se une ao exército na batalha contra os romanos. Durante a batalha, um soldado desconhecido salva a vida do chefe samnita. Depois que o exército samnita volta vitorioso para casa, o chefe ordena que esse homem desconhecido seja encontrado. O soldado se revela como Eliane. A sua virtude heroica finalmente conquista Parmenon, que desafia as convenções da tribo e declara o seu amor por ela. Seria o último papel de Praskovia.

Pouco antes de *Les Mariages*, Nikolai Petrovich fora convocado à corte pelo imperador Paulo. O conde era antigo amigo do imperador. A casa dos Sheremetev na rua Millionaia, onde crescera, ficava bem perto do Palácio de Inverno, e na infância o conde costumava visitar Paulo, três anos mais novo e que gostava muito dele. Em 1782, viajara anônimo ao exterior com o futuro imperador e esposa. Sheremetev era um dos poucos grandes da corte a ter boas relações com Paulo, cujas explosões de raiva e atitudes disciplinadoras tinham afastado a maior parte da nobreza. Em 1796, quando assumiu o trono, Paulo nomeou Sheremetev camareiro-chefe, o principal administrador da corte. O conde tinha pouco interesse pelo serviço na corte — gostava de Moscou e das artes —, mas não teve escolha. Mudou-se de volta para Petersburgo e para a Casa da Fonte. Foi nessa época que ficaram claros os primeiros sinais da doença de Praskovia. Os sintomas eram inconfundíveis: tuberculose. A carreira de cantora estava no fim e ela ficou confinada na Casa da Fonte, onde um conjunto de quartos secretos, totalmente separado das áreas oficiais e de recepção, foi construído especialmente para o seu uso.

O confinamento de Praskovia na Casa da Fonte não resultava apenas da doença: os boatos sobre a serva que morava no palácio tinham causado um escândalo na sociedade. Não que pessoas de bom gosto falassem disso, mas todos sabiam. Quando o conde chegou a Petersburgo, supôs-se naturalmente que tomaria uma esposa. "A julgar pelos boatos", lhe escreveu o amigo príncipe Shcherbatov, "a cidade aqui o casou uma dúzia de vezes, e acho que o veremos com uma condessa, pelo que estou felicíssimo."[67] Assim, quando se descobriu que esse grande partido se desperdiçara com uma camponesa, o desapontamento da aristocracia aumentou com uma sensação de raiva e traição. Parecia quase traiçoeiro que o conde vivesse com uma serva como marido e mulher, considerando principalmente o fato (que, desde então, assumira a condição de lenda) de que já rejeitara a oferta da imperatriz Catarina, a Grande, de arranjar o casamento dele com a neta, a grã-duquesa Alexandra Pavlovna. O conde foi isolado pela sociedade. Os Sheremetev o deserdaram e entraram em disputas sobre o que aconteceria com a herança. As vastas salas de recepção da Casa da Fonte ficaram vazias de convidados — e os únicos que permaneceram amigos foram os leais camaradas de infância, como o príncipe Shcherbatov ou artistas como o poeta Derjavin e o arquiteto Quarenghi, que se colocavam acima dos preconceitos esnobes da sociedade. O imperador Paulo também estava nessa categoria. Várias vezes chegou incógnito à entrada dos fundos da Casa da Fonte — para visitar o conde quando adoecia ou para escutar Praskovia cantar. Em fevereiro de 1797, ela apresentou um recital no salão de concertos da Casa da Fonte, ao qual compareceram o imperador e alguns amigos íntimos. Paulo ficou encantado com Praskovia e a presenteou com o seu anel pessoal de brilhantes, que ela usou no retrato de Argunov.[68]

O apoio moral do imperador deve ter sido um fator na decisão do conde de desprezar as convenções sociais e fazer de Praskovia sua legítima esposa. Nikolai Petrovich sempre acreditara que a família Sheremetev era diferente de outros clãs aristocráticos, um pouco acima da norma social, e essa arrogância, sem dúvida, provocou algumas opiniões hostis alimentadas a seu respeito na sociedade.[69] Em 1801, o conde deu a Praskovia a liberdade e então, finalmente, em 6 de novembro, casou-se com ela numa cerimônia secreta na pequena igreja da aldeia de Povarskaia, nos arredores de Moscou. O príncipe Shcherbatov e alguns amigos íntimos e criados foram as únicas testemunhas. O casamento foi tão discreto, que a certidão permaneceu enterrada nos arquivos da paróquia local até 1905.[70]

Um ano depois, Praskovia deu à luz um filho, Dmitri, que foi batizado, como o pai, na capela particular da Casa da Fonte. Mas o parto a enfraqueceu e ela, já acometida de tuberculose avançada, morreu depois de três semanas de doloroso sofrimento. Seis anos depois, ainda atingido pelo pesar, o conde recordou a morte da mulher em depoimento feito ao filho:

> A gravidez tranquila da tua mãe anunciava um final feliz; ela te trouxe ao mundo sem dor, e fiquei alegríssimo ao ver que a boa saúde não lhe faltava depois de dar-te à luz. Mas deves saber, queridíssimo filho, que mal senti essa alegria, mal cobrira teu terno rosto de criança com os meus primeiros beijos de pai quando uma doença grave atingiu a tua mãe, e então a morte dela transformou os doces sentimentos do meu coração em amargo pesar. Fiz a Deus orações urgentes para que salvasse a sua vida, convoquei médicos especialistas para lhe trazerem de volta a saúde, mas o primeiro médico desumano se recusou a ajudar, apesar dos meus pedidos insistentes, e então a doença piorou; outros envidaram todo o seu esforço, todo o conhecimento do seu ofício, mas não conseguiram ajudá-la. Os meus gemidos e soluços quase me levaram ao túmulo também.[71]

Nesse momento, a época mais desesperadora da sua vida, o conde foi abandonado por toda a sociedade de Petersburgo. Nos preparativos para o funeral, ele divulgou a notícia da morte de Praskovia e, de acordo com o ritual ortodoxo, marcou o velório para que os visitantes prestassem as últimas homenagens a ela diante do caixão aberto na Casa da Fonte.[72] Poucos compareceram; tão poucos, na verdade, que o velório foi reduzido dos três dias costumeiros para apenas cinco horas. O mesmo pequeno grupo de amigos — tão pequeno que todos foram citados pelo nome — compareceu ao funeral e acompanhou o caixão da Casa da Fonte até o Mosteiro Alexandre Nevski, onde foi sepultado ao lado do túmulo do pai do conde. Estavam presentes amigos íntimos de Praskovia, principalmente servos atores da ópera; alguns criados domésticos da Casa da Fonte que foram a sua única forma de contato social nos últimos anos; vários filhos ilegítimos do conde com ex-amantes servas; um ou dois funcionários da igreja; o confessor de Praskovia; o arquiteto Giacomo Quarenghi; e alguns amigos aristocráticos do conde. Não havia ninguém da corte (Paulo fora assassinado em 1801); ninguém das antigas famílias nobres; e, talvez mais chocante, ninguém da família Sheremetev.[73] Seis anos depois, isso ainda era fonte de amargura e tristeza para o conde.

> Pensei ter amigos que me amavam, respeitavam e dividiam comigo os prazeres, mas quando a morte da minha esposa me deixou em estado de quase desespero, encontrei poucos para me consolar e dividir comigo a tristeza. Experimentei a crueldade. Quando o corpo dela foi levado para a sepultura, poucos dos que se diziam meus amigos demonstraram alguma sensibilidade com o triste evento ou cumpriram o dever cristão de acompanhar o seu esquife.[74]

Perdido de pesar, o conde demitiu-se da corte, virou as costas para a sociedade e, retirando-se para o campo, dedicou os seus últimos anos ao estudo religioso e às obras de caridade em homenagem à esposa. É tentador concluir que havia um elemento de remorso e até culpa nessas obras de caridade — talvez a tentativa de ressarcir as fileiras sob servidão de onde viera Praskovia. Ele libertou dezenas de servos domésticos favoritos, gastou enormes quantias para construir hospitais e escolas de aldeia, criou fundos para cuidar de órfãos, fez doações a mosteiros para darem comida aos camponeses quando a colheita escasseava e reduziu os pagamentos cobrados dos servos das suas propriedades.[75] Mas o projeto mais ambicioso de todos foi o asilo que fundou em memória de Praskovia nos arredores de Moscou — a Strannoprimnyi Dom, que, naquela época, de certa forma, foi o maior hospital público do império, com dezesseis enfermarias masculinas e dezesseis femininas. "A morte da minha esposa", escreveu ele, "me abalou a tal ponto que a única maneira que conheço para acalmar o meu espírito sofredor é me dedicar a cumprir a sua ordem de cuidar dos pobres e dos doentes."[76] Durante anos, o conde, abalado pelo pesar, saía da Casa da Fonte e andava incógnito pelas ruas de Petersburgo, distribuindo dinheiro aos pobres.[77] Morreu em 1809, o nobre mais rico de toda a Rússia e, sem dúvida, também o mais solitário. No seu depoimento ao filho, ele quase rejeitou por completo a civilização incorporada à obra da sua vida. "O meu gosto e paixão por coisas raras", escreveu,

> era uma forma de vaidade, como o meu desejo de encantar e surpreender os sentimentos dos outros com coisas que nunca tivessem visto ou ouvido [...]. Passei a perceber que o brilho dessa obra só satisfaria por pouco tempo e sumiria instantaneamente aos olhos dos meus contemporâneos. Não deixava a mais remota impressão na alma. Para que todo esse esplendor?[78]

Com a morte de Praskovia, o conde escreveu ao novo imperador Alexandre I para lhe informar o seu casamento e solicitar (com sucesso) que reconhecesse o direito de Dmitri a único herdeiro legítimo.[79] Ele afirmou que a esposa fora criada pelo ferreiro Kuznetsov mas que, na verdade, era filha de uma antiga família nobre polonesa, os Kovalevski das províncias ocidentais.[80] Essa invenção pretendia, em parte, distinguir a pretensão de Dmitri da de todos os filhos mais velhos que gerara com várias servas (eram seis no total, até onde se sabe pelas inúmeras reivindicações).[81] Mas também era estranhamente parecida com o desenlace de uma ópera cômica — na verdade, era o final de *Aniuta* — em que a criada apaixonada pelo nobre finalmente consegue se casar com ele e então se revela que, afinal de contas, ela é de origem nobre e só foi adotada pelos pais humildes como se fosse órfã. Parece que o conde tentava ajeitar o fim da vida como se fosse uma obra de arte.

Praskovia foi abençoada com inteligência e força de caráter raras. Era a melhor cantora da Rússia do seu tempo, culta e fluente em vários idiomas. Mas, até um ano antes da morte, continuava serva. Quais seriam os seus sentimentos? Como reagia ao preconceito que enfrentava? Como conciliava a profunda fé religiosa, a aceitação do pecado das relações sexuais fora do matrimônio, com o sentimento que nutria pelo conde? É bastante raro ter a oportunidade de ouvir a confissão de um servo. Mas, em 1863, encontrou-se um documento entre os papéis de Tatiana Shlikova, cantora de ópera recém-falecida (a "Granada" de Sheremetev) e amiga vitalícia de Praskovia, que criou Dmitri como se fosse seu filho na Casa da Fonte depois de 1803. O documento, com a letra bonita de Praskovia, era escrito na forma de uma "oração" a Deus, com o conhecimento claro de que estava prestes a morrer. Foi entregue à amiga por Praskovia antes da morte com instruções de não deixar que o conde o visse. A linguagem da oração é desconexa e obscura, o clima delirante de culpa e arrependimento, mas o grito intenso pela salvação é inconfundível:

> [...] Oh, Senhor misericordioso, fonte de toda bondade e caridade infinita, confesso-vos os meus pecados e ponho diante de vossos olhos todos os meus atos pecaminosos e ilegítimos. Pequei, meu Senhor, e a minha doença, todas essas escaras no meu corpo, é uma pesada punição. Sofro um parto pesado e o meu corpo nu está imundo. O meu corpo está imundo por laços e pensamentos pecaminosos. Sou má. Sou orgulhosa. Sou feia e lasciva. Há um demônio dentro do meu corpo. Chora, meu anjo, a minha alma morreu. Está num caixão, jaz inconsciente e oprimida pela amargura, porque, meu Senhor, meus atos vis e ilegítimos mataram a minha alma. Mas comparado aos meus pecados o poder do meu Senhor é muito grande, maior do que a areia de todos os mares, e das profundezas do meu desespero imploro-vos, Senhor Todo-poderoso, não me rejeitais. Imploro a vossa bênção. Rezo pela vossa misericórdia. Puni-me, meu Senhor, mas, por favor, não me deixais morrer.[82]

4

No século XVIII, a vida musical da Rússia era dominada pela corte e por pequenos teatros particulares como o de Sheremetev. Os teatros públicos, criados havia muito tempo nas cidades da Europa ocidental, só surgiram realmente na vida cultural da Rússia na década de 1780. A aristocracia preferia a sua própria sociedade e raramente frequentava os teatros públicos, que apresentavam principalmente vaudeviles e óperas cômicas aos escriturários e comerciantes das cidades menores. "No nosso tempo", recordou uma princesa Iankova, "era considerado mais refinado ir [ao teatro] por convite pessoal do anfitrião, e não aonde qualquer um pudesse ir em troca de dinheiro. E quem, na verdade, entre os nossos amigos íntimos, não possuía o seu teatro particular?"[83]

Entre o final do século XVIII e o começo do XIX, havia teatros com elenco servo em 173 propriedades e orquestras de servos em trezentas.[84] Além dos Sheremetev, os Goncharov, os Saltykov, os Orlov e Shepelev, os Tolstoi e Naschokin, todos tinham grandes companhias de servos e teatros em prédios separados que podiam se comparar aos teatros da corte de Catarina, a Grande (o Teatro Hermitage no Palácio de Inverno e o Teatro Chinês de Tsarskoie Selo), cujo modelo seguiam. Catarina estabeleceu o padrão do teatro na Rússia. Ela mesma escreveu peças e óperas cômicas; lançou a moda do alto estilo francês no teatro russo;

e foi quem apresentou pela primeira vez a ideia iluminista do teatro como escola de boas maneiras e sensibilidade do público. O teatro de servos teve papel central na propriedade dos nobres durante o reinado de Catarina.

Em 1762, Pedro III liberou a nobreza do serviço compulsório ao Estado. Catarina, a Grande, esposa de Pedro, queria que a sua nobreza se parecesse com a europeia. Foi uma virada na história cultural da aristocracia. Aliviados dos deveres estatais, muitos nobres voltaram para o campo e desenvolveram as suas propriedades. As décadas que se seguiram à emancipação da nobreza foram a época de ouro do palácio de prazeres, com galerias de arte, parques e jardins refinados, orquestras e teatros surgindo pela primeira vez no campo russo. A propriedade campestre se tornou muito mais do que apenas uma unidade econômica ou local de moradia. Tornou-se uma ilha de cultura europeia no solo camponês russo.

A trupe de servos dos Sheremetev era a companhia de teatro mais importante do gênero e teve papel importante no desenvolvimento da ópera russa. Era classificada no mesmo nível do teatro da corte em Petersburgo e considerada muito superior à principal companhia de Moscou, cujo teatro se localizava no terreno do Teatro Bolshoi de hoje. Michael Meddox, diretor inglês do teatro de Moscou, queixava-se de que Kuskovo, que não cobrava entrada, privara o seu teatro de público.[85] Piotr Sheremetev criara a companhia de servos de Kuskovo nos anos 1760. Não era um homem artístico, mas estava na moda ter um teatro como acréscimo à sua propriedade grandiosa e isso lhe permitia entreter a corte. Em 1775, a imperatriz Catarina compareceu a uma apresentação de ópera francesa no teatro a céu aberto de Kuskovo. Isso estimulou Sheremetev a construir, entre 1777 e 1787, um teatro adequado com tamanho suficiente para encenar as óperas estrangeiras tão apreciadas pela imperatriz. Ele deixou a direção ao filho, conde Nikolai Petrovich, que conhecera bem as óperas francesa e italiana nas viagens europeias no início da década de 1770. Nikolai formava os seus artistas servos com a técnica disciplinada da ópera de Paris. Os camponeses eram selecionados em tenra idade nas várias propriedades e formados como músicos para a orquestra do teatro ou cantores para a companhia de ópera. Também havia um alemão que ensinava violino, um professor de canto francês, um instrutor de idiomas para ensinar francês e italiano, um mestre de coro russo e vários mestres de balé estrangeiros, a maioria deles da corte. O teatro dos Sheremetev foi o primeiro da Rússia a encenar balés isolados e não como parte de uma ópera, como era comum no século XVIII. Sob a direção de Nikolai Petrovich, produziu mais de vinte balés franceses e russos, muitos com estreia na Rússia muito antes de serem apresentados na corte.[86] O balé russo nasceu em Kuskovo.

A ópera russa também. O teatro Sheremetev deu início à prática de apresentar óperas em russo, o que estimulou a composição de obras nativas. A mais antiga, *Aniuta* (que estreou em Tsarskoie Selo em 1772), foi produzida em Kuskovo em 1781; e *Infortúnios de uma carruagem*, de Vassili Pashkevich, com libreto de Kniajnin (que estreou em 1779 no Teatro Hermitage), foi apresentada em Kuskovo dali a um ano.* Até os últimos 25 anos do século XVIII, importavam-se óperas do exterior. Os italianos deram a largada bem cedo. *Calandro*, de Giovanni Ristori, foi apresentada em 1731 por um grupo de cantores italianos vindos da corte de Dresden. Para entreter a sua corte em Petersburgo, a imperatriz Ana, encantada com esse "divertimento exótico e irracional", recrutou a companhia veneziana de Francesco Araia, que encenou *La forza dell'amore* no Palácio de Inverno no aniversário da imperatriz em 1736. A partir de Araia, até o século XIX os italianos ocuparam o cargo de *maestro di capella* na corte imperial, com apenas duas exceções. Em consequência, os primeiros compositores russos foram fortemente influenciados pelo estilo italiano. Maxim Berezovski, Dmitri Bortnianski e Ievstignei Fomin foram todos formados pelos

---

* Stepan Degterov, compositor de *Minin e Pojarski* (1811), era ex-servo dos Sheremetev.

italianos de São Petersburgo e mandados para estudar na própria Itália. Berezovski foi colega de estudos de Mozart na escola de composição do padre Martini.*

O caso de amor entre Petersburgo e Veneza continuou com Glinka, Tchaikovski e Stravinski. Ironicamente, foi Catterino Cavos, um veneziano, o pioneiro da ópera nacional russa. Cavos chegou a Petersburgo em 1798 e se apaixonou imediatamente pela cidade, que lhe lembrava a cidade natal. Em 1803, o imperador Alexandre assumiu o controle dos teatros públicos e pôs Cavos na direção do Bolshoi Kamenny, até então a única casa de ópera pública e reservada exclusivamente à ópera italiana. Cavos transformou o Bolshoi Kamenny num baluarte da ópera russa. Escreveu obras como *Ilia Bogatyr* (1807) sobre temas nacionais heroicos com libretos em russo, e a sua música foi muito influenciada por canções folclóricas russas e ucranianas. Boa parte da música operística de Glinka, que os nacionalistas defenderiam como base da tradição russa, foi na verdade antecipada por Cavos. O "caráter nacional" da música russa, portanto, foi desenvolvido pela primeira vez por um estrangeiro.**

Os franceses também foram importantes no desenvolvimento de um estilo musical russo típico. Catarina, a Grande, convidou uma companhia de ópera francesa para ir à corte de Petersburgo como um dos seus primeiros atos ao assumir o trono em 1762. Durante o seu reinado, a ópera da corte esteve entre as melhores da Europa. Encenou

---

* Berezovski foi eleito para a Accademia Philharmonica de Bolonha. Voltou à Rússia em 1775 e, dois anos depois, suicidou-se. O filme *Nostalgia* (1983), de Tarkovski, é um comentário sobre o exílio contado por meio da história da vida de Berezovski. Fala de um emigrado russo na Itália envolvido na pesquisa do seu *doppelgänger* e compatriota, um malsinado compositor russo do século XVIII.

** Esse não foi o fim da ligação de Cavos com a ópera russa. O arquiteto Alberto Cavos, filho de Catterino, reprojetou o Teatro Bolshoi, em Moscou, depois que pegou fogo em 1853. Também construiu o Teatro Mariinski em São Petersburgo. A filha Camille Cavos desposou o arquiteto da corte e pintor de retratos Nikolai Benois, cuja família fugira da Revolução Francesa para São Petersburgo na década de 1790, e Alexandre Benois, filho do casal, criou os Ballets Russes com Serguei Diaguilev.

a estreia de várias obras importantes, como *Il barbiere di Siviglia*, de Giovanni Paisiello (1782). A ópera cômica francesa, com a ambientação em aldeias rústicas e o uso de dialetos e músicas populares, exerceu influência importante sobre as primeiras óperas e *singspiels* russos como *Aniuta* (semelhante a *Annette et Lubin*, de Favart), *O bazar de São Petersburgo* e *O mágico moleiro* (baseado em *Le devin du village*, de Rousseau). Essas óperas eram o feijão com arroz do repertório dos Sheremetev: foram apresentadas inúmeras vezes em Kuskovo e Ostankino. Com os personagens camponeses cômicos e os temas estilizados a partir de canções folclóricas, elas deram voz a uma consciência nacional russa em surgimento.

Uma das primeiras óperas russas foi encomendada em 1781 pelos Sheremetev especialmente para o seu teatro ao ar livre em Kuskovo. *Verde de ciúmes ou O barqueiro de Kuskovo* era um panegírico do palácio Sheremetev e do seu parque, que servia de cenário para a ópera no palco.[87] A produção era uma ilustração perfeita do modo como o palácio em si se tornara um tipo de teatro para a representação da vida nobre russa, um imenso cenário para a exibição da riqueza e dos modos europeus.

O projeto e a decoração do palácio e do parque continham muita teatralidade. A elevada arcada de pedra no acesso à propriedade marcava a entrada em outro mundo. Os jardins paisagísticos e a mansão se dispunham como objetos de cena num palco para criar determinada emoção ou efeito teatral. Adereços como "camponeses" ou "gado" esculpidos no bosque ou templos, lagos e grutas no parque ajardinado intensificavam essa sensação de estar num lugar de faz de conta.[88] Kuskovo era cheio de artifícios dramáticos. A casa principal era feita de madeira esculpida para parecer pedra. No parque, a extraordinária gruta-pavilhão de Fiodor Argunov era bem-humorada: as paredes internas eram revestidas de criaturas marinhas e conchas artificiais; e (numa referência à casa de Petersburgo) a cúpula barroca era construída em forma de fonte.

Na rotina cotidiana e nos divertimentos públicos, o palácio também era um tipo de teatro. As cerimônias diárias do nobre — os rituais ligados às orações matutinas, ao desjejum, almoço e jantar, a vestir-se e despir-se, ao trabalho administrativo e às caçadas, ao banho e à hora de dormir — eram realizadas segundo um roteiro detalhado que precisava ser aprendido pelo senhor e por um imenso elenco de apoio de servos domésticos. Depois, havia certas funções sociais que serviam de arena para o desempenho ritualizado de modos cultivados, o sarau ou o baile em que os nobres demonstravam o bom gosto e as boas maneiras europeias. As mulheres usavam perucas e moscas (pintas falsas no rosto). Tinham consciência da necessidade de assumir o papel principal, dançando, cantando ao piano, se fazendo de coquetes. Os dândis transformavam a vida social na arte da representação: cada pose afetada era ensaiada cuidadosamente. Eles se preparavam como Eugene Oneguin, como atores que se apresentam ao público.

> Pelo menos três horas ele examina
> A sua figura diante do espelho.[89]

A etiqueta exigia que se postassem e agissem da forma especificada: o modo de andar e ficar em pé, o modo de entrar ou sair de uma sala, o modo de sentar-se e pousar as mãos, o modo de sorrir e balançar a cabeça — cada pose, cada gesto era cuidadosamente previsto. Portanto, no salão de baile e nas recepções as paredes eram forradas de espelhos para o belo mundo observar o seu desempenho.

No século XVIII, a aristocracia da Rússia tinha consciência de encenar a vida como se estivesse no palco. O nobre russo não nascera "europeu" e as boas maneiras europeias não lhe eram naturais. Tinha de aprender essas maneiras assim como aprendia um idioma estrangeiro, de forma ritualizada, numa imitação cônscia do Ocidente. Pedro, o Grande, começou tudo isso ao reinventar a si e à sua aristocracia em moldes europeus. A primeira coisa que fez ao voltar da Europa, em 1698, foi ordenar a todos os boiardos que trocassem os kaftans por vestimentas de estilo europeu. Numa ruptura simbólica com o passado, proibiu-os de usar barba, vistas tradicionalmente como sinal de santidade, e ele mesmo levou a tesoura aos cortesãos relutantes.* Pedro ordenou aos nobres que recebessem à moda europeia: com o seu chefe de polícia, supervisionava pessoalmente as listas de convidados dos bailes dados por anfitriões selecionados. A aristocracia tinha de aprender a falar francês, conversar polidamente e dançar o minueto. As mulheres, que tinham ficado confinadas em aposentos privados no mundo semiasiático de Moscóvia, tiveram de espremer o corpo em espartilhos e enfeitar a sociedade.

Essa nova etiqueta social foi explicada num manual, *O honrado espelho da juventude*, que Pedro adaptou e aprimorou com base no original alemão. Entre outras coisas, o livro aconselhava os leitores a não "cuspir a comida", não "usar a faca para limpar os dentes" nem "assoar o nariz como um trompete".[90] Pôr em prática essa etiqueta exigia um modo de ação consciente e muito diferente do comportamento inconsciente ou "natural" do russo; nesses momentos, o russo devia ter consciência de que diversamente do modo como agiria enquanto russo. Livros de etiqueta como *O honrado espelho* aconselhavam o nobre russo a se imaginar em companhia de estrangeiros enquanto, ao mesmo tempo, mantinha a consciência de ser russo. A questão não era se tornar europeu, mas comportar-se como tal. Como um ator de olho na própria imagem no palco, mandava-se o nobre observar o próprio comportamento do ponto de vista russo. Era a única maneira de avaliar a sua estrangeirice.[91]

Os diários e memórias da aristocracia estão cheios de descrições de como os jovens nobres eram instruídos a agir em sociedade. "A

---

* Na crença ortodoxa, a barba era a marca de Deus e Cristo (ambos eram representados de barba) e sinal de humanidade (os animais tinham suíças). Devido à proibição de Pedro, usar barba se tornou sinal de "russianidade" e de resistência às suas reformas.

questão não era ser, mas parecer",[92] recordou um memorialista. Nessa sociedade, a aparência externa era tudo e o sucesso dependia de um sutil código de maneiras só exibidas pelos que tinham bom berço. Roupas da moda, bom comportamento, recato e suavidade, conversação refinada e capacidade de dançar com elegância; eram essas as qualidades de ser *comme il faut*. Tolstoi reduziu-as ao francês de primeira classe; unhas compridas, bem cuidadas e polidas; e "uma expressão constante de tédio elegante e desdenhoso".[93] Unhas polidas e um ar cultivado de tédio também eram as características que definiam o dândi de acordo com Pushkin (assim o poeta foi mostrado no famoso retrato de Orest Kiprenski que parece ter sido pintado na Casa da Fonte).

O russo europeu tinha a identidade dividida. A mente era um Estado dividido ao meio. Num nível, tinha consciência de encenar a vida de acordo com convenções europeias recomendadas; mas, noutro plano, a vida íntima era influenciada pela sensibilidade e pelos costumes russos. É claro que a distinção não era absoluta: podia haver formas conscientes de "russianidade", como provariam os eslavófilos, assim como era possível que hábitos europeus se entranhassem tanto que parecessem "naturais". Mas, em termos gerais, o russo europeu era "europeu" no palco público e "russo" naqueles momentos privados da vida em que, sem sequer pensar, fazia as coisas como só os russos faziam. Esse era o legado dos seus ancestrais que nenhuma influência europeia conseguiria apagar totalmente. Ele permitia que uma condessa como Natasha dançasse a dança russa. Em todo aristocrata russo, por mais europeu que se tornasse, havia uma empatia discreta e instintiva com os costumes e crenças, os hábitos e os ritmos da vida camponesa russa. Como, na verdade, poderia não ser assim, se o nobre nascia no campo, onde passava a infância na companhia dos servos, e levava a maior parte da vida na propriedade campestre — uma ilha minúscula de cultura europeia num vasto mar camponês russo?

A planta-baixa do palácio era um mapa desse divisor de águas na geografia emocional do nobre. Havia os grandes salões de recepção, sempre frios e arejados, onde a norma eram as maneiras europeias formais; e havia as salas privativas, os quartos de dormir e vestir, o escritório e a sala íntima, a capela e a sala dos ícones, e os corredores que passavam pelos aposentos dos criados, onde se encontrava um modo de vida mais "russo" e informal. Às vezes, esse divisor de águas era mantido conscientemente. O conde Sheremetev rearrumou os cômodos da Casa da Fonte de modo que toda a vida pública fosse conduzida no lado esquerdo, o da beira d'água, enquanto o lado direito e os cômodos que davam para o jardim dos fundos eram isolados para a sua vida secreta. Esses cômodos privados eram totalmente diferentes em estilo e clima, com tecidos de cores quentes, papel de parede, tapetes e aquecedores russos, comparados aos cômodos públicos frios e sem aquecedor, com os seus pisos de tacos decorados e paredes de mármore com espelhos.[94] Era como se o conde tentasse criar um espaço íntimo, doméstico e mais "russo" para relaxar com Praskovia.

Em 1837, o Palácio de Inverno de São Petersburgo foi destruído por um incêndio tão imenso que pôde ser visto em aldeias a cerca de 80 quilômetros de distância. Começou num cômodo de madeira no porão e logo se espalhou para os andares superiores, todos com paredes de madeira e cavidades atrás das fachadas de pedra. O simbolismo do fogo não passou despercebido numa cidade construída sobre mitos do Apocalipse: a velha Rússia se vingava. Todo palácio tinha uma "Rússia de madeira" por trás dos grandiosos salões de recepção. Do brilhante salão de baile branco da Casa da Fonte, podia-se sair por uma porta de espelho oculta e descer por uma escada até os aposentos dos criados e um outro mundo. Ali havia cozinhas com o fogo aceso o dia todo, um depósito no quintal onde as carroças camponesas entregavam produtos agrícolas, uma cocheira, uma ferraria, oficinas, estábulos para cavalos e vacas, um aviário, uma grande estufa, uma lavanderia e uma *banya* ou casa de banhos de madeira.[95]

Ir à *banya* era um velho costume russo. Desde a época medieval, era popularmente considerado uma instituição nacional, e não tomar banho numa delas pelo menos três vezes por semana era considerado praticamente uma prova de origem estrangeira. Toda residência nobre tinha sauna própria. Em aldeias e cidades pequenas havia invariavelmente um banho comunitário onde homens e mulheres faziam sauna, vergastavam-se de acordo com o costume com ramos novos de bétula e se esfriavam rolando juntos na neve. Devido à fama de local de sexo e comportamento selvagem, Pedro, o Grande, tentou eliminar a *banya* como relíquia da Rus medieval e estimulou a construção de banheiros ocidentais nos palácios e mansões de São Petersburgo. Mas, apesar dos elevados tributos sobre ela, os nobres continuaram a preferir a casa de banho russa e, no final do século XVIII, quase todos os palácios de São Petersburgo tinham a sua.[96]

Acreditava-se que a *banya* tinha poderes curativos especiais; era chamada de "primeiro médico do povo" (o segundo era a vodca, o terceiro, alho cru). No folclore, havia todo tipo de crenças mágicas associadas a ela.[97] Ir à *banya* era fazer uma boa faxina no corpo e na alma, e o costume envolvia realizar essa purga como parte de rituais importantes. A *banya* era um lugar para dar à luz: quente, limpo e privativo e, numa série de banhos rituais que durava quarenta dias, purificava a mãe do sangramento do parto que, de acordo com a Igreja e com a crença popular que sustentava a ideia do parto sem sangue de Cristo, simbolizava o estado decaído da condição feminina.[98] O papel da *banya* nos ritos pré-nupciais também serviam para assegurar a pureza da mulher: na véspera do casamento, a noiva era lavada na *banya* pelas damas de companhia. Em alguns lugares, o noivo e a noiva costumavam ir à casa de banhos antes da noite de núpcias. Esses rituais não eram apenas camponeses, mas praticados também pela nobreza da província e até pela corte nas últimas décadas do século XVII. De acordo com os costumes da década de 1670, a noiva do tsar Alexandre foi lavada na *banya* na véspera do casamento, enquanto um coro entoava canções sagradas do lado de fora; depois ela recebeu a bênção de um padre.[99] A mistura de ritos de banho pagãos com rituais cristãos era igualmente pronunciada na Epifania e no Entrudo ("Segunda-feira limpa"), quando as abluções e a devoção eram a ordem do dia. Nesses dias santos, era costume que a família russa, fosse qual fosse a classe social, limpasse a casa, lavasse todo o chão, esvaziasse os armários, expurgasse o local de todos os alimentos podres ou ímpios e, depois de tudo isso feito, visitasse a casa de banhos para limpar o corpo também.

No palácio, o salão do andar de cima pertencia a um mundo europeu totalmente diferente. Todo grande palácio tinha o seu próprio salão que servia de local para concertos e bailes a fantasia, banquetes, saraus e, às vezes, até leituras dos maiores poetas russos da época. Como todos os palácios, a Casa da Fonte foi projetada para os rituais do salão. Havia um acesso amplo para a chegada grandiosa em carruagens de quatro cavalos; um vestíbulo público para despir capas e peles; uma escadaria para "desfilar" e grandes salas de recepção para os convidados divulgarem a sua etiqueta e as vestimentas de bom gosto. As mulheres eram as estrelas dessa sociedade. Todos os saraus giravam em torno da beleza, do encanto e do humor inteligente de uma anfitriã específica — como Ana Scherer em *Guerra e paz*, de Tolstoi, ou Tatiana em *Eugene Oneguin*, de Pushkin. Excluídas do domínio público em Moscóvia, as mulheres assumiram papéis de liderança na cultura europeia do século XVIII. Pela primeira vez na história do Estado russo, houve uma sucessão de soberanas. As mulheres se tornaram instruídas e exímias nas artes europeias. No final do século XVIII, a mulher nobre instruída se tornara a norma da alta sociedade, tanto que a mulher nobre não instruída se tornou tema comum de sátiras. Ao recordar a sua experiência como embaixador francês em Petersburgo durante os anos 1780, o conde de Ségur acreditou que as nobres russas "tinham superado os homens nessa marcha progressista rumo ao aprimoramento: já se via certo número de moças e mulheres elegantes, notáveis pela graça, falando sete ou oito idiomas com fluência, tocando vários instrumentos e familiarizadas com os romancistas e poetas mais celebrados da França, da Itália e da Inglaterra". Os homens, em comparação, não tinham muito a dizer.[100]

As mulheres impuseram os modos de salão: o beija-mão, as genuflexões dignas do balé e o aparato feminizado do dândi foram todos reflexos da sua influência. A arte da conversa de salão era claramente feminina. Representava uma conversa tranquila e inteligente que pulava imperceptivelmente de um tema a outro, transformando até as coisas mais triviais em temas de fascínio encantador. Também era *de rigueur* não falar muito tempo sobre tópicos sérios e "masculinos", como política ou filosofia, como Pushkin destacou em *Eugene Oneguin*:

> Conversação com brilho e fina;
> A anfitriã assim mantinha
> Sem troça nem afetação.
> Também havia bons argumentos,
> Sem nada feio, vulgar e cruento,
> Verdade eterna, dissertação —
> Nenhum ouvido se chocava
> Com todo o humor que ali passava.[101]

Pushkin disse que a razão da conversa de salão era flertar (certa vez, afirmou que a razão da vida era "fazer-se atraente para as mulheres"). Os amigos dele confirmaram que a sua conversação era tão memorável quanto a sua poesia, enquanto o irmão Lev afirmava que o seu verdadeiro gênio estava no flerte com as mulheres.[102]

Na época de Pushkin, quem lia literatura eram, na grande maioria, as mulheres. Em *Eugene Oneguin*, encontramos a heroína Tatiana pela primeira vez com um livro francês nas mãos. A linguagem literária russa, desenvolvida nessa época, foi conscientemente concebida por poetas como Pushkin para refletir o gosto feminino e o estilo dos salões. A Rússia mal tinha literatura nacional quando Pushkin surgiu na cena literária (daí a sua condição de semideus naquela sociedade). "Na Rússia", escreveu Madame de Staël no início dos anos 1800, "a literatura consiste em poucos cavalheiros."[103] Na década de 1830, quando a Rússia tinha uma literatura crescente e vibrante, a persistência de atitudes como essa se tornara fonte de sátira literária de escritores patriotas como Pushkin. No conto *A dama de espadas* (1834), a velha condessa, dama do reinado de Catarina, a Grande, se espanta quando o neto, a quem pediu que lhe trouxesse um romance novo, lhe pergunta se gostaria de um russo. "Existem romances russos?", pergunta a velha dama.[104] Mas, na época em que Staël escrevia, a ausência de um cânone literário importante significava fonte de grande vergonha para os russos letrados. Em 1802, o poeta e historiador Nikolai Karamzin compilou o "Panteão de escritores russos", começando com o antigo bardo Boian e terminando na sua época: tinha apenas vinte nomes. Os pontos altos literários do século XVIII — as sátiras do príncipe Antiokh Kantemir, as odes de Vassili Trediakovski e Alexandre Sumarokov, a poesia de Lomonossov e Derjavin, as tragédias de Iacov Kniajnin e as comédias de Denis Fonvizin — dificilmente chegariam a ser uma vibrante literatura nacional. Todas as obras deles derivavam de gêneros da tradição neoclássica. Alguns iam pouco além de traduções de obras europeias com nomes russos dados aos personagens e a ação transferida para a Rússia. Vladimir Lukin, dramaturgo da corte de Catarina, russificou grande número de peças francesas. Fonvizin fez o mesmo na década de 1760. Nos últimos 75 anos do século XVIII, foram publicadas na Rússia cerca de quinhentas obras de literatura. Mas só sete eram de origem russa.[105]

A ausência de uma literatura nacional perseguiria a jovem *intelligentsia* da Rússia nas primeiras décadas do século XIX. Karamzin explicou isso por meio da ausência daquelas instituições (sociedades literárias, revistas, jornais) que ajudaram a formar a sociedade europeia.[106] O público leitor russo era pequeno — uma proporção minúscula da população total do século XVIII —, e as publicações eram dominadas pela Igreja e pela corte. Era bastante difícil, para não dizer impossível, um escritor sobreviver do que escrevia. A maioria dos escritores russos do século XVIII se viam obrigados, como nobres, a servir como funcionários do Estado, e aqueles como o fabulista Ivan Krylov que davam as costas ao serviço público e tentavam ganhar a vida escrevendo quase sempre acabavam paupérrimos. Krylov foi obrigado a se tornar tutor de crianças de famílias ricas e trabalhou algum tempo na Casa da Fonte.[107]

Mas o maior impedimento ao desenvolvimento de uma literatura nacional era o estado subdesenvolvido da linguagem literária. Na França ou na Inglaterra, o escritor escrevia principalmente como se falava; mas na Rússia havia um enorme divisor de águas entre as formas escrita e falada da linguagem. A linguagem escrita do século XVIII era uma combinação desajeitada de eslavo eclesiástico arcaico, um jargão burocrático chamado de Chancelaria e latinismos importados pelos poloneses. Não havia gramática nem ortografia estabelecidas nem definição clara de muitas palavras abstratas. Era uma linguagem livresca e obscura, muito afastada do idioma falado pela alta sociedade (basicamente o francês) e a linguagem simples do campesinato russo.

Eis o desafio enfrentado pelos poetas da Rússia no início do século XIX: criar uma linguagem literária que fosse enraizada na linguagem falada pela sociedade. O problema essencial era que não havia termos em russo para o tipo de pensamentos e sensações que constituem o léxico de um escritor. Conceitos literários básicos, a maioria deles ligados ao mundo privado do indivíduo, nunca tinham se desenvolvido no idioma russo: "gesto", "empatia", "privacidade", "impulso" e "imaginação" — nada disso podia ser expresso sem o uso do francês.[108] Além disso, já que praticamente toda a cultura material da sociedade fora importada do Ocidente, não havia, como comentou Pushkin, palavras russas para coisas básicas:

> Mas *pantaloons, gilet, redingote* —
> No russo não há desse lote.[109]

Assim, os escritores russos foram obrigados a adaptar ou tomar palavras emprestadas do francês para exprimir os sentimentos e representar o mundo dos leitores da alta sociedade. Karamzin e os seus discípulos literários (inclusive o jovem Pushkin) visavam a "escrever como se fala" — querendo dizer como falavam as pessoas de cultura e bom gosto e, especificamente, a "mulher cultivada" da sociedade bem-educada, que, percebiam, era o seu "principal leitor".[110] Esse "estilo de salão" obtinha certa leveza e refinamento com a sintaxe e a fraseologia galicizadas. Mas o uso excessivo de neologismos e palavras emprestadas do francês o deixava desajeitado e verborrágico. E, a seu modo, era tão distante da fala simples do povo quanto o eslavo eclesiástico do século XVIII. Essa era a linguagem da pretensão social que Tolstoi satirizou na abertura de *Guerra e paz*:

> Anna Pavlovna estava com tosse havia alguns dias. Como dizia, ela sofria de *la grippe*; *grippe* sendo então uma palavra nova em São Petersburgo, usada apenas pela *élite*.[111]

Mas esse estilo de salão foi um estágio necessário na evolução da linguagem literária. Até que a Rússia tivesse um público leitor mais amplo e mais escritores dispostos a usar linguagem simples como idioma literário, não haveria alternativa. Até no início do século XIX, quando poetas como Pushkin tentaram romper com o domínio estrangeiro da linguagem inventando palavras russas, era preciso explicá-las ao público dos salões. Assim, no conto "A camponesa", Pushkin teve de esclarecer o significado da palavra russa *samobytnost* acrescentando, entre parênteses, o equivalente francês, *individualité*.[112]

5

Em novembro de 1779, o teatro da corte do Hermitage, em São Petersburgo, apresentou a estreia da ópera cômica *Infortúnios de uma carruagem*, de Kniajnin. Foi um local irônico para essa sátira hilariante da imitação submissa de modos estrangeiros. O suntuoso teatro recentemente construído pelo italiano Quarenghi no Palácio de Inverno era o lar da ópera francesa, a mais prestigiada das companhias estrangeiras. O seu público de elite estava impecavelmente vestido com os mais recentes trajes e penteados franceses. Ali estava exatamente o tipo de galomania que a obra de Kniajnin responsabilizava pela corrupção moral da sociedade. A ópera conta a história de um casal de amantes camponeses, Lukian e Aniuta, impedidos de se casar por Klimenti, meirinho ciumento do senhor que deseja Aniuta para si. O casal de servos pertence a um casal nobre e tolo, os Firiulin (os "Bobos"), cuja única meta na vida é imitar a última moda de Paris. Os Firiulin decidem que precisam de uma nova carruagem que é a mania mais recente. Para conseguir dinheiro, mandam Klimenti vender alguns servos para o serviço militar. Klimenti escolhe Lukian. Só quando os amantes imploram aos donos com a linguagem sentimental do salão galicizado que Lukian é finalmente liberado. Até então, os Firiulin os tinham visto simplesmente como servos russos e, portanto, supuseram, nunca afetados por emoções como o amor. Mas tudo recai de outro ponto de vista quando Lukian e Aniuta falam com clichês franceses.[113]

A sátira de Kniajnin foi uma de várias que igualaram as pretensões estrangeiras de Petersburgo à ruína moral da sociedade. O dândi de Petersburgo, com as roupas da moda, os modos ostentatórios e a afeminada fala francesa, tornara-se o antimodelo do "homem russo". Ele era o alvo das comédias, desde o personagem de Medor da sátira *Má lição* (1729), de Kantemir, até o Ivan de *O brigadeiro* (1769), de Fonvizin. Essas comédias continham os ingredientes de uma consciência nacional baseada na antítese entre nativo e estrangeiro. Os modos decadentes e artificiais do almofadinha contrastavam com as virtudes simples e naturais do campesinato; a sedução material da cidade europeia, com os valores espirituais do campo russo. Além de falar em língua estrangeira com os pais russos (cuja incapacidade de entender os galicismos era fonte de mal-entendidos cômicos), o jovem dândi vivia de acordo com um código moral estrangeiro que ameaçava as tradições patriarcais da Rússia. Na comédia *O execrador*, de Kheraskov, apresentada em Petersburgo no mesmo ano que *Infortúnios de uma carruagem*, o personagem janota Stovid aconselha um amigo, que não consegue persuadir uma mocinha a sair com ele contra a vontade dos pais, a "convencê-la de que, em Paris, o amor de um filho pelos pais é considerado filisteu". A moça impressionável é vencida por esse argumento, e então Stovid conta que a ouviu dizer ao pai: "— *Afaste-se!* Na França os pais não ficam na companhia dos filhos, e só mercadores permitem que as suas mãos sejam beijadas pelas filhas. — Então, ela cuspiu no pai."[114]

No âmago de todas essas sátiras estava a noção do Ocidente como negação dos princípios russos. A lição moral era simples: por meio da imitação submissa de princípios ocidentais, os aristocratas tinham perdido a noção de sua nacionalidade. Ao se esforçar para se sentir à vontade com os estrangeiros, tinham se tornado estrangeiros em casa.

O nobre que adora a França e, portanto, despreza a Rússia, era personagem costumeiro em todas essas comédias. "Por que nasci russo?", lamenta-se Diulej em *Os monstros*, de Sumarokov (1750). "Oh, Natureza! Não vos envergonhais de ter me dado um pai russo?" O desprezo pelos compatriotas era tamanho, que, numa continuação da peça, Diulej chega a desafiar para um duelo um conhecido que ousou chamá-lo de "irmão e companheiro russo".[115] Em *O brigadeiro*, de Fonvizin, o personagem Ivan considera a França a sua "pátria espiritual" pela simples razão de um dia ter recebido aulas de um cocheiro francês. Ao voltar de uma viagem à França, Ivan proclama que "quem já esteve em Paris tem o direito de não se considerar mais russo".[116]

Esse tipo literário continuou a ser o esteio do palco do século XIX. Em *A inteligência, que desgraça!*, de Alexandre Griboiedov, Chatski fica tão imerso na cultura europeia que não suporta mais viver em Moscou quando retorna. Parte novamente para Paris, afirmando que não há mais lugar para ele na vida russa. Chatski era o protótipo daqueles "homens supérfluos" que habitam a literatura russa do século XIX: *Eugene Oneguin*, de Pushkin, Pechorin, de Lermontov (*O herói do nosso tempo*, 1840), *Rudin*, de Turgueniev (1856); a raiz de todos os seus problemas é um sentimento de alienação da terra natal.

Havia muitos Chatskis na vida real. Dostoievski encontrou alguns na década de 1870, nas comunidades de emigrados russos na Alemanha e na França:

> [T]em havido todo tipo de gente [que emigrou], mas a grande maioria, para não dizer todos, odiava mais ou menos a Rússia, alguns por razões morais, com a convicção de que "na Rússia, não há o que fazer para pessoas tão decentes e inteligentes quanto eles", outros simplesmente a detestam sem nenhuma convicção — naturalmente, pode se dizer, fisicamente: pelo clima, pelos campos, pelas florestas, pelos modos, pelos camponeses libertados, pela história russa: em resumo, odeiam-na por absolutamente tudo.[117]

Mas não foram apenas os *émigrés* — ou o acampamento quase permanente de russos ricos nas estâncias à beira-mar ou nas montanhas na Alemanha e na França — que se divorciaram da terra natal. Toda a ideia de uma formação europeia faria o russo sentir-se muito mais em casa em Paris do que em Petersburgo. Essa formação levou a um certo cosmopolitanismo que foi um dos pontos fortes culturais mais duradouros da Rússia. Deu às classes instruídas a sensação de pertencer a uma civilização europeia mais ampla, e esse foi o segredo das supremas conquistas da sua cultura nacional no século XIX. Pushkin, Tolstoi, Turgueniev, Tchaikovski, Diaguilev e Stravinski: todos combinaram a russianidade com a identidade cultural europeia. Ao escrever no ápice dos anos 1870, Tolstoi evocou o encanto quase mágico desse mundo europeu visto pelos olhos de Levin quando ele se apaixona pela família Scherbatski, em *Anna Karenina* (1873-76):

> Por estranho que pareça, Levin estava apaixonado pela família inteira, principalmente pela metade feminina. Não conseguia se lembrar da mãe e a única irmã era mais velha do que ele, de modo que, na casa dos Scherbatski, ele encontrou, pela primeira vez, a vida doméstica de uma família culta e honrada da antiga aristocracia da qual fora privado pela morte do pai e da mãe. Todos os membros da família, em especial a metade feminina, lhe pareciam envoltos num véu poético e misterioso, e, além de não ver defeito neles, imaginava, atrás daquele véu poético, os sentimentos mais elevados e toda a perfeição possível. Por que as três jovens damas tinham de falar francês num dia e inglês no outro; por que, em horas definidas e uma de cada vez, tinham de estudar piano (cujo som chegava ao quarto dos irmãos no andar de cima, onde os meninos estudavam); por que aqueles mestres de literatura francesa, música, desenho e dança iam à casa; por que em certas horas as três jovens, acompanhadas de Mademoiselle Linon, eram levadas numa caleche ao bulevar Tverskoi usando peliças de cetim — comprida para Dolly, mais curta para Natalie e tão curta para Kitty que as suas perninhas torneadas nas meias vermelhas compridas e justas ficavam

bem expostas; por que tinham de andar para cima e para baixo pelo bulevar Tverskoi acompanhadas por um pajem com penacho dourado no chapéu — tudo isso e muito mais que acontecia no seu mundo misterioso ele não entendia; mas sabia que tudo era perfeito, e se apaixonou pelo mistério daquilo tudo.[118]

Mas essa sensação de fazer parte da Europa também foi responsável por almas divididas. "Nós, russos, temos duas pátrias: a Rússia e a Europa", escreveu Dostoievski. Alexandre Herzen foi um exemplo típico dessa elite ocidentalizada. Depois de conhecê-lo em Paris, Dostoievski disse que ele não emigrara; nascera emigrante. Mikhail Saltykov-Schedrin, escritor do século XIX, explicou bem essa condição de exílio interno. "Na Rússia", escreveu, lembrando-se dos anos 1840, "existíamos apenas em sentido factual, ou, como se dizia na época, tínhamos um 'modo de vida'. Íamos à repartição, escrevíamos cartas aos parentes, jantávamos em restaurantes, conversávamos uns com os outros e assim por diante. Mas espiritualmente éramos todos habitantes da França."[119] Para esses russos europeus, portanto, a "Europa" não era apenas um lugar. Era uma região da mente que habitavam por meio da educação, da linguagem, da religião e das atitudes gerais.

Estavam tão mergulhados em idiomas estrangeiros que muitos achavam difícil falar ou escrever a língua nativa. A princesa Dashkova, defensora eloquente da cultura russa e única mulher a presidir a Academia Russa de Ciências, teve a mais fina educação europeia. "Tínhamos aulas em quatro línguas diferentes e falávamos francês fluentemente", escreveu ela nas suas memórias, "mas o meu russo era péssimo."[120] O conde Karl Nesselrode, alemão do Báltico e ministro do Exterior da Rússia de 1815 a 1856, não sabia escrever e sequer falar a língua do país que deveria representar. O francês era o idioma da alta sociedade e, nas famílias de alto nível, também a língua de todas as relações pessoais. Os Volkonski, por exemplo, família cujo destino acompanharemos neste livro, falavam entre si principalmente em francês. Mademoiselle

Canaille, governanta francesa na casa dos Volkonski, recordou que, em quase cinquenta anos de serviço, nunca ouviu a família falar uma palavra em russo, a não ser para dar ordens à criadagem doméstica. Isso se aplicava até a Maria (nascida Raievskaia), esposa do príncipe Serguei Volkonski, ajudante de ordens favorito do tsar Alexandre em 1811. Apesar de ter sido criada nas províncias ucranianas, onde as famílias nobres tinham mais tendência a falar a língua russa nativa, Maria não sabia escrever russo direito. As cartas ao marido eram em francês. O russo falado, que aprendera com os criados, era muito primitivo e cheio de gírias camponesas. Um paradoxo comum era os russos mais cultos e refinados só saberem falar a forma camponesa de russo que tinham aprendido quando crianças com os criados.[121] Eis aqui a cultura europeia de *Guerra e paz*, de Tolstoi: uma cultura em que os russos "falavam aquele francês refinado que os nossos avós não só falavam como pensavam".[122] Conversavam em russo nativo como se fossem franceses que só estivessem na Rússia havia um ano.

Esse desprezo pela língua russa era mais pronunciado e persistente nos escalões mais altos da aristocracia, que sempre foram os mais europeizados (e, em vários casos, de origem estrangeira). Em algumas famílias, as crianças eram proibidas de falar russo, a não ser nos domingos e dias santos. Durante toda a sua formação, a princesa Ekaterina Golitsyn teve apenas sete aulas na língua nativa. A mãe desdenhava a literatura russa e achava que Gogol era "para cocheiros". As crianças Golitsyn tinham uma governanta francesa e, se ela as pegasse falando russo, punia-as amarrando no seu pescoço um pano vermelho na forma da língua de um demônio.[123] Anna Lelong teve experiência semelhante no Ginásio de Moças, a melhor escola para filhas de nobres em Moscou. As meninas pegas falando russo eram obrigadas a usar um guizo de metal o dia todo e ficar em pé de castigo no canto da sala de aula, sem o avental branco; tinham de ficar em pé até durante as refeições e eram servidas por último.[124] Outras crianças sofriam punição ainda mais severa quando falavam russo; às vezes ficavam até trancadas numa sala.¹²⁵ Parece que a atitude era que o russo, como o diabo, devia ser expulso das crianças nobres desde tenra idade e que até os sentimentos mais infantis tinham de ser expressos num idioma estrangeiro. Daí o episódio pequenino mas revelador na sala de visitas de Oblonski, em *Anna Karenina*, quando a filhinha de Dolly entra na sala onde a mãe conversa com Levin:

— Você é muito, muito ridículo! — repetiu Dolly, olhando carinhosa o rosto dele. — Muito bem, então seja como se não tivéssemos dito nenhuma palavra sobre isso. O que é, Tânia? — perguntou ela em francês à menininha que entrara.
— Cadê a minha pá, mamãe?
— Estou falando francês e você tem de responder em francês.
A menininha tentou, mas não conseguiu lembrar como era pá em francês; a mãe a ajudou e depois lhe disse em francês onde procurar. Tudo isso causou uma impressão desagradável em Levin.
Agora tudo na casa e nos filhos de Dolly não lhe parecia de modo algum tão encantador quanto antes.
"Por que ela fala francês com os filhos?", pensou. "É tão afetado e antinatural. E as crianças percebem. Aprendem francês e desaprendem a sinceridade", pensou com os seus botões, sem saber que Dolly ponderara várias vezes do mesmo modo e ainda assim decidira que, mesmo ao custo de certa perda de sinceridade, as crianças tinham de aprender francês dessa maneira.[126]

Atitudes assim continuaram a ser encontradas nas famílias de berço nobre durante todo o século XIX e configuraram a formação de algumas das mentes mais criativas da Rússia. Quando menino, na década de 1820, Tolstoi foi educado pelo tipo de tutor alemão que retratou de forma tão memorável em *Infância* (1852). A tia lhe ensinou francês. Mas, fora alguns poemas de Pushkin, Tolstoi só teve contato com a literatura russa quando foi para a escola, com 9 anos. Turgueniev teve tutores franceses e alemães, mas só aprendeu a ler e escrever russo graças ao esforço do valete servo do pai. Viu o primeiro livro russo com 8 anos, depois de arrombar uma sala trancada que continha a biblioteca russa do pai. Até na virada do século XX, havia nobres russos que mal conseguiam falar o idioma dos compatriotas. Vladimir Nabokov descreveu o seu "tio Ruka", um diplomata excêntrico, que se exprimia com

> uma combinação meticulosa de francês, inglês e italiano, todos os quais falava com muito mais facilidade do que o idioma nativo. Quando recorria ao russo, era, invariavelmente, para usar erradamente ou mutilar alguma expressão extremamente idiomática ou até popular, como quando dizia à mesa, com um suspiro súbito: "*Je suis triste et seul comme une bylinka v pole*" (estou tão solitário quanto uma 'folha de capim no campo')."[127]

O tio Ruka morreu em Paris no final de 1916, o último do velho mundo da aristocracia russa.

A religião ortodoxa estava igualmente distante da consciência da elite ocidentalizada. Afinal, a religião tinha papel apenas secundário na criação da aristocracia. As famílias nobres, mergulhadas na cultura secular do Iluminismo francês, faziam pouco da necessidade de formar os filhos na fé russa, embora, por força do hábito e por conformidade, continuassem a batizá-los na religião do Estado e respeitassem os rituais. As atitudes voltairianas que dominavam muitas famílias nobres geraram uma noção maior de tolerância religiosa — o que era bom, já que, com todos os tutores estrangeiros e servos camponeses, o palácio podia abrigar várias religiões diferentes. A ortodoxia, na medida em que era praticada principalmente nos aposentos dos criados, ficava na base da pirâmide social, abaixo do protestantismo dos tutores alemães e do catolicismo dos franceses. Essa ordem hierárquica era reforçada pelo fato de que, até a década de 1870, não havia Bíblia em russo, somente um saltério e um Livro de Horas. Herzen lia o Novo Testamento em alemão e ia à igreja em Moscou com a mãe luterana. Mas só aos 15 anos (e só porque era exigência para ingresso na Universidade de Moscou) o pai contratou um sacerdote russo para lhe ensinar a religião ortodoxa. Tolstoi não recebeu educação religiosa formal quando criança, enquanto a mãe de Turgueniev demonstrava desdém declarado pela ortodoxia, que considerava religião de gente comum, e em vez das costumeiras orações à refeição, fazia uma leitura diária de uma tradução francesa de Tomás de Kempis. Essa tendência de tratar com condescendência a ortodoxia como "fé camponesa" era comum na aristocracia. Herzen contou a história do anfitrião de um jantar que, quando lhe perguntaram se servia pratos da Quaresma por convicção pessoal, respondeu que era "única e simplesmente devido aos criados".[128]

Contra o pano de fundo dessa dominação pela Europa, sátiras como as de Kniajnin e Kheraskov começaram a definir o caráter russo em termos distintos dos valores do Ocidente. Esses escritores estabeleceram a antítese entre artifício estrangeiro e verdade nativa, razão europeia e coração ou "alma" russa que seria a base da narrativa nacional no século XIX. No âmago desse discurso estava o antigo ideal romântico do solo nativo — de uma Rússia "orgânica" e pura, não corrompida pela civilização. São Petersburgo era apenas engano e vaidade, um dândi narcisista a observar o tempo todo o seu reflexo no rio Neva. A Rússia real ficava nas províncias, um lugar sem pretensões nem convenções estrangeiras onde as simples virtudes "russas" se mantinham preservadas.

Para alguns, a questão era o contraste entre Moscou e São Petersburgo. A raiz do movimento eslavófilo vem do final do século XVIII e da defesa da antiga cultura nobre de Moscou e das suas províncias contra o estado petrino europeizante. Dizia-se que a nobreza proprietária de terras estava mais próxima dos costumes e da religião do povo do que os cortesãos e burocratas de carreira de Pedro. O escritor Mikhail Shcherbatov era o porta-voz mais eloquente da antiga nobreza. Na *Viagem à terra de Ofir* (1784), ele retrata um país do norte governado pelo rei Perega na recém-fundada cidade de Peregrab. Como São Petersburgo, alvo visado pela sátira de Shcherbatov, Peregrab é cosmopolita e sofisticada, mas estranha às tradições nacionais de Ofir, cujo povo ainda se agarra às virtudes morais de Kvamo (leia-se: Moscou), a ex-capital. Finalmente, o povo de Peregrab se subleva, a cidade cai e Ofir volta ao modo de vida simples de Kvamo. Essa visão idílica do passado impoluto era lugar-comum na época de Rousseau. Até Karamzin, ocidentalista que, sem dúvida, não tinha saudades da antiga nobreza, idealizava a "vida simples e virtuosa dos nossos ancestrais", quando "os russos eram russos reais", no seu conto *Natalia* (1792).

Para outros, as virtudes da Rússia se conservavam nas tradições do campo. Fonvizin encontrou-as nos princípios cristãos do "velho pensador" Starodum, o simples místico de aldeia da sátira *O menor* (1782). "Tem coração, tem alma, e serás sempre um homem", aconselha Starodum. "Tudo o mais é moda."[129] A ideia de um eu verdadeiramente russo que fora escondido e suprimido pelas convenções estrangeiras da sociedade de Petersburgo tornou-se lugar-comum. Teve origem no culto sentimental da inocência rural, culto exemplificado por *Pobre Liza* (1792), conto lacrimoso de Karamzin. Ele conta a história de uma simples florista que, enganada no amor por um janota de São Petersburgo, se mata afogando-se num lago. O conto continha todos os elementos dessa visão de uma nova comunidade: o mito da salutar aldeia russa de onde Liza é expulsa pela pobreza; a corrupção da cidade grande com os seus modos estrangeiros; a heroína russa trágica e sincera; e o ideal universal de casamento baseado no amor.

Poetas como Piotr Viazemski idealizaram a aldeia como porto seguro da simplicidade natural:

> Aqui não há grilhões,
> Aqui não há tirania da vaidade.[130]

Escritores como Nikolai Novikov indicaram a aldeia como o lugar onde sobreviviam os costumes nativos. O russo ficava à vontade, comportava-se como ele mesmo quando vivia perto da terra.[131] Para

Nikolai Lvov, poeta, engenheiro, arquiteto e folclorista, a principal característica russa era a espontaneidade.

> Em outras terras, o plano impera,
> Passos se medem, palavras se pesam.
> Mas entre nós, russos, fogosa é a vida,
> A fala é trovão, e voam faíscas.[132]

Lvov contrastava a vida cheia de convenções dos russos europeus com o comportamento espontâneo e a criatividade do campesinato russo. Conclamou os poetas da Rússia a se libertar das restrições do cânone clássico e encontrar inspiração no ritmo livre das canções e versos populares.

No centro desse culto da vida simples camponesa estava a noção da sua pureza moral. O satirista radical Alexandre Radischev foi o primeiro a defender que as virtudes mais elevadas da nação estavam contidas na cultura do povo mais humilde. A sua prova disso eram os dentes. Na *Viagem de São Petersburgo a Moscou* (1790), Radischev recorda um encontro com um grupo de aldeãs vestidas com roupas tradicionais para uma festa — os amplos sorrisos "a revelar filas de dentes mais brancos do que o mais puro marfim". As damas da aristocracia, que tinham todas dentes podres, ficariam "enlouquecidas com dentes como esses":

> Vinde, vinde, caras damas de Moscou e Petersburgo, olhai os seus dentes e aprendei com elas a mantê-los brancos. Elas não têm dentistas. Não raspam os dentes com escovas e pós todo dia. Ficai boca a boca com qualquer uma delas que escolherdes: nenhuma contaminará os vossos pulmões com seu hálito. Enquanto o vosso, sim, o vosso pode contaminar o delas com o germe de uma doença... Temo dizer qual.[133]

6

Nos panoramas de São Petersburgo do século XVIII, o espaço e o céu aberto ligam a cidade a um universo mais amplo. Linhas retas se estendem até o horizonte distante, além do qual, pedem-nos que imaginemos, jaz o resto da Europa bem ali ao alcance. A projeção da Rússia na Europa sempre foi a *raison d'être* de São Petersburgo. Ela não era apenas a "janela para a Europa" de Pedro, como Pushkin certa vez descreveu a capital, mas uma porta aberta pela qual a Europa entrou na Rússia e os russos fizeram a sua entrada no mundo.

Para as elites instruídas da Rússia, a Europa era mais do que um destino de turistas. Era um ideal cultural, a fonte espiritual da sua civilização, e viajar até lá era fazer uma peregrinação. Pedro, o Grande, era o modelo do viajante russo no Ocidente em busca de autoaprimoramento e esclarecimento. Nos duzentos anos seguintes, os russos seguiram a jornada de Pedro no Ocidente. Os filhos da nobreza de Petersburgo iam às universidades de Paris, Gottingen e Leipzig. A "alma de Gottingen" que Pushkin atribui a Lenski, o estudante preocupado com a moda de *Eugene Oneguin*, tornou-se um tipo de emblema da visão de mundo europeia adotada por gerações de nobres russos:

> Vladimir Lenski, ao retornar
> De Gottingen, a alma a ansiar,
> Belo jovem era, na flor da idade,
> E, poeta, trazia de Kant a verdade.
> Da nublada Alemanha nosso cavalheiro
> Trouxera consigo os frutos da arte:
> Coração nobre, amor à liberdade,
> Espírito estranho, ardente, altaneiro,
> Discurso ousado, sempre com paixão,
> E no ombro os cachos cor de carvão.[134]

Todos os pioneiros das artes da Rússia aprenderam o ofício no exterior: Trediakovski, primeiro poeta real do país, foi mandado por Pedro para estudar na Universidade de Paris; Andrei Matveiev e Mikhail Avramov, os primeiros pintores seculares, foram para a França e a Holanda; e, como vimos, Berezovski, Fomin e Bortnianski aprenderam música na Itália. Mikhail Lomonossov, primeiro estudioso e cientista digno de nota do país, estudou química em Marburg antes de voltar para ajudar a criar a Universidade de Moscou, que hoje tem seu nome. Certa vez, Pushkin brincou que o polímata "*foi* a nossa primeira universidade".[135]

O *Grand Tour* era um rito de passagem fundamental para a aristocracia. Em 1762, a emancipação dos nobres da obrigação de servir ao Estado soltou no mundo os nobres mais ambiciosos e curiosos da Rússia. Eles chegavam aos magotes em Paris, Amsterdã e Viena. Mas a Inglaterra era o destino favorito. Era lá a pátria de uma nobreza proprietária de terras, próspera e independente, como os nobres russos aspiravam a se tornar. Às vezes a anglomania era extremada a ponto de se aproximar da negação da própria identidade. "Por que não nasci inglesa?", lamentava-se a princesa Dashkova, visitante frequente e admiradora da Inglaterra que cantou os seus louvores no elogiado *Viagem de uma nobre russa* (1775).[136] Os russos afluíam para a ilha coroada para se instruir sobre a moda mais recente e o projeto das suas belas casas, para adquirir novas técnicas de administração de propriedades e paisagismo e para comprar *objets d'art*, carruagens, perucas e todos os outros acessórios necessários para um estilo de vida civilizado.

A literatura de viagens que acompanhou esse tráfego teve papel importante na configuração da autopercepção da Rússia diante do Ocidente. As *Cartas de um viajante russo*, de Karamzin (1791-1801), o livro mais influente do gênero, ensinaram a toda uma geração os valores e ideias da vida europeia. Karamzin partiu de São Petersburgo em maio de 1789. Depois de percorrer a Polônia, a Alemanha e a Suíça, ele entrou na França revolucionária na primavera seguinte antes de voltar à capital russa via Londres. Karamzin deu aos leitores um panorama do mundo europeu ideal. Descreveu os monumentos, os teatros e museus, os escritores e filósofos famosos. A sua "Europa" era um reino mítico que viajantes posteriores, cujo primeiro contato com a Europa se dera por meio da leitura da sua obra, buscariam mas nunca realmente encontrariam. O historiador Mikhail Pogodin levou as *Cartas* consigo quando foi a Paris em 1839. Em 1925, até o poeta Maiakovski reagiu àquela cidade através do prisma sentimental da obra de Karamzin.[137] As *Cartas* ensinaram os russos a agir e sentir como europeus cultivados. Nas cartas, Karamzin se retratava como perfeitamente à vontade e aceito como igual nos círculos intelectuais da Europa. Descreveu conversas descontraídas com Kant e Herder. Mostrou-se aproximando-se dos monumentos culturais da Europa não como algum bárbaro cita, mas como homem urbano e cultivado que já os conhecia pelos livros e pinturas. O efeito geral foi apresentar a Europa como algo próximo da Rússia, uma civilização da qual esta fazia parte.

Mas Karamzin também conseguiu exprimir a insegurança que todos os russos sentiam na sua autoidentidade europeia. Em todo lugar aonde ia, lembrava-se constantemente da imagem atrasada da Rússia na mente europeia. Na estrada para Königsberg, dois alemães ficaram "espantados ao saber que um russo sabia falar línguas estrangeiras". Em Leipzig, os professores falavam dos russos como "bárbaros" e não acreditavam que tivessem escritores próprios. Os franceses eram ainda piores e aliavam certa condescendência para com os russos como alunos da sua cultura ao desprezo por eles como "macacos que só sabem imitar".[138] Às vezes, essas observações levaram Karamzin a exagerar a pretensão às realizações da Rússia. No entanto, enquanto viajava pela Europa chegou à conclusão de que o povo de lá tinha um modo de pensar diferente do seu. Mesmo depois de um século de reforma, parecia-lhe que, talvez, os russos tivessem se europeizado de maneira apenas superficial. Tinham adotado as maneiras e as convenções ocidentais. Mas a sensibilidade e os valores europeus ainda não tinham penetrado no seu mundo mental.[139]

As dúvidas de Karamzin eram comuns a muitos russos instruídos que se esforçavam para definir a sua "europeidade". Em 1836, o filósofo Chaadaev foi declarado lunático por escrever, em desespero, que, embora capazes de imitar o Ocidente, os russos eram incapazes de internalizar os seus valores e ideias morais essenciais. Mas, como Herzen ressaltou, Chaadaev só dissera o que todo russo pensante sentia havia muitos anos. Esses complexos sentimentos de insegurança, inveja e ressentimento diante da Europa ainda definem a consciência nacional russa.

Cinco anos antes de Karamzin partir nas suas viagens, o escritor e funcionário público Denis Fonvizin viajou com a esposa pela Alemanha e pela Itália. Não foi a primeira viagem do casal à Europa. Em 1777 e 1778, tinham percorrido balneários da Alemanha e da França em busca de cura para as enxaquecas de Fonvizin. Nessa ocasião, foi um derrame que lhe paralisou o braço e o fez falar arrastado que obrigou o escritor a viajar ao exterior. Fonvizin fez anotações e escreveu cartas para casa com as suas observações sobre a vida estrangeira e o caráter das várias nacionalidades. Essas *Cartas de viagem* foram a primeira tentativa de um escritor russo de definir as tradições espirituais da Rússia como diferentes das do Ocidente e até superiores a elas.

Fonvizin não partiu como nacionalista. Fluente em várias línguas, era o típico personagem cosmopolita de São Petersburgo, com as roupas na moda e a peruca empoada. Era renomado pela língua afiada e pelo humor inteligente, a que deu bom uso nas muitas sátiras contra a galomania. Mas, embora sentisse repulsa pelas trivialidades e falsas convenções da alta sociedade, isso tinha menos a ver com xenofobia do que com os seus sentimentos de superioridade e alienação social. A verdade era que Fonvizin era um tanto misantropo. Fosse em Paris, fosse em São Petersburgo, abrigava certo desprezo por todo o *beau monde* — um mundo no qual se movia como burocrata importante do Ministério do Exterior. Nas primeiras cartas do estrangeiro, Fonvizin descrevia todas as nações como iguais. Na França, ele escreveria em 1778: "Vi que em toda terra há muito mais mal do que bem, que o povo é povo em toda parte, a inteligência é rara e os idiotas abundam em todos os países, e que, resumindo, o nosso país não é pior que os outros." Essa postura de relativismo cultural baseava-se na ideia do esclarecimento como base de uma comunidade internacional. "Os indivíduos de valor", concluiu Fonvizin, "formam entre si uma única nação, qualquer que seja o país de onde venham."[140] Entretanto, no decorrer da segunda viagem, Fonvizin desenvolveu uma opinião mais ressentida sobre a Europa. Condenou as suas conquistas em termos nada equívocos. A França, símbolo do "Ocidente", foi o seu principal alvo, talvez, em parte, por Fonvizin não ter sido recebido nos salões da capital.[141] Paris era uma "cidade de decadência moral", de "mentiras e hipocrisia", que só poderia corromper o jovem russo que lá chegasse em busca daquele *"comme il faut"* fundamental. Era uma cidade de ganância material, onde "dinheiro é o deus"; uma cidade de vaidades e aparências externas, onde "maneiras e convenções superficiais contam em tudo" e "amizade, honestidade e valores espirituais não têm importância". Os franceses se gabavam da "liberdade", mas as condições reais de vida do francês comum eram de escravidão — pois "o pobre só consegue se alimentar com o trabalho escravo, de modo que 'liberdade' é apenas uma palavra vazia". Os filósofos franceses eram enganosos porque não praticavam o que pregavam. Em suma, concluiu, a Europa estava muito longe do ideal que os russos imaginavam, e era tempo de reconhecer que "a vida entre nós é melhor":

> Se algum dos meus jovens conterrâneos de bom senso se indignar com os abusos e confusões predominantes na Rússia e, no fundo do coração, começar a sentir-se afastado dela, não há método melhor de convertê-lo ao amor que deveria sentir pela Pátria do que mandá-lo à França o mais depressa possível.[142]

Os termos que Fonvizin usou para caracterizar a Europa apareceram com regularidade extraordinária nos relatos russos de viagens subsequentes. "Corrupta" e "decadente", "falsa" e "superficial", "materialista" e "egoísta": era esse o léxico russo para a Europa até a época das *Cartas da França e da Itália* (1847–52), de Herzen, e *Notas de inverno sobre impressões de verão* (1862), de Dostoievski, esboço de viagem que refletia o de Fonvizin. Nessa tradição, a viagem era apenas uma desculpa para um discurso filosófico sobre a relação cultural entre Europa e Rússia. A repetição constante desses epítetos assinalava o surgimento de uma ideologia: uma visão característica da Rússia no espelho do Ocidente. A ideia de que o Ocidente era moralmente corrupto foi reproduzida praticamente por todos os escritores russos, de Pushkin aos eslavófilos. Herzen e Dostoievski a puseram no centro das suas visões messiânicas do destino da Rússia de salvar o Ocidente caído. A ideia de que os franceses eram falsos e rasos tornou-se lugar-comum. Para Karamzin, Paris era uma capital de "esplendor e encantamento superficiais", para Gogol, tinha "apenas um brilho superficial que escondia um abismo de fraude e ganância".[143] Viazemski retratou a França como "terra de engano e falsidade". O censor e literato Alexandre Nikitenko escreveu sobre os franceses: "Eles parecem ter nascido com amor ao teatro e a tendência a criá-lo; foram criados para se exibir. Emoções, princípios, honra, revolução, tudo é tratado como brincadeira, como jogo."[144] Dostoievski concordou que os franceses tinham um talento inigualável para "simular emoções e sentimentos pela natureza".¹⁴⁵ Até Turgueniev, ocidentalista ardoroso, descreveu-os em *Ninho de fidalgos* (1859) como civilizados e encantadores, mas sem nenhuma profundidade espiritual nem seriedade intelectual. A persistência desses estereótipos culturais ilustra a proporção mítica da "Europa" na consciência russa. Essa "Europa" imaginária tinha mais a ver com a necessidade de definir a "Rússia" do que com o próprio Ocidente. A ideia de "Rússia" não podia existir sem o "Ocidente" (assim como o "Ocidente" não podia existir sem o "Oriente"). "Precisamos da Europa como ideal, reprovação, exemplo", escreveu Herzen. "Se ela não fosse tudo isso, teríamos de inventá-la."¹⁴⁶

Os russos não tinham certeza do seu lugar na Europa (ainda não têm) e essa ambivalência é fundamental para entender sua identidade e história cultural. Por viver nas margens do continente, nunca tiveram muita certeza de que o seu destino está ali. São do Ocidente ou do Oriente? Pedro fez o seu povo encarar o Ocidente e imitar os seus costumes. A partir daquele momento, o progresso da nação passaria a ser medido por um princípio estrangeiro; todas as suas normas morais e estéticas, os seus gostos e modos sociais, foram definidos por ele. As classes instruídas olhavam a Rússia com olhos europeus, condenando a sua história como "bárbara" e "obscura". Buscavam a aprovação da Europa e queriam ser reconhecidas por ela como iguais. Por essa razão, sentiam um certo orgulho com as realizações de Pedro. O seu Estado imperial, maior e mais poderoso do que todos os outros impérios europeus, prometia levar a Rússia para a modernidade. Mas, ao mesmo tempo, sabiam muito bem que a Rússia não era "Europa" — estava sempre abaixo daquele ideal mítico — e talvez jamais conseguisse fazer parte dela. Dentro da Europa, os russos viviam com complexo de inferioridade. "A nossa atitude diante da Europa e dos europeus", escreveu Herzen na década de 1850, "ainda é a dos provincianos diante dos moradores da capital: somos servis e defensivos, vemos todas as diferenças como defeitos, coramos com as nossas peculiaridades e tentamos escondê-las."¹⁴⁷ Mas a rejeição pelo Ocidente também podia engendrar sensações de ressentimento e superioridade. Se a Rússia não podia fazer parte da "Europa", precisava ter mais orgulho de ser "diferente". Nessa mitologia nacionalista, a "alma russa" recebia valor moral mais elevado do que as realizações materiais do Ocidente. A sua missão cristã era salvar o mundo.

7

A idealização da Europa pela Rússia foi profundamente abalada pela Revolução Francesa de 1789. O reinado jacobino do terror solapou a crença da Rússia na Europa como força de progresso e esclarecimento. "A 'Era das Luzes'! Não a reconheço em sangue e chamas", escreveu Karamzin com amargura em 1795.[148] Para ele, como para muitos com a sua visão de mundo, parecia que uma onda de crimes e destruição devastaria a Europa, destruindo o "centro de toda arte e ciência e os preciosos tesouros da mente humana".[149] Será que, afinal de contas, a história era um ciclo inútil e não um caminho de progresso, no qual "verdade e erro, virtude e vício, se repetem constantemente"? Seria possível que "a espécie humana tivesse avançado tanto só para ser obrigada a cair de novo nas profundezas do barbarismo, como a pedra de Sísifo"?[150]

A angústia de Karamzin era compartilhada por muitos russos europeus da sua idade. Criados para acreditar que da França só viriam coisas boas, os compatriotas agora só viam o mal. Os seus piores temores pareciam confirmados pelas histórias de horror que escutaram dos *émigrés* que fugiram de Paris para São Petersburgo. O governo russo rompeu relações com a França revolucionária. Em termos políticos, a nobreza, antes francófila, virou francófoba, enquanto "os franceses" se tornavam sinônimo de inconstância e ateísmo, principalmente em

Moscou e nas províncias, onde as atitudes e os costumes políticos russos tinham sempre se misturado à convenção estrangeira. Em Petersburgo, onde a aristocracia estava totalmente mergulhada na cultura francesa, a reação contra a França foi mais gradual e complicada; houve muitos nobres e patriotas liberais (como Pierre Bezukhov de *Guerra e paz*) que mantiveram as opiniões pró-francesas e napoleônicas mesmo depois que a Rússia entrou em guerra com a França em 1805. Mas até na capital houve um esforço consciente da aristocracia de se libertar do império intelectual dos franceses. O uso de galicismos passou a ser desdenhado nos salões de São Petersburgo. Os nobres russos trocaram Clicquot e Lafite por *kvas* e vodca, *haute cuisine* por sopa de repolho.

Nessa busca de uma nova vida baseada em "princípios russos", o ideal do Iluminismo de uma cultura universal foi finalmente abandonado em troca do caminho nacional. "Que nós, russos, sejamos russos e não cópias dos franceses", escreveu a princesa Dashkova; "que continuemos patriotas e mantenhamos o caráter dos nossos ancestrais."[151] Karamzin também renunciou à "humanidade" em nome da "nacionalidade". Antes da Revolução Francesa, ele defendera a opinião de que "a principal coisa é sermos não eslavos, mas homens. O que é bom para o Homem não pode ser mau para os russos; tudo o que ingleses ou alemães inventaram para o bem da humanidade também me pertence, porque sou um homem."[152] Mas em 1802 Karamzin conclamava os colegas escritores a abraçar a língua russa e "tornarem-se quem são":

> A nossa língua é capaz não só de elevada eloquência, de sonora poesia descritiva, como também de terna simplicidade, de sons de sentimento e sensibilidade. É mais rica em harmonias do que o francês; presta-se melhor às efusões da alma [...] Homem e nação podem começar com a imitação, mas com o tempo precisam tornar-se quem são para ter o direito de dizer: "Existo moralmente!"[153]

Ali estava o brado de convocação de um novo nacionalismo que floresceu na época de 1812.

2

FILHOS DE 1812

1

No ápice da invasão da Rússia por Napoleão, em agosto de 1812, o príncipe Serguei Volkonski entregou um relatório ao imperador Alexandre em São Petersburgo. Alexandre perguntou ao jovem ajudante de ordens como estava o moral dos soldados. "Vossa Majestade!", respondeu o príncipe. "Do comandante supremo ao soldado raso, todo homem está disposto a dar a vida pela causa patriótica." O imperador perguntou o mesmo sobre o humor do povo em geral e, novamente, Volkonski se mostrou cheio de confiança. "Devíeis ter orgulho deles. Pois cada camponês é um patriota." Mas, quando a pergunta foi sobre a aristocracia, o príncipe se manteve em silêncio. Instado pelo imperador, Volkonski finalmente disse: "Vossa Majestade! Envergonho-me de pertencer a essa classe. Tem havido apenas palavras."[1] Foi o momento que definiu a vida de Volkonski — uma vida que conta a história do seu país e da sua classe numa época de autodescoberta nacional.

Houve muitos oficiais que perderam o orgulho pela classe, mas descobriram os seus compatriotas nas fileiras de 1812. Para príncipes, como Volkonski, deve ter sido um choque descobrir que os camponeses eram os patriotas da nação: como nobres, eles tinham sido criados para reverenciar a aristocracia como "verdadeiros filhos da pátria". Mas para alguns, como Volkonski, essa revelação também foi um sinal de esperança: a esperança de que, nos seus servos, a nação tinha os futuros cidadãos. Esses nobres liberais defenderiam "a nação" e a "causa do povo" na chamada Revolta Dezembrista de 14 de dezembro de 1825.* A sua aliança com os soldados camponeses nos campos de batalha de 1812 configurou as suas atitudes democráticas. Como um dezembrista escreveria mais tarde, "éramos os filhos de 1812".[2]

Serguei Volkonski nasceu em 1788, numa das famílias nobres mais antigas da Rússia. Os Volkonski descendiam de um príncipe do século XIV, Miguel de Chernigov, que obteve glória (e mais tarde foi canonizado) com o seu papel na guerra de libertação de Moscou contra as hordas mongóis e foi recompensado com um pedaço de terra no rio Volkona, ao sul de Moscou, de onde a dinastia tirou o nome.[3] Quando o império de Moscou cresceu, os Volkonski subiram de posição como comandantes militares e governadores a serviço dos seus grão-duques e tsares. Na década de 1800, os Volkonski, embora não fossem o mais rico dos antigos clãs, tinham se tornado sem dúvida os mais íntimos do imperador Alexandre e da sua família. A princesa Alexandra, mãe de Serguei, era a camareira-mor da imperatriz viúva do assassinado imperador Paulo e, como tal, a primeira-dama não real do império. Passou quase a vida inteira nos aposentos privados da família imperial no Palácio de Inverno e, no verão, em Tsarskoie Selo (onde, quando menino, o poeta Pushkin causou um escândalo certa vez ao pular nessa mulher fria e severa, que confundira com a bonita companheira francesa Josephine). O general Paul Volkonski, tio de Serguei, era companheiro íntimo do imperador Alexandre e, sob seu sucessor Nicolau I, foi nomeado ministro da corte, na verdade o chefe da casa real, posto que ocupou durante mais de vinte anos. O irmão Nikita se casou com Zinaida Volkonski, que se tornou dama de honra da corte de Alexandre e (talvez com menos honra) amante do imperador. A irmã Sofia tratava

---

* Aqui serão chamados de dezembristas, muito embora só recebessem este nome depois de 1825.

pelo nome de batismo todos os principais soberanos europeus. Na casa dos Volkonski em Petersburgo — uma bela mansão no rio Moika, onde Pushkin alugava quartos no andar de baixo — havia um serviço de porcelana que fora presente de Jorge IV, rei da Inglaterra. Sofia gostava de dizer que "aquele não foi o presente de um rei, mas de um homem a uma mulher".[4] Ela era casada com o amigo mais íntimo do imperador, o príncipe Piotr Mikhailovich Volkonski, que chegou a ser chefe do Estado-maior geral.

Serguei praticamente cresceu como membro da família imperial estendida. Foi educado no instituto do abade Nicola, à margem do rio Fontanka, fundado por *émigrés* vindos da França e patrocinado pelas famílias mais elegantes de Petersburgo. De lá foi aceito no Corps des Pages, a mais elitista das escolas militares, e ao sair dela, naturalmente, entrou para a Guarda. Na batalha de Eylau, em 1807, o jovem corneteiro foi ferido por uma bala. Graças à intercessão da mãe, foi transferido para o Estado-maior imperial em São Petersburgo, onde passou a pertencer a um grupo seleto de rapazes cativantes, ajudantes de ordens do imperador. O tsar gostava de rapazes sérios com modos encantadores e opiniões expressas com suavidade, muito embora a sua adoração por Napoleão — culto compartilhado naquela época por muitos nobres (como Pierre Bezukhov no início de *Guerra e paz*) — fosse desdenhada na corte. Ele o chamava de "Monsieur Serge" para distingui-lo dos três irmãos (também ajudantes de ordens) e dos outros Volkonski do seu séquito.[5] O príncipe jantava com o imperador todos os dias. Era um dos poucos que tinham permissão de entrar nos aposentos particulares do imperador sem ser anunciado. O grão-duque Nicolau — que mais tarde se tornaria o tsar Nicolau I —, nove anos mais novo que Serguei, pedia, quando menino, que o ajudante de ordens posicionasse os seus soldadinhos de brinquedo na formação dos exércitos de Napoleão em Austerlitz.[6] Duas décadas depois, mandaria o colega de brincadeiras para a Sibéria.

Em 1808, Volkonski voltou ao exército em campanha e, no decorrer dos quatro anos seguintes, participou de mais de cinquenta batalhas.

Com 24 anos, chegou ao posto de general de brigada. A invasão de Napoleão abalou a opinião pró-francesa que o príncipe tinha em comum com boa parte da elite de Petersburgo. Provocou nele uma nova ideia de "nação" baseada nas virtudes da gente comum. O espírito patriótico do povo comum em 1812 — o heroísmo dos soldados, o incêndio de Moscou para salvá-la dos franceses e os guerrilheiros camponeses que forçaram a Grande Armée a correr pela neve de volta à Europa —, para ele tudo isso era sinal de um novo despertar nacional. "A Rússia foi honrada por seus soldados camponeses", escreveu ao irmão no campo coalhado de corpos de Borodino, em 26 de agosto de 1812. "Podem ser apenas servos, mas esses homens lutaram como cidadãos pela sua pátria."[7]

Ele não era o único a alimentar pensamentos democráticos. O poeta Fiodor Glinka, amigo de Volkonski (e colega dezembrista), ficou igualmente impressionado com o espírito patriótico do povo comum. Nas *Cartas a um oficial russo* (1815), comparou os servos (que estavam "dispostos a defender a pátria com foices") à aristocracia (que "fugiu para as suas propriedades" quando os franceses se aproximaram de Moscou).[8] Muitos oficiais passaram a reconhecer o valor moral dos camponeses. "Todo dia", escreveu um deles, "encontro soldados camponeses que são tão bons e racionais quanto qualquer nobre. Esses homens simples ainda não foram corrompidos pelas convenções absurdas da nossa sociedade e têm ideias morais próprias que são igualmente boas."[9] Parecia que ali estava o potencial de libertação nacional e renascimento espiritual. "Ah, se pudéssemos encontrar uma língua em comum com esses homens", escreveu um dos futuros dezembristas, "eles logo entenderiam os direitos e deveres do cidadão."[10]

Nada no currículo desses oficiais os preparara para o choque dessa descoberta. Como nobres, tinham sido ensinados a considerar os servos dos pais pouco mais do que animais humanos, privados de virtudes e sensibilidade elevadas. Mas, na guerra, de repente foram jogados no mundo dos camponeses: moraram nas aldeias deles, dividiram a comida e os temores com os soldados rasos e, às vezes, quando feridos ou perdidos sem suprimentos, dependeram dos conhecimentos desses soldados para sobreviver. Conforme crescia o respeito pelo povo comum, eles adotaram uma postura mais humanitária diante dos homens sob o seu comando. "Rejeitamos a disciplina severa do sistema antigo", recordou Volkonski, "e tentamos, pela amizade com os nossos homens, conquistar o seu afeto e confiança."[11] Alguns criaram escolas de campanha para ensinar os soldados a ler. Outros os levaram para círculos de discussão onde conversavam sobre abolição da servidão e justiça social para o campesinato. Alguns futuros dezembristas redigiram "constituições do Exército" e outras propostas para melhorar as condições de vida dos soldados das fileiras. Esses documentos, baseados num estudo atento do modo de vida do soldado, podem ser considerados versões embrionárias das obras etnográficas que tanto preocuparam a *intelligentsia* eslavófila e democrática das décadas de 1830 e 1840. Volkonski, por exemplo, escreveu um conjunto detalhado de "Anotações sobre a vida dos cossacos dos nossos batalhões", nas quais propôs uma série de medidas progressistas (como empréstimos do banco estatal, armazéns comunitários de cereais e criação de escolas públicas) para melhorar a vida dos cossacos mais pobres e reduzir a sua dependência dos mais ricos.[12]

Depois da guerra, esses oficiais democráticos retornaram às suas propriedades com uma nova noção de dedicação aos servos. Muitos, como Volkonski, pagaram o sustento dos filhos órfãos dos soldados das suas propriedades ou, como ele, deram dinheiro para a educação dos servos que mostraram potencial nas fileiras de 1812.[13] Entre 1818 e 1821, o conde Mikhail Orlov e Vladimir Raievski, ambos integrantes da União de Bem-Estar Social, da qual evoluiu a conspiração dezembrista, criaram escolas para soldados nas quais disseminavam ideias radicais de reforma política. A benevolência de alguns desses ex-oficiais era extraordinária. Pavel Semenov dedicou-se ao bem-estar dos seus servos com o fervor de um homem que lhes devia a vida. Na batalha de Borodino, uma bala atingiu o ícone que os soldados lhe tinham dado e que ele usava no pescoço. Semenov organizou uma clínica para os servos e transformou o seu palácio em refúgio para viúvas de guerra e suas famílias. Ele morreu de cólera em 1830, tendo contraído a doença dos camponeses que estavam na sua casa.[14]

Para alguns oficiais, não bastava se identificar com a causa do povo comum: eles queriam assumir pessoalmente a identidade de homens comuns. Russificaram as vestimentas e o comportamento na tentativa de se aproximar mais dos soldados das fileiras. Usavam palavras russas nos discursos militares. Fumavam o mesmo tabaco que os homens e, contrariando a proibição petrina, deixaram a barba crescer. Até certo ponto, essa democratização era necessária. Denis Davidov, famoso líder dos guerrilheiros cossacos, achara difícil conseguir recrutas nas aldeias: os camponeses viam a sua faiscante farda hussarda como estrangeira e "francesa". Davidov foi obrigado, como observou no diário, a "fazer a paz com os aldeões" antes que pudesse sequer falar com eles. "Aprendi que, numa guerra popular, não basta falar a língua comum: é preciso também descer ao nível do povo nas maneiras e na vestimenta. Comecei a usar o kaftan do camponês, deixei a barba crescer e, em vez da Ordem de Sant'Anna, passei a usar a imagem de São Nicolau."[15] Mas a adoção dessas maneiras camponesas era mais do que apenas uma estratégia de oficiais de raciocínio rápido. Era uma declaração da sua nacionalidade.

Volkonski assumiu o comando de uma brigada guerrilheira e perseguiu os soldados de Napoleão até Paris durante 1813 e 1814. No ano seguinte, com 20 mil rublos no peito, uma carruagem e três criados emprestados pela mãe, viajou até Viena para a Conferência de Paz. Depois, voltou a Paris, onde frequentou os círculos dos reformadores políticos Chateaubriand e Benjamin Constant, e foi a Londres, onde viu o funcionamento dos princípios da monarquia constitucional ao assistir à discussão da loucura de Jorge III na Câmara dos Comuns. Volkonski planejara ir aos Estados Unidos — "país que tomou conta da imaginação de toda a juventude russa devido à sua independência e democracia" — mas o reinício da guerra com a fuga de Napoleão da ilha de Elba o obrigou a voltar a Petersburgo.[16] Ainda assim, as opiniões de Volkonski, como as de muitos dezembristas, foram profundamente influenciadas pelo seu breve encontro com o Ocidente, que confirmou a sua convicção da dignidade pessoal de todo ser humano — credo essencial dos dezembristas, que estava na base da sua oposição ao sistema autocrático e à servidão. Ela deu forma à sua crença na meritocracia, opinião fortalecida pelas conversas com oficiais de Napoleão, cuja confiança e pensamento livre o impressionaram. Quantos Neys e Davouts teriam sido sufocados pelo rígido sistema de castas do Exército Russo? A Europa o fez pensar no atraso da Rússia, na falta de direitos básicos e de vida pública, e o ajudou a concentrar a atenção na necessidade de seguir os princípios liberais europeus.

Os jovens oficiais voltaram da Europa praticamente irreconhecíveis para os pais. A Rússia à qual retornaram em 1815 era quase a mesma Rússia que tinham deixado. Mas eles tinham mudado muito. A sociedade se escandalizou com os seus "rudes modos camponeses".[17] Sem dúvida, havia uma certa pose — a arrogância do veterano — nesses modos do Exército, mas eles diferiam dos pais em muito mais do que modos ou vestimentas. Também diferiam nos interesses e no gosto artístico, na política e na atitude geral: deram as costas para as diversões frívolas do salão de baile (embora não às farras próprias) e mergulharam em iniciativas sérias. Como explicou um deles: "Participamos dos maiores eventos da história, e foi insuportável retornar à vida vazia de São Petersburgo, escutar a conversa fiada dos velhos sobre as chamadas virtudes do passado. Avançamos cem anos."[18] Como escreveu Pushkin em 1821 no poema "A Chaadaev":

> O círculo elegante não está mais na moda.
> Sabes, meu caro, agora somos todos livres.
> Ficamos longe da sociedade; não nos misturamos às damas.
> Deixamo-las à mercê dos velhos,
> Os queridinhos do século dezoito.[19]

Dançar, especificamente, era considerado perda de tempo. Os homens de 1812 usavam espada nos bailes formais para assinalar a recusa a participar. O salão era rejeitado como forma de artifício. Os rapazes recuavam para os seus estudos e, como Pierre em *Guerra e paz*, foram em busca da chave intelectual de uma existência mais simples e verdadeira. Juntos, os dezembristas formaram uma verdadeira "universidade". Em conjunto, tinham uma variedade enciclopédica de conhecimentos, desde folclore, história e arqueologia a matemática e ciências naturais, e publicaram muitos estudos eruditos, além de poesia e literatura, nas principais revistas da época.

O distanciamento que esses rapazes sentiam da sociedade e da geração dos pais era comum a todos os "filhos de 1812", tanto poetas e filósofos quanto oficiais. Ele deixou uma marca profunda na vida cultural da Rússia no século XIX. Os "homens do século passado" eram definidos pela ética de serviço do Estado petrino. Davam grande valor à posição social e à hierarquia, à ordem e à conformidade a regras racionais. Alexandre Herzen, que nasceu na verdade em 1812, recordou que o pai desaprovava toda demonstração emocional. "O meu pai não gostava de nenhum tipo de *abandono*, nenhum tipo de franqueza; a tudo isso chamava familiaridade, assim como chamava todo sentimento de sentimentalismo."[20] Mas os filhos crescidos na época de Herzen eram só impulsividade e familiaridade. Rebelaram-se contra a velha disciplina, culpando-a pela "mentalidade escrava da Rússia", e, em seu lugar, buscaram promover os seus princípios por meio da arte e da literatura.[21] Muitos saíram do serviço público ou das forças armadas com a meta de levar uma vida mais sincera. Como explicou Chatski, na peça *A inteligência, que desgraça!*, de Alexandre Griboiedov, "Eu adoraria servir, mas o servilismo me enoja".

É difícil superestimar até que ponto o renascimento cultural russo do século XIX continha em si uma revolta contra a ética do serviço do século XVIII. Segundo o ponto de vista consagrado, a posição social definia o nobre de forma bastante literal: ao contrário de todas as outras línguas, a palavra russa que significa funcionário público (*chinovnik*) deriva da que significa classe ou posto (*chin*). Ser nobre era ocupar o seu lugar a serviço do Estado, fosse como burocrata, fosse como oficial do exército; e deixar esse serviço, mesmo que para se tornar poeta ou artista plástico, era considerado perda de prestígio. "Agora na Rússia o serviço público é o mesmo que a vida", escreveu um funcionário público nos anos 1810: "deixamos o cargo como se fôssemos para o túmulo."[22] Era inconcebível que um nobre fosse poeta ou artista plástico, a não ser no tempo livre, depois do serviço na repartição, ou como cavalheiro diletante na sua propriedade. Até Gavril Derjavin, o grande poeta do século XVIII, combinou a escrita com a carreira militar, com nomeações posteriores a senador e governador de província, antes de terminar como ministro da Justiça em 1802-03.

No início do século XIX, conforme crescia o mercado de livros e quadros, tornou-se possível, ainda que nada fácil, a sobrevivência do escritor ou artista plástico independente. Pushkin foi um dos primeiros nobres a recusar o serviço público e adotar a escrita como "ofício"; a sua decisão foi considerada rebaixamento ou rompimento com os postos. O escritor N. I. Gretsch foi acusado de envergonhar a família nobre quando, na década de 1810, abandonou o serviço público para se tornar crítico literário.[23] A música também era considerada inadequada como profissão para nobres. Rimski-Korsakov foi empurrado para o serviço militar na Marinha pelos pais, que viam a sua música "como travessura".[24] Mussorgski foi mandado para a Escola de Cadetes de Petersburgo e depois alistado na Guarda Real, regimento Preobrajenski. Tchaikovski foi para a Faculdade de Direito, na qual a família esperava que se formasse para exercer um cargo público e, ainda que não esquecesse, deixasse de lado a paixão infantil pela música. Portanto, para o nobre tornar-se artista era rejeitar as tradições da classe. Na verdade, o nobre teve de se reinventar como "*intelligent*" — um integrante da *intelligentsia* —, cujo dever era definido como serviço à "nação" e não ao Estado.

Somente dois dentre os grandes escritores russos do século XIX (Goncharov e Saltykov-Schedrin) chegaram a ocupar cargos elevados a serviço do governo, embora quase todos eles fossem nobres. Goncharov era censor. Mas Saltykov-Schedrin era um crítico incansável do governo e, como vice-governador e escritor, sempre ficava do lado do "homem pequeno". Era axiomático, nessa tradição literária, que o escritor defendesse os valores humanos contra a ética de serviço baseada na posição social. Portanto, no *Diário de um louco* (1835), de Gogol, o lunático literato, um humilde conselheiro, ridiculariza uma autoridade importante: "E daí que ele seja cavalheiro da corte? Essa é apenas um tipo de distinção concedida a ele, não algo que se possa ver nem tocar com as mãos. Um camareiro da corte não tem um terceiro olho no meio da testa." Do mesmo modo, no conto "Abolidos!" (1891), de Chekhov, temos de rir do major aposentado (Ijits) lançado em confusão pela abolição do antigo posto: "Só Deus sabe quem sou", diz o velho major. "Aboliram todos os majores no ano passado!"[25]

Sem querer se dobrar às regras dos pais e entediados com a rotina do serviço público, os rapazes da geração de Pushkin buscaram a libertação na poesia, na filosofia e nos devaneios etílicos. Como Sílvio observa em *Contos de Belkin* (1831), de Pushkin, o comportamento enlouquecido "era moda na nossa época".[26] Farrear era percebido como sinal de liberdade, como afirmação do espírito individual contra a regulamentação do Exército e da burocracia. Volkonski e os seus colegas oficiais demonstravam a sua independência dos costumes reverentes da alta sociedade zombando dos que seguiam o imperador e família nos passeios de domingo em São Petersburgo.[27] Outro oficial, o dezembrista Mikhail Lunin, era famoso pelas manifestações de livre-arbítrio. Em certa ocasião, usou o seu brilhante senso de humor contra um general que proibira os oficiais de "ofender o decoro" banhando-se no mar em Peterhof, balneário elegante no golfo da Finlândia, perto de São Petersburgo, onde havia uma guarnição. Numa tarde quente, Lunin esperou que o general se aproximasse. Então, pulou na água, totalmente vestido, ficou em posição de sentido e bateu continência. Perplexo, o general perguntou o que significava aquilo. "Estou nadando", disse Lunin, "e para não desobedecer à ordem de Vossa Excelência, estou nadando de modo a não ofender o decoro."[28]

Os rapazes dos círculos dezembristas passavam muito tempo em farras. Alguns, como o sério Volkonski, desaprovavam. Mas outros, como Pushkin e os amigos da Lâmpada Verde, um frouxo simpósio de libertinos e poetas, via a luta pela liberdade como uma festa. Eles encontravam liberdade num modo de vida e arte que abria mão das convenções sufocantes da sociedade.[29] Quando jogavam cartas ou bebiam e discutiam com amigos, eles conseguiam relaxar e exprimir-se "como russos", na linguagem simples das ruas. Era esse o idioma de boa parte dos versos de Pushkin: um estilo que fundia a linguagem da política e do pensamento filosófico com o vocabulário da emoção íntima e os coloquialismos grosseiros do bordel e da estalagem.

A amizade era a graça redentora dessas orgias selvagens, de acordo com Pushkin:

> Pois se pode viver em amizade
> Com versos e cartas, vinho e Platão,
> E esconder atrás da capa gentil das nossas travessuras
> Uma mente nobre, um nobre coração.[30]

Volkonski disse o mesmo sobre os colegas oficiais. Eles transgrediam facilmente o código público da decência, mas ao tratar uns com os outros mantinham-se sob controle moral por meio dos "laços de camaradagem".[31] Havia o culto da irmandade no campo dezembrista, que evoluiu para o culto do coletivo que se tornaria tão importante na vida política da *intelligentsia* russa. Esse espírito foi forjado no regimento —

uma "família" natural de patriotas. Em *Guerra e paz*, Nikolai Rostov descobre essa comunidade ao voltar da licença. De repente, ele

> sentiu pela primeira vez como era apertado o laço que o unia a Denissov e a todo o regimento. Ao se aproximar [do quartel], Rostov sentiu o mesmo que sentira ao se aproximar do seu lar em Moscou. Quando viu o primeiro hussardo com a farda desabotoada do regimento, quando reconheceu o ruivo Dementiev e viu as cordas do cercado de cavalos ruões, quando Lavrushka berrou alegremente para o seu senhor "o conde chegou!" e Denissov, que estivera dormindo em seu leito, saiu correndo todo desarrumado da cabana de barro para abraçá-lo, e os oficiais se reuniram para saudar o recém-chegado, Rostov teve os mesmos sentimentos de quando a mãe, o pai e a irmã o abraçaram, e lágrimas de alegria o sufocaram, de modo que não conseguiu falar. O regimento também era um lar, tão inalteravelmente querido e precioso quanto a casa dos pais.³²

Por meio desses laços, os jovens oficiais começaram a romper a hierarquia rígida do serviço ao Estado. Sentiam-se pertencentes a uma nova comunidade — uma "nação", por assim dizer — de virtude patriótica e fraternidade, na qual nobre e camponês viviam em harmonia. A busca da nacionalidade russa no século XIX começou nas fileiras de 1812.

Esse ponto de vista era comum a todos os personagens culturais da órbita dos dezembristas: não apenas os das fileiras de comando, mas também os mais numerosos que simpatizavam com eles sem se envolver ativamente nos planos de rebelião ("dezembristas sem dezembro"). A maioria dos poetas entre eles (Gnedich, Vostokov, Merzliakov, Odoievski e Rileiev, mas Pushkin menos) se preocupavam com temas cívicos. Ao renunciar à estética e aos temas frívolos do estilo de salão de Karamzin, eles escreviam versos épicos com estilo adequadamente espartano. Muitos comparavam a bravura dos soldados nas guerras recentes às façanhas heroicas de Roma e Grécia antigas. Alguns monumentalizaram a labuta diária do camponês; elevaram-na à condição de sacrifício patriótico. O dever do poeta, no seu ponto de vista, era ser cidadão, dedicar-se à causa nacional. Como todos os homens de 1812, viam o seu trabalho como parte da missão democrática de aprender sobre a gente comum e educá-la para unir a sociedade com base em princípios russos. Rejeitavam a ideia do Iluminismo de que "todas as nações deveriam tornar-se uma só" e, nas palavras de um crítico, conclamavam "todos os nossos escritores a refletir o caráter do povo russo".[33]

Pushkin ocupa lugar especial nessa iniciativa. Era jovem demais — tinha apenas 13 anos em 1812 — para lutar contra os franceses, mas como aluno do *lycée* assistiu aos guardas da guarnição de Tsarskoie Selo marcharem para a guerra. A lembrança permaneceu com ele durante toda a vida:

> Recordai-vos: as guerras vieram nos varrer,
> De nossos irmãos mais velhos nos despedimos,
> E de volta à escrivaninha todos seguimos,
> Com inveja dos que foram morrer
> Sem nós...[34]

Embora, ao contrário deles, nunca tivesse visitado a Europa, Pushkin respirava o ar europeu. Quando menino, mergulhara nos livros franceses da biblioteca do pai. O primeiro poema (escrito aos 8 anos) foi composto em francês. Mais tarde, ele descobriu a poesia de Byron. Essa herança europeia se fortaleceu com os anos de 1812 a 1817, que passou no *lycée* de Tsarskoie Selo — uma escola criada de acordo com o modelo dos *lycées* napoleônicos e que seguia meticulosamente o currículo das escolas particulares inglesas, com ênfase em humanidades: línguas clássicas e modernas, literatura, filosofia e história. O culto da amizade era forte no *lycée*. As amizades que fez ali reforçaram a noção da Rússia europeia de Pushkin como esfera espiritual:

> Amigos, nossa união é admirável!
> Como a alma, durará a eternidade —
> Alegre, espontânea, indivisa,
> Abençoada pela musa da fraternidade.

> Não importa que o destino sorrateiro
> Nos traga separação, fortuna, desmazelo,
> Ainda somos os mesmos: no mundo, sempre forasteiros,
> E nossa pátria, Tsarskoie Selo.[35]

Mas, apesar de toda a tendência ocidental, Pushkin era um poeta de voz russa. Negligenciado pelos pais, foi praticamente criado pela babá camponesa, cujas canções e histórias de fadas se tornaram uma inspiração vitalícia para os seus versos. Ele amava os contos populares e costumava ir a feiras no campo para recolher histórias e expressões camponesas que, então, incorporava à sua poesia. Como os oficiais de 1812, sentia que a obrigação de guardião dos servos do proprietário da terra era mais importante do que o dever para com o Estado.[36]

Ele sentia também a uma obrigação de escritor e procurava formar uma linguagem escrita que falasse a todos. Os dezembristas fizeram disso parte central da sua filosofia. Queriam que as leis fossem escritas numa linguagem que "todo cidadão possa entender".[37] Tentaram criar um léxico político russo para substituir as palavras importadas. Glinka exigia que se escrevesse uma história da guerra de 1812 numa linguagem que fosse "simples, clara e compreensível por pessoas de todas as classes, porque pessoas de todas as classes participaram da libertação da nossa pátria".[38] Para os veteranos de 1812, a criação de uma língua nacional parecia um meio de promover o espírito do campo de batalha e forjar uma nova nação com o homem comum. "Para conhecer o nosso povo", escreveu o poeta dezembrista Alexandre Bestujev, "é preciso viver com ele, conversar com ele na sua língua, é preciso comer com ele e comemorar com ele os dias de festa, caçar ursos com ele na floresta ou viajar até o mercado numa carroça camponesa."[39] Os versos de Pushkin foram os primeiros a criar esse vínculo. Falavam à maior variedade de leitores, do camponês alfabetizado ao príncipe, numa língua russa comum. A realização de Pushkin foi completar a criação dessa linguagem nacional por meio dos seus versos e usá-la com graça extraordinária.

2

Volkonski voltou à Rússia em 1815 e assumiu o comando do regimento Azov, na Ucrânia. Como todos os dezembristas, estava profundamente desiludido com a direção reacionária adotada pelo imperador Alexandre, em quem depositara esperanças liberais. Nos primeiros anos do seu reinado (1801-12), Alexandre aprovara uma série de reformas políticas: a censura foi imediatamente reduzida, o Senado foi promovido a suprema instituição jurídica e administrativa do império — um contrapeso importante ao poder pessoal do soberano —; um sistema mais moderno de governo começou a tomar forma com a criação de oito ministérios e uma câmara legislativa superior (o Conselho de Estado) de acordo com o modelo do Conseil d'État de Napoleão. Houve até algumas medidas preliminares para estimular os nobres a emancipar os servos. Para os oficiais liberais, Alexandre parecia um deles: um homem de opiniões progressistas e esclarecidas.

O imperador nomeou Mikhail Speranski seu conselheiro para elaborar os planos de uma Constituição baseada, em grande parte, no Code Napoléon. Se Speranski conseguisse o que queria, a Rússia avançaria para tornar-se uma monarquia constitucional governada por um Estado burocrático baseado na legislação. Mas Alexandre hesitou em implementar as propostas do ministro e, assim que a Rússia entrou em guerra com a França, elas foram condenadas pela nobreza conservadora, que desconfiava delas por serem "francesas". Speranski caiu e foi substituído pelo ministro da Guerra, general Arakcheev, a influência mais visível sobre a segunda metade do reinado de Alexandre, de 1812 a 1815. O regime rígido de assentamentos militares de Arakcheev, segundo o qual os soldados servos eram obrigados a se dedicar à lavoura e a outros trabalhos braçais para o Estado, enraiveceu os homens de 1812, cujas tendências liberais tinham nascido do respeito pelos soldados das fileiras. Quando o imperador, com a oposição deles, perseverou nos acampamentos militares e sufocou a resistência dos camponeses com um violento massacre, os dezembristas se enfureceram. "A imposição forçada das chamadas colônias militares foi recebida com espanto e hostilidade", recordou o barão Vladimir Steiguel. "A história mostrará algo semelhante a essa tomada súbita de aldeias inteiras, essa ocupação das casas de lavradores pacíficos, essa expropriação de tudo o que eles e os seus ancestrais conquistaram e a sua transformação involuntária em soldados?"[40] Esses oficiais tinham marchado até Paris na esperança de que a Rússia se tornasse um Estado europeu moderno. Tinham sonhado com uma Constituição na qual todo camponês russo gozasse dos direitos de cidadão. Mas voltaram como homens desapontados para uma Rússia onde o camponês ainda era tratado como escravo. Como escreveu Volkonski, retornar à Rússia depois de Paris e Londres "foi como voltar a um passado pré-histórico".[41]

O príncipe caiu no círculo de Mikhail Orlov, velho amigo de escola e colega oficial de 1812 com boas ligações com os principais líderes dezembristas no sul. Nesse estágio, o movimento dezembrista era um círculo pequeno e secreto de conspiradores. Começou em 1816, quando seis jovens oficiais da Guarda formaram a União de Salvação, como a chamaram inicialmente, organização clandestina dedicada à criação de uma monarquia constitucional e um parlamento nacional. Desde o princípio, os oficiais se dividiram sobre a forma de fazer isso se realizar: alguns queriam esperar que o tsar morresse, quando então se recusariam a fazer o juramento de lealdade ao novo tsar a menos que ele assinasse as reformas (não quebrariam o juramento que já tinham feito ao então tsar); mas Alexandre ainda não tinha 40 anos e alguns irascíveis, como Mikhail Lunin, preferiam a ideia do regicídio. A sociedade se rompeu em 1818; os membros mais moderados se reagruparam imediatamente como União do Bem-Estar Social, com um programa bastante vago de atividades educativas e filantrópicas mas sem nenhum plano claro de ação para a revolta, embora o conde Orlov, membro importante da União, organizasse uma corajosa petição ao tsar exigindo a abolição da servidão. Pushkin, que tinha amigos no campo dezembrista, caracterizou a sua conspiração como mero jogo nesses versos imortais (mas, na época tsarista, impublicáveis) pensados para o romance *Eugene Oneguin*, cuja ação se passava em 1819:

> Eram apenas palavras vazias
> Entre Château Lafite e Veuve Clicquot.
> Disputas de amigos, epigramas
> Sem nunca se aprofundar.
> Essa ciência da sedição
> Era fruto apenas de tédio e ócio,
> Travessuras de meninos crescidos.[42]

Sem um plano para a insurreição, a União se concentrou em desenvolver a sua rede frouxa de células em Petersburgo e Moscou, Kiev, Kishinev e outras cidades de província com guarnições, como Tulchin, sede do Segundo Exército, onde Volkonski era membro ativo. Este entrara na conspiração de Orlov por meio da loja maçônica de Kiev — um meio comum de entrada no movimento dezembrista —, onde também conheceu o coronel Pavel Ivanovich Pestel, jovem líder dezembrista.

Como Volkonski, Pestel era filho de um governador de província no oeste da Sibéria (os pais dos dois eram bons amigos).[43] Lutara com distinção em Borodino, marchara sobre Paris e voltara à Rússia com a cabeça cheia de conhecimentos e ideais europeus. Pushkin, que conheceu Pestel em 1821, disse que era "uma das mentes mais originais que já conheci".⁴⁴ Pestel era o mais radical dos líderes dezembristas. Carismático e dominador, era claramente influenciado pelos jacobinos. No manifesto *Verdade russa*, clamava pela derrubada do tsar, pela criação de uma república revolucionária (por meio de uma ditadura temporária, se necessário) e pela abolição da servidão. Vislumbrava um Estado-nação que governasse para o bem da Grande Rússia. Os outros grupos nacionais — fineses, georgianos, ucranianos etc. — seriam forçados, a dissolver as suas diferenças e se "tornarem russos". Somente os judeus estavam além da assimilação e, na opinião de Pestel, deveriam ser expulsos da Rússia. Essas atitudes eram lugar-comum entre os dezembristas, que lutavam em pensamento para reformar o Império Russo segundo o modelo dos Estados-nações europeus. Até Volkonski, homem de opiniões relativamente esclarecidas, referia-se aos judeus como "pequenos *jids*"—⁴⁵ sendo *jid* (judeu) um termo depreciativo em russo.

Em 1825, Pestel surgira como principal organizador de uma insurreição contra o tsar. Tinha um grupo pequeno mas dedicado de seguidores na Sociedade Sulista, que substituíra a União de Salvação no sul, e um plano mal concebido de prender o tsar durante a inspeção das tropas perto de Kiev, em 1826, e depois marchar sobre Moscou e, com a ajuda dos aliados da Sociedade Nortista, em São Petersburgo, tomar o poder. Pestel levou Volkonski para essa conspiração e o encarregou de coordenar os vínculos com a Sociedade Nortista e os nacionalistas poloneses, que concordaram em se unir ao movimento em troca da independência caso fossem bem-sucedidos. A Sociedade Nortista era dominada por dois homens: Nikita Muraviev, jovem oficial da Guarda em 1812 que criara bons contatos na corte, e o poeta Rileiev, que atraía oficiais e burocratas liberais para os seus "almoços russos" nos quais se serviam pão de centeio e sopa de repolho em vez de pratos europeus, faziam-se brindes de vodca à libertação da Rússia da corte dominada por estrangeiros e cantavam-se músicas revolucionárias. As exigências políticas da Sociedade Nortista eram mais moderadas do que as do grupo de Pestel: monarquia constitucional com parlamento e liberdade civil. Volkonski se deslocava entre Petersburgo e Kiev, angariando apoio para a revolta planejada por Pestel. "Nunca fui tão feliz quanto naquela época", escreveria ele mais tarde. "Orgulhava-me de saber que fazia algo pelo povo: eu os libertava da tirania."[46] Embora estivesse apaixonado por Maria Raievskaia e depois se casasse com ela, via muito pouco a noiva jovem e bonita.

Maria era filha do general Raievski, famoso herói de 1812, elogiado até por Napoleão. Nascida em 1805, Maria conheceu Volkonski quando estava com 17 anos; tinha graça e beleza extraordinárias para a sua idade. Pushkin chamou-a de "filha do Ganges" devido ao cabelo escuro e à tez morena. O poeta era amigo dos Raievski e viajara com o general e a família para a Crimeia e o Cáucaso. De acordo com algumas fontes, Pushkin se apaixonou por Maria. Ele costumava se apaixonar por jovens bonitas — mas dessa vez talvez fosse sério, a julgar pelo aparecimento de Maria nos seus poemas. Pelo menos duas heroínas de Pushkin — a princesa Maria de *A fonte de Bakhchissarai* (1822) e a jovem circassiana em *O prisioneiro do Cáucaso* (1820–21) — podem ter-se inspirado nela. Talvez seja significativo que ambas sejam histórias de amor não correspondido. A lembrança de Maria brincando nas ondas da Crimeia pode tê-lo inspirado a escrever, em *Eugene Oneguin*:

> Que inveja das ondas senti —
> Aquele tumulto d'água a se quebrar
> Para aos seus pés feito escravas cair!
> Quis me unir às ondas a apertar
> Naqueles pés estes lábios... a cariciar.[47]

Volkonski recebera a tarefa de recrutar Pushkin para a conspiração. Pushkin pertencia aos amplos círculos culturais dos dezembristas e tinha muitos amigos na conspiração (mais tarde, ele afirmou que, se não fosse uma lebre que cruzou o seu caminho e o fez, supersticioso, temer a viagem, poderia ter ido a Petersburgo para se unir aos amigos na Praça do Senado). No entanto, ele fora banido para a sua propriedade em Mikhailovskoie, perto de Pskov, porque a sua poesia os inspirara:

> Lá se erguerá, acredite, camarada,
> Uma estrela de êxtase infinito,
> Quando a Rússia acordar do seu sono
> E os nossos nomes forem escritos
> Nas ruínas do despotismo.[48]

No entanto, parece que Volkonski temia expor o grande poeta ao risco envolvido — e não cumpriu a promessa a Pestel. Seja como for, como sem dúvida Volkonski sabia, Pushkin tinha tantas ligações na corte e era tão famoso pela indiscrição que seria uma desvantagem.[49] Boatos de um levante já circulavam em São Petersburgo, de modo que, com toda a probabilidade, o imperador Alexandre conhecia os planos dos dezembristas. Sem dúvida Volkonski assim pensava. Durante uma inspeção do seu regimento, o imperador gentilmente o alertou: "Dê mais atenção aos seus soldados e um pouco menos ao meu governo, o qual, sinto dizer, meu caro príncipe, não é da sua conta."[50]

A insurreição fora marcada para o fim do verão de 1826. Mas esses planos foram antecipados às pressas com a morte súbita do imperador e a crise da sucessão provocada pela recusa do grão-duque Constantino a aceitar o trono em dezembro de 1825. Pestel resolveu aproveitar o momento para fazer a revolta e, com Volkonski, viajou de Kiev a São Petersburgo para discussões ruidosas com a Sociedade Nortista sobre os meios e a hora do levante. O problema era como obter o apoio dos soldados comuns, que não demonstravam tendência ao regicídio nem à revolta armada. Os conspiradores só tinham uma noção muito vaga de como cumprir essa tarefa. Pensavam no levante como um golpe militar, realizado por ordem vinda de cima; como oficiais comandantes, basearam a estratégia na ideia de que, de algum modo, conseguiriam apelar à antiga aliança com os soldados. Rejeitaram a iniciativa de uns cinquenta oficiais inferiores, filhos de funcionários públicos humildes e pequenos proprietários de terras, cuja entidade, os Eslavos Unidos, apelara aos líderes mais graduados por um levante entre os soldados e o campesinato. "Os nossos soldados são bons e simples", explicou um dos líderes dezembristas. "Não pensam muito e deveriam ser meros instrumentos para atingirmos nossos objetivos."[51] Volkonski tinha a mesma atitude. "Estou convencido de que levarei a minha brigada", escreveu a um amigo às vésperas da revolta, "pela simples razão de que tenho a confiança e o amor dos meus soldados. Assim que o levante começar, eles seguirão o meu comando."[52]

No final, os líderes dezembristas só levaram consigo uns 3 mil soldados em Petersburgo — bem menos do que os 20 mil homens esperados, mas talvez ainda suficientes para provocar a mudança de governo se fossem resolutos e estivessem bem organizados. Mas não estavam. Em 14 de dezembro, em guarnições de toda a capital, os soldados se reuniram para a cerimônia de juramento de lealdade ao novo tsar Nicolau I. Os 3 mil amotinados se recusaram a fazer o juramento e, com bandeiras desfraldadas e ao toque dos tambores, marcharam até a praça do Senado, onde se reuniram diante do *Cavaleiro de Bronze* e clamaram por "Constantino e Constituição". Dois dias antes, Nicolau decidira tomar a coroa quando Constantino deixou claro que não a queria. Constantino tinha muitos seguidores entre os soldados e, quando os líderes dezembristas souberam da notícia, distribuíram folhetos informando-lhes erroneamente que Nicolau usurpara o trono e conclamando-os a "lutar por sua liberdade e dignidade humana". A maioria dos soldados que apareceram na praça do Senado não tinha a mínima ideia do que era uma "Constituição" (alguns acharam que seria a esposa de Constantino). Não demonstraram nenhuma vontade de ocupar o Senado nem o Palácio de Inverno, como previsto nos planos apressados dos conspiradores. Durante cinco horas, os soldados ficaram ali sob temperatura enregelante até que Nicolau, ao assumir o comando das tropas leais, ordenou-lhes que começassem a atirar nos amotinados. Sessenta soldados foram derrubados, o resto fugiu.

Em poucas horas, os líderes da insurreição estavam todos presos na Fortaleza de Pedro e Paulo (a polícia sabia quem eram o tempo todo). Os conspiradores talvez ainda tivessem alguma possibilidade de sucesso no sul, onde poderiam se juntar aos poloneses numa marcha sobre Kiev e onde as principais forças revolucionárias (algo por volta de 60 mil soldados) se concentravam nas guarnições. Mas os oficiais que anteriormente tinham declarado apoio ao levante ficaram tão chocados com os acontecimentos de Petersburgo que não ousaram agir. Volkonski só encontrou um oficial disposto a se unir a ele no chamado à revolta e, no final, as poucas centenas de soldados que marcharam sobre Kiev em 3 de janeiro foram facilmente dispersadas pela artilharia do governo.[53] Volkonski foi preso dois dias depois a caminho de Petersburgo para ver Maria uma última vez. A polícia tinha um mandado de prisão assinado pessoalmente pelo tsar.

Quinhentos dezembristas foram presos e interrogados, mas a maioria foi solta nas semanas seguintes, assim que apresentaram provas para levar à justiça os líderes principais. No tribunal, no primeiro julgamento-farsa da história da Rússia, 121 conspiradores foram considerados culpados de traição, perderam o título de nobreza e foram condenados a trabalhos forçados na Sibéria. Numa cena grotesca, Pestel e Rileiev foram enforcados com outros três no pátio da Fortaleza, muito embora oficialmente a pena de morte tivesse sido abolida na Rússia. Quando os cinco foram presos à forca e soltaram-se os alçapões, três condenados se mostraram pesados demais para a corda e, ainda vivos, caíram no poço. "Que país miserável!", gritou um deles. "Não sabem sequer enforcar direito."[54]

De todos os dezembristas, Volkonski era o mais próximo da corte. A mãe, a princesa Alexandra, encontrava-se no Palácio de Inverno, sorrindo na presença da imperatriz viúva, ao mesmo tempo que ele jazia na Fortaleza de Pedro e Paulo, do outro lado do rio Neva, como prisioneiro detido à mercê de Sua Majestade. Nicolau foi duro com Volkonski. Talvez se sentisse traído pelo homem com quem brincara quando menino. Graças à intervenção da mãe, Volkonski foi poupado da pena de morte imposta aos outros líderes. Mas vinte anos de trabalhos forçados seguidos de degredo vitalício e compulsório na Sibéria era uma punição bastante draconiana. O príncipe perdeu o título de nobreza e todas as medalhas recebidas no campo de batalha das guerras contra a França. Perdeu o controle de todas as terras e servos. A partir daí, os seus filhos pertenceriam oficialmente à categoria de "camponeses estatais".[55]

O conde Alexandre Benckendorff, chefe de polícia que o mandou para o exílio, era seu antigo amigo de escola. Os dois tinham sido colegas e oficiais em 1812. Nada ilustra melhor a natureza da nobreza de Petersburgo, uma pequena sociedade de clãs em que todos se conheciam e a maioria das famílias era aparentada de um modo ou de outro.* Daí a vergonha que os Volkonski sentiram com a desgraça de Serguei. Ainda assim, é difícil compreender a tentativa de apagar a sua lembrança. Nikolai Repnin, irmão mais velho de Serguei, deserdou-o totalmente e, nos longos anos que Volkonski passou na Sibéria, nunca lhe mandou uma única carta. Cortesão típico, Nikolai temia que o tsar não o perdoasse caso escrevesse para um exilado (como se o tsar fosse incapaz de entender os sentimentos de um irmão). Essas atitudes mesquinhas eram sintomáticas de uma aristocracia criada para conferir todos os valores à corte. A mãe de Serguei também pôs a lealdade ao tsar na frente dos sentimentos pelo filho. Ela compareceu à coroação de Nicolau I e recebeu o broche de brilhantes da Ordem de Santa Catarina no mesmo dia em que Serguei, com correntes pesadas nos pés, começou a longa viagem para a Sibéria. Dama da corte à moda antiga, a princesa Alexandra sempre fora uma defensora do comportamento correto. No

---

* Em 1859, Misha, filho de Volkonski, se casaria com a neta do conde Benckendorff. Um dos primos se casaria com a filha de Benckendorff (S. M. Volkonskii, *O dekabristakh: po semeinum vospominaniiam*, p. 114).

dia seguinte, ela foi para a cama e lá ficou, chorando inconsolável. "Só espero", dizia às visitas, "que não haja outros monstros na família."[56] Ela passou vários anos sem escrever ao filho. Serguei ficou profundamente ferido com a rejeição da mãe: isso contribuiu para a sua rejeição dos costumes e valores da aristocracia. Na opinião da mãe, a morte civil de Serguei era também uma morte literal. *"Il n'y a plus de Serge"*, dizia a velha princesa aos amigos da corte. "Essas palavras", escreveu Serguei numa das suas últimas cartas, em 1865, "me perseguiram durante toda a minha vida no exílio. Elas não pretendiam apenas satisfazer a consciência [de minha mãe], mas justificar a traição dela contra mim."[57]

A família de Maria foi igualmente implacável. Condenaram-na pelo casamento e tentaram convencê-la a usar o direito de solicitar a anulação. Tinham razões para supor que ela devia fazê-lo. Maria tinha um filho recém-nascido para criar e não estava claro se teria permissão de levá-lo caso seguisse Serguei até a Sibéria. Além disso, não parecia muito feliz no casamento. Durante o ano anterior — apenas o primeiro ano de casada —, mal vira o marido, ausente no sul e preocupado com a conspiração, e ela se queixara à família de que achava a situação "insuportável".[58] Mas Maria preferiu compartilhar o destino do marido. Abandonou tudo e seguiu Serguei até a Sibéria. Alertada pelo tsar de que teria de deixar o filho para trás, Maria lhe escreveu: "O meu filho é feliz, mas o meu marido é infeliz e precisa mais de mim."[59]

É difícil dizer exatamente o que passou pela cabeça de Maria. Quando tomou a sua decisão, ela não percebeu que seria privada do direito de voltar à Rússia caso seguisse Serguei — só lhe disseram isso quando chegou a Irkutsk, na fronteira entre a Rússia e a região penal da Sibéria —, de modo que é possível que esperasse retornar a Petersburgo. Isso era realmente o que o pai dela pensava. Mas ela teria voltado se soubesse?

Maria agiu com base na sua noção do dever de esposa. Serguei apelou a isso ao lhe escrever da Fortaleza de Pedro e Paulo, na véspera da partida para a Sibéria. "Tu mesma deves decidir o que fazer. Deixo-te numa situação cruel, mas, *chère amie*, não suporto a pena de separação eterna da minha esposa perante a lei."⁶⁰ A criação nobre entranhara em Maria essa noção de dever. O amor romântico, embora não fosse incomum, não era prioritário nas relações conjugais da aristocracia russa do início do século XIX. Também não parece ter desempenhado papel importante na decisão de Maria. Nesse sentido, ela era muito diferente de Alexandra Muraviev, esposa do dezembrista Nikita Muraviev, que vinha de uma família bem menos aristocrática do que a de Maria Volkonski. Foi o amor romântico que compeliu Alexandra a abandonar tudo pela vida no exílio penal da Sibéria; ela chegou a afirmar que o seu "pecado" era "amar o meu Nikitischina mais do que a Deus".⁶¹ Ao contrário, a conduta de Maria foi condicionada pelas normas culturais de uma sociedade na qual não era raro que uma mulher nobre seguisse o marido rumo à Sibéria. Frequentemente, os comboios de prisioneiros eram acompanhados de carroças que levavam as esposas e filhos para o exílio voluntário.⁶² Além disso, havia o costume de as famílias dos oficiais irem com eles para as campanhas militares. As esposas falavam do "nosso regimento" ou da "nossa brigada" e, nas palavras de um contemporâneo, "estavam sempre dispostas a viver os mesmos riscos dos maridos e renunciar à vida".⁶³ O general Raievski, pai de Maria, levou a esposa e os filhos nas principais campanhas, até que o filho mais novo foi ferido quando uma bala perfurou os seus calções enquanto ele colhia frutinhas perto do campo de batalha.⁶⁴

Também se sugeriu que Maria reagia ao culto literário do sacrifício heroico.⁶⁵ Ela lera o poema "Natalia Dolgorukaia" (1821-23), de Rileiev, que pode ter sido realmente a inspiração moral do seu comportamento. O poema se baseava na história verdadeira de uma jovem princesa, filha predileta do marechal de campo Boris Sheremetev, que seguira o marido, o príncipe Ivan Dolgoruki, para a Sibéria quando este foi banido pela imperatriz Ana, em 1730.*

---

* Depois que lhe permitiram voltar a São Petersburgo na década de 1730, Natalia Dolgorukaia se tornou a primeira mulher da história russa a escrever as suas memórias.

> Esqueci a minha cidade natal,
> Riqueza, honras, o meu sobrenome
> Para dividir com ele o frio da Sibéria
> E suportar a inconstância do destino.⁶⁶

O pai coruja de Maria estava convencido de que a filha seguira Serguei para a Sibéria não por ser uma "esposa apaixonada", mas por estar "apaixonada pela ideia de que era uma heroína".⁶⁷ O velho general nunca deixou de sofrer com o exílio voluntário da amada filha — culpava Serguei por isso —, o que levou a um rompimento trágico do relacionamento entre os dois. Maria sentia a desaprovação do pai nas suas cartas infrequentes para a Sibéria. Incapaz de continuar sufocando a angústia, ela lhe escreveu (na última carta que ele recebeu antes de morrer) em 1829:

> Sei que o senhor deixou de me amar há algum tempo, embora eu saiba que nada fiz para merecer o seu desagrado. Sofrer é o meu destino neste mundo; mas fazer os outros sofrerem é mais do que posso suportar [...] Como posso ser feliz um instante se a bênção que me dás nas suas cartas também não é dada a Serguei?⁶⁸

Na véspera de Natal, Maria se despediu do filho e da família e partiu para Moscou, o primeiro trecho da viagem para a Sibéria. Na antiga capital, ficou na casa da cunhada, a princesa Zinaida Volkonski, beldade famosa e amiga íntima do falecido imperador Alexandre, chamada por Pushkin de "tsarina das artes". Zinaida era anfitriã de um ofuscante salão literário onde nenhum poema francês era declamado, o que era incomum na época. Pushkin e Jukovski, Viazemski e Delvig, Baratynski, Tiutchev, os irmãos Kireievski e o poeta polonês Mickiewicz eram todos *habitués*. Na véspera da partida de Maria, houve uma noite especial em que Pushkin declamou. Mais tarde, ele comporia a "Mensagem à Sibéria" (1827):

FILHOS DE 1812

Há nas fundas minas da Sibéria
Orgulhosa e paciente resignação;
Não é em vão tua labuta e miséria
Nem a tua mais alta aspiração.

Na escura e horrível masmorra
Esperança já mais não há
Para os sofridos animar;
Mas chegará a ansiada hora

Em que amor e amizade vão
Penetrar nos porões sofridos
Onde agora estais detidos
E a minha voz livre ouvirão.

Toda algema odiosa cairá,
Vai se abrir toda masmorra;
E a liberdade irá à forra,
E a espada a vós voltará.[69]

Um ano depois de Maria chegar à Sibéria, o seu filhinho Nikolenka morreu. Maria nunca deixou de chorar por ele. No final da sua longa vida, depois de trinta anos de exílio penal, quando alguém lhe perguntava o que sentia pela Rússia, ela respondia: "A única pátria que conheço é o pedaço de grama onde o meu filho jaz no chão."[70]

3

Maria levou oito semanas para chegar a Nerchinsk, colônia penal na fronteira russo-chinesa onde Serguei Volkonski, o marido exilado, cumpria a pena de trabalhos forçados nas minas de prata. Foram cerca de 6 mil quilômetros pela estepe coberta de neve numa carruagem aberta de Moscou a Irkutsk, na época o último posto avançado de civilização russa na Ásia, e de lá uma aventura arriscada de carroça e trenó pelos caminhos gelados e montanhosos do lago Baikal. Em Irkutsk, o governador tentou dissuadir Maria de continuar a viagem e avisou que, se ela prosseguisse, perderia todos os direitos com uma ordem especial do tsar para todas as esposas de dezembristas. Ao entrar na zona penal além de Irkutsk, a princesa se tornaria prisioneira. Perderia o controle direto das suas propriedades, o direito a ter criadas ou quaisquer servos e, mesmo com a morte do marido, jamais teria permissão de retornar à Rússia que deixara. Era esse o significado do documento que ela assinara para se unir ao marido em Nerchinsk. Mas as dúvidas que ela talvez alimentasse a respeito do seu sacrifício se dissiparam na mesma hora durante a primeira visita à cela dele na prisão.

> A princípio não consegui enxergar nada, estava muito escuro. Abriram uma portinha à esquerda e entrei na cela minúscula do meu marido. Serguei correu na minha direção: assustei-me com o clangor das suas

correntes. Não sabia que estava agrilhoado. Nenhuma palavra jamais conseguirá descrever o que senti quando vi a imensidão do seu sofrimento. A visão das suas algemas enraiveceu e arrasou a tal ponto a minha alma que, na mesma hora, caí no chão e beijei os seus pés e as correntes.⁷¹

Nerchinsk era um povoado lúgubre e decrépito de cabanas de madeira construídas em torno da paliçada do campo de prisioneiros. Maria alugou uma pequena cabana de um dos colonos mongóis locais. "Era tão estreita", recorda ela, "que, quando eu me deitava no meu colchão no chão, a cabeça tocava a parede e os pés ficavam espremidos contra a porta."⁷² Ela dividia essa residência com Katia Trubetskoi, outra jovem princesa que seguiu até a Sibéria o marido dezembrista. Sobreviviam da pequena renda que as autoridades permitiam que recebessem das suas antigas propriedades. Pela primeira vez na vida, foram forçadas a cumprir tarefas que sempre tinham sido realizadas para elas pela imensa criadagem doméstica dos palácios. Aprenderam a lavar roupa, assar pão, plantar legumes e preparar a comida no fogão de lenha. Logo esqueceram o gosto pela culinária francesa e começaram a viver "como russas, comendo repolho em conserva e pão preto".⁷³ A força do caráter de Maria, reiterada pelas rotinas da cultura que deixara para trás, foi o segredo da sua sobrevivência na Sibéria. Ela observava meticulosamente todos os dias santos e os aniversários dos parentes na Rússia que havia muito tempo tinham se esquecido do dela. Sempre fazia questão de se vestir adequadamente, com peles e véu, mesmo nas idas à feira camponesa de Nerchinsk. Tocava o clavicórdio francês que embalara cuidadosamente e levara na carroça ao atravessar as geladas estepes asiáticas, sem dúvida com enorme inconveniência. Mantinha o inglês traduzindo livros e revistas enviados pelo correio; e todo dia anotava o ditado dos prisioneiros que, como "políticos", estavam estritamente proibidos de escrever cartas no campo. Chamavam Maria de sua "janela para o mundo".⁷⁴

A Sibéria uniu os exilados. Mostrou-lhes como viver verdadeiramente com base nos princípios da comunidade e da autossuficiência que tanto tinham admirado no campesinato. Em Chita, para onde a dúzia de prisioneiros se mudou com as famílias em 1818, ficaram num *artel*, uma cooperativa de trabalhadores, e dividiam entre si as tarefas. Alguns construíram as cabanas de troncos onde as esposas e filhos morariam e onde, mais tarde, se reuniriam aos prisioneiros. Outros adotaram ofícios como a carpintaria ou a confecção de roupas e sapatos. Volkonski era o mestre horticultor. Eles chamavam essa comunidade de sua "família na prisão" e, na imaginação, ela se aproximava da recriação da simplicidade igualitária da comuna camponesa.[75] Ali estava aquele espírito de união que os homens de 1812 tinham conhecido no regimento.

As relações familiares também se tornaram mais íntimas. Tinham desaparecido os servos que, no século XVIII, se encarregavam da criação dos filhos das famílias nobres. Os exilados siberianos criavam os próprios filhos e lhes ensinavam tudo o que sabiam. "Fui vossa ama de leite", disse Maria aos filhos, "vossa babá e, em parte, também vossa tutora."[76] Misha, outro filho, nasceu em 1832; Elena ("Nelinka"), a filha, em 1834. No ano seguinte, os Volkonski foram levados para a aldeia de Urik, a trinta quilômetros de Irkutsk, onde tinham uma casa de madeira e um roçado, assim como todos os outros aldeões. Misha e Elena cresceram com os filhos dos camponeses locais. Aprenderam as suas brincadeiras — caçar ninhos de passarinho, pescar trutas-marrons, instalar armadilhas para coelhos e pegar borboletas. "Nelinka está crescendo como uma verdadeira siberiana", escreveu Maria para a amiga Katia Trubetskoi.

Só fala no dialeto local e não há como impedir que aja assim. Quanto a Misha, tenho de lhe permitir que vá acampar na floresta com os meninos selvagens da aldeia. Ele adora aventuras; chorou inconsolavelmente outro dia porque dormia quando deram o alarme por causa do aparecimento de um lobo à nossa porta. Os meus filhos estão crescendo *à la Rousseau*, como dois pequenos selvagens, e há pouco que eu possa fazer além de insistir que falem francês conosco quando estiverem em casa [...] Mas devo dizer que essa vida é boa para a sua saúde.[77]

O pai do menino tinha opinião diferente. Cheio de orgulho, disse a um amigo que Misha se tornara "um verdadeiro russo em sentimentos".[78]

Para os adultos, o exílio também significava um estilo de vida mais simples e mais "russo". Alguns exilados dezembristas se instalaram no campo e se casaram com moças locais. Outros adotaram os costumes e passatempos russos, principalmente a caçada nas florestas siberianas cheias de animais.[79] E todos eles foram forçados, pela primeira vez na vida, a se tornar fluentes na língua natal. Para Maria e Serguei, acostumados como estavam a falar e pensar em francês, esse foi um dos aspectos mais difíceis da nova vida. No seu primeiro encontro naquela cela de prisão em Nerchinsk, foram obrigados a falar russo (para que os guardas entendessem), mas não conheciam as palavras para exprimir todas as emoções complexas que sentiam naquele momento, de modo que a conversa foi um tanto artificial e limitada. Maria se dedicou ao estudo da língua natal com um exemplar das Escrituras que havia no campo. O russo de Serguei, que usara para escrever quando oficial do Exército, se tornou mais vernacular. As cartas de Urik estão cheias de coloquialismos siberianos e erros de ortografia em palavras elementares ("se", "dúvida", "maio" e "janeiro").[80]

Serguei, como o filho, estava "virando nativo". A cada ano que passava, ficava mais parecido com um camponês. Vestia-se como os camponeses, deixou crescer a barba, raramente se banhava e começou a passar a maior parte do tempo trabalhando no campo ou conversando com os camponeses na feira local da cidade. Em 1844, os Volkonski receberam permissão de se instalar em Irkutsk. Maria foi imediatamente aceita nos círculos oficiais do novo governador Muraviev-Amurski, que não fazia segredo da simpatia pelos exilados dezembristas e os via como força intelectual para o desenvolvimento da Sibéria. Maria aproveitou a oportunidade para se integrar de novo à sociedade. Fundou várias escolas, um orfanato e um teatro. Realizava na sua casa o principal sarau da cidade, do qual o governador em pessoa era frequentador. Serguei raramente estava lá. Achava desagradável o "clima aristocrático" da casa de Maria e preferia ficar na fazenda em Urik, só indo a Irkutsk nos dias de feira. Mas, depois de ver a esposa sofrer vinte anos na Sibéria, não iria atrapalhá-la.

Por sua vez, o "príncipe camponês" era considerado excêntrico. N. A. Belogolovi, que cresceu na Irkutsk dos anos 1840, recorda como todos se chocavam ao "ver o príncipe nos dias de feira sentado no assento de uma carroça de camponês cheia até o alto de sacos de farinha, envolvido em conversa animada com uma multidão de camponeses enquanto dividiam um grande pão".[81] O casal tinha discussões constantes e mesquinhas. A. N. Raievski, irmão de Maria, encarregado da administração das propriedades dela, usava a renda para pagar as próprias dívidas de jogo. Serguei acusava Maria de ficar do lado do irmão, que tinha o apoio dos Raievski, e no final tomou providências legais para separar as suas propriedades das dela para assegurar a herança dos filhos.[82] Da renda anual que recebiam das suas terras na Rússia (aproximadamente 4.300 rublos), Serguei cedeu a Maria 3.300 (suficientes para ela viver com conforto em Irkutsk) e ficou com apenas 1.000 para administrar a sua fazendinha.[83] Cada vez mais distanciados, Serguei e Maria começaram a viver separados (mais tarde, nas cartas ao filho, Serguei chamou isso de "divórcio"),[84] embora na época só a "família da prisão" conhecesse a situação.* Maria teve um caso amoroso com o belo e carismático exilado dezembrista Alessandro Poggio, filho de

---

* Mais tarde, os problemas conjugais foram encobertos pelas famílias Raievski e Volkonski com a exclusão de blocos inteiros da correspondência dos arquivos da família, e isso prosseguiu nas publicações do período soviético, quando os dezembristas foram transformados em heróis. Mesmo assim, ainda se encontram nos arquivos vestígios da separação.

um nobre italiano que fora para a Rússia nos anos 1770. Em Irkutsk, Poggio era visitante cotidiano na casa de Maria e, embora amigo de Serguei, podia ser visto lá na ausência do marido com frequência demasiada para os mexericos não se espalharem. Diziam que Poggio era o pai de Misha e Elena — sugestão que ainda incomodava Serguei em 1864, um ano antes da sua morte, quando escreveu a última carta ao "caro amigo" Poggio.[85] Finalmente, para salvar as aparências da vida de casado, Serguei construiu uma cabana de madeira no terreiro da casa de Maria, onde dormia, preparava as suas refeições e recebia os amigos camponeses. Belogolovi recorda uma rara aparição dele na sala de visitas de Maria. "O rosto estava sujo de alcatrão, a barba comprida e maltratada tinha fiapos de palha e ele cheirava a estábulo [...] Mas ainda falava um francês perfeito, pronunciando todos os erres como um autêntico francês."[86]

A ânsia de levar uma vida simples de camponês era comum a muitos nobres (vem à mente Lev Tolstoi, primo afastado de Volkonski). Essa busca muito "russa" de uma "Vida de Verdade" era mais profunda do que a busca romântica de uma vida "espontânea" ou "orgânica" que motivava movimentos culturais em outras regiões da Europa. No fundo, foi uma visão religiosa da "alma russa" que estimulou os profetas nacionais — dos eslavófilos da década de 1830 aos populistas da de 1870 — a cultuar o altar do campesinato. Os eslavófilos acreditavam na superioridade moral da comuna camponesa russa em relação aos costumes ocidentais modernos e defendiam a volta a esses princípios. Os populistas estavam convencidos de que os costumes igualitários da comuna poderiam servir de modelo para a reorganização socialista e democrática da sociedade: recorreram aos camponeses na esperança de encontrar aliados para a sua causa revolucionária. Para todos esses intelectuais, a Rússia, como verdade messiânica, se revelava nos costumes e crenças do campesinato. Penetrar na Rússia e por ela ser redimido exigia a renúncia ao mundo pecaminoso onde tinham nascido esses filhos da nobreza. Nesse sentido, Volkonski foi o primeiro de uma longa série de nobres russos que encontraram sua nação e sua salvação no campesinato, e a sua busca moral se enraizava nas lições que aprendera em 1812. Ele deu as costas às relações da antiga sociedade baseada em classes, que considerava falsas, e olhou com expectativa idealista uma nova sociedade de homens iguais. "Não confio em ninguém com ligações na sociedade", escreveu em 1841 a Ivan Puschin, antigo amigo dezembrista. "Há mais honestidade e integridade de sentimentos nos camponeses da Sibéria."[87]

Como todos os exilados dezembristas, Volkonski via a Sibéria como uma terra de esperança democrática. Parecia-lhes que ali estava uma Rússia jovem e infantil, primordial e crua, rica em reservas naturais. Era uma terra de fronteira (uma "América") cujos agricultores pioneiros não tinham sido esmagados pela servidão nem pelo Estado (pois havia poucos proprietários de servos na Sibéria), de modo que mantiveram um espírito independente e uma engenhosidade, uma noção natural de justiça e igualdade, com os quais a velha Rússia poderia se renovar. A energia juvenil dos seus camponeses irrefreados continha o potencial democrático da Rússia. Assim, os dezembristas mergulharam no estudo do folclore e da história siberianos; fundaram escolas em aldeias ou, como Maria, deram aulas aos camponeses em suas casas; e, como Serguei, adotaram ofícios camponeses ou eles mesmos lavraram a terra. O príncipe encontrou consolo e razão de ser na labuta camponesa. Foi uma libertação da perpetuidade do tempo de cativeiro. "O trabalho manual é muito saudável", escreveu Volkonski a Puschin. "E é uma alegria quando alimenta a família e beneficia outras pessoas também."[88]

Mas Volkonski era mais do que agricultor; era um instituto agrícola. Importou livros didáticos e novos tipos de semente da Rússia europeia (as cartas de Maria para casa eram cheias de listas de sementes hortícolas) e disseminou os frutos do seu conhecimento entre os camponeses, que vinham procurá-lo de quilômetros de distância.[89] Os camponeses pareciam ter respeito genuíno pelo "nosso príncipe", como chamavam Volkonski. Gostavam da sua franqueza e abertura para com eles, da facilidade com que falava o idioma local. Deixava-os menos inibidos do que, normalmente, os outros nobres.[90]

Essa capacidade extraordinária de entrar no mundo da gente comum exige comentários. Afinal de contas, Tolstoi nunca a dominou, embora tenha tentado durante quase cinquenta anos. Talvez o sucesso de Volkonski se explique pela longa experiência de se dirigir aos soldados camponeses dos seus regimentos. Ou, talvez, depois que despiu as convenções da cultura europeia, conseguisse se basear nos costumes russos nos quais crescera. A sua transformação não é diferente da que ocorre em Natasha na cena de *Guerra e paz* em que, na cabana do "tio" na floresta, descobre subitamente que o espírito da dança camponesa está no seu sangue.

4

Como devem saber os leitores de *Guerra e paz*, a guerra de 1812 foi um importante divisor de águas na cultura da aristocracia russa. Foi uma guerra de libertação nacional do império intelectual dos franceses, um momento em que nobres como os Rostov e os Bolkonski lutaram para se libertar das convenções estrangeiras da sociedade e começar nova vida com base em princípios russos. Não foi uma metamorfose fácil (e aconteceu muito mais devagar do que no romance de Tolstoi, no qual os nobres redescobrem os esquecidos costumes nacionais subitamente, da noite para o dia). Embora as vozes antifrancesas tivessem quase se transformado num coro na primeira década do século XIX, a aristocracia ainda estava mergulhada na cultura do país com o qual guerreava. Os salões de São Petersburgo estavam cheios de jovens admiradores de Bonaparte, como Pierre Bezukhov em *Guerra e paz*. O grupo mais elegante era o dos condes Rumiantsev e Caulaincourt, embaixador francês em Petersburgo, círculo no qual vivia a Hélène de Tolstoi. "Como podemos combater os franceses?", pergunta o conde Rostopchin, governador de Moscou, em *Guerra e paz*. "Podemos nos armar contra os nossos mestres e divindades? Vejam os nossos jovens! Vejam as nossas damas! Os franceses são os nossos deuses. Paris é o nosso Reino dos Céus."[91] Mas, mesmo nesses círculos, a invasão de

FILHOS DE 1812

Napoleão causou horror, e a sua reação contra tudo o que fosse francês foi a base de um renascimento russo na vida e nas artes.

No clima patriótico de 1812, o uso do francês foi desdenhado nos salões de São Petersburgo, e nas ruas ficou até perigoso. O romance de Tolstoi capta perfeitamente o espírito daquela época em que nobres, educados para falar e pensar em francês, esforçavam-se para conversar na língua nativa. Um grupo combinou proibir o uso de francês e cobrar uma multa dos que tropeçassem. O único problema foi que ninguém sabia a palavra russa que significava *forfait* (multa) — não existia — e assim tinham de gritar "*forfaiture*". Esse nacionalismo linguístico não tinha nada de novo. O almirante Shishkov, durante algum tempo ministro da Educação Pública, já em 1803 pusera a defesa do idioma russo no centro da sua campanha contra o francês. Ele se envolveu numa longa disputa com os karamzinianos na qual atacou as expressões francesas do estilo de salão e quis que o russo literário retornasse às raízes arcaicas do eslavo canônico.* Para Shishkov, a influência do francês era culpada do declínio da religião ortodoxa e do velho código moral patriarcal: o estilo de vida russo estava sendo corroído pela invasão cultural do Ocidente.

O apoio a Shishkov começou a disparar depois de 1812. Renomado como jogador de cartas, ele era convidado frequentemente às casas elegantes de São Petersburgo, e, entre rodadas de vinte e um, pregava as virtudes da língua russa. Entre os anfitriões, assumiu a condição de "sábio nacional" e (em parte, talvez, porque lhe deviam dinheiro de jogo),

---

* Essas disputas sobre a linguagem envolveram um conflito mais amplo sobre a "Rússia" e o que ela deveria ser: seguidora da Europa ou uma cultura própria e única. Todos aguardavam ansiosos as discussões entre os eslavófilos e os ocidentalistas. Os eslavófilos só surgiriam como grupo distinto dali a uns trinta anos, mas a palavra "eslavófilo" foi usada pela primeira vez na década de 1800 para descrever aqueles que, como Shishkov, preferiam o eslavo canônico como idioma "nacional" (ver Iu. Lotman e B. Uspenskii, "Spory o iazyke v nachale XIX v. kak fakt russkoi kul'tury", em *Trudy po russkoi i slavianskoi filologii*, 24, *Uchenye zapiski tartuskogo gosudarstvennogo universiteta*, vyp. 39 (Tartu, 1975), p. 210–11).

pagavam-lhe para ensinar os filhos.⁹² Virou moda, entre filhos de nobres, aprender a ler e escrever na língua natal. Na década de 1810, quando adolescente, Dmitri Sheremetev, filho órfão de Nikolai Petrovich e Praskovia, passou três anos estudando gramática e até retórica russa — o mesmo tempo que passou aprendendo francês.⁹³ Por falta de textos russos, as crianças aprendiam a ler com as Escrituras; na verdade, como Pushkin, muitas vezes aprendiam a ler com o padre local ou o secretário da igreja.⁹⁴ As meninas tinham menos probabilidade do que os meninos de aprender a escrita russa. Ao contrário dos irmãos, destinados a se tornar oficiais do Exército ou proprietários de terras, não teriam muito a tratar com mercadores e servos e, portanto, tinham pouca necessidade de ler e escrever na língua natal. Mas nas províncias cresceu a tendência de mulheres, assim como homens, aprenderem russo. Maria Volkonski, mãe de Tolstoi, tinha bom domínio do russo literário e até escrevia poemas na língua natal.⁹⁵ Sem esse aumento do número de leitores russos, o renascimento literário do século XIX teria sido inconcebível. Antes, as classes instruídas da Rússia liam principalmente literatura estrangeira.

No século XVIII, o uso do francês e do russo demarcara duas esferas totalmente separadas: o francês na esfera do pensamento e do sentimento, o russo na esfera da vida cotidiana. Havia uma forma de linguagem (o francês ou o russo "de salão" galicizado) na literatura e outra (a fala simples dos camponeses, não muito distante do idioma falado por mercadores e pelo clero) no dia a dia. Havia convenções estritas no uso da linguagem. Por exemplo: os nobres deviam escrever ao tsar em russo, e seria audácia lhe escrever em francês; mas sempre falavam com o tsar em francês, assim como com os outros nobres. Por outro lado, as mulheres deviam escrever em francês, não apenas na correspondência com o soberano, mas com todas as autoridades, porque esse era o idioma da sociedade bem-educada; seria uma indecência grosseira se usassem expressões russas.⁹⁶ No entanto, na correspondência particular havia poucas regras e, no final do século XVIII, a aristocracia se tornara tão bilíngue que passava com facilidade e de forma imperceptível do russo ao francês e deste de volta ao russo. Cartas de uma página ou pouco mais que isso podiam trocar de idioma uma dúzia de vezes, até mesmo no meio de uma frase, sem que o tema exigisse.

Tolstoi aproveitou essas diferenças em *Guerra e paz* para destacar as nuances sociais e culturais envolvidas no francês russo. Por exemplo, o fato de Andrei Bolkonski falar russo com sotaque francês o situa na seção da elite pró-francesa da aristocracia petersburguense. Ou de o diplomata Bilibin, amigo de Andrei, dar preferência ao francês e dizer "apenas aquelas palavras em russo às quais desejava dar uma ênfase desdenhosa" indica que Bilibin era um estereótipo cultural bem conhecido que os leitores reconheceriam com facilidade: o russo que preferiria ser francês. Mas talvez o melhor exemplo seja Hélène — a princesa que prefere falar de casos extraconjugais em francês porque "em russo sempre achava que a sua defesa não soava clara, e o francês era mais adequado".[97] Nesse trecho, Tolstoi reproduz deliberadamente a antiga distinção entre o francês como linguagem do ardil e o russo como linguagem da sinceridade. O uso do diálogo tem uma dimensão igualmente nacionalista. Não é por coincidência que os personagens mais idealizados do romance falam exclusivamente russo (a princesa Maria e o camponês Karataiev) ou (como Natasha) só falam francês com erros.

É claro que nenhum romance é uma janela direta para a vida e, por mais que *Guerra e paz* se aproxime desse ideal realista, não podemos considerar essas observações reflexo perfeito da realidade. Ler a correspondência dos Volkonski — sem esquecer, é claro, que eles se tornaram os Bolkonski de *Guerra e paz* — é encontrar uma situação muito mais complexa do que a apresentada por Tolstoi. Serguei Volkonski escrevia em francês, mas inseria expressões russas quando mencionava a vida cotidiana na propriedade; ou escrevia em russo quando queria ressaltar um ponto fundamental ou enfatizar a própria sinceridade. Por gosto, principalmente depois de 1812, escrevia principalmente em russo; e foi obrigado a isso nas cartas da Sibéria depois de 1825 (pois os censores só liam russo). Mas houve ocasiões em que escreveu em francês (mesmo depois de 1825): por exemplo, quando escrevia no subjuntivo ou usava expressões formais e *politesses*; ou em trechos onde, contrariando as regras, queria exprimir opiniões políticas numa língua que os censores não entenderiam. Às vezes, usava o francês para explicar um conceito para o qual não havia palavra russa — *diligence, duplicité* e *discrétion*.[98]

Nos costumes e nos hábitos cotidianos, a aristocracia também se esforçava para se tornar mais "russa". Os homens de 1812 trocaram os banquetes de *haute cuisine* por espartanos almoços russos, enquanto tentavam simplificar e russianizar o estilo de vida opulento. Com frequência e abertura cada vez maiores, os nobres tomavam "esposas" camponesas (o que era bom para um Sheremetev era bom para eles também), e chegou a haver casos de mulheres nobres que moravam com servos ou se casavam com eles.[99] Até Arakcheev, o ministro da Guerra que se tornou tão detestado devido ao regime violento no Exército, mantinha uma esposa camponesa extraoficial com quem teve dois filhos que estudaram no Corps des Pages.[100] Os ofícios nativos entraram em moda de repente. A porcelana russa com cenas da vida rural passou a ser cada vez mais preferida aos desenhos clássicos da porcelana importada do século XVIII. A bétula da Carélia e outras madeiras russas, principalmente com o acabamento mais rústico dos artesãos servos, começaram a competir com a fina mobília palaciana clássica importada e até a substituí-la nos espaços da vida privada onde o nobre relaxava. O conde Alexandre Osterman-Tolstoi, herói militar de 1812, era proprietário de uma mansão magnífica no Cais Inglês, em São Petersburgo. As salas de recepção tinham paredes de mármore e espelhos com decorações suntuosas no estilo Império francês, mas, depois de 1812, ele mandou forrar o quarto com troncos de madeira sem acabamento para lhe dar a aparência de uma cabana camponesa.[101]

Os divertimentos também se tornaram russos. Nos bailes de Petersburgo, onde as danças europeias sempre tinham reinado supremas, a *pliaska* e outras danças russas entraram na moda depois de 1812. A condessa Orlova era famosa pelas danças camponesas que estudava e apresentava nos bailes de Moscou.[102] Mas havia outras nobres que, como Natasha Rostova, tinham, por assim dizer, recebido o espírito da dança, como se o respirassem "no ar russo". A princesa Elena Golitsyna dançou a primeira *pliaska* várias décadas depois, num baile em Novgorod. "Ninguém me ensinara a dançar a *pliaska*. É que eu era simplesmente uma 'garota russa'. Crescera no campo e, quando ouvi o refrão da música da nossa aldeia, 'A moça foi buscar água', não consegui parar depois dos primeiros movimentos da dança."[103]

As recriações rurais foram outro indicador dessa russianidade recém-encontrada. Foi nessa época que a *dacha* surgiu como instituição nacional, embora a casa de veraneio no campo ou no subúrbio só se tornasse fenômeno de massa nas últimas décadas do século XIX (*O jardim das cerejeiras*, de Chekhov, foi sabidamente derrubado para construir *dachas*). No século XVIII, a alta aristocracia de Petersburgo alugava *dachas*. Pavlovsk e Peterhof eram os locais preferidos para fugir do calor da cidade e respirar o ar fresco das florestas de pinheiros ou do mar. Os tsares tinham elaborados palácios de verão, com jardins imensos, nos dois locais. No início do século XIX, a moda da *dacha* se espalhou pela nobreza menor, que construiu casas de campo mais modestas.

Em contraste com o classicismo formal do palácio urbano, a *dacha* era construída num estilo russo simples. Costumava ser uma edificação de madeira, com dois andares e uma varanda e mezanino que contornavam a casa, com as molduras esculpidas de portas e janelas que geralmente se encontravam em cabanas camponesas, embora algumas *dachas* mais grandiosas pudessem acrescentar, de forma incongruente, arcadas e colunas romanas na frente. A *dacha* era um lugar de relaxamento e atividades russas: colher cogumelos na floresta, fazer geleia, tomar chá no samovar, pescar, caçar, visitar a casa de banhos ou passar o dia todo, como o Oblomov de Goncharov, vestindo um *khalat* oriental. Um mês no campo permitia ao nobre livrar-se das pressões da corte e da vida oficial e ser ele mesmo num meio russo. Era comum dispensar uniformes oficiais e vestir-se com roupas russas informais. A comida russa simples ocupava o lugar da *haute cuisine*, e alguns pratos, como a sopa de verão com *kvas* (*okroshka*), aspic de peixe com cogumelos picados, o chá com geleia ou a aguardente de cereja se tornaram praticamente sinônimos do estilo de vida na *dacha*.[104]

De todas as atividades campestres, a caça era a que mais se aproximava de uma instituição nacional, no sentido de unir nobres e servos como conterrâneos e colegas caçadores. O início do século XIX foi a época áurea da caçada, fato ligado à redescoberta pela nobreza da "vida boa na propriedade" depois de 1812. Houve nobres que abandonaram a carreira no serviço público e se aposentaram no campo para levar uma vida de caçador. O "tio" dos Rostov em *Guerra e paz* era típico:

— Por que não entra para o serviço público, tio?
— Já entrei, mas desisti. Não sirvo para isso [...] Não consigo entender. Isso é para você. Não tenho inteligência suficiente. Agora, caçar é outra coisa...[105]

Havia dois tipos de caçada na Rússia: a caçada formal com cães, bem grandiosa, e o tipo simples de caçada de um homem a pé com um cão solitário e um companheiro servo, como imortalizado em *Memórias de um caçador*, de Turgueniev (1852). A caçada formal era realizada à maneira de uma campanha militar e às vezes durava várias semanas, com centenas de cavaleiros, enormes matilhas de cães e um vasto séquito de servos caçadores acampados nas propriedades da nobreza. Lev Izmailov, marechal da nobreza em Riazan, levava 3 mil caçadores e 2 mil cães nas suas "campanhas".[106] O barão Mengden mantinha uma casta de elite de servos caçadores com libré escarlate própria e cavalos árabes especiais para a caçada. Quando partiam com o barão à frente, levavam várias centenas de carroças de feno e aveia, um hospital sobre rodas para cães feridos, uma cozinha móvel e tantos criados que a casa do barão se esvaziava, ficando a esposa e as filhas apenas com um copeiro e um garoto.[107] Esse tipo de caçada dependia de vastos exércitos de servos e de praticamente toda a terra pertencerem à nobreza — condição que persistiu até a emancipação dos servos em 1861. Como a caçada inglesa, era séria e convencional, obedecia rigidamente à hierarquia social, com os servos caçadores, mesmo quando não corriam com os cães, claramente em papel subserviente.

Ao contrário, o tipo de caçada de Turgueniev era relativamente igualitário — e de um jeito distintamente russo. Quando ia caçar com o seu companheiro servo, o nobre deixava para trás a civilização do palácio e entrava no mundo do campesinato. Nobre e servo se uniam nesse tipo de caçada. Vestiam-se quase da mesma maneira; dividiam comida e bebida quando paravam pelo caminho; dormiam lado a lado em celeiros e cabanas camponesas; e, como descrito nas *Anotações* de Turgueniev, conversavam sobre a vida com um espírito de companheirismo que muitas vezes fazia deles amigos íntimos e duradouros.[108] Havia nisso muito mais do que a costumeira "amizade masculina" da caça. No que dizia respeito ao nobre, a caçada a pé era uma odisseia rural, um encontro com uma terra camponesa não descoberta; era quase acidental o número de aves ou animais mortos. No último episódio lírico das *Anotações*, no qual o narrador resume todas as alegrias da caçada, mal se menciona a caça propriamente dita. O que surge desse texto perfeito é o amor intenso do caçador pelo campo russo e pela sua beleza mutável entre as várias estações do ano:

> E uma manhã de verão em julho! Alguém que não seja caçador já sentiu o prazer de perambular pelo mato durante a aurora? Os pés deixam pegadas verdes no capim pesado e branco de orvalho. Empurramos os arbustos molhados — o aroma quente acumulado na noite quase nos derruba; o ar fica impregnado da fresca fragrância agridoce da losna, o aroma melífluo de trevo e trigo mourisco; lá longe uma floresta de carvalhos se ergue como um muro, brilhando roxa ao sol; o ar ainda

é fresco, mas o calor vindouro já pode ser sentido. A cabeça fica levemente tonta com tamanho excesso de aromas doces. E não há fim para o mato. Lá, à distância, o centeio a amadurecer arde amarelo e há tiras estreitas de trigo mourisco vermelho-ferrugem. Depois vem o som de uma carroça; um camponês passa no ritmo do andar, deixando o cavalo à sombra antes que o sol esquente. Depois de cumprimentá-lo, vamos em frente, e em breve o raspar metálico da foice pode ser ouvido atrás. O sol sobe cada vez mais e o capim logo seca. Já faz calor. Primeiro uma hora, depois outra se passa. O céu escurece nas beiradas e o ar imóvel pega fogo com o calor que pinica.[109]

As formas de vestimenta russa se tornaram a última moda depois de 1812. Em bailes e recepções de São Petersburgo, e também na corte a partir dos anos 1830, as damas da sociedade começaram a aparecer em roupas nacionais, sem esquecer a túnica *sarafan* e o toucado *kokoshnik* da velha Moscóvia. Na década de 1810, o xale camponês russo era popularíssimo entre as mulheres nobres. Nas últimas décadas do século XVIII, houve na Europa uma moda de xales orientais que os russos copiaram importando xales da Índia. Mas, a partir de 1812, foram os xales das camponesas russas que fizeram sucesso, e oficinas de servos surgiram como grandes centros da indústria da moda.[110] O vestido russo (*kapot*), usado tradicionalmente pelas camponesas e esposas de mercadores, entrou na *haute couture* um pouco antes, na década de 1780, quando Catarina, a Grande, o adotou, mas também foi bastante usado a partir de 1812. O kaftan e o *khalat* (um tipo de roupão esplêndido que se podia vestir em casa para receber hóspedes) voltaram à moda entre os nobres. O *podiovka*, um kaftan curto usado tradicionalmente pelo campesinato, foi também acrescentado ao guarda-roupa dos nobres. Usar essas roupas não servia apenas para relaxar e ficar à vontade em casa; nas palavras de um memorialista, era "fazer uma declaração consciente da própria russianidade".[111] Em 1827, quando pintou Pushkin vestindo um *khalat*, Tropinin o retratou como cavalheiro perfeitamente à vontade com os costumes da sua terra.

Na década de 1820, a moda da aparência "natural" tomou conta das mulheres nobres. O novo ideal de beleza se concentrava na visão da pureza dos personagens femininos da antiguidade e do campesinato russo. O retrato de Zinaida Volkonski pintado por Fidel Bruni (1810) ilustra esse estilo. Na verdade, de acordo com boatos da sociedade, foi exatamente a sua simplicidade no vestir que atraiu as atenções amorosas do imperador,[112] ele mesmo suscetível a todos os encantos da Natureza.* As mulheres passaram a usar roupas de algodão. Arrumavam o cabelo num estilo simples e rejeitavam a maquiagem pesada a favor da pele pálida preferida por esse culto à Natureza sem adornos.[113] A virada a favor da natureza e da simplicidade foi generalizada em toda a Europa a partir das últimas décadas do século XVIII. As mulheres vinham descartando as perucas empoadas e renunciando aos aromas fortes como o do almíscar em favor de águas-de-rosas mais leves que permitiam à fragrância natural da pele limpa se filtrar. Lá, essa tendência se desenvolveu sob a influência de Rousseau e das ideias românticas sobre as virtudes da Natureza. Mas na Rússia a moda da naturalidade tinha uma dimensão nacional extra. Estava ligada à ideia de que era preciso despir as camadas externas de convenção cultural para revelar a personalidade russa. A Tatiana de Pushkin em *Eugene Oneguin* era a encarnação literária dessa russianidade natural — tanto que o estilo de roupa simples usado pelas mulheres nobres ficou conhecido como "Oneguin".[114] Os leitores viram Tatiana como uma "heroína russa" cujo verdadeiro eu se revelava nas lembranças da infância simples no campo.

---

* O imperador Alexandre começou a fazer um passeio diário pelo Cais do Palácio e pela avenida Nevski até a ponte Anichkov. Nas palavras do memorialista Viguel, foi "um esforço consciente do tsar para ter simplicidade na vida cotidiana" (F. F. Viguel, *Zapiski*, chast' 2, Moscou, 1892, p. 32). Antes de 1800, nenhum nobre de respeito iria a lugar nenhum em Petersburgo a não ser de carruagem, e, como comprovou a ópera cômica de Kniajnin, vastas fortunas pessoais seriam gastas nas maiores carruagens importadas da Europa. Mas, sob a influência de Alexandre, em São Petersburgo tornou-se moda "*faire le tour imperial*".

"Para mim, Oneguin, essa opulência,
O ouropel dessa vida cansada,
O *grand monde* que impõe deferência,
Jantar com príncipes na bela casa —
Tudo vazio... E eu trocaria
Essa vida reles de fantasia,
Esse mundo de brilho e fumaça
Pelos meus livros, a simples graça
Do velho lar, seus jardins e flores,
Pelos cantinhos em que vivi...
Lá onde, Oneguin, o conheci;
Pela igrejinha de sombrias cores,
Onde repousa a velha babá
Sob o ramo e a cruz fincada lá.[115]

A obra-prima de Pushkin, entre muitas outras coisas, é um exame sutil da complexa consciência russo-europeia que caracterizou a aristocracia na época de 1812. O crítico literário Vissarion Belinski disse que *Eugene Oneguin* era uma enciclopédia da vida russa, e o próprio Pushkin, nas estrofes finais, desenvolveu a ideia do romance como um livro da vida. Em nenhuma outra obra se vê com tanta clareza a influência visceral da convenção cultural sobre a noção russa do eu. Na verdade, em vários aspectos o tema central do romance é o jogo complexo entre vida e arte. A natureza sincrética do personagem Tatiana é um símbolo do mundo cultural no qual ela vive. Num momento ela lê um romance de amor; noutro, escuta as superstições e histórias populares da babá. Ela se dilacera entre os campos gravitacionais da Europa e da Rússia. O seu nome, Tatiana, como Pushkin destaca numa nota de rodapé, vem do grego antigo, mas na Rússia "só é usado pela gente comum".[116] Também nos assuntos do coração, Tatiana está sujeita às normas culturais diferentes da Rússia europeia e do domínio rural camponês. Como mocinha bem jovem e impressionável da província, ela habita o mundo imaginário do romantismo e entende os seus sentimentos nesses termos. Ela se apaixona devidamente pelo personagem byroniano de Eugene e, como uma das suas heroínas de ficção, escreve a ele para lhe declarar o seu amor. Mas, quando pergunta se a babá já amou, a apaixonada Tatiana é exposta à influência de uma cultura diferente na qual o amor romântico é um luxo estrangeiro, e a obediência, a principal virtude da mulher. A babá camponesa conta a Tatiana que se casou com apenas 13 anos com um menino ainda mais novo que nunca vira:

> Tive tanto medo... ah, como chorei;
> Chorei, e meu cabelo destrançaram,
> Cantando, para o adro me levaram.[117]

Esse encontro entre as duas culturas representa a situação difícil da própria Tatiana: buscar a realização dos sonhos românticos ou sacrificar-se na via "russa" tradicional (a via escolhida por Maria Volkonski quando abriu mão de tudo para seguir o marido dezembrista até a Sibéria). Oneguin rejeita Tatiana — ele a vê como uma menina ingênua do campo — e então, depois de matar o amigo Lenski num duelo, some durante vários anos. Enquanto isso, Tatiana se casa com um homem que, até onde se pode dizer, não ama de verdade; um herói militar das guerras de 1811 que é "bem recebido" na corte. Tatiana chega a ser uma anfitriã renomada em São Petersburgo. Oneguin então retorna e se apaixona por ela. Os anos de perambulação pela terra natal conseguiram mudar o antigo dândi de São Petersburgo e, finalmente, ele vê a beleza natural dela, a sua "falta de maneirismos e truques emprestados". Mas Tatiana permanece fiel aos votos do casamento. Parece que passou a adotar os seus "princípios russos", a ver através das ilusões do amor romântico. Ao ver os livros da biblioteca de Oneguin, ela finalmente compreende a dimensão fictícia da personalidade dele:

> Moscovita em capa da Harold's,
> Um compêndio de afetação,
> Léxico de palavras da moda...
> Simples patife ou mera paródia?[118]

Mas, mesmo aqui, quando Tatiana diz a Oneguin,

> Amo-o (por que mentiria?);
> Mas com outro me casei
> E fiel para sempre serei.[119]

vemos nela a onda densa da influência cultural. Esses versos foram adaptados de uma canção muito conhecida pelo povo russo. Considerada na época de Pushkin escrita por Pedro, o Grande, foi traduzida para o francês pelo tio do próprio Pushkin. Tatiana poderia tê-la lido num número antigo do *Mercure de France*. Mas também pode tê-la ouvido da babá camponesa.[120] É uma ilustração perfeita das interseções complexas entre a cultura europeia e a cultura russa nativa na época de Pushkin.

O próprio poeta era grande conhecedor de histórias e canções russas. O *ABC de superstições russas,* de Chulkov (1780-83), e os *Contos russos*, de Levshin (1788), eram textos bem folheados da estante de Pushkin. Ele fora criado com as histórias e superstições camponesas da amada babá Arina Rodionovna, que se tornou modelo da babá de Tatiana. "Máma" Rodionovna era uma narradora talentosa que elaborava e enriquecia muitas histórias padronizadas, a julgar pelas transcrições das histórias dela que Pushkin fez depois.[121] Durante os anos de exílio no sul, de 1820 a 1824, ele se tornou um dedicado estudioso das tradições populares, especificamente as cossacas, e mais tarde, de 1824 a 1826, quando exilado na propriedade da família em Mikhailovskoie, continuou a recolher histórias e canções. Ele as usou como base em *Ruslan e Liudmila* (1820), o seu primeiro grande poema, que alguns críticos tacharam como meros "versos camponeses", e nos seus "contos de fadas" estilizados, como o do *Tsar Saltan*, que compôs nos últimos anos de vida. Mas ele não hesitava em misturar histórias russas com fontes europeias, como as fábulas de La Fontaine ou os contos de fadas dos irmãos Grimm. Em *O galo de ouro* (1834), chegou a tomar emprestada a *Lenda do astrólogo árabe* que encontrara na tradução francesa de 1831 de *Lendas maravilhosas de Alhambra*, de Washington Irving. Para Pushkin, a Rússia fazia parte da cultura ocidental e mundial e os seus "contos populares" não ficariam menos autênticos se ele combinasse todas essas fontes em recriações literárias do estilo russo. Que ironia, portanto, que os nacionalistas soviéticos considerassem os contos de Pushkin expressões diretas do povo russo.*

Em 1837, época da morte de Pushkin, o uso literário de contos populares se tornara lugar-comum, quase condição para o sucesso literário. Mais do que nenhum outro cânone ocidental, a literatura russa se enraizava nas tradições narrativas orais, às quais devia boa parte da sua força e originalidade extraordinárias. Pushkin, Lermontov, Ostrovski, Niekrassov, Tolstoi, Leskov e Saltykov-Schedrin, todos, até certo ponto, podem ser considerados folcloristas e todos, sem dúvida, usaram o folclore em muitas obras. Mas nenhum capturou o espírito essencial do conto popular tão bem quanto Nikolai Gogol.

Na verdade, Gogol era ucraniano e, se não fosse o sucesso de Pushkin, seu mentor que lhe deu a verdadeira trama das suas principais obras, *O inspetor geral* (1836) e *Almas mortas* (1835-52), teria escrito no dialeto camponês da sua Mirgorod natal, onde o seu pai era bem conhecido como escritor ucraniano (embora impublicável sob as leis tsaristas). Durante a infância, Gogol se apaixonou pelo idioma simples do campesinato local. Adorava as suas danças e canções, os contos de terror e as histórias cômicas, que, mais tarde, influenciariam os seus contos fantásticos de Petersburgo. Ele chegou à fama como "Rudy [ruivo] Panko, Apicultor", pseudônimo do autor da coletânea de contos *Noites na granja ao pé de Dikanka* (1831-32), que foi um sucesso de vendas e alimentou a procura crescente por histórias populares ucranianas. *Kochubei*, de Aladin, *Haïdamaki*, de Somov, e *O chapéu cossaco*, de Kuljinski, foram todos grandes sucessos na capital russa. Mas Gogol era muito ambicioso e, em 1828, quando mal saíra da escola, foi para

---

* Akhmatova foi condenada pelas autoridades literárias soviéticas por sugerir, de forma bastante correta, que uma das fontes dos "contos russos" de Pushkin eram *As mil e uma noites*.

Petersburgo na esperança de fazer fama literária. Trabalhava durante o dia como humilde escriturário (do tipo que enchia as suas histórias) e escrevia à noite no seu solitário quartinho no sótão. Atormentava a mãe e a irmã para lhe mandarem detalhes de canções e provérbios ucranianos e até peças de roupa, que ele queria que comprassem dos camponeses locais e lhe mandassem num baú. Os leitores ficaram maravilhados com a "autenticidade" de *Noites na granja*. Alguns críticos acharam que as histórias tinham sido estragadas pela linguagem popular "grosseira" e "imprópria". Mas a linguagem das histórias foi o seu principal sucesso. Ela refletia com perfeição a sonoridade musical da fala camponesa — uma das razões para os contos serem adaptados por Mussorgski na inacabada *Feira de Sorochintsi* (1874–) e em *A noite de São João no Monte Calvo* (1867), e por Rimski-Korsakov em *Noite de maio* (1879) — e podia ser compreendida por qualquer um. Durante as provas de *Noites na granja ao pé de Dikanka*, Gogol visitou os tipógrafos. "A coisa mais estranha aconteceu", explicou a Pushkin. "Assim que abri a porta e me perceberam, os gráficos começaram a rir e me deram as costas. Fiquei meio surpreso e pedi explicações. O impressor explicou: 'O material que o senhor mandou é muito engraçado e divertiu muito os tipógrafos.'"[122]

Cada vez mais, a fala comum entrou na literatura, conforme escritores como Gogol começavam a assimilar à forma escrita o idioma falado. Assim, a linguagem literária se libertou das restrições do salão e voou, por assim dizer, para as ruas, adotando os sons do russo coloquial e interrompendo o processo de dependência de palavras emprestadas do francês para coisas comuns. A poesia cívica de Lermontov era cheia de ritmos e expressões do povo, registradas por ele na fala camponesa. A épica *Canção do mercador Kalashnikov* (1837) imita o estilo do *bylina*; e *Borodino* (1837), brilhantemente patriótico (escrito para comemorar o 25º aniversário da derrota do exército de Napoleão), recria o espírito do campo de batalha descrevendo-o do ponto de vista do soldado camponês:

> Por três dias atiramos ao acaso,
> Não, não os tínhamos anulado,
> E ninguém queria ceder.
> Por todos, já teria acabado:
> Pois tínhamos fingido ou lutado?
> Então, naquele campo malsinado
> Caiu o anoitecer.[123]

A música russa também encontrou a sua voz nacional por meio da assimilação das canções populares. A primeira *Coletânea de canções populares russas* foi compilada em 1790 por Nikolai Lvov, com comentários de Ivan Prach. As características típicas do canto camponês — a mudança de timbre e o ritmo irregular que se tornariam tão característicos do estilo musical russo, de Mussorgski a Stravinski — foram alteradas para se adequar às fórmulas musicais ocidentais, de modo que as canções pudessem ser executadas com acompanhamento convencional ao piano (as classes proprietárias de pianos da Rússia precisavam que a sua música popular fosse "agradável ao ouvido").[124] A coletânea de Lvov-Prach foi um sucesso instantâneo e logo teve várias edições. Durante o século XIX, ela foi saqueada por compositores que buscavam material popular "autêntico", de modo que quase todas as canções populares do repertório russo, de Glinka a Rimski-Korsakov, derivaram de Lvov-Prach. Os compositores ocidentais também recorreram a ela em busca da exótica cor russa e de *thèmes russes*. Beethoven usou duas canções da coletânea de Lvov nos quartetos de cordas "Razumovski" (opus 59), encomendados em 1805 pelo conde Razumovski, embaixador russo em Viena, no ponto alto da aliança russo-austríaca contra Napoleão. Uma das canções foi o famoso coro "Slava" ("Glória"), usada mais tarde por Mussorgski na cena da coroação de *Boris Godunov*, que Beethoven empregou como base do *Thème Russe*: o trio do terceiro movimento do Opus 59, número 2. Originalmente, era uma *sviatochnaia*, canção popular das meninas russas para acompanhar os jogos de adivinhação no Ano-Novo. Jogavam-se quinquilharias num prato com água, tiradas uma de cada vez conforme as moças cantavam a sua música. A melodia simples se tornou um grande coro nacional na guerra de 1812: o nome do tsar substituía os poderes divinos no coro da "Glória"; em versões posteriores, acrescentou-se também o nome dos oficiais.[125]

O recrutamento imperial desse tema camponês foi igualmente pronunciado na ópera *A vida pelo tsar* (1836), de Glinka. O clímax da sua versão do mesmo coro da "Glória" praticamente se tornou um segundo hino nacional no século XIX.* Mikhail Glinka foi exposto à música russa desde tenra idade. O avô fora responsável pela música da igreja local de Novospasskoie — região de Smolensk famosa pelo som estridente dos sinos das igrejas — e o tio tinha uma orquestra de servos renomada por executar canções russas. Em 1812, o lar dos Glinka foi invadido e pilhado por soldados franceses que avançavam rumo a Moscou. Embora só tivesse 8 anos na época, isso deve ter provocado os sentimentos patrióticos do futuro compositor de *A vida*, cuja trama foi sugerida pelos guerrilheiros camponeses. A ópera conta a história de Ivan Sussanin, camponês da propriedade de Mikhail Romanov, fundador da dinastia Romanov, em Kostroma. De acordo com a lenda, no inverno de 1612 Sussanin salvou a vida de Mikhail dando informações erradas aos soldados poloneses que invadiram a Rússia no seu "Tempo de Tribulações" (1605–13) e foram a Kostroma assassinar Mikhail às vésperas da sua ascensão ao trono. Sussanin perdeu a vida, mas a dinastia se salvou. Os paralelos óbvios entre o sacrifício de Sussanin e o dos soldados camponeses em 1812 estimulou o interesse romântico pelo mito. Rileiev escreveu uma balada famosa sobre o personagem, e Mikhail Zagoskin, dois romances de sucesso, passados, respectivamente, em 1612 e 1812.

---

* Depois de 1917, houve quem sugerisse que o coro da "Glória" se tornasse o hino nacional.

Glinka disse que a sua ópera foi concebida como uma batalha entre a música russa e a polonesa. Os polacos eram ouvidos na polonaise e na mazurca, os russos, nas adaptações que fez de canções folclóricas e urbanas. A suposta dívida de Glinka para com o folclore fez dele o primeiro "compositor nacional" canônico da Rússia; *A vida* assumiu a posição de suprassumo da "ópera russa", e a sua apresentação ritual em todos os eventos nacionais tornou-se praticamente obrigatória por decreto imperial. Mas, na verdade, na ópera havia relativamente poucas melodias populares (em forma perceptível). Glinka assimilara o estilo folclórico e exprimiu o seu espírito básico, mas a música que escreveu era inteiramente sua. Ele fundira as características da música camponesa russa com a forma europeia. Nas palavras do poeta Odoievski, ele demonstrou que "a melodia russa pode ser elevada ao estilo trágico".[126]

Na pintura também houve uma nova abordagem do campesinato russo. Os cânones do bom gosto do século XVIII exigiam que o camponês, como tema, fosse excluído de todas as formas de arte séria. As normas clássicas ditavam que o artista devia apresentar temas universais: cenas da Antiguidade ou da Bíblia, situadas numa paisagem grega ou italiana atemporal. A pintura russa do cotidiano se desenvolveu muito tarde, nas últimas décadas do século XVIII, e a sua imagem do homem comum era sentimentalizada: gorduchos querubins camponeses num cenário pastoral ou simpáticos "tipos rústicos" com expressões padronizadas para mostrar que também tinham sentimentos humanos. Era uma versão visual do romance sentimental e da ópera cômica, que tinham destacado a humanidade dos servos contando a sua vida amorosa e o sofrimento romântico. Mas, depois de 1812, surgiu uma nova imagem do campesinato que enfatizava a sua força heroica e dignidade humana.

Pode-se ver isso na obra de Alexei Venetsianov, um rebento perfeito de 1812. Filho de um mercador de Moscou (de uma família que vinha originalmente da Grécia), Venetsianov foi desenhista e topógrafo do governo antes de, na década de 1800, se estabelecer como pintor e gravador. Como muitos pioneiros da cultura russa (Mussorgski vem à lembrança), não recebeu educação formal e, durante toda a vida, ficou fora da Academia. Em 1812, chamou a atenção do público com uma série de gravuras dos guerrilheiros camponeses. Vendidas em grande número, imenso, elas glorificavam a imagem dos guerrilheiros, desenhados sob a forma de guerreiros da Grécia e da Roma antigas, e a partir daí o público chamou os guerrilheiros de "Hércules russos".[127] A guerra de 1812 configurou o ponto de vista de Venetsianov. Embora não fosse político, frequentava os mesmos círculos dos dezembristas e tinha o mesmo ideal. Em 1815, por meio da esposa, obteve uma pequena propriedade em Tver e, quatro anos depois, aposentou-se e foi para lá, onde criou uma escola para as crianças da aldeia e sustentou vários artistas camponeses com a renda escassa que tirava da terra. Um deles foi Grigori Soroka, cujo retrato carinhoso do professor, pintado na década de 1840, é um depoimento comovente sobre o caráter de Venetsianov.

Este conhecia individualmente os camponeses da sua aldeia — e, nos seus melhores retratos, foi como os pintou. Transmitia as suas características pessoais, assim como outros retratistas se dispunham a transmitir o caráter individual dos nobres. Esse aspecto psicológico era revolucionário numa época em que, com poucas exceções, os retratistas produziam "tipos camponeses" genéricos. Venetsianov se concentrava no rosto em primeiro plano, forçando os espectadores a enfrentar o camponês e olhá-lo nos olhos, convidando-os a entrar no seu mundo íntimo. Na Rússia, Venetsianov também foi pioneiro da escola naturalista da pintura de paisagens. O caráter do campo de Tver — os verdes suaves e as tranquilas cores terrosas — pode ser visto em toda a sua obra. Ele transmitiu a vastidão da terra russa baixando o horizonte para ressaltar a imensidão do céu sobre os espaços abertos e planos — técnica derivada da pintura de ícones e, mais tarde, copiada por pintores de paisagens épicas como Vrubel e Vasnetsov. Ao contrário dos artistas da Academia, que tratavam a paisagem como mero pano de fundo e a copiavam de obras europeias, Venetsianov pintava diretamente da natureza. Em *Debulha na eira* (1820), mandou os servos serrarem a parede dos fundos do celeiro para poder pintá-los trabalhando ali dentro. Nenhum outro pintor levou tamanho realismo às representações da vida agrícola. Em *Limpeza de beterrabas* (1820), ele faz o espectador olhar diretamente as mãos sujas e calosas e a expressão exausta das três jovens trabalhadoras que dominam a cena. Foi a primeira vez que formas femininas tão feias, tão estranhas à tradição clássica, apareceram na arte russa. Mas essas figuras tristes conquistam a nossa solidariedade com a dignidade humana diante do sofrimento. A visão elevada que Venetsianov tinha da labuta humana ficou mais visível nas muitas imagens de camponesas. No quadro que talvez seja a sua obra-prima, um estudo simbólico de uma camponesa com o filho, *No campo arado: primavera* (1827), ele combina os típicos traços russos da trabalhadora com as proporções esculturais de uma heroína antiga. A mulher no campo é uma deusa camponesa. É a mãe da terra russa.

5

Comparados aos pais, os nobres russos que cresceram depois de 1812 deram valor mais alto à infância. Essa atitude levou muito tempo para mudar, mas já em meados do século XIX pode-se perceber uma nova veneração da infância por parte dos memorialistas e escritores que recordaram a sua criação depois de 1812. Essa nostalgia da época da infância se fundiu à nova reverência pelos costumes russos que tinham conhecido quando pequenos por meio dos servos domésticos dos pais.

No século XVIII, a aristocracia via a infância como preparação para o mundo adulto. Era um estágio a ser superado o mais depressa possível, e as crianças que retardavam essa transição, como Mitrofan em *O menor*, de Fonvizin, eram consideradas de inteligência simplória. Esperava-se que crianças nascidas em berço de ouro se comportassem como "pequenos adultos" e elas eram preparadas para entrar na sociedade desde tenra idade. As meninas aprendiam a dançar desde os 8 anos. Com 10 ou 12, já frequentavam "bailes infantis" organizados por mestres de dança em casas da moda, de onde, aos 13 ou 14 anos, seriam promovidas ao primeiro baile de adultos. Aos 18 anos, Natasha Rostov estava relativamente velha quando compareceu ao primeiro baile e dançou com o príncipe Andrei em *Guerra e paz*. Enquanto isso, os meninos eram alistados na Guarda Real e vestidos com a farda do regimento muito antes de terem idade suficiente para portar uma espada. Volkonski entrou para o regimento do pai (sargento *in absentia*) com apenas 6 anos. Aos 8, era sargento dos Granadeiros de Kherson; aos 9, ajudante de ordens do general Suvorov, embora, naturalmente, só mais tarde, com 16 anos, começasse o serviço ativo no campo de batalha. Os meninos destinados ao serviço público eram mandados para o internato com 8 ou 9 anos e lá doutrinados na ética do serviço e, como autoridades governamentais adultas, usavam um uniforme civil (em vez do uniforme da escola). A escola era considerada pouco mais do que um aprendizado para o serviço público e, como o aluno podia entrar para o serviço no décimo quinto aniversário, poucas famílias nobres consideravam necessário educar os filhos além dessa idade. Na verdade, na medida em que a Tabela de Hierarquia reforçava o princípio da promoção por critério de antiguidade, toda educação a mais era considerada desvantajosa: quanto mais cedo se começasse a subir a escada das promoções, melhor.

O memorialista Vassili Selivanov cresceu numa casa onde os sete filhos foram todos preparados para o serviço militar desde tenra idade. O pai comandava a família como um regimento, com todos os filhos hierarquizados pela idade e com instruções estritas para se levantar na sua presença e chamá-lo de "senhor". Quando Selivanov entrou para os Dragões em 1830, com 17 anos, a transição de palácio a quartel deve ter sido como ir de um lar a outro.[128] É claro que nem todas as famílias nobres eram tão regimentadas quanto os Selivanov, mas em muitas delas as relações entre pais e filhos se desenrolavam com base nos mesmos princípios básicos de disciplina que dominavam as instituições do exército e do Estado. Esse rigor nem sempre existira: a vida doméstica da família nobre do século XVII podia ser extremamente patriarcal, mas também era íntima. Os russos o tinham copiado do Ocidente, principalmente da Inglaterra — embora, como muito do que foi levado para a Rússia no século XVIII, tenha se entranhado tanto na nobreza que praticamente definiu essa classe no século XIX. Os pais nobres mantinham os filhos à distância, que podia ser o comprimento do corredor mais longo ou da maior escadaria até um andar separado no subsolo, nos aposentos dos criados da casa. V. A. Sollogub cresceu numa mansão no Cais do Palácio, em São Petersburgo. Os adultos moravam na casa principal enquanto as crianças eram transferidas, com a babá e a ama de leite, para uma ala anexa e só viam os pais rapidamente uma ou duas vezes por dia — por exemplo, para lhes agradecer o jantar (mas não para comer com eles) ou para dar o beijo de boa-noite quando iam dormir. "A nossa vida era inteiramente separada", recordou Sollogub, "e nunca havia sinais de emoção. Nós, crianças, tínhamos permissão de beijar a mão dos nossos pais, mas não havia carinhos e tínhamos de falar com eles em francês usando o *vous* formal. As crianças eram submetidas a um estrito código doméstico de servidão, quase como as leis dos servos."[129] Nikolai Shatilov, que cresceu na década de 1860 numa família de ricos proprietários de terras da província de Tula, foi confinado, quando menino, a um apartamento separado na casa, onde morava com o tutor e fazia todas as refeições; não via os pais "durante meses a fio".[130]

É claro que pais distantes eram a norma na Europa durante o século XIX, mas havia poucas culturas em que a mãe fosse tão remota quanto tendia a ser na família nobre russa. O costume era deixar a criança nobre aos cuidados de uma ama de leite quase desde o dia em que nascia. Mesmo quando a criança crescia, muitas mães nobres se ocupavam demais com a vida social ou com outros filhos menores para lhe dar a atenção pela qual, sem dúvida, ela ansiava. "Mamãe era extremamente bondosa, mas era dificílimo vê-la" é uma frase que aparece com frequência nas memórias do século XIX sobre a vida da nobreza.[131] Anna Karenina, embora não fosse uma mãe modelo, não era uma exceção no desconhecimento da rotina do quarto de seus filhos ("Sou tão inútil aqui").[132]

Portanto, não era raro que a criança nobre crescesse nem nenhuma disciplina direta dos pais. Era comum os pais deixarem os filhos aos cuidados de parentes (tipicamente, a avó ou uma tia solteirona) ou sob a supervisão das babás, aias e do restante da criadagem doméstica. Mas os criados, naturalmente, temiam disciplinar os filhos do senhor (os "senhorinhos" e "senhorinhas"), de modo que tendiam a mimá-los e a deixar que fizessem o que quisessem. Os meninos, especificamente, tendiam ao mau comportamento ("monstrinhos"), por saberem muito bem que os pais os defenderiam se a babá, mera serva, ousasse se queixar. Os críticos do sistema social, como o escritor Saltykov-Schedrin, argumentavam que essa permissividade estimulava as crianças nobres a serem cruéis com os servos; na vida adulta, levavam consigo a crença de que podiam dominar todos os servos e tratá-los como quisessem. Sem dúvida é concebível que o egoísmo e a crueldade com os servos que perpassavam as elites governantes da Rússia tsar brotassem, em alguns casos, da experiência formadora da infância. Por exemplo, quando mandada à escola da paróquia local (prática comum nas províncias), a criança nobre ia com um menino servo, cujo único propósito era receber as pancadas devidas ao mau comportamento do seu senhor em sala de aula. Como isso poderia desenvolver a noção de justiça na criança nobre?

Mas houve laços de afeto e respeito entre muitas crianças nobres e seus servos. Herzen argumentava que as crianças gostavam de ficar com os servos "porque se entediavam na sala de visitas e ficavam contentes na despensa" e porque tinham o mesmo temperamento.

> Essa semelhança entre criados e crianças explica a sua atração mútua. As crianças detestam as ideias aristocráticas dos adultos e os seus modos de superioridade benevolente, porque são espertas e entendem que, aos olhos dos adultos, elas são crianças, enquanto aos olhos dos criados, são pessoas. Em consequência, gostam muito mais de jogar cartas ou bingo com as aias do que com as visitas. As visitas jogam para o bem das crianças, com condescendência. Cedem a elas, implicam com elas e param de jogar quando têm vontade; as aias, via de regra, jogam tanto para o seu próprio bem quanto o das crianças, e isso dá interesse ao jogo. Os criados são devotados às crianças, e não é a devoção do escravo, mas a afeição mútua dos *fracos* e dos *simples*.[133]

Como socialista, Herzen, ao escrever, atribuía o seu "ódio à opressão" à "aliança mútua" que formara com os criados quando criança contra os membros mais importantes da casa. Ele recordou: "Às vezes, quando eu era criança, Vera Artamonovna [sua babá] dizia, à guisa de maior repreensão por alguma travessura: 'Espere só um pouco que você vai crescer e se transformar em mais um senhor como os demais. Eu achava aquilo um insulto horrível. A velha não precisava ter se preocupado: mais um como os demais, pelo menos, não me tornei."[134] É claro que boa parte disso foi escrita para causar efeito; dava uma boa história. Mas outros escritores afirmaram do mesmo modo que as suas convicções populistas tinham se formado nos contatos de infância com os servos.[135]

O menino russo bem-nascido passava a infância no subsolo, no mundo dos criados. Quem cuidava dele era a babá serva, que dormia ao seu lado no quarto das crianças, o pegava no colo quando chorava e, em muitos casos, tornava-se uma mãe para ele. Aonde fosse, ele era acompanhado pelo "tio" servo. Mesmo quando ia à escola ou se alistava no Exército, esse criado de confiança agia como seu guardião. As meninas pequenas também eram escoltadas por um "pajem felpudo" — assim chamado devido ao casaco de pele que usava por cima da libré — como aquele imaginado como um "urso imenso e desgrenhado" no sonho de Tatiana em Eugene Oneguin:

> Ela não ousa olhar para trás,
> E mais depressa ainda se vira;
> A cada curva ele surge atrás,
> O pajem felpudo a persegui-la!...[136]

Por necessidade, os filhos dos criados eram os colegas de brincadeiras da criança nobre, pois no campo não haveria outras crianças de classe social semelhante a quilômetros de distância. Como muitos memorialistas do século XIX, Anna Lelong tinha boas lembranças das brincadeiras com as meninas e meninos da aldeia: jogos de arremesso de blocos de madeira (*gorodki*); jogos de bola e bastão, com ossos e sucata (*babki* e as suas muitas variações); brincadeiras de cantar, dançar e bater palmas; e brincadeiras de adivinhação. No verão, ela ia nadar no rio com as crianças da aldeia ou era levada pela babá às aldeias para brincar com as crianças menores enquanto as mães debulhavam o centeio. Mais tarde, no outono, ia com as meninas da aldeia colher mirtilos e fazer geleia. Ela adorava esses momentos em que lhe permitiam entrar no mundo camponês. O fato de ser proibido pelos pais e de a babá pedir que prometesse não contar fazia com que fosse ainda mais empolgante para a menina. Na cozinha, havia um clima de ternura e intimidade que faltava na sala de visita dos pais. "Eu me levantava bem cedo e ia para o quarto das aias, onde elas já estavam nas rocas de fiar e a babá tricotava meias. Escutava histórias de camponeses vendidos, meninos mandados para Moscou ou meninas obrigadas a casar. Não havia nada disso na casa dos meus pais." Por ouvir essas histórias, ela começou "a entender o que significava a servidão e me fez desejar que a vida fosse diferente".[137]

Herzen escreveu que existia "um laço feudal de afeto" entre a família nobre e os servos domésticos.[138] Perdemos esse laço de vista nas histórias de opressão que configuraram a nossa visão da servidão desde 1917. Mas pode-se encontrá-lo nas memórias de infância da aristocracia; ele vive em cada página da literatura do século XIX; e pode-se sentir o seu espírito nas pinturas russas, nenhuma mais lírica do que *Manhã da senhora da mansão* (1823).

De toda a criadagem doméstica, as associadas à criação dos filhos (a aia, a ama de leite e a babá) eram as mais próximas da família. Formavam uma casta especial que desapareceu de súbito depois da emancipação dos servos em 1861. Elas se diferenciavam dos outros servos pela devoção feroz e, por mais que seja difícil entender hoje, muitas delas obtinham toda a sua felicidade ao servir a família. Com quartos especiais na casa principal e tratadas, em geral, com bondade e respeito, essas mulheres se tornavam parte da família e muitas foram sustentadas e cuidadas muito depois de pararem de trabalhar. A nostalgia que o nobre sentia da infância estava associada à ternura e ao carinho da sua relação com essas pessoas.

A ama de leite era um personagem especialmente importante na família russa nobre. Os russos continuaram a empregar amas de leite camponesas muito tempo depois de, no resto da Europa, já ser senso comum que as mães deviam amamentar os próprios filhos. Os manuais de criação de filhos do início do século XIX eram abertamente nacionalistas na defesa desse hábito ao afirmar que o "leite de uma moça camponesa pode dar saúde e pureza moral duradouras à criança nobre".[139] Era comum que a ama de leite se vestisse, e às vezes até fosse pintada, com trajes tradicionais russos — costume que continuou em muitas famílias até a revolução de 1917.* Ivan Argunov, o pintor dos Sheremetev, retratou várias "moças camponesas desconhecidas" que, muito provavelmente, eram amas de leite. O fato de uma moça dessas se tornar modelo de um retrato encomendado para exibição na casa do seu dono revela muito sobre a sua posição na cultura da aristocracia russa. Pavel Sumarokov, ao recordar a vida cotidiana da nobreza do século XVIII, disse que a ama de leite ocupava lugar de destaque em meio a toda a criadagem doméstica. A família a chamava pelo primeiro nome e patronímico em vez do apelido dado à maioria dos servos. Ela também era a única criada com permissão de permanecer sentada em presença da senhora ou do senhor da casa.[140] As memórias de nobres do século XIX são cheias de descrições da afeição da família pela velha ama de

---

* O artista Dobujinski descreveu o aparecimento espetacular da ama de leite tradicional nas ruas de Petersburgo antes de 1917: "Ela possuía um tipo de 'farda de desfile', um traje pseudocamponês, desenhado de forma teatral, usado até o início da guerra de 1914. Era comum ver uma ama de leite gorda, de rosto corado, andando ao lado das suas senhoras vestidas na moda. Ela usava blusão e capa de brocado e um toucado rosa se o bebê fosse menina ou azul se fosse menino. No verão, as amas de leite costumavam vestir *sarafans* coloridos com muitos botõezinhos de ouro ou vidro e mangas bufantes de musselina." (M. V. Dobujinski, *Vospominaniia*. Nova York, 1976, p. 34.)

leite, que provavelmente era tratada como membro muito querido da família e que tinha onde morar até morrer. Anna Lelong amava a ama Vassilíssia "mais do que todo mundo" e separar-se dela, como teve de fazer quando saiu de casa para se casar, lhe causou "pavoroso pesar". A intimidade da relação, que era "como a de mãe e filha", vinha da morte do bebê da ama. Devido ao dever de amamentar Anna, ela fora obrigada a abandoná-lo. A culpa e a substituição se entrelaçaram, tanto para Anna quanto para a ama. Mais tarde, quando o marido de Anna morreu, ela assumiu a responsabilidade de cuidar da velha ama, que foi morar com ela na propriedade da família.[141]

Mas a babá é que ficava mais perto do coração da criança nobre. O estereótipo da babá à moda antiga — do tipo que aparece em incontáveis obras de arte, de *Eugene Oneguin* a *Boris Godunov* — era uma camponesa russa simples e de bom coração que acordava as crianças, vigiava as brincadeiras, levava-as para passear, alimentava-as, lavava-as, contava-lhes histórias de fadas, cantava para elas e consolava-as à noite quando acordavam com pesadelos. Mais do que mãe substituta, a babá era a principal fonte de amor e segurança emocional da criança. "Simples e impensadamente", recordou uma mulher sobre a infância nobre, "absorvi os fluidos vitais do amor da minha babá, e eles me mantêm viva até agora. Quantas babás russas leais e amorosas guardaram e inspiraram a vida dos seus filhos, deixando neles impressão indelével!"[142]

Era realmente tamanha a influência dos cuidados ternos da babá que muitos memorialistas do século XIX ficaram obcecados com o tema da nostalgia dos seus tempos de infância. Essa não foi uma evolução interrompida. Em vez disso, foi um reflexo do fato de que as suas emoções primárias estavam trancadas naquela câmara distante do passado. Repetidas vezes esses memorialistas afirmam que a babá foi a responsável por ensiná-los a amar e viver. Para alguns, o segredo era a bondade inata da babá, que despertou neles a sensibilidade moral; para outros, era a fé religiosa, que os pôs em contato com o mundo espiritual. "Como era maravilhosa a nossa babá!", recordou Lelong. "Era inteligente e sempre séria, e muito devota; eu costumava acordar no quarto das crianças, à noite, e ver a babá rezando junto à porta do nosso quarto, de onde podia ver a vela votiva. Que contos de fadas fantásticos nos contava quando íamos passear no bosque! Eles me fizeram ver o mundo da floresta com outros olhos, a amar a natureza de um ponto de vista poético."[143] O idílio perdido da "infância russa", se é que existiu, estava contido nessas emoções, que permaneceram associadas à imagem da babá na lembrança do adulto. "Pode parecer estranho", escreveu A. K. Chertkova (esposa do secretário de Tolstoi), "mas quarenta anos se passaram desde a nossa infância, e a babá permanece viva na minha memória. Quanto mais velha fico, mais clara a lembrança da infância em minha mente, e essas recordações são tão vivas que o passado se torna o presente e tudo o que, no meu coração, está ligado à memória da minha boa e querida babazinha se torna ainda mais precioso."[144]

Com 6 ou 7 anos, a criança nobre era transferida dos cuidados da babá para a supervisão de um tutor francês ou alemão e, depois, mandada para a escola. Ser separado da babá era passar por um doloroso rito de passagem do mundo da infância para o da juventude e da idade adulta, como recordou Anatoli Vereschaguin, oficial da Guarda. Quando, aos 6 anos, lhe disseram que seria mandado para a escola, ficou "apavorado principalmente com a ideia de me separar da minha babá. Tive tanto medo que acordava chorando no meio da noite; gritava pela minha babá e implorava para que ela não me deixasse".[145] O trauma aumentava porque trazia consigo a transição da esfera feminina das brincadeiras infantis para o rígido domínio masculino do tutor e do internato; do quarto das crianças onde se falava russo para uma casa de disciplina onde a criança era forçada a falar francês. O jovem inocente não seria mais protegido das regras rígidas do mundo adulto; de repente, seria obrigado a deixar de lado a língua que exprimira os seus sentimentos infantis e adotar um idioma estrangeiro. Em resumo, perder a babá era ser arrancado das próprias emoções da criança. Mas a separação podia ser igualmente difícil do lado da babá:

Como Fevronia Stepanovna sempre me paparicava infinitamente, virei um menino mimado e covarde, propriamente falando, o que lamentei mais tarde quando entrei no Exército. A influência da minha babá paralisava a tentativa de me enrijecer de todos os meus tutores, e tive de ser mandado para o internato. Ela achou difícil quando comecei a crescer e entrei no mundo dos adultos. Depois de me mimar durante a infância inteira, chorou quando fui nadar no rio com o meu irmão mais velho e o nosso tutor, ou quando fui cavalgar, ou quando atirei pela primeira vez com a arma do meu pai. Quando, anos depois, já jovem oficial, voltei para casa, ela preparou dois quartos na casa para o meu retorno, mas pareciam quartos de bebê. Todo dia ela punha duas maçãs junto da minha cama. Feria os seus sentimentos que eu levasse comigo o meu ordenança, porque, para ela, o seu dever era me servir. Ficou chocada ao descobrir que eu fumava, e não tive coragem de lhe dizer que bebia também. Mas o maior choque foi quando fui à guerra combater os sérvios. Ela tentou me dissuadir e depois, certa noite, afirmou que iria comigo. Moraríamos juntos numa casinha e, enquanto eu fosse à guerra, ela limparia a casa e prepararia a ceia noturna. Então, nas folgas, passaríamos o dia juntos assando tortas, como sempre fizéramos, e quando a guerra acabasse voltaríamos para casa com medalhas no meu peito. Naquela noite fui dormir em paz, imaginando que a guerra era tão idílica quanto ela pensava... Mas eu precisava mais da babá do que supunha. Quando tinha 9 anos e o nosso tutor suíço chegou, o meu pai disse que eu teria de dividir o quarto com o meu irmão mais velho e esse tal sr. Kaderli, deixando o quarto que dividira com a babá. Acontece que eu era completamente incapaz de me despir e me lavar sozinho, e até de ir dormir sem a ajuda da babá. Não sabia dormir sem chamá-la pelo menos seis vezes, para ter certeza de que ela estava lá. Vestir-me era igualmente difícil. Eu nunca calçara as meias sozinho.[146]

Não era raro que homens e mulheres adultos mantivessem contato frequente com as antigas babás e que as sustentassem na velhice. Pushkin permaneceu íntimo da antiga babá e pôs a imagem dela em muitas obras suas. De certa maneira, ela era a sua musa — fato reconhecido por muitos amigos seus, de modo que o príncipe Viazemski, por exemplo, assinava as suas cartas ao poeta com "uma profunda reverência de respeito e gratidão a Rodionovna!"[147] Pushkin amava a babá mais do que ninguém. Afastado dos próprios pais, sempre a chamava de "máma" e, quando ela morreu, o pesar dele foi como o de um filho:

> Amiga quando nada é bom,
> Pombinha tão velha e decrépita!
> Deixada num bosque bem longe,
> Ainda com amor me espera.
> Junto à janela do salão,
> Como um vigia, fica e chora,
> O tricô parado nas mãos
> Enrugadas e tristes agora.
> Espias em portões esquecidos
> O caminho distante e escuro:
> Teu peito cansado e constrito
> De temor, angústia e augúrio.[148]

Diaguilev também era sabidamente apegado à babá. Não conheceu a mãe, que morreu no seu nascimento. A babá Dunia nascera serva da propriedade Ievreinov, da família da sua mãe. Amamentara a mãe de Diaguilev antes de, como parte do dote, ir para a família do pai dele em Perm. Quando o estudante Diaguilev se mudou para São Petersburgo, a babá foi com ele e morou como governanta no seu apartamento. As famosas reuniões de segunda-feira do "Mundo da Arte" (*Mir iskusstva*) — o círculo formado em torno da revista de mesmo nome de onde surgiram as ideias dos Ballets Russes — foram todas realizadas no apartamento de Diaguilev, que a babá Dunia presidia como anfitriã, perto do *samovar*.[149] O pintor Leon Bakst, frequentador regular dessas reuniões, imortalizou a sua imagem no famoso retrato de 1906 de Diaguilev.

 A babá era um personagem quase sagrado naquele culto à infância que a nobreza russa assumiu como seu. Nenhuma outra cultura foi tão emotiva nem tão obcecada com a infância. Onde mais se pode encontrar tantas memórias em que os primeiros anos da vida do escritor receberam tanto espaço? As de Herzen, Nabokov e Prokofiev, todas tendem a se demorar demasiadamente no berçário da lembrança. A essência desse culto era uma sensação de perda hipertrofiada — perda do lar ancestral, perda dos cuidados ternos da mãe ou da babá, perda da Rússia camponesa e infantil contida nos contos de fadas. Não admira, portanto, que a elite cultural ficasse tão fixada no folclore, pois ele a levava de volta à infância feliz, aos dias em que escutavam as histórias da babá nos passeios pelo bosque e às noites em que dormiam ouvindo cantigas de ninar. *Infância* (1852), *Adolescência* (1854) e *Juventude* (1857), de Tolstoi, *Anos da infância* (1856), de Aksakov, *Passado e meditações* (1852-68), de Herzen, *Fala, memória* (1947), de Nabokov — esse é o cânone de um culto literário que reinventou a infância como um reino encantado de bem-aventurança:

> Felizes, felizes dias irrecuperáveis da infância! Como deixar de amar e cultivar as suas lembranças? Essas lembranças renovam e elevam a minha alma e são a fonte do meu maior prazer.[150]

O modo como esses russos escreveram sobre a infância também foi extraordinário. Todos invocaram um mundo lendário (as memórias de Aksakov foram deliberadamente estruturadas como um conto de fadas) que misturava mito e lembranças, como se não se contentassem em recordar a infância e sentissem uma necessidade mais profunda de recuperá-la, mesmo que tivessem de reinventá-la. Pode-se sentir esse mesmo anseio de recuperar o que Nabokov chamou de "a Rússia lendária da minha meninice" em *Petrushka* (1911), de Benois e Stravinski.

Esse balé exprimia a nostalgia que os dois sentiam dos sons e cores que ambos recordavam dos parques de diversão da infância em São Petersburgo. E pode-se senti-lo nas fantasias musicais da infância de Prokofiev, desde *O patinho feio* para voz e piano (1914) até o "conto de fadas sinfônico" *Pedro e o lobo* (1936), inspirados nas histórias que, quando criança, lhe contavam na hora de dormir.

6

"— Ah, por favor, babá, conte de novo como os franceses chegaram a Moscou." Assim Herzen inicia *Passado e meditações*, suas memórias sublimes e uma das maiores obras da literatura russa. Nascido em 1812, Herzen tinha um carinho especial pelas histórias que a babá contava sobre aquele ano. A família dele fora forçada a fugir das chamas que envolveram Moscou, o jovem Herzen levado no colo da mãe, e foi só com um salvo-conduto do próprio Napoleão que conseguiram escapar para a propriedade em Iaroslav. Herzen sentia grande "orgulho e prazer por [ter participado] da Grande Guerra". A história da sua infância se fundiu com o drama nacional que ele tanto adorava escutar: "As histórias do incêndio de Moscou, da batalha de Borodino, da de Berezina, da tomada de Paris foram as minhas canções de ninar, as minhas histórias da infância, a minha *Ilíada* e a minha *Odisseia*."[151] Para a geração de Herzen, os mitos de 1812 estavam intimamente ligados às lembranças da infância. Até a década de 1850 as crianças ainda cresciam ouvindo as lendas daquele ano.[152] História, mito e memória se entrelaçavam.

Para o historiador Nikolai Karamzin, 1812 foi um ano trágico. Enquanto seus vizinhos de Moscou se mudavam para as propriedades no campo, ele se recusava a "acreditar que a antiga cidade sagrada se perderia" e, como escreveu em 20 de agosto, preferiu "morrer nos muros de Moscou".¹⁵³ A casa de Karamzin pegou fogo no incêndio e, como ele não tinha para onde levar a biblioteca, também perdeu para as chamas os seus preciosos livros. Mas ele salvou um livro: um grosso caderno que continha o esboço da elogiada *História do Estado russo* (1818-26). A obra-prima de Karamzin foi a primeira história verdadeiramente nacional — não apenas no sentido de ser a primeira escrita por um russo, mas também por transmitir o passado da Rússia como narrativa nacional. As histórias anteriores da Rússia tinham sido crônicas obscuras de mosteiros e santos, propaganda patriótica ou tomos pesados de documentos compilados por estudiosos alemães, ilegíveis e nunca lidos. Mas a *História* de Karamzin tinha uma qualidade literária que transformou os doze grandes volumes em sucesso no país inteiro. Combinava a erudição meticulosa com a técnica narrativa de um romancista. Karamzin ressaltava a motivação psicológica dos seus protagonistas históricos — a ponto de inventá-la —, de modo que o relato se tornou mais atraente para leitores acostumados às convenções literárias dos textos românticos. Tsares medievais como Ivan, o Terrível, e Boris Godunov se tornaram personagens trágicos na *História* de Karamzin, sujeitos de um drama psicológico moderno; e das suas páginas saíram para o palco, em óperas de Mussorgski e Rimski-Korsakov.

Os oito primeiros volumes da *História* de Karamzin foram publicados em 1818. "Três mil exemplares foram vendidos num mês, algo sem precedentes no nosso país. Todos, até as damas de boa família, começaram a ler a história da sua terra", escreveu Pushkin. "Foi uma revelação. Pode-se dizer que Karamzin descobriu a antiga Rússia como Colombo descobriu a América."¹⁵⁴ A vitória de 1812 despertara novo orgulho e interesse pelo passado da Rússia. Quem fora criado com a antiga convicção de que não havia história antes do reinado de Pedro, o Grande, começou a procurar lá atrás, no passado distante, a fonte da força inesperada do país. Depois de 1812, os livros de história foram publicados em ritmo furioso. Criaram-se cátedras nas universidades (Gogol ocupou uma delas durante um ano letivo em São Petersburgo). Fundaram-se associações históricas, muitas delas nas províncias, e, de repente, dedicou-se um esforço enorme ao resgate do passado da Rússia. A história se tornou a arena de todas aquelas questões perturbadoras sobre a natureza da Rússia e o seu destino. Como escreveu Belinski em 1846, "interrogamos o passado atrás de uma explicação do presente e um vislumbre do futuro".[155] Essa obsessão histórica se reforçou com o fracasso dos dezembristas. Se a Rússia não devia mais seguir a via ocidental da história rumo ao Estado constitucional moderno, como tinham esperado os dezembristas e os seus partidários, então qual seria o destino mais apropriado?

Essa foi a pergunta feita por Piotr Chaadaev, oficial da Guarda e janota amigo de Pushkin, na sensacional *Primeira carta filosófica* (1836). Chaadaev era outro "filho de 1812". Lutou em Borodino antes de pedir baixa do exército em 1821, no ápice da carreira, para passar na Europa os cinco anos seguintes. Ocidentalista extremado — a ponto de se converter à Igreja Católica Romana —, entrou em desespero em 1825 quando a Rússia não seguiu a via ocidental. Foi nesse contexto que escreveu a *Carta* — "numa época de loucura" (como ele mesmo admitiu) em que tentou se suicidar. "O que nós, russos, já inventamos ou criamos?", escreveu Chaadaev em 1826. "Chegou a hora de parar de correr atrás dos outros; temos de nos dar uma olhada nova e franca; temos de nos entender como somos; temos de parar de mentir e encontrar a verdade."[156] A *Primeira carta* foi uma tentativa de revelar essa verdade lúgubre e impalatável. Era mais uma obra de história do que de filosofia. Concluía que a Rússia estava "fora do tempo, sem passado nem futuro", sem ter desempenhado nenhum papel na história do mundo. O legado romano, a civilização da Igreja ocidental e o Renascimento, tudo isso passara longe da Rússia; e agora, depois de 1825, o país se reduzia a um "vácuo cultural", a um "órfão separado da família humana" que podia imitar as nações do Ocidente mas nunca se tornaria uma delas. Os russos pareciam nômades na própria terra, estranhos a si mesmos, sem noção de identidade nem herança nacional própria.[157]

Para o leitor do mundo moderno, em que há declarações nacionais autodilaceradoras todo mês nos meios de comunicação, é difícil entender o choque cataclísmico da *Primeira carta*. Ela puxou o tapete de todos os que tinham sido criados para acreditar na "Rússia europeia" como sua terra natal. O clamor foi imenso. Os patriotas exigiram a condenação pública do "lunático" pelo "insulto mais cruel à nossa honra nacional", e, por ordem do tsar, Chaadaev foi declarado insano, posto em prisão domiciliar e visitado todo dia pelos médicos.[158] Mas o que ele escreveu era sentido havia muitos anos por todos os russos pensantes: a noção avassaladora de viver num país devastado, num "país fantasma", como disse Belinski, um país que temiam nunca vir a conhecer realmente; e o medo agudo de que, ao contrário da *raison d'être* da sua civilização, na verdade nunca conseguissem alcançar o Ocidente. Depois de 1825, houve muitas expressões semelhantes desse pessimismo cultural. O triunfo da reação engendrara um ódio profundo à "via russa". O "patriotismo real", escreveu o príncipe Viazemski em 1828, "deveria consistir ódio pela Rússia como ela se manifesta no presente".[159] O próprio crítico literário Nadejdin (que publicou a *Primeira carta* na sua revista *O telescópio*) escreveu em 1834: "Nós [os russos] nada criamos. Não há nenhum ramo do saber em que possamos mostrar algo nosso. Não há uma única pessoa que represente a Rússia na civilização do mundo."[160]

Os eslavófilos tiveram uma reação oposta à crise criada por Chaadaev. Como grupamento distinto, eles surgiram na década de 1830, quando iniciaram as disputas públicas com os ocidentalistas, mas também tinham raízes em 1812. Os horrores da Revolução Francesa levaram os eslavófilos a rejeitar a cultura universal do Iluminismo e a enfatizar, no seu lugar, as tradições nativas que distinguiam a Rússia do Ocidente. Essa busca por um modo de vida mais "russo" foi uma reação comum à debacle de 1825. Assim que ficou claro que a Rússia divergiria da via ocidental, os russos europeus, como Lavretski em *Ninho de fidalgos* (1859), de Turgueniev, começaram a explorar as partes da cultura russa que eram diferentes do Ocidente — e a nelas encontrar virtude:

O livre-pensador começou a ir à igreja e a encomendar orações; o europeu começou a mergulhar em vapor no banho russo, a jantar às 14 horas da tarde, a ir para a cama às 21 horas e a adormecer ao som dos mexericos de um velho mordomo...[161]

Os eslavófilos examinaram primeiro as virtudes que discerniam nos costumes patriarcais do campo — o que não surpreende, dado que, na maioria, tinham nascido em famílias proprietárias de terras que viviam na mesma região havia várias centenas de anos. Konstantin Aksakov, o mais famoso e mais extremista dos eslavófilos, passou praticamente a vida inteira numa única casa, agarrando-se a ela, nas palavras de um contemporâneo, "como uma ostra à sua concha".[162] Idealizavam o povo comum (*narod*) como verdadeiro portador do caráter nacional (*narodnost'*). Folcloristas eslavófilos como Piotr Kireievski foram às aldeias transcrever as canções camponesas, que achavam poder interpretar como expressões históricas da "alma russa". Como partidários devotos do ideal ortodoxo, defendiam que o russo se definia pela humildade e pelo sacrifício cristãos. Essa era a base da comunidade espiritual (*sobornost'*) na qual imaginavam que o nobre e os servos se uniam por meio dos costumes patriarcais e da crença ortodoxa. Aksakov argumentava que esse "tipo russo" se encarnava no lendário herói folclórico Ilia Muromets, que aparece em contos épicos como protetor da terra russa contra invasores e infiéis, bandidos e monstros, com a sua "força gentil e falta de agressão, mas com a disposição de travar uma guerra apenas defensiva pela causa do povo".* Os soldados camponeses de 1812 tinham exibido essas mesmas qualidades. O mito entrava na história.

---

* Dostoievski era da mesma opinião. Os russos, escreveu ele em 1876, eram "um povo dedicado ao sacrifício, que busca a verdade e sabe onde encontrá-la, de coração tão honesto e puro quanto o de um dos seus elevados ideais, o herói épico Ilia Muromets, que prezam como um santo" (F. Dostoievski, *A Writer's Diary*, trad. para o inglês de K. Lantz, 2 vol. (Londres, 1993), vol. 1, p. 660).

A *História* de Karamzin foi a declaração de abertura de um longo debate sobre o passado e o futuro da Rússia que atravessaria a sua cultura no século XIX. A obra de Karamzin se situava perfeitamente na tradição monarquista, que retratava o Estado tsarista e os seus servidores nobres como uma força de progresso e esclarecimento. O tema abrangente da *História* era o avanço constante da Rússia rumo ao ideal de um Estado imperial unitário cuja grandeza jazia na sabedoria herdada do tsar e na obediência inata dos cidadãos. O tsar e os seus nobres iniciavam a mudança, enquanto "o povo permanece em silêncio" ("*narod bezmolvstvuet*"), como disse Pushkin na montagem final de *Boris Godunov*. Pushkin tinha a mesma visão estatista da história russa de Karamzin, pelo menos nos últimos anos de vida, depois do colapso, em 1825, das suas convicções republicanas (que, de qualquer modo, eram extremamente dúbias). Em *A história de Pugachev* (1833), Pushkin enfatizou a necessidade de uma monarquia esclarecida para proteger a nação da violência elementar ("cruel e sem misericórdia") do líder rebelde cossaco Pugachev e dos camponeses seus seguidores. Ao destacar o papel de nobres paternais como o general Bibikov e o conde Panin, que desprezou Pugachev, mas apelou à imperatriz para que atenuasse o seu regime, Pushkin ressaltou a liderança nacional da antiga nobreza proprietária de terras da qual tanto se orgulhava de descender.

Em contraste com essas opiniões estava a tendência democrática da história russa defendida pelos dezembristas e seus seguidores. Eles insistiam no espírito rebelde e amante da liberdade do povo russo e idealizavam as repúblicas medievais de Novgorod e Pskov e as revoltas cossacas dos séculos XVII e XVIII, inclusive a de Pugachev. Acreditavam que o povo comum sempre fora a força motriz (oculta) da história — teoria muito influenciada pela observação dos soldados camponeses na guerra de 1812. Em resposta ao famoso lema de Karamzin "A história da nação pertence ao tsar", o historiador dezembrista Nikita Muraviev começou o seu estudo com essas palavras combativas: "A história pertence ao povo."[163]

A origem da Rússia era um grande campo de batalha nessa guerra entre historiadores. Os monarquistas adotavam a chamada teoria normanda, criada originalmente por historiadores alemães do século XVIII, que afirmava que os primeiros príncipes governantes tinham chegado à Rússia vindos da Escandinávia (no século IX) por convite das tribos eslavas em guerra. A única prova real desse argumento era a *Crônica primária* — um relato do século XI da fundação do Estado de Kiev em 862 —, provavelmente escrita para justificar o que, na verdade, seria a conquista escandinava da Rússia. A teoria se tornou cada vez mais insustentável conforme os arqueólogos do século XIX chamaram a atenção para a cultura avançada das tribos eslavas do sul da Rússia. Surgia a imagem de uma civilização que datava dos antigos citas, godos, romanos e gregos. Mas a teoria normanda era um bom mito fundador para os defensores da autocracia, ao supor, como fazia, que sem a monarquia os russos seriam incapazes de se governar. Nas palavras de Karamzin, antes da criação do domínio dos príncipes a Rússia não passava de um "espaço vazio" com "tribos selvagens e belicosas, que viviam no mesmo nível das aves e animais".[164] Contra isso, os democratas afirmavam que o Estado russo evoluíra espontaneamente a partir dos costumes nativos das tribos eslavas. De acordo com esse ponto de vista, muito antes de os varângios chegarem os eslavos tinham criado um governo próprio, cujas liberdades republicanas foram destruídas aos poucos pela imposição do domínio dos príncipes. Versões do argumento foram criadas por todos os grupos que acreditavam na predileção natural do povo eslavo pela democracia: não só os dezembristas como também os eslavófilos de esquerda, os historiadores poloneses (que o usaram para condenar o sistema tsar na Polônia) e os historiadores populistas da Ucrânia e, mais tarde, também da Rússia.

Outro campo de batalha era a Novgorod medieval — o maior monumento à liberdade russa e, segundo o ponto de vista dezembrista, a prova histórica do direito do povo a se governar. Juntamente com a vizinha Pskov, Novgorod teve uma civilização próspera ligada à Liga Hanseática de cidades comerciais alemãs antes da conquista pelo tsar

Ivan III e da subjugação à Moscóvia no final do século XV. Os dezembristas cultuaram a república da cidade. Como símbolo da liberdade do povo havia muito perdida, viam a sua *veche*, ou assembleia, como legado sagrado que unia a Rússia às tradições democráticas das antigas Grécia e Roma. Os membros adolescentes da *"artel* sagrada" (1814-17) — entre eles vários futuros dezembristas — iniciavam todas as suas reuniões com o toque cerimonial do sino da *veche*. Nos seus manifestos, os dezembristas usaram a terminologia da Novgorod medieval e chamaram o futuro parlamento de *"veche* nacional".[165] O mito de Novgorod assumiu novo significado e poder subversivo depois do sufocamento do seu levante. Em 1830, Lermontov escreveu um poema intitulado *Novgorod* ("Bravos filhos eslavos, pelo que morrestes?"), no qual, deliberadamente, não deixava claro se eram os heróis caídos da Novgorod medieval ou os combatentes pela liberdade de 1825 que deviam ser chorados. O mesmo tom nostálgico foi usado por Dmitri Venevitanov no poema pró-dezembrista *Novgorod* (1826):

> Responde, grande cidade:
> Onde estão teus dias gloriosos de liberdade,
> Quanto tua voz, flagelo de reis,
> Fiel retinia como os sinos da tua assembleia?
> Diz, onde está essa época?
> Está tão longe, ah, tão longe![166]

A percepção monarquista da Novgorod medieval constituía um contraste extremo. De acordo com Karamzin, a conquista da cidade por Moscou foi um passo necessário para a criação de um Estado unitário e reconhecido como tal pelos seus cidadãos. Essa submissão foi um sinal da sabedoria do povo russo, no ponto de vista de Karamzin: ele reconheceu que a liberdade nada significava sem ordem e segurança. Os novgorodianos, portanto, foram os membros originais, por consentimento, do leviatã da autocracia. Escolheram a proteção do tsar para se salvar das próprias rixas internas, que os deixaram nas mãos dos boiardos da cidade que tinham se tornado despóticos e corruptos e ameaçavam se vender ao Estado vizinho da Lituânia. Quase com certeza, a versão de Karamzin estava mais próxima da verdade histórica do que a visão dezembrista de uma democracia republicana igualitária e harmoniosa. Mas esse também era um mito justificador. Para Karamzin, a lição a aprender com a sua *História* era clara: as repúblicas tinham mais probabilidade do que as autocracias de se tornar despóticas — uma lição que valia a pena ressaltar depois do colapso da república francesa sob a ditadura napoleônica.

A própria guerra de 1812 foi um campo de batalha para esses mitos conflitantes da história russa. Isso foi demonstrado pela sua comemoração no século XIX. Para os dezembristas, 1812 foi uma guerra popular. Foi o ponto em que os russos chegaram à maioridade, o momento em que passaram da infância para a idade adulta e, com a entrada triunfante na Europa, deveriam ter-se unido à família de Estados europeus. Mas, para os defensores do status quo, a guerra simbolizava o sagrado triunfo do princípio autocrático russo, que, sozinho, salvara a Europa de Napoleão. Foi uma época em que o Estado tsar surgiu como agente escolhido por Deus numa nova revelação histórica.

A imagem que o regime tinha de si mesmo foi esculpida em pedra com a Coluna Alexandrina, construída, ironicamente, pelo arquiteto francês Auguste de Montferrand na Praça do Palácio, em Petersburgo, e inaugurada no 20º aniversário da batalha de Borodino. O anjo no alto da coluna recebeu o rosto do tsar Alexandre.[167] Cinco anos depois, começaram em Moscou as obras de um monumento maior à missão divina da monarquia russa: a grandiosa Catedral do Cristo Salvador, num terreno que dava para os muros do Kremlin. Meio museu de guerra, meio igreja, pretendia homenagear a milagrosa salvação de Moscou em 1812. O projeto de Konstantin Thon refletia a linguagem arquitetônica da antiga Igreja russa, mas ampliava as suas proporções em escala imperial. Essa catedral colossal foi o prédio mais alto de Moscou ao ser terminada dali a cinquenta anos, em 1883, e até hoje, reconstruída depois que Stalin a mandou explodir em 1931 (uma sentença de morte que se poderia justificar em termos artísticos), ainda domina a paisagem da cidade.

Durante o século XIX, essas duas imagens de 1812 — libertação nacional ou salvação imperial — continuaram a competir pelo significado público da guerra. De um lado estava *Guerra e paz*, de Tolstoi, drama verdadeiramente nacional que conta a sua história do ponto de vista do nobre e do servo. Do outro, estavam os monumentos de pedra, os arcos do triunfo e portões da vitória no pomposo "estilo Império" que proclamava o poderio imperial da Rússia; ou o som de todos aqueles canhões na *Abertura 1812,* de Tchaikovski. Mesmo no início dos anos 1860, quando havia muita esperança de unidade nacional depois da emancipação dos servos, esses dois pontos de vista estavam em discordância. Em 1862, o quinquagésimo aniversário de 1812 coincidiu com o milênio do Estado russo. O milênio deveria ser comemorado na primavera, em Novgorod (entre tantos outros lugares simbólicos). Mas o imperador Alexandre II ordenou que fosse adiado para 26 de agosto, aniversário da batalha de Borodino e data sagrada da sua coroação em 1856. Ao fundir esses três aniversários, a dinastia Romanov tentava reinventar-se como instituição nacional, consagrada pela santa vitória de 1812 e identificada com o próprio Estado russo. O monumento de granito inaugurado em Novgorod era um símbolo dessa pretensão. Com o formato do sino da assembleia de Novgorod, era cercado por uma faixa de baixos-relevos com aqueles personagens — santos e príncipes, generais e guerreiros, cientistas e artistas — que tinham configurado mil anos de história russa. O grande sino era encimado pela Mãe Rússia, trazendo numa das mãos a cruz ortodoxa e na outra um escudo ornado com o brasão dos Romanov. Os dezembristas ficaram furiosos. Volkonski, que naquela altura já retornara dos trinta anos de exílio, disse a Tolstoi que o monumento "pisoteara a lembrança sagrada de Novgorod, assim como os túmulos de todos aqueles heróis que lutaram pela nossa liberdade em 1812".[168]

7

"Ele é um entusiasta, místico e cristão, com elevados ideais para a nova Rússia", escreveu Tolstoi a Herzen depois de encontrar Volkonski em 1859.[169] Primo distante do dezembrista, Tolstoi se orgulhava muito da herança de Volkonski. Depois de perder a mãe com 3 anos, o seu interesse de pesquisar o histórico da família dela era mais do que apenas acadêmico: para ele, era uma necessidade emocional. Serguei Volkonski foi herói da infância de Tolstoi (todos os dezembristas foram idolatrados pelos jovens progressistas da idade do escritor) e, com o tempo, se tornou a inspiração para o príncipe Andrei Bolkonski em *Guerra e paz*.[170] Boa parte da dedicação de Tolstoi aos camponeses, sem falar do desejo de tornar-se um deles, se inspirou no exemplo do parente exilado.

Em 1859, Tolstoi abriu uma escola para crianças camponesas em Iasnaia Poliana, antiga propriedade de Volkonski que lhe chegara como herança pelo lado materno. Para ele, a propriedade tinha um significado especial. Ele nascera na casa principal, num sofá de couro verde-escuro que manteve durante a vida inteira no escritório onde escreveu os seus grandes romances. Passou a infância na propriedade até os 9 anos, quando se mudou para Moscou com o pai. Mais do que uma propriedade campestre, Iasnaia Poliana era o seu ninho ancestral, o lugar onde ficavam guardadas as lembranças da infância e o pedacinho da Rússia ao qual mais sentia pertencer. "Eu não venderia a casa por nada", disse Tolstoi ao irmão em 1852. "É a última coisa de que me disporia a me separar."[171] Iasnaia Poliana fora comprada por Maria Volkonski, bisavó de Tolstoi, em 1763. Nikolai Volkonski, avô do escritor, a desenvolvera como espaço cultural e construiu a esplêndida casa principal, com a grande coleção de livros europeus, os parques e lagos ajardinados, a fábrica de fiação e os famosos portões de entrada de pedra branca que serviam de estação de posta na estrada entre Tula e Moscou. Quando menino, Tolstoi idolatrava o avô. Fantasiava que era igualzinho a ele.[172] Esse culto aos ancestrais que estava no núcleo emocional do conservadorismo de Tolstoi se exprimiu em Eugene, herói do conto "O diabo" (1889):

> Em geral se supõe que os conservadores são gente velha e que aqueles a favor da mudança são os jovens. Isso não é muito correto. Geralmente, os conservadores são jovens: os que querem viver, mas não pensar em como viver e não têm tempo para pensar, e portanto tomam como modelos para si o modo de vida que viram. Era assim com Eugene. Depois de se instalar na aldeia, a sua meta, o seu ideal era restaurar a forma de vida que existira, não na época do pai... mas na do avô.[173]

Nikolai Volkonski foi trazido de volta à vida como Nikolai Bolkonski, o pai de Andrei, em *Guerra e paz* — o general reformado, orgulhoso e independente que passa os últimos anos de vida na propriedade de Monte Calvo, dedicando-se à educação da filha Maria (como a mãe de Tolstoi).

A princípio, *Guerra e paz* foi concebido como "romance dezembrista", baseado até certo ponto na história da vida de Serguei Volkonski. Mas, quanto mais o escritor pesquisava os dezembristas, mais percebia que as suas raízes intelectuais estavam na guerra de 1812. Na forma inicial do romance (*O dezembrista*), o herói retorna da Sibéria depois de trinta anos de exílio e chega ao fermento intelectual do final dos anos 1850. Um segundo reinado alexandrino mal começara, com a ascensão ao trono de Alexandre II, em 1855, e, mais uma vez, como em 1825, havia no ar muita esperança de reforma política. Foi com essa esperança que Volkonski retornou à Rússia em 1856 e escreveu sobre uma nova vida baseada na verdade:

> Falsidade. Esta é a doença do Estado russo. Falsidade e suas irmãs Hipocrisia e Cinismo. A Rússia não poderia existir sem elas. Mas decerto a questão não é apenas existir, mas existir com dignidade. E se quisermos ser honestos conosco, temos de reconhecer que, se a Rússia não pode existir de forma diferente do passado, então não merece existir.[174]

Viver em verdade, ou, mais importante, viver em verdade na Rússia: essa era a questão da vida e da obra de Tolstoi e o principal tema de *Guerra e paz*. Foi articulado pela primeira vez pelos homens de 1812.

A libertação de Volkonski do exílio foi um dos primeiros atos do novo tsar. Dos 121 dezembristas mandados para o exílio em 1826, somente dezenove sobreviveram para voltar à Rússia em 1856. O próprio Serguei era um homem debilitado, e a sua saúde realmente nunca se recuperou dos sofrimentos da Sibéria. Proibido de se instalar nas duas principais cidades, ainda assim ele era hóspede frequente na casa de eslavófilos de Moscou, que viam a sua natureza gentil, o seu sofrimento paciente, o seu estilo de vida simples e "camponês" e a sua proximidade da terra como exemplos de qualidades "russas".[175] Os estudantes de Moscou idolatravam Volkonski. Com o cabelo e a barba brancos e compridos, o rosto triste e expressivo, "pálido e terno como a lua", era considerado "uma espécie de Cristo que surgiu na vastidão desolada da Rússia".[176] Símbolo da causa democrática que fora interrompida pelo regime opressor de Nicolau I, Volkonski era uma ligação viva entre os dezembristas e os populistas, que surgiram como defensores do povo nas décadas de 1860 e 1870. O próprio Volkonski permaneceu fiel aos ideais de 1812. Continuou a rejeitar os valores do Estado burocrático e da aristocracia e, no espírito dos dezembristas, continuou a defender a obrigação cívica de levar uma vida honesta a serviço do povo, que personificava a nação. "Sabes por experiência própria", escreveria em 1857 ao filho Misha (então servindo o exército na região de Amur),

> que nunca tentei convencer-te das minhas convicções políticas próprias; elas pertencem a mim. Pelos planos da tua mãe, foste direcionado para a esfera governamental, e dei a minha bênção quando foste para o serviço da Pátria e do tsar. Mas sempre te ensinei a comportar-te sem ares senhoriais ao lidar com os teus camaradas de classe diferente. Abriste o teu próprio caminho sem o patrocínio da tua avó, e saber disso, meu amigo, me dará paz até o dia em que eu for para o meu túmulo.[177]

A noção de Pátria de Volkonski estava intimamente ligada a sua ideia do tsar: ele via o soberano como símbolo da Rússia. Durante a vida inteira, permaneceu monarquista; tanto que, ao saber da morte de Nicolau I, o tsar que o mandou para o exílio trinta anos antes, Volkonski não se conteve e chorou feito criança. "O teu pai chora o dia inteiro", escreveu Maria a Misha, "já é o terceiro dia e não sei o que fazer com ele."[178] Talvez Volkonski chorasse o homem que conhecera quando menino. Ou talvez a sua morte fosse uma catarse do sofrimento que suportara na Sibéria. Mas as lágrimas de Volkonski também eram lágrimas pela Rússia: ele via o tsar como única força unificadora do império e temia pelo país agora que o tsar estava morto.

A confiança de Volkonski na monarquia russa não foi retribuída. O ex-exilado foi mantido sob vigilância policial quase constante por ordem do tsar depois de retornar da Sibéria. Recusaram-lhe a restauração do título de príncipe e das propriedades. Mas o que mais o feriu

foi a recusa do governo a lhe devolver as medalhas da guerra de 1812.*
Trinta anos de exílio não mudaram o seu amor pela Rússia. Ele acompanhou com interesse obcecado a Guerra da Crimeia, entre 1853 e 1856, e ficou profundamente comovido com o heroísmo dos defensores de Sebastopol (entre eles, o jovem Tolstoi). O velho soldado (com 64 anos) chegara a apresentar uma petição para se unir a eles como humilde soldado raso de infantaria, e só os apelos da esposa o dissuadiram. Ele via a guerra como um retorno ao espírito de 1812 e estava convencido de que a Rússia seria novamente vitoriosa contra os franceses.[179]

Não foi. Mas a derrota da Rússia tornou mais provável a segunda esperança de Volkonski: a emancipação dos servos. Alexandre II, o novo tsar, era outro filho de 1812. Fora educado pelo poeta liberal Vassili Jukovski, nomeado tutor da corte em 1817. Em 1822, Jukovski libertara os servos da sua propriedade, e o seu humanismo teve grande influência sobre o futuro tsar. A derrota na Guerra da Crimeia convenceu Alexandre de que a Rússia não poderia competir com as potências ocidentais a menos que pusesse de lado a velha economia de servidão e se modernizasse. A nobreza tinha pouquíssima ideia de como obter lucro com as propriedades. A maioria dos nobres praticamente nada sabia sobre agricultura ou contabilidade, mas continuavam gastando da mesma maneira pródiga de sempre, acumulando dívidas enormes. Em 1859, um terço das propriedades e dois terços dos servos pertencentes aos nobres donos de terras tinham sido hipotecados ao Estado e a bancos nobres. Muitos proprietários menores mal conseguiam alimentar

---

* Finalmente, depois de vários anos de petições, o tsar devolveu as medalhas em 1864. Mas outras formas de reconhecimento levaram mais tempo. Em 1822, o pintor inglês George Dawe foi contratado para fazer o retrato de Volkonski para a "Galeria dos Heróis" — 332 retratos dos líderes militares de 1812 — do Palácio de Inverno de São Petersburgo. Depois do levante dezembrista, o retrato de Volkonski foi removido, deixando um quadrado preto no alinhamento dos quadros. Em 1903, Ivan Vsevolojski, sobrinho de Volkonski e diretor do Hermitage, apresentou uma petição ao tsar Nicolau II para repor o quadro no seu devido lugar. "Sim, é claro", respondeu o tsar, "já faz tanto tempo." (S. M. Volkonski, *O dekabristakh po semeinum vospominaniiam*. Moscou, 1994, p. 87.)

os servos. O argumento econômico a favor da emancipação se tornava irrefutável, e muitos proprietários de terras passavam, a contragosto, para o sistema de mão de obra livre, contratando servos dos outros. Como o pagamento de indenização pela redenção do campesinato cancelaria as dívidas dos nobres, a justificativa econômica se tornava igualmente irresistível.*

Mas havia mais do que dinheiro nos argumentos. O tsar acreditava que a emancipação era uma medida necessária para prevenir uma revolução vinda de baixo. Os soldados que lutaram na Guerra da Crimeia foram levados a esperar a liberdade e, nos seis primeiros anos do reinado de Alexandre, antes de decretada a emancipação, houve quinhentos levantes camponeses contra a nobreza da terra.[180] Como Volkonski, Alexandre estava convencido de que a emancipação, nas palavras daquele, era "uma questão de justiça [...] uma obrigação moral e cristã de todo cidadão que ama a Pátria".[181] Como o dezembrista explicou em carta a Puschin, a abolição da servidão era "o mínimo que o Estado poderia fazer para reconhecer o sacrifício que o campesinato fez nas duas últimas guerras: é hora de reconhecer que o camponês russo também é cidadão".[182]

Em 1858, o tsar nomeou uma comissão especial para formular propostas de emancipação em consultas com comitês de nobres das províncias. Sob a pressão da nobreza teimosa para limitar a reforma ou fixar a seu favor as regras da transferência de terras, a comissão se atolou em brigas políticas durante quase dois anos inteiros. Depois de esperar a vida toda por esse momento, Volkonski temia "morrer

---

* Segundo os termos da emancipação, os camponeses eram obrigados a pagar taxas indenizatórias pelas terras comunais que lhes seriam transferidas. Esses pagamentos, calculados pelas comissões de terras da própria nobreza, deveriam ser feitos ao Estado, que indenizou os nobres em 1861, num período de 49 anos. Portanto, na verdade os servos compraram a liberdade pagando as dívidas dos senhores. Tornou-se cada vez mais difícil recolher o pagamento da indenização, até porque o campesinato o considerava injusto desde o princípio. Finalmente, em 1905 as prestações foram canceladas.

antes que a emancipação seja aprovada".[183] O velho príncipe era cético quanto à nobreza proprietária de terras, por conhecer a sua resistência ao espírito reformador e temer a sua capacidade de obstruir a emancipação ou usá-la para aumentar a exploração do campesinato. Embora não fosse convidado para nenhuma comissão, Volkonski esboçou os seus planos progressistas para a emancipação, nos quais vislumbrava um banco estatal para adiantar empréstimos a camponeses para que comprassem da nobreza, como propriedade privada, pequenos lotes de terra. Os camponeses pagariam esses empréstimos trabalhando na sua parte da terra comunal.[184] O programa de Volkonski não era muito diferente das reformas agrárias de Piotr Stolypin, primeiro-ministro e última esperança reformista da Rússia tsar entre 1906 e 1911. Se esse programa tivesse sido implementado em 1861, talvez a Rússia se tornasse um lugar mais próspero.

No final, a nobreza teimosa foi derrotada e os reformistas moderados conseguiram o que queriam, graças em boa medida à intervenção pessoal do tsar. A Lei da Emancipação foi assinada por Alexandre em 19 de fevereiro de 1861. Não era tão abrangente quanto o campesinato esperava e houve rebeliões em muitas áreas. A lei dava aos proprietários das terras considerável área de manobra para escolher as glebas a transferir para o campesinato e determinar o seu preço. Em termos gerais, talvez metade da terra agrícola da Rússia europeia tenha sido transferida da propriedade da nobreza para a posse comunitária do campesinato, embora a proporção exata dependesse em grande parte da vontade do proprietário. Devido ao crescimento da população, ainda estava longe de ser suficiente para livrar o campesinato da pobreza. Até nas antigas propriedades de Serguei Volkonski, nas quais a influência do príncipe assegurou que quase toda a terra fosse transferida aos camponeses, continuou havendo escassez de terra agrícola e, em meados da década de 1870, houve manifestações furiosas do campesinato.[185] Ainda assim, apesar do desapontamento dos camponeses, a emancipação foi um divisor de águas muito importante. Afinal alguma liberdade, por mais limitada que fosse na prática, fora concedida à massa do povo, e houve bases para esperar um renascimento nacional e a conciliação entre os proprietários da terra e o campesinato. No final, o espírito liberal de 1812 triunfara — ou assim parecia.

O príncipe Volkonski estava em Nice quando recebeu a notícia do decreto. Naquela noite, compareceu a uma missa de ação de graças na igreja russa. Ao som do coro, caiu em lágrimas. Mais tarde, disse que aquele foi "o momento mais feliz da minha vida".[186]

Volkonski morreu em 1865, dois anos depois de Maria. A sua saúde, enfraquecida no exílio, piorou com a morte da esposa, mas até o fim o seu espírito se manteve intato. Naqueles últimos meses, ele escreveu as suas memórias. Morreu com a pena na mão, no meio de uma frase em que começava a contar aquele momento vital depois da prisão em que foi interrogado pelo tsar: "O imperador me disse: 'Eu...'"

No final das memórias, Volkonski escreveu uma frase que os censores cortaram na primeira edição (só publicada em 1903). Poderia ser o seu epitáfio: "O caminho que escolhi me levou à Sibéria, ao exílio da minha pátria por trinta anos, porém minhas convicções não mudaram e eu faria tudo de novo."[187]

3

Moscou! Moscou!

1

"Aí está, finalmente, essa famosa cidade", observou Napoleão ao examinar Moscou da Colina dos Pardais. Os palácios e cúpulas douradas da cidade, faiscando ao sol, se espalhavam espaçosamente pela planície; do outro lado, ele mal conseguia divisar uma longa coluna negra de pessoas se espremendo para fora dos portões distantes. "Estão abandonando tudo isso?", exclamou o imperador. "Não é possível!"[1]

Os franceses encontraram Moscou vazia, como uma "colmeia moribunda e sem rainha".[2] O êxodo em massa começara em agosto, quando a notícia da derrota em Smolensk chegara à cidade, e atingiu um nível febril depois de Borodino, quando Kutuzov recuou até os seus arredores e, por fim, decidiu abandoná-la. Os ricos (como os Rostov de *Guerra e paz*) embalaram os seus pertences e partiram, a cavalo e em carroças, para as casas de campo. Os pobres saíram a pé, levando os filhos, as galinhas em engradados nas carroças, as vacas atrás. Uma testemunha recordou que, até Riazan, as estradas estavam bloqueadas por refugiados.[3]

Quando Napoleão se instalou no palácio do Kremlin, os incendiários atearam fogo nas barracas de feira junto à sua parede leste. O incêndio fora ordenado pelo governador da cidade, conde Rostopchin, como ato de sacrifício para furtar aos franceses o acesso a suprimentos e obrigá-los a se retirar. Logo, toda Moscou estava envolta em chamas. O romancista Stendhal (que servia no Quartel-mestre do Estado-maior de Napoleão) as descreveu como "uma pirâmide de fumaça cor de cobre", cuja "base está na terra e a torre sobe aos céus". No terceiro dia, o Kremlin estava cercado de labaredas e Napoleão foi obrigado a fugir. Ele abriu caminho "por uma muralha de fogo", de acordo com Ségur, "com o estrondo de pisos e tetos que desmoronavam, vigas que caíam e telhados de ferro a se derreter". O tempo todo, exprimia ultraje e admiração pelo sacrifício russo. "Que povo! São citas! Que determinação! Que bárbaros!"[4] Em 20 de setembro de 1812, quando o fogo se extinguiu, quatro quintos da cidade tinham sido destruídos. Ao entrar de novo em Moscou, Ségur encontrou "apenas algumas casas aqui e ali de pé em meio às ruínas".

> Esse gigante ferido, carbonizado e enegrecido exalava um fedor horrível. Apenas montes de cinzas e um ocasional pedaço de parede ou coluna quebrada indicavam a existência de ruas. Nos bairros mais pobres, grupos de homens e mulheres, as roupas queimadas até quase cair do corpo, perambulavam como fantasmas.[5]

Todas as igrejas e palácios da cidade foram saqueados, se já não estivessem queimados. As bibliotecas e outros tesouros nacionais se perderam nas chamas. Num ataque de raiva, Napoleão deu ordens para minarem o Kremlin como ato de vingança pelo incêndio que lhe roubara a maior vitória. O Arsenal foi explodido e parte das muralhas medievais foi destruída. Mas todas as igrejas do Kremlin sobreviveram. Três semanas depois, caiu a primeira neve. O inverno chegara mais cedo e inesperadamente. Incapazes de sobreviver sem suprimentos na cidade arruinada, os franceses foram forçados a recuar.

Em *Guerra e paz*, Tolstoi escreveu que todo russo sentia que Moscou fosse como sua própria mãe. Havia a noção de que ela era o "lar" da nação, mesmo entre os integrantes da elite mais europeizada de

Petersburgo. Moscou era um símbolo da velha Rússia, o lugar onde se preservavam os antigos costumes russos. A sua história datava do século XII, quando o príncipe Dolgoruki de Suzdal construíra uma fortaleza de troncos rudimentar no local do Kremlin. Naquela época, Kiev era a capital da Rus cristã. Mas, nos dois séculos seguintes, a ocupação mongol esmagou os Estados kievanos, levando os príncipes de Moscou a consolidar a sua riqueza e o seu poder em colaboração com os cãs. A ascensão de Moscou foi simbolizada pela construção do Kremlin, que tomou forma no século XIV, e palácios impressionantes e catedrais de pedra branca com cúpulas bulbosas douradas começaram a surgir dentro das muralhas da fortaleza. Finalmente, quando os canatos se enfraqueceram, Moscou comandou a libertação do país, começando com a batalha do Campo de Kulikovo contra a Horda Dourada, em 1380, e terminando com a derrota dos canatos de Kazan e Astracã na década de 1550, quando a cidade finalmente se tornou a capital da vida cultural da Rússia.

Para marcar essa vitória final, Ivan IV ("o Terrível") ordenou a construção de uma nova catedral na Praça Vermelha. A Catedral de São Basílio simbolizou a restauração triunfante das tradições ortodoxas de Bizâncio. Com o nome original de Intercessão da Virgem (para destacar o fato de que a capital tártara de Kazan fora capturada nesse dia santo de 1552), a catedral indicava o papel de Moscou como capital da cruzada religiosa contra os nômades tártaros da estepe. Essa missão imperial foi estabelecida na doutrina de Moscou como a Terceira Roma, doutrina que a São Basílio registrou em pedra. Depois da queda de Constantinopla em 1453, Moscou se viu como último centro sobrevivente da religião ortodoxa, como herdeira de Roma e Bizâncio e, como tal, salvadora da humanidade. Os príncipes de Moscou reivindicaram o título imperial de "tsar" (derivação russa de "César") e acrescentaram a águia de duas cabeças dos imperadores bizantinos à imagem de são Jorge do seu brasão. O apoio da Igreja foi fundamental para a ascensão de Moscou a cidade-mãe da Sagrada Rus. Em 1326, o metropolita transferiu o centro da Igreja russa de Vladimir para Moscou e, a partir daí, os inimigos de Moscou foram considerados inimigos de Cristo. A união entre Moscou e ortodoxia foi cimentada nas igrejas e mosteiros, com os seus ícones e afrescos que continuam a ser a glória da arte medieval russa. De acordo com o folclore, Moscou se gabava de ter "quarenta vezes quarenta" igrejas. O número real era de um pouco mais de duzentos (até os incêndios de 1812), mas parece que, no alto da colina, Napoleão ficou suficientemente impressionado com a visão das cúpulas douradas da cidade a ponto de repetir o número mítico numa carta à imperatriz Josefina.

Ao arrasar totalmente a cidade medieval, o incêndio realizou o que os governantes da Rússia no século XVIII sempre desejaram. Pedro, o Grande, detestava Moscou: ela personificava o arcaico no seu reino. Moscou era o centro dos Velhos Crentes — os devotos que seguiam os rituais ortodoxos russos anteriores à reforma niconiana da Igreja nos anos 1650 (a mais contenciosa delas sendo uma alteração do número de dedos usados para fazer o sinal da cruz), que os aproximou da liturgia da Igreja Ortodoxa grega. Os Velhos Crentes se apegaram aos rituais antigos como personificação da sua fé religiosa. Consideravam as reformas uma heresia, um sinal de que o Diabo dominara a Igreja e o Estado russos, e muitos fugiram para as regiões remotas do norte e até se mataram em suicídios coletivos na crença de que o mundo ia acabar. Os Velhos Crentes fixaram a sua fé no destino messiânico de Moscou como Terceira Roma, a última sede verdadeira da ortodoxia depois da queda de Constantinopla. Explicavam a sua captura pelos turcos como punição divina pela união entre Roma e a Igreja Ortodoxa grega no Concílio de Florença, em 1439. Temerosos e desconfiados do Ocidente e de qualquer inovação vinda do mundo exterior, viviam em comunidades patriarcais muito unidas que, como a Moscou medieval, eram fechadas e voltadas para dentro. Viam Pedro como o Anticristo; a sua cidade no Báltico, como o reino do Diabo e do Apocalipse. Muitas lendas sombrias sobre Petersburgo tiveram origem na Velha Crença.

Com a construção de São Petersburgo, a sorte de Moscou decaiu rapidamente. A população diminuiu quando metade dos artesãos, comerciantes e nobres da cidade foram forçados a se reinstalar na capital do Báltico. Moscou fora reduzida a capital de província (Pushkin a comparou a uma rainha viúva e decaída, em roupas roxas de luto, obrigada a se curvar diante da nova imperatriz) e, até meados do século XIX, manteve o caráter de povoado sonolento. Com as casinhas de madeira e vielas estreitas e sinuosas, as mansões com estábulos e pátios fechados onde se deixavam vacas e ovelhas a perambular, Moscou tinha um típico ar rural. Era chamada de "grande aldeia", apelido que mantém até hoje. Na visão de Catarina, a Grande, Moscou era a "sede da preguiça", cuja vastidão estimulava a nobreza a viver em "ócio e luxo". Era "cheia de símbolos de fanatismo, igrejas, ícones milagrosos, padres e conventos, ao lado de ladrões e bandidos",[6] a própria encarnação da velha Rússia medieval que a imperatriz queria varrer do mapa. No início da década de 1770, quando a Peste Negra assolou a cidade e vários milhares de casas tiveram de ser queimadas, ela pensou em limpar o terreno. Foram feitos planos de reconstruir a cidade à imagem europeia de São Petersburgo — um anel de praças ligadas por avenidas ladeadas de árvores, cais e parques de lazer. Os arquitetos Vassili Bajenov e Matvei Kazakov convenceram Catarina a substituir a maior parte do Kremlin medieval por novas estruturas clássicas. Houve algumas demolições, mas o projeto foi adiado por falta de recursos.

Depois de 1812, finalmente o centro da cidade foi reconstruído em estilo europeu. O fogo abriu espaço para os princípios expansivos do classicismo e, como afirma o coronel Skalozub na peça *A inteligência, que desgraça!*, de Griboiedov, "melhorou bastante a aparência de Moscou".[7] A Praça Vermelha se abriu com a remoção das antigas barracas de feira que davam a ela a sensação de um mercado fechado e não de um espaço público aberto. Três novas avenidas foram construídas em leque a partir da praça. As vielas sinuosas foram abaixo para abrir espaço para avenidas retas e amplas. O primeiro dos vários conjuntos planejados, a

Praça do Teatro com o Bolshoi ao centro, ficou pronto em 1824, seguido pouco depois pelos anéis Boulevard e Jardim (ainda hoje as principais avenidas circulares da cidade) e os Jardins de Alexandre, junto ao muro oeste do Kremlin.[8] Recursos privados se foram despejados na construção da cidade, que se tornou o padrão do renascimento nacional depois de 1812, e não demorou para as avenidas centrais serem ladeadas por mansões graciosas e palácios neoclássicos. Todas as famílias nobres sentiram instintivamente a necessidade de reerguer o antigo lar ancestral, e Moscou foi reconstruída com velocidade fantástica. Tolstoi comparou o acontecido com o modo como as formigas retornam ao formigueiro arruinado, retiram lixo, ovos e cadáveres e reconstroem a antiga vida com energia renovada. Isso mostrava que havia "algo indestrutível" que, embora intangível, era "a verdadeira força da colônia".[9]

Mas, em todo esse frenesi de construção, nunca houve imitação servil do Ocidente. Moscou sempre misturou o seu estilo próprio ao europeu. As fachadas clássicas eram atenuadas pelo uso de quentes cores pastéis, grandes formas arredondadas e volumosas e ornamentação russa. O efeito geral devia irradiar um encanto sereno inteiramente ausente da austeridade fria e da grandiosidade imperial de São Petersburgo. O estilo de Petersburgo foi ditado pela corte e pela moda europeia; o de Moscou, determinado mais pelas províncias russas. Na verdade, a aristocracia de Moscou era uma extensão da nobreza provincial. Passava o verão no campo; ia para Moscou em outubro para a estação invernal de bailes e banquetes e retornava às propriedades campestres assim que as estradas se tornavam transitáveis após o degelo. Moscou ficava localizada no centro das terras russas, uma encruzilhada econômica entre norte e sul, entre a Europa e a estepe asiática. Quando o seu império se expandira, Moscou absorvera essas diversas influências e impusera o seu estilo próprio às províncias. Kazan era típica. A antiga capital do canato assumiu a imagem do conquistador russo — o kremlin, os mosteiros, as casas e as igrejas, tudo construído no estilo de Moscou. Nesse sentido, Moscou era a capital cultural das províncias russas.

Mas os costumes, cores e motivos orientais também eram vistos nas ruas de Moscou. O poeta Konstantin Batiushkov via a cidade como uma "mistura esquisita" de Oriente e Ocidente. Uma "confluência espantosa e incompreensível de superstição e magnificência, ignorância e esclarecimento", que o levou à conclusão perturbadora de que Pedro "muito realizara — mas nada terminara".[10] Na imagem de Moscou, ainda se podia perceber a influência de Gêngis Khan. Esse elemento asiático era fonte de magia e barbarismo. "Se houvesse minaretes em vez de igrejas", escreveu o crítico Belinski, "podia-se estar numa daquelas cidades orientais selvagens de que Sherazade costumava falar."[11] O marquês de Custine considerava as cúpulas de Moscou "domos orientais que nos transportam a Délhi, enquanto torretas e torres de menagem nos levam de volta à Europa do tempo das cruzadas".[12] Napoleão achou que as suas igrejas pareciam mesquitas.[13]

A natureza semioriental de Moscou teve total expressão no chamado estilo arquitetônico neobizantino que dominou a reconstrução nas décadas de 1830 e 1840. O nome é enganador, porque na verdade a arquitetura era bastante eclética e misturava elementos dos estilos neogótico e russo medieval com motivos clássicos e bizantinos. O termo foi promovido por Nicolau I e seus ideólogos para assinalar o afastamento cultural entre a Rússia e o Ocidente após a supressão dos dezembristas. O tsar simpatizava com uma visão eslavófila do mundo que associava a Rússia às tradições orientais de Bizâncio. As igrejas como a Catedral do Cristo Salvador, com os seus campanários e cúpulas bulbosas, os telhados em cúspide e frontões tipo *kokoshnik*, combinavam elementos dos estilos greco-bizantino e russo medieval. Com edificações assim, o ressurgimento de Moscou logo foi mitificado como renascimento nacional, uma rejeição consciente da cultura europeia de São Petersburgo a favor do retorno às antigas tradições nativas da Moscóvia.

A oposição entre Moscou e São Petersburgo foi fundamental nas discussões ideológicas entre ocidentalistas e eslavófilos a respeito do destino cultural da Rússia. Os ocidentalistas defendiam Petersburgo como modelo das suas ideias europeizadas para a Rússia, enquanto os eslavófilos idealizavam Moscou como centro do antigo modo de vida russo. O ideal eslavófilo de comunidade espiritual unida por costumes nativos russos parecia incorporado aos contornos medievais da cidade; os muros do Kremlin estavam enraizados no chão com tanta firmeza que pareciam brotar dele. As comunidades muito unidas da cidade, o seu caráter doméstico, simbolizavam o espírito familiar da antiga Rus.

A autoimagem mítica de Moscou tinha tudo a ver com o seu "caráter russo". O seu modo de vida era mais provinciano, mais próximo dos hábitos do povo russo do que o modo de vida dos nobres de Petersburgo. Os palácios de Moscou lembravam pequenas propriedades campestres. Eram espaçosos e expansivos, construídos para entreter em grande escala, com grandes pátios centrais que serviam de fazendola, com cercados para aves e bovinos, hortas, barracões para guardar hortaliças trazidas do campo para os meses de inverno e, em algumas mansões maiores, como a de Zinaida Volkonski na rua Tverskaia, imensas estufas para cultivar frutas exóticas no inverno.* O poeta Batiushkov deixou uma boa descrição da atmosfera campestre do velho mundo de uma casa nobre de Moscou:

> A mansão foi construída em torno de um grande pátio cheio de lixo e lenha; atrás, há uma horta e, na frente, um grande pórtico com grades, como costumava haver nas casas de campo dos nossos avós. Ao entrar na casa, deparávamos com o porteiro jogando cartas — ele joga da manhã à noite. Os cômodos não têm papel de parede; as paredes são cobertas com grandes retratos, de um lado cabeças de tsar russos, do outro Judite levando a cabeça cortada de Holofernes numa grande bandeja de prata e uma Cleópatra nua com uma serpente: criações maravilhosas da mão de um criado doméstico. Vemos a mesa posta com pratos de sopa de repolho, purê de ervilhas, cogumelos assados

---

* O andar térreo da casa dos Volkonski (Bielosselski) foi ocupado mais tarde pela loja Elisseiev, a "Fortnum & Mason russa", que lá permanece até hoje.

e garrafas de *kvas*. O anfitrião veste um casaco de pelica, a anfitriã, um casaco; no lado direito da mesa estão o sacerdote da paróquia, o professor da paróquia e o Louco Santo; à esquerda, uma multidão de crianças, o velho curandeiro, uma madame francesa e um tutor alemão.[14]

O interior do palácio de Moscou era arrumado para propiciar conforto privado e não exibição pública. "Todos os cômodos são mobiliados com ricos tapetes", observou Batiushkov, "com espelhos, candelabros, poltronas e divãs: tudo projetado para que nos sintamos em casa."[15] A mansão de Moscou era doméstica e aconchegante, quase burguesa, em comparação com os palácios mais formais de Petersburgo. O estilo Império, que em Petersburgo se exprimia principalmente por uma arquitetura pública grandiosa, manifestava-se em Moscou com a opulência da ornamentação e do mobiliário do espaço privado do nobre.[16] Staraia Vozdijenka, a mansão do clã Sheremetev em Moscou, não tinha salões de recepção formais. As salas de estar eram cheias de móveis, plantas e ornamentos, e todas as paredes estavam cobertas de retratos de família e ícones com as suas velas votivas.[17] Era aí que o amor ao conforto do moscovita se encontrava com a estética vitoriana da classe média europeia. Os Sheremetev chamavam a casa de Moscou de "refúgio da família". Como as suas terras mais antigas ficavam na região de Moscou (inclusive a propriedade hoje ocupada pelo principal aeroporto da cidade, em Sheremetevo), consideravam a antiga cidade o seu lar. "Todas as tradições da nossa família, todas as nossas ligações históricas com a Rússia me levam de volta a Moscou", recordou Serguei Sheremetev, neto de Nikolai Petrovich, "e sempre que retornava a Moscou me sentia espiritualmente renovado."[18]

O sentimento de Serguei era comum. Muitos russos achavam que Moscou era o lugar onde podiam ser mais "russos", mais à vontade consigo mesmos. Ali estava uma cidade que refletia o seu caráter sossegado e espontâneo. Que tinha em comum com eles o amor à boa vida.

"Petersburgo é a nossa cabeça, Moscou, o nosso coração", dizia um provérbio russo. Gogol traçou o contraste de outra maneira:

> Petersburgo é um tipo de pessoa exata e meticulosa, um perfeito alemão, e olha tudo de um jeito calculado. Antes de dar uma festa, confere a contabilidade. Moscou é um nobre russo e, quando quer se divertir, faz tudo até cair, e não se preocupa com quanto tem no bolso. Moscou não gosta de meias medidas [...] Petersburgo gosta de implicar com Moscou pela falta de jeito e de bom gosto. Moscou repreende Petersburgo por não falar russo [...] A Rússia precisa de Moscou, Petersburgo precisa da Rússia.[19]

2

A ideia de Moscou como cidade "russa" se desenvolveu a partir da noção de São Petersburgo como civilização estrangeira. A concepção literária de São Petersburgo como lugar estrangeiro e artificial se tornou lugar-comum depois de 1812, quando a ânsia romântica de um modo de vida mais autenticamente nacional tomou conta da imaginação literária. Mas o caráter estrangeiro de Petersburgo sempre fez parte da sua mitologia popular. Desde o momento em que foi construída, os tradicionalistas a atacaram pelos seus modos europeus. Entre os Velhos Crentes, os cossacos e os camponeses, espalharam-se boatos de que Pedro era alemão e não o tsar verdadeiro, em boa parte devido aos estrangeiros que levara para Petersburgo e aos males das roupas europeias, do tabaco e das barbas raspadas que os acompanharam. Em meados do século XVIII, houve uma próspera mitologia subterrânea de contos e boatos sobre Petersburgo. Abundavam histórias sobre o fantasma de Pedro a percorrer as ruas, de estranhos animais míticos que pulavam sobre igrejas e de inundações destrutivas que revelavam os esqueletos dos que haviam perecido na construção da cidade.[20] Mais tarde, esse gênero oral floresceu nos salões literários de São Petersburgo e Moscou, onde escritores como Pushkin e Odoievski o usaram como base das suas histórias de fantasmas na capital. Assim, o mito de Petersburgo tomou forma: uma cidade irreal alheia à Rússia, domínio sobrenatural de fantasias e fantasmas, um reino de opressão e apocalipse.

O cavaleiro de bronze, de Pushkin — cujo subtítulo é "Um conto de São Petersburgo" — foi o texto que deu origem a esse mito literário. O poema se inspirou na estátua equestre de Pedro, o Grande, de Falconet, que fica na Praça do Senado como *genius loci* da cidade. Como o poema que a tornaria tão famosa, a estátua simbolizava a base perigosa da grandeza imperial da capital: de um lado, proclamava as conquistas ofuscantes de Pedro ao sobrepujar a natureza e, de outro, deixava obscuro até que ponto ele realmente controlava o cavalo. Estaria prestes a cair ou a se erguer no espaço? Incitava a montaria ou tentava contê-la em face de alguma catástrofe? O cavaleiro parecia titubear à beira de um abismo, seguro apenas pelas rédeas tensas do corcel.[21] A imensa pedra de granito, de aparência tão selvagem, sobre a qual ficava a estátua era, em si, um emblema da luta trágica entre homem e natureza. A cidade talhada em pedra nunca está inteiramente a salvo das incursões do caos aquoso do qual foi arrancada, e essa sensação de viver à beira do abismo foi maravilhosamente transmitida por Falconet.

Em 1909, uma comissão técnica inspecionou a estátua. Engenheiros abriram furos no bronze. Tiveram de bombear de dentro dela 1.500 litros d'água.[22] Sem diques de proteção, as inundações eram ameaça constante em Petersburgo. Pushkin situou o seu poema em 1824, ano de uma delas. *O cavaleiro de bronze* conta a história da enchente e de um triste amanuense chamado Evgueni que descobre que a casa da amada Parasha foi levada pelas águas. Levado à beira da loucura, Evgueni percorre a cidade e, ao encontrar o cavaleiro de Falconet, fustiga o tsar por ter construído uma cidade à mercê de inundações. A estátua se move de raiva e persegue o pobre amanuense, que corre a noite inteira sob o terror dos trovejantes cascos de bronze. O corpo de Evgueni é finalmente lançado à pequena ilha aonde a casa de Parasha foi levada pela inundação. O poema pode ser lido de várias maneiras — como choque entre o Estado e o indivíduo, entre progresso e tradição, entre cidade e natureza, entre autocracia e povo — e foi o padrão com base no qual todos os escritores subsequentes, de Gogol a Bieli, debateram o significado do destino da Rússia:

> Altivo corcel, por onde andastes?
> Onde saltastes? e onde, em quem
> Plantastes vossos cascos?[23]

Para os eslavófilos, a cidade de Pedro era o símbolo da ruptura catastrófica com a Sagrada Rus; para os ocidentalistas, um sinal progressista da europeização da Rússia. Para alguns, era o triunfo da civilização, a conquista da natureza pela ordem e pela razão; para outros, era um artifício monstruoso, um império construído sobre o sofrimento humano e tragicamente condenado.

Mais do que ninguém, Gogol fixou a imagem da cidade como lugar alienante. Como jovem "escritor ucraniano" que lutava para sobreviver na capital, Gogol morava entre os pequenos escriturários cujos *alter egos* literários enchem os seus *Contos de São Petersburgo* (1842). São personagens tristes e solitários, esmagados pelo clima opressor da cidade e condenados, na maior parte, a ter morte prematura, com o Evgueni de Pushkin em *O cavaleiro de bronze*. A Petersburgo de Gogol é uma cidade de engano e ilusão. "Ah, não tenhais fé nesta avenida Nevski [...] É só engano, sonho, nada do que parece!", avisa ele em "Avenida Nevski", o primeiro dos *Contos de São Petersburgo*. "A avenida Nevski engana em todas as horas do dia, mas a pior hora de todas é a noite, quando a cidade inteira se transforma num tumulto de barulho e luzes piscantes [...] e quando o Diabo em pessoa está a bordo, acendendo os lampiões de rua com um único propósito: mostrar tudo sob falsa luz."[24] Ocultos nas sombras desse desfile cintilante, os "homenzinhos" de Gogol andam apressados entre os seus escritórios em imensos edifícios ministeriais e os apartamentos alugados igualmente sem alma onde vivem — sozinhos, é claro. A Petersburgo de Gogol é uma imagem fantasmagórica da cidade real, uma visão de pesadelo de um mundo privado de graça onde só podem vicejar a ganância e a vaidade humanas. Em "O capote", o último dos *Contos*, o humilde funcionário público Akaki Akakievich é forçado a apertar o cinto e poupar para trocar o capote puído que há muito tempo virou piada dos seus colegas elegantes no ministério. O novo casaco restaura a sua noção de orgulho e valor individual: torna-se o símbolo da sua aceitação pelos colegas, que dão uma festa com champanhe para comemorar. Mas a pele valiosa lhe é roubada quando volta para casa a pé, andando numa escura "praça interminável". O seu esforço para recuperar o capote apelando a um "Personagem Importante" não dá em nada. Ele adoece e morre, um personagem trágico esmagado por uma sociedade fria e sem ternura. Mas o fantasma de Akaki anda pelas ruas de Petersburgo. Certa noite, persegue o Personagem Importante e lhe rouba o casaco.

Dostoievski disse que toda a literatura russa "saiu de baixo do 'Capote' de Gogol".[25] Os seus primeiros contos, principalmente *O duplo* (1846), são muito gogolescos, embora em obras posteriores, como *Crime e castigo* (1866), ele acrescente uma importante dimensão psicológica à topografia da capital. Dostoievski cria a sua cidade irreal por meio do mundo mental adoecido dos seus personagens, de modo que ela se torna "fantasticamente real".[26] Na mente de sonhadores como Raskolnikov, a fantasia se transforma em realidade e a vida vira um jogo em que qualquer ação, até o assassinato, pode ser justificada. É um lugar onde os sentimentos humanos são pervertidos e destruídos pelo isolamento e pela racionalidade. A Petersburgo de Dostoievski é cheia de sonhadores, fato que ele explicou pelas condições apertadas da cidade, pela névoa e neblina frequentes vindas do mar, pela chuva e pela garoa geladas que adoeciam os moradores. Aquele era um lugar de sonhos febris e estranhas alucinações, de nervos desgastados pelas insones Noites Brancas do verão do norte, em que a terra dos sonhos e o mundo real se confundiam. O próprio Dostoievski não era imune a esses voos da fantasia. Em 1861, recordou uma "visão do Neva" que ele mesmo tivera no início dos anos 1840 e incluiu no conto "Um coração fraco" (1841). O escritor afirmou ter sido aquele o momento exato da sua descoberta artística pessoal:

> Lembro que certa vez, numa noite invernal de janeiro, eu corria para casa vindo do lado de Viborg [...] Quando cheguei ao Neva, parei um minuto e dei uma olhada penetrante pelo rio até a distância enfumaçada, embaçada e gélida, que de repente ficara carmesim com a última púrpura do pôr do sol [...] O vapor congelado se despejava de cavalos cansados, de pessoas a correr. O ar tenso tremia ao menor som, e colunas de fumaça subiam como gigantes de todos os telhados em ambas as margens e corriam para o alto pelo céu frio, torcendo-se e destorcendo-se pelo caminho, e assim parecia que novos prédios subiam acima dos antigos, uma nova cidade se formava no ar [...] Parecia que todo aquele mundo, com todos os seus habitantes, fortes e fracos, com todas as suas habitações, os refúgios dos pobres ou os palácios dourados para o conforto dos poderosos deste mundo, era, àquela hora crepuscular, uma visão fantástica do mundo das fadas, como um sonho que, por sua vez, sumiria e desapareceria como vapor no céu azul-escuro.[27]

3

Moscou, ao contrário, era um lugar de objetivos práticos. Com o surgimento de Petersburgo no século XVIII, Moscou se tornou o centro da "boa vida" para a nobreza. Pushkin disse que ela atraía "patifes e excêntricos" — nobres independentes que "rejeitavam a corte e viviam sem cuidado, dedicando todas as suas paixões a mexericos maliciosos e inofensivos e à hospitalidade".[28] Moscou era uma capital sem corte — e, sem corte para ocupá-los, os grandes se entregavam a diversões sensuais. Moscou era famosa pelos restaurantes e casas noturnas, pelos entretenimentos e bailes suntuosos — em resumo, por tudo o que Petersburgo não era. Os petersburguenses desprezavam Moscou pelo ócio pecaminoso. "Moscou é um abismo de prazer hedonista", escreveu Nikolai Turgueniev, poeta do círculo dos dezembristas. "Tudo o que o seu povo faz é beber, dormir, ir a festas e jogar cartas — e tudo à custa do sofrimento dos servos."[29] Mas ninguém poderia negar o seu caráter russo. "Moscou pode ser selvagem e dissoluta", escreveu F. F. Viguel, "mas não faz sentido tentar mudá-la. Pois há em todos nós uma parte de Moscou, e nenhum russo pode expurgar Moscou."[30]

Moscou era a capital gastronomia da Rússia. Nenhuma outra cidade podia se gabar de tamanha variedade de restaurantes. Havia clubes de alta classe como o Angleterre, onde Levin e Oblonski fizeram o famoso almoço da primeira cena de *Anna Karenina*; restaurantes comerciais como o Bazar Eslavo, onde os comerciantes fechavam grandes negócios; lugares da moda abertos até tarde da noite, como o Strelna e o Yar (que Pushkin menciona com frequência na sua poesia); cafés onde se permitia a presença de mulheres desacompanhadas; restaurantes (*karchevnie*) para a gente comum; e tabernas tão diversificadas que atendiam a todos os gostos. Havia tabernas à moda antiga, como a Testov, onde os pais levavam as crianças para comer guloseimas; tabernas famosas pelos pratos da casa, como as panquecas de Egorov ou as tortas de Lopashev; tabernas que tinham pássaros canoros, onde os caçadores gostavam de se reunir; e tabernas bem conhecidas como lugares de farra.[31] Moscou era tão rica na cultura dos seus restaurantes que chegou a ensinar algumas coisas aos franceses. Quando chegaram a Moscou, os soldados de Napoleão precisavam comer depressa. "*Bistro!*", diziam, palavra russa que significa "depressa".

Moscou era uma cidade de comilões. Tinha um rico folclore dos fabulosamente gordos que alimentava a imagem de capital da abundância. No início do século XIX, por exemplo, o conde Rakhmanov gastou toda a sua herança — pelo que se dizia, mais de 2 milhões de rublos (200 mil libras) — em apenas oito anos de gastronomia. Ele alimentava suas galinhas com trufas. Mantinha os lagostins em creme e parmesão em vez de água. E todo dia mandava entregar vivo em Moscou o seu peixe predileto, um espécime raríssimo que só se podia pescar no rio Sosna, a 300 km dali. O conde Mussin-Pushkin era igualmente perdulário. Engordava os bezerros com creme de leite e os mantinha em berços, como recém-nascidos. As aves eram alimentadas com nozes e tomavam vinho para aprimorar o sabor da carne. Os banquetes suntuosos tinham condição de lenda nos anais de Moscou. O conde Stroganov (ancestral do século XIX daquele que deu nome ao estrogonofe) oferecia famosos "jantares romanos" nos quais os convivas se deitavam em divãs e eram servidos por rapazes nus. Caviar, frutas e bochechas de arenque eram entradas típicas. Depois vinham lábios de salmão, patas de urso e assado de lince. Em seguida, serviam-se cucos assados em mel, fígado de halibute e ovas de lota; ostras, aves e figos frescos; abacaxi e pêssegos salgados. Depois de comer, os convidados iam para a *banya* e começavam a beber, comendo caviar para ficar com mais sede.[32]

Os banquetes de Moscou eram mais notáveis pelo tamanho fantástico do que pelo refinamento da comida. Não era incomum servir duzentos pratos diferentes na mesma refeição. O cardápio de um banquete mostra que foram oferecidos aos convidados até dez tipos diferentes de sopa, 24 tortas e pratos de carne, 64 pratos pequenos (como tetraz ou pato selvagem), vários tipos de assado (cordeiro, carne bovina, cabrito, coelho e leitão), doze saladas diferentes, 28 tipos de torta de frutas, queijos e frutas frescas. Quando satisfeitos, os convivas se dirigiam para outra sala onde eram servidos doces e frutas cristalizadas.[33] Nessa sociedade em que o prestígio significava promoção na corte, os príncipes competiam entre si na hospitalidade. Enormes quantias eram pagas aos melhores servos cozinheiros. O conde Sheremetev (Nikolai Petrovich) pagava um salário anual de 850 rublos ao seu mestre-cuca — uma quantia vultosa para um servo.[34] Os cozinheiros eram considerados pelos senhores no mesmo nível dos artistas e não se poupavam despesas para que estudassem no exterior. Os príncipes ficavam famosos pelos pratos criados pelos seus cozinheiros. O ilustre príncipe Potemkin, o mais famoso de todos, era renomado por servir porcos inteiros nos seus suntuosos banquetes: todas as entranhas eram removidas pela boca, a carcaça recheada de linguiça e o animal cozido inteiro numa massa feita de vinho.[35]

Não eram só os cortesãos que comiam tão bem. As famílias da província tinham a mesma tendência à paixão consumista e, como havia pouco a fazer na propriedade no campo, comer, mais do que tudo, era um modo de passar o tempo. O almoço durava várias horas. Primeiro vinham os *zakuski* (entradas), frios e quentes, seguidos por sopas, tortas, pratos de aves, assados e, finalmente, frutas e doces. Nisso, já estava quase na hora do chá. Havia casas nobres onde o dia inteiro (nas palavras de Pushkin) era "um encadeado de refeições". Os Brodnitski, família nobre mediana da Ucrânia, eram um exemplo típico. Ao se levantarem, tomavam café e comiam pãezinhos seguidos pelos *zakuski* no meio da manhã, um almoço com seis pratos completos, chá com pão doce e geleia à tarde, depois sementes de papoula e nozes, café, pãezinhos e biscoito no lanche do início da noite. Depois disso, vinha a ceia — principalmente carnes frias do almoço — e o chá antes de dormir.[36]

Esse tipo de alimentação suntuosa era um fenômeno relativamente novo. No século XVII, a comida em Moscóvia era simples e comum: o repertório completo consistia em peixe, carne cozida e aves domésticas, panquecas, pães e tortas, alho, cebola, pepinos e rutabagas, repolho e beterraba. Tudo era cozido em óleo de linhaça, o que dava o mesmo sabor a todos os pratos. Até a mesa do tsar era relativamente pobre. Em 1670, o cardápio do banquete de casamento do tsar Alexei compunha-se de cisne assado com açafrão, tetrazes com limão, miúdos de ganso, frango com conserva de repolho e (para os homens) *kvas*.[37] Só no século XVIII alimentos e técnicas culinárias interessantes foram importados do exterior: manteiga, queijo e creme de leite, carnes e peixes defumados, massas e confeitaria, saladas e verduras, chá e café, chocolate, sorvete, vinhos e licores. Até os *zakuski* eram uma cópia do costume europeu das entradas. Embora vistas como a parte mais "russa" de qualquer refeição (caviar, esturjão, vodca e tudo o mais), os "*zakuski* clássicos", como aspic de peixe, na verdade só foram inventados no início do século XIX. O mesmo aconteceu com a culinária russa como um todo. Na verdade, as "especialidades tradicionais" servidas nos restaurantes de Moscou no século XIX — pratos nacionais como *kulebeika* (torta recheada com várias camadas de peixe ou carne), carpa com creme azedo ou peru com molho de ameixa — eram invenções bastante recentes, a maioria deles criados para atender o novo gosto pelos costumes russos antigos que surgiu após 1812. O primeiro livro russo de culinária só foi publicado em 1816, e nele se afirmava que não era mais possível dar uma descrição completa da cozinha russa: só se podia tentar recriar as antigas receitas com base em lembranças.³⁸ Os pratos da quaresma eram os únicos alimentos tradicionais ainda não suplantados pelas modas culinárias europeias do século XVIII. Moscóvia tinha uma rica tradição de pratos de peixe e cogumelos, sopas de legumes como *borscht* (beterraba) e *schi* (repolho), receitas de pães e tortas de Páscoa e dezenas de variedades de mingaus e panquecas (*blini*) consumidos naquela época do ano.

Além de alimentar, a culinária tinha um papel icônico na cultura popular russa. O pão, por exemplo, tinha uma importância religiosa e simbólica que ia muito além do seu papel na vida cotidiana; a sua importância na cultura russa era muito maior do que em outras culturas cristãs do Ocidente. A palavra que significa pão (*khleb*) era usada em russo para designar "riqueza", "saúde" e "hospitalidade". O pão tinha um papel fundamental nos rituais camponeses. Na primavera, assavam-se pães em forma de pássaro para simbolizar o retorno dos bandos migratórios. No casamento camponês, preparava-se um pão especial que simbolizava a fertilidade dos recém-casados. Nos funerais camponeses, o costume era fazer uma escada de massa e pô-la no túmulo, ao lado do corpo, para ajudar a ascensão da alma. Afinal, o pão era um elo sagrado entre este mundo e o outro. Estava ligado ao folclore do fogão, onde se dizia que moravam os espíritos dos mortos.³⁹ Costumava-se dar pães de presente, e o mais importante era a oferenda costumeira de pão e sal às visitas. Na verdade, todos os alimentos eram usados como presentes, costume comum a todas as classes. O excêntrico nobre moscovita Alexandre Porius-Vizapurski (até o nome era excêntrico) tinha o hábito de mandar ostras a dignitários importantes — e às vezes até a pessoas que não conhecia (certa vez, o príncipe Dolgorukov recebeu um pacote de doze ostras com uma carta de Porius-Vizapurski dizendo que o visitara para conhecê--lo, mas não o encontrara em casa). Aves selvagens também eram um presente comum. O poeta Derjavin ficou famoso por mandar maçaricos-das-rochas. Certa vez, mandou à princesa Bebolsina uma torta enorme. Ao ser cortada, ela revelou um anão que a presenteou com uma torta de trufas e um ramo de miosótis.[40] Presentes festivos de alimentos também eram dados ao povo pelos tsares. Em 1791, para comemorar a vitória na guerra contra os turcos, Catarina, a Grande, ordenou que se montassem duas montanhas de comida na Praça do Palácio. As duas eram encimadas por fontes que jorravam vinho. A um sinal dela no Palácio de Inverno, o populacho teve permissão de se banquetear com a cornucópia.[41]

A comida também aparecia como símbolo na literatura do século XIX. Lembranças da comida costumavam surgir nas cenas saudosas da infância. O Ivan Ilitch de Tolstoi conclui, no leito de morte, que os únicos momentos felizes da sua vida aconteceram quando criança: todas essas lembranças ele associa à comida — especialmente, por alguma razão, as ameixas secas. As imagens gastronômicas eram usadas com frequência para pintar um quadro da antiga vida boa. *Noites na granja*, de Gogol, é repleto de descrições líricas de glutonaria ucraniana; Oblomov, de Goncharov, está sempre se entupindo de pratos russos à moda antiga, símbolos da sua preguiça; e depois (sem dúvida numa paródia dessa tradição literária) há Feiers, o antigo mordomo de *O jardim das cerejeiras* (1904), de Chekhov, que ainda recorda as cerejas enviadas da propriedade rural para Moscou mais de cinquenta anos antes ("E as cerejas secas daquele tempo eram macias, suculentas, doces, gostosas [...] Naquela época, sabiam prepará-las [...] tinham uma receita [...]"[42]). A própria Moscou tinha estatura mítica nesse folclore sobre comida. Ferapont, o mordomo de *As três irmãs* (1901), de Chekhov, diz a Andrei que anseia em ir a Moscou comer no Testov ou em algum outro restaurante movimentado:

> Outro dia, no escritório, um fornecedor me falava de negociantes que comiam panquecas em Moscou. Um deles comeu quarenta panquecas e morreu. Foram quarenta ou cinquenta, não me lembro direito.[43]

Comilanças desse tipo costumavam ser apresentadas como símbolo do caráter russo. Gogol, especificamente, usava metáforas alimentares de forma obsessiva. Costumava vincular naturezas expansivas com a expansão das barrigas. Taras Bulba (cujo nome significa "batata" em ucraniano), o herói cossaco de um dos seus contos, é a encarnação desse apetite pela vida. Ele recebe os filhos em casa, vindos do seminário em Kiev, com instruções para a esposa preparar uma "refeição adequada":

> Não queremos rosquinhas, pães de mel, bolos de papoula e outras delicadezas; traga-nos uma ovelha inteira, sirva uma cabra e hidromel de quarenta anos! E muita vodca, não vodca com todo tipo de extravagância, não com passas e sabores, mas vodca pura e espumante que chia e borbulha loucamente![44]

O teste do "verdadeiro russo" era conseguir tomar baldes de vodca. Desde o século XVI, quando a arte da destilação chegou à Rússia vinda do Ocidente, o costume era se entregar a bebedeiras incomensuráveis em feriados e ocasiões festivas. Beber era algo social — nunca acontecia a sós — e vinculado a comemorações comunitárias. Isso significava que, ao contrário da imagem mítica, o consumo geral de vodca não era tão grande assim (havia duzentos dias de jejum por ano em que beber era proibido). Mas, quando bebia, o russo bebia muitíssimo. (Era o mesmo com a comida: jejuns e depois, banquetes — alternância frequente que talvez tivesse alguma relação com o caráter e a história do povo: longos períodos de humildade e paciência intercalados com curtos períodos de liberdade alegre e extravasamento violento.) As façanhas beberronas da lenda russa eram espantosas. Nas festas e banquetes de casamento, às vezes havia mais de cinquenta brindes — os convidados engoliam o conteúdo do copo de um gole só — até que o último homem de pé se tornasse o "tsar da vodca".

As mortes por excesso de bebida chegaram a mil por ano na Rússia entre 1841 e 1859.[45] Mas seria equivocado concluir daí que o problema russo com a bebida fosse endêmico ou antigo. Na verdade, só no período moderno — a partir do final do século XVIII — o nível russo de consumo de álcool se tornou uma ameaça à vida nacional; e mesmo então o problema, em essência, foi inventado pela nobreza e pelo Estado.* O padrão tradicional de bebida se impusera num contexto no qual o álcool era escasso — uma mercadoria rara que só podia ser comprada em festas. Mas, no final do século XVIII, os nobres destiladores licenciados pelo governo para fabricar vodca aumentaram várias vezes a produção. Com a reforma do governo local em 1775, que transferiu o controle da polícia para magistrados nobres, houve pouco controle estatal do próspero negócio varejista, legal ou ilegal, que tornou riquíssimos os vendedores de vodca. De repente, havia lojas para vender vodca em todas as cidades, tabernas por toda parte e, fora a proibição religiosa, mais nenhuma limitação à bebida. O governo tinha consciência do custo social do aumento do alcoolismo e a Igreja vivia levantando a questão, fazendo campanhas ruidosas contra os estabelecimentos que vendiam álcool. O problema era modificar um padrão de bebida que se formara durante muitos séculos — o hábito dos russos de beber demais sempre que bebiam — ou então reduzir a oferta de bebida. Mas, como pelo menos um quarto da receita total do Estado vinha da venda de vodca e como a aristocracia tinha interesse no comércio, havia pouca pressão a favor de reformas. Só na Primeira Guerra Mundial o Estado pendeu para o lado da sobriedade. Mas a proibição que se impôs sobre a vodca só piorou o problema do alcoolismo (pois os russos passaram a recorrer a querosene e aguardentes ilegais, muito mais perigosos), enquanto a perda da receita tributária da vodca foi um dos fatores que mais contribuíram para a queda do regime em 1917.

"Eis a diferença entre Moscou e São Petersburgo: em Moscou, quando se passam alguns dias sem ver um amigo, acredita-se que há algo errado

---

* Até a segunda metade do século XVIII, o consumo anual de bebidas alcoólicas ficava em cerca de um litro para cada homem adulto, mas no final do reinado de Catarina, na década de 1790, subira para cerca de 5 litros (R. E. F. Smith e D. Christian, *Bread and Salt: A Social and Economic History of Food and Drink in Russia*. (Cambridge, 1984, p. 218).

e manda-se alguém verificar se ele não morreu. Em Peter, pode-se ficar sem ser visto um ano ou dois que ninguém sentirá falta."⁴⁶ Os moscovitas sempre apreciaram a imagem da cidade como um "lar" amigável e caloroso. Comparada à fria e formal Petersburgo, Moscou se orgulhava da hospitalidade e dos sossegados costumes "russos". Sem corte e sem muito para se ocupar nas repartições, os moscovitas tinham poucos afazeres além de visitar todos os amigos e cumprir a rodada de festas, banquetes e bailes. As portas das mansões de Moscou estavam sempre abertas e o costume petersburguense de hora marcada para visitas era considerado absurdo. Esperava-se que surgissem hóspedes a qualquer momento e, em certos dias, como aniversários, onomásticos ou feriados religiosos, ou quando vinha alguém do interior ou do estrangeiro, as casas ficavam cheias.

Moscou era famosa pelos divertimentos luxuosos. Não era raro que fortunas inteiras fossem gastas neles. No seu aspecto mais espetacular, os *bon vivants* da cidade demonstravam um apetite sem igual pela alegria. Em 1801, o conde Iushkov deu dezoito bailes em vinte dias no seu palácio em Moscou. As fábricas próximas tiveram de ser fechadas devido ao risco dos fogos de artifício, e a música era tão alta, que as freiras do vizinho convento de Novodevichi não conseguiram dormir; em vez de tentar, cederam à diversão e subiram no muro para assistir ao espetáculo.⁴⁷ Os Sheremetev eram ainda mais renomados pelas festas suntuosas na sua residência. Várias vezes por ano, multidões de até 50 mil convidados viajavam de Moscou a Kuskovo para grandiosos folguedos no parque. As estradas ficavam engarrafadas de tantas carruagens e a fila se estendia por 20 quilômetros, desde o centro de Moscou. Ao entrar no parque, os convidados eram recebidos por cartazes que lhes diziam que se sentissem em casa e se divertissem como quisessem. Coros cantavam entre as árvores, bandas de metais tocavam e os convidados eram entretidos por animais exóticos, óperas no jardim e no teatro interno, espetáculos de fogos de artifício e *sons et lumières*. No lago diante da casa, havia até uma falsa batalha naval entre navios.⁴⁸

Famílias menos grandiosas podiam ser igualmente generosas na hospitalidade, e às vezes gastavam toda a sua riqueza em reuniões sociais. Os Khitrovo não eram ricos nem importantes, mas na Moscou do século XIX eram conhecidos por todos devido aos bailes e *soirées* frequentes, que, embora sem luxos, eram sempre muito animados e divertidos; eram a "Moscou típica".[49] Outra anfitriã famosa no estilo de Moscou era Maria Rimski-Korsakova, que ficou famosa pelas festas ao desjejum nas quais o senador Arkadi Bachilov, de avental e touca de cozinheiro, servia todos os pratos que ele mesmo preparava.[50] Moscou era repleta desses anfitriões excêntricos, e um dos mais destacados era o conde Prokopi Demidov, playboy riquíssimo cujo amor ao entretenimento era notório. Gostava de vestir os criados com uma libré especial, metade de seda, metade de cânhamo, meia num dos pés e sapato de casca de bétula no outro, para ressaltar a origem camponesa. Ao receber, fazia os criados nus ocuparem o lugar de estátuas no jardim e na casa.[51]

O costume russo de abrir para todos os pares as portas da casa na hora do almoço e do jantar era parte importante dessa cultura de hospitalidade. Havia até cinquenta convivas em todas as refeições na Casa da Fonte dos Sheremetev, os mais grandiosos da aristocracia de Petersburgo. Mas, em Moscou, números como esse eram recebidos em casas nobres relativamente menores, enquanto nas mais importantes, como a dos Stroganov ou Razumovski, o número era bem maior. O conde Razumovski era renomado pela mesa liberada. Ele não sabia o nome de vários convivas mas, como adorava jogar xadrez, ficava sempre contente de ter novos parceiros. Houve um oficial do Exército que era tão bom enxadrista que passou seis semanas na casa do conde — muito embora ninguém soubesse o seu nome.[52] Em geral, o costume era que, depois de jantar uma vez numa casa, a pessoa voltasse regularmente: não voltar seria uma ofensa. O costume era tão generalizado que era bastante possível que um nobre jantasse fora todos os dias e, mesmo assim, nunca fosse a uma casa com tanta frequência que passasse a não ser mais bem-vindo. Os grandes, como os Sheremetev, Osterman-Tolstoi e Stroganov, adquiriam convivas permanentes. O general Kostenetski jantou na casa do conde Osterman-Tolstoi durante vinte anos; tornou-se de tal modo um hábito, que o conde mandava a carruagem buscar o general meia hora antes de todas as refeições. O conde Stroganov tinha um convidado cujo nome não descobriu em quase trinta anos. Certo dia, quando o conviva não apareceu, o conde supôs que devia ter morrido. Acontece que o homem morrera mesmo. Fora atropelado a caminho do almoço.⁵³

Como no caso da comida e da bebida, os russos não tinham limite na hora das festas. Serguei Volkonski, o neto do dezembrista, recordou festas do dia onomástico que duravam até o amanhecer.

> Primeiro vinha o chá, depois a ceia. O Sol se punha, a Lua nascia — e então havia os jogos, as fofocas e as cartas. Por volta das três da manhã, os primeiros convidados começavam a partir, mas como os cocheiros também tinham recebido bebidas alcoólicas, ir embora tão cedo podia ser perigoso. Certa vez, voltei para casa de uma dessas festas de onomástico e a minha carruagem virou.⁵⁴

A luz fria da manhã era inimiga de todos os anfitriões de Moscou, e havia alguns que cobriam todas as janelas e paravam todos os relógios para não mandar embora os convidados.⁵⁵ De outubro à primavera, quando as famílias provincianas com filhas em idade de casar assumiam residência em Moscou para a temporada social, havia bailes e banquetes quase toda noite. Os bailes de Moscou eram maiores do que os de Petersburgo. Eram eventos nacionais e não da sociedade, e o clima era mais modesto, com velhas damas da província com seus vestidos fora de moda tão em evidência quanto os jovens hussardos elegantes. Mas o champanhe corria a noite inteira — e os primeiros convidados nunca iam embora antes das luzes da aurora. Essa Moscou levava uma vida noturna, o seu relógio corporal reajustado ao torvelinho social. Ao se arrastar para a cama de manhã cedo, os festeiros tomavam o desjejum por volta do meio-dia, almoçavam às 15 horas ou até mais tarde (Pushkin fazia questão de almoçar às 20 ou 21 horas) e saíam às 22 horas. Os moscovitas adoravam essa vida das madrugadas: ela exprimia com perfeição o seu amor à vida sem limites. Em 1850, o governo de Petersburgo impôs a proibição de tocar música ao vivo depois das 4 horas da madrugada. Em Moscou, a reação foi quase uma *fronde*: uma revolta moscovita contra a capital. Comandados pelo príncipe Golitsyn, famoso pelos bailes à fantasia que duravam a noite inteira, os nobres de Moscou enviaram a Petersburgo uma petição para que a proibição fosse suspensa. Houve uma prolongada correspondência, cartas à imprensa e, quando as petições foram finalmente recusadas, os moscovitas decidiram ignorar as regras e continuar com as festas.[56]

4

Em 1874, a Academia de Artes organizou uma exposição em memória do artista Viktor Gartman, que morrera no ano anterior aos 39 anos. Hoje, Gartman é mais conhecido como amigo de Mussorgski, o pintor no centro da famosa suíte para piano *Quadros de uma exposição* (1874). Mussorgski ficou arrasado com a morte de Gartman e as bebedeiras que levaram à sua morte datam dessa época. Ele fez o seu tributo ao amigo artista compondo os *Quadros* depois de visitar a exposição.[57] O estilo "neorrusso" de Gartman exerceu imensa influência sobre a música de Mussorgski — e, na verdade, sobre todas as tendências da arte novecentista que tiraram inspiração do mundo cultural de Moscou. Os seus desenhos arquitetônicos se baseavam em anos de estudo da ornamentação medieval. O mais famoso foi o projeto extravagante para os portões da cidade de Kiev, em forma de capacete de guerreiro com um arco no estilo *kokoshnik*, que Mussorgski homenageou no último quadro da suíte para piano. Um crítico chamou o projeto de Gartman de "toalhas de mármore e bordados de tijolo".[58]

Moscou era o centro (e o tema central) desse interesse renovado pelas antigas artes russas. O artista Fiodor Solntsev teve papel fundamental ao fazer desenhos detalhados das armas, selas e arreios, prataria de igreja e tapeçarias de parede do Arsenal do Kremlin e desenterrar muitos outros tesouros nas províncias. De 1846 a 1853, Solntsev publicou seis grandes volumes de ilustrações chamados *Antiguidades do Estado russo*. Eles proporcionaram a artistas e projetistas uma gramática de ornamentação histórica que podiam incorporar ao seu trabalho. O próprio Solntsev usou esses motivos antigos na restauração do Palácio Terem, no Kremlin — uma reprodução autêntica do estilo de Moscou do século XVII, com fogões de tijolos de cerâmica, tetos abobadados e ornamentados com arcos *kokoshnik* e paredes e cadeiras forradas de couro vermelho. O trabalho de Solntsev foi continuado pela Escola de Artes Stroganov, fundada em 1860 em Moscou, que estimulava os artistas a trabalhar com base em antigos motivos folclóricos e eclesiásticos russos. Muitos projetistas do importante "estilo russo" que varreu o mundo na década de 1900 — Vashkov, Ovchinnikov e os mestres moscovitas da oficina de Fabergé — se formaram na Escola Stroganov.[59] Em contraste com o rígido classicismo europeu da Academia de São Petersburgo, o clima em Moscou era bem mais tranquilo e aberto à investigação de temas e estilos russos. Os artistas confluíam para estudar os ícones de Moscou, a pintura do *lubok* e o trabalho em laca de Palekh. Três gigantes da pintura russa, Repin, Polenov e Vasnetsov, mudaram-se de São Petersburgo para lá quando estudantes. Esse antigo artesanato ainda estava vivo em Moscou e arredores, mas já morrera em São Petersburgo. Havia vários editores de *lubok* em Moscou, por exemplo, mas nenhum em Petersburgo. Os pintores de ícones prosperavam nas cidades próximas a Moscou, mas não havia nenhum em Petersburgo. Muito disso era explicado pelo estilo antigo do gosto mercantil que dominava o mercado de arte de Moscou. A Escola de Pintura de Moscou também se mostrava mais receptiva a essas tradições nativas e, ao contrário da aristocrática Academia de Artes de São Petersburgo, as suas portas estavam abertas para alunos de uma ampla variedade de origens sociais, que traziam consigo o ponto de vista da gente comum. O diretor da Escola de Moscou estimulava os artistas a usarem temas folclóricos e, na abertura da Exposição Etnográfica de 1867, fez uma palestra sobre a necessidade de estudar as antigas vestimentas populares e os bordados folclóricos para recuperar o estilo de arte russa que fora sepultado sob o gosto ocidental.⁶⁰

No mundo dos projetos arquitetônicos de Gartman, a explosão do estilo neorrusso em meados do século foi possibilitada pela abolição de uma lei do século XVIII que determinava que os prédios do centro de Moscou tinham de ser construídos de pedra com fachadas em estilos europeus aprovados. A revogação dessa lei em 1858 abriu caminho para uma inundação de construções de madeira no estilo camponês russo. Mais do que nunca, Moscou assumiu a aparência de uma "grande aldeia". O historiador eslavófilo Pogodin, filho de camponês e famoso colecionador de artefatos antigos, encomendou várias casas de madeira em estilo camponês. A madeira foi declarada pelos nacionalistas o "material de construção fundamental do povo", e todo arquiteto que aspirasse a ser "nacional" construía com esse material.⁶¹ Gartman projetou os salões de exposição com decoração de madeira em estilo folclórico para a Exposição Politécnica de Moscou, realizada em 1872 para marcar o bicentenário do nascimento de Pedro, o Grande. A exposição anunciava o retorno aos princípios artísticos de Moscóvia. Aconteceu no recém-inaugurado Museu Russo, diante da Catedral de São Basílio, na Praça Vermelha, projetado por Vladimir Shervud (arquiteto de origem inglesa) no antigo estilo eclesiástico de Moscou. As altas torres do museu, parecidas com as de uma igreja, refletiam os contornos do vizinho Kremlin — um símbolo, como explicou Shervud, do fato de que a ortodoxia era "o elemento cultural primário da nacionalidade [da Rússia]".⁶² O estilo neorrusso teve a sua época de ouro na década de 1870, principalmente em consequência da riqueza e da posição social crescentes dos comerciantes moscovitas patrocinadores das artes. Pavel Tretyakov construiu a sua famosa galeria de arte russa como anexo da sua mansão no antigo estilo de Moscou. A mansão moscovita de Serguei Schukin (que abrigava a sua imensa coleção de quadros franceses) era uma fantasia neorrussa segundo o modelo da arquitetura de madeira de Iaroslav e Kolomenskoie no século XVII. O centro da cidade, entre o Kremlin e a praça Lubianka, foi inteiramente reconstruído no estilo neorrusso preferido pelos ricos comerciantes conselheiros da prefeitura de Moscou. Uma nova galeria de lojas (que mais tarde se tornaria a loja estatal de departamentos GUM) foi construída na Praça Vermelha nos anos 1880, seguida, em 1891, pela Duma da cidade (que se tornaria o Museu Lenin). De repente, a região comercial da cidade foi ocupada por antigos telhados em cúspide e frontões tipo *kokoshnik*, desenhos de tijolos amarelos e ornamentação folclórica. Os contornos de Moscou entraram no século XX no formato do século XVII.

Mussorgski se apaixonou pela "russianidade" de Moscou. Passara quase a vida inteira em Petersburgo. Mas, como artista, sentiu-se atraído pelo "reino de conto de fadas" que descobriu na antiga capital. "Sabes", escreveu a Balakirev na primeira viagem a Moscou, em 1859, "fui cosmopolita, mas agora há um tipo de renascimento; tudo o que é russo ficou mais próximo para mim e eu me ofenderia se a Rússia fosse tratada com grosseria, sem cerimônia; é como se, atualmente, eu começasse mesmo a amá-la."[63] Como mentor do jovem compositor, Balakirev não ficou satisfeito. Apesar de todo o pioneirismo da escola nacionalista, Balakirev era ocidentalista e patriota fanático de Petersburgo que desdenhava Moscou como provinciana e arcaica; ele a chamava de "Jericó".[64] O caso de amor entre Mussorgski e Moscou, portanto, pareceu quase uma deserção da escola de Balakirev. Sem dúvida foi um sinal de que o jovem artista achara o seu tema e o seu estilo próprios. Ele começou a passar o verão na fabulosa propriedade dos Shilovski em Glebovo, perto de Moscou, retomando o contato com o seu ambiente nobre naquela área.* Fez novos amigos em círculos externos à música, onde encontrou estímulo para a sua arte no poeta Kutuzov (descendente do

---

* A família Mussorgski possuía 110 mil hectares — dezoito aldeias — com uma população total de 400 servos antes da emancipação de 1861 (C. Emerson, *The Life of Musorgsky*. Cambridge, 1999, p. 37).

famoso general), no escultor Antokolski, no pintor Repin e em Gartman, todos receptivos ao seu estilo de música espontânea e mais tolerantes com o seu gosto pelo álcool do que os compositores bastante sóbrios de São Petersburgo. Depois de se libertar do domínio da escola de Balakirev (que considerava Liszt e Schumann ponto de partida para o desenvolvimento de um estilo russo), Mussorgski começou a explorar um idioma musical mais nativo em *Savishna* (1867), sua "cena de aldeia" para voz e piano, em *Boris Godunov* (1868–74) e, depois, nos *Quadros*, que, como os desenhos de Gartman, reelaboravam o folclore russo de forma imaginosa. Moscou, portanto, o libertou da ortodoxia "alemã" da escola de Balakirev e permitiu a Mussorgski, sempre considerado quase um pária em São Petersburgo, experimentar a música vinda do solo russo. As fantásticas formas folclóricas de Gartman equivaliam às explorações musicais de Mussorgski: ambas eram tentativas de libertar-se das convenções formais da arte europeia. Entre os quadros na exposição havia um projeto de relógio em forma da cabana com pés de galinha de Baba Iaga.* Para serem redesenhadas em sons, imagens assim exigiam um novo modo de expressão musical totalmente livre da forma sonata da música europeia; e foi isso que os *Quadros* de Mussorgski fizeram. Criaram uma nova linguagem russa em música.

"A vós, Generalíssimo, patrocinador da Exposição Gartman, em memória do nosso querido Viktor, 27 de junho de 74". Assim Mussorgski dedicou os *Quadros* a Vladimir Stassov, crítico, estudioso e autoproclamado defensor da escola nacional em todas as artes russas. Stassov era um personagem imenso, pode-se dizer um tirano, no meio cultural russo em meados do século XIX. Descobriu um grande número dos seus maiores talentos (Balakirev, Mussorgski, Borodin, Rimski-Korsakov, Glazunov, Repin, Kramskoi, Vasnetsov e Antokolski); inspirou muitas obras (*Príncipe Igor*, de Borodin, *Khovanschina*, de Mussorgski, *Rei Lear*,

---

* Nos contos de fadas russos, a bruxa Baba Iaga mora no interior da floresta, numa cabana cujos pés permitem que gire para encarar cada novo visitante infeliz.

de Balakirev, e *Sadko* e *Sheherazade*, de Rimski); e travou batalhas por eles em incontáveis artigos e cartas à imprensa tonitruantes. Stassov tinha fama de dogmatista brilhante. Turgueniev teve uma discussão vitalícia com "o nosso grande crítico de todas as Rússias", que caricaturou no personagem Skoropikhin no romance *Solo virgem*, de 1877 ("Ele vive espumando a se exaltar junto a uma garrafa de *kvas* azedo"). Também escreveu uma famosa cançãozinha a seu respeito:

> Discute com quem for mais inteligente:
> Ele te derrotará.
> Mas com a derrota algo útil se aprenderá.
>
> Discute com quem for tão inteligente:
> Ninguém vencerá.
> E de qualquer modo, o prazer da luta nascerá.
>
> Discute com quem for menos inteligente:
> Não por desejo de vitória
> Mas porque lhe poderás ser útil.
>
> Discute até com um tolo:
> A glória não alcançarás
> Mas às vezes é divertido.
>
> Só não discutas com Vladimir Stassov.[65]

Stassov queria que a arte russa se libertasse do controle da Europa. Como cópia do Ocidente, os russos no máximo chegariam à segunda linha; mas ao tomar emprestadas as tradições nativas próprias, poderiam criar uma arte verdadeiramente nacional que se igualasse à da Europa na originalidade e no alto padrão artístico. "Ao olhar esses quadros", escreveu Stassov sobre a Exposição da Academia de 1861, "é difícil adivinhar, sem assinatura nem etiqueta, que foram pintados por russos na Rússia. Todos são cópias exatas de obras estrangeiras."[66] Na sua opinião, a arte deveria ser "nacional", no sentido de retratar a vida cotidiana do povo, ter importância para ele e ensiná-lo a viver.

Stassov foi um personagem imponente na vida de Mussorgski. Conheceram-se em 1857, quando Stassov foi o defensor do círculo de Balakirev na revolta contra o Conservatório de Petersburgo. Fundado em 1861 pelo pianista Anton Rubinstein, o Conservatório era dominado pelas convenções alemãs de composição desenvolvidas na música de Bach, Haydn, Mozart e Beethoven. A sua patrocinadora era a grã-duquesa Elena Pavlovna, de origem alemã e defensora da causa cultural do seu país, que conseguiu o apoio da corte depois que Rubinstein não conseguiu financiamento público para o Conservatório. Rubinstein desprezava o amadorismo da vida musical da Rússia (chamava Glinka de diletante) e se dedicou a promover a educação musical na linha alemã. Sustentava que a música nacional russa só tinha "interesse etnográfico", singular mas sem valor artístico em si. Balakirev e Stassov se inflamaram. Embora admitissem que a tradição alemã criara um padrão, como nacionalistas cultuavam a música de Glinka, que percebiam como "puramente russa" (na verdade, ela estava impregnada de influências alemãs e italianas[67]), e retaliaram acusando Rubinstein de denegrir a Rússia nas alturas da chamada "grandeza conservadora europeia".[68] Havia um elemento de xenofobia e até de antissemitismo nas batalhas contra Rubinstein. Chamavam-no de "Tupinstein" ("obtuso"), "Dubinstein" ("cabeça-dura") e "Grubinstein" ("grosseiro"). Mas temiam que os princípios alemães sufocassem as formas russas, e o medo deu lugar a ofensas a estrangeiros. Em 1862, abriram a Escola de Música Livre como rival direta do Conservatório, assumindo a tarefa de cultivar o talento nativo. Nas palavras de Stassov, já era hora de as "anáguas e fraques" das elites de Petersburgo abrirem espaço para os "capotes russos" das províncias.[69] A Escola se tornou o bastião dos chamados "Cinco Poderosos", a *kuchka*, que foram pioneiros do estilo musical russo.

MOSCOU! MOSCOU!

Em 1862, os compositores *kuchkistas* eram todos jovens. Balakirev tinha 25 anos, Cui, 27, Mussorgski, 23, Borodin, o mais velho, 28, e Rimski-Korsakov, o caçula, apenas 18. Todos eram amadores autodidatas. Borodin combinava a composição com a carreira de químico. Rimski-Korsakov era oficial da Marinha (a sua Primeira Sinfonia foi escrita num navio). Mussorgski pertencera à Guarda e depois fora funcionário público até se dedicar à música, e mesmo depois disso, no ápice do sucesso, nos anos 1870, foi forçado pela despesa da bebida a aceitar um emprego em tempo integral no Departamento Florestal. Além disso, em contraste com a condição elitista e as ligações com a corte dos compositores do Conservatório, como Tchaikovski, os *kuchkistas*, na grande maioria, vinham da pequena nobreza das províncias. Assim, até certo ponto o seu *ésprit de corps* dependia do mito criado por eles mesmos de um movimento mais "autenticamente russo", no sentido de estar mais perto do solo nativo, do que a academia clássica.[70]

Mas não havia nada mítico na linguagem musical que desenvolveram e que os deixou em posição diametralmente oposta às convenções do Conservatório. Esse estilo russo autoconsciente se baseava em dois elementos. Primeiro, eles tentaram incorporar à música o que ouviam nas canções de aldeia, nas danças cossacas e caucasianas, nos cânticos religiosos e (por mais clichê que isso logo se tornasse) no dobre dos sinos das igrejas.* "Mais uma vez o som dos sinos!", exclamou Rimski certa vez depois de uma apresentação de *Boris Godunov*. Ele também reproduzira o som com frequência em *A donzela de Pskov* (1873), na abertura *A grande Páscoa russa* (1873) e nas orquestrações de *O príncipe Igor*, de Borodin, e de *Khovanschina*, de Mussorgski.[71] A música *kuchkista* era cheia de sons imitativos da vida russa. Tentava reproduzir o que

---

* Os sinos das igrejas russas têm uma musicalidade especial que difere do som dos outros sinos. A técnica russa de tocá-los faz o sineiro bater diretamente com martelos nos diversos sinos ou usar cordas curtas presas aos percussores. Isso estimula um tipo de contraponto, embora com as dissonâncias que resultam dos ecos ressoantes dos sinos. A técnica ocidental de tocar os sinos balançando-os do chão usando cordas compridas torna praticamente impossível obter essa sincronização.

Glinka já chamara de "alma da música russa" — a canção prolongada, lírica e melismática do campesinato russo. Na década de 1860 (época áurea do populismo nas artes), Balakirev tornou isso possível com o seu estudo das canções populares da região do Volga. Mais do que todas as antologias anteriores, as suas transcrições conservavam habilmente os aspectos típicos da música folclórica russa:

- a sua "mutabilidade tonal": a música parece passar de forma bastante natural de um centro tonal a outro, muitas vezes acabando em tom diferente (em geral, uma segunda abaixo ou acima) daquele em que a peça começou. O efeito é produzir uma sensação de evanescência, uma falta de definição ou de progressão lógica na harmonia, que mesmo na estilizada forma *kuchkista* faz a música russa soar bem diferente das estruturas tonais do Ocidente.
- a sua heterofonia: a melodia se divide em várias vozes dissonantes, cada uma com uma variação própria do tema improvisada pelos cantores individualmente até o final, quando a canção retorna a uma única linha.
- o seu uso de quintas, quartas e terças paralelas. O efeito é dar à música russa uma característica de sonoridade crua que falta por completo nas harmonias polidas da música ocidental.

Em segundo lugar, os *kuchkistas* inventaram uma série de dispositivos harmônicos para criar um estilo e uma cor distintos e "russos", diferentes da música do Ocidente. Esse estilo "exótico" da "Rússia" não era apenas consciente; era inteiramente inventado, pois nada disso era realmente empregado na música sacra ou popular russa:

- a escala de tons inteiros (dó, ré, mi, fá sustenido, sol sustenido, lá sustenido, dó): inventada por Glinka e usada pela primeira vez na marcha de Chernomor, o feiticeiro da ópera *Ruslan e Liudmila* (1842), esse se tornou o som "russo" do mal e da fantasmagoria.

Foi usada por todos os grandes compositores, de Tchaikovski (na aparição do fantasma da condessa em *A dama de espadas*, em 1890) a Rimski-Korsakov (em todas as suas óperas com histórias de magia, *Sadko* (1897), *Kaschei, o imortal* (1902) e *Kitej* (1907)). Essa escala também é ouvida na música de Debussy, que a tirou (e muito mais) de Mussorgski. Mais tarde, tornou-se um recurso padrão na trilha sonora de filmes de terror.

- escala octatônica, que consiste em um tom inteiro seguido por um semitom (dó, ré, mi bemol, fá, sol bemol, lá bemol, si dobrado bemol, dó dobrado bemol): usada pela primeira vez por Rimski-Korsakov na suíte sinfônica *Sadko*, de 1867, tornou-se um tipo de cartão de visita russo, um *leitmotif* de magia e ameaça usada não só por ele como por todos os seus seguidores, principalmente Stravinski nos três grandes balés russos, *O pássaro de fogo* (1910), *Petrushka* (1911) e *A sagração da primavera* (1913).
- a rotação modular em sequências de terças: recurso de Liszt que os russos adotaram como base do tipo de estrutura frouxa do poema sinfônico que evita as leis rígidas (alemãs) da modulação da forma sonata. Em vez da progressão costumeira para o tom relativo menor no desenvolvimento da forma sonata (por exemplo, de dó maior para lá menor), os russos criaram um centro tonal na abertura (digamos, dó maior) e depois progrediam em sequências de terças (lá bemol maior, fá maior, ré bemol maior e assim por diante) nas partes subsequentes. O efeito é se afastar das leis de desenvolvimento ocidentais, permitindo que a forma de composição seja inteiramente configurada pelo "conteúdo" da música (suas declarações programáticas e descrições visuais) e não por leis formais de simetria.

Essa estrutura frouxa foi importantíssima em *Quadros de uma exposição*, de Mussorgski, obra que provavelmente foi a que mais fez para definir o estilo russo. Mussorgski foi o mais original dos compositores *kuchkistas*.

Em parte, isso se devia a ser o que menos estudara as regras europeias de composição. Mas a principal razão era que rejeitava conscientemente a escola europeia e, mais do que todos os outros nacionalistas, via as tradições do povo russo como um modo de derrubá-la. Em certo sentido, esse mesmo personagem russo (preguiçoso, desmazelado e beberrão, cheio de arrogância e energia explosiva) representava o Louco Santo em relação ao Ocidente. Ele rejeitava por completo as convenções de composição herdadas da música de Bach, Mozart e Haydn. "A progressão sinfônica, tecnicamente compreendida, foi desenvolvida pelo alemão, assim como a sua filosofia", escreveu Mussorgski a Rimski-Korsakov em 1868. "O alemão, quando pensa, primeiro teoriza longamente e depois prova; o nosso irmão russo prova primeiro e depois se diverte com a teoria."[72]

A abordagem direta da vida por parte de Mussorgski se reflete nos seus *Quadros*. A suíte é uma série de retratos musicais frouxamente estruturados, um passeio agradável por uma exposição de quadros, sem nenhum sinal das regras formais ("alemãs") de elaboração ou desenvolvimento e poucos indícios das convenções ocidentais da gramática musical. No seu âmago está o poder e o alcance mágicos da imaginação popular russa. A abertura "Promenade (em *mode russico*)" é uma canção de inspiração folclórica com flexibilidade métrica, mudanças tonais súbitas, quintas e oitavas abertas e uma heterofonia coral que reflete os padrões da canção da aldeia. A grotesca e tempestuosa "Baba Iaga" alterna os tons violentamente, voltando com persistência ao tom de sol da mesma maneira estática da canção camponesa russa (*nepodvijnost'*), que, numa revolução musical ainda por vir, Stravinski mobilizaria com força explosiva em *A sagração da primavera*. O último quadro de Mussorgski, o glorioso "Portões de Kiev", religiosamente animador, belo e terno, tira inspiração de um antigo hino russo, o cântico de Znamenni, originário de Bizâncio e aqui ouvido, nos extraordinários momentos finais, a ressoar com o clangor dos sinos pesados. É um momento maravilhosamente expressivo, um quadro de toda a Rússia desenhado com sons e um tributo comovente de Mussorgski ao amigo.

5

Ao lado do interesse pelo "estilo russo", escritores, artistas e compositores desenvolveram uma obsessão pela história de Moscou. Basta listar as grandes óperas históricas (de *A vida pelo tsar*, de Glinka, a *A donzela de Pskov*, de Rimski-Korsakov, e *Boris Godunov* e *Khovanschina*, de Mussorgski), as peças e os romances históricos (de *Boris Godunov*, de Pushkin, à trilogia de Alexei Tolstoi que começa com *A morte de Ivan, o Terrível*), a imensa proliferação de obras poéticas com temas históricos e os épicos quadros históricos de Surikov e Repin ou de Vasnetsov e Vrubel para ver a importância da história de Moscou para a busca cultural da "Rússia" no século XIX. Não é coincidência que quase todas essas obras digam respeito aos últimos anos de Ivan, o Terrível, e ao chamado "Tempo das Tribulações" entre o reinado de Boris Godunov e o início da dinastia Romanov. A história era considerada um campo de batalha para as opiniões divergentes sobre a Rússia e o seu destino, e esses cinquenta anos foram considerados um período crucial do passado russo. Nessa época, tudo estava para ser colhido e a nação enfrentava questões fundamentais de identidade. Deveria ter governantes eleitos ou ser governada por tsares? Deveria fazer parte da Europa ou ficar fora dela? As mesmas perguntas eram feitas pelos russos pensantes do século XIX.

Boris Godunov foi um personagem vital nesse debate nacional. As histórias, peças e óperas escritas sobre ele também eram um discurso sobre o destino da Rússia. O Godunov de Pushkin e Mussorgski que conhecemos apareceu pela primeira vez na *História do Estado russo,* de Karamzin. Este retratou Godunov como personagem trágico, um governante progressista perseguido pelo passado, homem de imenso poder mas de fragilidade humana que se arruinou com o abismo entre a necessidade política e a própria consciência. Mas, para fazer do tsar medieval o tema de um drama psicológico moderno, Karamzin teve de inventar boa parte da sua história.

Na vida real, Boris era órfão de uma antiga família boiarda e foi criado na corte moscovita como protegido do tsar Ivan, o Terrível. Os Godunov se tornaram íntimos da família real numa época em que a linhagem nobre era considerada potencialmente sediciosa pelo tsar. Envolvido numa luta prolongada com clãs de nobres boiardos, Ivan fez questão de promover soldados leais de origem humilde, como os Godunov. Irina Godunova, irmã de Boris, se casou com Fiodor, o filho fraco e desinteressado do tsar. Pouco depois, Ivan golpeou e matou o filho mais velho, o tsarevich Ivan, episódio que cativou a imaginação do século XIX por meio do famoso quadro de Repin que retratou a cena, *Ivan, o Terrível e o filho Ivan em 16 de novembro de 1581* (1885). Dmitri, o outro filho de Ivan, tinha apenas 2 anos em 1584, quando o irmão mais velho morreu, e a sua pretensão à sucessão era no máximo tênue. Era filho do sétimo casamento do tsar, mas a lei da Igreja só permitia três casamentos. Assim, Fiodor foi coroado quando Ivan morreu. As questões práticas do governo foram assumidas por Boris Godunov, tratado, nos documentos oficiais, como "cunhado do grande soberano, governante das terras russas". Boris fez um sucesso extraordinário no governo. Garantiu as fronteiras da Rússia nas terras bálticas, manteve sob controle os ataques tártaros nas estepes do sul, fortaleceu os laços com a Europa e, para assegurar uma força de trabalho estável para os nobres, criou a estrutura administrativa da servidão, uma medida profundamente impopular junto ao campesinato. Em 1598, Fiodor morreu. Irina recusou a coroa e foi para um convento, arrasada pelo pesar de não ter conseguido gerar um herdeiro. Na *zemskii sobor*, ou "Assembleia da Terra", os boiardos de Moscou votaram em Boris para se tornar tsar — o primeiro tsar eleito da história russa.

Os primeiros anos do reinado de Godunov foram prósperos e pacíficos. Em vários aspectos, Boris era um monarca esclarecido, um homem à frente do seu tempo. Interessava-se pela medicina ocidental, pela impressão de livros e pela educação, e sonhava até em fundar uma universidade russa segundo o modelo europeu. Mas, entre 1601 e 1603, a situação piorou muito. Uma série de péssimas safras levou à fome de cerca de um quarto do campesinato de Moscóvia e, como a crise piorou com as novas leis da servidão que tiravam dos camponeses o direito de ir e vir, os protestos rurais se voltaram contra o tsar. Os antigos clãs principescos se aproveitaram da crise da fome para renovar as conspirações contra o tsar eleito e arrivista cujo poder representava uma ameaça aos privilégios nobres. Boris intensificou a vigilância policial das famílias nobres (principalmente os Romanov) e baniu muitos para a Sibéria ou para mosteiros no norte da Rússia, acusando-os de traição. Então, no meio dessa crise política, um jovem pretendente ao trono russo veio com um exército da Polônia, país sempre disposto a explorar as divisões internas da Rússia para obter ganhos territoriais. O pretendente era Grigori Otrepev, monge fugido que, em certa época, estivera a serviço dos Romanov e provavelmente fora procurado por eles antes da sua travessura. Ele afirmava ser o tsarevich Dmitri, o filho mais novo de Ivan. Dmitri fora encontrado em 1591 com a garganta cortada; era epilético e, na época, determinou-se que ele mesmo se cortara num ataque. Mas os adversários de Godunov sempre afirmaram que ele matara o menino a fim de abrir caminho para o trono russo. O "falso Dmitri" aproveitou essas dúvidas e afirmou ter escapado da conspiração para assassiná-lo. Isso lhe permitiu reunir, entre os cossacos e camponeses insatisfeitos, partidários contra o "tsar usurpador" na sua marcha rumo a Moscou. Godunov morreu de repente em 1605 enquanto as tropas do pretendente se aproximavam da cidade. De acordo com Karamzin, ele morreu devido à "agitação íntima da alma que é inescapável para um criminoso".[73]

As provas que envolviam Godunov no assassinato de Dmitri tinham sido produzidas pelos Romanov, cuja pretensão ao trono se baseava na sua eleição pela assembleia dos boiardos para restaurar a unidade da Rússia depois do "Tempo das Tribulações", período de guerras civis e invasão estrangeira posterior à morte de Boris Godunov. Talvez Karamzin tivesse percebido que Godunov não era assassino. Mas quase todos os documentos que consultou tinham sido elaborados por monges ou amanuenses oficiais, e questionar o mito dos Romanov lhe provocaria problemas com o governo. De qualquer modo, para Karamzin a história do assassinato era boa demais para resistir. Ela lhe permitia explorar os conflitos íntimos da mente de Godunov de uma maneira pouco confirmada pelas provas. Isso embasou o seu conceito trágico de Boris Godunov: um governante progressista perseguido pelo seu crime e, no final, destruído pela sua própria ilegitimidade como tsar. A *História* de Karamzin era dedicada ao imperador Alexandre — tsar reinante da Casa dos Romanov — e o seu ponto de vista era abertamente monarquista. A lição moral que tirou da história de Godunov — que governantes eleitos nunca são bons — estava cuidadosamente afinada com a política do reinado de Alexandre. Boris era um Bonaparte russo.

Boris Godunov, de Pushkin, seguia à risca a *História* de Karamzin, às vezes chegando a copiar certos trechos palavra por palavra. A concepção da peça é firmemente monarquista; o povo não tem papel ativo na própria história. Esse é o significado da famosa instrução de cena "o povo fica calado" (*narod bezmolvstvuet'*) com que o drama termina. Mussorgski, que seguiu o texto de Pushkin na primeira versão da ópera (1868–69), também retratou o povo russo como força sombria e passiva, atolado nos costumes e crenças da velha Rússia personificada em Moscou. Essa concepção dos russos é resumida na cena diante da Catedral de São Basílio, na Praça Vermelha. O povo faminto ali se reúne e Boris é questionado pelo Louco Santo que, com insinuações, condena os crimes do tsar. Mas a multidão continua inerte, ajoelhada em súplica ao tsar, e mesmo quando o Louco Santo diz que não rezará pelo "tsar Herodes", o povo apenas se dispersa. Assim, deixa-se passar o que poderia ser o sinal da revolta e o Louco Santo parece ser não o líder do povo, mas a voz da consciência e do remorso de Boris.[74] Foi só com o acréscimo da "cena na floresta de Kromy", na segunda versão da ópera (1871-72), que Mussorgski introduziu o tema do conflito entre o povo e o tsar. Na verdade, esse conflito se torna a força motivadora do drama inteiro, e o povo, o verdadeiro tema trágico da ópera. Na cena de Kromy, o povo se revela em rebelião, a multidão zomba do tsar e as canções folclóricas são utilizadas como personificação da voz do povo. A princípio, Mussorgski teve a ideia de inserir a cena pelo efeito musical, impressionado com a heterofonia coral de uma cena semelhante de multidão em *A donzela de Pskov*, de Rimski-Korsakov. Na época, os dois dividiam um apartamento (e um piano) e Mussorgski se pôs a trabalhar na cena de Kromy na época em que Rimski orquestrava a sua ópera.[75] Mas a troca da cena diante da Catedral de São Basílio pela cena de Kromy (que é o que Mussorgski claramente pretendia) significava uma mudança completa da ênfase intelectual da obra.*

Não havia revolta de Kromy em Karamzin nem em Pushkin e, como o especialista em música russa Richard Taruskin demonstrou de forma brilhante, a recriação populista da ópera resultou da amizade entre Mussorgski e o historiador Nikolai Kostomarov, que também o ajudou a planejar *Khovanschina* (1874). Kostomarov via o povo comum como a força fundamental da história. *A revolta de Stenka Razin* (1859), a sua principal obra e um dos primeiros frutos das leis liberais da censura aprovadas nos primeiros anos do reinado de Alexandre II, o tornara um personagem popular e influente nos círculos intelectuais liberais

---

* Assim, a tendência das produções modernas de incluir ambas as cenas, embora compreensível com base na música, contradiz a vontade de Mussorgski, que rasgou fisicamente a cena de São Basílio na versão revista da partitura.

que tanto fizeram para promover as artes russas nas décadas de 1860 e 1870. Em *O tempo das tribulações* (1866), Kostomarov descreveu a fome que levou bandos de servos migrantes a se juntarem atrás do falso Dmitri em oposição a Boris Godunov:

> Estavam dispostos a se lançar com alegria a quem os comandasse contra Boris, a quem lhes prometesse uma melhora de vida. A questão não era aspirar a esta ou àquela ordem política ou social; a imensa multidão de sofredores se ligava facilmente a um novo rosto na esperança de que, sob nova ordem, a situação ficasse melhor do que sob a antiga.[76]

É uma concepção do povo russo — sofredor e oprimido, cheio de violência destrutiva e impulsiva, incontrolável e incapaz de controlar o próprio destino — que se aplica igualmente a 1917.

"A história é a minha amiga noturna", escreveu Mussorgski a Stassov em 1873, "ela me traz prazer e ebriedade."[77] Foi Moscou que o contagiou com o micróbio da história. Ele amava o seu "cheiro de antiguidade" que o transportava para "outro mundo".[78] Para Mussorgski, Moscou era um símbolo da terra russa; representava o peso enorme da inércia nos costumes e crenças da velha Rússia. Debaixo do fino verniz de civilização europeia que Pedro aplicara, o povo comum ainda era de habitantes de "Jericó". "Papel, livros, esses avançaram, mas o povo não se moveu", escreveu o compositor a Stassov no jubileu do bicentenário do nascimento de Pedro, em 1871. "Os benfeitores públicos tendem a se glorificar e a fixar a sua glória em documentos, mas o povo geme e bebe para sufocar os gemidos, e geme ainda mais alto: '*não se moveu*'!"[79] Essa era a visão pessimista da velha Rússia que Mussorgski exprimira nas últimas palavras proféticas do Louco Santo em *Boris Godunov*:

> Trevas trevosas, trevas impenetráveis
> Pobre, pobre Rus
> Chora, chora povo russo
> Povo faminto.

Imediatamente depois de *Godunov*, ele começou *Khovanschina*, ópera situada em meio às lutas políticas e religiosas de Moscou desde as vésperas da coroação de Pedro em 1682 até a supressão violenta dos mosqueteiros *streltsy*, últimos defensores dos boiardos de Moscou e da Velha Crença que se ergueram numa série de revoltas entre 1689 e 1698. Mais de mil mosqueteiros foram executados por ordem do tsar, os corpos esquartejados exibidos como aviso aos outros, em represália pelo plano abortado de substituir Pedro pela irmã Sofia, que governara como regente na década de 1680 quando ele ainda era novo demais para governar sozinho. Como punição pelo seu papel nas revoltas, Pedro obrigou Sofia a se tornar freira. O mesmo destino foi imposto à esposa Eudoxia, que simpatizara com os revolucionários. A revolta dos *streltsy* e o que veio em seguida marcaram uma encruzilhada na história russa, um período em que o novo e dinâmico Estado petrino se chocou com as forças da tradição. Os defensores da velha Rússia foram representados na ópera pelo herói príncipe Khovanski, patriarca de Moscou que era o principal líder dos mosqueteiros *streltsy* (*Khovanschina* significa "domínio de Khovanski"), e pelo velho crente Dossifei (criação fictícia que recebeu o nome do último patriarca da Igreja Ortodoxa unida em Jerusalém). Eles se ligam pela fictícia Marfa, noiva de Khovanski e fiel devota da Velha Crença. As orações e lamentos constantes de Marfa pela Rússia ortodoxa exprimem a profunda sensação de perda que há no âmago dessa ópera.

Os ocidentalistas viram *Khovanschina* como obra progressista, uma homenagem à passagem da velha Moscou para o espírito europeu de São Petersburgo. Stassov, por exemplo, tentou convencer Mussorgski a dedicar uma parte maior do terceiro ato aos Velhos Crentes, porque isso reforçaria a sua associação com "aquele lado da antiga Rússia" que era "mesquinho, miserável, burro, supersticioso, cruel e malévolo".[80] Essa interpretação foi então fixada por Rimski-Korsakov que, como editor da partitura inacabada depois da morte de Mussorgski em 1881, moveu o prelúdio ("Aurora sobre o rio Moskva") para o final, de modo que aquilo que, na versão original, era uma descrição lírica da velha Moscou, agora se tornava o sinal do Sol nascente de Pedro. Tudo antes que anoitecesse.

Essa mensagem simples foi reforçada por um ato de vandalismo por parte de Rismki. No final do último coro da ópera, à melodia melismática dos Velhos Crentes que Mussorgski transcrevera do canto de um amigo Rimski acrescentou os metais de uma canção de marcha do regimento Preobrajenski — o mesmo regimento que Pedro criara como guarda pessoal para substituir os mosqueteiros *streltsy* (era também o regimento de Mussorgski). Sem as alterações programáticas de Rimski, os Velhos Crentes teriam só para si o quinto e último ato da ópera. O tema do quinto ato vem dos suicídios em massa de Velhos Crentes em resposta à sufocação da revolta dos *streltsy* em 1698: dizem que cerca de 20 mil deles se reuniram em igrejas e capelas de várias regiões remotas do norte da Rússia e se atearam fogo para morrer queimados. No final da versão original da ópera de Mussorgski, os Velhos Crentes marcham para a morte entoando cânticos e orações. Portanto, a ópera acabava com uma sensação de perda com o falecimento do antigo mundo religioso de Moscóvia. Até onde se sabe, a meta de Mussorgski era terminar *Khovanschina* nessa linha melancólica, no mesmo pianíssimo pessimista de *Boris Godunov*. Ele nunca sentira necessidade de "resolver" a ópera com uma trama progressista, como a que Rimski-Korsakov lhe impôs. O impasse e a imobilidade eram os temas abrangentes de Mussorgski. Ele se sentia ambivalente diante do progresso da Rússia desde a queda de Moscóvia. Tinha simpatia pelo idealismo dos Velhos Crentes. Achava que só a oração superaria a tristeza e o desespero da vida na Rússia. E agarrava-se à convicção de que os Velhos Crentes eram os últimos "russos autênticos" cujo modo de vida ainda não fora perturbado pelas modas europeias. Essas ideias eram muito comuns nos anos 1860, não só entre eslavófilos, que idealizavam o patriarcado da velha Moscóvia, como entre historiadores populistas como Kostomarov e Schapov, que escreveram histórias sociais dos cismas, e etnógrafos que fizeram estudos sobre os Velhos Crentes de Moscou. Essa também era a opinião de escritores como Dostoievski — na época, integrante do movimento do "solo nativo" (*pochvennichestvo*), um tipo de síntese entre os ocidentalistas e os eslavófilos que teve influência imensa sobre escritores e críticos do início da década de 1860. O nome do personagem Raskolnikov de *Crime e castigo* significa "cismático".

O pintor Vassili Surikov também se concentrou na história dos Velhos Crentes para examinar o choque entre os costumes nativos do povo e o Estado modernizador. Os seus dois grandes quadros históricos *A manhã da execução dos streltsy* (1881) e *Morozova, a esposa do boiardo* (1884) são a contrapartida visual de *Khovanschina*. Surikov estava mais próximo dos eslavófilos do que Mussorgski, cujo mentor Stassov, apesar do nacionalismo, era um ocidentalista convicto. Surikov idealizava Moscou como "reino lendário do autêntico modo de vida russo".[81] Nascera em 1848 numa família cossaca da cidade siberiana de Krasnoiarsk. Depois de se formar na Academia de Artes de São Petersburgo, instalou-se em Moscou, que o fez "sentir-se em casa" e o inspirou a pintar temas históricos. "Quando pisei pela primeira vez na Praça Vermelha, isso me trouxe lembranças de casa, e delas surgiu a imagem dos *streltsy*, inclusive a composição e o esquema cromático."[82] Surikov passou vários anos fazendo esboços etnográficos dos Velhos Crentes nos bairros de Rogojskoie e Preobrajenskoie, onde boa parte do pequeno comércio de Moscou e cerca de um terço da população total se amontoavam em casas nas ruas estreitas e sinuosas. A ideia era que a história estava representada no rosto desses tipos. Os Velhos Crentes gostaram imediatamente dele, recordou Surikov, "porque eu era filho de um cossaco e porque não fumava". Deixaram de lado a superstição tradicional de que era pecado pintar gente e permitiram que Surikov os desenhasse. Todos os rostos de *Morozova, a esposa do boiardo* foram tirados de pessoas vivas de Moscou. A própria Morozova teve como modelo uma peregrina da Sibéria. Por isso, Tolstoi, que foi um dos primeiros a ver o quadro, fez tantos elogios aos personagens da multidão:

"O artista os representou esplendidamente! É como se estivessem vivos! Pode-se quase ouvir as palavras que sussurram."[83]

Quando expostos na década de 1880, os dois quadros de Surikov foram louvados pela *intelligentsia* democrática, que via a revolta dos *streltsy* e a autodefesa teimosa dos Velhos Crentes como forma de protesto social contra a Igreja e o Estado. A década de 1880 foi uma época de retomada da repressão política depois do assassinato de Alexandre II por terroristas revolucionários em março de 1881. Alexandre III, o novo tsar, era um reacionário que logo demitiu os ministros liberais do pai e baixou uma série de decretos que desfaziam as suas reformas: impuseram-se novos controles sobre os governos locais; a censura foi reforçada; o domínio pessoal do tsar, reafirmado por meio de agentes diretos nas províncias; e um Estado policial moderno começou a tomar forma. Nesse contexto, os democratas tinham razão de ver os personagens históricos dos quadros de Surikov como símbolo da sua oposição ao Estado tsar. Morozova, especificamente, foi considerada uma mártir popular. Foi assim que o artista retratou a famosa viúva, filha da rica família boiarda de Moscou e importante promotora da Velha Crença na época das reformas nicônicas em meados do século XVII. No enorme quadro de Surikov (com vários metros de altura), ela é representada num trenó, sendo levada para a prisão onde seria torturada até a morte, a mão estendida para cima com o sinal da cruz de dois dedos dos Velhos Crentes como gesto de desafio contra o Estado. Morozova aparece como mulher de verdadeiro caráter e dignidade, preparada para morrer por uma ideia. A emoção no seu rosto foi tirada diretamente da vida contemporânea. Em 1881, o artista esteve presente à execução pública de uma revolucionária — outra mulher que se dispusera a morrer pelas suas ideias — e ficara chocado com o "ar selvagem" do rosto dela enquanto era levada para a forca.[84] A história estava viva nas ruas de Moscou.

6

No século XIX, Moscou se tornou um grande centro comercial. Em sessenta anos, o pacífico ninho de fidalgos que Napoleão encontrara se transformou numa metrópole movimentada com lojas e escritórios, teatros e museus, com subúrbios industriais cada vez mais espalhados que, todo ano, atraíam hordas de imigrantes. Em 1900, com um milhão de habitantes, Moscou, ao lado de Nova York, era uma das cidades que mais cresciam no mundo. Três quartos da população tinham nascido em outro lugar.[85]

As ferrovias foram a chave do crescimento de Moscou. Todas as principais linhas férreas convergiam para a cidade, centro geográfico entre leste e oeste, entre o sul agrícola e as novas regiões industriais do norte. Financiadas principalmente por empresas ocidentais, as ferrovias abriram novos mercados para o comércio de Moscou e ligaram a sua indústria às fontes de mão de obra e matéria-prima nas províncias. Milhares de trabalhadores chegavam de trem todos os dias. As pensões baratas nas áreas próximas às nove principais estações da cidade estavam sempre superlotadas de trabalhadores temporários vindos do campo. Então Moscou surgiu como metrópole da Rússia capitalista, posição que ainda ocupa hoje. Cidades provincianas como Tver, Kaluga e Riazan, todas levadas pelo trem para a órbita de Moscou, entraram em decadência quando os fabricantes moscovitas mandaram as suas mercadorias pelos trilhos diretamente para as feiras rurais locais, e os compradores iam pessoalmente a Moscou onde, mesmo levando em conta o custo da passagem de terceira classe no trem, os preços ainda eram mais baixos do que nas pequenas cidades dos distritos. A ascensão de Moscou foi a morte dos seus satélites provincianos, que levou à ruína aqueles agricultores nobres, como os Ranevski de *O jardim das cerejeiras*, de Chekhov, que dependiam dessas cidades consumidoras dos seus cereais. Não estavam preparados para o mercado internacional que as ferrovias abriram. A peça de Chekhov começa e termina com uma viagem de trem. A ferrovia era o símbolo da modernidade: trazia nova vida e destruía a velha.*

A ascensão de Moscou a gigante econômico estava associada à sua transição de cidade dominada por nobres para cidade dominada por mercadores. Mas também ao seu renascimento cultural no século XIX — um renascimento que fez de Moscou uma das cidades mais empolgantes do mundo: enquanto a sua riqueza crescia, os principais comerciantes de Moscou tomaram conta do governo da cidade e promoveram as artes.

No início do século XIX, o comércio de Moscou se concentrava nas ruas estreitas e sinuosas do bairro de Zamoskvoreche, oposto ao Kremlin no sonolento lado sul do rio Moskva. Era um mundo separado

---

* É interessante comparar o tratamento que Chekhov dá a esse símbolo ao de Tolstoi. Para Chekhov, que acreditava no progresso por meio da ciência e da tecnologia (afinal de contas, era médico), a ferrovia era uma força do bem (por exemplo, no conto "Luzes") e do mal (por exemplo, em "Minha vida"). Mas, para Tolstoi, nobre saudoso da vida simples do campo, a ferrovia era uma força de destruição. Os momentos mais importantes da tragédia de Anna Karenina estão todos ligados a essa metáfora: o primeiro encontro de Ana e Vronski na estação de Moscou; a declaração de amor de Vronski no trem para Petersburgo; e o suicídio dela, que se joga na frente de um trem. Ali estava um símbolo de modernidade, libertação sexual e adultério que levava inevitavelmente à morte. É ainda mais irônico e simbólico, portanto, que o próprio Tolstoi tenha morrido na casa do chefe da estação de Astapovo (hoje "Lev Tolstoi"), num fim de linha ao sul de Moscou.

do restante de Moscou, intocado por modos modernos ou europeus, com os seus costumes patriarcais, a vida religiosa estrita, as velhas crenças e as casas enclausuradas dos mercadores, construídas de costas para a rua. Belinski chamava essas casas de "fortalezas preparadas para um sítio, as janelas fechadas e os portões firmemente trancados a chave e cadeado. Uma batida faz o cão latir".[86] A aparência dos mercadores, com barbas e kaftans compridos, era reminiscente dos camponeses, dos quais muitos realmente descendiam. As grandes dinastias têxteis de Moscou — os Riabushinski e os Tretyakov, os Guchkov, Alexeiev e Vishniakov — tinham todas ancestrais servos. Por essa razão, os eslavófilos idealizavam os mercadores como portadores de um modo de vida puramente russo. Os eslavófilos e os mercadores se uniram na oposição ao livre comércio, temendo que as mercadorias ocidentais inundassem o mercado doméstico. Ofendidos com o domínio estrangeiro das ferrovias, reuniram-se em 1863 para financiar a primeira linha férrea "russa" de Moscou a Serguiev Possad. Era simbólico o destino ser um mosteiro, na verdade o santuário sagrado da Igreja Russa e centro espiritual da velha Moscóvia.

A imagem pública dos mercadores foi fixada pelas peças de Alexandre Ostrovski, ele mesmo filho do Zamoskvoreche — o pai trabalhara no judiciário local, lidando principalmente com mercadores. Depois de estudar Direito na Universidade de Moscou, Ostrovski trabalhou como escriturário nos tribunais civis e tinha experiência direta com os golpes e rixas que enchiam as suas peças sobre mercadores. O primeiro drama, *Um caso de família* (1849), baseava-se num processo dos tribunais de Moscou. Conta a história deprimente de um comerciante chamado Bolshov. Para fugir às dívidas, ele finge estar falido e transfere todo o patrimônio para a filha e o genro, que então fogem com o dinheiro, deixando Bolshov ser preso como devedor. A peça foi proibida pelo tsar, que achou que o retrato dos mercadores, ainda que baseado numa história da vida real, poderia ser prejudicial às suas relações com a Coroa. Ostrovski ficou sob vigilância policial. Demitido do emprego no tribunal civil, foi forçado a ganhar a vida como dramaturgo, e logo produziu um lote de peças comerciais, todas tratando dos costumes estranhos e (naquela época) exóticos do mundo comercial de Moscou. O poder corruptor do dinheiro, o sofrimento dos casamentos arranjados, a violência e a tirania domésticas, a fuga do adultério: são esses os temas das peças de Ostrovski. A mais famosa talvez seja *A tempestade* (1860), que o compositor checo Leos Janáček usaria como base da ópera *Katia Kabanova* (1921).

O estereótipo do mercador russo — ganancioso e trapaceiro, de um conservadorismo estreito e vulgar, a personificação de tudo o que era sombrio e deprimente nas cidades provincianas — se tornou um lugar-comum literário. Nos romances de Turgueniev e Tolstoi, os mercadores que burlavam os cavalheiros e lhes tomavam as terras simbolizavam a ameaça da nova cultura comercial aos valores da aristocracia do velho mundo. Vejamos a cena de *Anna Karenina*, por exemplo, em que Stiva Oblonski, o nobre irremediavelmente perdulário mas adorável, concorda em vender as suas florestas a um comerciante local por um preço baixíssimo. Quando Levin revela a Oblonski o verdadeiro valor, a noção de honra dos nobres força Oblonski a ir até o fim com a venda, muito embora saiba que o comerciante se aproveitou da sua ignorância. Em toda a Europa, era lugar-comum nas elites culturais do século XIX ver o comércio com desprezo, e essa atitude era igualmente pronunciada na *intelligentsia*. Mas em nenhum lugar ela fez tanto efeito quanto na Rússia, onde envenenou as relações entre a classe média e a elite cultural e, portanto, impediu a possibilidade de a Rússia seguir a via burguesa-capitalista — até que fosse tarde demais. Ainda na década de 1890, os mercadores eram excluídos do círculo da aristocracia de Moscou. O grão-duque Serguei, governador da cidade, não admitia mercadores nos seus bailes, embora eles pagassem a maior parte dos tributos da cidade e alguns lhe emprestassem dinheiro pessoalmente. Em consequência, muitos mercadores nutriam profunda desconfiança pela aristocracia. Pavel Tretyakov, magnata têxtil e patrono das artes, comerciante de Moscou à moda antiga e Velho Crente, proibiu a filha de se casar com o pianista Alexandre Ziloti porque ele era nobre e, portanto, só estava atrás da herança dela. Reagiu de maneira semelhante ao casamento da sobrinha com A. I. Tchaikovski (irmão do compositor), outro nobre e, pior ainda, um nobre de Petersburgo.

Mas a partir das peças de Ostrovski também se pode ter uma visão mais positiva dos mercadores de Moscou. Na verdade, por essa razão havia mercadores como os Botkin, importadores de chá de Moscou, que promoviam a sua obra. Outro grupo que gostava das peças de Ostrovski pela mensagem positiva sobre os mercadores era o dos chamados críticos do "solo nativo" (*pochvenniki*), cujo órgão era a revista *Moskvitianin* (*O moscovita*). O influente crítico Apolon Grigoriev era membro importante do movimento "solo nativo", ao lado do escritor Fiodor Dostoievski e do seu irmão Mikhail. Eles diziam que as peças de Ostrovski disseram "novas palavras" sobre a nacionalidade russa. Como grupo social a meio caminho entre o campesinato e as classes instruídas, eles acreditavam que os mercadores tinham características inigualáveis para comandar a nação de maneira a conciliar os elementos moscovitas e petrinos. Os mercadores de Ostrovski não eram eslavófilos nem ocidentalistas, argumentou Mikhail Dostoievski numa resenha de *A tempestade*. Tinham prosperado na cultura europeia da nova Rússia mas conseguido manter a cultura da antiga; nesse sentido, afirmava Dostoievski, os mercadores mostravam o caminho para a Rússia progredir sem divisões sociais.[87] Essa interpretação era um reflexo dos ideais de integração social do "solo nativo", surgidos na esteira da emancipação dos servos. O decreto provocou muita esperança de um renascer espiritual no qual a nação russa, o nobre e o camponês, se conciliariam e se uniriam em torno dos ideais culturais da *intelligentsia*. A origem de classe mista dos críticos do "solo nativo", na sua maioria *raznochintsy* (de origem nobre menor com ligações íntimas com o mundo comercial) talvez os levasse a idealizar os mercadores como pioneiros de uma nova sociedade sem classes. Mas, na verdade, os mercadores se desenvolviam de maneira interessante — rompiam o velho gueto cultural do Zamoskvoreche — e isso se refletia nas últimas peças de Ostrovski. Em *O sacrifício final* (1878), os temas usuais de dinheiro e tirania doméstica são quase encobertos pelo surgimento de uma nova geração de filhos e filhas de mercadores com modos europeus. Na primeira produção de *O sacrifício final*, quando uma atriz não quis representar o papel de mulher de mercador e argumentou que não queria ser vista usando xale de camponesa, Ostrovski lhe afirmou que agora as mulheres de mercadores andavam mais na moda do que as damas da aristocracia.[88]

Nessa época, realmente, havia um grupo de dinastias de comerciantes fabulosamente ricas, muito mais ricas do que a aristocracia, que tinham ido além dos interesses familiares e formado vastos conglomerados. Os Riabushinski, por exemplo, acrescentaram às fábricas de tecido de Moscou outras de vidro e papel, editoras e bancos e, mais tarde, automóveis; e os Mamontov tinham um império imenso de ferrovias e fundições de ferro. Conforme a confiança crescia, essas famílias deixaram para trás o estreito mundo cultural do Zamoskvoreche. Os filhos adotaram modos europeus, entraram nas profissões liberais e na política civil, patrocinaram as artes e, em geral, competiram com a aristocracia para se destacar na sociedade. Adquiriam mansões luxuosas, vestiam as esposas com as mais recentes roupas de Paris, davam festas brilhantes e jantavam no elitista English Club. Alguns desses jovens barões industriais eram ricos a ponto de esnobar a aristocracia. Certa vez, Savva Morozov, magnata fabril moscovita e principal financista do Teatro das Artes de Moscou, recebeu do governador de Moscou o pedido de conhecer a sua casa. Morozov concordou e convidou-o a ir até lá no dia seguinte. Mas, quando apareceu com o seu séquito, o grão-duque foi recebido pelo mordomo, que lhe informou que Morozov tinha saído.[89]

Apesar da antiga desconfiança entre as classes, muitos desses magnatas tinham um forte desejo de serem aceitos pelos líderes da sociedade. Não queriam se unir à aristocracia, mas desejavam pertencer à elite cultural, e sabiam que a sua aceitação dependia do serviço público e da filantropia — acima de tudo, do apoio às artes. Essa condição era muito importante na Rússia, onde a influência cultural da *intelligentsia* era muito maior do que no Ocidente. Enquanto na América e em muitas regiões da Europa bastava o dinheiro para ser aceito na sociedade, mesmo quando a antiga atitude esnobe predominava, a Rússia nunca teve o culto burguês do dinheiro e a sua elite cultural era definida por uma ética do serviço que punha sobre os ricos o fardo de usar a riqueza para o bem do povo. Os clãs nobres, como os Sheremetev, gastavam quantias imensas fazendo caridade. No caso de Dmitri Sheremetev, essa quantia representava um quarto da sua renda e, em meados do século XIX, tornou-se uma razão importante da sua dívida crescente. Mas os principais comerciantes de Moscou também levavam realmente muito a sério os seus deveres caritativos. A maioria pertencia à Velha Crença, cujo código moral estrito (não muito diferente do dos *quakers*) combinava os princípios de parcimônia, sobriedade e empresa privada com o compromisso com o bem público. Todas as maiores famílias de comerciantes destinavam grande parcela da sua riqueza privada a projetos filantrópicos e patrocínio artístico. Savva Mamontov, o barão moscovita das ferrovias, tornou-se empresário de ópera e grande patrono do "Mundo da Arte", do qual nasceram os Ballets Russes. Ele foi criado pelo pai para acreditar que "ócio é vício" e que "trabalho não é virtude", mas "uma responsabilidade simples e imutável, o pagamento da nossa dívida na vida".[90] Konstantin Stanislavski, um dos fundadores do Teatro das Artes de Moscou, foi criado pelo pai, mercador moscovita da velha escola, com atitude semelhante. Entre 1898 e 1917, anos em que atuou e dirigiu o Artes de Moscou, continuou a trabalhar nas fábricas do pai. Apesar da imensa fortuna, Stanislavski não podia contribuir muito com os recursos do teatro, porque o pai só lhe concedia uma renda modesta que não lhe permitia "ceder a caprichos".[91]

Esses princípios estiveram mais em evidência na vida e na obra de Pavel Tretyakov, o maior patrono privado das artes visuais na Rússia. O barão dos tecidos, que fez fortuna sozinho, vinha de uma família de

Velhos Crentes mercadores do Zamoskvoreche. Com a barba comprida, o casaco russo comprido até os pés e as botas de bico quadrado, era a imagem do patriarca da velha escola. Mas, embora seguisse durante a vida toda o código moral e os costumes da Velha Crença, em tenra idade ele rompeu com esse mundo cultural estreito. Como o pai se opunha à educação, ele se autoinstruiu lendo livros e se misturando aos círculos de artistas e estudantes de Moscou. Em meados dos anos 1850, quando começou a colecionar obras de arte, Tretyakov comprava principalmente quadros ocidentais, mas logo percebeu que lhe faltava conhecimento para avaliar a sua proveniência e, para evitar o risco de ser burlado, a partir daí só comprou obras russas. Nos trinta anos seguintes, Tretyakov gastou mais de um milhão de rublos em obras de arte russas. A sua coleção, quando a legou à cidade em 1892 no Museu Tretyakov, compunha-se do número espantoso de 1.276 pinturas de cavalete russas — muito mais numerosas do que os quadros espanhóis no Museu do Prado (cerca de quinhentas) ou os britânicos da National Gallery (335). Essa nova e imensa fonte de patrocínio privado foi um estímulo fundamental para os Itinerantes — jovens pintores como Ilia Repin e Ivan Kramskoi que romperam com a Academia de Artes no início da década de 1860 e, como os *kuchkistas* sob a influência de Stassov, começaram a pintar no "estilo russo". Sem o patrocínio de Tretyakov, os Itinerantes não sobreviveriam a esses primeiros anos difíceis de independência, quando ainda era pequeno o mercado particular de arte fora da corte e da aristocracia. As paisagens e cenas provincianas e despretensiosas atraíam o gosto etnocêntrico do mercador. "Quanto a mim", informou Tretyakov ao pintor de paisagens Apollinari Goraiski, "não quero cenas abundantes da natureza, composição elaborada, iluminação dramática nem nenhum tipo de maravilha. Dê-me apenas um laguinho lamacento e faça-o fiel à realidade."[92] A ordem foi cumprida à perfeição por Savrassov no quadro *O retorno das gralhas* (1871), evocação poética da Rússia rural no degelo do início da primavera, que se tornou a paisagem favorita de Tretyakov e quase um símbolo da

Escola Russa. O seu realismo simples tornaria um marco da escola de paisagens de Moscou, comparada às cenas de *veduta* cuidadosamente arrumadas, com o seu estilo europeu, estipuladas pela Academia de São Petersburgo.

Tretyakov nos negócios, os Itinerantes na arte: ambos buscavam libertar-se do controle burocrático de São Petersburgo; ambos procuravam em Moscou e nas províncias um mercado e uma identidade independentes. O nome dos Itinerantes (em russo, *Peredvijniki*) veio das exposições organizadas pelo coletivo nos anos 1870.* Alimentados pelos ideais cívicos e populistas da década de 1860, eles viajavam pelas províncias com a sua exposição, geralmente financiada do próprio bolso, para aumentar a consciência popular da arte. Às vezes, davam aulas em escolas do campo ou criavam museus e escolas de arte próprios, em geral com o apoio de nobres liberais do governo local (os *zemstvos*) e dos populistas. O impacto das turnês foi enorme. "Quando as exposições chegavam", recordou um morador da província, "as sonolentas cidades do campo se desviavam por algum tempo dos jogos de cartas, das fofocas e do tédio e respiravam o ar fresco da arte livre. Surgiam debates e discussões sobre temas em que os moradores nunca tinham pensado."[93] Com essa missão, os Itinerantes criaram um novo mercado para a sua arte. Os comerciantes locais fundaram galerias públicas que compravam as telas deles e dos seus muitos imitadores nas cidades provinciais. Dessa maneira, o "estilo nacional" de Moscou se tornou o idioma das províncias também.

---

* A palavra *Peredvijniki* vinha de *Tovarischestvo peredvijnikh khudojestvennikh vistavok* (Coletivo de Exposições de Arte Itinerantes).

7

Outro mercador e patrono que ajudou a definir o estilo de Moscou no final do século XIX e início do XX foi Savva Mamontov, o magnata das ferrovias. Siberiano de nascimento, Mamontov se mudara quando menino para Moscou, onde o pai era o principal investidor na construção da ferrovia para Serguiev Possad. Ele se apaixonou pelo lugar. A energia e o alvoroço eram o complemento perfeito para a sua criatividade e para a sua desenvoltura cheia de iniciativa. Benois (a voz da refinada São Petersburgo) descreveu Mamontov como "grandioso, vulgar e perigoso".[94] Poderia também estar descrevendo Moscou.

Mamontov não era apenas patrono das artes, mas também um personagem artístico por direito próprio. Estudou canto em Milão, atuou sob a direção de Ostrovski em *A tempestade*, escrevia e dirigia peças pessoalmente. Era fortemente influenciado pelas ideias populistas que tinham circulado em Moscou na sua juventude. A arte servia para educar as massas. Como monumento a esse ideal, encomendou ao artista Korovin a decoração da sua estação ferroviária de Moscou (hoje a estação Iaroslav) com murais que mostrassem cenas rurais das províncias do norte, para onde iam os seus trens. Mamontov declarou que "os olhos do povo devem ser educados para ver beleza em toda parte, nas ruas e nas estações de trem".[95] A esposa Elizaveta também foi influenciada por ideias populistas. Em 1870, o casal comprou a propriedade de Abramtsevo, em meio às florestas de bétulas perto de Serguiev Possad, 60 quilômetros a nordeste de Moscou, onde instalaram uma colônia de artistas com oficinas para reviver o artesanato camponês local e fabricar artefatos para venda numa loja especial em Moscou. É irônico que esse artesanato estivesse morrendo em consequência da disseminação de mercadorias fabris pela ferrovia, pois fora isso que deixara os Mamontov tão ricos.

Abramtsevo ficava no coração da Moscóvia histórica. Anteriormente, pertencera aos Aksakov, principal clã dos eslavófilos, e, como colônia de artistas, tentou restaurar o estilo russo "autêntico" (isto é, de base folclórica) que os eslavófilos valorizavam. Os artistas acorreram para aprender o antigo artesanato camponês e assimilar o estilo à sua obra. Korovin e os dois Vasnetsov, Polenova, Vrubel, Serov e Repin, todos atuaram lá. Gartman passou um ano lá antes de morrer e construiu uma oficina e uma clínica na aldeia em estilo neorrusso. Ao lado da missão junto ao campesinato, Abramtsevo, como tudo em que o mercador que a fundara se envolvia, também era uma empresa comercial. As suas oficinas atendiam ao vibrante mercado do estilo neorrusso na classe média de Moscou, que se expandia rapidamente. O mesmo acontecia em outros centros, como a oficina de bordado de Solomenko, a colônia de Talashkino e os estúdios do *zemstvo* de Moscou, já que todos combinavam da mesma maneira conservação e comércio. A classe média de Moscou enchia a casa de louça e móveis em estilo folclórico, de bordados e *objets d'art* produzidos em oficinas como essas. No topo do mercado, havia projetos espetaculares de decoração de interiores. Elena Polenova construiu (em Solomenko) uma sala de jantar com elaboradas esculturas populares de madeira para a propriedade de Maria Iakunchikova, magnata moscovita dos tecidos (em cuja residência Chekhov passou o verão de 1903 escrevendo *O jardim das cerejeiras*). Serguei Maliutin (nos estúdios do *zemstvo* de Moscou) projetou uma sala de jantar semelhante para a comerciante Pertsova. Depois havia o estilo folclórico, um pouquinho mais simples mas igualmente arcaico, preferido pela *intelligentsia* populista. O artista Vladimir Konashevich recordou ter aprendido a ler num ABC especial projetado pelo pai na década de 1870. "O livro era cheio de eixos de carroça, gadanhas, rastelos, medas de feno, eiras e eiras para debulha."

> No estúdio do meu pai, diante da mesa de escrever, havia uma poltrona cujas costas eram o arco dos arreios de um cavalo e cujos braços eram dois machados. No assento, havia um cnute e um par de sapatos de casca de bétula trançada esculpidos em carvalho. O toque final era uma cabaninha camponesa de verdade que ficava em cima da mesa. Era feita de nogueira e cheia de cigarros.[96]

Chekhov gostava de fazer piada com essa mania "folclórica". No seu conto "O gafanhoto" (1891), Olga é esposa de um médico de Moscou. Ela "cobriu todas as paredes com xilogravuras de *lubok*, pendurou foices e sapatos de casca de bétula, pôs um rastelo num canto da sala e *voilà!*, uma sala de jantar em estilo russo".[97] Mas o próprio Chekhov era comprador de artesanato. Na sua casa em Ialta (hoje, museu), há dois armários de Abramtsevo e uma poltrona como a que Konashevich descreveu.*

Com essas artes e ofícios, os artistas de Moscou desenvolveram o que chamavam de "*style moderne*", no qual os motivos folclóricos russos se combinavam ao estilo *art nouveau* europeu. Pode-se ver isso no renascimento extraordinário da arquitetura de Moscou na virada do século XX e, talvez acima de tudo, na esplêndida mansão projetada por Fiodor Chekhtel para Stepan Riabushinski, que conseguia combinar o estilo simples e até austero com o luxo moderno esperado por um rico industrial. Escondida discretamente do luxuoso *style moderne* das

---

* Há vários exemplos semelhantes a essa poltrona no Museu Histórico de Moscou. Todos foram projetados pelo artista Vassili Shutov.

salas, havia uma capela da Velha Crença projetada no antigo estilo de Moscou. Ela exprimia com perfeição a identidade cindida dessa casta de mercadores: de um lado, olhavam para trás, para o século XVII; do outro, avançavam a passos largos para o século XX. Aí estava, realmente, o paradoxo de Moscou: uma cidade progressista cuja autoimagem mítica estava no passado distante.

A moda da velha Moscou também era cultivada por ourives e joalherias que atendiam à próspera classe de mercadores da cidade. Artesãos como Ivan Khlebnikov e Pavel Ovchinnikov (ex-servo do príncipe Serguei Volkonski) produziam talheres e samovares, pratos em forma de antigos navios vikings (*kovshi*), taças, ornamentos e coberturas para ícones no antigo estilo russo. A essas firmas se uniu Carl Fabergé, que abriu oficinas separadas em Moscou para produzir mercadorias para a classe ascendente dos mercadores. Em São Petersburgo, as oficinas de Fabergé criavam preciosidades nos estilos clássico e rococó. Mas só tsares e grão-duques podiam se dar ao luxo de comprar essas joias. As oficinas de Moscou, por sua vez, produziam principalmente objetos de prata ao alcance financeiro da classe média. Todas essas firmas de Moscou tinham artistas de extraordinário talento, a maioria deles desconhecida ou negligenciada até hoje. Um deles era Serguei Vashkov, prateiro que fazia objetos religiosos nas oficinas de Moscou dos Olovianichnikov — e, mais tarde, por encomenda para Fabergé. Vashkov se inspirava no estilo simples da arte religiosa da Rússia medieval, mas o combinava com a sua versão inigualável do *style moderne* e criava objetos sacros de rara beleza que (de um modo importante para o ressurgimento de Moscou) reunia a arte sacra e a linha cultural dominante.

Nicolau II era um grande patrono de Vashkov e da oficina de Fabergé em Moscou.[98] Vashkov projetou os objetos de prata da falsa igreja medieval da aldeia Fedorov, em Tsarskoie Selo, tipo de parque temático moscovita construído em 1913 para o tricentenário dos Romanov. Esse foi o ponto alto do culto de Moscóvia, imaginado pelo último tsar na tentativa desesperada de dar à monarquia uma legitimidade histórica mítica numa época em que o seu direito ao governo era questionado pelas instituições da democracia. Os Romanov recuavam para o passado na esperança de que este os salvasse do futuro. Nicolau, em particular, idealizava o reinado de Alexei no século XVII. Via-o como a época áurea do domínio paternal em que o tsar governava numa união mística com o povo ortodoxo, sem ser perturbado pelas complicações do Estado moderno. Detestava São Petersburgo com a burocracia e as ideias seculares, a *intelligentsia* e a cultura ocidental, tão estranha ao "simples povo russo", e tentou moscovizá-la acrescentando cúpulas bulbosas e frontões *kokoshnik* às fachadas clássicas dos seus prédios. No seu reinado, terminou-se a construção da Igreja do Sangue Derramado, sobre o Canal Catarina. Com as cúpulas bulbosas e os mosaicos coloridos, a decoração ornamentada que contrastava de forma tão estranha com o conjunto clássico no qual se situava, a igreja era um exemplo de *kitsch* moscovita. Mas hoje os turistas acorrem para ela, pensando ver algo da Rússia "real" (exótica) que, de forma tão evidente, falta a São Petersburgo.

Como a igreja, o renascimento moscovita nas artes conjurou um mundo de contos de fadas. O recuo para o país das maravilhas russo foi uma tendência geral nas últimas décadas do século XIX, quando o aumento da censura no reinado de Alexandre III e nos primeiros anos de Nicolau II tornou difícil para a escola realista usar a arte para fazer comentários sociais ou políticos. Assim, pintores como Vasnetsov, Vrubel e Bilibin recorreram às lendas russas como um novo modo de abordar o tema nacional. Viktor Vasnetsov foi o primeiro grande artista a fazer a transição da pintura de gênero realista para as cenas históricas fantásticas. Ele se formou na Academia de Petersburgo, mas, como ele mesmo admitiu, foi a mudança para Moscou que explicou a mudança. "Quando cheguei a Moscou, senti que chegara em casa", escreveu a Stassov. "A primeira vez que vi o Kremlin e a Catedral de São Basílio, as lágrimas brotaram nos meus olhos, tão forte foi o sentimento de que faziam parte de mim."[99] Vasnetsov representou personagens monumentais das lendas populares épicas, como Ilia Muromets, apresentando-os como estudos do caráter nacional. Em Petersburgo, ninguém aprovaria a sua arte. Stassov a condenou por se afastar dos princípios do realismo. A Academia a acusou de rejeitar a mitologia clássica. Só Moscou deu boas-vindas a Vasnetsov. Havia tempo que os principais críticos de Moscou apelavam aos artistas para se inspirarem em temas lendários, e a Sociedade de Amantes da Arte de Moscou se mostrou um canal importante para as telas épicas de Vasnetsov.[100] Mikhail Vrubel seguiu Vasnetsov e saiu de Petersburgo, indo primeiro para Moscou e depois para Abramtsevo, onde também pintou cenas das lendas russas. Como Vasnetsov, Vrubel se inspirou com o clima de Moscou. "Estou de volta a Abramtsevo", escreveu à irmã em 1891, "e novamente estou envolto. Consigo ouvir aquele tom nacional íntimo que tanto desejo captar no meu trabalho."[101]

Vasnetsov e Vrubel levaram essa terra de contos de fadas para os projetos coloridos feitos para a Ópera Privada de Mamontov, originada em Abramtsevo. No círculo de Abramtsevo havia um forte espírito coletivo que se exprimia nas produções amadoras na colônia e na casa dos Mamontov em Moscou. Stanislavski, primo de Elizaveta Mamontov, recordou que, durante essas produções, "a casa se transformava numa tremenda oficina", com atores, artistas plásticos, carpinteiros e músicos por toda parte, se preparando às pressas.[102] No âmago dessa colaboração estava o ideal da síntese artística. Vasnetsov e Vrubel se uniam a compositores como Rimski-Korsakov num esforço consciente de unificar as artes com base no "estilo russo" de inspiração folclórica. A ideia de Wagner de uma obra de arte total, a *Gesamtkunstwerk*, foi uma grande influência. Rimski chegou a planejar uma versão russa do ciclo do *Anel* com base nas lendas épicas populares russas — com Ilia Muromets como um tipo de Siegfried eslavo.[103] Mas, de forma bastante independente, Mamontov também chegara à ideia de uma obra de arte total. No seu ponto de vista, a ópera não podia ter sucesso com base apenas em bons cantores e bons músicos; ela precisava uni-los aos elementos visuais e dramáticos numa síntese orgânica. Mamontov criou a sua Ópera Privada em 1885, três anos depois que o tsar finalmente suspendeu o monopólio estatal do Teatro Imperial (já um anacronismo quando os teatros particulares foram tornados ilegais em 1803). Ela se tornou imediatamente o foco do mundo operístico de Moscou, eclipsando o Bolshoi com produções inovadoras principalmente de óperas russas. Vasnetsov levou as cores primárias e vibrantes da tradição popular para o palco de *A donzela da neve,* de Rimski, grande sucesso da primeira temporada. A maciça forma bulbosa do palácio do tsar Berendei, com a luxuosa ornamentação em estilo folclórico e colunas fantásticas nas cores e no formato de ovos de Páscoa russos, inspirou-se no palácio de madeira de Kolomenskoie, perto de Moscou. O cenário inteiro lembrava um mágico reino russo e deixou o público, que nunca vira tanta arte folclórica no palco, espantado e embevecido.

O ponto alto do sucesso da companhia aconteceu depois de 1896, quando o grande baixo Chaliapin, ainda um rapaz de 24 anos, assinou contrato com Mamontov. A ascensão de Chaliapin fora impedida no Teatro Mariinski de São Petersburgo por cantores mais antigos, como Fiodor Stravinski (pai do compositor), mas Mamontov acreditou nele e o pôs no papel de Ivan, o Terrível, em *A donzela de Pskov,* de Rimski, principal produção da Ópera Privada na temporada de 1896-97 em seu novo lar, o Teatro Solodovnikov, em Moscou. Foi uma sensação. Rimski ficou maravilhado e, como *Sadko* acabara de ser recusada pelo Mariinski por ordem expressa de Nicolau II (que queria algo "um pouco mais alegre"[104]), não hesitou em unir o seu destino ao de Mamontov. Rimski, o jovem *kuchkista* da década de 1860, tornara-se, depois de 1871, um pilar da cena musical russa oficial e professor do Conservatório de Petersburgo; agora, também se convertia à escola neonacionalista de Moscou. Todas as suas seis últimas grandes óperas foram apresentadas na Ópera Privada com o seu típico estilo neorrusso, como *Sadko* e *Noite de maio* (com regência de Rachmaninoff, então com 24 anos) em 1897, *A noiva do tsar* em 1899 e *Kaschei, o imortal* em 1902. Essas produções foram muito importantes, sendo o seu ponto mais forte os elementos visuais, com cenários coloridos e figurinos populares estilizados por Korovin, Maliutin e Vrubel numa combinação perfeita com a música dessas fantasias operísticas de base folclórica. Foram uma influência importante para os ideais sintéticos do movimento Mundo da Arte e dos Ballets Russes. Na verdade, o sucesso de Mamontov foi tamanho, que, em 1898, ele concordou em cobrir parte do custo da revista *Mundo da arte* de Diaguilev. Mas aí veio a catástrofe. Mamontov foi acusado de se apropriar de recursos do seu império ferroviário para sustentar a sua Ópera. Houve um escândalo e um julgamento ruidoso em 1900. Mamontov foi absolvido da acusação de corrupção numa onda de solidariedade pública por um homem que, segundo a conclusão geral, se deixara levar pelo amor à arte. Mas, em termos financeiros, ele estava arruinado. A companhia acabou e a Ópera Privada fechou. Mamontov foi declarado falido, e em 1903 os pertences da sua casa em Moscou foram vendidos em leilão. Um dos itens à venda era um modelo camponês de estação ferroviária de madeira, feito em Abramtsevo.[105]

8

Os empreendimentos teatrais privados viraram moda em Moscou depois da suspensão do monopólio estatal em 1882. A atriz Maria Abramova, por exemplo, montou um teatro próprio com a ajuda do patrocínio de mercadores e nele estreou *O demônio da madeira* (1889), de Chekhov; e, na década de 1900, outra atriz famosa, Vera Komissarjevskaia, teve um teatro em São Petersburgo. De longe, o mais importante desses empreendimentos privados foi o Teatro das Artes de Moscou, fundado por Vladimir Nemirovich-Danchenko e Konstantin Stanislavski em 1898. Ali estrearam as últimas grandes peças de Chekhov.

Stanislavski nasceu em Moscou, numa família de mercadores que "já atravessara a soleira da cultura", como escreveria mais tarde. "Ganhavam dinheiro para gastá-lo em instituições sociais e artísticas." A avó materna era a atriz francesa Marie Varley, que em Petersburgo se transformara em estrela. Mas, embora fossem ricos o suficiente para dar bailes de luxo, os pais viviam basicamente no velho mundo mercantil de Moscou. O pai de Stanislavski dormia com o avô na mesma cama.[106] Quando estudante, Stanislavski participou das produções amadoras de Mamontov. Elas o convenceram de que, embora um enorme esforço fosse dedicado à música, ao figurino e aos cenários, pouquíssimo se fazia com a representação, que permanecia extremamente amadora, não apenas na ópera como também no teatro. Ele se preparava como ator ficando horas diante do espelho todos os dias para, com o passar dos anos, desenvolver os gestos para que parecessem mais naturais. O seu famoso "sistema" (do qual viria o "método de atuação") se resumia a um tipo de naturalismo. Era representar sem "representar" — o que se encaixava muito bem ao diálogo moderno (em que as pausas são tão importantes quanto as palavras) e à realidade cotidiana das peças de Chekhov.[107] Mais tarde, o seu método ficou mais sistemático com uma série de técnicas para ajudar o ator a transmitir os pensamentos e emoções íntimos do personagem. Envolviam recordar momentos de experiência intensa na vida do próprio ator, supostamente para ajudá--lo a produzir a emoção quando necessário. Mikhail Bulgakov, que escreveu uma sátira corrosiva do Teatro das Artes de Moscou na sua inacabada peça farsesca *Neve negra* (1939–), ridicularizou esses métodos numa cena em que o diretor tenta fazer um ator sentir o que é a paixão dando voltas no palco numa bicicleta.

A visão de teatro independente de Stanislavski o levou a se unir ao dramaturgo e diretor Vladimir Nemirovich-Danchenko. Ambos estavam comprometidos com a ideia de que o teatro deveria chegar às massas com a produção de peças sobre a vida contemporânea. O Artes de Moscou chamava-se, originalmente, Teatro das Artes Acessíveis. Lugares baratos para estudantes e pobres se misturavam aos mais caros diante dos camarotes. Até o prédio, uma construção dilapidada na travessa Karetni, tinha um ar democrático. Fora usado anteriormente por circos e, quando os atores entraram lá pela primeira vez, havia um cheiro generalizado de cerveja.[108] Depois de uma camada rápida de tinta, em 1898 começaram os ensaios para as estreias de *Tsar Fiodor* (1868), de Alexei Tolstoi, e *A gaivota* (1896), de Chekhov.

Nemirovich era um grande admirador da peça de Chekhov. Em São Petersburgo, desapontara o público que esperava uma comédia. Mas, no estilo simples e realista da produção do Artes de Moscou, foi um triunfo.

"O público perdeu toda a noção do teatro", escreveu Nemirovich: "a vida a que agora assistiam nesses simples contatos humanos no palco era 'real', não teatral". Todos se sentiram "quase envergonhados de estar presentes", como se espiassem uma tragédia doméstica mundana. Não havia "nada além de ilusões estilhaçadas e sentimentos ternos esmagados pela rude realidade".[109] A produção relançou a carreira de dramaturgo de Chekhov — e ele então voltou para Moscou como um filho literário predileto.

Nascido em Taganrog, no sul da Rússia, filho de um mercador devoto à moda antiga, Anton Chekhov chegou a Moscou aos 17 anos e, dois anos depois, em 1879, matriculou-se na universidade para estudar Medicina. Apaixonou-se pela cidade desde o princípio. "Serei moscovita para sempre", escreveu numa carta de 1881.[110] Como estudante pobre e depois como médico, Chekhov conheceu bem os cortiços da cidade e também foi cliente vitalício dos seus bordéis. A sua primeira iniciativa literária foi como jornalista ("Antosha Chekhonte") dos tabloides humorísticos e revistas semanais voltadas para os escriturários e trabalhadores recém-alfabetizados de Moscou. Escrevia esboços da vida nas ruas, sátiras de vaudevile sobre amor e casamento e contos sobre médicos e magistrados, amanuenses e atores dos bairros pobres de Moscou. Havia muitos escritores desse tipo — o mais bem-sucedido era Vladimir Guiliarovski, autor do clássico *Moscou e os moscovitas*, da década de 1920 (ainda muito lido e amado na Rússia de hoje) e quase um mentor para o jovem Chekhov. Mas este foi o primeiro grande escritor russo a surgir da imprensa barata (escritores do século XIX, como Dostoievski e Tolstoi, tinham escrito para periódicos sérios ou "volumosos" que combinavam literatura a críticas e comentários políticos). O seu estilo conciso pelo qual é tão famoso foi criado pela necessidade de escrever para quem ia para o trabalho de trem.

Chekhov conhecia esses trens. Em 1892, comprou Melikhovo, uma propriedade pequena e deliciosa que ficava a uma curta viagem para o sul de Moscou. A cidade costumava aparecer como pano de fundo dos seus contos desse período — por exemplo, em "Três anos" (1895) e "A dama do cachorrinho" (1899). Mas agora a cidade também era sentida pela ausência. Nas suas maiores peças, Moscou é percebida como um reino ideal e distante, um paraíso além das províncias onde os seus personagens estão presos num modo de vida estagnado. Chekhov entendia a sua claustrofobia; ele também ansiava pela vida na cidade grande. "Sinto falta de Moscou", escreveu a Sobolevski em 1899. "É tedioso sem os moscovitas, sem os jornais de Moscou, sem os sinos de igreja de Moscou que tanto amo." E a Olga Knipper, em 1903: "Não há notícias. Não escrevo nada. Só aguardo que me dês um sinal para fazer as malas e ir para Moscou. 'Moscou! Moscou!' Esse não é o refrão de *Três irmãs*: agora são as palavras de *Um marido*."[111] Em *Três irmãs* (1901), Moscou se torna um símbolo da felicidade que falta na vida das três. Elas anseiam por ir a Moscou, onde moraram quando crianças e foram felizes enquanto o pai estava vivo. Mas estão presas numa cidadezinha de província, incapazes de escapar, enquanto as esperanças da juventude dão lugar ao amargo desapontamento da meia-idade. Não há explicação clara da sua inércia — fato que levou os críticos a perder a paciência com a peça. "Deem às irmãs uma passagem de trem para Moscou no final do Primeiro Ato e a peça acabará", escreveu Mandelstam certa vez.[112] Mas isso é deixar de ver o tema principal da peça. As três irmãs sofrem de um mal-estar espiritual, não de um deslocamento geográfico. Sufocadas pela rotina mesquinha da vida cotidiana, aspiram a uma forma de vida mais elevada que imaginam haver em Moscou, mas no fundo do coração sabem que não existe. Portanto, a "Moscou" das irmãs não é bem um lugar (elas nunca vão lá), mas um reino lendário — uma cidade de sonhos que dá esperança e ilusão de significado à sua vida. A verdadeira tragédia das irmãs é expressa por Irena ao perceber que esse paraíso é uma fantasia:

> Tenho esperado todo esse tempo, imaginando que nos mudaremos para Moscou e lá encontrarei o homem que me cabe. Sonhei com ele e o amei nos meus sonhos [...] Mas acabou que é tudo bobagem [...] bobagem.[113]

A Moscou de Chekhov, portanto, é um símbolo da felicidade e da vida melhor que virá. Do ponto de vista de Chekhov, como russo e liberal, a promessa era o progresso e a modernidade — muito longe da imagem de inércia que Mussorgski viu apenas trinta anos antes. Chekhov tinha fé na ciência e na tecnologia. Era médico por formação e, por temperamento, um homem que buscava soluções práticas em vez de religião ou ideologias. Em 1894, num ataque velado a Tolstoi, Chekhov escreveu que "há mais amor à humanidade na eletricidade e no vapor do que no vegetarianismo".[114] O progresso é um tema constante das peças de Chekhov. Nobres como Astrov, de *Tio Vânia* (1896), ou Verchinin, de *Três irmãs*, especulam constantemente sobre o futuro da Rússia. Torcem para que um dia a vida se torne melhor e falam da necessidade de trabalhar com esse fim. Chekhov tinha a mesma esperança desses sonhadores, embora fosse mordaz sobre o tema dos intelectuais que não iam além de falar sobre a necessidade de trabalhar. Trofimov, o eterno estudante de *O jardim das cerejeiras*, vive dizendo "temos de trabalhar", mas nunca fez nada. Chekhov achava que a conversa fiada bem-intencionada era a maior maldição da Rússia. Trabalhou como um possesso durante a vida inteira. *Acreditava* no trabalho como propósito da existência e como forma de redenção: ele estava no âmago da sua fé religiosa. "Quando se trabalha pelo momento presente", escreveu no seu caderno, "o trabalho não terá valor. É preciso trabalhar tendo apenas o futuro em mente."[115] Talvez a melhor expressão do seu credo venha de Sonia, nos comoventes momentos finais de *Tio Vânia*. Ela diz que não há descanso do trabalho nem do sofrimento e que só no mundo ideal há uma vida melhor.

> Bem, o que podemos fazer? Temos de continuar vivendo! Continuaremos vivendo, tio Vânia. Viveremos durante uma longa, longa sucessão de dias e noites tediosas. Sofreremos com paciência as provas que o Destino nos impuser; trabalharemos para os outros, agora e na velhice, e não teremos descanso. Quando chegar a nossa hora, morreremos

submissos, e lá, no outro mundo, diremos que sofremos, que choramos, que tivemos uma vida amarga, e Deus terá piedade de nós. E então, querido tio, ambos começaremos a conhecer uma vida luminosa, bela, adorável. Então nos alegraremos e recordaremos todos os nossos problemas com sentimento de ternura, com um sorriso — e teremos descanso. Acredito nisso, tio, acredito nisso com fervor, com paixão [...] Teremos descanso![116]

A ênfase de Chekhov na necessidade de trabalhar era mais do que uma solução voltairiana para a busca de significado na vida. Era uma crítica da nobreza proprietária de terras, que nunca conhecera realmente o significado do trabalho duro e que, por essa razão, estava destinada ao declínio. Esse é o tema da última peça de Chekhov, *O jardim das cerejeiras*, escrita para o Artes de Moscou em 1904. Foi muitas vezes interpretada como um drama sentimental sobre a passagem do mundo antigo e encantador da nobreza para a economia moderna, impetuosa, baseada na cidade grande. É verdade que a trama lembra bastante os melodramas sobre o "ninho da nobreza" que estavam em moda desde a época de Turgueniev. Os Ranevski, personagens principais, são obrigados pelas dívidas a vender a adorada propriedade herdada (o jardim) a um comerciante chamado Lopakhin, que planeja limpar a terra e construir *dachas* para a nova classe média das cidades. Stanislavski, na primeira produção, montou-a como tragédia sentimental: os seus atores choraram ao ler o texto pela primeira vez. Ninguém estava preparado para desinflar a mística dos "bons tempos" na propriedade, mística que se transformara em mito nacional. Revistas como *Anos idos* (*Starye gody*) e *Cidade e campo* (*Stolitsa i usad'ba*) alimentavam esse culto com quadros sonhadores e lembranças saudosas do antigo modo de vida da nobreza. A pauta política dessas revistas era a preservação das terras dos nobres, não apenas como propriedade, sistema econômico ou lar ancestral, mas como último posto avançado remanescente de uma civilização ameaçada de extinção pela revolução social das cidades. "Os nossos ninhos campestres", disse o conde Pavel Sheremetev ao *zemstvo* de Moscou, "trazem a antiga tocha da cultura e do esclarecimento. Deus lhes concede o sucesso, desde que sejam poupados do movimento insensível para destruí-los, supostamente em nome da justiça social."[117] Se tivesse sido escrita depois de 1905, quando a primeira revolução agrária varreu a Rússia e milhares daqueles ninhos campestres foram incendiados ou saqueados pelos camponeses, a peça de Chekhov poderia ser concebida dessa maneira nostálgica. Mas Chekhov insistia que a peça devia ser encenada como comédia, não como tragédia sentimental; e, com essa concepção, a peça não poderia ter sido escrita mais tarde, mesmo que Chekhov vivesse mais vinte anos. Depois da Revolução de 1905, o desaparecimento do mundo antigo não seria mais tema de comédias.

Chekhov chamou essa peça de "vaudevile".[118] Em *O jardim das cerejeiras*, ele é sutilmente irônico e iconoclasta no tratamento das "maneiras cultivadas" da nobreza. Ele remete à mística dos "bons tempos" na propriedade no campo. Devemos rir dos discursos sentimentais cheios de clichês de Madame Ranevskaia quando ela fala com lirismo da antiga beleza da velha propriedade ou da infância feliz que teve lá: um mundo que havia muito tempo trocara pela França. A expressão exagerada de tristeza e nostalgia é refutada pela velocidade com que se recupera e esquece a tristeza. Essa não é uma tragédia: é uma sátira do velho mundo da nobreza e do culto da Rússia rural que brotou em torno dele. O que pensar de Pischik, por exemplo, o proprietário que canta os louvores da "nobreza da terra" mas, na primeira oportunidade, permite que empresários ingleses obtenham o direito de extrair dela uma argila especial (sem dúvida para ser usada na fabricação de pias em Stoke-on-Trent)? O que pensar dos Ranevski que dão tanto valor aos antigos modos paternos? O seu antigo mordomo Feiers recorda com saudade os dias da servidão ("quando os camponeses pertenciam à nobreza e a nobreza pertencia aos camponeses"). Mas é deixado para trás na propriedade quando os proprietários fazem as malas e vão embora. O próprio Chekhov só sentia desprezo por tal hipocrisia. Ele escreveu *O jardim das cerejeiras* quando passava algum tempo na propriedade de Maria Iakunchikova perto de Moscou. "Seria difícil encontrar vida mais desgraçadamente ociosa, absurda e sem graça", escreveu. "Essa gente vive exclusivamente para o prazer."[119] O mercador Lopakhin, por sua vez, foi pensado por Chekhov como o herói da peça. É retratado como empresário honesto, industrioso e modesto, gentil e generoso, com real nobreza de espírito por trás da aparência de camponês. Embora pretenda ganhar com a compra da propriedade (onde o seu pai foi servo), Lopakhin faz o possível para convencer os Ranevski a usá-la para construir e se oferece para lhes emprestar dinheiro para ajudá--los (e, sem dúvida, dando-lhes dinheiro o tempo todo). Eis aqui o primeiro herói mercador a ser representado no palco russo. Desde o começo, Chekhov pensara no papel para o próprio Stanislavski, naturalmente filho de uma família mercadora de origem camponesa. Mas, atento ao paralelo, Stanislavski escolheu o papel do apático nobre Gaiev, deixando Lopakhin para ser representado por Leonidov com o estereótipo comum do comerciante — gordo e malvestido (com calças de xadrez), falando errado em voz alta e "malhando com os braços".[120] Como concluiu Meyerhold, o efeito foi privar a peça de Chekhov do seu herói: "quando cai o pano, não se sente essa presença e só se fica com a impressão de 'tipos'".[121]

A produção de *O jardim das cerejeiras* no Artes de Moscou, que se tornou o ponto de vista padrão, nos afastou da concepção real da peça — e também do Chekhov real. Pois tudo indica que, por histórico e temperamento, ele se identificava com o estranho que se chocava com as barreiras da sociedade. Como Lopakhin, o pai de Chekhov era um comerciante que ascendera do campesinato servo. Aprendeu sozinho a tocar violino, cantava no coro da igreja e, em 1864, se tornou mestre do coro da catedral de Taganrog. Chekhov tinha a mesma industriosidade do pai. Entendia que pessoas comuns também podiam ser artistas. Longe de lamentar o antigo mundo da nobreza, a sua última peça abraça as forças culturais que surgiam em Moscou às vésperas do século XX.

9

Numa viagem à cidade na década de 1900, Diaguilev observou que, nas artes visuais, Moscou produzia tudo o que valia a pena ver. Moscou era o centro da vanguarda; Petersburgo era "uma cidade de fofocas artísticas, professores acadêmicos e aulas de aquarela às sextas-feiras".[122] Por vir de um arquipatriota da cultura petrina, essa foi uma constatação notável. Mas Moscou era mesmo o melhor lugar para estar na década de 1900, quando a vanguarda russa surgiu no palco. Ao lado de Paris, Berlim e Milão, a cidade se tornou um centro importante do mundo da arte, e a sua extraordinária coleção de artistas de vanguarda foi tão influenciada pelas tendências da Europa quanto pela herança moscovita. A política progressista, o clima descontraído, os modos modernos e ruidosos e a nova tecnologia: havia muito no meio cultural de Moscou para inspirar artistas em formas experimentais. O poeta Mikhail Kuzmin, outro patriota de Petersburgo, anotou numa viagem a Moscou nessa época:

> [...] o ruidoso sotaque de Moscou, as palavras peculiares, o modo como batem os calcanhares ao andar, os olhos e maçãs do rosto tártaros, os bigodes enrolados para cima, as gravatas extravagantes, os coletes e casacos de cores vivas, a pura bravata e a implacabilidade das ideias e avaliações, tudo isso me fez pensar: uma nova gente apareceu.[123]

A geração mais jovem de patronos mercadores de Moscou abraçou e colecionou arte moderna. Viam-na como aliada na campanha para transformar a velha Rússia em linhas modernas. Como farristas jovens e decadentistas, esses filhos de mercadores russos frequentavam os mesmos círculos boêmios, cafés, clubes e festas que os jovens artistas da vanguarda de Moscou. O poeta Andrei Bieli recordou sardonicamente que a Sociedade da Estética Livre, o clube de artistas de Moscou que estava no auge da moda, fora forçada a fechar em 1917 devido a um "excesso de mulheres milionárias". Os casais de comerciantes estavam por toda parte, observou ele.

> Os maridos davam subsídios a sociedades que tentavam obter algo de nós com a persistência dos bodes. As esposas eram langorosas e, como Vênus, surgiam de uma bela nuvem de musseline com constelações de brilhantes.[124]

O mais extravagante desses patronos mercadores mais jovens era Nikolai Riabushinski, famoso pelo estilo de vida decadentista — "amo a beleza e amo muitas mulheres" — e pelas festas escandalosas na sua mansão Cisne Negro, em Moscou. Riabushinski promoveu artistas de vanguarda na revista *Velo de ouro* e nas suas exposições entre 1908 e 1910. Do seu patrocínio brotou o grupo Rosa Azul de pintores simbolistas de Moscou que, juntamente com os confrades literários e compositores como Alexandre Scriabin, buscavam uma síntese das artes plásticas com a poesia, a música, a religião e a filosofia. Riabushinski também criou as famosas exposições "Valete de Ouros" (1910–14), nas quais mais de quarenta artistas, dentre os mais jovens e brilhantes da cidade (Kandinski, Malevich, Goncharova, Larionov, Lentulov, Rodchenko e Tatlin), declararam guerra à tradição realista e chocaram o público com as suas obras. Havia peças montadas com uma perna de mesa quebrada, uma chapa de ferro e pedaços de uma jarra de vidro. Os pintores decoravam o próprio corpo nu e andavam como obras de arte pelas ruas de Moscou.

MOSCOU! MOSCOU!

Furiosos, os críticos fumegaram. Serguei Iablonovski disse que nada daquilo era arte — e com isso Lentulov espirrou um pouco de tinta ocre num pedaço de papelão e o pendurou na exposição criticada com a legenda "Cérebro de Serguei Iablonovski".[125] Também em outras formas de arte, Moscou abria caminho na experimentação. Meyerhold se afastou do naturalismo do Artes de Moscou para experimentar o drama simbolista e, em 1905, abriu o seu Teatro Estúdio com atuações estilizadas. Scriabin foi o primeiro compositor russo a experimentar o que, mais tarde, passou a ser chamado "música serial" (Schoenberg, Berg e Webern faziam a mesma coisa). Ele foi uma inspiração para a vanguarda. O jovem Stravinski foi muito influenciado por Scriabin (e, quando foi visitá-lo, em 1913, ficou mortificado ao saber que ele não conhecia a sua música[126]). Em 1962, quando visitou a Rússia pela primeira vez depois da Revolução de 1917, Stravinski fez uma peregrinação até o Museu Scriabin, em Moscou, e soube que se tornara um tipo de local de encontro secreto para compositores eletrônicos de vanguarda. O escritor Boris Pasternak, devoto de Scriabin,* inflamou de poesia a trilha futurista ao lado de Vladimir Maiakovski, seu amigo íntimo e, a partir de 1906, colega moscovita. Eles buscavam uma nova linguagem poética e a ouviam na balbúrdia das ruas de Moscou:

> [...]
> O mágico
> puxa trilhos
> da goela do bonde,
> oculto pelos relógios da torre.
> Fomos vencidos!

---

* Leonid Pasternak, pai do poeta, era pintor da moda em Moscou, e a mãe, Rozalia Kaufman, pianista de renome. Scriabin era amigo íntimo da família. Sob o seu impacto, o adolescente Boris estudou composição musical durante seis anos. "Eu amava a música mais do que tudo, e amava Scriabin mais do que ninguém no mundo da música. Scriabin era o meu deus e o meu ídolo" (F. Bowers, *Scriabin*, 2 vols. Londres, 1969, vol. 1, p. 321).

Banheiras.
Chuveiros.
Um elevador.

O corpete da alma está desabotoado.
Mãos queimam o corpo.
Grites ou não grites:
"Eu não queria..."
tormentos
queimam
cortam.
O vento farpado
arranca
um trapo de lã enfumaçada
da chaminé.
Um poste careca
despe sedutoramente
da rua
uma meia preta.[127]

Malevich chamou "De rua em rua" (1913), de Maiakovski, de melhor ilustração do "cubismo versificado".[128]

Marina Tsvetaieva era igualmente uma poeta de Moscou. O seu pai era Ivan Tsvetaiev, por algum tempo professor de História da Arte da Universidade de Moscou e primeiro diretor da Galeria Pushkin, e assim, como Pasternak, ela cresceu no meio da intelectualidade moscovita. O espírito da cidade respirava em cada verso da sua poesia. Ela mesma escreveu certa vez que os seus primeiros versos pretendiam "elevar o nome de Moscou ao nível do nome de Akhmatova [...] Queria apresentar Moscou em mim [...] não com o objetivo de vencer Petersburgo, mas de dar Moscou a Petersburgo":

> Cúpulas chamejam na minha cidade cantante,
> E um cego ambulante louva o Santo Salvador,
> E apresento-vos a minha cidade de sinos de igreja
> — Akhmatova! — e também meu coração.[129]

Por meio da sua amizade nesses anos, Tsvetaieva também deu Moscou ao colega poeta Mandelstam. "Foi um presente mágico", escreveu Nadejda, esposa do poeta, "porque apenas com Petersburgo, sem Moscou, teria sido impossível respirar livremente, adquirir o sentimento verdadeiro pela Rússia."[130]

Depois de 1917, Moscou superou Petersburgo. Tornou-se a capital soviética, o centro cultural do Estado, uma cidade moderna e modelo da nova sociedade industrial que os bolcheviques queriam construir. Moscou era a oficina da vanguarda, dos artistas de esquerda da Proletkult (Cultura Proletária) e de construtivistas como Malevich e Tatlin, Rodchenko e Stepanova, que buscavam construir por meio da arte o novo homem e a nova sociedade soviéticos. Era uma cidade de liberdade e experimentação sem precedentes na vida e na arte, e a vanguarda acreditava, ainda que apenas por alguns anos da década de 1920, que viam a sua cidade ideal tomar forma nela. A "torre" de Tatlin — o seu projeto não realizado de um monumento à Terceira Internacional na Praça Vermelha — exprimia essas esperanças revolucionárias. Um gigante de pernas abertas a ser construído com aço e vigas de ferro, em andares e arredondado como as igrejas da Moscóvia medieval, esse aspirante a criação simbolizava o papel messiânico da cidade de fazer, nas palavras do refrão da Internacional, "uma terra sem amos". Ir da antiga ideia de Moscou como terceira Roma à ideia soviética de Moscou como líder da Terceira Internacional, foi apenas um pequeno passo na missão moscovita de salvar a humanidade.

A Moscou soviética era de uma confiança suprema, refletida nos imensos projetos de construção dos anos 1930, a fabricação em massa de automóveis, os primeiros metrôs e as imagens edificantes da "arte" do realismo socialista. As velhas casas de madeira de Moscou foram arrasadas. Igrejas foram destruídas. Uma rota nova e vasta para os desfiles foi construída cortando o centro da cidade: o velho bulevar Tver foi alargado (e rebatizado de rua Gorki), a Praça da Revolução, aberta no local do velho mercado, e a Praça Vermelha perdeu as barraquinhas. Dessa maneira, o Mausoléu de Lenin, altar sagrado da Revolução, se tornou o destino dos desfiles em massa de Primeiro de Maio e do Dia da Revolução. Com a marcha armada pelo Kremlin, cidadela da Rússia sagrada, esses desfiles eram imitações das antigas procissões religiosas que passaram a substituir. Houve até planos de explodir a Catedral de São Basílio para que os desfilantes pudessem passar em fila pelos líderes da Revolução, bater continência no telhado do Mausoléu e sair marchando numa única linha ininterrupta.

Portanto, a Moscou de Stalin foi remodelada como cidade imperial — uma Petersburgo soviética que, como aquela cidade irreal, se tornou tema de mitos apocalípticos. No romance *O mestre e Margarida* (1940), de Mikhail Bulgakov, o Diabo visita Moscou e faz os seus templos culturais desmoronarem; Satã desce sobre a cidade na pessoa de um mágico chamado Woland, com um bando de feiticeiros e um gato sobrenatural de nome Behemoth. Eles provocam o caos na capital e a desmascaram como moralmente corrupta, antes de sair voando da Colina dos Pardais, de onde Napoleão (aquele outro demônio) pusera os olhos na cidade pela primeira vez. A voar com eles estava uma moça moscovita chamada Margarida, que se sacrificara a Woland para redimir o seu amado Mestre, autor de um manuscrito proibido sobre Pôncio Pilatos e o julgamento de Cristo. Quando os cavalos saltaram no ar e galoparam rumo ao céu, Margarida "se virou em voo e viu que não só as torres multicoloridas, mas a cidade inteira sumira de vista havia muito tempo, engolida pela terra, deixando apenas névoa e fumaça onde antes ficava".[131]

Mesmo assim, durante todo o século XX, Moscou continuou sendo "o lar". Ainda era a cidade-mãe que sempre fora e, quando Hitler a atacou no outono de 1941, o seu povo lutou para defendê-la. Nem se pensou em abandonar a cidade, como Kutuzov a abandonara para Napoleão em 1812. Duzentos e cinquenta mil moscovitas cavaram valas para a última defesa, levaram alimentos aos soldados na frente de batalha e cuidaram dos feridos em casa. Num último esforço desesperado, os alemães foram empurrados para trás nos portões da cidade — ponto ainda marcado hoje por uma gigantesca cruz de ferro na estrada entre Moscou e o Aeroporto Sheremetevo. Não foi a capital soviética, mas a Mãe Moscou que foi salva. Nas palavras de Pasternak:

> Uma neblina de lenda cairá
> Sobre tudo, como volutas e espirais
> Que ornam câmaras douradas de boiardos
> E a Catedral de São Basílio.
>
> À meia-noite habitantes e sonhadores
> Moscou mais do que tudo é querida.
> Aqui é o seu lar, a fonte de tudo
> Com que este século prosperará.[132]

4
O CASAMENTO CAMPONÊS

1

No verão de 1874, milhares de estudantes deixaram as salas de aula de Moscou e São Petersburgo e viajaram incógnitos para o campo a fim de iniciar vida nova com o campesinato russo. Eles renunciavam ao lar e à família para "ir ao povo", na expectativa esperançosa de encontrar uma nova nação na irmandade dos homens. Poucos desses jovens pioneiros já haviam visto uma aldeia, mas todos imaginavam que fosse uma comunidade harmoniosa que atestasse o socialismo natural do campesinato russo. Portanto, convenceram-se de que encontrariam no camponês uma alma irmã e um aliado na causa democrática. Os estudantes se intitulavam populistas (*narodniki*), "servos do povo" (*narod*), e se dedicavam inteiramente à "causa do povo". Alguns tentavam se vestir e falar como camponeses, de tanto que se identificavam com o seu "modo de vida simples". Um deles, judeu, chegou a usar uma cruz na crença de que isso o aproximaria mais da "alma camponesa".[1] Eles aprenderam artes e ofícios para se tornar mais úteis ao campesinato e levaram livros e panfletos para ensinar os camponeses a ler. Ao se misturar com o povo e dividir com ele o fardo da vida, esses jovens revolucionários esperavam conquistar a sua confiança e fazê-lo entender todo o horror da sua condição social.

Mas esse não era um movimento político comum. Esse "ir ao povo" era uma forma de peregrinação, e o tipo de pessoa que se envolveu nela se parecia com o tipo que vai em busca da verdade num mosteiro. Esses jovens missionários estavam cheios de culpa pelo privilégio. Muitos se sentiam pessoalmente culpados diante daquela classe de servos — as babás e os criados — que tinha ajudado a criá-los nas mansões aristocráticas da família. Eles tentavam se libertar do mundo pecaminoso dos pais, cujas riquezas tinham sido compradas com o sangue e o suor do povo, e partiram para a aldeia com espírito de arrependimento para criar uma "Nova Rússia" em que o nobre e o camponês se reunissem no renascimento espiritual da nação. Com a dedicação à causa do povo — à libertação do campesinato da pobreza e da ignorância e da opressão da nobreza e do Estado —, os estudantes esperavam redimir o próprio pecado: terem nascido privilegiados. "Passamos a perceber", escreveu Nikolai Mikhailovski, destacado teórico populista, "que a nossa consciência da verdade universal só fora obtida ao custo do sofrimento milenar do povo. Somos devedores do povo e essa dívida pesa na nossa consciência."[2]

O que deu origem a essa esperança idealista foi a emancipação dos servos. Escritores como Dostoievski compararam o decreto de 1861 à conversão da Rússia ao cristianismo no século X. Falavam da necessidade de o senhor de terras e o camponês superarem a antiga divisão e se reconciliarem por meio da nacionalidade. Afinal, como escreveu Dostoievski em 1861, "todo russo é russo em primeiro lugar, e só depois pertence a uma classe".[3] As classes instruídas foram chamadas a admitir a sua "russianidade" e a se voltar para os camponeses como missão cultural, para educá-los como cidadãos e unir a Rússia com base numa arte e numa literatura nacionais.

Foi essa visão que inspirou os estudantes a ir ao povo. Criados no mundo europeu do palácio nobre e da universidade, estavam numa viagem a uma terra desconhecida e a uma nova vida moral baseada em "princípios russos". Viam a emancipação como um exorcismo do passado pecaminoso da Rússia — e dela nasceria uma nova nação. O escritor Gleb Uspenski, que se juntou aos populistas na "ida ao povo", prometeu começar vida nova "no ano de 1861". "Era totalmente impossível levar à frente qualquer parte do meu passado pessoal [...] Para viver, tive de esquecer inteiramente esse passado e apagar todas as características que instilara na minha personalidade."[4]

Alguns populistas saíram da casa dos pais para morar em "comunas de trabalho" onde tudo era dividido (às vezes, até amantes) de acordo com os princípios estabelecidos pelo crítico radical Nikolai Chernichevski no seu inspirador romance *Que fazer?* (1862). Ali estava um romance que oferecia aos leitores um mapa da nova sociedade. Ele se tornou uma bíblia para os revolucionários, inclusive o jovem Lenin, que disse que toda a sua vida fora transformada por ele. A maioria dessas comunas logo se desfez: os estudantes não conseguiram suportar o peso do trabalho agrícola, muito menos o sabor da comida camponesa, e houve rixas intermináveis por bens e casos de amor. Mas o espírito da comuna, o estilo de vida ascético e as crenças materialistas que os estudantes tinham absorvido de Chernichevski continuaram a inspirar a sua rejeição à velha sociedade. Esse abismo entre gerações foi o tema do romance *Pais e filhos* (1862), de Turgueniev. Ele se passava na cultura de protesto estudantil do início dos anos 1860, quando o brado da juventude por ação direta em nome do povo provocou o conflito com os "homens dos anos quarenta", literatos liberais como Turgueniev e Herzen que se contentavam em criticar o estado de coisas existente sem abordar o futuro. No século XIX, a Rússia também teve os seus "anos sessenta".

"Os camponeses nos subjugaram completamente na nossa literatura", escreveu Turgueniev a Pavel Annenkov em 1858. "Mas começo a desconfiar que ainda não os entendemos direito, nem entendemos nada sobre a sua vida."[5] As dúvidas de Turgueniev estavam no âmago da sua crítica aos estudantes "niilistas" (como eram chamados). Mas se aplicavam igualmente à obsessão da *intelligentsia* com a "questão camponesa" que dominou a cultura russa pós-1861. Com a emancipação dos servos, o resto da sociedade foi forçada a reconhecer o camponês como concidadão. De repente, as antigas e malfadadas perguntas sobre o destino da Rússia passaram a se ligar à verdadeira identidade do camponês. Seria ele bom ou ruim? Poderia ser civilizado? O que poderia fazer pela Rússia? E de onde vinha? Ninguém conhecia as respostas. Afinal, nos versos famosos do poeta Niekrassov:

> A Rússia está contida nas profundezas rurais
> Onde reina o silêncio eterno.[6]

Exércitos de folcloristas partiram para explorar essas profundezas rurais. "O estudo do povo é a ciência do nosso tempo", declarou Fiodor Buslaiev em 1868.[7] Criaram-se museus etnográficos em Moscou e São Petersburgo, sendo a sua meta, nas palavras de Ivan Beliaiev, um dos fundadores, "apresentar os russos à sua própria nação".[8] O público espantou-se com as roupas e os utensílios camponeses em exposição, as fotografias e maquetes das suas moradias nas várias regiões do país. Pareciam vir de alguma colônia exótica. Em quase todos os campos de pesquisa séria — geografia, filosofia, teologia, filologia, mitologia e arqueologia — a questão do camponês era a questão da época.

Os escritores também mergulharam na vida camponesa. Nas palavras de Saltykov-Schedrin, o camponês se tornara "o herói do nosso tempo".[9] Em grande medida, a imagem literária do camponês russo no início do século XIX era sentimental: ele era o personagem-tipo com sentimentos humanos e não um indivíduo pensante. Tudo mudou em 1852 com a publicação de *Memórias de um caçador*, obra-prima de Turgueniev. Ali, pela primeira vez na literatura russa, os leitores se viram diante da imagem do camponês como um ser humano racional, em vez da vítima senciente representada na literatura sentimental anterior. Turgueniev retratou o camponês como pessoa capaz de administração prática e sonhos elevados. Ele sentia uma simpatia profunda pelo servo russo. A mãe, dona da grande propriedade na província de Orel onde fora criado, era cruel e impiedosa ao punir os servos. Mandava surrá-

-los ou os enviava para uma colônia penal na Sibéria, muitas vezes por crimes pequenos. Turgueniev descreve o seu regime no aterrorizante conto "Punin e Baburin" (1874) e também no inesquecível "Mumu" (1852), no qual a princesa ordena que o cão de um servo seja morto porque late. *Memórias de um caçador* teve papel fundamental na mudança da atitude pública para com os servos e a questão da reforma. Mais tarde, Turgueniev disse que o momento de maior orgulho de sua vida veio pouco depois de 1861, quando dois camponeses o abordaram num trem de Orel a Moscou e se curvaram até o chão, à moda russa, para "agradecer-lhe em nome de todo o povo".[10]

De todos esses textos sobre camponeses, nenhum foi mais inspirador para os populistas do que os de Nikolai Niekrassov. A poesia de Niekrassov deu voz nova e autêntica à "vingança e tristeza" do campesinato. Isso é mais intenso no poema épico *Quem é feliz na Rússia?* (1863-78), que se tornou um cântico sagrado entre os populistas. O que os atraiu para a poesia de Niekrassov não foi apenas a sua dedicação à causa do povo, mas a condenação irada da classe nobre, da qual vinha o próprio poeta. Os seus versos são entulhados de expressões coloquiais tiradas diretamente da fala camponesa. Poemas como *Na estrada* (1844) ou *Os mascates* (1861) eram praticamente transcrições de diálogos camponeses. Os homens dos anos 1840, como Turgueniev, criados para ver a linguagem camponesa como grosseira demais para ser "arte", acusaram Niekrassov de um "ataque à poesia".[11] Mas os estudantes se sentiram inspirados pelos seus versos.

A questão do campesinato podia ser a questão da época. Mas todas as respostas eram mitos. Como escreveu Dostoievski:

> A questão do povo e a visão que temos dele [...] é a nossa questão mais importante, a questão sobre a qual descansa todo o nosso futuro [...] Mas o povo ainda é uma teoria para nós e ele ainda está diante de nós como um enigma. Nós, os amantes do povo, o vemos como parte de uma teoria, e parece que nenhum de nós o ama como realmente é, mas

apenas como cada um de nós imagina que é. E caso o povo russo não seja como o imaginamos, então nós, apesar do nosso amor, renunciaremos a ele imediatamente e sem remorsos.[12]

Cada teoria atribuía certas virtudes ao camponês, que então as assumia como essência do caráter nacional. Para os populistas, o camponês era um socialista natural, a personificação do espírito coletivo que distinguia a Rússia do Ocidente burguês. Democratas como Herzen viam o camponês como defensor da liberdade, a sua selvageria, uma personificação do espírito da Rússia livre. Os eslavófilos o consideravam um patriota russo, sofredor e paciente, seguidor humilde da verdade e da justiça, como o herói folclórico Ilia Muromets. Argumentavam que a comuna camponesa era a prova viva de que a Rússia não precisava procurar princípios condutores além das fronteiras nacionais. "A comuna", declarou Konstantin Aksakov, um dos fundadores do movimento, "é uma união de pessoas que renunciaram ao egoísmo, à individualidade e que exprimem o seu comum acordo; esse é um ato de amor, um nobre ato cristão."[13] Dostoievski também via o camponês como animal moral, personificação da "alma russa"; certa vez, chegou a declarar, numa discussão famosa, que o simples "mujique da cozinha" era moralmente superior a qualquer cavalheiro burguês europeu. Os camponeses, defendia ele, "nos mostrarão um novo caminho" e, longe de ter algo a lhes ensinar, "somos *nós* que temos de nos curvar diante da verdade do povo".[14]

Essa convergência sobre a questão camponesa indica uma ideologia ou consenso nacional mais amplo que surgia na Rússia da época. As antigas discussões entre ocidentalistas e eslavófilos morreram aos poucos enquanto os dois lados passavam a reconhecer a necessidade de que a Rússia encontrasse um equilíbrio adequado entre o saber ocidental e os princípios nativos. Houve sugestões dessa síntese já em 1847, quando o decano dos ocidentalistas, o radical crítico Belinski, disse que, no caso da arte, ele estava "inclinado a ficar do lado dos eslavófilos" contra os cosmopolitas.¹⁵ Por sua vez, na década de 1850 os eslavófilos mais jovens tendiam à opinião de que "a nação" estava contida em todas as classes da sociedade, não só na dos camponeses, como defendiam os mais velhos. Alguns chegavam a argumentar, de maneira que os tornava praticamente indistinguíveis dos ocidentalistas, que a verdadeira arena da nação era a esfera cívica e que o progresso da Rússia no mundo dependia da elevação dos camponeses a essa esfera.¹⁶ Em resumo, nos anos 1860 o ponto de vista comum era de que a Rússia deveria evoluir numa via europeia de reforma liberal, mas sem romper com demasiada violência com as tradições históricas próprias. O caso era manter Pedro *e* o camponês também. Era essa a posição do movimento "solo nativo" ao qual Dostoievski e o irmão Mikhail pertenceram na década de 1860.

O populismo era produto cultural dessa síntese e, como tal, tornou-se quase um credo nacional. Em nenhum lugar, o interesse romântico pela cultura popular que varreu a Europa no século XIX foi tão agudamente sentido quanto na *intelligentsia* russa. Como o escreveu o poeta Alexandre Blok (com apenas um toque de ironia) em 1908:

> [...] a *intelligentsia* lota as estantes de antologias de canções folclóricas, épicos, lendas, encantamentos, cantos fúnebres; investiga a mitologia russa e os ritos mortuários e matrimoniais; chora pelo povo; vai ao povo; enche-se de elevada esperança; cai em desespero; abre mão até da vida, enfrenta a execução ou morre de fome pela causa do povo.¹⁷

A *intelligentsia* se definia pela missão de servir ao povo, assim como a classe nobre se definia pelo serviço ao Estado; e a *intelligentsia* vivia segundo o ponto de vista, do qual muitos membros seus se arrependeram, de que o bem do povo era o interesse mais elevado ao qual todos os outros princípios, como a lei ou os preceitos cristãos, estavam subordinados. Essas atitudes eram tão endêmicas que foram compartilhadas até por integrantes da corte, da administração estatal e da aristocracia. O espírito liberal de reforma que levara à emancipação continuou a configurar a abordagem do campesinato pelo governo nas décadas de 1860 e 1870. Com a libertação do camponês da jurisdição da nobreza, reconheceu-se que ele se transformava em responsabilidade do Estado: tornara-se cidadão.

Depois de 1861, o governo criou toda uma série de instituições para aumentar o bem-estar dos cidadãos camponeses e integrá-los à vida nacional. A maioria dessas iniciativas se deveu às novas assembleias de governo local, os *zemstvos*, criados em nível distrital e provincial em 1864. Os *zemstvos* eram controlados por nobres paternais do tipo que enche as páginas de Tolstoi e Chekhov — homens liberais e bem-intencionados que sonhavam em levar civilização ao campo atrasado. Com recursos limitados, fundaram escolas e hospitais; ofereceram serviços veterinários e agronômicos ao campesinato; construíram novas pontes e estradas; investiram nos ofícios e indústrias locais; financiaram planos de seguro e crédito rural; e realizaram pesquisas estatísticas ambiciosas para preparar mais reformas em data futura.* As expectativas otimistas dos liberais dos zemstvos eram bastante comuns nas classes superiores da sociedade. Havia uma atitude geral de populismo paternalista, uma solidariedade pelo povo e pela sua causa que induziu os bem-nascidos de todos os níveis e profissões a apoiar os estudantes radicais.

O ministro da Justiça, num relatório ao tsar, listou todo um catálogo de atos tolos no "verão louco" de 1874: a esposa de um coronel dos gendarmes passara ao filho informações secretas; um rico magistrado e proprietário de terras escondera um dos principais revolucionários;

---

* A esperança dos liberais dos *zemstvos* nunca se realizou. Em 1881, depois do assassinato de Alexandre II, os poderes dos *zemstvos* foram drasticamente reduzidos pelo governo do novo tsar, Alexandre III, que os considerava uma perigosa incubadora de radicais. Muitos estudantes que tinham participado do "ir ao povo" terminaram como funcionários dos *zemstvos* — professores, médicos, estatísticos e agrônomos cuja política democrática atraiu a polícia. Houve invasões policiais em órgãos dos *zemstvos* — inclusive até em hospitais e asilos de loucos — em busca desses "revolucionários". Chegaram a prender mulheres nobres por ensinar crianças camponesas a ler. (A. Tyrkogo-Williams, *To, tchego bol'she ne budet*, Paris, s/d, p. 253.)

um professor apresentara um propagandista aos alunos; e a família de vários conselheiros do Estado aprovara calorosamente as atividades revolucionárias dos filhos.[18] Até Turgueniev, que via a reforma liberal como solução do problema camponês, não pôde deixar de admirar (e talvez invejar) a paixão idealista desses revolucionários.[19] Ele se imiscuiu no círculo deles na França e na Suíça e chegou a dar dinheiro ao teórico populista Piotr Lavrov (cujos textos tinham inspirado os estudantes radicais) para que pudesse publicar na Europa o seu jornal *Avante!*[20] No romance *Solo virgem* (1877), Turgueniev fez um retrato dos tipos que atenderam ao chamado de Lavrov. Embora enxergasse além das ilusões dos populistas, também conseguiu transmitir a admiração que sentia. Esses "jovens são na maioria bons e honestos", escreveu a um amigo ao terminar o romance em 1876, "mas o seu curso de ação é tão falso e pouco prático que não deixará de levá-los a um completo fiasco".[21]

E foi exatamente o que aconteceu. A maioria dos estudantes foi recebida com cautelosa desconfiança ou hostilidade por parte dos camponeses, que escutavam humildemente os sermões revolucionários sem na verdade entender nada do que que diziam. Os camponeses temiam o saber dos estudantes e os seus modos urbanos e, em muitos locais, denunciaram-nos às autoridades. Ekaterina Breshkovskaia, mais tarde uma das principais socialistas da Rússia, viu-se na cadeia quando a camponesa em cuja casa se hospedara na região de Kiev "se assustou ao ver todos os meus livros e me denunciou à polícia".[22] As ideias socialistas dos populistas eram estranhas e externas ao campesinato, ou pelo menos os camponeses não as entendiam nos termos em que eram explicadas. Um propagandista fez aos camponeses uma linda descrição da futura sociedade socialista em que toda a terra pertenceria aos trabalhadores e ninguém exploraria ninguém. De repente, um camponês triunfante exclamou: "Não vai ser maravilhoso quando dividirmos a terra? Contratarei dois trabalhadores e terei um vidão!"[23] Quanto a derrubar o tsar, a ideia era recebida com total incompreensão e até gritos zangados dos aldeões, que viam o tsar como um deus humano. "Como viver sem tsar?", perguntavam.[24]

Cercados pela polícia, forçados ao exílio ou à clandestinidade, os populistas voltaram da derrota em profundo desespero. Tinham investido tanto da sua personalidade na concepção idealizada do campesinato, tinham investido tanto da sua salvação pessoal na "causa do povo" que ver ambas desmoronarem foi um golpe catastrófico na sua identidade. O escritor Gleb Uspenski, para citar um exemplo trágico e extremado, acabou enlouquecendo depois de muitos anos tentando se conformar com a dura realidade da vida camponesa; e muitos populistas foram levados ao álcool por esse rude despertar. De repente, ficou claro que a ideia de campesinato que tinham na cabeça não existia de fato — não passava de uma teoria e de um mito — e que estavam isolados dos verdadeiros camponeses por um abismo cultural, social e intelectual que não teriam esperanças de atravessar. Como uma charada não resolvida, o camponês continuava desconhecido e, talvez, impossível de conhecer.

2

No verão de 1870, Ilia Repin partiu de São Petersburgo rumo a uma terra não descoberta.[25] Junto com o irmão e um colega estudante e pintor chamado Fiodor Vassiliev, ele desceu o Volga num vapor até a cidade de Stavropol, cerca de 700 quilômetros a leste de Moscou. O objetivo do jovem artista era fazer um estudo dos camponeses para o quadro dos barqueiros do Volga que planejara. A ideia do quadro lhe viera no verão de 1868, quando observara um grupo de barqueiros arrastando-se penosamente ao longo da margem de um rio perto de São Petersburgo. A princípio, Repin pensou em contrastar esses tristes personagens com um grupo alegre e bem-vestido fazendo um piquenique. Seria um exemplo típico do gênero de pintura descritiva preferido pela maioria dos realistas russos da época. Mas foi dissuadido de pintar esse quadro propagandista pelo amigo Vassiliev, talentoso pintor de paisagens da escola dos Itinerantes, que o convenceu a representar os barqueiros sozinhos.

Foram necessários dois anos para obter financiamento e licenças para a viagem; as autoridades tsaristas desconfiavam naturalmente dos estudantes de arte e temiam que tivessem intenções revolucionárias. Durante três meses, Repin morou entre os ex-servos de Shiriaievo, aldeia que dava para o Volga, perto de Samara. Encheu os álbuns de esboços de detalhes etnográficos dos barcos e redes de pesca, dos utensílios domésticos e dos sapatos e roupas feitos de trapos. Os aldeões não queriam ser desenhados. Acreditavam que o diabo roubava a alma da pessoa cuja imagem fosse representada no papel. Certo dia, encontraram Repin tentando convencer um grupo de moças da aldeia a posar para ele. Acusaram o pintor de fazer a obra do diabo e exigiram-lhe o "passaporte", ameaçando entregá-lo à polícia local. O único documento que Repin tinha consigo era uma carta da Academia de Artes. A impressionante insígnia imperial no cabeçalho bastou para restaurar a tranquilidade. "Vejam", disse o escriba da aldeia que examinou o "passaporte", "ele veio a nós diretamente do tsar."[26]

Finalmente, o pintor encontrou uma equipe de barqueiros que, por determinada quantia, permitiu que fizesse esboços. Durante várias semanas, ele morou com essas bestas de carga humanas. Conforme os foi conhecendo, passou a ver as personalidades individuais. Um deles fora pintor de ícones; outro, soldado; um terceiro, chamado Kanin, já fora padre. Repin ficou impressionado com o total desperdício de talento daquela servidão animalesca. Presos aos arreios, os rostos nobres marcados pelo tempo, para ele os barqueiros eram "como filósofos gregos vendidos como escravos aos bárbaros".[27] A sua servidão era um símbolo da criatividade oprimida do povo russo. Repin achou que Kanin tinha "no rosto o caráter da Rússia":

> Havia algo oriental e antigo nele [...] o rosto de um cita [...] E que olhos! Que profundidade de visão! [...] E a testa, tão grande e sábia [...] Ele me parecia um mistério colossal, e por essa razão o amei. Kanin, com um trapo na cabeça, as roupas em remendos feitas por ele e depois desgastadas, parecia, mesmo assim, um homem de dignidade: ele era como um santo.[28]

No quadro final, *Os barqueiros do Volga* (1873), é essa dignidade humana que se destaca acima de tudo. Na época, a imagem foi extraordinária e revolucionária. Até então, mesmo nos quadros de artistas democráticos como Alexei Venetsianov, a imagem do camponês era idealizada ou sentimentalizada. Mas cada um dos barqueiros de Repin fora desenhado com modelo vivo e cada rosto contava a sua história de sofrimento pessoal. Stassov considerou o quadro um comentário sobre a força latente do protesto social do povo russo, espírito simbolizado pelo gesto de um rapaz que ajeita o arreio no ombro. Mas Dostoievski elogiou o quadro pela falta de tendenciosidade crua, vendo-o como um retrato épico do caráter russo. No entanto, é mais difícil avaliar o que Repin quis dizer. Afinal, toda a sua vida foi uma luta entre política e arte.

Repin era um "homem dos anos sessenta" — uma década de questionamento rebelde, tanto nas artes quanto na sociedade. Nos círculos democráticos que frequentava, concordava-se geralmente que o dever do artista era concentrar a atenção da sociedade na necessidade de justiça social ao mostrar como o povo comum realmente vivia. Nisso também havia um propósito nacional: afinal, para ser verdadeira e significativa, para ensinar o povo a sentir e viver, a arte precisava ser nacional, no sentido de ter as suas raízes na vida cotidiana do povo. Esse era o argumento de Stassov, mentor tirânico da escola nacional em todas as artes. Ele defendia que os pintores russos deveriam desistir de imitar a arte europeia e buscar no próprio povo temas e estilos artísticos. Em vez de assuntos clássicos ou bíblicos, deveriam representar "cenas da aldeia e da cidade, cantos remotos das províncias, a vida do amanuense solitário que Deus esqueceu, o canto de um cemitério abandonado, a confusão da feira, cada alegria e tristeza que cresce e vive em cabanas camponesas e mansões opulentas".[29] Vladimir Stassov era o defensor autonomeado da arte realista cívica. Adotou a causa dos Itinerantes nas artes plásticas e dos *kuchkistas* na música, louvando cada um, por sua vez, pelo rompimento com o estilo europeu da Academia e empurrando os dois no caminho de se tornarem mais "russos". Praticamente todos os artistas e compositores das décadas de 1860 e 1870 viram-se, em algum momento, sob o abraço apertado de Stassov. O crítico se via como condutor de uma troica que logo levaria a cultura russa ao cenário mundial. Repin, Mussorgski e o escultor Antokolski eram os seus três cavalos.[30]

Mark Antokolski era um menino judeu pobre de Vilna que entrara na Academia ao mesmo tempo que Repin e fora um dos 14 estudantes que, em 1863, saíram em protesto contra as regras formais do classicismo para criar um *artel*, ou comuna de artistas livres. Antokolski logo chegou à fama com uma série de esculturas da vida cotidiana no gueto judeu, saudadas por todos os inimigos da Academia como primeiro triunfo verdadeiro da arte democrática; Stassov se colocou como mentor de Antokolski, divulgou a sua obra e insistiu com ele, como só Stassov sabia fazer, para produzir mais esculturas sobre temas nacionais. O crítico ficou entusiasmado com *A perseguição dos judeus na Inquisição espanhola* (exposto pela primeira vez em 1867), obra que Antokolski nunca chegou a terminar mas para a qual fez uma série de estudos. Stassov a via como alegoria da opressão política e nacional, tema tão importante para os russos quanto para os judeus.[31]

Repin se identificou com Antokolski. Também vinha de família pobre da província, filho de um colono militar (um tipo de camponês pertencente ao Estado) de uma cidadezinha chamada Chuguiev, na Ucrânia. Aprendeu o ofício de pintor de ícones antes de entrar na Academia e, como o escultor, sentiu-se deslocado no meio social da elite de Petersburgo. Ambos se inspiraram num estudante mais velho, Ivan Kramskoi, que liderou o protesto de 1863. Kramskoi foi um retratista importante. Pintou personagens de destaque como Tolstoi e Niekrassov, mas também camponeses desconhecidos. Os pintores anteriores, como Venetsianov, tinham retratado o camponês como agricultor. Mas Kramskoi o pintava contra um pano de fundo simples e se concentrava no rosto, atraindo os espectadores para os olhos e forçando-os a penetrar no mundo interior de pessoas que ontem mesmo tinham tratado como escravas. Não havia utensílios, paisagens nem cenário, nenhuma cabana com telhado de palha nem detalhes etnográficos para distrair o espectador do olhar do camponês nem para reduzir a tensão desse encontro. Essa concentração psicológica não tinha precedentes na história da arte, não só na Rússia como também na Europa, onde até artistas como Courbet e Millet ainda representavam camponeses no campo.

Foi por meio de Kramskoi e Antokolski que Repin chegou ao círculo de Stassov, em 1869, no mesmo momento em que preparava o seu retrato do campesinato em *Os barqueiros do Volga*. Stassov o estimulou a pintar temas da província, favorecidos na época por patronos como Tretyakov e o grão-duque Vladimir Alexandrovich, filho mais novo do tsar, que, por incrível que pareça, encomendara os *Barqueiros* e acabaria pendurando esses camponeses famintos na sua suntuosa sala de jantar. Sob a influência tirânica de Stassov, Repin produziu uma série de cenas de província depois do sucesso dos *Barqueiros* em 1873. Eram todas essencialmente populistas, não tanto em termos políticos, mas no sentido geral da década de 1870 em que todos achavam que o caminho do avanço da Rússia era conhecer melhor o povo e a sua vida. Para Repin, que acabara de voltar da primeira viagem à Europa, em 1873-36, essa meta estava ligada à redescoberta cultural das províncias russas — "aquele imenso território esquecido que não interessa a ninguém", como escreveu a Stassov em 1876, "e sobre o qual todos falam com desdém ou desprezo; e ainda assim é ali que vive a gente simples, e de maneira mais autêntica do que nós".[32]

Mussorgski tinha mais ou menos a mesma idade de Repin e Antokolski, mas entrara no círculo de Stassov uma década antes, em 1858, com apenas 19 anos. Como aluno de Balakirev com mais visão histórica e mais originalidade musical, o jovem compositor foi patrocinado por Stassov e empurrado na direção dos temas nacionais. Stassov nunca desistiu do esforço de direcionar os interesses e a abordagem musical do seu protegido. Assumiu o papel de pai e visitava o "rapazola" Mussorgski (então com 32 anos) quando ele dividia quarto com Rimski-Korsakov (de 27) em São Petersburgo. Stassov chegava de manhã cedo, ajudava os dois a se levantarem e se lavarem, buscava as suas roupas, preparava chá e sanduíches para eles e depois, como dizia, quando "*nos* púnhamos a fazer o *nosso* trabalho" [grifos meus], escutava a música que tinham acabado de compor ou lhes dava novo material histórico e ideias para as obras.[33] Sem dúvida, a concepção populista de *Boris Godunov* (na versão revista com a cena em Kromy) segue a influência de Stassov. Em termos gerais, todas as óperas de Mussorgski são "sobre o povo", caso se entenda "povo" como a nação inteira. Até *Khovanschina*, que deixou Stassov maluco com toda a sua "ninhada principesca",[34] tinha o subtítulo "História da música nacional [do povo]" ("*narodnaia muzikal'naia drama*"). Mussorgski explicou a Repin a sua abordagem populista numa carta escrita em agosto de 1873 para lhe dar os parabéns pelos *Barqueiros*:

> É *o povo* que quero representar: quando durmo, o vejo, quando como, penso nele, quando bebo, vejo-o assomando diante de mim com toda a sua realidade, imenso, sem verniz nem roupas enfeitadas! E que riqueza tremenda (no verdadeiro sentido da palavra) há para o compositor na fala do povo — desde que haja um canto da nossa terra que não tenha sido rasgado pela ferrovia.[35]

Ainda assim, havia tensões entre Mussorgski e a pauta populista que Stassov lhe impunha, tensões que se perderam na política cultural que sempre esteve ligada ao nome do compositor.[36] Stassov foi crucial na vida do compositor: ele o descobriu; deu-lhe material para boa parte das suas maiores obras; e defendeu a sua música, que durante a sua vida ficou desconhecida na Europa e, sem dúvida, teria sido esquecida depois da sua morte se não fosse Stassov. Mas a política do crítico não era totalmente compartilhada pelo compositor, cuja sensação do "povo", como explicara a Repin, era principalmente uma reação musical. O populismo de Mussorgski não era político nem filosófico, era artístico. Ele amava as canções populares e incorporou muitas à sua obra. Os aspectos distintos da canção camponesa russa — a heterofonia coral, as mudanças tonais, os trechos melismáticos prolongados que a fazem soar como lamento ou ladainha — passaram a fazer parte da sua linguagem musical própria. Acima de tudo, a canção popular foi o modelo de uma nova técnica de escrita coral que Mussorgski desenvolveu em *Boris Godunov*: construir as diversas vozes uma a uma ou em grupos dissonantes para criar o tipo de heterofonia coral que conseguiu, com sucesso tão brilhante, na cena de Kromy.

Mussorgski era obcecado com o ofício de representar a fala humana com sons musicais. Era isso o que queria dizer quando afirmou que a música deveria ser um modo de "falar com o povo"; não uma declaração de objetivo político.* Seguidor das teorias miméticas do historiador literário alemão Georg Gervinus, Mussorgski acreditava que a fala humana era governada por leis musicais — que o falante transmite emoções e significado por meio de componentes musicais como ritmo, cadência, entonação, timbre, volume, tom etc. "O objetivo da arte musical", escreveu em 1880, "é a reprodução em sons sociais não só dos modos de sentimento como dos modos da fala humana."[37] Muitas composições importantes suas, como o ciclo de canções *Savichna* ou a ópera inacabada baseada na "Feira de Sorochintsi", de Gogol, constituem uma tentativa de transpor em sons as qualidades únicas da fala camponesa russa. Escute a música do conto de Gogol:

> Espero que tenha ouvido alguma vez o ruído de uma cachoeira distante, quando o entorno agitado se enche de tumulto e um torvelinho caótico de sons estranhos e indistintos gira à sua frente. Não concorda que o mesmíssimo efeito é produzido no instante em que se entra no rodamoinho de uma feira de aldeia? Todo o populacho reunido se funde numa única criatura monstruosa cujo corpo maciço se remexe pela feira e serpenteia pelos becos estreitos, guinchando, mugindo,

---

* Nesse contexto, é comovente que a palavra que usou para dizer "povo" tenha sido "*liudi*", palavra que significa "indivíduos", embora costume ser traduzida com o significado de massa coletiva (sentido de "*narod*", a outra palavra que significa "povo"). J. Leyda e S. Bertensson (org.), *The Musorgsky Reader: A Life of Modeste Petrovich Musorgsky in Letters and Documents*. Nova York, 1947, p. 84-85.

balindo. O clamor, as imprecações, mugidos, balidos, rugidos — tudo isso se funde num único ruído cacofônico. Bois, sacos, feno, ciganos, panelas, esposas, pães de gengibre, gorros — tudo fica em chamas com cores contrastantes e dança diante dos olhos. As vozes se afogam umas nas outras e é impossível distinguir uma única palavra, resgatar qualquer significado nessa tagarelice; nem uma única exclamação pode ser entendida com clareza. Os ouvidos são atacados por todos os lados pelas palmas barulhentas dos comerciantes da feira inteira. Uma carroça vira, o clangor de rodas de metal no ar, tábuas caem com estrondo no chão e o observador fica tonto ao virar a cabeça de lá para cá.[38]

Nos últimos anos de Mussorgski, as tensões com o seu mentor ficaram mais agudas. Ele se afastou do círculo de Stassov, despejando escárnio sobre artistas cívicos como Niekrassov e passando o tempo todo na companhia alcoólica de colegas aristocratas como o conde Golenischev-Kutuzov, poeta de salão, e o arquirreacionário T. I. Filipov. Não que tivesse se tornado politicamente direitista; nessa época, como antes, Mussorgski dava pouca atenção à política. Em vez disso, reconhecia, na visão da "arte pela arte" daquelas pessoas, uma libertação criativa do rígido dogma de Stassov da arte movida por ideias e politicamente engajada. Havia algo em Mussorgski — a falta de instrução formal ou o caráter caprichoso, quase infantil — que o fazia depender de mentores como Stassov mas, ainda assim, brigar para se livrar deles. Podemos sentir essa tensão na carta a Repin:

> Então é isso, glorioso cavalo líder! A troica, quando em desordem, produz o que tem de produzir. Não para de puxar [...] Que imagem do Mestre [Stassov] fizeste! Ele parece se esgueirar da tela e entrar na sala. O que acontecerá quando for envernizado? Vida, poder — puxa, cavalo líder! Não te canses! Sou apenas o cavalo do lado e só puxo de vez em quando para fugir à desgraça. Tenho medo do chicote![39]

Antokolski sentia o mesmo impulso artístico a puxá-lo para longe da direção de Stassov. Ele deixou de trabalhar na *Inquisição*, dizendo estar cansado da arte cívica, e viajou pela Europa nos anos 1870, quando passou a se dedicar cada vez mais a temas artísticos puros em esculturas como *A morte de Sócrates* (1875-77) e *Jesus Cristo* (1878). Stassov ficou enraivecido. "Deixaste de ser um artista das massas obscuras, o personagem desconhecido na multidão", escreveu a Antokolski em 1883. "Os teus temas se tornaram a 'aristocracia do homem' — Moisés, Cristo, Spinoza, Sócrates."[40]

Até Repin, o "cavalo líder", começou a se afastar dos arreios de Stassov: não puxaria mais a sua balsa no Volga. Viajou para o Ocidente, apaixonou-se pelos impressionistas e produziu retratos em estilo francês e lindas cenas de café que não poderiam estar mais distantes da escola nacional russa de arte utilitária para fazer pensar. "Esqueci como refletir e avaliar uma obra de arte", escreveu Repin, em Paris, a Kramskoi, "e não me arrependo da perda dessa faculdade que costumava me consumir; ao contrário, prefiro que nunca retorne, embora sinta que, de volta à terra natal, ela reclamará os seus direitos sobre mim — é assim que são as coisas por lá."[41] Stassov condenou Repin pela deserção e acusou-o de negligenciar o seu dever artístico para com o povo russo e a sua terra natal. As relações chegaram a ponto de se romper no início da década de 1890, quando Repin voltou à Academia e reavaliou a sua opinião sobre a tradição clássica, negando efetivamente toda a escola nacional. "Stassov amava a sua arte bárbara, os seus pequenos artistas gordos, feios, imaturos que gritavam as suas profundas verdades humanas", escreveu Repin em 1892.[42] Por algum tempo, o artista chegou a flertar com o Mundo da Arte — Benois e Diaguilev, ou os "decadentes", como gostava de dizer Stassov — e o seu ideal de arte pura. Mas a atração da "Rússia" era forte demais — e, no final, ele reatou as relações com Stassov. Por mais que amasse a luz da França, Repin sabia que não poderia ser um artista alienado das antigas e malfadadas questões da sua terra natal.

3

Em 1855, Tolstoi perdeu no carteado a sua casa favorita. Durante dois dias e duas noites jogou *shtoss* com os colegas oficiais na Crimeia e perdeu o tempo todo, até que, finalmente, confessou ao diário "a perda de tudo — a casa de Iasnaia Poliana. Acho que não faz sentido escrever — estou tão enojado comigo que gostaria de esquecer a minha existência".[43] Boa parte da vida de Tolstoi pode ser explicada por esse jogo de cartas. Afinal de contas, aquela não era uma casa comum, mas o lugar onde nascera, o lar onde passara os primeiros nove anos e herança sagrada que a amada mãe lhe deixara. Não que a velha casa dos Volkonski fosse tão impressionante assim quando Tolstoi, com apenas 19 anos, herdou a propriedade e os seus 800 hectares e duzentos servos com a morte do pai em 1847. A tinta da casa começara a descascar, havia goteiras no telhado e uma varanda apodrecida, os caminhos estavam cobertos de mato e o jardim inglês já virara matagal havia muito tempo. Mas assim mesmo era preciosa para Tolstoi. "Eu não venderia a casa por nada", escrevera ao irmão em 1852. "É a última coisa de que me disporia a me separar."[44] Ainda assim, para pagar as dívidas de jogo, Tolstoi foi obrigado a vender a casa onde nasceu. Tentou evitar o inevitável vendendo todas as suas onze aldeias, juntamente com os servos, o estoque de madeira e os cavalos, mas a quantia apurada ainda não era suficiente para tirá-lo do vermelho. A casa foi comprada por um comerciante local e desmembrada para a venda em lotes.

Tolstoi se mudou para uma casa menor, um anexo da antiga mansão dos Volkonski e, como se quisesse compensar o sórdido carteado, impôs-se a tarefa de restaurar a propriedade e transformá-la em fazenda-modelo. Tinha havido projetos anteriores desse tipo. Em 1847, ao chegar como jovem senhor, ele pretendera se tornar fazendeiro-modelo, pintor, músico, estudioso e escritor com os interesses dos camponeses no coração. Esse foi o tema de *A manhã de um senhor* (1852), esboço inacabado de um pretenso romance grandioso sobre um senhor de terras (leia-se: Tolstoi) que busca uma vida de felicidade e justiça no campo e descobre que isso não se encontra num ideal, mas no trabalho constante pelo bem dos menos afortunados do que ele. Nesse primeiro período, Tolstoi propusera reduzir os impostos cobrados dos servos da sua propriedade — mas os servos desconfiaram da sua intenção e recusaram a oferta. Tolstoi se irritou — subestimara o abismo entre nobre e servo —, trocou o campo pela vida elegante de Moscou e depois entrou no exército do Cáucaso. Na época do seu retorno, em 1856, havia um novo espírito de reforma no ar. O tsar mandara a nobreza se preparar para a libertação dos servos. Com nova determinação, Tolstoi se lançou à tarefa de ter com os camponeses uma "vida de verdade". Estava enojado da sua vida anterior — o jogo, as prostitutas, os banquetes e bebedeiras excessivos, a vergonha da riqueza e a falta de algum trabalho ou propósito real na vida. Como os populistas com o seu "ir ao povo", prometeu levar uma vida nova, uma vida de verdade moral baseada na labuta camponesa e na fraternidade entre os homens.

Em 1859, Tolstoi abriu a primeira escola para as crianças da aldeia de Iasnaia Poliana; em 1862, havia treze escolas na localidade, os professores vindos principalmente daqueles estudantes que haviam sido expulsos das universidades devido às opiniões revolucionárias.[45] Tolstoi se tornou magistrado, nomeado pelo tsar para implementar o manifesto da emancipação, e enraiveceu todos os colegas, os principais nobres da região de Tula, ao ficar do lado dos camponeses nas suas pretensões à terra. Na sua propriedade, Tolstoi deu aos camponeses uma proporção considerável da terra; em lugar nenhum da Rússia o manifesto foi cumprido com tamanho espírito de generosidade. Parecia que Tolstoi quase ansiava por distribuir a sua riqueza. Sonhava em abandonar a existência privilegiada e viver da terra como um camponês. Por algum tempo, até tentou. Em 1862, instalou-se definitivamente em Iasnaia Poliana com a nova esposa Sonia, demitiu todos os criados e se encarregou pessoalmente da fazenda. A experiência foi um fracasso retumbante. Tolstoi não se dava ao trabalho de cuidar dos porcos, e acabou matando-os deliberadamente de fome. Não sabia curar presunto, fazer manteiga, arar nem limpar os campos e logo perdia a paciência e fugia para Moscou ou se trancava no escritório e deixava tudo nas mãos dos trabalhadores contratados.[46]

No entanto, a fantasia não ia embora. "Agora vou lhes contar o que acabei de decidir", dizia às crianças da aldeia na sua escola. "Vou abrir mão da minha terra e do meu estilo de vida aristocrático e me tornar camponês. Construirei para mim uma cabana na margem da aldeia, vou me casar com uma mulher do campo e trabalhar a terra como vocês: ceifar, arar e tudo o mais." Quando as crianças lhe perguntaram o que faria com a propriedade, Tolstoi disse que a dividiria. "Nós a possuiremos toda em comum, como iguais, vocês e eu." E se, perguntaram as crianças, todos rissem dele e dissessem que perdera tudo: "Não vai sentir vergonha?" "O que querem dizer com 'vergonha'?", perguntou o conde, muito sério. "Há algo para se envergonhar em trabalhar para si? Os seus pais já lhes disseram que tinham vergonha de trabalhar? Não disseram. Que vergonha há no homem que alimenta a si e à família com o suor do seu rosto? Se alguém rir de mim, eis o que direi: não há nada para rir no trabalho de um homem, mas há muita vergonha e desgraça em não trabalhar e, ainda assim, viver melhor do que os outros. É disso que sinto vergonha. Como, bebo, cavalgo, toco piano e ainda me sinto entediado. Digo a mim mesmo: 'você é um imprestável'."[47]

O CASAMENTO CAMPONÊS

Ele falava a sério? Dizia isso para inspirar nas crianças orgulho pela vida de labuta camponesa que as aguardava ou realmente planejava se unir a elas? A vida de Tolstoi foi cheia de contradições, e ele nunca conseguiu decidir se devia se tornar camponês ou continuar nobre. Por um lado, adotava a cultura de elite da aristocracia. *Guerra e paz* é um romance que se regozija com esse mundo. Houve épocas, enquanto trabalhava nesse romance épico — como o dia em que uma das escolas de aldeia fechou em 1863 — em que desistiu dos camponeses, considerando-os um caso perdido. Não eram capazes de se instruir nem de serem compreendidos. *Guerra e paz* só mostraria "príncipes, condes, ministros, senadores e seus filhos", prometera num primeiro esboço, porque, como nobre, não conseguia entender o que pensaria um camponês, assim como não "entenderia o que uma vaca pensa ao ser ordenhada ou o que um cavalo pensa ao puxar um barril".[48] Por outro lado, toda a sua vida foi uma luta para renunciar àquele mundo de privilégio vergonhoso da elite e viver "pelo suor do seu rosto". A busca de uma vida simples de trabalho foi um tema constante nas obras de Tolstoi. Vejamos Levin, por exemplo, o nobre que ama os camponeses em *Anna Karenina* — personagem tão baseado na vida e nos sonhos de Tolstoi que era praticamente autobiográfico. Quem consegue esquecer aquele momento bem-aventurado em que Levin se une aos ceifeiros camponeses e se perde no grupo e no trabalho?

> Depois do desjejum, Levin não estava no mesmo lugar de antes na fila de ceifeiros, mas se encontrava entre o velho que o interpelara com zombaria e agora o convidara para ser seu vizinho e um jovem camponês que acabara de se casar no outono e que, neste verão, ceifava pela primeira vez.
>
> O velho, mantendo-se ereto, foi na frente, movendo-se com passos longos e regulares, os pés virados para fora, e balançava a foice com tanta precisão e regularidade, e aparentemente com a mesma falta de esforço, quanto o homem que balança os braços ao caminhar. Como se fosse brinquedo de criança, ele dispôs o capim num monte alto e

nivelado. Parecia que a lâmina afiada assoviava por conta própria pelo capim suculento.

Atrás de Levin vinha o garoto Mishka. O seu agradável rosto de menino, com um torçal de capim fresco amarrado no cabelo, trabalhava o tempo todo com esforço; mas sempre que alguém o olhava, ele sorria. Claramente, preferiria morrer a admitir que, para ele, aquilo era trabalho pesado.

Levin se manteve entre eles. No máximo calor do dia, ceifar não parecia um serviço assim tão pesado. A perspiração de que estava encharcado o refrescava, enquanto o sol, que lhe queimava as costas, a cabeça e os braços nus até o cotovelo, dava vigor e teimosa energia à sua labuta; e agora, com frequência cada vez maior, vinham aqueles momentos de esquecimento em que era possível não pensar no que fazia. A foice cortava por si. Aqueles eram momentos felizes.[49]

Tolstoi adorava estar entre os camponeses. Tirava prazer intenso — erótico, emocional — da sua presença física. O cheiro "de primavera" das barbas o levava a êxtases de deleite. Adorava beijar os camponeses. As camponesas ele achava irresistíveis — sexualmente atraentes e disponíveis para ele pelo seu "direito de nobre". Os diários de Tolstoi estão cheios de detalhes de conquistas de servas da propriedade — diário que presenteou, de acordo com o costume, à noiva Sonia (como Levin faz com Kitty) na véspera do casamento:* "21 de abril de 1858. Um dia maravilhoso. Camponesas no jardim e junto ao poço. Estou como um homem possuído."[50] Tolstoi não era bonito, mas tinha um imenso impulso sexual e, além dos treze filhos que Sonia teve, houve pelo menos outra dúzia de filhos seus nas aldeias de sua propriedade.

Mas houve uma camponesa que representou mais do que uma conquista sexual. Aksinia Bazykina tinha 22 anos — e era casada com um servo da sua propriedade — quando Tolstoi a viu pela primeira vez

---

* Diários semelhantes foram presenteados às futuras esposas pelo tsar Nicolau II, pelo romancista Vladimir Nabokov e pelo poeta Vladimir Khodassevich.

em 1858. "Estou apaixonado como nunca", confessou ao diário. "Hoje, no bosque. Sou um tolo. Um animal. O seu rubor cor de bronze e os olhos... Não penso em outra coisa."[51] Era mais do que luxúria. "Não são mais os sentimentos de um garanhão", escreveu em 1860, "mas de um marido pela esposa."[52] Parece que Tolstoi pensava seriamente numa nova vida com Aksinia em alguma "cabana na margem da aldeia". Turgueniev, que o via com frequência na época, escreveu que Tolstoi estava "apaixonado por uma camponesa e não quis discutir literatura".[53] O próprio Turgueniev teve vários casos de amor com as suas servas (uma chegou a lhe dar dois filhos), e deve ter entendido o que Tolstoi sentia.[54] Em 1862, quando se casou com Sonia, Tolstoi tentou romper relações com Aksinia; e, nos primeiros anos do casamento, quando trabalhava sem descanso em *Guerra e paz*, é difícil imaginar que perambulasse pelo bosque para encontrá-la. Mas, nos anos 1870, voltou a vê-la. Ela lhe deu um filho chamado Timofei, que se tornou cocheiro em Iasnaia Poliana. Muito depois disso, Tolstoi continuava a sonhar com Aksinia. Mesmo nos últimos anos da sua longa vida, meio século depois do primeiro encontro, ele recordava a alegria ao ver "as pernas nuas" de uma moça camponesa e "pensar que Aksinia ainda vive".[55] Isso era mais do que a atração costumeira do nobre pela serva. Aksinia foi a "esposa" não oficial de Tolstoi, e ele continuou a amá-la quando ela envelheceu. Não era bonita do modo convencional, mas tinha certas qualidades, uma vivacidade e uma força espiritual que a tornavam amada por todos os aldeões. "Sem ela", escreveu Tolstoi, "o *khorovod* não era *khorovod*, as mulheres não cantavam, as crianças não brincavam".[56] O escritor a via como a personificação de tudo o que era bom e belo na camponesa russa —, ela era orgulhosa, forte, sofredora — e foi assim que a desenhou em várias obras suas. Ela aparece, por exemplo, em "O diabo", que conta a história do seu caso de amor com ela antes e depois do casamento. Talvez seja importante que Tolstoi não soubesse como terminar o conto. Foram publicadas duas conclusões diferentes: numa, o herói mata a camponesa; na outra, ele se suicida.

A história da vida de Tolstoi também não se resolveu. Em meados da década de 1870, quando a "ida ao povo" chegou ao apogeu, Tolstoi passou por uma crise moral que o levou, como os estudantes, a buscar a salvação no campesinato. Como conta em *Confissão* (1879-80), ele percebeu de repente que, na verdade, nada do que dera significado à sua vida — a felicidade da família e a criação artística — fazia sentido. Nenhum dos grandes filósofos lhe ofereciam consolo. A religião ortodoxa, com a sua Igreja opressora, era inaceitável. Ele pensou em suicídio. Mas, de repente, viu que havia uma verdadeira religião na qual depositar a sua fé: a vida comunitária sofrida e trabalhadora do campesinato russo. "Essa tem sido toda a minha vida", escreveu ao primo. "Tem sido o meu mosteiro, a igreja para onde eu fugi e na qual me refugiei de todas as angústias, dúvidas e tentações da minha vida."[57]

Mas, mesmo depois dessa crise espiritual, Tolstoi continuou ambivalente: idealizava os camponeses e amava estar com eles, mas durante muitos anos não conseguiu se forçar a romper com as convenções da sociedade e se tornar um deles. De várias maneiras, só brincava de ser "camponês". Quando saía para passear ou cavalgar, vestia roupas camponesas — ficou conhecido no mundo inteiro pela camisa camponesa com cinto, as calças e os sapatos de casca de bétula —, mas, quando ia a Moscou ou jantava com amigos, vestia roupas de alfaiataria. Durante o dia, labutava nos campos de Iasnaia Poliana; depois, voltava à casa senhorial para um jantar servido por copeiros de luvas brancas. O pintor Repin visitou o escritor em 1887 para fazer o primeiro de uma série de retratos de Tolstoi. Homem de origem genuinamente humilde, Repin ficou indignado com o comportamento do conde. "Descer por um dia às trevas da vida dos camponeses e proclamar: 'Estou convosco' — isso não passa de hipocrisia."[58] E parece que nem os camponeses se enganaram. Quatro anos depois, no ápice da fome de 1891, Repin visitou o conde outra vez. Tolstoi insistiu em lhe mostrar o "modo camponês" de arar um campo. "Várias vezes", recordou Repin, "alguns camponeses de Iasnaia Poliana passaram, tiraram o chapéu, curvaram-se e depois continuaram andando como se não notassem a proeza do conde. Mas aí aparece outro grupo de camponeses, evidentemente da aldeia próxima. Param e fitam durante um bom tempo. Então uma coisa estranha acontece. Nunca na vida vi uma expressão mais clara de ironia no rosto simples de um camponês."[59]

Tolstoi tinha consciência da ambiguidade e, durante anos, se angustiou. Como escritor, e russo ainda por cima, sentia que era responsabilidade do artista oferecer ao povo liderança e esclarecimento. Por isso fundara escolas camponesas, gastara energia escrevendo contos pastorais e abrira uma editora ("O Intermediário") para publicar os clássicos (Pushkin, Gogol, Leskov e Chekhov) para a massa crescente de leitores do campo. Mas, ao mesmo tempo, passava a pensar que os camponeses eram os professores da sociedade e que nem ele nem outros rebentos das civilizações imorais do mundo tinham algo a lhes dar. Ao ensinar nas escolas de aldeia, chegou à conclusão de que o camponês tinha uma sabedoria moral mais elevada do que o nobre, ideia que explicava pelo modo de vida natural e comunitário do camponês. Eis o que o camponês Karataiev ensina a Pierre em *Guerra e paz*:

> Karataiev não tinha apegos, amizades nem amor do modo como Pierre os entendia, mas amava e vivia afetuosamente com tudo o que a vida o punha em contato, principalmente com o homem — não algum homem específico, mas aqueles com quem por acaso estivesse [...] Para Pierre, ele sempre seria [...] a personificação insondável, completa e eterna do espírito de verdade e simplicidade.[60]

A cada ano que passava, Tolstoi se esforçava cada vez mais para viver como camponês. Aprendeu a fazer os próprios móveis e sapatos. Parou de escrever e passava o tempo trabalhando no campo. Numa guinada em relação à vida anterior, chegou a defender a castidade e se tornou vegetariano. Às vezes, à noite, juntava-se aos peregrinos que percorriam a estrada de Moscou a Kiev, que passava pela propriedade. Andava quilômetros com eles, retornando descalço nas primeiras horas da manhã com nova confirmação da sua fé. "Sim, essas pessoas conhecem Deus", dizia. "Apesar de todas as superstições, como a crença em São Nicolau da Primavera e São Nicolau do Inverno ou no Ícone das Três Mãos, estão mais próximos de Deus do que nós. Levam vidas morais e trabalhadoras e, em vários aspectos, a sua sabedoria simples é superior a todos os artifícios da nossa moral e filosofia."[61]

4

Em 1862, Tolstoi se casou com Sofia (Sonia) Behrs, filha do dr. Andrei Behrs, médico residente do Palácio do Kremlin, em Moscou, numa cerimônia na Catedral da Assunção, no Kremlin. Tolstoi aproveitou esse evento para escrever a esplêndida cena do casamento de Kitty e Levin em *Anna Karenina*. Como em muitos casamentos nobres da época, a cerimônia combina rituais ortodoxos e camponeses; e há uma insistência, declarada pela princesa Scherbatskaia, mãe de Kitty, "no respeito estrito a todas as convenções".[62] Na verdade, pode-se ler a cena como documento etnográfico sobre esse aspecto especial do modo de vida russo.

Todos os russos conhecem os versos de *Eugene Oneguin*, de Pushkin, nos quais a saudosa Tatiana pergunta à babá se já se apaixonou. A camponesa responde contando a triste história de como se casou, com apenas 13 anos, com um garoto ainda mais novo que ela nunca vira:

"Era tão diverso o tempo antigo!
De amor não se ouvia falar.
A bondosa mãe do meu marido
Seria capaz de me matar!"
"Babá, então como se casou?"

"Acho que foi porque Deus mandou...
Pois eu mal fizera treze anos,
E mais novo ainda era o meu Danny.
Insistiu muito o casamenteiro,
Por quinze dias nos visitou,
Até que o meu pai abençoou.
Tive tanto medo... ah, como chorei;
Chorei, e meu cabelo destrançaram,
E cantando à igreja me levaram.

"E assim me entregaram a estranhos...
Mas sequer estás me escutando."[63]

A cena resume o contraste entre as duas culturas diferentes — a europeia e a do povo — na sociedade russa. Enquanto Tatiana vê o casamento pelo prisma da literatura romântica, a babá o vê do ponto de vista de uma cultura patriarcal em que os sentimentos ou opções individuais sobre o amor são luxos estrangeiros. Tolstoi traça o mesmo contraste na cena de casamento de Kitty. Durante a cerimônia, Dolly pensa lacrimosa no seu romance com Stiva Oblonski e, "esquecendo o presente" (ou seja, todas as infidelidades sexuais dele), recordou apenas o seu amor jovem e inocente. Enquanto isso, na entrada da igreja há um grupo de mulheres comuns que vieram da rua para "olhar empolgadas, sem respirar" o casal de noivos fazer os votos matrimoniais. Escutemos como conversam entre si:

— Por que o rosto dela tem marcas de lágrimas? Estará se casando contra a vontade?
— Contra a vontade com um homem tão bom? Um príncipe, não é?
— A de cetim branco é irmã dela? Escutem o diácono bradar: "Mulher, obedece ao teu marido!"
— O coro é de Chudovski?
— Não, é do Sínodo.

— Perguntei ao pajem. Parece que ele vai levá-la diretamente para a casa no campo. Dizem que é riquíssimo. Por isso ela está se casando com ele.

— Ah, não. Combinam tão bem como casal.

[...]

— Que linda criaturinha é a noiva... como um cordeiro adornado para o abate. Digam o que quiserem, tenho pena da mocinha.[64]

"Um cordeiro adornado para o abate" talvez não seja como Kitty se sentia — o seu caso de amor com Levin era um verdadeiro romance —, mas, se é possível se guiar pela experiência de Sonia, ela pode ter encontrado alguns pontos em comum com essas mulheres da rua.

Sonia tinha 18 anos quando se casou com Tolstoi; bastante jovem pelo padrão europeu, mas não pelo russo. Na verdade, 18 anos era a média de idade para o casamento de mulheres na Rússia do século XIX — bem menos até do que nas regiões pré-industriais da Europa ocidental, onde as mulheres tendiam a se casar relativamente cedo (por volta dos 25 anos).[65] (Nos últimos trezentos anos, nenhum outro país europeu teve média de idade do primeiro casamento feminino abaixo dos 20 anos — e, nesse aspecto, o casamento russo se encaixa melhor no padrão asiático.[66]) Portanto, a babá de Tatiana não foi excepcional ao se casar tão jovem, embora 13 anos fosse a idade mínima para casamento sob a lei canônica russa. Os proprietários de servos gostavam que as camponesas se casassem cedo para lhes gerar mais servos; o fardo da tributação podia ser facilmente utilizado para que os pais camponeses fossem da mesma opinião. Às vezes, os proprietários de servos forçavam os casamentos precoces: os seus meirinhos alinhavam em duas filas as moças e rapazes em idade de casar e tiravam a sorte para decidir quem se casaria com quem.[67] Nas classes superiores (embora não entre os comerciantes), as moças se casavam mais tarde, embora nas províncias não fosse raro uma noiva nobre ser pouco mais do que uma criança. Sonia Tolstoi teria se solidarizado com a princesa Raievskaia, que ficou viúva aos 35 anos — quando então já dera à luz dezessete filhos, o primeiro aos 16 anos apenas.[68]

O casamento arranjado era a norma da Rússia camponesa até o início do século XX. O casamento camponês não era um laço de amor entre indivíduos ("De amor não se ouvia falar", recorda a babá de Tatiana). Era um rito coletivo que pretendia unir o casal e a nova família à cultura patriarcal da aldeia e da Igreja. Normas comunitárias estritas determinavam a escolha do cônjuge: sobriedade e diligência, saúde e talento com crianças eram mais importantes do que boa aparência ou personalidade. Em toda a Rússia, segundo o costume, os pais do noivo, na temporada outonal de namoro, nomeavam um casamenteiro para encontrar uma noiva numa das aldeias próximas e combinar a sua inspeção num *smotrinie*. Se tudo corresse bem, as duas famílias começariam a negociar o preço da noiva, o custo do enxoval, a troca de propriedades familiares e as despesas do matrimônio. Depois de tudo combinado, o contrato formal de casamento era selado com um brinde testemunhado por toda a comunidade e marcado pelo canto de uma música cerimonial e um *khorovod*.[69] A julgar pela natureza melancólica dessas músicas, a noiva não via com boa expectativa o dia do casamento. Havia toda uma série de canções pré-nupciais — a maioria delas, lamentos nos quais a noiva "pranteava", como descreveu Dahl, folclorista do século XIX, "a perda da castidade".[70] O *khorovod* pré-nupcial, cantado e dançado pelas moças da aldeia na primavera, era uma música triste e amargurada sobre a futura vida na casa do marido:

> Vão me casar com um boçal
> Com família bem grandinha.
> Oh! Oh! Oh! Oh! Pobre de mim!
> Tem pai, tem mãe
> Seis irmãos
> E o caçulinha.
> Oh! Oh! Oh! Oh! Pobre de mim!

O CASAMENTO CAMPONÊS

O meu sogro diz:
— Lá vem a ursa!
A minha sogra diz:
— Lá vem a cadela!
E as cunhadas dizem:
— Lá vem a inútil!
E os cunhados dizem:
— Lá vem a encrenqueira!
Oh! Oh! Oh! Oh! Pobre de mim![71]

O noivo e a noiva tinham um papel bastante passivo nos rituais matrimoniais camponeses, encenados por toda a comunidade num desempenho dramático extremamente formalizado. Na noite da véspera do casamento, a noiva era despida do costumeiro cinto que lhe protegia a pureza de donzela e lavada pelas moças da aldeia na casa de banhos. O banho da noiva (*dievichnik*) tinha um significado simbólico importante. Era acompanhado por canções rituais para convocar os espíritos mágicos da casa de banhos, que, segundo se acreditava, protegeriam a noiva e os seus filhos. Torcia-se a toalha com que a noiva era secada para retirar a água, usada para fermentar a massa dos bolinhos rituais servidos aos convidados no banquete do casamento. O clímax desse rito da casa de banhos era desfazer a trança única da donzela, refeita em duas para simbolizar a sua entrada na vida de casada. Como nas culturas orientais, a exposição do cabelo feminino era considerada um excitante sexual, e todas as camponesas russas casadas usavam o cabelo trançado oculto sob um lenço ou touca. A virgindade da noiva era questão de importância comunitária e, até ser confirmada pelo dedo do casamenteiro ou pela presença de manchas de sangue nos lençóis, a honra da família ficaria sob suspeita. No banquete nupcial, não era raro que os convidados servissem de testemunhas do defloramento da noiva — chegando às vezes até a despir o casal e amarrar as pernas juntas com toalhas bordadas.

Nas classes superiores, ainda havia vestígios desses costumes patriarcais no século XIX e, entre os mercadores, como sabem todos os que conhecem as peças de Ostrovski, essa cultura camponesa estava viva. Na aristocracia russa, os casamentos arranjados continuaram a ser norma muito depois de substituídos pelos românticos na Europa; e, embora o amor romântico exercesse mais influência no século XIX, nunca se tornou realmente o princípio condutor. Mesmo nas famílias mais instruídas, quase sempre os pais tomavam a decisão final sobre a escolha do cônjuge, e a literatura de memórias da época está cheia de relatos de casos de amor que se chocaram com a sua oposição. No final do século XIX, o pai raramente se recusaria a sancionar o casamento do filho ou filha; mas, em deferência ao antigo costume, continuou a ser prática aceita que o pretendente abordasse primeiro os pais e buscasse a sua permissão para pedir a mão da moça.

Nas províncias, onde em geral a nobreza era mais próxima da cultura dos camponeses, as famílias nobres demoraram ainda mais para assimilar a noção europeia de amor romântico. As propostas de casamento costumavam ser tratadas pelos pais do pretendente e da futura noiva. O pai de Serguei Aksakov se casou assim, com os pais dele fazendo o pedido ao pai da noiva.[72] O costume camponês de indicar um casamenteiro também foi mantido por muitas famílias nobres nos séculos XVIII e XIX, assim como a inspeção da noiva — embora com um costumeiro jantar no qual o nobre pudesse conhecer a filha da família e, se a aprovasse, propor ali mesmo aos pais o contrato de casamento.[73] Os contratos de casamento também costumavam ser feitos entre as famílias nobres de noivo e noiva. Quando os pais de Serguei Aksakov ficaram noivos nos anos 1780, o contrato de casamento foi selado com uma festa à qual toda a comunidade compareceu — como era costume entre os camponeses.[74] O contrato de casamento dos nobres era algo complicado, recordou Elizaveta Rimski-Korsakova, que ficou noiva nos anos 1790. Exigia várias semanas de preparação cuidadosa, enquanto "o povo que sabia os preços organizava tudo", e precisava ser fechado numa grande festa de noivado, com a presença dos parentes de ambas as famílias, na qual havia orações, presentes caros dados como sinal de boas intenções e troca de retratos da noiva e do noivo.[75]

Moscou era o centro do mercado matrimonial da nobreza das províncias. Os bailes de outono em Moscou eram uma tradução consciente dos rituais outonais de namoro representados pelos camponeses e seus casamenteiros. Daí vem o conselho dado à mãe de Tatiana em *Eugene Oneguin*:

> A Moscou e à feira conjugal!
> Vagas aos montes e coisa e tal![76]

O próprio Pushkin conheceu a esposa Natalia Goncharova, na época com apenas 16 anos, num baile de outono em Moscou. De acordo com F. F. Viguel, memorialista do início do século XIX, havia na cidade

> toda uma classe de casamenteiros a quem os pretendentes nobres podiam recorrer, dando-lhes a idade da noiva desejada e as várias condições da proposta. Esses casamenteiros tornavam os negócios conhecidos na Assembleia dos Nobres, principalmente na temporada de outono, quando os nobres vinham das províncias procurar noivas.[77]

Em *Anna Karenina*, Levin vai a Moscou cortejar Kitty. Os rituais do seu casamento se basearam em igual medida nos sacramentos da Igreja e nos costumes pagãos dos camponeses. Kitty deixa a casa dos pais e vai com o ícone da família até a igreja se encontrar com Levin (que se atrasa, como Tolstoi no próprio casamento, porque o criado não sabia onde guardara a sua camisa). Os pais da noiva e do noivo estão ausentes da cerimônia, como exigido pelo costume, pois o casamento era considerado o momento em que o casal deixa a casa terrena e se une na família da Igreja. Como todas as noivas russas, Kitty é acompanhada pelos padrinhos, cujo papel costumeiro é ajudar o padre a ministrar esse rito de passagem oferecendo à noiva e ao noivo o pão sagrado do matrimônio, abençoando-os com ícones e pondo na cabeça dos dois as "coroas matrimoniais".

— Ponha logo! — foi o conselho ouvido de todos os lados quando o padre trouxe as coroas e Scherbatski, a mão trêmula na luva de três botões, segurou a coroa no alto, acima da cabeça de Kitty.

— Ponha logo! — sussurrou ela, sorrindo.

Levin a olhou e ficou surpreso com a sua expressão beatífica. Não conseguiu deixar de se contagiar com aquele sentimento e ficar tão alegre e contente quanto ela.

De coração leve, eles escutaram a leitura da Epístola e ouviram o diácono ribombar o último versículo, aguardado com enorme impaciência pelo público lá fora. De coração leve, beberam o vinho tinto morno com água na taça rasa, e o seu espírito se elevou ainda mais quando o padre, jogando para trás a estola e pegando as suas mãos na dele, levou-os até o outro lado do púlpito onde uma voz de baixo entoou *"Alegrai-vos, oh, Isaías!"*. Scherbatski e Chirikov, que seguravam as coroas e se enredavam na cauda da noiva, também sorriram e ficaram inexplicavelmente felizes. Ficavam para trás ou tropeçavam na noiva e no noivo toda vez que o padre parava. A fagulha de alegria que ardia no coração de Kitty parecia ter-se espalhado por todos na igreja. Levin imaginou que o padre e o diácono queriam sorrir tanto quanto ele.

O padre tirou a coroa da cabeça dos dois, leu a última oração e deu parabéns ao jovem casal. Levin deu uma olhadela em Kitty e achou que nunca a vira assim, tão adorável com a nova luz de felicidade brilhando no rosto. Quis lhe dizer alguma coisa, mas não sabia se a cerimônia já havia terminado. O padre veio ajudá-lo e disse baixinho, um sorriso na boca bondosa:

— Beija a tua esposa, e tu, beija o teu marido — e tirou as velas das mãos deles.[78]

O CASAMENTO CAMPONÊS

A "coroação" (*venchanie*), que é como se chama a cerimônia de casamento na Rússia, simbolizava a graça que o casal de noivos recebia do Espírito Santo para criar uma nova família ou igreja doméstica. As coroas costumavam ser feitas de folhas e flores. Eram coroas de alegria e martírio, pois todo casamento cristão envolvia sacrifício de ambas as partes. Mas também tinham um significado mais secular: no povo comum, o par de noivos era chamado de "tsar" e "tsarina", e os provérbios diziam que a festa de casamento devia ser "*po tsarskii*" — um banquete digno de reis.[79]

O casamento russo tradicional era patriarcal. Os direitos do marido eram reforçados pelos ensinamentos da Igreja, pelo costume, pelo cânone e pelas leis civis. De acordo com o Digesto das Leis de 1835, o principal dever da mulher era "submeter-se à vontade do marido" e residir com ele sob todas as circunstâncias, a menos que ele fosse exilado para a Sibéria.[80] O Estado e a Igreja concebiam o marido como um autocrata; a sua autoridade absoluta sobre a esposa e a família fazia parte da ordem divina e natural. "O marido e a mulher são um só corpo", declarou Konstantin Pobedonostsev, o arquirreacionário procurador-geral do Santo Sínodo e tutor pessoal dos dois últimos tsares. "O marido é a cabeça da mulher. A mulher não se distingue do marido. Esses são os princípios básicos dos quais provêm os artigos da nossa lei."[81] Na verdade, as russas tinham direito legal a controlar a sua propriedade — direito, ao que parece, estabelecido no século XVIII; em alguns aspectos relativos à propriedade, estavam em melhor situação do que as mulheres do resto da Europa ou da América.[82] Mas estavam em grave desvantagem quando se tratava de herdar propriedades familiares; não tinham direito legal de pedir a separação nem de questionar a autoridade do marido; e, a não ser em caso de lesão grave, não tinham proteção contra agressões físicas.

"Oh, oh, oh, oh, pobre de mim!" O lamento nupcial não era injustificado. A esposa camponesa estava destinada a uma vida de sofrimento, tanto, na verdade, que a sua vida se tornou o símbolo do padecimento camponês, usada pelos escritores do século XIX para dar destaque aos piores aspectos da vida russa. A família camponesa tradicional era muito maior do que a europeia correspondente e costumava ter mais de doze membros, com as esposas e os filhos de dois ou três irmãos morando no mesmo teto que os pais. Provavelmente, a jovem noiva que chegasse a essa família seria sobrecarregada com as piores tarefas, como as de buscar água e cozinhar, lavar e cuidar de crianças, tratada em geral como criada. Teria de suportar os avanços sexuais não só do marido como também do pai dele, pois o antigo costume camponês do *snokhachestvo* dava ao chefe da casa direito de acesso ao seu corpo na ausência do filho. Depois, havia as surras conjugais. Durante séculos os camponeses reivindicaram o direito de surrar as esposas. Os provérbios russos são cheios de conselhos sobre a sabedoria dessa violência:

"Bata na sua mulher com o cabo do machado, abaixe-se e veja se está respirando. Se estiver, ela finge e quer mais."

"Quanto mais a velha apanha, mais gostosa fica a sopa."

"Bata na sua mulher como num casaco de peles; assim haverá menos barulho."

"A esposa é boa duas vezes: quando é trazida para casa [como noiva] e quando é levada embora para o túmulo."[83]

Para os que viam o camponês como um cristão natural (isto é, praticamente toda a *intelligentsia*), esses costumes bárbaros eram um problema. Dostoievski tentou contorná-lo afirmando que o povo devia ser julgado pelas "coisas sagradas a que anseiam" e não pelos "atos frequentes de bestialidade", que não passavam de cobertura superficial, o "limo de séculos de opressão". Mas até Dostoievski tropeçou quando se tratava de surrar a esposa:

Já viste como o camponês bate na mulher? Eu já. Ele começa com uma corda ou correia. A vida camponesa é desprovida de prazeres estéticos — música, teatro, revistas; naturalmente essa lacuna tem de ser preenchida de algum modo. Depois de amarrar a esposa ou enfiar as suas pernas na abertura de uma tábua do assoalho, o nosso bom camponesinho começa, provável, metódica e friamente, talvez até com sono, com golpes medidos, sem dar ouvidos aos seus gritos e apelos. Ou então os escuta — e escuta com prazer: senão, que prazer haveria em surrá-la? [...] Os golpes chovem cada vez mais depressa, cada vez mais fortes — golpes incontáveis. Ele começa a ficar excitado e percebe que gosta. Os gritos animais da vítima torturada sobem-lhe à cabeça como vodca [...] Finalmente, ela se aquieta; para de guinchar e apenas geme, ofegando violentamente. E agora os golpes vêm ainda mais rápidos e mais furiosos. De repente, ele joga longe a correia; como um louco, pega uma vara ou galho, qualquer coisa, e o quebra nas costas dela com três aterrorizantes golpes finais. Chega! Ele para, senta-se à mesa, dá um suspiro e toma mais um trago.[84]

Surrar a esposa era um fenômeno raro na nobreza, mas os costumes patriarcais do *Domostroi*, o manual setecentista da família moscovita, ainda eram bastante evidentes. Alexandra Labzina, filha de uma família da pequena nobreza, foi casada em 1771, no seu 13º aniversário, com um homem que só conheceu no dia do casamento. Como o pai morrera e a mãe estava gravemente enferma, ela foi entregue ao marido com instruções da mãe de "obedecer em tudo". Acontece que o marido era uma fera e a tratava com crueldade. Trancava-a no quarto durante dias a fio enquanto dormia com a sobrinha ou passava dias fora em festins de bebida e prostitutas com os amigos. Proibiu-a de comparecer ao funeral da mãe e de ver a babá quando adoeceu. Finalmente, como muitos do seu tipo, o marido foi mandado administrar as minas de Petrozavodsk e, mais tarde, Nerchinsk, a colônia penal siberiana onde Volkonski cumpriu o exílio. Longe de toda censura social, o tratamento que dava à mulher ficou cada vez mais sádico. Numa noite gelada, trancou-a nua no celeiro enquanto ficava com prostitutas dentro de casa. Ela suportou tudo isso com submissão cristã até ele morrer de sífilis e ela voltar à Rússia, onde acabou se casando com o vice-presidente da Academia de Artes.[85]

O tratamento de Labzina foi excepcionalmente cruel, mas a cultura patriarcal que o produziu era quase universal nas províncias até a segunda metade do século XIX. A proprietária de terras Maria Adam, por exemplo, tinha uma tia na província de Tambov que se casara com um proprietário vizinho na década de 1850. Transpirou que o marido só se casara com ela para assumir a posse das propriedades da mulher e, logo depois do casamento, tornou a vida dela insuportável. A tia fugiu e buscou abrigo na casa da sobrinha, mas o marido foi buscá-la, ameaçou "esfolá-la viva" e, quando a criada da esposa interveio, surrou-a com o chicote. Finalmente, depois de cenas pavorosas, Maria levou a tia e a criada surrada para pedir ajuda na casa do governador da província, mas este não aceitou as provas das mulheres e as mandou embora. Durante três meses, elas moraram na casa de Maria, trancadas por dentro para se proteger do marido, que todos os dias ia agredi-las, até que, finalmente, no clima liberal de 1855, foi nomeado um novo governador que obteve permissão do Senado para a tia de Maria morar separada do marido.[86] Esses divórcios eram raríssimos — foram cerca de cinquenta por ano na Rússia inteira na década de 1850 e não passaram de poucas centenas por ano nas últimas décadas do século XIX:[87] muito menos do que na Europa da época. Até 1917, a Igreja russa manteve o controle do casamento e do divórcio e resistiu com teimosia à tendência europeia de afrouxar as leis do divórcio.

No final do casamento de Kitty, em *Anna Karenina*, o padre faz um gesto para o novo casal ir até um tapete de seda rosa onde serão realizados os sacramentos.

> Por mais que tivessem ambos ouvido o ditado de que quem pisasse primeiro no tapete seria a cabeça da casa, nem Levin nem Kitty conseguiram pensar nisso ao darem os primeiros passos na sua direção.

Sequer ouviram as observações e disputas barulhentas que se seguiram, alguns defendendo que Levin fora o primeiro e outros insistindo que ambos tinham pisado juntos.[88]

Tolstoi via o casamento de Kitty e Levin como o amor cristão ideal: um vive para o outro e, por meio desse amor, ambos vivem em Deus. A vida de Tolstoi foi uma busca exatamente dessa comunhão, dessa sensação de pertencer a um todo. O tema perpassa a sua obra literária. Houve uma época em que acreditou que encontraria essa comunidade na vida do Exército — mas acabou satirizando a "irmandade" militar e exigindo que o Exército fosse abolido. Depois, procurou-a no mundo literário de Moscou e São Petersburgo — mas acabou condenando-o também. Durante muito tempo, acreditou que a solução do seu problema estaria na santidade do matrimônio, e muitas obras suas exprimem esse ideal. Mas aí também fracassou a busca da verdadeira união. O seu egoísmo sempre atrapalhava. Tolstoi pode ter imaginado o seu casamento com Sonia como o apego idílico entre Levin e Kitty, mas a vida real era muito diferente. No casamento de Tolstoi, nunca houve dúvidas sobre quem pisara primeiro no tapete. O conde era tão bom quanto qualquer camponês no que dizia respeito às relações com a esposa. Nos oito primeiros anos do casamento, Sonia lhe deu oito filhos (de acordo com o diário dela, ele fazia exigências sexuais antes mesmo que ela se recuperasse do parto). Sonia servia de secretária particular e trabalhou longas horas noite adentro copiando os manuscritos de *Guerra e paz*. Mais tarde, Tolstoi confessaria que "agira mal e cruelmente, como todo marido age com a esposa. Dava-lhe todo trabalho pesado, o chamado 'serviço de mulher', e ia caçar ou me divertir".[89] Revoltado com o próprio comportamento, Tolstoi passou a questionar a base romântica do matrimônio. Eis aí o tema central de toda a sua ficção desde *Anna Karenina* até *A sonata a Kreutzer* (1891) e *Ressurreição* (1899). Anna está condenada à autodestruição, não tanto como vítima trágica da sociedade, mas por ser vítima trágica das próprias paixões (como Tolstoi das dele). Apesar do imenso sofrimento e do sacrifício que faz ao perder o próprio filho para ir atrás do amor de Vronski, Anna comete o pecado de viver para ser amada. Tolstoi explicou a sua avaliação num ensaio chamado "Sobre a vida" no qual falou da contradição de quem vive só para si e busca a felicidade como indivíduo, embora ela só possa ser encontrada ao viver para os outros. Essa é a lição que Levin aprende ao se instalar na vida de casado com mulher e filho: a felicidade depende da forma de amor que dá; e só podemos nos encontrar por meio da comunhão com os outros seres humanos. Tolstoi não encontrou isso no próprio casamento. Mas achou ter encontrado nos camponeses.

5

Em 1897, a sociedade russa mergulhou numa tempestade de debates sobre um conto curto. "Os camponeses", de Chekhov, conta a história de um garçom doente de Moscou que retorna, com a mulher e a filha, para a aldeia natal e descobre que a família atingida pela pobreza se ressente dele por levar mais bocas para alimentar. O garçom morre e a viúva, que ficou magra e feia na curta estada na aldeia, retorna a Moscou com essas tristes reflexões sobre a desesperança da vida camponesa:

> Durante os meses do verão e do inverno, havia horas e dias em que essa gente parecia viver pior do que o gado, e a vida com eles era realmente terrível. Eram grosseiros, desonestos, imundos, bêbados, sempre discutindo e brigando entre si, sem respeito nenhum pelos outros e vivendo com medo e desconfiança mútuos. Quem mantém os bares e embebeda os camponeses? O camponês. Quem se apropria dos fundos da aldeia, da escola e da paróquia e gasta tudo em bebida? O camponês. Quem rouba o vizinho, incendeia a casa e perjura no tribunal por uma garrafa de vodca? Quem é o primeiro a vilipendiar o camponês no conselho do distrito e em assembleias similares? O camponês. Sim, foi terrível morar com essa gente; ainda assim, são seres humanos que sofrem e choram como os outros, e na sua vida não havia nada que não lhes servisse de desculpa.[90]

O mito do bom camponês fora esvaziado por esse conto. O camponês agora era apenas um ser humano, brutalizado e enrudecido pela pobreza e não o portador de lições morais especiais para a sociedade. Os populistas acusaram Chekhov de não reproduzir os ideais espirituais da vida camponesa. Tolstoi chamou o conto de "pecado perante o povo" e disse que Chekhov não olhara a alma do camponês.[91] Os eslavófilos o atacaram como blasfêmia contra a Rússia. Mas os marxistas, cujas opiniões começavam a ser ouvidas, elogiaram o conto por revelar o modo como a ascensão da cidade capitalista provocara o declínio da aldeia. Os reacionários também gostaram do conto porque, disseram, provava que o camponês era o pior inimigo de si mesmo.[92]

Pode parecer estranho que uma obra da literatura causasse ondas de choque tão imensas em toda a sociedade. Mas a identidade da Rússia fora construída sobre o mito que Chekhov destruíra. O ideal populista do campesinato se tornara tão fundamental para a concepção que a nação tinha de si que questionar esse ideal era lançar a Rússia inteira numa dúvida angustiante. O impacto do conto foi ainda mais perturbador pelo estilo simples e factual com que fora redigido. Parecia menos obra de ficção do que estudo documental: o censor tsar se referiu a ele como "artigo".[93]

O conto de Chekhov foi fruto do conhecimento em primeira mão que o autor tinha dos camponeses. As aldeias em torno da sua pequena propriedade em Melikhovo continham muitos camponeses que iam trabalhar como garçons ou outros serviçais na vizinha Moscou. A influência da vida urbana se via claramente no comportamento dos que ficavam para trás. Pouco antes de escrever o conto, Chekhov observara um grupo de criados bêbados na sua cozinha. Um deles casara a filha contra a vontade em troca de um balde de vodca. Agora a bebiam.[94] Mas Chekhov não ficou chocado com essa cena. Com o passar dos anos, passara a conhecer os camponeses com o seu trabalho de médico. Os camponeses adoentados viajavam quilômetros para ir a Melikhovo e ele os tratava de graça. Durante a epidemia de cólera que se seguiu à crise da fome de 1891, parou de escrever e trabalhou como médico do *zemstvo* distrital de Moscou. O trabalho extenuante o fez conhecer as condições miseráveis em que viviam e morriam os camponeses mais pobres. "Os camponeses são brutos, anti-higiênicos e desconfiados", escreveu Chekhov a um amigo, "mas a ideia de que o nosso esforço não será em vão torna tudo isso imperceptível."[95] Em 1897, Chekhov ajudou a coletar estatísticas para o primeiro recenseamento nacional da história russa. Ficou horrorizado com o que descobriu — que a poucos quilômetros de Moscou havia aldeias em que seis de cada dez crianças morriam no primeiro ano de vida. Esses fatos o enraiveciam, como liberal de "pequenas ações" que era, empurrando-o politicamente para a esquerda. Ao saber, por exemplo, que os pobres que recebiam alta no hospital morriam por falta de cuidados apropriados, Chekhov fez uma arenga a Iejov, famoso colunista do diário direitista *Novoie vremia*, na qual defendia que, já que ficavam mais ricos transformando os camponeses pobres em bêbados e meretrizes, os ricos deveriam ser obrigados a cobrir o custo da sua assistência médica.[96]

Por trás de toda a polêmica que cercou o conto de Chekhov, havia uma questão profunda sobre o futuro da Rússia como terra camponesa. A antiga Rússia rural estava sendo eliminada pelo avanço das cidades, e a nação estava dividida quanto a isso. Para eslavófilos e populistas, que viam as virtudes inigualáveis da Rússia na antiga cultura e comunidade camponesas, a subjugação crescente da aldeia à cidade era uma catástrofe nacional. Mas, para os ocidentalistas, os liberais e os marxistas, que adotavam a cidade como força modernizadora, o campesinato era atrasado e destinado a se extinguir. Até o governo foi forçado a reavaliar a sua política camponesa quando a influência do mercado urbano começou a mudar o campo. A comuna camponesa não alimentava mais a população crescente do campo, muito menos gerava excedentes comercializáveis para o Estado tributar; e, conforme se aprofundava, a crise agrária se tornou o núcleo organizador da revolução camponesa. Desde 1861, o governo deixara as aldeias nas mãos das comunas, acreditando que eram os baluartes da ordem patriarcal no campo; a administração estatal parava no nível das pequenas cidades distritais. Mas, depois da Revolução de 1905, o governo mudou de política. Com Stolypin, primeiro-ministro de 1906 a 1911, tentou-se romper a comuna da aldeia, que organizara a guerra camponesa contra as casas nobres, estimulando os camponeses mais fortes a criar fazendas privadas em terras removidas do controle comunitário e, ao mesmo tempo, ajudando os fracos demais para cultivar ou que tinham perdido o acesso à terra com as novas leis de propriedade privada a se mudar para as cidades como trabalhadores.

A causa básica dessa transformação foi o lento declínio da agricultura camponesa na superpovoada zona central russa. Os costumes igualitários do campesinato lhe davam pouco incentivo para produzir algo além de filhos. Afinal, a comuna distribuía a terra pelas famílias de acordo com o número de bocas a alimentar. Na segunda metade do século XIX, a taxa de natalidade na Rússia (cerca de cinquenta nascimentos anuais por mil habitantes) era quase o dobro da média europeia e o valor mais alto surgia nas áreas de posse comunitária onde a divisão da terra era feita de acordo com o tamanho da família. O aumento astronômico da população camponesa (de 50 para 79 milhões de 1861 a 1897) resultou na escassez crescente de terras. Na virada do século, uma em cada dez famílias camponesas não tinha terra nenhuma; e uma em cada cinco tinha um lote minúsculo com pouco mais de um hectare que mal alimentava uma família, devido aos métodos primitivos de cultivo usados na zona agrícola central. As comunas mantinham o sistema de três campos usado na Europa ocidental na época medieval, no qual dois campos eram semeados e o terceiro descansava todo ano. Cada família recebia um determinado número de faixas aráveis de acordo com o seu tamanho e, como os animais de criação pastavam no mato e não havia sebes, todos os agricultores tinham de seguir a mesma rotação de culturas. Com o crescimento da população, as faixas de terra arável produtiva ficaram cada vez mais estreitas. Nas regiões mais superpovoadas, essas faixas tinham poucos metros de largura apenas, tornando impossível o uso de arados modernos. Para alimentar a população crescente, as comunas puseram mais terras sob o arado, reduzindo os pastos e a terra em repouso. Mas o efeito a longo prazo foi piorar a situação, pois o solo se esgotou com o excesso de cultivo enquanto os rebanhos (principal fonte de fertilizante) se reduziam com a escassez de pasto. No final do século XIX, uma em cada três famílias camponesas não tinha sequer um cavalo.[97] Milhões de camponeses foram expulsos da terra pela pobreza esmagadora. Alguns conseguiam sobreviver com ofícios locais, como tecelagem, cerâmica ou carpintaria, como lenhadores ou carroceiros, embora muitos desses ofícios estivessem sendo eliminados pela concorrência fabril; ou trabalhavam como diaristas na propriedade dos nobres, embora o fluxo de novas máquinas reduzisse a procura por eles a cada ano que passava. Outros deixaram as áreas centrais superlotadas e foram para as estepes vastas e vazias da Sibéria, onde se disponibilizavam terras a colonos. Mas a maioria foi forçada a ir para as cidades e aceitar emprego não especializado nas fábricas ou trabalhar na criadagem de empresas ou residências. O garçom de Chekhov era um desses.

Os novos modos urbanos também se filtravam até as aldeias remotas. A tradicional família extensa camponesa começou a se decompor quando os camponeses mais jovens e alfabetizados lutaram para se livrar da tirania patriarcal da aldeia e criar família própria. Viam a cidade e os seus valores culturais como rota para a independência e a autoestima. Praticamente qualquer trabalho urbano parecia desejável comparado à dificuldade e à rotina monótona da vida camponesa. Uma pesquisa com alunos rurais no início da década de 1900 verificou que metade deles queria ter uma "profissão qualificada" na cidade, enquanto menos de dois por cento tinham algum desejo de seguir os passos dos pais camponeses. "Quero ser vendedor de loja", disse um menino, "porque não gosto de andar na lama. Quero ser como aquelas pessoas que vestem roupas limpas e trabalham em lojas."[98] Os educadores se alarmaram porque, depois de aprender a ler, muitos, os meninos camponeses principalmente, davam as costas ao trabalho agrícola e se punham acima dos outros, fanfarronando-se com roupas citadinas extravagantes. Esses meninos, escreveu um aldeão, "fugiriam para Moscou e aceitariam qualquer emprego".[99] Eles viam a aldeia como um mundo "sombrio" e "atrasado" de superstição e pobreza incapacitante — um mundo que Trotski descreveria como a Rússia dos "ícones e baratas" — e idealizavam a cidade como força de progresso social e esclarecimento. Estava aí a base da revolução cultural sobre a qual se construiria o bolchevismo. Afinal, as bases do partido eram recrutadas principalmente entre meninos camponeses como esses; e a sua ideologia era a ciência do desprezo pelo mundo camponês. A revolução o destruiria inteiramente.

O bolchevismo foi construído sobre a cultura comercial de massa das cidades. A canção urbana, o foxtrote e o tango, o gramofone, os parques de diversão e o cinema — foram essas as suas formas depois de 1917. Mas essa cultura urbana já atraía os camponeses dos anos 1890, quando a sua presença foi sentida pela primeira vez no campo. A canção da aldeia foi aos poucos suplantada pelo "cruel romance" urbano ou pela *chastushka*, uma grosseira canção rimada geralmente acompanhada por um acordeão (outra invenção nova) nas ruas ou nas tabernas. Ao contrário da canção folclórica, cuja execução era coletiva e impessoal, essas canções urbanas eram de tema pessoal e cheias de expressão individual. O conto folclórico também se extinguia conforme os leitores rurais criados pelo recente aumento da educação primária se voltavam para a literatura urbana barata das histórias policiais e dos contos de aventura ou romance. Tolstoi temia que os camponeses fossem contaminados pelos valores egoístas desse novo comércio de livros. Preocupava-se com esses contos urbanos, com os seus heróis que venciam pela esperteza e pela mentira, enquanto a antiga tradição camponesa defendera princípios morais. Tolstoi uniu forças com o editor Sitin, filho de um mercador humilde que enriquecera vendendo esses panfletos baratos nas províncias, e abriu *O Intermediário* para publicar edições a preços populares dos clássicos russos e contos pastorais simples, como "Como um diabinho redimiu uma côdea de pão" e "Onde há Deus, há amor" que o próprio Tolstoi escrevia para a nova massa de leitores camponeses. Quatro anos depois da fundação da editora, em 1884, as vendas subiram de 400 mil livros para inacreditáveis 12 milhões,[100] vendas que só foram igualadas em outro país na China de Mao. Mas as vendas caíram na década de 1890, quando livros mais empolgantes foram levados da cidade e os leitores deram as costas às "histórias de fadas" e "contos moralizantes" de Tolstoi.[101]

Para a *intelligentsia*, que se definia pela missão cultural de elevar as massas ao seu nível de civilização, essa deserção foi um golpe fatal. O camponês fora "perdido" para a crassa cultura comercial das cidades, o camponês que deveria portar a alma russa — o cristão natural, o socialista altruísta e o guia moral do mundo — se tornara uma vítima da banalidade. De repente, os velhos ideais foram esmagados e, como Dostoievski previra, assim que os defensores do "povo" perceberam que o povo não era como imaginavam, renunciaram a ele sem remorsos. Se antes fora a luz, agora, nas décadas anteriores a 1917, o camponês era a sombra escurecedora que caía sobre a Rússia. As classes instruídas foram lançadas num pânico moral sobre o que consideravam a queda do campesinato na barbárie.

A Revolução de 1905 confirmou todos os seus temores. Durante anos, a *intelligentsia* sonhara com uma revolução genuinamente democrática. Desde a década de 1890, liberais e socialistas tinham se unido na campanha por reformas políticas. Rejubilaram-se na primavera de 1905, quando o país inteiro pareceu se unir na exigência de direitos democráticos. Em outubro de 1905, com o Império Russo engolido por revoltas populares, o exército enfraquecido por motins de soldados e o próprio trono ameaçado por uma greve geral, Nicolau II finalmente cedeu à pressão dos ministros liberais para conceder uma série de reformas políticas. O Manifesto de Outubro, como elas passaram a ser conhecidas, foi um tipo de Constituição, embora não recebesse esse nome porque o tsar se recusava a admitir qualquer restrição formal ao seu poder autocrático. O Manifesto garantia a liberdade civil e um parlamento legislativo (ou Duma) escolhido por um grande eleitorado. O país comemorou. Novos partidos políticos se formaram. Todos falavam do nascimento de uma nova Rússia. Mas a revolução política evoluía o tempo todo para uma revolução social conforme os operários defendiam as suas exigências radicais de democracia industrial numa onda crescente de greves e protestos violentos, e o campesinato reiniciou a sua antiga luta pela terra, confiscando propriedades e expulsando delas a nobreza. Logo se demonstrou que a unidade nacional de 1905 era ilusória quando, depois de outubro, liberais e socialistas seguiram caminhos separados. Para as elites proprietárias, o Manifesto de Outubro era a meta final da revolução. Mas, para operários e camponeses, era apenas o começo de uma revolução social contra toda propriedade e todo privilégio. Amedrontados, os liberais recuaram do seu compromisso com a revolução. A insubordinação crescente das classes inferiores, o combate nas ruas, os incêndios e a destruição de propriedades rurais e a desconfiança e o ódio no rosto dos camponeses que continuavam a perturbar os nobres proprietários de terra depois que a ordem era restaurada com sangue, tudo isso destruiu o romance do "povo" e da sua causa.

Em 1909, um grupo de filósofos que criticavam a *intelligentsia* radical e o seu papel na Revolução de 1905 publicou uma coletânea de ensaios chamada *Vekhi* (*Pontos de referência*) na qual esse desencanto se exprimia vigorosamente. Os ensaios provocaram uma imensa tempestade de controvérsia — especialmente porque os escritores (ex-marxistas como Piotr Struve e Nikolai Berdiaiev) tinham todos credenciais imaculadas (isto é, politicamente radicais) — que, em si, foi sintomática do novo clima de dúvida e autoquestionamento da *intelligentsia*. Os ensaios representavam um ataque feroz ao culto oitocentista do "povo" e à tendência de subordinar todos os outros interesses à causa do povo. Com essa busca de interesses materiais, a *intelligensia* empurrava a

Rússia para uma segunda revolução, muito mais violenta e destrutiva do que a primeira. A civilização estava ameaçada e era dever das classes instruídas encarar essa realidade:

> *É assim que somos*: não só não podemos sonhar em nos fundir com o povo como devemos temê-lo mais do que qualquer punição do governo, e devemos abençoar a autoridade que, sozinha com as suas baionetas e prisões, consegue nos proteger da fúria popular.[102]

Havia a sensação geral, expressa nos ensaios, de que as massas destruiriam a frágil civilização europeia da Rússia e que, se houvesse a revolução, a Rússia seria arrastada de volta ao nível do campesinato semisselvagem. O romance *Petersburgo*, de Andrei Bieli (1913-14), está cheio de imagens da cidade sendo invadida por hordas asiáticas. Até Gorki, herói e defensor do homem comum, sucumbiu ao novo clima apocalíptico. "Você está certo 666 vezes", escreveu a um amigo literário em 1905, "[a revolução] está dando origem a bárbaros reais, como aqueles que devastaram Roma."[103]

Esse clima sombrio foi captado no retrato da vida real que talvez seja o mais desolador de toda literatura: a novela *A aldeia* (1910), de Ivan Bunin. O autor tinha experiência da vida camponesa. Ao contrário de Turgueniev e Tolstoi, rebentos da elite da aristocracia, Bunin pertencia à nobreza menor das províncias, que sempre vivera em proximidade íntima com os camponeses e cuja vida se parecia com a deles em muitos aspectos. Bunin via o camponês como o "tipo nacional" e as suas histórias sobre eles pretendiam ser avaliações do povo russo e da sua história. Ele nunca teve ilusões a respeito das qualidades nobres ou espirituais dos camponeses. Os seus diários são cheios de incidentes horríveis que vira ou de que ouvira falar nas aldeias: a mulher foi tão surrada pelo marido bêbado que teve de ser "enfaixada como uma múmia"; outra foi estuprada tantas vezes pelo marido que sangrou até morrer.[104] Os primeiros contos de Bunin tratavam da dura realidade da vida campestre na década de 1890, época de fome e fuga da terra. São cheios de imagens de destruição e decadência: aldeias abandonadas, fábricas que vomitam fumaça vermelho-sangue, camponeses velhos ou doentes. Neles, a aldeia de Bunin era um reino de beleza natural corroído e aos poucos destruído pela nova economia industrial. No entanto, depois de 1905 Bunin mudou a sua visão da aldeia. Passou a vê-la não só como vítima, mas como principal agente da própria destruição. *A aldeia* se passa em 1905, num lugar chamado Durnovo (de *durnoi*, que significa "ruim" ou "podre"). Os camponeses são retratados como sombrios e ignorantes, ladrões e desonestos, preguiçosos e corruptos. Não acontece muita coisa em Durnovo. Não há enredo na obra de Bunin. Ela consiste na descrição da vida tediosa de um dono de taberna que tem inteligência apenas suficiente para perceber o vazio da sua vida. "Deus, que lugar! É uma prisão!", conclui. Mas, como insinua o conto de Bunin, toda a Rússia camponesa é uma Durnovo.[105]

A aldeia provocou um imenso solavanco na sociedade. Talvez mais do que qualquer obra, fez os russos pensarem no destino desesperançado da sua terra camponesa. "O que atordoou o leitor desse livro", escreveu um crítico, "não foi a descrição da pobreza material, cultural e jurídica do camponês [...] mas a percepção de que não há como fugir dela. O máximo que o camponês descrito por Bunin conseguiu obter [...] foi apenas a consciência de sua incorrigível selvageria, de estar condenado."[106] Sobre *A aldeia*, Gorki escreveu que o texto obrigou a sociedade a pensar seriamente "não só sobre o camponês, mas sobre o ser ou não ser da Rússia".[107]

Como Bunin, Maksim Gorki sabia como era a vida da aldeia: o seu desencanto com o campesinato se baseava na experiência. Ele mesmo vinha das "profundezas inferiores" — órfão que sobrevivera buscando comida às margens do rio Volga e perambulando pelas cidades pequenas, um moleque de rua vestido de trapos. Certa vez, Tolstoi disse que Gorki parecia "ter nascido velho" — e, realmente, Gorki conheceu mais sofrimento humano nos primeiros oito anos de vida do que o conde em todas as suas oito décadas. A casa do avô de Gorki em Nijni Novgorod, aonde foi levado depois da morte do pai, era, como o escritor descreveu em *Infância* (1913), um microcosmo da Rússia provinciana — um lugar de pobreza, crueldade e maldade, onde os homens se apegavam demais à garrafa e as mulheres encontravam consolo em Deus. A vida inteira, ele sentiu profundo ódio a essa Rússia camponesa "atrasada", desprezo que o alinhou aos bolcheviques:

> Quando tento recordar as vis abominações daquela vida bárbara na Rússia, vejo-me às vezes a perguntar: vale a pena recordá-las? E, com convicção cada vez mais forte, descubro que a resposta é sim, porque aquela era a verdade real e odiosa e, até hoje, ainda é válida. É aquela verdade que tem de ser conhecida até as raízes, de modo que, ao arrancá-la, possa ser completamente apagada da lembrança, da alma do homem, de toda a nossa vida opressiva e vergonhosa.[108]

Em 1888, aos 20 anos, Gorki "foi ao povo" com um populista chamado Romas, que tentou criar uma cooperativa e organizar os camponeses de uma aldeia à margem do Volga, perto de Kazan. O empreendimento terminou em desastre. Os aldeões os exauriram depois que Romas não deu importância às ameaças dos camponeses mais ricos, que tinham vínculos estreitos com os comerciantes estabelecidos na cidade vizinha e se irritaram com a sua intromissão. Três anos depois, Gorki foi surrado até a inconsciência por um grupo de camponeses quando tentou intervir em benefício de uma mulher considerada culpada de adultério que fora despida e açoitada pelo marido e uma turba ululante. A experiência provocou em Gorki uma desconfiança amarga do "bom selvagem" e o levou a concluir que, por melhores que fossem individualmente, os camponeses deixavam para trás tudo o que era bom quando "se reuniam numa única massa cinzenta":

> Algum desejo canino de agradar aos fortes da aldeia tomou posse deles, e então me enojou olhá-los. Eles uivavam loucamente uns para os outros, prontos para a briga, e brigariam por qualquer ninharia.

Nesses momentos eram aterrorizantes e pareciam capazes de destruir a própria igreja onde na noite da véspera tinham se reunido, humildes e submissos como ovelhas num aprisco.¹⁰⁹

Ao recordar a violência dos anos revolucionários, violência que atribuiu ao "instinto selvagem" do campesinato russo, Gorki escreveu em 1922:

Onde está então aquele camponês russo bondoso e contemplativo, buscador infatigável da verdade e da justiça, apresentado ao mundo de forma tão bela e convincente pela literatura russa do século XIX? Na minha juventude, busquei sinceramente esse homem por todo o campo russo, mas não o encontrei.¹¹⁰

6

Em 1916, perguntaram a Diaguilev qual era a origem intelectual dos Ballets Russes. O campesinato russo respondeu: "em objetos de uso (implementos domésticos dos distritos campestres), na pintura dos trenós, nas cores e nos desenhos das roupas camponesas ou nas esculturas da moldura das janelas encontramos os nossos motivos, e sobre esse alicerce construímos."[111] Na verdade, os Ballets Russes eram descendentes diretos do "ir ao povo" da década de 1870.

Tudo começou em Abramtsevo, a colônia de artistas criada pelos Mamontov na propriedade perto de Moscou que logo se tornou o foco do movimento de artes e ofícios. Elizaveta, esposa do magnata das ferrovias, era conhecida como simpatizante dos populistas e, pouco depois da compra da propriedade em 1870, criou uma escola e um hospital para os camponeses locais. Em 1876, acrescentou-se uma oficina de carpintaria onde os alunos formados na escola podiam aprender um ofício útil. A meta era reviver o artesanato camponês que desaparecia rapidamente enquanto a ferrovia trazia das cidades produtos fabris mais baratos. Artistas como Gartman e Elena Polenova se inspiraram nessa arte camponesa e, sob direção desta última, logo se criaram novas oficinas para atender ao crescente mercado classemedista de louça e roupa de cama e mesa em estilo camponês. Polenova e os seus artistas percorriam as aldeias copiando os desenhos das molduras de janelas e portas, os utensílios domésticos e os móveis que depois adaptavam aos projetos estilizados de mercadorias artesanais produzidas nas oficinas da colônia. Ela recolheu vários milhares de artefatos camponeses que ainda podem ser vistos no Museu de Artesanato de Abramtsevo. Considerava esses artefatos remanescentes de um antigo estilo russo que ainda vivia e que, na sua opinião, lhes dava um valor mais elevado do que os projetos moscovitas que tinham inspirado os artistas do passado. Afinal, estes últimos faziam parte de uma tradição morta que agora era tão remota para o povo russo quanto "a arte da África ou da Grécia Antiga".[112] Nos seus quadros e projetos de mobiliário, Polenova tentava, como ela mesma explicou, exprimir "o espírito vital da visão poética que o povo russo tem da natureza", usando motivos animais e ornamentos florais que ela esboçava com base em artefatos camponeses.[113]

Os fãs urbanos desse estilo "neonacional" adotaram-no como arte russa pura e autêntica. Stassov, por exemplo, achava que a porta "Gato e coruja" de Polenova podia ser considerada obra de "algum mestre talentoso mas anônimo da nossa antiga Rus".[114] Mas, na verdade, isso era fantasia. No início dos anos 1890, quando a porta foi esculpida, Polenova deixara de copiar motivos folclóricos para assimilá-los ao estilo *art nouveau*, o que tornava o seu trabalho ainda mais atraente para a classe média urbana.

Outros artistas trilharam o mesmo caminho da arte etnográfica à comercial. Nas oficinas de bordado de Solomenko, na província de Tambov, por exemplo, os desenhos dos artistas afinavam-se cada vez mais com o gosto burguês das mulheres da cidade que podiam pagar por essas mercadorias de luxo. Em vez das cores vistosas preferidas pelos camponeses nos seus desenhos (laranja, vermelho e amarelo), usavam cores discretas (verde-escuro, creme e marrom) que atendiam ao gosto urbano. A mesma mudança ocorreu nas oficinas têxteis de Talashkino, criadas em 1898 pela princesa Maria Tenisheva na sua propriedade de Smolensk. As camponesas locais "não gostavam das nossas cores", recordou Tenisheva; "diziam que eram 'sem graça'", e ela precisava pagar bônus às tecelãs para que as usassem no trabalho.[115]

As mercadorias artesanais de aparência folclórica de Serguei Maliutin, principal artista de Talashkino, eram pura invenção. Em 1891, Maliutin foi o criador da primeira *matrioshka*, a boneca russa de encaixe. Naquela época, ele trabalhava nas oficinas artesanais do *zemstvo* de Moscou, em Serguiev Possad, especializadas em fazer brinquedos russos. Ao contrário da crença popular de hoje, a *matrioshka* não tem nenhuma raiz na cultura popular russa. Foi imaginada em resposta a uma encomenda dos Mamontov de fazer uma versão russa da boneca de encaixe japonesa. Maliutin criou uma menina camponesa de bochechas coradas em formato de barril, com uma galinha debaixo do braço. Cada boneca menor retratava um aspecto diferente da vida camponesa; e a menorzinha era um bebê bem enfaixado no estilo russo. O projeto se tornou popularíssimo e, no final da década de 1890, vários milhões de bonecas eram fabricados por ano. Então se criou o mito de que a *matrioshka* era um antigo brinquedo russo.[116] Em Talashkino, Maliutin também aplicou o seu estilo típico a móveis, cerâmica, ilustrações de livros, projetos cenográficos e edificações. Os admiradores urbanos, como Diaguilev, viam o seu trabalho como a essência de uma "russianidade camponesa orgânica", que, como afirmou o coreógrafo num dos seus pronunciamentos mais nacionalistas, anunciaria um "Renascimento do Norte".[117] Mas os camponeses russos de verdade tinham opinião diferente. Quando, em 1902, Tenisheva fez em Smolensk uma exposição dos produtos de Talashkino, menos de cinquenta pessoas foram visitá-la e, como ela recordou, os camponeses "não viram as nossas coisas com prazer, mas com um espanto mudo que achamos difícil explicar".[118]

Não fica imediatamente óbvio o que atraiu Diaguilev aos neonacionalistas de Abramtsevo e Talashkino, num casamento que deu à luz as fantasias folclóricas dos Ballets Russes. Em 1898, ele invectivou contra a "arte camponesa", atacando artistas plásticos que pensavam "chocar o mundo" ao "arrastar sapatos e farrapos camponeses para a tela".[119] Por temperamento artístico, o empresário era aristocrático e cosmopolita, embora viesse da cidade provinciana de Perm. Na casa do avô, onde fora criado desde os 10 anos, havia um clima de diletantismo cultivado, com concertos e saraus literários regulares nos quais o jovem Serguei, com francês e alemão fluentes e talento para o piano, se sentia no seu elemento. Quando estudante de Direito na Universidade de São Petersburgo, no início dos anos 1890, Diaguilev sentia-se perfeitamente à vontade com jovens estetas como Alexandre Benois, o primo Dmitri Filosofov e Valter ("Valechka") Nouvel. Havia um clima geral de populismo nesses círculos, principalmente na propriedade Bogdanovskoie, perto de Pskov, pertencente a Ana Pavlovna, tia de Filosofov, ativista famosa pela libertação da mulher e anfitriã literária cujo salão de São Petersburgo era frequentado por Dostoievski, Turgueniev e Blok. Os quatro estudantes passavam o verão em Bogdanovskoie; e foi então que conceberam a ideia de uma revista que instruísse o público sobre a grande arte do passado. Junto com o artista plástico Leon Bakst (antigo colega de escola de Benois, Filosofov e Nouvel na Academia de Maio, em Petersburgo), criaram o movimento Mundo da Arte, que organizava concertos, exposições e palestras sobre temas artísticos, e fundaram uma revista do mesmo nome que durou de 1898 a 1904. Subsidiada por Tenisheva e Mamontov, a revista divulgaria os artistas de inspiração folclórica das colônias, ao lado da arte ocidental moderna — a mesma combinação que, mais tarde, seria repetida por Diaguilev e Benois nos Ballets Russes.

Os fundadores do Mundo da Arte viam-se como cosmopolitas de Petersburgo (eles se autointitulavam os "Pickwicks de Nevski") e defendiam a ideia de uma cultura universal que, segundo acreditavam, estava incorporada naquela civilização. Identificavam-se com a aristocracia e viam essa classe como grande repositório da herança cultural da Rússia. Num trecho das *Memórias* que é fundamental para entender o Mundo da Arte, Benois destacou essa questão ao recordar os Filosofov, uma das antigas famílias nobres da Rússia:

> A deles era a classe a que pertenciam todos os principais personagens da cultura russa nos séculos XVIII e XIX, a classe que criou as delícias do característico modo de vida russo. Dessa classe vieram os heróis e as heroínas dos romances de Pushkin e Lermontov, Turgueniev e Tolstoi. Foi essa classe que conseguiu tudo o que é pacífico, valioso, durável e digno de ficar para sempre. Eles determinaram o ritmo da vida russa [...] Todas as sutilezas da psicologia russa, todas as nuances da nossa sensibilidade moral caracteristicamente russa surgiram e amadureceram nesse meio.[120]

Acima de tudo, eles se identificavam com os valores artísticos da aristocracia. Viam a arte como expressão espiritual do gênio criativo do indivíduo, não como veículo para programas sociais nem ideias políticas, como acreditavam que as artes russas tinham se tornado sob a liderança de Stassov. A veneração de Pushkin e Tchaikovski brotava dessa filosofia: não a "arte pela arte", como insistiam com frequência, mas a crença de que as ideias deviam se integrar à obra de arte.

Ao reagir contra a tradição realista do século XIX, o grupo do Mundo da Arte buscava restaurar um ideal anterior de beleza como princípio artístico do que vislumbravam (e promoveram com sucesso) como renascimento cultural da Rússia. A tradição clássica de São Petersburgo era uma das expressões desse ideal. O círculo do Mundo da Arte cultuava a Petersburgo do século XVIII. Ele se definia praticamente pela saudade de uma civilização que sentiam estar prestes a falecer. Tanto Benois quanto o sobrinho Eugene Lanceray produziram uma série de gravuras e litografias representando cenas urbanas nos reinados de Pedro e Catarina, a Grande. Benois lamentava que os ideais clássicos da Petersburgo do século XVIII tivessem sido abandonados pelos nacionalistas vulgares do século XIX. No ano revolucionário de 1905, Diaguilev montou uma exposição de retratos russos do século XVIII no Palácio Tauride, que logo se tornaria sede da Duma e do soviete de Petrogrado. Apresentou os retratos como "resumo grandioso de um período brilhante mas, infelizmente, moribundo da nossa história".[121]

Mas a arte camponesa também podia ser considerada uma forma de "classicismo", pelo menos nas formas estilizadas em que era apresentada pelos neonacionalistas. Era impessoal, simbólica e austera, estritamente regulamentada pelas tradições folclóricas de representação, uma expressão mística do mundo espiritual, mas intimamente ligada às práticas e rituais coletivos da vida na aldeia. Ali estava um "mundo da arte" antigo e diferente cujos princípios de beleza podiam ser usados para derrubar a influência amortecedora da arte romântica e burguesa do século XIX.

Para Diaguilev, o dinheiro tinha o seu papel. Sempre atento para descobrir novas oportunidades de mercado, o empresário ficou impressionado com a popularidade crescente da arte de inspiração folclórica dos neonacionalistas. A Europa *fin de siècle* tinha um fascínio sem fim pelo "primitivo" e pelo "exótico". O selvagem do Oriente era considerado uma força de renovação espiritual para as cansadas culturas burguesas do Ocidente. Diaguilev percebera cedo essa tendência. "A Europa precisa da nossa juventude e espontaneidade", escreveu ao voltar de uma turnê por lá em 1896. "Temos de avançar imediatamente. Temos de nos mostrar inteiros, com todas as qualidades e defeitos da nossa nacionalidade."[122] O seu instinto se confirmou em 1900 quando as artes e ofícios da Rússia fizeram um sucesso enorme na Exposição de Paris. O centro das atenções foi a "Aldeia russa" de Korovin, uma reconstrução da arquitetura de madeira que ele estudara numa viagem ao extremo norte, incluindo um antigo *teremok*, ou torre de troncos, e uma igreja de madeira, construída no local por uma equipe de camponeses levados da Rússia. Os parisienses ficaram encantados com esses "carpinteiros selvagens" de "cabelo e barba maltratados, sorrisos amplos de criança e métodos primitivos"; e, como escreveu um crítico francês, "se os objetos expostos estivessem à venda, não sobraria nenhum".[123] Houve um fluxo constante de mercadorias feitas por camponeses saindo da Rússia para o Ocidente, tanto que, na década de 1900, abriram-se lojas especializadas em Paris, Londres, Leipzig, Chicago, Boston e Nova York.[124] O costureiro parisiense Paul Poiret viajou à Rússia em 1912 para comprar vestimentas camponesas, das quais tirou inspiração para as suas roupas da moda. A expressão "*blouse russe*" ecoou pelos salões de modistas e podiam-se ver modelos com roupas que traziam a marca dos *sarafans* russos e dos casacos tecidos à mão.[125]

Mas havia mais do que negócios a atrair Diaguilev para os neonacionalistas. O fato de artistas como Polenova e Maliutin representarem cada vez mais a sua "arte camponesa" nas formas estilizadas do modernismo os deixou alinhados com o *ethos* do Mundo da Arte. Diaguilev se sentiu atraído principalmente pelos quadros de Viktor Vasnetsov, que exibiam menos conteúdo folclórico e mais uma noção geral de colorido camponês. O pintor acreditava que a cor era o segredo do entendimento da beleza pelo povo russo e desenvolveu uma paleta própria a partir do estudo da arte folclórica (as xilografias do *lubok* e os ícones) e dos artefatos camponeses, que recolheu em viagens pela província de Viatka nos anos 1870. O artista levou essas cores primárias e vibrantes para a sua cenografia genial para a produção de Mamontov de *A donzela da neve*, que se tornou o modelo visual de Diaguilev e dos Ballets Russes.

Os projetos de Vasnetsov serviram de inspiração para os neonacionalistas, que seguiram as suas pegadas de Abramtsevo até o Mundo da Arte. Via-se com clareza o clima de conto de fadas dos últimos projetos cenográficos dos Ballets Russes, de Alexandre Golovine (*Boris Godunov*, 1908; *O pássaro de fogo*, 1910) e Konstantin Korovin (*Ruslan e Liudmila*, 1909). Ainda mais influente a longo prazo foi o uso que Vasnetsov fez de cor, motivos, espaço e estilo para evocar a essência da arte folclórica, o que inspiraria pintores primitivistas como Natalia Goncharova, Kazimir Malevich e Marc Chagall. Esses artistas também gravitaram rumo à tradição folclórica, ao ícone, ao *lubok* e aos artefatos camponeses na busca de uma nova visão poética do mundo. Em 1913, ao apresentar em Moscou uma exposição de ícones e xilogravuras,

Goncharova falou de uma "estética camponesa" mais próxima das formas artísticas simbólicas do Oriente do que da tradição representativa do Ocidente. "Essa arte não copia nem aprimora o mundo real, mas o reconstitui." Ali estava a inspiração dos projetos de Goncharova para os Ballets Russes, como *O galo de ouro*, de 1914.

Os Ballets Russes pretendiam ser uma síntese de todas as artes, e muitas vezes foram descritos como uma filial russa do *Gesamtkunstwerk* de Richard Wagner, no qual música, artes plásticas e arte dramática se unem. Mas, de fato, essa síntese tinha menos a ver com Wagner do que com o campesinato russo. Tinha as suas raízes na Ópera Privada de Mamontov, criada com base no espírito de colaboração artística de Abramtsevo. O propósito da colônia era reunir todas as artes e ofícios, unir vida e arte por meio de um empreendimento coletivo cujos pioneiros se igualavam à sua noção idealizada de comuna camponesa. O que os artistas de Abramtsevo mais admiravam na cultura camponesa era a natureza sintética das artes e ofícios. Artefatos simples como tecido e cerâmica levavam beleza artística à vida cotidiana. Rituais coletivos como o *khorovod* eram obras de arte totais, pequenas "sagrações da primavera" que combinavam canções folclóricas e dança cerimonial com fatos reais da vida da aldeia. A colônia era uma tentativa de recriar esse "mundo da arte". A comunidade inteira — artistas, artesãos e operários camponeses — se envolveu na construção da igreja. Os artistas plásticos se misturaram a músicos e cantores, os figurinistas, aos cenógrafos, para encenar as produções da ópera. Era isso o que Diaguilev queria dizer quando afirmou que os Ballets Russes tinham sido construídos sobre os alicerces das artes e ofícios camponeses.

"Envio-te uma proposta", escreveu Diaguilev ao compositor Anatoli Liadov em 1909.

> Preciso de um balé, e um balé *russo* — o *primeiro* balé russo, já que tal coisa não existe. Há ópera russa, sinfonia russa, canção russa, dança russa, ritmo russo... mas não balé russo. E é exatamente disso que preciso

para apresentar em maio do ano que vem na Grand Opera de Paris e no imenso teatro Royal Drury Lane em Londres. O balé não precisa ter três atos. O libreto está pronto. Está com Fokine. Foi sonhado por todos nós coletivamente. É *O pássaro de fogo*, balé em um ato e talvez duas cenas.[126]

Nem sempre o entusiasmo de Diaguilev pelo balé foi evidente. A sua estreia profissional no mundo da arte foi pela pintura, e o seu primeiro emprego no teatro ficava bem longe do palco. Em 1899, foi contratado pelo príncipe Serguei Volkonski, neto do famoso dezembrista que o tsar acabara de nomear diretor do Teatro Imperial de São Petersburgo. Volkonski pediu a Diaguilev que administrasse a revista interna do teatro. Oito anos depois, quando Diaguilev levou ao Ocidente as suas primeiras produções para o palco, era a ópera e não o balé que estava presente nas suas exóticas *saisons russes*. Foi apenas a despesa comparativa de encenar óperas que o fez buscar no balé uma alternativa barata.

A importância do balé no século XX como fonte de inovação artística é algo que ninguém conseguiria prever antes da sua redescoberta por Diaguilev. O balé se tornara uma forma de arte petrificada; em boa parte da Europa, era desdenhado como entretenimento da corte à moda antiga. Mas, na Rússia, continuava vivo em São Petersburgo, onde a cultura ainda era dominada pela corte. No Teatro Mariinski, onde Stravinski passou boa parte da infância, havia matinês de balé regulares às quartas e sábados — a "plateia semivazia" composta, nas palavras do príncipe Lieven, por uma "mistura de crianças acompanhadas pelas mães ou governantas e velhos de binóculos".[127] Entre os intelectuais sérios, o balé era considerado "entretenimento para esnobes e empresários cansados"[128] e, com exceção de Tchaikovski, cuja reputação sofreu em consequência do seu envolvimento com essa forma artística, os compositores de balés (como Pugni, Minkus e Drigo) eram quase todos estrangeiros que trabalhavam por encomenda.* Rimski-Korsakov,

---

* Cesare Pugni (1802-70), na Rússia a partir de 1851; Ludwig Minkus (1826-1907), na Rússia de 1850 a 1890; Riccardo Drigo (1846-1930), na Rússia de 1879 a 1920.

autoridade suprema em gosto musical quando Stravinski estudou com ele no início da década de 1900, ficou famoso pelo comentário de que o balé não era "realmente uma forma de arte".[129]

Benois era o verdadeiro amante do balé no grupo do Mundo da Arte. O balé era atraente para a sua visão de mundo aristocrática e para a saudade da cultura clássica do século XVIII em Petersburgo. Essa estética retrospectiva era comum a todos os fundadores dos Ballets Russes: Benois, Dobujinski, o crítico Filosofov e Diaguilev. Os balés de Tchaikovski eram a encarnação do ideal clássico e, embora nunca tenham sido apresentados em Paris na *saison russe*, onde Tchaikovski era o menos apreciado dos compositores russos, inspiraram os fundadores dos Ballets Russes. Tchaikovski foi o último dos grandes compositores de corte europeus (ele viveu no último dos grandes Estados europeus do século XVIII). Monarquista ferrenho, estava entre os íntimos do tsar Alexandre III. Na corte, a sua música, que personificava o "estilo imperial", era preferida às harmonias "russas" de Mussorgski, Borodin e Rimski-Korsakov.

O estilo imperial foi praticamente definido pela *polonaise*. Importada para a Rússia pelo compositor polonês Jozek Kozlowski no final do século XVIII, a *polonaise* se tornou a suprema forma cortesã e o mais brilhante de todos os gêneros do salão de baile. Passou a simbolizar o brilho europeu da própria Petersburgo do século XVIII. Em *Eugene Oneguin*, Pushkin (como Tchaikovski) usou a *polonaise* no clímax da chegada de Tatiana ao baile em Petersburgo. Tolstoi usou a *polonaise* como clímax do baile de *Guerra e paz*, quando o imperador chega e Natasha dança com Andrei. Em *A bela adormecida* (1889) e na ópera *A dama de espadas* (1890), Tchaikovski reconstruiu a grandiosidade imperial do mundo do século XVIII. Situado no reinado de Luís XIV, o balé *A bela adormecida* era um tributo nostálgico à influência francesa sobre a música e a cultura russas naquele século. *A dama de espadas*, baseada no conto de Pushkin, lembrava a antiga Petersburgo de Catarina, a Grande, época em que a capital esteve inteiramente integrada à cultura da Europa e nela desempenhou papel importante. Tchaikovski impregnou a ópera de elementos rococós (ele mesmo descreveu as cenas de baile como "imitação submissa" do estilo do século XVIII).[130] Ele usou as camadas de fantasia fantasmagórica do conto para conjurar um mundo onírico do passado. O mito de Petersburgo como cidade irreal, portanto, foi usado para voltar no tempo e recuperar a beleza perdida e os ideais clássicos.

Na noite da estreia de *A dama de espadas*, Tchaikovski saiu do Teatro Mariinski e perambulou sozinho pelas ruas de Petersburgo, convencido de que a sua ópera era um retumbante fracasso. De repente, ouviu um grupo andando na sua direção, e cantando um dos melhores duetos da ópera. Ele os deteve e lhes perguntou como tinham conhecido a música. Três rapazes se apresentaram: eram Benois, Filosofov e Diaguilev, os fundadores do Mundo da Arte. Segundo Benois, a partir daquele momento o grupo se uniu pelo amor a Tchaikovski e pelo ideal clássico de Petersburgo. "A música de Tchaikovski", escreveu Benois na velhice, "era o que eu parecia esperar desde a mais tenra infância."[131]

Em 1907, Benois encenou uma produção do balé *Le Pavillon d'Armide*, de Nikolai Cherepnin (baseado em *Omphale*, de Gauthier), no Teatro Mariinski, em São Petersburgo. Como *A bela adormecida*, passava-se no período de Luís XIV e era de estilo clássico. A produção causou profunda impressão em Diaguilev. A cenografia suntuosa do próprio Benois, a coreografia moderna de Fokine, o virtuosismo estonteante da dança de Nijinski: tudo isso, declarou Diaguilev, "tem de ser mostrado à Europa".[132] *Le Pavillon* foi a estreia da temporada de 1909 em Paris, ao lado das danças polovtsianas de *Príncipe Igor*, de Borodin (também coreografadas por Fokine), num programa misto de obras russas clássicas e nacionalistas. A "alteridade" exótica dessas *mises-en-scène* provocou sensação. Os franceses amaram "a nossa vastidão primitiva", escreveu Benois mais tarde, "o nosso frescor e a nossa espontaneidade".[133] Diaguilev pôde ver que havia dinheiro a ganhar com a exportação de mais balés russos nessa linha. E assim foi, como escreveu para contar a

Liadov, que inventaram o libreto de *O pássaro de fogo*. Diaguilev, Benois e Fokine, com o fabulista Remizov, o pintor Golovine, o poeta Potemkin e o compositor Tcherepnin (famoso por *Le Pavillon*) sonharam a coisa toda em volta da mesa da cozinha, no verdadeiro espírito coletivo da tradição russa. Mas no fim Liadov não quis escrever a partitura. Ela foi oferecida a Glazunov e depois a Tcherepnin, que recusaram, e então, em estado de total desespero, Diaguilev recorreu a um jovem compositor ainda pouco conhecido na época: Igor Stravinski.

Benois chamou o balé de "conto de fadas para adultos". Composto de várias histórias do folclore, o objetivo era criar o que Benois chamava de "mistério da Rússia" para "exportar para o Ocidente".[134] A verdadeira exportação era o mito da inocência camponesa e da energia juvenil. Cada ingrediente do balé era uma abstração estilizada do folclore. A partitura de Stravinski estava cheia de empréstimos da música folclórica, principalmente nas canções matrimoniais camponesas (*devichniki* e *khorovody*) da *Ronde des princesses* e do *finale*. O roteiro era uma colcha de retalhos compilada a partir de dois contos camponeses totalmente separados (pois não há uma história única do Pássaro de Fogo) contados por Afanassiev e em várias gravuras de *lubok* do século XIX: o conto de Ivan Tsarevich e o Pássaro de Fogo, e o conto de Kaschei, o imortal. Essas duas histórias foram reescritas para deslocar a ênfase de contos sobre magia pagã (o lobo cinzento das lendas camponesas) para a salvação divina (pelo Pássaro de Fogo), coerente com a missão cristã da Rússia no mundo.[135]

No balé, o Tsarevich é atraído para o jardim do monstro Kaschei pela beleza da princesa donzela. Ivan é salvo do monstro e do seu séquito pelo pássaro de fogo, cujos poderes aéreos obrigam Kaschei e os seus seguidores a dançar loucamente até adormecer. Então Ivan descobre o ovo enorme que contém a alma de Kaschei; o monstro é destruído e Ivan se une à princesa. Reinventado para o palco, o Pássaro de Fogo passou a levar consigo muito mais do que nos contos de fada russos. Foi transformado em símbolo de uma Rússia camponesa que ressurge como fênix, a personificação de liberdade e beleza elementares na mitologia pseudoeslava dos simbolistas que passou a dominar a concepção do balé (imortalizada pelo "pássaro mítico" de Blok que adornava a capa da revista *Mir iskusstva* sob a forma de uma xilogravura de Leon Bakst). A produção para a temporada em Paris foi um pacote consciente de adereços russos exóticos — das coloridas vestimentas camponesas de Golovine àquelas estranhas feras míticas, "*kikimora*", "*boliboshki*" e "monstros de duas cabeças", inventadas por Remizov para a *Suíte de Kaschei* —, todos projetados para atender ao fascínio ocidental *fin-de-siècle* pela Rússia "primitiva".

Mas a verdadeira inovação de *O pássaro de fogo* foi o uso da música folclórica por Stravinski. Os compositores anteriores da escola nacional russa tinham pensado no folclore como material puramente temático. Citavam canções folclóricas com frequência, mas sempre as submetiam à linguagem musical convencional (e essencialmente ocidental) canonizada por Rimski-Korsakov. Para os seus ouvidos treinados, a harmonia heterofônica da música folclórica russa era feia e bárbara, e não música propriamente dita, de modo que seria muito inadequado adotá-la como parte da sua forma artística. Stravinski foi o primeiro compositor a assimilar a música folclórica como elemento de estilo, usando não apenas as melodias como também as harmonias e ritmos como base do seu estilo "moderno" característico.*

O pássaro de fogo foi a grande inovação, mas só foi possibilitada pela obra pioneira de dois etnógrafos cujas descobertas musicais foram mais um produto da "ida ao povo" dos anos 1870. A primeira se deveu ao pianista e filólogo Yuri Melgunov, que, nessa década, realizou uma série de viagens de pesquisa à província de Kaluga nas quais descobriu a harmonia polifônica da canção camponesa russa e elaborou um

---

* Como encontrou na música camponesa russa a sua alternativa própria ao sinfonismo alemão do século XIX, Stravinski não tinha o mesmo interesse dos outros modernistas, como Schoenberg, Berg e Webern, pela música serial (dodecafônica). Só depois de 1945 Stravinski começou a desenvolver uma forma própria de serialismo.

método científico para transcrevê-la. A outra era de Evguenia Liniova, que confirmou os achados de Melgunov ao gravar com um fonógrafo o canto camponês em viagens de pesquisa às províncias. Essas gravações foram a base da sua obra *Canções camponesas da grande Rússia como são na harmonização popular*, publicada em São Petersburgo entre 1904 e 1909,[136] que influenciou diretamente a música de Stravinski em *O pássaro de fogo*, *Petrushka* e *A sagração da primavera*. O aspecto mais importante do trabalho de Liniova foi a descoberta de que a inflexão da voz do cantor do coro camponês não era influenciada por características individuais, como acreditavam antes os compositores kuchkistas, mas visava a um tipo de impessoalidade. No prefácio de *Canções camponesas*, ela descreveu essa última característica:

> [Uma camponesa chamada Mitrevna] começou a cantar a minha música favorita, "Pequena tocha", que eu procurara por toda parte mas ainda não conseguira gravar. Mitrevna cantou a melodia principal. A sua voz era profunda e sonora, surpreendentemente fresca para uma mulher tão velha. No canto, não há absolutamente nenhum uivo nem ênfase sentimental. O que me espantou foi a simplicidade. A canção fluiu homogênea e clara, nenhuma palavra se perdeu. Apesar da extensão da melodia e da lentidão do andamento, o espírito com que investiu as palavras da canção era tão poderoso que ela parecia cantar e dizer a música ao mesmo tempo. Espantei-me com esse rigor puro e clássico do estilo, que combinava tão bem com o seu rosto sério.[137]

Foi exatamente essa característica "clássica" que se tornou tão fundamental, não só na música de Stravinski quanto em toda a teoria da arte primitivista. Como explicou Bakst, as "formas austeras da arte selvagem são um novo caminho para o avanço da arte europeia".[138]

Em *Petrushka* (1911), Stravinski usou os sons da vida russa para virar de ponta-cabeça toda a cena musical estabelecida com as suas regras europeias de técnica e beleza. Ali estava outra revolução russa: uma revolta musical do submundo de São Petersburgo. Tudo no balé foi concebido em termos etnográficos. O roteiro de Benois invocava com detalhes o desaparecido mundo das fadas do Entrudo da sua amada infância em São Petersburgo. A coreografia mecanicista de Fokine refletia o ritmo irregular em *ostinato* que Stravinski ouviu nos gritos e cantos dos vendedores, em canções de realejo, melodias de acordeão, canções fabris, na fala grosseira do camponês e na música sincopada das bandas de aldeia.[139] Era um tipo de *lubok* musical, um quadro sinfônico dos ruídos da rua.

Mas, de todos os balés russos de Stravinski, o mais subversivo foi, de longe, *A sagração da primavera* (1913). A ideia do balé foi concebida, a princípio, pelo pintor Nikolai Roerich, embora Stravinski, bastante famoso por essas distorções, afirmasse depois ter sido dele. Roerich era pintor dos eslavos pré-históricos e arqueólogo competente por mérito próprio. Estava entusiasmado com os rituais da Rússia neolítica, que idealizava como um mundo panteísta de beleza espiritual no qual vida e arte eram uma só e o homem e a natureza viviam em harmonia. Stravinski procurou Roerich atrás de um tema e foi visitá-lo na colônia de artistas de Talashkino, onde os dois trabalharam juntos no roteiro de "O grande sacrifício", nome original de *A sagração da primavera*. O balé foi concebido como recriação do antigo ritual pagão de sacrifício humano. Pretendia *ser* esse ritual: não contar a história do ritual, mas (a não ser pelo homicídio real) recriar o ritual no palco e, portanto, transmitir da forma mais imediata o êxtase e o terror do sacrifício humano. O roteiro não lembrava em nada os românticos balés narrativos do século XIX. Era montado simplesmente como uma sucessão de atos rituais: a dança tribal em adoração à Terra e ao Sol; a escolha da donzela para o sacrifício; a evocação dos ancestrais pelos anciãos da tribo, que forma o ritual central do sacrifício; e a dança sacrificial da donzela escolhida, culminando com a sua morte como clímax da energia febril da dança.

Os indícios de sacrifício humano na Rússia pré-histórica não são nada claros. Em termos etnográficos, seria mais exato basear o balé num ritual de solstício de verão dos citas (*Kupala*) em que Roerich encontrara alguns indícios não conclusivos de sacrifício humano, fato que divulgou em 1898.[140] Com o cristianismo, o festival de Kupala se fundira à festa de são João, mas vestígios dos antigos ritos pagãos permaneceram nas canções e cerimônias camponesas — principalmente no *khorovod*, com os movimentos circulares ritualísticos que tiveram papel tão importante em *A sagração da primavera*. Em parte, a troca pelo ritual pagão da primavera (*Semik*) foi uma tentativa de vincular o sacrifício à antiga adoração eslava do deus-sol Iarilo, que simbolizava a noção do fogo apocalíptico, da regeneração espiritual da terra por meio da sua destruição, na visão de mundo mística dos simbolistas. Mas a mudança também se baseou em achados de folcloristas como Alexandre Afanassiev, que vinculara esses cultos vernais aos rituais de sacrifício que envolviam virgens. A obra máxima de Afanassiev, *A poética visão eslava da natureza* (1866-1889), um tipo de *Ramo de ouro* eslavo, se tornou uma fonte rica para artistas como Stravinski que buscavam dar autenticidade etnográfica às suas fantasias sobre a antiga Rus. Mussorgski, por exemplo, aproveitou muitas descrições de Afanassiev do sabá das feiticeiras em *A noite de São João no Monte Calvo*. Afanassiev trabalhou com base na premissa questionável de que a visão de mundo dos antigos eslavos poderia ser reconstruída com o estudo de rituais e crenças populares camponeses contemporâneos. De acordo com o seu estudo, ainda havia um costume camponês bastante generalizado de queimar efígies como símbolos de fertilidade em danças rituais que marcavam o início da semeadura de primavera. Mas, em certas regiões da Rússia, esse costume fora substituído por um ritual que envolvia uma donzela bonita: os camponeses despiam a moça, vestiam-na com guirlandas (como a imaginação popular representava Iarilo), a punham num cavalo e a levavam pelos campos enquanto os anciãos da aldeia observavam. Às vezes, queimava-se uma boneca que representava a moça.[141] Aí, em essência, estava o roteiro de *A sagração da primavera*.

Em termos artísticos, o balé lutava por autenticidade etnográfica. O figurino de Roerich se baseava em roupas camponesas da coleção de Tenisheva, em Talashkino. Os cenários primitivistas se baseavam na arqueologia. Depois, havia a coreografia chocante de Nijinski, um verdadeiro escândalo na famosa estreia do balé no Teatro dos Champs-Elysées, em 29 de maio de 1913. Afinal, a música mal foi ouvida com toda a comoção, os gritos e brigas que irromperam na plateia quando o pano se abriu. Nijinski coreografara movimentos feios e angulares. Tudo nos movimentos dos dançarinos enfatizava o peso e não a leveza, como exigido pelos princípios do balé clássico. Os dançarinos rituais rejeitavam todas as posições básicas e tinham os pés voltados para dentro, os cotovelos grudados nas laterais do corpo e a palma da mão esticada, como os ídolos de madeira tão destacados nos quadros míticos de Roerich sobre a Rússia dos citas. Não eram orquestrados por passos e notas, como nos balés convencionais, mas se moviam como uma única massa coletiva segundo o violento ritmo irregular da orquestra. Os dançarinos batiam os pés no palco, criando uma energia estática que finalmente explodia, com força eletrizante, na dança do sacrifício. Essa violência rítmica foi a inovação fundamental da partitura de Stravinski. Como a maioria dos temas do balé, foi tirada da música dos camponeses.[142] Não havia nada como esses ritmos na música artística ocidental (Stravinski disse que, na verdade, não sabia escrevê-los em compassos) — um socar convulsivo de batidas irregulares que exigia mudanças constantes da métrica em quase todos os compassos, de modo que o maestro tinha de se jogar e agitar os braços em movimentos sacudidos, como se fizesse uma dança xamânica. Nesses ritmos explosivos, é possível escutar a batida aterrorizante da Grande Guerra e da Revolução de 1917.

7

A Revolução encontrou Stravinski em Clarens, na Suíça, onde ficara preso atrás das linhas alemãs desde o início da guerra, em 1914. "Todos os meus pensamentos estão contigo nesses dias inesquecíveis de felicidade", escreveu à mãe em Petrogrado ao saber da queda da monarquia em 1917.[143] Stravinski tinha muita esperança na Revolução. Em 1914, dissera ao escritor francês Romain Rolland que estava "contando com uma revolução depois da guerra para derrubar a dinastia e criar os Estados Unidos eslavos". Como explicou Rolland, ele reivindicava para a Rússia "o papel de um barbarismo saudável e esplêndido, prenhe de sementes que mudarão o pensamento do Ocidente".[144] Mas a desilusão de Stravinski foi rápida e enfática. No outono de 1917, a sua querida propriedade de Ustilug foi saqueada e destruída pelos camponeses. Durante anos, ele não soube do destino dela, embora houvesse sinais de que fora destruída. Na década de 1950, ao vasculhar um sebo em Moscou, o maestro Guenadi Rojdestvenski encontrou o frontispício dos *Prelúdios* de Debussy (Livro Dois) com uma inscrição do compositor: "Para divertir o meu amigo Igor Stravinski"; viera de Ustilug.[145] Não saber o que acontecera com o lugar durante todos aqueles anos só fez intensificar a sensação de perda de Stravinski. Foi em Ustilug que Stravinski passara os verões felizes da infância; era aquele o pedaço da Rússia que ele considerava seu; e o seu ódio profundo ao regime soviético estava intimamente ligado à raiva que sentiu ao ser roubado do seu passado. (A política de Nabokov, de maneira parecida, foi definida pela "infância perdida" na propriedade familiar de Vyra, mundo desaparecido que recuperou com *Fala, memória*.)

Stravinski fez o mesmo por meio da música. Isolado da Rússia, sentia saudades intensas da terra natal. Os cadernos dos anos de guerra estão cheios de anotações de canções camponesas russas, que ressurgiram em *Quatre chants russes* (1918–19). A última canção desse quarteto veio da história de um Velho Crente sobre um pecador que não consegue encontrar o caminho de volta a Deus. As suas palavras soam como o lamento da alma torturada do exilado: "Tempestades e nevascas fecham todas as estradas para o Vosso Reino." Stravinski raramente falava dessa canção curta e inesquecível. Mas os seus cadernos mostram que trabalhou muito nela e fez mudanças frequentes na partitura. As cinco páginas da canção são o produto de nada menos que 32 páginas de esboços musicais. Isso indica como se esforçou para encontrar a expressão musical certa para aquelas palavras.[146]

Stravinski se esforçou ainda mais em *As bodas* (*Svadebka*), obra começada antes da Primeira Guerra Mundial que estreou em Paris (como *Les Noces*) nove anos depois, em 1923. Ele trabalhou nela mais tempo do que em todas as outras partituras. O balé tem a sua origem na última viagem que fez a Ustilug. Stravinski trabalhava na ideia de um balé que recriasse os rituais nupciais dos camponeses e, sabendo que a sua biblioteca continha transcrições úteis de canções camponesas, fez uma viagem às pressas a Ustilug para buscá-las pouco antes do início da guerra. Para ele, as fontes se tornaram um tipo de talismã da Rússia que perdera. Durante vários anos, trabalhou com essas canções populares, tentando destilar a essência da linguagem musical do seu povo e se esforçando para combiná-la com o estilo austero que desenvolveu pela primeira vez em *A sagração da primavera*. Desbastou a sua fórmula instrumental e rejeitou a grande orquestra romântica a favor de grupos menores, com pianos, címbalos e instrumentos de percussão para criar um som mais simples e mecanicista. Mas a sua descoberta verdadeiramente monumental foi que, ao contrário da linguagem e da música do Ocidente, as ênfases do verso russo falado eram ignoradas quando o verso era cantado. Ao examinar as partituras que buscara em Ustilug, Stravinski percebeu de repente que, nas canções populares, a tônica costumava cair na sílaba "errada". "O reconhecimento das possibilidades musicais inerentes a esse fato foi uma das descobertas de maior regozijo da minha vida", explicou a Robert Craft, seu assistente musical; "fiquei como o homem que descobre de repente que consegue dobrar o dedo na segunda articulação, não só na primeira."[147] A liberdade de acentuação da canção camponesa tinha afinidade clara com o ritmo sempre mutável da sua música em *A sagração da primavera*; ambos causavam o efeito de um jogo ou dança faiscante. Stravinski, então, começou a escrever música pelo prazer do som de palavras isoladas ou pela alegria de piadas e jogos rítmicos, como os versos humorísticos russos (*Pribaoutki*) que musicou em 1918. Mas, além desses divertimentos, a descoberta foi a salvação do compositor exilado. Foi como se descobrisse uma nova pátria nessa linguagem em comum com o campesinato russo. Por meio da música, conseguiu recuperar a Rússia que perdera.

Essa era a ideia por trás de *As bodas*: a tentativa, nas suas próprias palavras, de recriar na arte uma ur-Rússia essencial, a antiga Rússia camponesa escondida pelo verniz delgado de civilização europeia desde o século XVIII. Era

> a Rússia sagrada dos ortodoxos, uma Rússia despida de vegetação parasita; da burocracia da Alemanha, de uma certa linhagem de liberalismo inglês muito em voga na aristocracia; do cientificismo (ai de nós!), dos intelectuais e da sua fé inana e livresca no progresso; é a Rússia anterior a Pedro, o Grande, e ao europeísmo [...] uma Rússia camponesa mas, acima de tudo, cristã, e verdadeiramente a única terra

cristã da Europa, a única que ri e chora (ri e chora ao mesmo tempo e nem sempre sabe realmente qual é qual) em *As bodas*, aquela que vimos acordar em confusão e magnificamente cheia de impurezas em *A sagração da primavera*.[148]

Stravinski encontrara uma forma de música que exprimia a energia vital e o espírito do povo — uma música verdadeiramente nacional no sentido stassoviano. Ele esboçara a primeira parte de *As bodas* no final de 1914. Quando a tocou para Diaguilev, o empresário caiu em lágrimas e disse que era "a criação mais bela e mais puramente russa do nosso balé".[149]

As bodas foi uma obra de etnografia musical. Nos seus últimos anos, Stravinski tentou negá-lo. Mergulhado na cultura cosmopolita de Paris no entreguerras e movido pelo ódio ao regime soviético, deu uma demonstração pública de se distanciar da sua herança russa. Mas não foi convincente. O balé era exatamente o que Stravinski afirmava que não era: uma expressão direta da música e da cultura do campesinato. Com base numa leitura atenta das fontes folclóricas e tirando toda a sua música das canções nupciais camponesas, a concepção do balé era recriar o ritual do casamento camponês como obra de arte no palco.

A vida e a arte estavam intimamente ligadas. O próprio casamento camponês russo se realizava como uma série de rituais comunitários, cada um deles acompanhado de canções cerimoniais, e em certos locais havia danças cerimoniais como o *khorovod*. No sul da Rússia, de onde vinham as fontes folclóricas de Stravinski, o ritual das bodas tinha quatro partes principais. Primeiro havia o pedido, no qual dois anciãos escolhidos, um homem e uma mulher, faziam a primeira abordagem da família da noiva, seguido pela inspeção da noiva, quando por costume ela cantava o seu lamento pela família e pelo lar. Em seguida vinham o noivado, as negociações complexas sobre o dote e a troca de propriedades e o fechamento do contrato com um brinde de vodca testemunhado por toda a comunidade e marcado simbolicamente pela canção de "Cosme e Damião", santos padroeiros dos ferreiros (porque, como dizem os camponeses, todos os casamentos são "forjados"). Então vinham os rituais pré-conjugais, como o banho da noiva e o *devichnik* (o destrançar do cabelo da donzela), acompanhados de mais lamentos, seguidos, na manhã do casamento, pela bênção da noiva com o ícone familiar e depois, em meio ao choro das meninas da aldeia, a sua partida para a igreja. Por fim vinha a cerimônia de casamento propriamente dita, seguida pelo banquete nupcial. Stravinski rearrumou esses rituais em quatro quadros, de forma a enfatizar a reunião da noiva e do noivo como "dois rios num só": 1) "Na casa da noiva"; 2) "Na casa do noivo"; 3) "Despedida da noiva"; e 4) "O banquete de núpcias". O casamento camponês foi usado como símbolo da comunhão da família na cultura aldeã desses rituais antigos. Foi retratado como ritual coletivo — a união do casal de noivos à cultura patriarcal da comunidade camponesa — e não como união romântica entre dois indivíduos.

Nos círculos eurasianos que Stravinski frequentava em Paris, era lugar-comum que o grande ponto forte do povo russo que o distinguia dos povos do Ocidente era a entrega voluntária da vontade individual aos rituais e formas de vida coletivos. Essa sublimação do indivíduo era exatamente o que, desde o princípio, atraíra Stravinski para o tema do balé, um veículo perfeito para o tipo de música camponesa que vinha compondo desde *A sagração da primavera*. Em *As bodas*, não havia espaço para emoção nas partes cantadas. As vozes deveriam se fundir numa só, como nos cânticos da igreja e no canto camponês, para criar um som que Stravinski descreveu certa vez como "perfeitamente homogêneo, perfeitamente impessoal e perfeitamente mecânico". O mesmo efeito era produzido pela escolha de instrumentos (resultado de dez anos de busca de um som "russo" essencial): quatro pianos (no palco), címbalos, carrilhão e instrumentos de percussão, todos com instruções para tocar "mecanicamente". O tamanho e a variedade reduzidos da orquestra (que deveria soar como uma banda nupcial camponesa) se refletia nas cores amortecidas dos cenários de Goncharova. A grande colorista abandonou os vermelhos-vivos e as ousadas padronagens camponesas do projeto original e adotou o minimalista azul-claro do céu e o marrom profundo da terra usados na produção. A coreografia (de Bronislava Nijinska) era igualmente impessoal: o corpo de baile se movia como um só, como uma vasta máquina feita de seres humanos e levando o enredo como um todo. "Não havia papéis principais", explicou Nijinska; "cada bailarino se fundia ao movimento do todo [...] [e] a ação dos personagens separados se exprimia não por cada um individualmente, mas sim pela ação do conjunto todo."[150] Era o ideal perfeito do campesinato russo.

5
EM BUSCA DA ALMA RUSSA

1

O Optina Pustin é um mosteiro aninhado pacificamente entre as florestas de pinheiros e os prados do rio Jizdra, perto da cidade de Kozelsk, na província de Kaluga, mais ou menos uns 200 quilômetros ao sul de Moscou. As paredes caiadas do mosteiro e o azul intenso das cúpulas, com as cruzes douradas faiscando ao sol, podem ser vistos a quilômetros de distância contra o fundo verde-escuro das árvores. O mosteiro ficou isolado do mundo moderno, inacessível por ferrovia ou estrada no século XIX, e os peregrinos que se aproximavam do santuário de barco, a pé ou se arrastando de joelhos costumavam ser invadidos pela sensação de voltar no tempo. O Optina Pustin foi o último grande refúgio da tradição dos eremitérios que ligava a Rússia a Bizâncio e passou a ser considerado o centro espiritual da consciência nacional. Todos os grandes escritores do século XIX — Gogol, Dostoievski e Tolstoi entre eles — foram até lá em busca da "alma russa".

O mosteiro foi fundado no século XIV, mas só se tornou famoso no início do século XIX, quando esteve na vanguarda de um renascimento da tradição dos eremitas medievais e um eremitério ou *skit* foi construído dentro dos seus muros. A construção do *skit* foi um afastamento radical do Regulamento Espiritual do Santo Sínodo, que desde 1711 proibia esse tipo de eremitério. O Regulamento Espiritual era um tipo de Constituição da Igreja. De espiritual não tinha nada. Era o Regulamento que estabelecia a subordinação da Igreja ao Estado imperial. A Igreja era governada pelo Santo Sínodo, organismo de leigos e clérigos nomeados pelo tsar para substituir o Patriarcado, abolido em 1721. O dever do clero, estabelecido no Regulamento, era sustentar e reforçar a autoridade do tsar, ler no púlpito decretos estatais, cumprir deveres administrativos para o Estado e informar à polícia toda discordância e criminalidade, mesmo que essas informações fossem obtidas no confessionário. Em geral, a Igreja era uma ferramenta fiel nas mãos do tsar. Não era do seu interesse criar problemas. No século XVIII, grande proporção das suas terras lhe tinham sido tomadas pelo Estado, de modo que a Igreja dependia dos recursos estatais para sustentar os clérigos das paróquias e suas famílias.* Empobrecido e venal, pouco instruído e proverbialmente gordo, o padre da paróquia não era boa propaganda para a Igreja oficial. Conforme a vida espiritual declinava, o povo se afastou da Igreja oficial e se uniu aos Velhos Crentes ou às diversas seitas que prosperaram a partir do século XVIII por oferecerem um modo de vida mais obviamente religioso.

Enquanto isso, dentro da Igreja havia um movimento crescente de revivalistas que buscavam, na tradição dos mosteiros antigos como o Optina, um renascimento espiritual. Tanto as autoridades da Igreja quanto as do Estado temiam esse movimento revivalista dos mosteiros. Caso se permitisse que criasse comunidades próprias de irmandade cristã, com seguidores, peregrinos e fontes de renda próprios, o clero monástico se tornaria fonte de dissidência espiritual das doutrinas oficiais da Igreja e do Estado. Não haveria controle sobre a influência social nem os ensinamentos morais dos mosteiros. Por exemplo, no Optina havia uma intensa dedicação à distribuição de esmolas e consolo espiritual entre os pobres, o que atraía seguidores em massa. Ainda assim,

---

* Ao contrário dos colegas católicos, os padres ortodoxos russos eram obrigados a se casar. Só o clero monástico não era.

determinados setores do alto clero mostravam interesse crescente pelas ideias místicas dos antigos eremitas da Rússia. Os princípios ascéticos do padre Paissi, que comandou esse renascimento da Igreja no final do século XVIII, eram, em essência, um retorno ao caminho hesicasta dos monges medievais mais reverenciados da Rússia.

O hesicasmo tem origem na concepção ortodoxa de graça divina. Ao contrário da visão ocidental de que a graça é concedida aos virtuosos ou aos que Deus assim ordena, a religião ortodoxa vê a graça como um estado natural, envolvido no ato da própria criação, e, portanto, potencialmente disponível a qualquer ser humano em virtude apenas de ter sido criado pelo Senhor. Desse ponto de vista, o modo de o fiel se aproximar de Deus é por meio da consciência da própria personalidade espiritual e pelo estudo do exemplo de Cristo para enfrentar melhor os perigos que o aguardam na jornada pela vida. Os monges hesicastas acreditavam que encontrariam o caminho para Deus dentro do próprio coração, praticando uma vida de oração e pobreza sob a condução espiritual de um "homem santo" ou "ancião" que estivesse em contato com a "energia" de Deus. O grande florescimento dessa doutrina aconteceu no final do século XV, quando o monge Nil Sorski condenou a Igreja por possuir terras e servos. Ele deixou o mosteiro para se tornar eremita nas regiões selvagens das florestas do Volga. O seu exemplo foi inspiração para milhares de eremitas e cismáticos. Com medo de que a doutrina de pobreza de Sorski se tornasse a base de uma revolução social, a Igreja sufocou o movimento hesicasta. Mas as ideias de Sorski ressurgiram no século XVIII, quando clérigos como Paissi recomeçaram a buscar uma igreja mais espiritual.

Aos poucos, nas primeiras décadas do século XIX, as ideias de Paissi foram adotadas pelo clero, que as via como um retorno geral a "antigos princípios russos". Em 1822, apenas pouco mais de cem anos depois de imposta, a proibição dos *skity* foi suspensa e construiu-se um eremitério no Optina Pustin, onde foi maior a influência das ideias do padre Paissi. O *skit* foi o segredo do renascimento do mosteiro no século XIX.

Ali estava o seu santuário interno, onde até trinta eremitas viviam em celas individuais, em contemplação silenciosa e obediência estrita ao ancião ou *starets* do mosteiro.[1] Três grandes anciãos, todos discípulos do padre Paissi e conhecidos pela vida devota, tornaram o Optina famoso na sua época de ouro: o padre Leonid foi o ancião do mosteiro a partir de 1829; o padre Makari, a partir de 1841; e o padre Amvrosi, de 1860 a 1891. Foi o carisma desses anciãos que tornou o mosteiro tão extraordinário — um tipo de "clínica da alma" —, que todo ano atraía aos milhares monges e outros peregrinos de toda a Rússia. Alguns procuravam orientação espiritual dos anciãos para confessar as suas dúvidas e pedir conselhos; outros queriam a sua bênção ou uma cura. Havia até um povoado separado, junto aos muros do mosteiro, onde pessoas iam morar para poder ver o ancião todos os dias.[2] A Igreja temia a popularidade dos anciãos. Temia a condição de quase santidade de que gozavam entre os seguidores e não conhecia os seus ensinamentos espirituais, principalmente o culto da pobreza e a visão amplamente social de uma irmandade cristã, a ponto de afirmar que não fossem um desafio à Igreja oficial. Leonid sofreu algo parecido com perseguição nos seus primeiros anos. As autoridades diocesanas tentaram impedir que a multidão de peregrinos visitasse o ancião no mosteiro. Fizeram o padre Vassian, monge idoso do Optina (e modelo do padre Ferrapont de *Os irmãos Karamazov*), condenar Leonid em vários tratados publicados.[3] Mas os anciãos sobreviveriam como instituição. Eram tidos em elevada estima pela gente comum e, aos poucos, se enraizaram nos mosteiros da Rússia, embora como força espiritual que transbordava os muros da Igreja oficial.

Era apenas natural que a busca da verdadeira fé russa no século XIX voltasse os olhos para o misticismo dos monges medievais. Ali estava uma forma de consciência religiosa que parecia despertar emoções no povo russo, uma forma de consciência que, de certo modo, era mais essencial e tinha carga emocional maior do que a religião formalista da Igreja oficial. Além disso, ali estava uma fé em sintonia com a sensibilidade romântica. Eslavófilos como Kireievski, que deu início à peregrinação de intelectuais ao Optina, descobriu um reflexo da própria aversão romântica à razão abstrata na abordagem antirracional do mistério divino que acreditavam ser a característica vital da Igreja russa, preservada no seu aspecto mais puro nos mosteiros. Eles viam o mosteiro como uma versão religiosa da sua luta pela comunidade, um microcosmo sagrado da sua Rússia ideal; com base nisso, definiram a Igreja como união espiritual dos ortodoxos, a verdadeira comunidade de amor cristão que só seria encontrada na Igreja russa. É claro que isso era mitologia eslavófila, mas havia um núcleo de misticismo na Igreja russa. Ao contrário das igrejas ocidentais, cuja teologia se baseia num entendimento racional da divindade, a Igreja russa acredita que Deus não pode ser compreendido pela mente humana (pois tudo o que sabemos é inferior a Ele) e que até mesmo discutir Deus em categorias tão humanas é reduzir o Mistério Divino da Sua revelação. A única maneira de se aproximar do Deus russo é pela transcendência espiritual deste mundo.[4]

A ênfase na *experiência* mística da Divindade estava associada a duas características importantes da Igreja russa. Uma era o credo de resignação e afastamento da vida. Os mosteiros russos eram totalmente dedicados à vida contemplativa e, comparados aos da Europa ocidental, tinham pouco papel na vida pública. A ortodoxia pregava a humildade e, mais do que todas as outras igrejas, cultuava o sofrimento passivo (os primeiros santos da Igreja russa, os príncipes medievais Boris e Gleb, foram canonizados porque se deixaram massacrar sem resistência). A segunda consequência dessa abordagem mística era o fardo que impunha ao ritual e à arte, à experiência emocional da liturgia, como entrada espiritual no reino divino. A beleza da igreja — a característica externa que mais chama a atenção na religião ortodoxa — era também o seu argumento fundamental. De acordo com um relato da *Crônica primária*, primeira história registrada da Rússia Kievana compilada por monges no século XI, os russos se converteram ao cristianismo bizantino pela aparência das igrejas de Constantinopla. Vladimir, o príncipe pagão da Rússia Kievana no século X, enviou os seus emissários para visitar vários países em busca da Verdadeira Fé. Eles foram primeiro até os búlgaros muçulmanos do Volga, mas não encontraram alegria nem virtude na sua religião. Foram a Roma e à Alemanha, mas acharam simples as suas igrejas. Mas, em Constantinopla, contaram os emissários, "não sabíamos se estávamos no céu ou na terra, pois nesta, sem dúvida, não há tamanho esplendor nem beleza em lugar nenhum".[5]

A Igreja russa está inteiramente contida na sua liturgia, e, para entendê-la, não adianta ler livros: é preciso ir e ver a igreja em oração. O culto ortodoxo russo é uma experiência emocional. Todo o espírito do povo russo e boa parte da sua melhor música e arte plástica se despejou na Igreja e, em épocas de crise nacional, sob os mongóis ou os comunistas, foi a ela que o povo recorreu em busca de apoio e esperança. A liturgia nunca se tornou exclusividade de estudiosos nem do clero, como aconteceu no Ocidente medieval. Essa é uma liturgia do povo. Não há bancos nem hierarquia social numa igreja russa. Os fiéis ficam livres para perambular — como fazem constantemente para se prostrar e fazer o sinal da cruz diante dos vários ícones —, e isso estimula um clima não muito diferente de uma praça comercial movimentada. Chekhov o descreve no seu conto "Noite de Páscoa" (1886):

> Em lugar nenhum o entusiasmo e a comoção eram sentidos com tanta agudeza quanto na igreja. À porta, havia uma briga incansável entre a maré cheia e a vazante. Alguns entravam e outros saíam, mas aí logo voltavam a entrar, só para ficar algum tempo antes de sair de novo. Havia gente andando às pressas de um lugar a outro e depois parando como se procurasse alguma coisa. As ondas começavam na porta e se propagavam pela igreja, perturbando até as filas da frente, onde estavam em pé pessoas sérias e respeitáveis. Era fora de questão alguma oração concentrada. Na verdade não havia oração; apenas um tipo de alegria pura, infantil, irreprimível em busca de um pretexto

para explodir e se exprimir em algum tipo de movimento, ainda que fosse um desavergonhado circular e reunir-se.

Fica-se espantado com o mesmo tipo de sensação extraordinária de movimento no próprio culto de Páscoa. Os portões do céu se escancararam em todos os altares laterais, nuvens densas de incenso fumegante pendem no ar em torno dos candelabros; para onde quer que se olhe, há luzes, claridade e velas crepitando por toda parte. Não há leituras planejadas; o canto alegre e enérgico só para no final; depois de cada canção no cânone, o clero troca de vestimenta e anda junto com o censor, e isso se repete quase de 10 em 10 minutos.[6]

Quem vai ao culto numa igreja russa destina-se a se impressionar com a beleza dos cânticos e músicas corais. A liturgia inteira é cantada, com o baixo sonoro das orações do diácono entremeadas com cânticos do coro. A proibição de instrumentos musicais na ortodoxia estimulou um desenvolvimento notável do colorido e da variedade da escrita vocal da Igreja. As harmonias polifônicas da canção folclórica foram assimiladas pelo cantochão *znamenny* — assim chamado por ser escrito com sinais especiais (*znameni*) em vez da notação ocidental — e isso lhes deu o som e a sensação tipicamente russos. Como na canção folclórica russa, havia também uma repetição constante da melodia, o que, depois de várias horas (o culto ortodoxo pode ser interminavelmente prolongado), causaria o efeito de induzir um transe de êxtase religioso. As igrejas famosas pelos diáconos e coros reuniam congregações imensas, sendo os russos atraídos, acima de tudo, pelo impacto espiritual da música litúrgica. No entanto, pode-se explicar parte disso pelo fato de que a Igreja teve o monopólio da composição de música sacra — Tchaikovski foi o primeiro a desafiá-lo ao escrever a *Liturgia de São João Crisóstomo*, em 1878 —, de modo que só nas últimas décadas do século XIX o público pôde escutar música sacra numa sala de concertos. As *Vésperas* ou *Vigília noturna* (1915) de Rachmaninoff pretendiam ser usadas como parte da liturgia. Condensação da fé religiosa de Rachmaninoff, baseavam-se num estudo detalhado dos cânticos antigos e, nesse sentido, podem se destacar não só como obra de arte sacra mas também como síntese de toda uma cultura de vida religiosa.

Os russos rezam de olhos abertos, o olhar fixo num ícone. Afinal, contemplar o ícone em si é percebido como forma de oração. O ícone é um portal da esfera sagrada, não um objeto decorativo nem de educação dos pobres, como as imagens sacras da Europa ocidental se tornaram desde a época medieval. Em contraste com os católicos, os ortodoxos se confessam não a um padre, mas ao ícone de Cristo, com um padre ao lado como guia espiritual. O ícone é o ponto focal da emoção religiosa do fiel; ele o liga aos santos e à Santíssima Trindade, e por essa razão é amplamente considerado pelos russos objeto sagrado em si. Até um "intruso" como Kireievski, que se convertera à Igreja romana, sentia-se atraído pelo "poder maravilhoso" do ícone. Como explicou a Herzen:

> Certa vez fiquei num santuário e fitei um ícone milagroso da Mãe de Deus, pensando na fé infantil dos que rezavam diante dele; algumas mulheres e velhos enfermos estavam ajoelhados, fazendo o sinal da cruz e se curvando até o chão. Com esperança ardente fitei os traços sagrados e, pouco a pouco, o segredo do seu poder maravilhoso começou a ficar claro para mim. É, aquilo não era apenas uma tábua pintada; durante séculos, absorvera essas paixões e essas esperanças, as orações dos aflitos e infelizes; estava cheio da energia de todas essas orações. Tornara-se um organismo vivo, um ponto de encontro entre o Senhor e os homens. Ao pensar nisso, olhei mais uma vez os velhos, as mulheres e as crianças prostrados na terra e o ícone sagrado — e então também vi os traços animados da Mãe de Deus, e vi que ela olhava com amor e misericórdia essa gente simples, e caí de joelhos e humildemente rezei a ela.[7]

Os ícones chegaram à Rússia no século X, vindos de Bizâncio, e durante os primeiros duzentos anos, mais ou menos, foram dominados pelo estilo grego. Mas a invasão mongol do século XIII isolou a Rússia de Bizâncio; e os mosteiros, que em sua maioria foram deixados em paz e até prosperaram nessa época, começaram a desenvolver um estilo próprio. O ícone russo passou a se distinguir por características que guiavam o fiel em oração: uma harmonia simples de linhas e cores e um uso cativante da "perspectiva invertida" (na qual as linhas parecem convergir para um ponto na frente da imagem) para atrair o espectador para o espaço da pintura e simbolizar, nas palavras de Leonid Ouspensky, o maior especialista em ícones da Rússia, o fato de que "a ação que ocorre diante dos nossos olhos está fora das leis da existência terrena".[8] Esse estilo atingiu o supremo ápice nos ícones de Andrei Rublev, no início do século XV — época que coincidiu com o triunfo da Rússia sobre o domínio tártaro, de modo que esse florescimento da arte sacra se tornou parte valorizada da identidade nacional. Os ícones de Rublev passaram a representar a unidade espiritual da nação. O que definia os russos nesse momento importante em que estavam sem Estado era o seu cristianismo. Os leitores devem recordar a última cena simbólica do filme *Andrei Rublev* (1966), de Andrei Tarkovski, sobre o pintor de ícones, em que um grupo de artesãos funde um sino gigantesco para a igreja saqueada de Vladimir. É uma imagem inesquecível, um símbolo do modo como os russos se aguentaram por meio da força espiritual e da criatividade. Não surpreende que o filme fosse proibido nos anos de Brejnev.

É difícil exagerar a importância de a Rússia ter recebido o seu cristianismo de Bizâncio e não do Ocidente. Foi no espírito da tradição bizantina que o Império Russo passou a se ver como teocracia, um reino verdadeiramente cristão no qual Igreja e Estado estavam unidos. A condição divina do tsar era uma herança dessa tradição.[9] Depois da queda de Constantinopla para os turcos, a Igreja russa proclamou Moscou como Terceira Roma, herdeira direta de Bizâncio e última sede remanescente da religião ortodoxa, com o papel messiânico de salvar o mundo cristão. Essa herança bizantina foi fortalecida em 1472 com o casamento de Ivan III com Sofia Paleóloga, sobrinha de Constantino, último imperador de Bizâncio. Os príncipes governantes de Moscóvia adotaram o título de "tsar" e inventaram para si uma ascendência lendária de imperadores romanos e bizantinos. Assim surgiu a "Santa Rússia" como a providencial terra de salvação — uma consciência messiânica que se reforçou com o isolamento do Ocidente.

Com o declínio de Bizâncio, a Rússia ficou isolada da linha dominante da civilização cristã e, no final do século XV, era o único grande reino que ainda adotava o cristianismo oriental. Em consequência, a Igreja russa se tornou introspectiva e isolada, mais intolerante do que outras fés e mais protetora dos seus rituais nacionais. Tornou-se uma Igreja da nação e do Estado. Em termos culturais, as raízes disso se aprofundavam na história da própria cidade de Bizâncio. Ao contrário da Igreja ocidental, Bizâncio não tinha papado para lhe dar coesão supranacional. Não tinha língua franca como o latim — quase todo o clero russo, por exemplo, ignorava o grego — e foi incapaz de impor uma liturgia única ou lei canônica. Assim, desde o começo a comunidade ortodoxa tendeu a se decompor em igrejas independentes em linhas nacionais (grega, russa, sérvia etc.), com o resultado de que a religião reforçou a identidade nacional e, muitas vezes, se tornou sinônima dela. Dizer "russo" era dizer "ortodoxo".

Os rituais da igreja eram a base dessas diferenças nacionais. Havia uma doutrina essencial, determinada havia muito tempo pelos pais da Igreja, mas cada Igreja nacional tinha tradições e rituais próprios, assim como uma comunidade de fiéis. Para o leitor ocidental, acostumado a conceber as diferenças religiosas em termos de doutrina e atitudes morais, pode ser difícil entender que os rituais podem definir um grupo nacional. Mas os rituais são essenciais na religião ortodoxa; na verdade, o próprio significado do conceito "ortodoxo" se baseia na ideia de "rituais corretos". Isso explica por que a ortodoxia é de um conservadorismo tão fundamental — afinal, a pureza do ritual é questão de máxima importância para a Igreja — e por que, realmente, os seus movimentos de dissidência geralmente se opunham a inovações na liturgia, os Velhos Crentes sendo o caso mais óbvio.

Toda a vida russa dos séculos XVIII e XIX estava impregnada de rituais religiosos. Ao nascer, a criança russa era batizada e recebia o nome de um santo. A comemoração anual do onomástico — o dia do santo de alguém — era ainda mais importante do que a do aniversário de nascimento. Todos os grandes eventos da vida de um russo — entrada na escola e na universidade, entrada no Exército ou no serviço público, a compra de uma casa ou propriedade, o casamento e a morte — recebiam algum tipo de bênção de algum sacerdote. A Rússia tinha mais feriados religiosos do que todos os outros países cristãos. Mas nenhuma outra Igreja era tão severa com o estômago. Havia cinco semanas de jejum em maio e junho, duas semanas em agosto, seis semanas antes da véspera de Natal e sete semanas na Quaresma. O jejum da Quaresma, observado por todas as classes da sociedade, começava depois do Entrudo, o mais extravagante feriado russo, em que todo mundo se empanturrava de panquecas e fazia corridas de trenó ou deslizava na neve. Anna Lelong, que passou a infância numa propriedade de tamanho mediano na província de Riazan nos anos 1840, recorda a festa de Entrudo como um momento de comunhão entre senhor e servo.

> Por volta das 14 horas, no domingo de Entrudo, os cavalos eram atrelados a dois ou três trenós e punha-se um barril no lugar do condutor de um deles. O velho Vissarion ficava em cima dele, vestindo uma capa feita de esteiras e um chapéu enfeitado com folhas de palha. Ele conduzia o primeiro trenó e, atrás dele, iam outros trenós nos quais os nossos servos se amontoavam, entoando canções. Davam voltas pela aldeia inteira e gente fantasiada de outras aldeias se juntava a eles nos seus trenós. Um enorme comboio ia se acumulando e a procissão toda durava até o crepúsculo. Por volta das sete horas, a nossa sala principal se enchia de gente. Os camponeses vinham "dar adeus" antes da viagem da Quaresma. Cada um tinha nas mãos um pacote com vários presentes, como rocamboles ou pães brancos e compridos, e às vezes nós, crianças, ganhávamos bolos de especiarias ou escuros pães de mel. Trocávamos beijos com os camponeses e bons votos para o período da

Quaresma. Os presentes eram colocados num grande cesto e os camponeses recebiam vodca e peixe salgado. No domingo, só os nossos camponeses de Kartsevo vinham se despedir, e os camponeses de outras aldeias próximas vinham no sábado. Quando os camponeses partiam, a sala tinha de ser bem fechada, porque cheirava a lama e casacos de pelo de ovelha. A nossa última refeição antes da Quaresma começava com panquecas especiais chamadas "*tujiki*". Tomávamos sopa de peixe e peixe cozido, que também era servido aos criados.[10]

Em Moscou havia patinação no gelo do rio Moskva, onde um famoso parque de diversões com circos e espetáculos de marionetes, acrobatas e equilibristas atraía imensa multidão de festeiros. Mas a aparência da cidade mudava drasticamente no primeiro dia da Quaresma. "O toque incessante dos sinos chamava todos à oração", recordou Mikhail Zernov. "Os alimentos proibidos eram banidos de todas as casas e uma feira de cogumelos brotava às margens do rio Moskva, onde se podia comprar todo o necessário para sobreviver ao jejum — cogumelos, repolho e pepino em conserva, maçãs e sorvas congeladas, todo tipo de pão feito com manteiga da Quaresma e um tipo especial de açúcar com a bênção da Igreja."[11] Durante a Quaresma, havia cultos diários. A cada dia que passava, a tensão religiosa crescia até ser liberada na semana de Páscoa, recordou Zernov.

> Na véspera da Páscoa, Moscou saía dos seus cultos organizados e um mercado de loucura e gritaria se abria na Praça Vermelha. A antiga Rus pagã saudava a chegada dos dias quentes e mandava às favas a ordeira piedade ortodoxa. Íamos todo ano com o nosso pai participar dessa comemoração tradicional de Moscou. Mesmo de longe, quem se aproximasse da Praça Vermelha escutaria o som de assovios, gaitas de fole e outros instrumentos feitos em casa. A praça inteira ficava cheia de gente. Percorríamos as barraquinhas de marionetes, as tendas e balcões surgidos da noite para o dia. A nossa justificativa religiosa era comprar ramos de salgueiro para a Vigília Noturna que marcava

a entrada de Jesus em Jerusalém. Mas preferíamos as outras barracas que vendiam todo tipo de coisa estranha e inútil, como "moradores do mar" que viviam em tubos de vidro cheios de líquido colorido ou macacos feitos de lã. Era difícil ver que ligação tinham com o Domingo de Ramos. Havia balões coloridos com desenhos maravilhosos e doces e bolos russos que não nos eram permitidos. Também não podíamos ver a mulher de bigode, as sereias de verdade nem os bezerros de duas cabeças.[12]

A missa de Páscoa é o culto mais importante e o mais belo da Igreja russa. Como observou Gogol certa vez, os russos têm um interesse especial em celebrar a Páscoa, pois a sua fé se baseia na esperança. Pouco depois da meia-noite, cada membro da congregação acende uma vela e, ao som do canto suave do coro, sai da igreja em procissão com ícones e bandeiras. Há um clima de expectativa crescente que se liberta de súbito ao toque da meia-noite, quando as portas da igreja se abrem e o padre surge para proclamar, com a sua voz grave e profunda: "Cristo ressuscitou!" A isso, recebe a resposta da multidão de fiéis: "Realmente ressuscitou!" Então, enquanto o coro entoa o Cântico da Ressurreição, os membros da congregação se cumprimentam com um beijo triplo e as palavras "Cristo ressuscitou!" A Páscoa era um momento verdadeiramente nacional, um momento de comunhão entre as classes. A proprietária de terras Maria Nikolieva recordou a Páscoa com os seus servos:

> Os camponeses vinham diretamente da igreja trocar saudações de Páscoa. Haveria pelo menos quinhentos deles. Nós os beijávamos no rosto e dávamos a cada um pedaço de *kulich* [bolo de Páscoa] e um ovo. Naquele dia, todos tinham o direito de perambular pela nossa casa inteira, e não me lembro de nada ter sumido ou sequer ser tocado. O nosso pai ficava na sala da frente, onde recebia os camponeses mais importantes e respeitados, velhos e anciãos. Dava-lhes vinho, torta, carne cozida e, no quarto das criadas, a nossa babá distribuía cerveja

e vinho feito em casa. Recebíamos tantos beijos de rostos barbados nem sempre muito limpos que tínhamos de nos lavar depressa para não pegar urticária.[13]

A procissão dos ícones na segunda-feira de Páscoa, na qual os ícones eram levados a todas as casas para a bênção, era outro ritual de comunhão. Vera Kharuzina, primeira mulher a se tornar professora de etnografia na Rússia, nos deixou uma descrição admirável da recepção de um ícone na casa de um mercador rico de Moscou na década de 1870:

> Havia tanta gente que queria receber o Ícone da Virgem Celeste e o Mártir que sempre se fazia uma lista e dava-se a ordem de seguir a rota da procissão pela cidade. O meu pai sempre ia trabalhar cedo e preferia receber o ícone e as relíquias de manhã cedinho ou tarde da noite. O ícone e as relíquias vinham separados e quase nunca coincidiam. Mas as visitas deixavam profunda impressão. Os adultos da casa não iam dormir a noite inteira. Mamãe apenas se deitava um pouco no sofá. O meu pai e a minha tia não comiam nada desde a noite anterior, para tomar a água benta de estômago vazio. Nós, crianças, íamos para a cama cedo e levantávamos muito tempo antes da chegada. As plantas eram removidas do canto da sala da frente e punha-se no seu lugar um divã de madeira onde descansaria o ícone. Uma mesa ficava na frente do divã e, sobre ela, uma toalha branca como a neve. Punha-se nela uma bacia d'água para benzer, um prato com um copo vazio, pronto para o padre despejar água benta nele, velas e incenso. A casa inteira ficava tensa de expectativa. O meu pai e a minha tia andavam de janela em janela, esperando ver a carruagem chegar. O ícone e as relíquias eram transportados pela cidade numa carruagem especial, extremamente sólida e de difícil manejo. A governanta ficava em pé no saguão, cercada pelos criados, prontos para executar as suas ordens. O guarda-portão ficava à espera dos convidados e sabíamos que correria para a porta da frente assim que visse a carruagem no caminho e bateria com força para nos avisar da sua chegada. Então, escutaríamos o trovejar de seis cavalos fortes a se aproximar dos portões. Haveria um garoto sentado

na frente como postilhão e um homem robusto postado atrás. Apesar do frio intenso daquela época do ano, ambos viajavam de cabeça descoberta. Um grupo de pessoas encabeçado pela nossa governanta pegava o pesado ícone e o levava com dificuldade pela escadaria da frente. Toda a nossa família recebia o ícone à porta, ajoelhando-se diante dele. Pelas portas abertas, entrava uma corrente de ar gelado que achávamos revigorante. As orações começavam e os criados, às vezes acompanhados de parentes, se amontoavam junto à porta. Titia tomava do padre o copo de água benta em pé no prato. Ela passava o copo a todos para darem um gole; e todos também molhavam a ponta dos dedos na água do prato e tocavam o rosto com ela. A governanta seguia o padre pela sala com o aspersório e a bacia de água benta. Enquanto isso, todos iam tocar o ícone — primeiro papai e mamãe, depois a nossa tia, depois nós, crianças. Depois de nós vinham os criados e os que estavam com eles. Pegávamos algodão bento em sacos pendurados no ícone e limpávamos os olhos com ele. Depois da oração, o ícone era levado pelos outros cômodos e saía de novo para o pátio. Alguns se prostravam diante dele. Quem carregava o ícone passava por cima deles. O ícone era levado diretamente para a rua e havia transeuntes à espera para tocá-lo. Aquele momento de breve oração comum nos unia àquelas pessoas, gente que sequer conhecíamos e provavelmente nunca mais veríamos. Todos ficavam em pé, faziam o sinal da cruz e se curvavam enquanto o ícone era posto de volta na carruagem. Ficávamos na porta da frente, com os casacos de pele sobre os ombros, depois corríamos para dentro de casa para não nos resfriar. Ainda havia um clima festivo na casa. Na sala de jantar, tudo estava preparado para o chá, e titia se sentava junto ao samovar com expressão feliz.[14]

Os rituais religiosos estavam no centro da fé e da consciência nacional russas. Também foram a principal causa de um cisma da comunidade ortodoxa que dividiu em duas a nação russa. Na década de 1660, a Igreja russa adotou uma série de reformas para aproximar os rituais dos gregos. Achava-se que, com o tempo, houvera desvios na liturgia russa que tinham de ser corrigidos. Mas os Velhos Crentes argumentavam que os rituais russos, na verdade, eram mais sagrados do que os da Igreja grega, que perdera a graça divina ao se fundir com Roma no Concílio de Florença, em 1439. Na visão dos Velhos Crentes, os gregos tinham sido punidos por esse ato de apostasia com a perda de Constantinopla em 1453, quando o centro da ortodoxia passou a ser Moscou. Para o leitor ocidental, pode parecer que o cisma se deveu a alguns pontos obscuros do ritual (a reforma mais contestada alterava a maneira de fazer o sinal da cruz, com três dedos em vez de dois) que caem na insignificância quando comparados às grandes disputas doutrinárias da cristandade ocidental nos séculos XVI e XVII. Mas, na Rússia, onde fé, ritual e consciência nacional se ligavam tão intimamente, o cisma assumiu proporções escatológicas. Segundo os Velhos Crentes, as reformas eram obra do Anticristo e um sinal de que o fim do mundo estava próximo. Durante as últimas décadas do século XVII, dezenas de comunidades de Velhos Crentes se ergueram em revolta: quando as forças do Estado se aproximavam, eles se fechavam nas igrejas de madeira e morriam incendiados em vez de se conspurcar antes do Juízo Final entrando em contato com o Anticristo. Muitos outros seguiram o exemplo dos eremitas e fugiram para os lagos e florestas remotos do norte, para as fronteiras do Volga, para a região dos cossacos do Don, no sul, ou para as florestas da Sibéria. Em lugares como a costa do mar Branco, criaram comunidades utópicas próprias onde esperavam viver num reino ver-dadeiramente cristão de virtude e piedade intocado pelo mal da Igreja e do Estado russos. Em outras regiões, como em Moscou nos séculos XVIII e XIX, eles tenderam a permanecer em bairros específicos, como o Zamoskvoreche. Os Velhos Crentes eram um amplo movimento social de dissidência política e religiosa. O seu número cresceu no século XVIII conforme a vida espiritual da Igreja estabelecida declinava e se subordinava ao Estado. No início do século XX, o seu número chegou ao máximo estimado de 20 milhões, embora a perseguição constante da Igreja e do Estado dificulte dizer com certeza que não havia mais em regiões selvagens.[15]

De várias maneiras, os Velhos Crentes permaneceram mais fiéis do que a Igreja estabelecida aos ideais espirituais da gente comum, de quem tiravam a sua força democrática. No século XIX, o historiador Pogodin observou certa vez que, se a proibição da Velha Crença fosse suspensa pelo Estado, metade dos camponeses russos se converteria a ela.[16] Contra o surgimento da doutrina tsar de um Estado cristão autocrático, os Velhos Crentes defendiam o ideal de uma nação cristã que parecia atrair a atenção dos que se sentiam alienados do Estado secular e ocidentalizante. As comunidades de Velhos Crentes eram estritamente reguladas pelos rituais da fé e pelos costumes patriarcais da Moscóvia medieval. Eram comunidades agrícolas simples nas quais as virtudes honestas de trabalho duro, parcimônia e sobriedade eram rigidamente impostas e pregadas aos jovens. Muitos agricultores, mercadores e industriais mais bem-sucedidos do país foram criados na Velha Crença.

Perseguidos pelo governo em boa parte da sua história, os Velhos Crentes tinham uma forte tradição libertária que agia como ímã junto aos descontentes e despossuídos, aos grupos oprimidos e marginalizados e, acima de tudo, aos cossacos e camponeses que se ressentiam da intrusão do Estado em seus costumes e liberdades. Os Velhos Crentes se recusavam a raspar a barba ou a usar roupas ocidentais, como Pedro, o Grande, exigira na década de 1700. Tiveram papel importante nas rebeliões cossacas das décadas de 1670 (comandada por Stenka Razin) e 1770 (comandada por Emelian Pugachev). Havia um forte elemento anarquista e igualitário nas comunidades de Velhos Crentes, principalmente nas que cultuavam sem padres (os *bezpoptsy*), com o raciocínio de que todas as hierarquias sacerdotais eram uma corrupção da Igreja. No núcleo dessas comunidades estava a antiga busca russa de um reino verdadeiramente espiritual nesta Terra. Tinha raízes na crença popular, em si uma forma primitiva de consciência nacional, de que esse reino sagrado seria encontrado na "Sagrada Rus".

Essa busca utópica também era encetada por diversas seitas camponesas e religiosos ambulantes, que rejeitavam a Igreja oficial e o Estado:

os "Flagelantes" ou *Khlysty* (provavelmente uma corruptela de *Khristy*, que significa "Cristos"), que acreditavam que Cristo entrava em indivíduos vivos, geralmente camponeses tomados por algum espírito misterioso que perambulavam pelas aldeias atraindo seguidores (Rasputin era membro dessa seita); os "Guerreiros do Espírito" (*Dukhobortsy*), que defendiam um vago anarquismo baseado em princípios cristãos e fugiam de todos os tributos estatais e deveres militares; os "Itinerantes" (*Stranniky*), que acreditavam em cortar todos os laços com o Estado e a sociedade existentes, vendo-os como o reino do Anticristo, e em perambular como espíritos livres pela terra russa; os "Bebedores de Leite" (*Molokane*), convencidos de que Cristo ressurgiria na forma de um simples camponês; e os mais exóticos de todos, os "Autocastradores" (*Skoptsy*), que acreditavam que a salvação só viria com a excisão dos instrumentos do pecado.

A Rússia era um viveiro de anarquistas e utopistas cristãos. Os alicerces místicos da fé russa e a base messiânica da sua consciência nacional se combinavam para produzir, na gente comum, uma aspiração espiritual pelo Reino de Deus perfeito na "santa terra russa". Certa vez, Dostoievski sustentou que "esse anseio incessante, sempre inerente ao povo russo, de uma grande igreja universal na Terra" era a base do "nosso socialismo russo".[17] E havia a noção de que essa busca espiritual estava no centro do conceito popular de Estado russo ideal no qual se ministrava verdade e justiça (*pravda*). Não era por coincidência, por exemplo, que os sectários e Velhos Crentes costumavam se envolver em protestos sociais: as revoltas de Razin e Pugachev ou as manifestações camponesas de 1861, em que muitos ex-servos, desapontados com as concessões limitadas da emancipação, se recusaram a acreditar que o decreto fora aprovado pelo "tsar verdadeiramente santo". A dissidência religiosa e os protestos sociais destinavam-se a se interligar num país como a Rússia, onde a crença popular da condição divina do tsar tinha um papel tão poderoso e opressor. O campesinato acreditava no Reino de Deus nesta Terra. Muitos concebiam o paraíso como um lugar real em algum canto remoto do mundo onde corriam rios de leite e a grama era sempre verde.[18] Essa convicção inspirou dezenas de lendas populares sobre um Reino de Deus real escondido em algum ponto da terra russa. Havia lendas sobre Terras Distantes, Ilhas de Ouro, o Reino de Opona e a Terra de Chud, reino subterrâneo sagrado onde reinava o "tsar branco" de acordo com os "ideais antigos e verdadeiramente justos" do campesinato.[19]

O mais antigo desses mitos folclóricos era a lenda de Kitej — a cidade sagrada escondida debaixo do lago de Svetloiar (na província de Nijegorod), só visível para os verdadeiros crentes da fé russa. Dizia-se que eremitas e monges santos conseguiam escutar os sinos distantes das suas antigas igrejas. As primeiras versões orais da lenda datavam dos dias de domínio mongol. Kitej foi atacada pelos infiéis e, no momento crucial do sítio, desapareceu magicamente no lago, fazendo os tártaros se afogarem.

No decorrer dos séculos, a lenda se misturou a outras histórias sobre cidades e mosteiros escondidos debaixo da terra, reinos mágicos e tesouros enterrados no fundo do mar e lendas do herói folclórico Ilia Muromets. Mas, no início do século XVIII, os Velhos Crentes escreveram as lendas, e foi dessa forma que se disseminaram no século XIX. Na versão dos Velhos Crentes, por exemplo, o conto de Kitej se tornou uma parábola da Rússia verdadeiramente cristã escondida da Rússia do Anticristo. No entanto, junto ao campesinato ela se tornou veículo de crenças dissidentes que almejavam uma comunidade espiritual além dos muros da Igreja estabelecida. Durante todo o século XIX, peregrinos foram aos milhares a Svetloiar para erigir santuários e orar na expectativa esperançosa de uma ressurreição do lago. O ponto alto da temporada era o solstício de verão, o antigo festival pagão de Kupala, em que milhares de peregrinos enchiam as florestas em volta de todo o lago. A escritora Zinaida Guippius, que visitou o local em 1903, descreveu-o como um tipo de "igreja natural", com pequenos grupos de fiéis, os ícones presos às árvores, entoando cânticos antigos à luz de velas.[20]

Outra dessas crenças utópicas igualmente tenaz na consciência religiosa popular era a lenda de Belovode, comunidade cristã de fraternidade, igualdade e liberdade que, segundo diziam, se localizava num arquipélago entre a Rússia e o Japão. A história tinha raízes numa comunidade real criada por um grupo de servos que fugiu para a região montanhosa de Altai, na Sibéria, no século XVIII. Como não voltaram, espalhou-se o boato de que tinham encontrado a Terra Prometida. A lenda foi adotada especificamente pelos Itinerantes, que acreditavam na existência de um reino divino em algum ponto da borda do mundo existente, e grupos da seita viajavam para a Sibéria em busca dele.[21] A lenda subiu de status depois de 1807, quando um monge que afirmava ter estado lá publicou um guia de Belovode e, embora as instruções para lá chegar fossem extremamente vagas, centenas de camponeses partiam todo ano, a cavalo, em carroças ou de barco, para encontrar o reino lendário. As últimas viagens registradas na década de 1900 parecem ter sido provocadas pelo boato de que Tolstoi estivera em Belovode (um grupo de cossacos visitou o escritor para ver se era verdade).[22] Mas, muito tempo depois disso, Belovode continuou nos sonhos do povo. O pintor Roerich, que se interessou pela lenda e visitou o Altai nos anos 1920, afirmava ter encontrado lá camponeses que ainda acreditavam na terra mágica.

2

"Parei no eremitério do Optina", escreveu Gogol ao conde A. P. Tolstoi, "e trouxe comigo uma lembrança que nunca se apagará. A graça reside claramente naquele lugar. Pode-se senti-la até nos sinais externos de culto. Em lugar nenhum vi monges como aqueles. Por meio de cada um deles, eu parecia conversar com o céu." Durante os últimos anos de vida, Gogol foi ao Optina em várias ocasiões. Na tranquilidade do mosteiro, encontrava consolo e orientação espiritual para a sua alma perturbada. Achava que descobrira ali o reino russo divino que procurara a vida inteira. A quilômetros do mosteiro, escreveu a Tolstoi: "pode-se sentir o perfume das suas virtudes no ar: tudo se torna hospitaleiro, as pessoas se curvam mais profundamente e o amor fraterno aumenta."[23]

Nikolai Gogol era de uma família devota da Ucrânia. Ambos os pais eram ativos na igreja e, em casa, seguiam todos os jejuns e rituais religiosos. Havia um toque de misticismo na casa de Gogol que ajuda a explicar a vida e a arte do escritor. Os pais de Gogol se conheceram quando o pai teve uma visão na igreja local: a Mãe de Deus apareceu diante dele e, apontando a mocinha em pé ao seu lado, disse que ela seria sua esposa, o que realmente aconteceu.[24] Como os pais, Gogol não estava satisfeito com a observância dos rituais da Igreja. Desde tenra idade, sentiu necessidade de vivenciar a presença divina como um drama da alma. Em 1833, escreveu à mãe:

> [na minha infância] eu olhava tudo com olhos imparciais; ia à igreja porque me mandavam ou me levavam; mas, quando estava lá, via apenas a casula, o padre e os gritos horríveis dos diáconos. Fazia o sinal da cruz porque via todo mundo fazendo. Mas certa vez — lembro-me vivamente até hoje — pedi que a senhora me falasse do Juízo Final, e a senhora me explicou tão bem, tão completamente, de forma tão comovida as boas coisas que aguardam quem levou uma vida merecedora, e descreveu os tormentos eternos que aguardam os pecadores com tanta expressividade, e tão assustadoramente, que me espantou e acordou em mim toda a minha sensibilidade. Mais tarde, engendrou-me os pensamentos mais elevados.[25]

Gogol nunca teve dúvidas religiosas como Tolstoi e Dostoievski. Os tormentos dos seus últimos anos surgiram apenas de dúvidas sobre o seu mérito diante de Deus. Mas a natureza intensa da fé do escritor não podia ser contida em nenhuma igreja. De certa maneira, como ele mesmo reconhecia, a sua fé tinha muito em comum com a religião protestante, no sentido de que acreditava numa relação pessoal com Jesus Cristo.[26] Mas nos seis anos que passou em Roma, de 1836 a 1842, Gogol também se aproximou da tradição católica e, se optou por não se converter a Roma, foi apenas porque, nas suas palavras, não via diferença entre os dois credos. "A nossa religião é exatamente a mesma coisa que o catolicismo — e não há necessidade de mudar de uma para a outra."[27] Na versão final de *Almas mortas*, que nunca publicou, Gogol planejava apresentar como personagem um padre que incorporaria as virtudes ortodoxas e católicas. Parece que buscava uma irmandade cristã que unisse o povo inteiro numa Igreja espiritual. Era o que pensava ter encontrado no Optina e na ideia da "alma russa".

A ficção de Gogol era a arena dessa busca espiritual. Ao contrário da opinião de muitos estudiosos, não havia linha divisória real entre as "obras literárias" do período inicial de Gogol e as "obras religiosas" dos seus últimos anos, embora ele revelasse mais tarde um interesse mais explícito por questões religiosas. Todos os textos de Gogol têm importância teológica; na verdade, foram os primeiros de uma tradição nacional que dava à ficção o status de profecia religiosa. Muitos contos seus são como alegorias religiosas. Os seus personagens grotescos e fantásticos não pretendem ser realistas, assim como os ícones não visam a exibir o mundo natural. São pensados para nos fazer contemplar outro mundo onde o bem e o mal lutam pela alma do homem. Nos primeiros contos de Gogol, esse simbolismo religioso está incorporado a temas bíblicos e, às vezes, a metáforas religiosas obscuras. "O capote", por exemplo, tem reflexos da vida de santo Acácio, um eremita (e alfaiate) que morreu depois de anos sendo atormentado pelo superior, que mais tarde se arrependeu da crueldade. Isso explica o nome do herói, Akaki Akakievich — humilde funcionário público de São Petersburgo que morre sem amor, roubado do precioso capote, mas depois retorna como fantasma para assombrar a cidade.[28] Depois do fracasso de *O inspetor geral* (1836) — peça que se pretendia parábola moral mas que o público interpretou como sátira hilariante —, Gogol buscou transmitir melhor a sua mensagem religiosa. A obra à qual devotou então toda a sua energia foi vislumbrada como um romance em três partes chamado *Almas mortas* — um "poema" épico no estilo da *Divina comédia* de Dante — no qual o plano da Providência para a Rússia seria finalmente revelado. As imperfeições grotescas da Rússia provinciana eram expostas no primeiro volume do romance, o único terminado (1842), no qual o aventureiro Chichikov viaja pelo campo enganando uma série de nobres moribundos para lhes tirar o título legal de propriedade dos servos falecidos (ou "almas"), seriam negadas pelo retrato elevado de Gogol da "alma russa viva" que pretendia fazer na segunda e na terceira partes. Até o malfeitor Chichikov finalmente seria salvo e terminaria como proprietário de terras paternal conforme Gogol se aproximasse do idílio eslavo de amor e fraternidade cristãos. Toda a concepção do "poema" era a ressurreição da Rússia e a sua ascensão espiritual por uma "escada infinita de perfeição humana" — metáfora que tirou da parábola da escada de Jacó, no livro do Gênesis.[29]

A visão divina de Gogol se inspirava nos seus partidários, os eslavófilos, cuja fantasia da Rússia como união sagrada de almas cristãs atraía naturalmente um escritor tão perturbado pelo individualismo sem alma da sociedade moderna. A ideia eslavófila se baseava na noção da Igreja russa como comunidade livre de fraternidade cristã — uma *sobornost* (da palavra russa *sobor*, que significa "catedral" e "assembleia") —, como delineado pelo teólogo Alexei Khomiakov nos anos 1830 e 1840. Khomiakov chegou a essa concepção a partir de uma teologia mística. A fé não podia ser provada pelo raciocínio, dizia ele. Era preciso chegar a ela pela experiência, ao sentir dentro de si a Verdade de Cristo, não por leis e dogmas. A Verdadeira Igreja não poderia convencer nem forçar os homens a crer, pois a sua única autoridade era o amor de Cristo. Como comunidade escolhida livremente, ela existia no espírito de amor cristão que unia os fiéis à Igreja, e esse espírito era a sua única garantia.

Os eslavófilos acreditavam que a Verdadeira Igreja era a Igreja russa. Ao contrário das igrejas ocidentais, que impunham a sua autoridade por meio de leis e hierarquias estatistas como o Papado, a ortodoxia russa, segundo eles, era uma comunidade verdadeiramente espiritual cujo único chefe era Cristo. Sem dúvida os eslavófilos criticavam a Igreja oficial que, na sua opinião, fora espiritualmente enfraquecida pela aliança com o Estado tsar. Eles desposavam uma Igreja social, alguns diriam socialista, e, em consequência, muitos textos seus sobre a religião foram proibidos (os textos teológicos de Khomiakov só seriam publicados em 1879).[30] Os eslavófilos acreditavam com firmeza na libertação dos servos, pois apenas a comunhão de indivíduos totalmente livres e conscientes poderia criar a *sobornost* da Verdadeira Igreja. Eles depositavam a sua fé no espírito cristão do povo russo, e era esse espírito que definia a sua Igreja. Os eslavófilos acreditavam que o povo russo era o único povo verdadeiramente cristão do mundo. Apontavam o modo de vida comunitário do campesinato ("uma união cristã de amor e fraternidade"), a sua humildade e natureza gentil e pacífica, os seus imensos sofrimentos e paciência e a disposição de sacrificar o eu individual em nome de um bem moral maior — fosse a comuna, a nação ou o tsar. Com todas essas qualidades cristãs, os russos eram muito mais do que uma nacionalidade; eles tinham uma missão divina no mundo. Nas palavras de Aksakov, "o povo russo não é apenas um povo, é uma humanidade".[31]

Aí estava a visão da "alma russa" — de um espírito universal que salvaria o mundo cristão — que Gogol tentou retratar no segundo e no terceiro volumes de *Almas mortas*. O conceito de alma ou essência nacional era lugar-comum na época romântica, embora Gogol fosse o primeiro a dar à "alma russa" esse matiz messiânico. O exemplo vinha da Alemanha, onde românticos como Friedrich Schelling desenvolveram a ideia de um espírito nacional como meio de distinguir a sua cultura própria da cultura do Ocidente. Nos anos 1820, Schelling ocupava posição quase divina na Rússia e o seu conceito de alma foi aproveitado por intelectuais que buscavam contrastar Rússia e Europa. O príncipe Odoievski, sumo sacerdote do culto a Schelling na Rússia, defendia que o Ocidente vendera a alma ao diabo na busca do progresso material. "A tua alma se transformou numa locomotiva a vapor", escreveu no romance *Noites russas* (1844); "vejo em ti parafusos e engrenagens, mas não vejo vida." Agora, só a Rússia, com o seu espírito juvenil, poderia salvar a Europa.[32] Fazia sentido que nações jovens como a Alemanha e a Rússia, atrasadas em relação ao Ocidente que se industrializava, recorressem à ideia de alma nacional. O progresso econômico que lhes faltava poderia ser mais do que compensado pelas virtudes espirituais do seu campo imaculado. Os nacionalistas atribuíam ao campesinato simples uma espontaneidade e fraternidade criativas havia muito perdidas na cultura burguesa do Ocidente. Essa era a vaga noção romântica em que a ideia da alma russa começou a se desenvolver a partir das últimas décadas do século XVIII. No ensaio "Sobre as qualidades inatas da alma russa" (1792), Piotr Plavilshikov defendia, por exemplo, que no seu campesinato a Rússia tinha uma criatividade natural com mais potencial do que a ciência do Ocidente. Estimulado pelo orgulho nacional, o dramaturgo chegou a reivindicar alguns primeiros lugares improváveis:

> Um dos nossos camponeses fez uma tintura que nem os conhecimentos de Hipócrates e Galeno permitiram encontrar. O endireitador de ossos da aldeia de Alexeievo é famoso entre os pioneiros da cirurgia. Kulibin e o mecânico Sobakin, de Tver, são maravilhas da mecânica [...] O que o russo não conseguir entender ficará para sempre desconhecido para os homens.[33]*

Depois do triunfo de 1812, a ideia da alma do camponês, do seu autossacrifício e da virtude altruísta começou a se ligar à noção da Rússia como salvadora do Ocidente. Foi essa a missão que Gogol começou a desenvolver em *Almas mortas*. No conto anterior, "Taras Bulba" (1835), Gogol atribuíra à alma russa um tipo de amor especial que só os russos sentiam. "Não há laços mais sagrados do que os da camaradagem!", diz Taras Bulba aos colegas cossacos:

> O pai ama o filho, a mãe ama o filho, o filho ama a mãe e o pai. Mas isso não é a mesma coisa, meus irmãos: o animal também ama os seus filhotes. Mas o parentesco do espírito e não do sangue é algo só conhecido pelo homem. Os homens foram camaradas em outras terras também, mas nunca houve camaradas como os da terra russa [...] Não,

---

* Tais afirmativas eram feitas com frequência por nacionalistas russos. Na década de 1900, quando um piadista divulgou a notícia de que um velho camponês russo voara vários quilômetros num aeroplano feito em casa, isso foi considerado prova de que o sistema patriarcal da Rússia, além de melhor do que o do Ocidente, era também mais inteligente (B. Pares, *Russia*, Harmondsworth, 1942, p. 75).

irmãos, amar como ama a alma russa — isso não significa amar com a cabeça ou com alguma outra parte do corpo, significa amar com tudo o que Deus lhe deu.[34]

Quanto mais perto Gogol chegava dos eslavófilos, mais convencido ficava de que essa fraternidade cristã era a mensagem inigualável da Rússia ao mundo. Ali estava o plano providencial da "alma russa" que Gogol insinuou no trecho inesquecível da troica no final do primeiro volume de *Almas mortas*:

> Não é assim que tu também, Rússia, avanças como uma troica fogosa que nada pode ultrapassar? A estrada sob ti é como uma nuvem de fumaça, as pontes trovejam e tudo retrocede e fica muito para trás. O espectador para de repente, boquiaberto com o milagre divino: não é um relâmpago lançado pelos céus. Qual o significado desse movimento aterrorizante? E que força misteriosa se esconde nesses cavalos tais como o mundo nunca viu? Oh, cavalos, cavalos... que cavalos! Há redemoinhos escondidos em tuas crinas? Há algum ouvido sensível, alerta a cada som, oculto nas tuas veias? Eles captaram de cima o som da conhecida canção e, no mesmo instante, forçam o peito de latão e, mal tocando o chão com os cascos, quase se transformam em linhas retas voando pelo ar, e a troica avança cheia de inspiração divina. Rússia, para onde voas? Responde! Ela não responde. Os sinos enchem o ar com o seu tilintar maravilhoso; o ar é dilacerado, ribomba e se transforma em vento; tudo na terra passa voando e, olhando desconfiados, outros Estados e nações se afastam e lhe abrem o caminho.[35]

O "princípio russo" de amor cristão a ser revelado por Gogol no segundo e no terceiro volumes salvaria a humanidade do individualismo egoísta do Ocidente. Como explicou Herzen depois de ler o romance de Gogol, "*in potentia* há muito na alma russa".[36]

Quanto mais Gogol trabalhava no seu romance, maior era a sensação de uma missão divina de revelar a verdade sagrada da "alma russa".

"Deus só me concede forças para terminar e publicar o segundo volume", escreveu ao poeta Nikolai Iazikov em 1846. "Então descobrirão que nós, russos, temos muito que ninguém jamais adivinhou e que nós mesmos não queremos reconhecer."[37] Gogol procurava inspiração nos mosteiros, lugar onde acreditava que esse espírito russo oculto se revelaria. O que mais admirava nos eremitas do Optina era a sua aparente aptidão para dominar as próprias paixões e limpar as próprias almas de pecado. Era nessa disciplina que via a solução para a moléstia espiritual da Rússia. Mais uma vez, foram os eslavófilos que encaminharam Gogol ao Optina. Kireievski estivera muitas vezes lá para ver o padre Makari na década de 1840, quando os dois produziram uma biografia do padre Paissi e traduziram do grego as obras dos padres da Igreja.[38] Como todos os eslavófilos que o seguiram, Kireievski acreditava que os eremitas do Optina eram a verdadeira personificação das antigas tradições espirituais da ortodoxia, o lugar único onde a "alma russa" estava mais viva, e, na época em que Gogol voltou do exterior para Moscou, todos os salões da cidade estavam cheios de devotos do Optina.

Almas mortas foi concebido como obra de instrução religiosa. O estilo da escrita está imbuído do espírito de Isaías, que profetizou a queda de Babilônia (imagem que Gogol usou muitas vezes para descrever a Rússia nas suas cartas enquanto trabalhava no segundo volume de *Almas mortas*).[39] Enquanto lutava com o romance, Gogol foi inundado pelo fervor religioso da própria profecia. Mergulhou nos textos do eremita João Clímaco, do século VII, que falavam da necessidade de purificar a alma e subir uma escada de perfeição espiritual (imagem que Gogol usou nas cartas a amigos, em que dizia que estava apenas nos primeiros degraus).[40] A oração constante era o único consolo de Gogol e, como acreditava, a fonte espiritual da qual tiraria forças para completar a missão divina em *Almas mortas*. "Reza por mim, em nome do próprio Cristo", escreveu em 1850 ao padre Filaret de Optina Pustin.

Pede ao teu honrado superior, pede a toda a irmandade, pede a todos os que rezam com mais fervor e amam rezar, pede a todos eles que rezem por mim. O meu caminho é difícil, e a minha tarefa é tamanha que, sem a ajuda de Deus a cada minuto e hora do dia, a minha pena não se moverá [...] Ele, o Misericordioso, tem poder de fazer tudo, até mesmo de transformar a mim, um escritor negro como carvão, em algo branco e puro o suficiente para falar sobre o sagrado e o belo.[41]

O problema é que Gogol não conseguia retratar essa Rússia santa, o reino de irmandade cristã que acreditava ser sua tarefa divina revelar. Esse escritor, o mais pictórico dos russos, não conseguia conjurar uma imagem desse lugar — ou, pelo menos, uma imagem que satisfizesse o seu juízo crítico de escritor. Por mais que tentasse pintar um quadro ideal dos seus personagens russos — um ícone, por assim dizer, da alma russa —, as observações que Gogol fazia da realidade eram tais que não conseguia deixar de sobrecarregá-las com traços grotescos derivados do seu hábitat natural. Ele mesmo perdia as esperanças com a sua visão religiosa: "isso tudo é um sonho e some assim que nos voltamos ao que realmente há na Rússia."[42]

Ao sentir que fracassara no seu esforço ficcional, Gogol buscou transmitir a sua mensagem em *Extratos de uma correspondência* (1846), sermão moral pedante sobre o princípio divino contido na Rússia que deveria servir como um tipo de prefácio ideológico aos volumes inacabados de *Almas mortas*. Gogol pregava que a salvação da Rússia estava na reforma espiritual de todos os cidadãos individualmente. Deixou intocadas as instituições sociais. Desdenhou as questões da servidão e do Estado autocrático, afirmando de forma ridícula que ambos eram perfeitamente aceitáveis, desde que combinados a princípios cristãos. A opinião progressista se ofendeu; parecia uma deserção dos seus ideais sagrados de progresso e compromisso político com a causa do povo. Numa carta aberta de 1847, Belinski lançou um ataque devastador ao escritor que promovera (talvez por engano) como realista social e defensor da reforma política:

> Sim, eu te amei com toda a paixão que o homem ligado por laços de sangue ao seu país pode sentir por um homem que era a sua esperança, a sua glória e o seu orgulho, um dos grandes líderes do caminho da consciência, do progresso e do desenvolvimento. [...] A Rússia vê a sua salvação não no misticismo, no ascetismo nem na piedade, como sugeres, mas na educação, na civilização e na cultura. Ela não precisa de sermões (já escutou demais) nem de orações (já as murmurou com demasiada frequência), mas do despertar, no povo, da dignidade humana, noção perdida há séculos na lama e na imundície.[43]

Os eslavófilos, não menos comprometidos com a reforma, ergueram as mãos com desespero. "Meu amigo", escreveu Serguei Aksakov a Gogol, "se a tua intenção era provocar escândalo, fazer os teus amigos e inimigos se levantarem e se unirem contra ti, simplesmente conseguiste. Se essa publicação foi uma das tuas brincadeiras, teve sucesso além dos sonhos mais loucos: todos foram enganados."[44] Nem o padre Makari, mentor de Gogol no Optina, conseguiu endossar os *Extratos*. O ancião achou que Gogol não entendera a necessidade de humildade. Ele se pusera na posição de profeta e pregara com todo o fervor de um fanático, mas, sem a verdade ou a inspiração do Espírito Santo, isso "não bastava para a religião". "Para um lampião brilhar", escreveu a Gogol em setembro de 1851, "não basta simplesmente que se lave o vidro. A vela lá dentro tem de estar acesa."[45] Makari também não conseguiu concordar com o quietismo social do escritor. Afinal, a missão do seu mosteiro era aliviar o sofrimento dos pobres. Para Gogol, as críticas de Makari foram um golpe esmagador, principalmente porque deve ter percebido que eram justas: ele não sentia na alma aquela inspiração divina. Assim que recebeu a carta de Makari, Gogol rompeu todas as relações com o Optina. Viu que fracassara no chamado divino de profeta-escritor. Sentiu-se indigno diante de Deus e resolveu morrer de fome. Instruiu o criado a queimar o manuscrito do romance inacabado e foi para o seu leito de morte. As últimas palavras que disse ao morrer, com 43 anos, em 24 de fevereiro de 1852, foram: "Tragam-me uma escada. Depressa, uma escada!"[46]

3

Na carta a Gogol, Belinski admitira que o camponês russo era cheio de reverência piedosa e temor a Deus. "Mas ele murmura o nome de Deus enquanto coça as costas. E diz sobre o ícone: 'É bom para rezar, e também se pode cobrir as panelas com ele.' Olhe com atenção", concluía o crítico literário, "e verás que os russos, por natureza, são um povo ateu com muitas superstições, mas sem o mínimo traço de religiosidade."[47]

As dúvidas sobre a natureza cristã da alma camponesa não se restringiam à *intelligentsia* socialista pela qual falava Belinski. A própria Igreja se preocupava cada vez mais com a imagem de um campesinato pagão. Os padres paroquianos traçavam um quadro desanimador da ignorância religiosa no campo. "Em cada cem homens camponeses", escreveu I. S. Belliutsin nos anos 1850,

> um máximo de dez sabe ler o Credo e duas ou três orações curtas (naturalmente, sem a mínima ideia ou compreensão do que leram). De mil homens, no máximo dois ou três conhecem os Dez Mandamentos. Quanto às mulheres, nem se precisa mencionar. E essa é a Rus ortodoxa! Que vergonha, que desgraça! E os nossos fariseus ousam berrar para que todos ouçam que somente na Rússia se preservou a fé imaculada, na Rus, onde dois terços do povo não têm a mais remota concepção da fé![48]

Para o padre da paróquia, era uma tarefa árdua conduzir o rebanho camponês a um conhecimento consciente da fé, e muito mais defendê-lo das ideias seculares que vinham das cidades. Em parte era porque o próprio padre mal se alfabetizara. A maioria era de filhos de outros padres paroquianos. Foram criados no campo e poucos tinham recebido mais do que a pequena formação dos seminários locais. Os camponeses não tinham alta estima pelos seus padres. Viam-nos como serviçais dos nobres e do Estado, e o seu modo de vida humilde, quase miserável, não conquistava o respeito dos camponeses. O clero não conseguia se sustentar com o escasso salário recebido do Estado nem com o cultivo das pequenas roças das capelas. Contavam principalmente com as taxas cobradas pelos seus serviços — cerca de um rublo por um casamento, uma garrafa de vodca por um funeral — e, em consequência, os camponeses passaram a vê-los menos como guias espirituais e mais como uma classe de comerciantes de sacramentos. A pobreza do camponês e a famosa ganância dos padres costumavam provocar longas negociações por honorários, com os noivos esperando horas em pé na igreja ou os mortos insepultos durante vários dias até que se conseguisse um acordo.

Nessa situação precária, o padre era obrigado a viver na fronteira sempre inconstante entre a ideia de fé da Igreja e a versão semipagã do campesinato. Usava os ícones, as velas e a cruz para afastar os demônios e os maus espíritos que, como estavam convencidos os camponeses, eram capazes de lançar feitiços sobre o gado e as plantações, tornar as mulheres inférteis, provocar infortúnios e doenças ou voltar como aparições dos mortos para assombrar as casas. Apesar de todas as afirmativas dos eslavófilos e da intensa devoção dos Velhos Crentes, o camponês russo nunca foi mais do que semiapegado à religião ortodoxa. Apenas um fino verniz de cristianismo fora pintado sobre a sua antiga cultura popular pagã. Sem dúvida, o camponês russo exibia muita devoção externa. Fazia o sinal da cruz constantemente, pronunciava o nome do Senhor em quase todas as frases, sempre observava o jejum da Quaresma, ia à igreja nas festas religiosas e sabia-se até que fazia peregrinações de vez em quando aos santuários sagrados. Acima de tudo, pensava em si como "ortodoxo" e só depois (quando acontecia), "russo". Na verdade, caso se voltasse no tempo para perguntar aos habitantes de uma aldeia russa do século XIX o que achavam ser, a resposta mais provável seria: "Somos ortodoxos e somos daqui." A religião dos camponeses ficava muito longe do cristianismo livresco do clero. Por ser analfabeto, o camponês russo médio do século XIX conhecia muito pouco os evangelhos, pois não havia uma verdadeira tradição de pregar no campo. Mesmo os leitores camponeses tinham poucos meios de acesso à Bíblia russa (que só foi publicada em versão completa em meados da década de 1870). O pai-nosso e os Dez Mandamentos eram desconhecidos pelo camponês médio. Ele entendia vagamente os conceitos de céu e inferno e, sem dúvida, torcia para que a observação vitalícia dos rituais da Igreja salvasse a sua alma. Mas outras noções abstratas eram uma terra estranha para ele. Pensava em Deus como um ser humano e não conseguia entendê-lo como espírito abstrato e invisível. Em *Minhas universidades* (1922), Gorki descreve um camponês que encontrou numa aldeia perto de Kazan:

> imaginava Deus como um velho grande e bonito, o mestre gentil e inteligente do universo que só não conseguia vencer o mal porque "não pode estar em toda parte ao mesmo tempo, homens demais nasceram para tal. Mas ele conseguirá, o senhor vai ver. Mas não consigo entender Cristo de jeito nenhum! Ele não serve para nada, no que me diz respeito. Há Deus e basta. Mas agora há outro! O filho, dizem. E daí, se é filho de Deus? Deus não está morto, não que eu saiba".[49]

Essa era a maneira como o camponês via os santos e os deuses naturais também: na verdade, os dois eram frequentemente combinados ou intercambiáveis na religião pagã e cristã do camponês. Havia Poludnitsa, deusa da colheita, cultuada com a colocação de um feixe de centeio atrás do ícone na casa do camponês; Vlas, o protetor dos rebanhos, que, em tempos cristãos, se tornou são Brás; e Lada, a deidade da boa sorte (atributo muito necessário nas estradas russas), que aparecia com são Jorge e são Nicolau nas canções nupciais camponesas. A cristianização dos deuses pagãos também era praticada pela própria Igreja russa. No centro da fé russa há uma ênfase típica na maternidade que na verdade nunca lançou raízes no Ocidente. Enquanto a tradição católica reforçava a pureza de Maria, a Igreja russa enfatizava a sua maternidade divina — a *bogoroditsa* — que praticamente assumia a posição da Trindade na consciência religiosa russa. Esse culto da maternidade pode ser visto facilmente no modo como os ícones russos tendem a mostrar o rosto da Madona apertado de forma maternal na cabeça do seu bebê. Ao que parece, era um plano consciente por parte da Igreja para se apropriar do culto pagão de Rojanitsa, a deusa da fertilidade, e o antigo culto eslavo da úmida Mãe Terra, ou a deusa conhecida como Mokosh, a partir da qual se concebeu o mito da "Mãe Rússia".[50] Na forma camponesa mais antiga, a religião russa era uma religião do solo.

Os rituais e ornamentos cristãos da Rússia foram igualmente influenciados por práticas pagãs. Por exemplo, desde o século XVI a procissão da Cruz na Igreja russa se movia com o sol em círculos em sentido horário (como na Igreja ocidental). No caso russo, sugeriu-se que era uma imitação da dança circular pagã (*khorovod*) que se movia na direção do sol para conjurar a sua influência mágica (ainda no século XIX havia provérbios camponeses sobre a sabedoria de arar na direção do movimento do sol).[51] A cúpula bulbosa da igreja russa também seguia o modelo do sol. O seu "céu" ou teto interno costumava mostrar a Santíssima Trindade no centro de um sol que irradiava doze raios apostólicos.[52] As igrejas e manuscritos religiosos russos medievais costumavam ser decorados com motivos de plantas e outros ornamentos, como rosetas, losangos, suásticas e pétalas, luas crescentes e árvores derivados de cultos animistas pagãos. Sem dúvida, a maioria desses símbolos já havia perdido o seu significado iconográfico original fazia muito tempo, mas a frequência com que reapareciam em motivos folclóricos do século XIX, em bordados e esculturas em madeira, indica que continuaram, na consciência do camponês, a servir de portal para a esfera sobrenatural.

As toalhas e cintos bordados tinham uma função sagrada na cultura camponesa — costumavam ser dispostos em torno do ícone no "canto sagrado" da cabana do camponês — e padrões, cores e motivos individuais tinham significado simbólico em vários rituais. O padrão de linhas retorcidas, por exemplo, simbolizava a criação do mundo ("a terra começou a se retorcer e apareceu", diziam os camponeses).[53] A cor vermelha tinha um poder mágico especial: era reservada para cintos e toalhas usados em rituais sagrados. Em russo, a palavra que significa "vermelho" (*krasni*) está ligada à palavra que significa "belo" (*krassivo*) — o que explica, entre muitas outras coisas, o nome da Praça Vermelha. Era também a cor da fertilidade, que era considerada uma dádiva sagrada. Havia cintos diferentes para cada estágio da vida. Os bebês recém-nascidos eram amarrados com um cinto. Os meninos ganhavam um "cinto da castidade" vermelho. Os casais de noivos se amarravam com toalhas de linho bordado. E, segundo o costume, a grávida pisava num cinto vermelho antes de dar à luz.[54] Para o morto, era importante ser sepultado de cinto, idealmente aquele que ganhara ao nascer, para simbolizar o fim do ciclo da vida e o retorno da sua alma ao mundo dos espíritos.[55] De acordo com o folclore, o Diabo temia homens de cinto; não usar cinto era considerado sinal de pertencer ao submundo. Assim, os demônios e sereias russos eram sempre retratados sem cinto. Um feiticeiro retiraria o cinto quando iniciasse conversas com o mundo dos espíritos.

Esses antigos rituais pagãos não se limitavam ao campesinato. Muitos tinham passado a fazer parte dos costumes nacionais e eram encontrados até nas classes superiores, que se orgulhavam da sua atitude moderna. A família Larin de *Eugene Oneguin*, de Pushkin, era típica nesse aspecto:

> Uma vida em paz enalteciam,
> Tinham apreço pelos velhos usos;
> No Entrudo, suas mesas se enchiam
> De russas panquecas, de vivas russos;
> Jejuavam duas vezes por ano;
> O futuro indagavam cantando.
> Gostavam de cantar e dançar.
> Na Trindade, com a igreja a chamar
> O povo com sono p'ra rezar,
> Uma lágrima derramariam
> E assim se arrependeriam.[56]

Não era raro que as famílias nobres observassem todos os rituais mais estritos da Igreja e, sem nenhuma noção de contradição, se apegassem ao mesmo tempo a superstições e crenças pagãs que qualquer europeu desdenharia como bobagem de servos. Os jogos e rituais para descobrir o futuro eram quase universais na aristocracia. Algumas famílias contratavam um feiticeiro para adivinhar o futuro com a interpretação dos sonhos. Outros contavam com as criadas para ler os sinais das folhas de chá.[57] As adivinhações na época do Natal eram coisa séria e, como recordava Anna Lelong, os rituais faziam parte da vigília noturna da véspera do Ano-Novo:

> A noite de Ano-Novo era sempre passada em vigília e oração. O jantar era às 21 horas e depois havia adivinhações na sala de jantar. Faziam-se doze taças de cebola escavada, uma para cada mês, e nelas se polvilhava sal. Depois eram postas num círculo sobre a mesa, marcando um mês diferente em cada uma. Nós, crianças, recebíamos dois copos; púnhamos água neles e depois jogávamos clara de ovos. Então, nos levantávamos cedíssimo na manhã do Ano-Novo e íamos para a sala de jantar, que fedia a cebola. Olhávamos os nossos copos e víamos formas fantásticas feitas pela clara de ovo — igrejas, torres ou castelos. Então tentávamos criar para elas algum tipo de significado

agradável. Os adultos olhavam as taças de cebola e concluíam que mês seria especialmente chuvoso ou nevado, dependendo de o sal da cebola estar seco ou não. Todos levavam tudo isso muito a sério e anotávamos o que resultara. Também prevíamos se a colheita de cereais teria chuva ou não. Havia então a ordem de limpar tudo e acendiam-se os fogareiros, todas as janelas eram abertas e queimava-se algum tipo de pó que soltava um cheiro bom. Naquela manhã, não éramos levados à igreja. Ficávamos brincando com as nossas bonecas, com bocadinhos de comida para o seu banquete que os criados da cozinha nos davam.[58]

As superstições camponesas também eram bastante encontradas na aristocracia, mesmo entre aqueles que tremeriam com a ideia de ter algum costume em comum com o campesinato. Stravinski, por exemplo, que era um perfeito cavalheiro europeu, sempre levava um talismã que lhe fora dado quando nascera. Diaguilev era cheio de superstições, que herdara da babá camponesa. Não gostava de ser fotografado; ficaria alarmado se alguém pusesse o seu chapéu sobre a mesa (o que significava que ele perderia dinheiro) ou na cama (que significava que ele adoeceria); ver um gato preto, até nos Champs-Elysées, em Paris, o enchia de horror.[59]

Sem dúvida, a babá camponesa era a principal fonte dessas superstições, e a sua importância na criação do nobre era tamanha que muitas vezes assumia na sua consciência importância muito maior do que todos os ensinamentos da Igreja. A criação de Pushkin, por exemplo, foi ortodoxa, mas só de forma superficial. Ele foi ensinado a rezar e ia à igreja; mas, fora isso, era um voltairiano que, durante a vida inteira, se agarrou com firmeza às crenças seculares do Iluminismo.[60] No entanto, herdou da babá superstições que tinham origem na época medieval. Ficou abatido com maus presságios quando um adivinho lhe disse que seria morto por um homem alto e louro (verdade, no fim das contas) e era notoriamente supersticioso com lebres (fato que pode ter salvo sua vida em 1825 quando uma lebre cruzou o seu caminho na sua propriedade perto de Pskov e o deixou com medo de viajar a Petersburgo para se unir aos dezembristas na Praça do Senado).[61]

As superstições sobre a morte eram as mais comuns na aristocracia. Gogol nunca usava a palavra "morte" em cartas com medo de provocar a sua. Na verdade, essa era uma crença muito disseminada. Talvez explique por que Tolstoi usou pronome em vez da palavra para a ideia da morte naqueles trechos geniais em que examina a experiência de morrer em *A morte de Ivan Ilitch* e na cena da morte de Andrei em *Guerra e paz*.[62] Tchaikovski, que morria de medo da morte (fato muitas vezes deixado de lado pelos que afirmam que ele se suicidou para encobrir um caso homossexual), tinha essa mesma fobia. Os amigos do compositor tomavam o cuidado de não mencionar palavras como "cemitério" ou "funeral" na sua presença, sabendo que isso o deixaria em pânico.[63]

Ortodoxo e pagão — mas, ao mesmo tempo, racionalista: um russo instruído podia ser tudo isso. Fazia parte da condição russa dominar dentro de si essas linhas conflitantes e criar a partir delas uma sensibilidade, modos de vida e de ver o mundo que ficavam perfeitamente à vontade entre si. Stravinski, por exemplo, embora mais camaleônico do que a maioria, encontrou, nos anos 1920, um lar intelectual no catolicismo francês. Mas, ao mesmo tempo, se tornou mais do que nunca emocionalmente apegado aos rituais da Igreja russa. A partir de 1926, frequentou regularmente as missas da Igreja ortodoxa de Paris; colecionava ícones russos em seu lar parisiense e observava fielmente os rituais russos nos seus cultos particulares lá; planejava até construir na sua casa uma capela russa. Não havia contradição nessa combinação — pelo menos, nenhuma que Stravinski percebesse. Na verdade, era bastante comum, na elite cosmopolita na qual Stravinski nasceu, viver com várias crenças. Alguns eram atraídos pela Igreja católica, principalmente aqueles (como Zinaida Volkonski ao se mudar para a Itália nos anos 1830) que achavam o seu internacionalismo mais adequado para a sua visão de mundo do que a etnocêntrica Igreja russa. Outros se sentiam mais atraídos pelo luteranismo, ainda mais se fossem, como muitos aristocratas, de linhagem russo-germânica. É difícil dizer o que foi mais importante na evolução dessa sensibilidade religiosa complexa, se a natureza relativamente superficial da criação religiosa da aristocracia que dava espaço para outras crenças ou as influências multinacionais sobre essa classe, mas de qualquer modo ela explicou uma cultura muito mais complexa do que o tipo que se pode vislumbrar com a imagem mítica da "alma russa".

4

Em 1878, Dostoievski fez a primeira de várias viagens ao Optina Pustin. Esse foi um período de profundo pesar na vida do escritor. Alexei (Aliosha), o seu filho preferido, acabara de morrer de epilepsia, doença que herdara do pai, e, por insistência da esposa, Dostoievski visitou o mosteiro à procura de orientação e consolo espiritual. O escritor trabalhava no último dos seus grandes romances, *Os irmãos Karamazov* (1880), que na época planejava como um romance sobre crianças e a infância.[64] Muitas cenas a que assistiu no Optina ressurgiriam no romance, e o longo discurso do ancião Zossima sobre o ideal social da Igreja, que realmente deveria ser lido como *profession de foi* do próprio Dostoievski, foi tomado emprestado dos textos do mosteiro, com partes extensas tiradas quase palavra por palavra de *A vida do ancião Leonid* (1876), do padre Zedergolm.[65] O personagem Zossima baseou-se principalmente no ancião Amvrosi, que Dostoievski viu em três ocasiões; uma delas, a mais memorável, com uma multidão de peregrinos que foi visitá-lo no mosteiro.[66] O romancista se espantou com o poder carismático do ancião e, num dos primeiros capítulos do romance, "As mulheres crentes", ele recria uma cena que nos leva ao coração da fé russa. Zossima consola uma camponesa desesperada que também chora por um filho pequeno:

— E eis aqui uma que vem de muito longe — disse ele, apontando uma mulher que ainda era bastante jovem, mas magra e acabada, com um rosto que era mais enegrecido do que queimado de sol. Ela estava de joelhos e fitava imóvel o ancião. Havia um ar de quase frenesi nos seus olhos.

— De muito longe, padre, de muito longe — disse a mulher com voz monocórdia [...] — A 300 verstas daqui... muito longe, padre, muito longe.

Ela falava como se carpisse. Há entre os camponeses uma tristeza silenciosa e duradoura. Entra em si mesma e se cala. Mas há também uma tristeza que alcançou o limite da resistência: ela então explode em lágrimas e, a partir desse momento, se rompe em pranto, sobretudo entre as mulheres. Não é mais fácil de suportar do que a tristeza silenciosa. O pranto só a alivia amargurando e lacerando ainda mais o coração. Essa tristeza não deseja consolo e se alimenta da sensação do seu desespero. O pranto é mera expressão da necessidade constante de reabrir a ferida [...]

— Por que choras?

— Choro pelo meu menininho, padre. Tinha 3 anos... 3 anos dali a três meses ele teria, choro pelo meu menininho, padre, pelo meu menininho... o último que me restou. Tivemos quatro, Nikita e eu; quatro filhos, mas nenhum deles está vivo, padre, nenhum deles, nenhum. Enterrei os três primeiros; não fiquei muito triste por eles, não fiquei; mas este último enterrei e não consigo esquecer. Ele parece estar diante de mim agora... ele nunca me deixa. Ele secou a minha alma. Fico olhando as suas coisinhas, a sua blusinha, as botinhas, e choro. Arrumo tudo o que restou dele, cada coisinha. Olho-as e choro. Digo ao meu marido, Nikita; me deixe ir, marido, vou em peregrinação. Ele é cocheiro, padre. Não somos pobres, padre. Somos os nossos próprios senhores. É tudo nosso, os cavalos e a carroça. Mas para que queremos tudo isso agora? Sem mim, o meu Nikita deve ter voltado a beber, tenho certeza que sim, ele bebia antes: eu só precisava dar as costas e ele fraquejava. Mas agora não penso mais nele. Faz mais de dois meses que saí de casa. Esqueci tudo o que tenho e não quero me lembrar de nada. E o que será da minha vida sem ele agora? Rompi com ele e com todos. Não quero ver a minha casa de novo nem os meus bens. Preferiria mesmo ter perdido a vista!

— Agora me escuta, mãe — disse o ancião. — Certa vez, muito tempo atrás, um grande santo viu uma mulher como tu na igreja. Ela chorava pelo seu filhinho, o único, que Deus também lhe tirara. "Não sabes", lhe disse o santo, "como essas criancinhas são ousadas e destemidas diante do trono de Nosso Senhor? Não há ninguém mais ousado nem mais destemido do que elas no Reino dos Céus: Vós, ó Senhor, nos destes a vida, dizem elas a Deus, e mal a olhamos Vós a tirastes de nós. E com tanta ousadia e destemor elas pedem e exigem explicações que Deus lhes dá na mesma hora a distinção de anjos. E portanto", disse o santo, "tu, também, mãe, alegra-te e não choras, pois o teu pequeno agora está com o Senhor na companhia dos Seus anjos." Foi o que o santo, em tempos antigos, disse à mãe que chorava. E ele era um grande santo e não lhe diria uma inverdade [...] Mencionarei o teu menininho nas minhas orações. Como se chamava ele?

— Alexei, padre.

— Um belo nome. Como Alexei, o homem de Deus?

— De Deus, padre, de Deus. Alexei, o homem de Deus.

— Ele foi um grande santo! Eu o mencionarei nas minhas orações, mãe, o mencionarei. E mencionarei a tua tristeza nas minhas orações também, e teu marido para que ele viva e prospere. Só que não deves deixar o teu marido. Deves voltar a ele e cuidar dele. O teu menininho olhará por ti e, ao ver que abandonaste o teu pai, chorará por vós: por que destruís a tua bem-aventurança? Afinal, não te esqueças, ele vive, ele vive, pois a alma vive para sempre, e embora não esteja mais na casa, está sempre lá sem que o vejas. Como esperas que volte para casa se dizes que odeias a tua casa? A quem ele irá se não vos encontrar, o pai e a mãe, juntos? Tu o vês em teus sonhos agora e te lamentas, mas se voltares ele te mandará doces sonhos. Volta para teu marido, mãe, volta hoje mesmo.[67]

Dostoievski era um homem que ansiava pela fé. Mas a morte de crianças pequenas era um fato que não conseguia aceitar como parte do plano divino. Os cadernos da época em que trabalhava em *Os irmãos Karamazov* estão cheios de comentários angustiados sobre incidentes de horrível crueldade com crianças que ele lera na imprensa da época. Uma dessas histórias reais aparece no centro de *Os irmãos Karamazov* e no seu discurso sobre Deus. Trata de um general cujo cão de caça foi ferido quando um menino servo da propriedade jogou uma pedra. O general mandou capturar o menino, despi-lo diante dos outros aldeões e, sob os gritos da mãe desesperada, deixar que uma matilha de cães de caça o despedaçasse. Esse incidente é citado por Ivan, o filósofo racionalista dos três irmãos Karamazov, para explicar a Aliosha, o irmão caçula e noviço no mosteiro, por que não consegue acreditar na existência de um Deus cuja verdade provoca o sofrimento de pequenos inocentes.

> — Digo antecipadamente que toda a verdade não vale um preço desses. Não quero que nenhuma mãe abrace o torturador que mandou o filho ser despedaçado por cães [...] Haverá no mundo inteiro um ser que possa ou tenha o direito de perdoar? Não quero harmonia. Não quero harmonia, por amor à humanidade não a quero.[68]

Numa carta a um amigo, Dostoiesvki disse que o argumento de Ivan era "irrefutável".[69] Em termos de sentimento moral, era inaceitável deixar sem vingança essa tortura, e até Aliosha, que tenta seguir o exemplo de perdão de Cristo, concorda com Ivan que o general deveria ser fuzilado. Ali estava a questão fundamental proposta por Dostoievski, não apenas nesse romance como em toda a sua vida e obra: como acreditar em Deus se o mundo criado por ele era tão cheio de sofrimento? Era uma pergunta que se sentia forçado a fazer ao olhar a sociedade em que vivia. Como Deus poderia ter feito a Rússia?

Em suas próprias palavras, Dostoievski era de uma "piedosa família russa" na qual "conhecíamos o evangelho quase desde o berço".[70] O ensinamento dos evangelhos estava sempre no âmago da personalidade de Dostoievski, e mesmo na década de 1840, quando se tornou socialista, o tipo de socialismo que adotou tinha muita afinidade com os ideais de Cristo. Ele concordava com Belinski que, se Cristo surgisse na Rússia, "seria socialista".[71] Em 1849, Dostoievski foi preso como integrante de um movimento clandestino radical que se reunia na casa do jovem socialista Mikhail Petrashevski, em São Petersburgo. O crime foi ter lido em voz alta a então famosa mas proibida carta de Belinski a Gogol, escrita em 1847, na qual o crítico literário atacara a religião e clamara pela reforma social na Rússia. Era proibido até repassar ou ler cópias manuscritas da carta, como Dostoievski fizera. Ele e os seus camaradas foram condenados à morte, mas, no último instante, já no campo de treinamento à espera do fuzilamento, receberam o indulto do tsar. A pena de Dostoievski foi comutada para quatro anos de trabalhos forçados na Sibéria, seguidos pelo serviço como soldado raso num regimento siberiano da linha de frente.

Os anos de Dostoievski no campo de prisioneiros de Omsk seriam um ponto de virada na sua vida. Eles o deixaram frente a frente com os indivíduos mais rudes e violentos do povo e lhe deram o que considerou uma percepção especial das profundezas ocultas da alma russa. "Pensando bem, não foi tempo perdido", escreveu ao irmão em 1854. "Aprendi a conhecer talvez não a Rússia, mas pelo menos o seu povo, a conhecê-lo como talvez pouquíssimos o conheçam."[72] O que Dostoievski encontrou entre os colegas condenados foi um nível de depravação que abalou a sua antiga crença da *intelligentsia* na bondade e perfeição inatas do povo. Naquele submundo de assassinos e ladrões, não encontrou nenhum fiapo de decência humana, apenas ganância e mentira, crueldade violenta e alcoolismo, além de hostilidade a ele como cavalheiro. Mas o aspecto mais deprimente, que descreve em *Recordações da casa dos mortos* (1862), foi a ausência quase total de remorso.

> Já disse que, num período de vários anos, não vi naquelas pessoas nem o mais leve resquício de arrependimento, nenhum sinal de que o crime pesasse na consciência, e que, em sua maioria, elas se con-

sideram absolutamente certas. Isso é um fato. É claro que vaidade, mau exemplo, temeridade e falsa vergonha são causa de boa parte disso. Por outro lado, quem pode dizer que sondou as profundezas desses corações perdidos e leu neles o que está oculto do mundo inteiro? Sem dúvida seria possível, no decorrer de tantos anos, ter notado algo, ter percebido pelo menos alguma característica desses corações que comprovasse a angústia íntima, o sofrimento. Mas ela estava ausente. Mas parece que o crime não pode ser compreendido dos pontos de vista já dados e que a sua filosofia é bem mais difícil do que se costuma supor.[73]

Essa visão sombria da psique humana inspirou os assassinos e ladrões que povoam as páginas dos romances pós-siberianos de Dostoievski, a começar com *Crime e castigo* (1866).

Ainda assim, nas profundezas do desespero uma imagem de redenção veio restaurar a fé do escritor. A revelação surgiu como por milagre na época da Páscoa, se dermos crédito às recordações do próprio Dostoievski em *Diário de um escritor*.[74] Os prisioneiros bebiam, brigavam e farreavam e Dostoievski estava deitado no catre para escapar àquilo. De repente, um incidente da infância, esquecido havia muito tempo, lhe veio à cabeça. Em certo dia de agosto, quando tinha 9 anos e estava na casa de campo da família, foi sozinho para a floresta. Ouviu um barulho, achou que alguém gritara "Um lobo!" e correu apavorado para um campo vizinho, onde um dos servos do pai, um camponês chamado Marei, teve pena do menino e tentou consolá-lo.

— Ora, que baita susto levaste, pois é! — disse ele, balançando a cabeça. — Agora não importa mais, meu querido. Que belo menino és!

Ele estendeu a mão e, de repente, acariciou o meu rosto.

— Agora não importa mais, não precisas mais ter medo. Cristo está contigo. Faça o sinal da cruz, menino. — Mas não consegui fazer o sinal da cruz; os cantos da minha boca tremiam e acho que isso o

comoveu ainda mais. Em silêncio, ele estendeu o dedo grosso e sujo de terra, de unha preta, e suavemente tocou os meus lábios trêmulos.
— Vamos, vamos. — Ele sorriu para mim com um sorriso largo, quase maternal. — Senhor, que susto terrível. Coitadinho, coitadinho![75]

Num passe de mágica, recordar esse ato "maternal" de bondade transformou a atitude de Dostoievski perante os outros prisioneiros.

Assim, quando desci do catre e olhei em volta, lembro-me de sentir de repente que conseguiria ver esses infelizes de um modo bem diferente e que, de repente, como se fosse um milagre, o ódio e a raiva anteriores tinham sumido do meu coração. Saí, espiando com intenção o rosto dos que encontrei. Esse camponês desgraçado de cabeça raspada e marcas no rosto, bêbado e rugindo a sua canção ébria e rouca — ora, ele podia ser aquele mesmo Marei; afinal de contas, não posso olhar dentro do seu coração.[76]

De repente, pareceu a Dostoievski que todos os condenados russos tinham uma faísca minúscula de bondade no coração (embora, sempre nacionalista, ele negasse a sua existência nos poloneses). No Natal, alguns montaram um vaudevile e, finalmente, num gesto de respeito, buscaram a sua ajuda como homem instruído. Os condenados podiam ser ladrões, mas também deram dinheiro a um Velho Crente no campo de prisioneiros que conquistara a sua confiança e cuja santidade reconheceram. Agora, para Dostoievski, a capacidade dos condenados de preservar alguma noção de decência nas condições pavorosas do campo parecia quase milagrosa e a melhor prova que podia existir de que Cristo vivia na terra russa. Com base nessa visão, Dostoievski construiu a sua fé. Não era uma base muito grande. Da lembrança distante da bondade de um único camponês, ele deu um salto de fé para a crença de que todos os camponeses russos abrigavam o exemplo de Cristo em algum ponto da alma. Não que tivesse ilusões a respeito do modo como os camponeses realmente levavam a vida (a descrição horrenda de "como o camponês bate na mulher" é prova clara disso). Mas via esse barbarismo como a "imundície" de séculos de opressão que escondia, como um "brilhante", a alma cristã dos camponeses. "É preciso saber", escreveu ele,

> segregar a beleza do camponês russo das camadas de barbarismo que se acumularam sobre ela [...] Julgai o povo russo não pelas abominações que cometem com tanta frequência, mas pelas coisas grandiosas e sagradas pelas quais, mesmo nas abominações, anseiam constantemente. Nem todo o povo é vilão; há verdadeiros santos, e que santos: são radiantes e iluminam o caminho de todos! [...] Não julgais o nosso povo pelo que é, mas pelo que gostaria de se tornar.[77]

Dostoievski foi libertado e teve permissão de voltar a São Petersburgo em 1859, três anos depois que Volkonski foi libertado por Alexandre II, o "tsar libertador". Os círculos letrados da capital se animaram quando Dostoievski chegou da Sibéria. A emancipação dos servos, nos últimos estágios de preparação, dera origem a esperanças de renascimento nacional e espiritual. O senhor de terras e o camponês se conciliariam em princípios russos e cristãos. Dostoievski comparou o decreto à conversão original da Rússia ao cristianismo em 988. Ele então participou de um grupo de escritores conhecido como movimento "solo nativo" (*pochvennichestvo*). Eles apelavam à *intelligentsia* (e especificamente aos escritores da Rússia) para que se voltassem para os camponeses não só para descobrir a própria nacionalidade e exprimi-la na sua arte mas, de forma mais importante, naquele espírito verdadeiramente "russo" de fraternidade cristã, para levar a sua cultura ocidental às aldeias mais atrasadas.

Para Dostoievski, em particular, esse virar-se para a "Rússia" se tornou a crença que o definia. Ele era um niilista arrependido, como se descrevia, um ateu infeliz que ansiava por encontrar uma fé russa.

No início de 1860, esboçou um projeto de romance que se intitularia "A vida de um grande pecador". A obra mapearia a jornada espiritual de um russo de educação ocidental que perdera a fé e levava uma vida pecaminosa. Ele iria a um mosteiro em busca da verdade, tornar-se-ia eslavófilo, entraria na seita dos Khlysty e, no final, encontraria "tanto Cristo quanto a terra russa, o Cristo russo e o Deus russo". Seria um "romance gigantesco", escreveu Dostoievski ao poeta Apolon Maikov em dezembro de 1868: "por favor, não conte a ninguém, mas para mim é assim: escrever esse último romance, mesmo que ele me mate — e porei tudo para fora".[78] Dostoievski nunca escreveu "A vida de um grande pecador". Mas os seus quatro grandes romances — *Crime e castigo*, *O idiota*, *Os demônios* e *Os irmãos Karamazov* — foram todos variações desse tema.

Como o seu pecador, Dostoievski lutava pela fé. "Sou filho dos tempos", escreveu em 1854, "filho da descrença e do ceticismo."[79] Os seus romances são cheios de personagens como ele que anseiam pela religião diante das dúvidas e do raciocínio. Nem os crentes como Shatov, em *Os demônios* (1872), conseguem se dedicar inteiramente a uma crença em Deus sem ambiguidade. "Acredito na Rússia", diz Shatov a Stavroguin.

> — Acredito na Igreja Ortodoxa grega. Eu... acredito no corpo de Cristo, acredito que a segunda vinda acontecerá na Rússia... acredito — murmurou num frenesi.
> — Mas em Deus? Em Deus?
> — Eu... eu *tenho* de acreditar em Deus.[80]

Os romances de Dostoievski podem ser lidos como um discurso aberto entre a razão e a crença no qual a tensão entre os dois nunca se resolve por completo.[81] De acordo com o escritor, a verdade está contida na razão *e* na crença — uma não pode ser corroída pela outra — e toda crença verdadeira tem de se manter diante de toda razão. Não há resposta racional aos argumentos de Ivan contra um Deus que permite o sofrimento de crianças pequenas. Nem há resposta sensata aos argumentos do Grande Inquisidor, tema da fantasia poética de Ivan em *Os irmãos Karamazov*, que prende Cristo quando ele ressurge na Espanha da Contrarreforma. Ao interrogar o prisioneiro, o Grande Inquisidor argumenta que a única maneira de prevenir o sofrimento humano não é o exemplo de Cristo, que os mortais comuns são fracos demais para seguir, mas a construção de uma ordem racional que possa assegurar, pela força, se necessário, a paz e a felicidade que o povo realmente quer. Mas a fé de Dostoievski não era do tipo que possa ser atingida por raciocínios. Ele condenava como "ocidental" toda fé que buscasse um entendimento racional da Divindade ou que tivesse de se impor por leis e hierarquias papais (e, nesse sentido, a própria Lenda do Grande Inquisidor foi imaginada por Dostoievski como argumento contra a Igreja Católica Romana). Só se podia chegar ao "Deus russo" em que Dostoievski acreditava por meio de um salto de fé: era uma crença mística além de todo raciocínio. Como escreveu em 1854 numa das raras declarações da sua crença religiosa, "se alguém me provasse que Cristo estava fora da verdade e *realmente* acontecesse que a verdade estivesse fora de Cristo, eu preferiria continuar com Cristo do que com a verdade".[82]

Na opinião de Dostoievski, a capacidade de continuar acreditando diante de provas científicas avassaladoras era um dom peculiarmente russo. Em *Os irmãos Karamazov* há uma cena em que Smerdiakov, o criado dos Karamazov, prega a questão de Deus num jantar em família. Num esforço confuso de refutar os evangelhos, Smerdiakov diz que ninguém pode mover uma montanha até o mar, a não ser "talvez dois eremitas no deserto".

> — Um momento! — gritou Karamazov num êxtase de prazer. — Então acha que há dois homens que podem mover montanhas, não é? Ivan, anote esse fato extraordinário, escreva isso. Aí está o russo em tudo![83]

Como Karamazov, Dostoievski tinha muito prazer com essa "fé russa", essa estranha capacidade de acreditar em milagres. Ela era a raiz do seu nacionalismo e da visão messiânica da "alma russa" como salvadora espiritual do Ocidente racionalista que acabou por levá-lo, na década de 1870, a escrever na imprensa nacionalista sobre a "missão sagrada" da "nossa grande Rússia" de construir um império cristão no continente. O simples povo russo, afirmava Dostoievski, encontrara a solução para o tormento do intelectual com a fé. Eles precisavam da sua crença, ela era fundamental para a vida e lhes dava forças para continuar vivendo e suportar o sofrimento. Essa também era a fonte da fé de Dostoievski — a ânsia de continuar acreditando apesar das dúvidas, porque a fé era necessária para a vida; o racionalismo só levava ao desespero, ao homicídio ou ao suicídio, destino de todos os racionalistas dos seus romances. A resposta de Dostoievski à voz da dúvida e da razão era um tipo de *credo ergo sum* que se inspirava naqueles "tipos russos" reais e imaginários — eremitas, místicos, Loucos Santos e simples camponeses russos — cuja fé estava além do raciocínio.

A ortodoxia de Dostoievski era inseparável da crença na característica redentora da alma camponesa russa. Em todos os seus romances, a busca do "Grande Pecador" por uma "fé russa" está intimamente ligada à ideia de salvação pela conciliação com o solo nativo. A salvação do próprio Dostoievski lhe veio no campo siberiano de prisioneiros, onde pela primeira vez ele entrou em contato íntimo com o povo russo comum, e esse tema da penitência e da redenção foi um *leitmotif* de todas as suas obras posteriores. Esse é o tema central de *Crime e castigo*, romance de assassinato que esconde uma subtrama política. Raskolnikov, o protagonista, tenta justificar o homicídio insensível da velha usurária Aliona Ivanovna com o mesmo raciocínio utilitário usado pelos niilistas e revolucionários: que a velha era "inútil" para a sociedade e que ele, ao mesmo tempo, era pobre. Portanto, ele se convence de que matou a usurária por razões altruístas, assim como os revolucionários legitimavam os seus crimes, quando na verdade, como percebe com a ajuda da prostituta Sonia, sua amante e guia espiritual, ele a matou para demonstrar a sua superioridade. Como César e Napoleão, ele se acreditara isento das regras da moralidade ordinária. Raskolnikov confessa o crime. É condenado a sete anos de trabalhos forçados num campo de prisioneiros na Sibéria. Num dia quente de Páscoa, Sonia lhe aparece. Por alguma estranha força, "como se algo o agarrasse", Raskolnikov se lança aos pés de Sonia e, nesse ato de arrependimento, ela entende que ele aprendeu a amar. É um momento de revelação religiosa:

> Os olhos dela começaram a brilhar com felicidade infinita; ela compreendera, e agora não tinha mais dúvidas de que ele a amava, amava-a infinitamente, e que finalmente aquele momento chegara [...]
> Tentaram falar, mas não conseguiram. Havia lágrimas nos olhos. Ambos pareciam magros e pálidos; mas nesses rostos pálidos e adoecidos luzia agora a aurora de um futuro renovado, uma recuperação completa para a nova vida.[84]

Fortalecido pelo amor de Sonia, ele busca orientação moral no exemplar dos evangelhos que ela lhe dera e resolve usar o tempo de prisão para começar o caminho dessa nova vida.

O sofrimento desses condenados era considerado havia muito tempo por escritores russos como uma forma de redenção espiritual. A viagem para a Sibéria se tornou uma jornada rumo a Deus. Gogol, por exemplo, imaginara que, no último volume de *Almas mortas*, o velho malfeitor Chichikov veria a luz numa colônia penal siberiana.[85] Entre os eslavófilos, os exilados dezembristas tinham status de mártires. Eles veneravam Serguei Volkonski como "tipo russo ideal", nas palavras de Ivan Aksakov, porque "aceitara todo o seu sofrimento com o mais puro espírito cristão".[86] Maria Volkonski era praticamente adorada nos círculos democráticos de meados do século XIX, quando todos sabiam de cor o poema de Nekrassov ("Mulheres russas") que comparava Maria a uma santa. Dostoievski tinha essa mesma veneração pelos dezembristas e suas esposas sofredoras. Em 1850, na sua viagem para a Sibéria, o comboio foi recebido pelas esposas de dezembristas no campo de triagem de Tobolsk. Mesmo depois de um quarto de século, nas recordações desse encontro em *Diário de um escritor* a sua atitude diante delas foi de profunda reverência.

> Vimos as grandes mártires que seguiram voluntariamente os maridos para a Sibéria. Elas abriram mão de tudo: posição social, riqueza, amigos, parentes, e sacrificaram tudo isso pelo supremo dever moral, o dever *mais livre* que pode existir. Sem culpa de nada, suportaram durante 25 longos anos tudo o que os maridos condenados suportaram. O nosso encontro durou 1 hora. Elas nos abençoaram na nossa nova viagem; fizeram sobre nós o sinal da cruz e deram a cada um de nós um exemplar do evangelho, único livro permitido na prisão. Esse livro ficou debaixo do meu travesseiro durante os quatro anos da minha servidão penal.[87]

Em 1854, Dostoievski escreveu a Natalia Fonvizina, uma dessas esposas dezembristas, a primeira afirmação clara da nova fé que encontrara com a sua revelação no campo de prisioneiros de Omsk.

O que mais atingiu o escritor nessas mulheres foi a natureza voluntária do seu sofrimento. No centro da sua fé estava a noção de humildade, que Dostoievski defendia ser a essência verdadeiramente cristã do campesinato russo: a sua "capacidade espiritual de sofrimento".[88] Era essa a razão para sentirem um carinho natural pelos pobres e fracos e até por criminosos, que os aldeões ajudavam com presentes de comida e roupas quando passavam em comboio rumo à Sibéria. Dostoievski explicava essa compaixão com a ideia de que os camponeses tinham um "sentimento cristão de culpa e responsabilidade em comum com o próximo".[89] Esse sentimento cristão surgiu como tema central de *Os irmãos Karamazov*. No âmago do romance estão os ensinamentos do ancião Zossima — que "somos todos responsáveis uns pelos outros", mesmo pelos "assassinos e ladrões do mundo", e que temos todos de dividir o sofrimento comum. Zossima conclui que o Reino dos Céus só será realidade quando todos passarem por essa "mudança do coração" e a "irmandade dos homens passar a existir".[90]

Dostoievski situa a conversão do próprio Zossima exatamente no momento em que ele percebe a culpa e a responsabilidade para com os pobres. Antes de se tornar monge, Zossima fora oficial do Exército. Apaixonara-se por uma beldade da sociedade que o rejeitara e preferira outro homem. Zossima provocou o rival para um duelo. Mas, na véspera, teve uma revelação. À noite, Zossima estivera de mau humor. Batera duas vezes, com toda força, na cara do seu ordenança, fazendo-o sangrar, enquanto o servo ficava ali, "em posição de sentido, a cabeça ereta, os olhos vazios fixos em mim como em revista, tremendo a cada golpe mas sem ousar erguer as mãos para se proteger". Naquela noite, Zossima não dormiu bem. Mas, na manhã seguinte, acordou com um "estranho sentimento de vergonha e desgraça", não com a possibilidade de derramar sangue no duelo daquele dia, mas com a ideia da crueldade arbitrária com o pobre ordenança na noite anterior. De repente, percebeu que não tinha o direito de ser servido "por um homem como eu, criado à imagem de Deus". Cheio de remorso, correu para o quartinho do criado e se ajoelhou para implorar perdão. No duelo, deixou o rival atirar; quando ele errou, Zossima atirou para o alto e pediu desculpas. Naquele dia, pediu baixa do regimento e foi para o mosteiro.[91]

Dmitri Karamazov, outro dissoluto oficial de Exército, vive uma revelação semelhante e, no final, arrepende-se da culpa do privilégio social. Injustamente condenado pelo assassinato do pai, ainda assim Dmitri quer sofrer na Sibéria para se purificar e expiar os pecados dos outros. Portanto, o sofrimento desperta a consciência. A revelação vem a Dmitri num sonho. Durante os depoimentos anteriores ao julgamento, ele adormece e se vê na cabana de um camponês. Não consegue entender por que os camponeses são tão pobres, por que a mãe não consegue alimentar o bebê, que chora sem parar. Desperta do sonho transformado, "o rosto radiante de alegria", tendo finalmente sentido a "mudança do coração" e exprimindo a sua compaixão pelos próximos.⁹² Sabe que não é culpado do homicídio do pai, mas se sente culpado pelo sofrimento dos camponeses, seus próprios servos. Ninguém consegue entender por que Dmitri não para de murmurar sobre a "pobre criança" nem que é por essa razão que ele tem de "ir para a Sibéria".⁹³ Mas tudo se revela no julgamento:

> E que importa se eu passar vinte anos nas minas arrancando minério com um martelo? Não tenho medo nenhum disso. O que temo agora é outra coisa: que o novo homem que surgiu em mim se vá. Pode-se encontrar o coração humano lá também, nas minas, sob o chão, ao seu lado, em outro condenado e assassino, e fazer amizade com ele. Pois lá também se pode viver, amar e sofrer! Pode-se soprar nova luz no coração congelado de um condenado desses. Pode-se cuidar dele durante anos e anos e, finalmente, trazer da cozinha dos ladrões para a luz do dia uma alma elevada, uma alma que sofreu e se tornou consciente da sua humanidade, para restaurar a vida de um anjo, trazer de volta um herói! E há tantos deles, centenas deles, e somos todos responsáveis por eles! Por que só então sonhei com aquela criança? "Por que a criança é pobre?" Esse foi um sinal para mim naquele momento! É pela "criança" que vou. Pois somos todos responsáveis por todos. Por todas as crianças, pois há crianças pequenas e crianças grandes. Somos todos "crianças". E irei para lá por todos, pois alguém tem de ir por todos.⁹⁴

Dostoievski acreditava numa igreja de ação e responsabilidade sociais. Criticava a Igreja oficial que se permitira algemar-se ao Estado petrino desde o século XVIII e, em consequência, perdera a autoridade espiritual. Ele apelava à Igreja para que se tornasse mais ativa na sociedade. Dizia que ela perdera a visão do seu papel pastoral e se mostrara indiferente ao maior problema da Rússia, o sofrimento dos pobres. Essas opiniões eram defendidas amplamente por teólogos leigos, como o eslavófilo Khomiakov, e até por alguns padres da hierarquia da Igreja cujos textos influenciaram Dostoievski.⁹⁵ Havia uma sensação generalizada de que a Igreja perdia terreno para a *intelligentsia* socialista e para os vários místicos e sectários que buscavam uma comunidade espiritual mais significativa e socialmente responsável.

Os textos de Dostoievski têm de ser vistos nesse contexto. Ele também buscava uma Igreja assim, uma irmandade cristã, como a *sobornost* dos eslavófilos, que transcendesse os muros do mosteiro e unisse todos os russos numa comunidade viva de fiéis. Essa utopia, um ideal sociomístico, era simplesmente uma teocracia. Dostoievski apresentou essa ideia em *Os irmãos Karamazov*, na cena em que Ivan recebe do ancião Zossima a aprovação do artigo que propõe a expansão radical da jurisdição dos tribunais eclesiásticos. Esse era um tema de considerável importância local na época da publicação do romance. Ivan defende que, ao contrário do padrão da história ocidental em que a Igreja romana foi absorvida pelo Estado, a ideia da Santa Rússia era erguer o Estado ao nível da Igreja. A reforma dos tribunais de Ivan substituiria o poder coercitivo do Estado pela sanção moral da Igreja: em vez de punir os criminosos, a sociedade deveria buscar a reforma da sua alma. Zossima se alegra com esse argumento. Nenhum criminoso pode ser impedido, argumenta, muito menos reformado, por "todas essas penas de trabalhos forçados em prisões da Sibéria". Mas, ao contrário do criminoso estrangeiro, Zossima defende que até mesmo o assassino russo mais enrijecido guarda fé suficiente para reconhecer o seu crime e dele se arrepender; e, por meio dessa reforma espiritual, o ancião prevê que, além de salvar um integrante da Igreja viva, "talvez também o próprio número de crimes diminua em nível bastante inesperado".[96] Nos *Cadernos* de Dostoievski fica claro que ele tinha a mesma visão teocrática do ancião (que se baseava intimamente nos textos do padre Zedergolm, do Optina) de uma "igreja única, universal e soberana" destinada a surgir na terra russa. "A estrela brilhará no Oriente!"[97]

De acordo com Vladimir Soloviev, amigo e colega escritor de Dostoievski, *Os irmãos Karamazov* fora planejado como o primeiro de uma série de romances nos quais o escritor exporia o seu ideal da

Igreja como união social de amor cristão.⁹⁸ Pode-se ver o desdobrar dessa visão na última cena de *Os irmãos Karamazov*, na qual Aliosha (que saiu do mosteiro e voltou ao mundo) comparece ao funeral do pobre menino Iliusha, fulminado pela tuberculose. Depois da cerimônia, ele reúne à sua volta um grupo de meninos que o seguiram nos cuidados do moribundo. Há doze desses apóstolos. Eles se reúnem junto à pedra onde o pai de Iliusha quis enterrar o filho. Num discurso de despedida e recordação, Aliosha diz às crianças que o espírito do menino morto viverá para sempre nos seus corações. Será uma fonte de bondade na vida e lhes lembrará, como diz Aliosha, "Como a vida é boa quando fazemos algo bom e justo!"⁹⁹ Eis aqui a visão de uma Igreja que vivia fora dos muros de todos os mosteiros, uma Igreja que estendia a mão para o coração de todas as crianças, uma Igreja na qual, como sonhara Aliosha, "não haverá mais ricos nem pobres, imponentes nem humildes, mas todos os homens serão os filhos de Deus e o verdadeiro Reino de Cristo chegará".¹⁰⁰

Os censores proibiram boa parte do romance de Dostoievski, afirmando que esses trechos tinham mais a ver com o socialismo do que com Cristo.¹⁰¹ Talvez seja irônico para um escritor mais conhecido como antissocialista, mas a visão de Dostoievski de uma igreja democrática permaneceu próxima dos ideais socialistas que adotara na juventude. A ênfase mudou — como socialista, ele acreditara na necessidade moral de transformar a sociedade, enquanto como cristão passara a ver que a reforma espiritual era a única maneira de realizar a mudança —, mas, em essência, a busca da Verdade foi sempre a mesma. A vida inteira de Dostoievski pode ser vista como uma luta para combinar os ensinamentos do evangelho com a necessidade de justiça social nesta terra, e ele achou ter encontrado a resposta na "alma russa". Num dos seus últimos textos, Dostoievski resumiu a sua visão da Igreja russa:

> Agora não falo sobre o prédio das igrejas nem sobre sermões. Falo do nosso "socialismo" russo (e, por estranho que pareça, uso essa palavra, bastante oposta a tudo o que a Igreja representa, para explicar a minha

ideia) cujo propósito e resultado final são a criação da igreja universal na Terra, na medida em que a Terra seja capaz de contê-la. Falo da ânsia incessante, sempre inerente ao povo russo, de uma união grande, geral, universal de irmandade em nome de Cristo. E, se essa união ainda não existe, se a Igreja ainda não se estabeleceu inteiramente — não meramente só em orações, mas de fato —, então o instinto dessa Igreja e a ânsia incessante por ela [...] ainda serão encontrados no coração de milhões do nosso povo. Não é no comunismo, não é em formas mecânicas que encontramos o socialismo do povo russo: ele acredita que a salvação se encontra, em última análise, na união mundial em nome de Cristo. Esse é o nosso socialismo russo![102]

5

Às 4 da madrugada de 28 de outubro de 1910, Tolstoi escapuliu da sua casa em Iasnaia Poliana, pegou uma carruagem até a estação vizinha e comprou uma passagem de terceira classe para Kozelsk, estação do Optina Pustin. Com 82 anos e apenas dez dias de vida sobrando, Tolstoi renunciava a tudo — a mulher e os filhos, o lar da família, no qual vivera quase cinquenta anos, os camponeses e a carreira literária — para se refugiar no mosteiro. Muitas vezes já sentira o impulso de fugir. Desde os anos 1880, adquirira o hábito de sair à noite para andar com os peregrinos na estrada de Kiev, que passava pela sua propriedade, e muitas vezes só voltava na hora do desjejum. Mas agora o impulso era de partir para sempre. As discussões intermináveis com a esposa Sonia, devidas principalmente às opiniões religiosas dele, tinham tornado insuportável a vida em casa. Ele queria paz e silêncio nos seus últimos dias.

Tolstoi não sabia aonde ia. Partiu com pressa, sem planos. Mas algo o atraiu no Optina. Talvez fosse *Os irmãos Karamazov*, que Tolstoi acabara de ler pela primeira vez; ou talvez a presença da irmã Maria, última sobrevivente da sua infância feliz, que passava os últimos dias no convento vizinho de Shamordino sob a direção dos monges do Optina. O mosteiro não ficava longe da propriedade de Iasnaia Poliana e, nos trinta anos anteriores, em várias ocasiões ele andara até lá como um camponês para acalmar a mente perturbada conversando sobre Deus com o ancião Amvrosi. A vida ascética dos eremitas do Optina era uma inspiração para Tolstoi, tanto que *Padre Sérgio* (1890-98), conto sobre um ajudante de ordens que se transforma em eremita do Optina e luta para encontrar Deus pela oração e pela contemplação e finalmente encontra a paz como peregrino humilde na estrada, pode ser lido como monólogo sobre os anseios religiosos do próprio Tolstoi de renunciar ao mundo. Alguns dizem que Tolstoi buscava no Optina a reconciliação com a Igreja, que não queria morrer antes que a sua excomunhão (imposta pela Igreja em 1901) fosse rescindida. Sem dúvida, o melhor lugar onde tal reconciliação poderia ocorrer seria no Optina, cuja abordagem mística do cristianismo, não atrapalhada pelos rituais e instituições da Igreja, era muito próxima da fé religiosa do próprio Tolstoi. Mas parece mais provável que Tolstoi fosse impelido pela necessidade de "ir embora". Queria escapar das coisas deste mundo para preparar a alma para a viagem até o mundo seguinte.

A julgar por *Confissão*, a volta de Tolstoi a Deus foi súbita, resultado de uma crise moral na segunda metade da década de 1870. Essa também é a opinião de muitos estudiosos, que traçam uma forte distinção entre o Tolstoi literário das décadas anteriores à crise e o pensador religioso dos anos posteriores. Mas, na verdade, a busca da fé foi elemento constante da vida e da arte de Tolstoi.[103] Toda a sua identidade ligava-se à busca de significado e perfeição espirituais, e ele se inspirava na vida de Cristo. Tolstoi pensava em Deus em termos de amor e unidade. Queria sentir-se parte de uma comunidade. Esse era o ideal a ser buscado no casamento e na comunhão com o campesinato. Para Tolstoi, Deus é amor: onde há amor, há Deus. O âmago divino de todos os seres humanos está na compaixão e na capacidade de amar. O pecado é a falta de amor — uma punição em si — e a única maneira de encontrar a redenção é pelo amor. Esse tema perpassa toda a ficção de Tolstoi, desde o conto "Felicidade conjugal" (1859) ao último romance, *Ressurreição* (1899). É enganoso ver essas obras literárias como se fossem separadas das suas opiniões religiosas. Na verdade, como no caso de Gogol, elas são alegorias — ícones — dessas opiniões. Todos os personagens de Tolstoi buscam uma forma de amor cristão, uma sensação de parentesco com outros seres humanos que, sozinha, possa dar significado e propósito à vida. É por isso que Anna Karenina, isolada e recolhida totalmente sobre si mesma, está destinada a perecer no universo de Tolstoi; e porque os seus personagens mais exaltados, como a princesa Maria ou o camponês Karataiev de *Guerra e paz*, mostram o seu amor sofrendo por outros seres humanos.

Tolstoi tem uma abordagem mística de Deus. Achava que Deus não podia ser compreendido pela mente humana, apenas sentido por meio do amor e da oração. Para ele, a oração é um momento de consciência da divindade, um momento de êxtase e liberdade no qual o espírito se liberta da personalidade e se funde ao universo.[104] Vários teólogos ortodoxos compararam a religião de Tolstoi ao budismo e a outras fés orientais.[105] Mas, de fato, a sua abordagem mística tinha mais em comum com o modo de oração dos eremitas do Optina. No entanto, a divisão entre Tolstoi e a Igreja russa era fundamental e nem mesmo o Optina podia satisfazer as suas exigências espirituais. Ele passou a rejeitar as doutrinas da Igreja — a Trindade, a Ressurreição, toda a noção de um Cristo divino — e, em vez delas, passou a pregar uma religião prática baseada no exemplo de Cristo como ser humano vivo. A sua forma de cristianismo não podia ser contida em nenhuma Igreja. Ia além dos muros do mosteiro para se envolver diretamente com as principais questões sociais — a pobreza e a desigualdade, a crueldade e a opressão — que nenhum cristão num país como a Rússia podia ignorar. Ali estava a base religiosa da crise moral de Tolstoi e da renúncia à sociedade a partir do final da década de 1870. Cada vez mais convencido de que o verdadeiro cristão tinha de viver como Jesus ensinara no Sermão da Montanha, Tolstoi prometeu vender a sua propriedade, distribuir o dinheiro entre os pobres e viver com eles em fraternidade cristã. Em essência, a sua crença representava um tipo de socialismo cristão — ou melhor, anarquismo, na medida em que rejeitava todas as formas de Igreja e autoridade estatal. Mas Tolstoi não era revolucionário. Rejeitava a violência dos socialistas. Era pacifista. Na sua opinião, a única maneira de combater a injustiça e a opressão era obedecer aos ensinamentos de Cristo.

A Revolução de 1917 obscureceu aos nossos olhos a ameaça que a leitura simples que Tolstoi fazia dos evangelhos representava para a Igreja e para o Estado. Na época da sua excomunhão, na década de 1900, Tolstoi tinha um séquito verdadeiramente nacional. O seu anarquismo cristão era extremamente atraente para o campesinato e, desse modo, percebido como grande ameaça à Igreja oficial e até ao tsar. Toda revolução social na Rússia estava fadada a ter base espiritual, e até os socialistas mais ateus tinham consciência da necessidade de dar conotações religiosas às suas metas declaradas.* "Há dois tsares na Rússia", escreveu A. S. Suvorin, editor do jornal conservador *Novoie vremia*, em 1901: "Nicolau II e Lev Tolstoi. Qual é o mais forte? Nicolau II nada pode fazer com Tolstoi; não pode abalar o seu trono. Mas Tolstoi, sem dúvida, abala o dele."[106] Não chegaria a isso se as autoridades tsaristas tivessem deixado Tolstoi em paz. Poucos leram os seus textos religiosos da década de 1880 e só na de 1890, quando a Igreja começou a acusá-lo de tentar derrubar o governo, as edições imensas e ilegais dessas obras começaram a circular nas províncias.[107] Em 1899, quando publicou *Ressurreição*, Tolstoi

---

* Os bolcheviques extraíram o máximo de capital político da ressonância religiosa do socialismo. Em 1917, num panfleto para os pobres rurais, S. G. Strumilin comparou o socialismo à obra de Cristo e afirmou que criaria um "reino terreno de fraternidade, igualdade e liberdade" (S. Petrachkevich [Strumilin], *Pro zemliu i sotsializm: slovo sotsialdemokrata k derevenskoi bednote*, Petrogrado, 1917, p. 1 e 2). O culto de Lenin, que decolou em agosto de 1918 depois que ele se feriu numa tentativa de assassinato, tinha matizes religiosos explícitos. Lenin era representado como figura crística, disposto a morrer pela causa do povo e, como as balas não o mataram, abençoado com poderes milagrosos. A palavra *Pravda* (que significa Verdade e Justiça), nome do jornal do Partido, tinha um significado religioso óbvio na consciência camponesa, assim como a Estrela Vermelha, pois, de acordo com o folclore, a donzela Pravda usava uma estrela ardente na testa que iluminava o mundo inteiro e lhe levava verdade e felicidade.

era mais famoso como crítico social e dissidente religioso do que como escritor de ficção. Foi o ataque religioso do romance às instituições do Estado tsarista — a Igreja, o governo, os sistemas jurídico e penal, a propriedade privada e as convenções sociais da aristocracia — que o tornou, de longe, o romance mais vendido em vida do autor.[108] "A Rússia inteira se alimenta desse livro", escreveu Stassov, em êxtase, para congratular Tolstoi. "Não dá para imaginar as conversas e debates que provoca [...] Esse evento não tem igual em toda a literatura do século XIX."[109] Quanto mais a Igreja e o Estado atacavam Tolstoi, maior o séquito do escritor, até que, finalmente, ele foi excomungado em 1901. A intenção da excomunhão fora provocar uma onda de ódio popular a Tolstoi, e houve reacionários e ortodoxos fanáticos que responderam ao chamado. Tolstoi recebeu ameaças de morte e cartas agressivas, e o bispo de Kronstadt, famoso pelo apoio aos nacionalistas extremados, chegou a escrever uma oração pela morte do escritor que foi muito divulgada pela imprensa de direita.[110] Mas para cada mensagem ameaçadora Tolstoi recebeu cem cartas de apoio de aldeias do país inteiro. As pessoas lhe escreviam para contar abusos do governo local ou para lhe agradecer a condenação ao tsar no famoso artigo "Não posso me calar", escrito em resposta à execução dos revolucionários desde 1905. De repente, milhões de pessoas que nunca tinham lido romances começaram a ler os de Tolstoi. E por toda parte aonde ia o escritor, surgiam multidões imensas para cumprimentá-lo — muito maiores, observou a polícia em meio à comemoração do octogésimo aniversário de Tolstoi, em 1908, do que as aparecidas para receber o tsar.

Tolstoi deu aos *dukhobors* todo o dinheiro que ganhou com *Ressurreição*. Os *dukhobors* eram tolstoístas antes de Tolstoi. Essa seita religiosa datava pelo menos do século XVIII, se não fosse mais antiga, da época em que surgiram as primeiras comunidades de fraternidade cristã. Como pacifistas que rejeitavam a autoridade da Igreja e do Estado, foram perseguidos desde o início da sua existência na Rússia e, nos anos 1840, forçados a se estabelecer no Cáucaso. Tolstoi começou a se interessar pelos *dukhobors* no início da década de 1880. A influência das ideias deles sobre a sua escrita é palpável. Todos os elementos centrais do "tolstoísmo" — a ideia de que o Reino de Deus está dentro de cada um, a rejeição das doutrinas e dos rituais da Igreja oficial, os princípios cristãos da comunidade e do modo de vida (imaginado) dos camponeses — faziam parte da crença *dukhobor*. Em 1895, a seita fez uma série de manifestações de massa contra a conscrição militar. Milhares de tolstoístas (ou pacifistas que assim se intitulavam) acorreram para se unir ao protesto no Cáucaso, muitos deles se fundindo aos *dukhobors*. O próprio Tolstoi divulgou a causa deles, escreveu várias centenas de cartas à imprensa e finalmente assegurou e pagou boa parte da mudança deles para o Canadá (onde a sua dissensão foi igualmente problemática para o governo).[111]

Tolstoi estava em contato íntimo com muitas outras seitas. Havia uma afinidade natural entre o seu cristianismo vivo e a busca das seitas por uma igreja verdadeira na terra russa: ambos vinham de visões sociais de utopia. O "tolstoísmo", em si, era um tipo de seita — ou pelo menos assim pensavam os seus inimigos. Havia discussões prolongadas entre os seguidores de Tolstoi e as principais seitas religiosas sobre a organização de um movimento unido sob a liderança do escritor.[112] Esse era um grande desafio à Igreja. O número de sectários crescera drasticamente de algo em torno de 3 milhões de integrantes no século XVIII para talvez 30 milhões na primeira década do século XX, embora alguns estudiosos achassem que até um terço da população russa (cerca de 120 milhões de indivíduos) fosse sectário.[113] Novas seitas se formavam ou eram descobertas todo ano quando a *intelligentsia* populista começou a estudá-las nas últimas décadas do século XIX. Então, na década de 1900, os teosofistas, os antroposofistas, os simbolistas, os rasputinistas e místicos de todo tipo começaram a ver nessas seitas a resposta aos seus anseios de um tipo novo e mais "essencial" de fé russa. A Igreja oficial corria o risco de implodir. Algemada politicamente ao Estado, a vida paroquiana inerte, para não dizer espiritualmente morta, a Igreja não conseguiu impedir que o seu rebanho camponês, na busca de verdade e justiça nesta Terra, fugisse para se unir às seitas ou, nas cidades, aos socialistas.

Ainda que o anarquismo cristão de Tolstoi fosse motivado pelo anseio de pertencer a uma livre comunidade de amor e fraternidade cristãos, a origem pessoal da sua religião era o medo da morte, que ficava mais intenso a cada ano que passava. A morte foi uma obsessão durante toda a sua vida e em toda a sua arte. Ele era criança quando os pais morreram; depois, quando jovem, perdeu também o irmão Dmitri, episódio inesquecível que descreveu na cena da morte de Nicolai Levin, irmão de Konstantin, em *Anna Karenina*. Tolstoi tentava com desespero racionalizar a morte como parte da vida. "Os que temem a morte temem-na porque ela lhes surge como vazio e treva", escreveu em "Sobre a vida" (1887), "mas veem vazio e treva porque não veem vida."[114] Depois, talvez por influência de Schopenhauer, ele passou a ver a morte como dissolução da personalidade em alguma essência abstrata do universo.[115] Mas nada disso era convincente para os que o conheciam bem. Como explicou Chekhov numa carta a Gorki, Tolstoi se apavorava com a própria morte, mas não queria admitir, e se acalmava lendo as Escrituras.[116]

Em 1897, Tolstoi fez uma visita a Chekhov. O dramaturgo estava gravemente enfermo. A prolongada tuberculose piorara de forma súbita e drástica, com hemorragia maciça dos pulmões, e Chekhov, que até então ignorara a doença, foi finalmente obrigado a chamar os médicos. Quando Tolstoi chegou à clínica, seis dias depois da hemorragia, encontrou Chekhov sentado na cama, de humor alegre, rindo e contando piadas, e tossindo sangue num grande copo de cerveja. Chekhov tinha consciência do perigo que corria — afinal de contas, era médico —, mas mantinha o bom humor e chegou a falar de planos para o futuro. Tolstoi, observou Chekhov com o humor cortante de sempre, ficou "quase desapontado" ao não encontrar o amigo à beira da morte. Era óbvio que Tolstoi fora com a intenção de falar sobre a morte. Era fascinado pelo modo como Chekhov parecia aceitar a morte e apenas continuar vivendo e, talvez com inveja da sua atitude calma, queria saber mais. Logo Tolstoi tocou no assunto, geralmente tabu junto ao leito de quem está gravemente enfermo. Enquanto Chekhov lá ficava cuspindo sangue, Tolstoi fez uma palestra sobre a morte e a outra vida. Chekhov escutou com atenção mas, no final, perdeu a paciência e começou a discutir. Via a força misteriosa na qual Tolstoi achava que os mortos se dissolveriam como "massa congelada e informe", e disse ao amigo que não queria esse tipo de vida eterna. Na verdade, disse Chekhov, ele não entendia a vida após a morte. Não via razão para pensar nisso nem para se consolar, como disse, com "ilusões de imortalidade".[117] Ali estava a diferença fundamental entre os dois homens. Quando pensava na morte, a mente de Tolstoi sempre se voltava para outro mundo, enquanto a de Chekhov sempre voltava a este aqui. "É assustador virar nada", disse na clínica ao amigo e editor A. S. Suvorin depois que Tolstoi saiu. "Eles nos levam para o cemitério, voltam para casa, começam a tomar chá e dizem coisas hipócritas sobre nós. É medonho pensar nisso!"[118]

Não que Chekhov fosse ateu, embora nos últimos anos da vida afirmasse não ter fé.[119] Na verdade, a sua atitude religiosa era muito complexa e ambivalente. Chekhov crescera numa família religiosa e, durante a vida inteira, manteve forte apego aos rituais da Igreja. Colecionava ícones. Na sua casa em Ialta havia um crucifixo na parede do quarto.[120] Gostava de ler sobre os mosteiros russos e a vida dos santos.[121] Pela correspondência, sabemos que Chekhov adorava ouvir o dobre dos sinos, que frequentava a igreja e gostava dos cultos, que ficava em mosteiros e que, em mais de uma ocasião, chegou a pensar em se tornar monge.[122] Via a Igreja como aliada do artista e a missão do artista como espiritual. Como disse certa vez ao amigo Gruzinski, "a igreja da aldeia é o único lugar onde o camponês pode viver algo belo".[123]

As obras literárias de Chekhov são cheias de temas e personagens religiosos. Nenhum outro escritor russo, com a possível exceção de

Leskov, escreveu com tanta frequência ou com tanto carinho sobre o culto do povo ou sobre os rituais da Igreja. Muitos contos e peças importantes de Chekhov (como "O bispo", "O estudante", "Na estrada" e "Enfermaria n. 6") são profundamente preocupados com a busca da fé. O próprio Chekhov tinha dúvidas religiosas; certa vez, escreveu que se tornaria monge se os mosteiros aceitassem pessoas não religiosas e se ele não tivesse de rezar.[124] Mas sentia clara simpatia por quem tinha fé ou ideais espirituais. Talvez a opinião de Chekhov seja mais bem expressa por Masha que, em *Três irmãs*, diz: "Parece-me que o homem precisa ter fé ou buscá-la, senão a sua vida é vazia, bem vazia."[125] Chekhov não se preocupava abertamente com a questão abstrata da existência de Deus. Como disse a Suvorin, escritores deviam saber que esse tipo de coisa não se pergunta.[126] Mas ele adotava o conceito de religião como um modo de vida, um código moral básico; para ele, religião era isso, e achava que era assim também para o homem simples da Rússia.[127]

Numa de suas primeiras peças curtas, "Na estrada" (1886), Chekhov discute a necessidade russa de fé. O cenário é uma estalagem de beira de estrada onde alguns viajantes se abrigam do mau tempo. Uma jovem nobre conversa com um cavalheiro chamado Likharev. Ela quer saber por que todos os escritores russos famosos encontram a fé antes de morrer. "No meu entender", responde Likharev, "a fé é um dom do espírito. É um talento; é preciso nascer com ela."

> — Até onde posso julgar, falando por mim e por tudo que já vi, esse talento está presente em altíssimo grau no povo russo. A vida russa representa uma série interminável de crenças e entusiasmos, mas, se quer o meu conselho, ainda não chegou nem perto de acreditar nem de rejeitar a crença. Quando um russo não acredita em Deus, quer dizer que acredita em outra coisa.[128]

Era uma opinião próxima da de Chekhov — e ele mesmo era muito russo nesse sentido. Chekhov podia ter as suas dúvidas sobre a existência de Deus. Mas nunca perdeu de vista a necessidade que os russos tinham de acreditar. Afinal, sem fé num mundo melhor no futuro, a vida na Rússia de Chekhov seria insuportável.

A necessidade de acreditar era tão básica na sua arte quanto no modo de vida russo. As peças de Chekhov são abundantes em personagens (dr. Astrov em *Tio Vânia*, Vershinin em *Três irmãs*, Trofimov em *O jardim das cerejeiras*) que depositam a sua fé, como fazia o próprio Chekhov, na capacidade da ciência e do trabalho de melhorar a vida da humanidade. São cheias de personagens que se resignam a sofrer e suportar na esperança cristã de uma futura vida melhor. Como explica Sonia naquelas famosas (e já citadas) frases finais de *Tio Vânia*: "Quando chegar a nossa hora, morreremos submissos, e lá, no outro mundo, diremos que sofremos, que choramos, que tivemos uma vida amarga, e Deus terá piedade de nós."[129] Chekhov via o artista como um irmão sofredor — como alguém que trabalhava com fins espirituais. Em 1902, escreveu a Diaguilev:

> A cultura moderna é apenas o início de uma obra para um grande futuro, uma obra que talvez continue por 10 mil anos, para que a humanidade possa, mesmo que seja no futuro remoto, vir a conhecer a verdade de um Deus real — isto é, não adivinhando, não buscando em Dostoievski, mas por perceber com clareza, como se percebe que dois e dois são quatro.[130]

Em todas as obras de Chekhov se sente a morte, e, nos últimos contos, em muitos a aproximação da morte é o tema principal. Chekhov enfrentou a morte durante a vida inteira — primeiro como médico, depois como moribundo — e, talvez por estar tão perto dela, escreveu sobre o assunto com franqueza destemida. Ele entendia que todos morrem de maneira muito comum; a maioria morre pensando na vida. Via que a morte simplesmente faz parte do processo natural — e, quando a morte lhe chegou, aceitou-a com coragem e dignidade e o mesmo amor à vida que sempre demonstrara. Em junho de 1904, hospedou-se num hotel em Badenweiler, na Alemanha, com a esposa Olga. "Vou-me embora para morrer", disse Chekhov na véspera da partida. "Tudo está terminado."[131] Na noite de 2 de julho, acordou com febre, mandou chamar o médico e lhe disse em voz alta: "*Ich sterbe*" ("Estou morrendo"). O médico tentou acalmá-lo e foi embora. Chekhov pediu uma garrafa de champanhe, tomou um copo, deitou--se na cama e morreu.[132]

Para Tolstoi, a morte não era coisa tão fácil. Aterrorizado com a própria mortalidade, ligava a sua religião a uma concepção mística da morte como libertação espiritual, a dissolução da personalidade numa "alma universal"; mas isso nunca removeu inteiramente o seu medo. Nenhum outro escritor escreveu com tanta frequência e imaginação sobre o momento real da morte; a sua descrição da morte de Ivan Ilitch e do príncipe Andrei em *Guerra e paz* está entre as melhores da literatura. Mas não são apenas mortes. São cômputos finais, momentos em que o moribundo reavalia o significado da vida e encontra a salvação, ou alguma solução, numa verdade espiritual.[133] Em *A morte de Ivan Ilitch* (1886), Tolstoi mostra um homem, um juiz importante, que passa a perceber a verdade sobre si quando está no leito de morte, recordando a vida. Ivan Ilitch vê que existiu inteiramente para si e que, portanto, a sua vida foi um desperdício. Viveu pela carreira de juiz, mas dava a mesma pouca importância aos que tinham vindo antes dele quanto o seu médico que o trata lhe dá agora. Organizou a vida em torno dos membros da família, mas não os ama e parece que eles não o amam, já que nenhum admitirá o fato de que está morrendo nem tentará consolá-lo. O único relacionamento verdadeiro que Ivan Ilitch tem é com o criado Guerassim, um "jovem rapaz camponês" que cuida dele, passa as noites com ele e o conforta erguendo-lhe as pernas. Guerassim faz tudo isso como simples ato de bondade por um homem que sabe que vai morrer, e a própria admissão desse fato é um imenso consolo para o moribundo. "O ato medonho e terrível da sua morte", do ponto de vista de Ivan,

> reduzido pelos que o cercavam ao nível de um incidente fortuito, desagradável e bem indecente (quase do mesmo modo como todos se comportam quando entra na sala alguém com cheiro desagradável) — e isso se fazia em nome do mesmo decoro a que ele servira a vida inteira. Via que ninguém sofria por ele, porque ninguém sequer se dispunha a avaliar a sua situação. Guerassim era a única pessoa que reconhecia a posição e tinha pena dele. E por isso Ivan Ilitch só se sentia à vontade quando Guerassim estava ao seu lado [...] Só Guerassim não mentia; tudo mostrava que só ele entendia os fatos do caso e não considerava necessário disfarçá-los, e simplesmente sentia pena do senhor doente que expirava. Em certa ocasião em que Ivan Ilitch quis mandá-lo embora dormir, ele chegou a dizer diretamente:
> — Todos nós morreremos, então o que custa um pequeno esforço? — querendo com isso dizer que não se incomodava com o trabalho a mais, pois o fazia por um moribundo e esperava que alguém fizesse o mesmo por ele quando a sua hora chegasse.[134]

Um simples camponês dera a esse juiz uma lição de moral sobre verdade e compaixão. Mostrou-lhe como viver e como morrer — pois a aceitação pelo camponês do fato da morte permite a Ivan Ilitch, no último momento consciente da vida, superar o medo.

A morte de Ivan Ilitch se baseava na morte de Ivan Ilitch Mechnikov, amigo de Tolstoi e oficial judiciário, cujo irmão fez a Tolstoi uma descrição detalhada dos seus últimos dias.[135] Não era raro que as classes superiores russas se confortassem com a presença dos servos no momento da morte. Pelos diários e memórias, parece que, muito mais do que o padre que ia receber a confissão e ministrar a extrema-unção, os servos ajudavam o moribundo a superar o medo com a sua fé camponesa simples que "lhes permitia olhar a morte de frente".[136] A atitude destemida do camponês perante a morte era lugar-comum na literatura russa do século XIX. "Que coisa extraordinária é a morte de um camponês russo!", escreveu Turgueniev em *Memórias de um caçador*. "O seu estado de espírito antes da morte não poderia ser chamado de indiferença nem de estupidez; ele morre como se cumprisse um ato ritual, fria e simplesmente."[137] O caçador de Turgueniev encontra vários camponeses no momento da morte. Um deles, um lenhador chamado Maxim que é esmagado pela queda de uma árvore, pede aos colegas que o perdoem e então, pouco antes do último suspiro, pede-lhes que cuidem para que a esposa receba um cavalo pelo qual ele pagou. Outro é informado, num hospital campestre, que tem apenas alguns dias de vida. O camponês pensa um pouco, coça a nuca e põe o gorro, como se fosse partir. O médico lhe pergunta aonde vai.

— Aonde? É óbvio: para casa, se a situação é tão ruim assim. Se a situação é essa, há muita coisa para pôr em ordem.
— Mas você vai se prejudicar, Vassili Dmitrich. Estou surpreso ao ver que conseguiu chegar aqui. Fique, imploro.
— Não, irmão Kapiton Timofeich, se vou morrer, morrerei em casa. Se morrer aqui, Deus sabe a confusão que haverá lá em casa.[138]

As mesmas atitudes camponesas foram observadas por Tolstoi em *Três mortes* (1856), por Leskov em *O peregrino encantado* (1873), por Saltykov-Schedrin em *Velhos tempos em Poshekhonie* (1887) e por praticamente todo grande escritor russo posterior, de modo que, afinal, o estoicismo dos camponeses assumiu condição de mito cultural. Foi dessa forma que foi repetido por Alexandre Soljenitsin em *Pavilhão dos cancerosos* (1968), na cena em que Iefrem recorda como "o povo antigo costumava morrer lá no Kama".

Eles não se enchiam de orgulho nem lutavam contra nem se gabavam de que iam morrer; aceitavam a morte com calma. Não fugiam a endireitar as coisas, preparavam-se em silêncio e com tempo, decidindo quem ficaria com a égua, quem com o potro, quem com o casaco e quem com as botas, e partiam facilmente, como se apenas se mudassem para uma nova casa. Nenhum deles se apavorava com o câncer. Seja como for, nenhum deles o pegava.[139]

Mas atitudes como essa não eram apenas invenção literária. Foram documentadas em fontes como memorialistas, fichas médicas e estudos etnográficos do século XIX e do início do século XX.[140] Alguns atribuíam a resignação dos camponeses ao fatalismo dos servos, no qual a morte era considerada a libertação do sofrimento. Quando falavam sobre o destino, os camponeses costumavam se referir à vida após a morte como "reino da liberdade" onde os seus ancestrais viviam na "liberdade de Deus".[141] Era essa a ideia por trás das *Anotações* de Turgueniev, no conto "Relíquia viva", no qual uma camponesa doente anseia pela morte para dar fim ao sofrimento. Como muitos da sua classe, ela acredita que será recompensada pelo sofrimento no Paraíso e isso lhe tira o medo de morrer. Outros explicavam esse fatalismo camponês como forma de autodefesa. A morte era um fato tão comum na vida da aldeia que, até certo ponto, o camponês devia ter ficado insensível a ela. Numa sociedade na qual quase metade das crianças morria antes dos 5 anos, era preciso haver algum modo de lidar com o luto. Os médicos costumavam observar que os pais de uma criança de aldeia não reagiam emocionalmente à sua morte e, em muitas regiões mais pobres, onde havia bocas demais a alimentar, as mulheres chegavam a agradecer a Deus por levá-la embora.[142] Havia provérbios camponeses que defendiam a posição de que "É bom o dia em que uma criança morre".[143] O infanticídio não era raro, principalmente em épocas de dificuldade econômica, e no caso de filhos ilegítimos essa era praticamente a norma.[144]

A camponesa desesperada de *Os irmãos Karamazov* que perdeu o menino ouve de Zossima que Deus o levou e fez dele um anjo. Na Rússia camponesa, era comum acreditar, nas palavras de um aldeão da província de Riazan, que "a alma das criancinhas vai direto para o céu".¹⁴⁵ Essas ideias devem ter sido um verdadeiro consolo. Afinal, o campesinato acreditava num universo no qual os mundos terreno e espiritual estavam intimamente ligados numa só continuidade. O mundo dos espíritos era presença constante na vida cotidiana, com anjos e demônios em cada canto. O destino da alma dos parentes era uma questão da mais alta importância. Havia bons e maus espíritos no mundo camponês russo, e o modo como se morria determinava se o espírito também seria bom ou mau. O camponês achava essencial se preparar para a morte, dar conforto aos moribundos, rezar por eles, acabar com todas as brigas com eles, dispor adequadamente da sua propriedade e lhes dar um funeral cristão (às vezes com uma vela e uma escada de pão para ajudá-los no caminho) para que a alma pudesse subir em paz para o mundo dos espíritos.¹⁴⁶ Os que morressem insatisfeitos retornariam para assombrar os vivos como demônios ou doenças. Assim, em vários lugares tornou-se costume enterrar as vítimas de assassinato, os que morriam envenenados ou se suicidavam, os deformados, as bruxas e os feiticeiros fora dos limites do cemitério.

Durante as grandes quebras de safra, ouvia-se dizer até que os camponeses exumavam os cadáveres daqueles cujo espírito mau era considerado culpado.¹⁴⁷ No sistema de crenças do camponês, os espíritos dos mortos tinham uma vida ativa. As almas comiam e dormiam, sentiam frio e dor e muitas vezes voltavam à casa da família, onde o costume era passarem a residir atrás do fogão. Era importante alimentar os mortos. Deixava-se todo tipo de comida pela casa, em lugares onde se acreditava que o espírito do morto ficaria quarenta dias. Na crença popular, água e mel eram obrigatórios, mas muitas vezes também se deixava vodca para preparar a alma para a longa viagem até o outro mundo. Em alguns lugares, o dinheiro ficava à vista ou era posto no túmulo para que o espírito do morto pudesse comprar terras no outro mundo para se alimentar.¹⁴⁸

Em épocas específicas do ano, principalmente na Páscoa e em Pentecostes, era importante que a família recordasse o morto e lhe alimentasse a alma em piqueniques junto ao túmulo, com pães rituais, tortas e ovos decorados. Espalhavam-se migalhas de pão sobre o túmulo para alimentar os pássaros — símbolos da alma que subia do chão e voava pela aldeia na época da Páscoa — e, se as aves viessem, era sinal de que o espírito do morto estava bem.[149] Em *Os irmãos Karamazov*, Dostoievski tomou emprestado esse antigo costume quando fez Iliusha, o pequeno Nai moribundo, pedir ao pai que espalhasse pão em volta do seu túmulo, "para que os pardais venham voando, e eu ouvirei e ficarei contente por não estar sozinho".[150] O túmulo russo era muito mais do que um lugar de sepultamento. Era um local sagrado de intercâmbio social entre os vivos e os mortos.

Uma das últimas coisas que Tolstoi disse, quando jazia moribundo na casinha do chefe da estação de Astapovo, foi "E os camponeses? Como os camponeses morrem?". Ele pensara muito na questão e acreditava havia muito tempo que os camponeses morriam de um modo diferente das classes instruídas, um modo que mostrava que conheciam o significado da sua vida. Os camponeses morriam aceitando a morte, e essa era a prova da sua fé religiosa. Tolstoi também queria morrer assim.[151] Muitos anos antes, ele escrevera no diário: "Quando estiver morrendo, gostaria que me perguntassem se ainda vejo a vida como antes, como progresso rumo a Deus, um aumento de amor. Se não tiver forças para falar, e a resposta for sim, fecharei os olhos; se for não, olharei para cima."[152] Ninguém pensou em lhe fazer a pergunta no momento da morte, e nunca saberemos como ele atravessou a fronteira que lhe trouxe tanta agonia e tanta dúvida. Não houve reconciliação com a Igreja, apesar da fuga de Tolstoi para o Optina. O Santo Sínodo tentou reconquistá-lo e até mandou um dos monges do Optina para Astapovo, onde Tolstoi parara, doente demais para prosseguir, depois de sair do mosteiro. Mas a missão fracassou — nenhum familiar de Tolstoi sequer permitiu que o monge visse o moribundo — e assim, no final negou-se ao escritor um funeral cristão.[153]

Mas, embora a Igreja se recusasse a rezar uma missa pelo morto, o povo a rezou por ele de outra maneira. Apesar das tentativas da polícia de impedir, milhares de enlutados foram para Iasnaia Poliana, onde, em meio a cenas de pesar nacional nunca vistas na morte de nenhum tsar, Tolstoi foi sepultado no seu lugar preferido na infância. Era um lugar no bosque onde, muitos anos antes, o irmão Nikolai enterrara no chão uma varinha mágica no qual escrevera o segredo de que a paz eterna viria e o mal seria banido do mundo. Enquanto o caixão de Tolstoi era baixado no chão, os acompanhantes começaram a cantar um antigo cântico russo, e alguém gritou, em desafio à polícia, que fora instruída a impor a excomunhão do escritor pela Igreja até o fim, "De joelhos! Tirem o chapéu!"[154] Todos obedeceram ao ritual cristão e, depois de hesitar um momento, os policiais se ajoelharam também e tiraram o chapéu.

6
Descendentes de Gêngis Khan

1

Antes de voltar-se para a arte, Kandinski achou que podia se tornar antropólogo. Como aluno de Direito da Universidade de Moscou, adoecera no último ano e, para se recuperar, fez uma viagem à remota região de Komi, 800 quilômetros a nordeste de Moscou, para estudar as crenças das tribos fino-úgricas. Depois de ir de trem até Vologda, onde acabava a ferrovia, ele navegou para leste pelo rio Sukhona e entrou nas florestas de um "outro mundo", como se recordou, onde o povo ainda acreditava em demônios e espíritos. Havia muito tempo os antropólogos tinham marcado a região de Komi como ponto de encontro entre o cristianismo e o antigo paganismo xamânico das tribos asiáticas. Era um "país das maravilhas" onde "todas as ações do povo são acompanhadas de rituais mágicos secretos".[1] A viagem deixou uma impressão indelével em Kandinski. O xamanismo que descobriu lá se tornou uma das maiores inspirações da sua arte abstrata.[2] "Ali aprendi a olhar a arte", escreveria mais tarde — "como me virar dentro de uma pintura e como viver nela."[3]

A viagem de Kandinski para o leste foi uma jornada de volta no tempo. Ele buscava os resquícios do paganismo que os missionários russos descreviam naquela região desde a época medieval. Havia antigos registros de que o povo komi cultuava o sol, o rio e as árvores; de frenéticas danças de rodopios para convocar os seus espíritos; e havia lendas sobre os xamãs komis que batiam tambores e voavam nos seus cavalos de pau até o mundo dos espíritos. Seiscentos anos de construção da igreja tinham dado apenas um verniz de cristianismo a essa cultura eurasiana. O povo komi fora convertido à força à fé cristã por santo Estêvão, no século XIV. A área fora ocupada por colonos russos durante várias centenas de anos, e a cultura dos komis, da língua à vestimenta, tinha bastante semelhança com o modo de vida russo.

Ust-Sysolsk, capital da região onde Kandinski morou três meses no verão de 1889, era bem parecida com todas as cidades russas. Compunha-se de um pequeno conjunto clássico de prédios administrativos no centro de um povoado esparramado de cabanas de camponeses construídas de troncos. Enquanto fazia o trabalho de campo, registrava as crenças dos velhos e procurava motivos de cultos xamânicos na arte popular, Kandinski logo encontrou vestígios dessa antiga cultura pagã escondida debaixo da russa. Todos os komis se descreviam unicamente como ortodoxos (pelo menos, a alguém de Moscou), e nos rituais públicos tinham um padre cristão. Mas, na vida privada, como Kandinski verificou, ainda procuravam os antigos xamãs. O povo komi acreditava num monstro da floresta chamado *"Vörsa"*. Tinham uma alma viva que chamavam de *"ort"* que seguia as pessoas como sombras durante a vida e surgia diante deles no momento da morte. Rezavam para os espíritos da água e do vento; falavam com o fogo como se fosse vivo; e a arte folclórica ainda exibia sinais da adoração do sol. Alguns komis disseram a Kandinski que as estrelas estavam pregadas no céu.[4]

Ao raspar a superfície da vida komi, Kandinski revelara a sua origem asiática. Durante séculos, as tribos fino-úgricas tinham se misturado com os povos turcomanos do norte da Ásia e da estepe centro-asiática. Os arqueólogos do século XIX tinham desenterrado em Komi grande quantidade de cerâmica com ornamentação mongol. Kandinski encontrou uma capela com telhado mongol, que esboçou no seu diário da viagem.[5] Os filólogos do século XIX endossavam a teoria de uma família uralo-altaica de idiomas que ligava os finlandeses aos povos ostíaco, vogul, samoieda e mongol numa única cultura que se estendia da Finlândia à Manchúria. A ideia foi apresentada na década de 1850 pelo explorador finlandês M. A. Castren, cujas viagens ao leste dos Urais descobriram muitas coisas que ele reconhecia da terra natal.[6] As observações de Castren foram corroboradas por estudos posteriores. Há motivos xamânicos, por exemplo, no *Kalevala*, ou "Terra de heróis", o poema épico nacional finlandês, o que pode sugerir uma ligação histórica com os povos do Oriente, embora os próprios finlandeses considerem o seu poema uma Odisseia báltica na tradição folclórica mais pura da Carélia, região onde a Finlândia e a Rússia se encontram.[7] Como um xamã com o seu tambor e o seu cavalo de pau, o herói Väinämöinen viaja com sua *kantele* (um tipo de cítara) até um submundo mágico habitado pelos espíritos dos mortos. Um quinto do *Kalevala* se compõe de encantamentos mágicos. Só escrito em 1822, costumava ser cantado com melodias na escala pentatônica ("indo-chinesa") correspondente às cinco cordas do *kantele*, que, como seu antecessor, o *gusli* russo de cinco cordas, era afinado naquela escala.[8]

A exploração do Komi por Kandinski não foi apenas uma busca científica. Foi também uma busca pessoal. O nome dos Kandinski vinha do rio Konda, perto de Tobolsk, na Sibéria, onde se instalaram no século XVIII. A família descendia da tribo tungue, que vivia ao longo do rio Amur, na Mongólia. Kandinski se orgulhava da sua aparência mongol e gostava de se gabar de descender de Gantimur, o chefe tungue do século XVII. Durante o século XVIII, os tungues tinham se deslocado para noroeste até os rios Ob e Konda. Misturaram-se aos povos ostíaco e vogul, que comerciavam com os komis e outros povos fínicos no lado ocidental dos Urais. Os ancestrais de Kandinski estavam entre esses comerciantes que teriam se casado com pessoas do povo komi, portanto é possível que ele tivesse sangue komi também.[9]

Muitas famílias russas tinham origem mongol. "Raspe um russo e encontrará um tártaro", dissera Napoleão certa vez. A cota de armas das famílias russas, em que motivos muçulmanos como sabres, flechas, luas crescentes e a estrela de oito pontas são muito evidentes, comprova essa herança mongol. Havia quatro grupos principais de descendentes dos mongóis. Primeiro, os que descendiam dos nômades de língua turcomana que acompanharam os exércitos de Gêngis Khan no século XIII e se instalaram na Rússia depois da decomposição da "Horda Dourada", nome russo das hostes mongóis com o seu acampamento de barracas faiscantes no rio Volga, no século XV. Entre eles, estavam alguns nomes muito famosos na história russa: escritores como Karamzin, Turgueniev, Bulgakov e Akhmatova; filósofos como Chaadaev, Kireievski, Berdiaiev; estadistas como Godunov, Bukharin, Tukhachevski; e compositores como Rimski-Korsakov.* Em seguida, vinham as famílias de origem turcomana que foram para a Rússia partindo do Ocidente: os Tiutchev e Chicherin, vindos da Itália; ou os Rachmaninoff, que chegaram da Polônia no século XVIII. Até os Kutuzov tinham origem tártara (*qutuz* é a palavra turcomana que significa "furioso" ou "louco") — uma ironia em vista do status de herói feito de matéria-prima puramente russa do grande general Mikhail Kutuzov. As famílias de origem mista, eslava e tártara, formavam uma terceira categoria. Entre essas estavam algumas das dinastias mais grandiosas da Rússia — os Sheremetev, Stroganov e Rostopchin —, embora houvesse muitas também de nível mais baixo. A família de Gogol, por exemplo, era de origem polonesa e ucraniana, mas dividia ancestrais comuns com os Gogel turcomanos, cujo sobrenome derivava da palavra tchuvache *gögül*, um pássaro da estepe (Gogol era

---

* O nome Turgueniev deriva da palavra mongol que significa "rápido" (*türgen*); Bulgakov, da palavra turcomana que significa "onda" (*bulgaq*); Godunov, da palavra mongol *gödön* ("estúpido"); e Korsakov, da palavra turcomana *qorsaq*, tipo de raposa da estepe. Akhmatova nasceu Anna Gorenko. Mudou o sobrenome para Akhmatova (que diziam ser o nome da bisavó tártara) quando o pai disse que não queria poetas na família. Akhmatova afirmava descender do cã Akhmat, descendente direto de Gêngis Khan e último cã tártaro a receber tributo de príncipes russos (foi assassinado em 1481). Nadejda Mandelstam acreditava que Akhmatova inventara a origem tártara da bisavó (N. Mandelstam, *Hope Abandoned*, Londres, 1989, p. 449).

famoso pela cara de passarinho, principalmente o nariz em bico). O último grupo era de famílias russas que mudaram o nome para soar mais turcomano, por terem se casado com uma família tártara ou por comprar terras no Oriente e desejar relações tranquilas com as tribos nativas. Os russos Veliaminov, por exemplo, mudaram o nome para o turcomano Aksak (de *aqsaq*, que significa "manco") para facilitar a compra de enormes extensões de terras nas estepes das tribos basquírias, perto de Oremburgo: assim se formou a maior família de eslavófilos, os Aksakov.[10]

A adoção de nomes turcomanos entrou no auge da moda na corte de Moscou entre os séculos XV e XVII, quando a influência tártara da Horda Dourada continuava muito forte e se criaram muitas dinastias nobres. No século XVIII, quando os nobres de Pedro foram obrigados a olhar para o Ocidente, a moda caiu em declínio. Mas foi revivida no século XIX, a ponto de muitas famílias de puro sangue russo inventarem ancestrais tártaros lendários para parecerem mais exóticas. Nabokov, por exemplo, afirmava (talvez meio de brincadeira) que a sua família descendia nada mais, nada menos do que do próprio Gêngis Khan, que "segundo dizem, foi pai de Nabok, pequeno príncipe tártaro do século XII que desposou uma donzela russa numa época de cultura russa intensamente artística".[11]

Depois de retornar da região Komi, Kandinski deu uma palestra sobre os achados da sua viagem na Sociedade Etnográfica Imperial de São Petersburgo. O auditório estava lotado. As crenças xamânicas das tribos eurasianas exerciam um fascínio exótico sobre o público russo dessa época em que, em geral, a cultura do Ocidente era considerada espiritualmente morta e os intelectuais buscavam no Oriente a renovação espiritual. Mas esse interesse súbito pela Eurásia também estava no âmago de um novo debate urgente sobre as raízes da cultura folclórica da Rússia.

No mito que a definia, a Rússia evoluíra como civilização cristã. A sua cultura era produto da influência conjunta da Escandinávia e de Bizâncio. O épico nacional que os russos gostavam de contar a seu respeito era a história de uma luta dos agricultores das florestas do norte contra os cavaleiros da estepe asiática — os abares e cazares, os polovetsianos e os mongóis, os cazaques, calmuques e todas as outras tribos que invadiram a Rússia com arco e flecha desde os primeiros tempos. Esse mito nacional se tornou tão fundamental para a autoidentidade europeia russa que bastava sugerir a influência asiática na cultura da Rússia para provocar acusações de traição.

Entretanto, nas últimas décadas do século XIX a atitude cultural mudou. Enquanto o império se espalhava pela estepe asiática, houve um movimento crescente para adotar as suas culturas como parte da cultura da própria Rússia. O primeiro sinal importante dessa mudança cultural aconteceu na década de 1860, quando Stassov tentou mostrar que boa parte da cultura popular russa, a sua ornamentação e os épicos folclóricos (bilinas), tinha antecedentes no Oriente. Stassov foi condenado pelos eslavófilos e por outros patriotas. Mas, no final dos anos 1880, quando Kandinski fez a sua viagem, houve uma explosão de pesquisas sobre a origem asiática da cultura folclórica da Rússia. Arqueólogos como D. N. Anuchin e N. I. Viesselovski demonstraram a profundidade da influência tártara na cultura da Idade da Pedra russa. Do mesmo modo, revelaram ou ao menos sugeriram a origem asiática de muitas crenças populares dos camponeses russos da estepe.[12] Antropólogos encontraram práticas xamânicas em rituais camponeses sagrados.[13] Outros ressaltaram o uso ritual de totens pelo campesinato russo da Sibéria.[14] O antropólogo Dmitri Zelenin defendia que as crenças animistas dos camponeses lhes tinham sido passadas pelas tribos mongóis. Assim como os basquírios e os tchuvaches (tribos de linhagem finlandesa com forte influência tártara), os camponeses russos usavam um amuleto de couro em forma de serpente para curar a febre; e, como os komis ou os ostiacos e buriatos do Extremo Oriente, sabia-se que penduravam a carcaça de um arminho ou raposa no portal da casa para afastar o "olho grande". Os camponeses russos da região de Petrovsk, no médio

Volga, tinham um costume remanescente do totemismo praticado por muitas tribos asiáticas. Quando uma criança nascia, esculpiam um bonequinho de madeira do bebê e o enterravam junto com a placenta num caixão, debaixo da casa da família. Acreditavam que isso garantiria vida longa para a criança.[15] Todos esses achados provocaram questões incômodas sobre a identidade dos russos. Eram europeus ou asiáticos? Eram súditos do tsar ou descendentes de Gêngis Khan?

2

Em 1237, um vasto exército de cavaleiros mongóis abandonou a sua base nas pastagens da estepe de Qipchaq, ao norte do mar Negro, e invadiu os principados da Rus Kievana. Os russos eram fracos e internamente divididos demais para resistir, e, no decorrer dos três anos seguintes, todas as grandes cidades russas, com exceção de Novgorod, caíram diante das hordas mongóis. Nos 250 anos seguintes, a Rússia foi governada, embora de forma indireta, pelos cãs mongóis. Eles não ocuparam as terras centrais da Rússia. Instalaram-se com os seus cavalos nas estepes férteis do sul e cobravam tributos das cidades russas, sobre as quais exerciam o seu domínio com ataques periódicos de violência feroz.

É difícil exagerar a sensação de vergonha nacional que o "jugo mongol" evoca nos russos. A menos que se conte a Hungria, a Rus Kievana foi a única grande potência europeia a ser ocupada pelas hordas asiáticas. Em termos de tecnologia militar, os cavaleiros mongóis eram muito superiores às forças dos principados russos. Mas raramente tiveram de comprovar isso. Poucos príncipes russos pensaram em desafiá-los. Só em 1380, quando o poder dos mongóis já enfraquecia, os russos travaram contra eles a primeira batalha de verdade. E mesmo depois disso, foi preciso mais um século de lutas internas entre os cãs mongóis — que culminaram com a divisão da Horda Dourada em três canatos separados (o canato da Crimeia, em 1430, o de Kazan, em 1436, e o de Astracã, em 1466) — para os príncipes russos encontrarem os meios necessários para travar uma guerra contra cada um deles de uma vez. Assim, em termos gerais, a ocupação mongol foi um caso de colaboração dos próprios príncipes russos com os seus senhores asiáticos. Isso explica por que, ao contrário do mito nacional, relativamente poucas cidades foram destruídas pelos mongóis; por que as artes e ofícios russos e mesmo projetos grandes como a construção de igrejas não mostraram sinais de se reduzir; por que o comércio e a agricultura continuaram normalmente; e por que, no período de ocupação mongol, não houve grande migração da população russa das regiões ao sul mais próximas dos guerreiros mongóis.[16]

De acordo com o mito nacional, os mongóis vieram, aterrorizaram e pilharam, depois partiram sem deixar vestígios. A Rússia podia ter sucumbido à espada mongol, mas a sua civilização cristã, com os mosteiros e igrejas, permaneceu inalterada pelas hordas asiáticas. Esse pressuposto sempre esteve no centro da identidade dos russos como cristãos. Podiam viver na estepe asiática, mas olhavam para o Ocidente. "Da Ásia", escreveu Dmitri Likhachev, principal historiador cultural da Rússia no século XX, "recebemos pouquíssimo" — e o seu livro, intitulado *Cultura russa*, nada mais tem a dizer sobre o legado mongol.[17] Esse mito nacional se baseou na ideia do atraso cultural dos mongóis. Governavam pelo terror, sem levar consigo (na expressão famosa de Pushkin) "nem álgebra nem Aristóteles" ao chegarem à Rússia, ao contrário dos mouros quando conquistaram a Espanha. Mergulharam a Rússia na sua "Idade das Trevas". Karamzin, na *História do Estado russo*, não escreveu nada sobre o legado cultural do domínio mongol. "Pois como", perguntou, "um povo civilizado poderia aprender com tais nômades?"[18] O grande historiador Serguei Soloviev dedicou apenas três páginas à influência cultural dos mongóis nos 28 volumes da sua *História da Rússia*. Até Serguei Platonov, principal estudioso dos mongóis no século XIX, afirmou que eles não tiveram nenhuma influência na vida cultural russa.

Na verdade, as tribos mongóis não eram nada atrasadas. No mínimo, principalmente em termos de organização e tecnologia militar, eram consideravelmente mais avançadas do que o povo russo cujas terras dominaram por tanto tempo. Os mongóis tinham um sistema sofisticado de administração e tributação, a partir do qual o Estado russo desenvolveria a sua estrutura própria, e isso se revela na origem tártara de muitas palavras russas nesse campo, como *diengui* (dinheiro), *tamojna* (alfândega) e *kazna* (tesouro). Escavações arqueológicas próximas à capital mongol de Sarai (perto de Tsaritsin, hoje Volgogrado, à margem do rio Volga) mostraram que os mongóis tinham capacidade de desenvolver grandes aglomerações urbanas com palácios e escolas, ruas bem traçadas e sistemas hidráulicos, oficinas artesanais e fazendas. Se os mongóis não ocuparam a parte central da Rússia, não foi, como afirmou Soloviev, por serem primitivos demais para conquistá-la ou controlá-la, mas porque, sem pastos férteis nem rotas comerciais, as florestas ao norte pouca utilidade tinham para a sua vida nômade. Até os tributos que cobravam dos russos, embora pesados para o campesinato, eram insignificantes comparados às riquezas que tiravam das colônias da rota da seda, no Cáucaso, na Pérsia, na Ásia Central e no norte da Índia.

A ocupação mongol deixou uma marca profunda no modo de vida russo. Como Pushkin escreveu a Chaadaev em 1836, foi então que a Rússia se separou do Ocidente. Essa história era um desafio fundamental à autoidentificação europeia dos russos:

> É claro que o cisma nos separou do resto da Europa e não participamos de nenhum dos grandes eventos que a agitaram; mas tivemos a nossa própria missão. Foi a Rússia que conteve a conquista mongol dentro da sua vasta extensão. Os tártaros não ousaram atravessar a nossa fronteira ocidental e nos deixar na retaguarda. Recuaram para os seus desertos e a civilização cristã foi salva. Com este fim, fomos obrigados a levar uma existência completamente separada que, embora nos deixasse cristãos,

quase nos transformou em totais desconhecidos no mundo cristão [...]
A invasão tártara é uma história triste e impressionante. Não percebe algo imponente na situação da Rússia, algo que espantará o historiador do futuro? Acha que ele nos porá fora da Europa? [...] Não admiro, de modo algum, tudo o que vejo à minha volta [...] mas juro que por nada no mundo trocaria o meu país por outro nem teria uma história que não fosse a dos nossos ancestrais, tal como nos foi dada por Deus.[19]

A disposição de Pushkin a aceitar esse legado era excepcional, dado o tabu que a Ásia representava para as classes instruídas da Rússia na época. Talvez isso se explique pela origem de Pushkin, pois era de ascendência africana pelo lado da mãe. Pushkin era bisneto de Abram Gannibal, abissínio encontrado no palácio do sultão otomano em Istambul e comprado pelo embaixador russo como presente para Pedro, o Grande. Favorito na corte de Pedro, mandaram Gannibal estudar em Paris. Ele chegou a ser general de brigada no reinado da imperatriz Isabel, que lhe concedeu uma propriedade com 1.400 servos em Mikhailovskoie, perto de Pskov. Pushkin orgulhava-se muito do bisavô; herdara os seus lábios africanos e o cabelo crespo, grosso e preto. Escreveu um romance inacabado, *O negro de Pedro, o Grande* (1827), e, no primeiro capítulo de *Eugene Oneguin*, apôs no verso "Sob o céu da minha África" (sem dúvida composto para exigi-la) uma longa nota de rodapé sobre os seus ancestrais.[20] Mas os eurófilos russos como Chaadaev não viam nada de impressionante no legado mongol. Na tentativa de explicar por que o seu país seguiu um caminho separado da Europa ocidental, muitos russos culpavam o despotismo dos cãs mongóis. Karamzin atribuiu aos mongóis a degeneração da moral política da Rússia. O historiador V. O. Kliuchevski descreveu o Estado russo como "uma estrutura asiática, embora decorada com uma fachada europeia".[21]

O caráter asiático do despotismo da Rússia se tornou lugar-comum na *intelligentsia* democrática do século XIX e também foi usado mais tarde como explicação do sistema soviético. Herzen disse que Nicolau I era "Gêngis Khan com telégrafo" — e, na mesma tradição, Stalin foi comparado a Gêngis Khan com telefone. A tradição autocrática russa tinha muitas raízes, mas o legado mongol fez mais do que a maioria delas para impor a natureza básica da sua política. Os cãs exigiam e impunham sem misericórdia submissão total à sua vontade a todos os súditos, tanto nobres quanto camponeses. Os príncipes de Moscou emularam o comportamento dos cãs quando os expulsaram das terras russas e os sucederam como tsar no século XVI. Na verdade, justificaram a sua nova condição imperial não apenas com base na ascendência espiritual de Bizâncio, mas também com base na herança territorial de Gêngis Khan. O título de "tsar" fora usado pelo último cã da Horda Dourada e, durante muito tempo, as palavras russas para tsar e cã eram intercambiáveis. Até Gêngis Khan foi chamado de Gêngis Tsar.[22]

Quando a Horda Dourada se dividiu e o Estado tsarista abriu caminho para o leste, muitos mongóis que tinham servido ao cã permaneceram na Rússia e passaram para o serviço da corte de Moscóvia. Os descendentes de Gêngis Khan mantiveram posição de destaque na corte de Moscou e, segundo todas as estimativas, uma proporção considerável da aristocracia russa tinha o sangue do grande cã correndo nas veias. Houve pelo menos dois tsares que descendiam da Horda Dourada. Um foi Simeão Bekbulatovich (também conhecido como Sain-Bulat), que foi tsar de parte da Rússia durante a maior parte do ano de 1575. Neto de um cã da Horda Dourada, Bekbulatovich entrou para a corte de Moscou e subiu pelas suas fileiras até fazer parte do séquito de Ivan IV ("o Terrível"). Ivan pôs Bekbulatovich para governar os domínios dos boiardos enquanto recuava para o campo, adotando o título de "Príncipe de Moscou". A nomeação foi uma manobra tática e temporária por parte de Ivan para aumentar o controle dos guardas rebeldes, os *oprichnina*. Bekbulatovich só ocupava o poder nominalmente. Mas a escolha de Ivan foi claramente motivada pelo elevado prestígio que a Horda Dourada mantinha na sociedade. No final do seu curto "reinado", Ivan recompensou Bekbulatovich com uma rica propriedade de 140 mil hectares, além do título de Grão-Príncipe de Tver. Mas, sob Boris Godunov, Bekbulatovich foi acusado de traição, privado da propriedade e forçado a entrar para o mosteiro de São Cirilo, perto de Belo Ozero. Boris Godunov foi o outro tsar descendente da Horda Dourada, pentaneto de um cã tártaro chamado Chet que passara a servir aos príncipes de Moscou em meados do século XIV.[23]

Não foram apenas nobres mongóis que se instalaram na Rússia. A invasão mongol envolveu uma imensa migração de tribos nômades forçadas a encontrar novos pastos na estepe devido à superpopulação da Mongólia. Toda a estepe eurasiana, da Ucrânia à Ásia central, foi inundada de tribos que chegavam. Muitos imigrantes foram absorvidos pela população local e ficaram para trás na Rússia quando a Horda Dourada foi empurrada de volta à Mongólia. Os seus nomes tártaros ainda estão marcados nos mapas das terras do sul da Rússia e do Volga: Penza, Tchembar, Ardym, Anybei, Kevda, Ardatov e Alatyr. Alguns colonos eram coortes do exército mongol estacionadas como administradoras nas terras da fronteira do sul, entre os rios Volga e Bug. Outros eram comerciantes ou artesãos que foram trabalhar nas cidades russas ou nômades pobres forçados a se tornar agricultores camponeses quando perderam os rebanhos. Houve um fluxo tão intenso desses imigrantes tártaros e tanta mistura com a população nativa no decorrer de vários séculos que a ideia de um campesinato de origem russa pura deve ser considerada como nada mais do que um mito.

A influência mongol foi profunda nas raízes da cultura popular russa. Muitas palavras russas básicas têm origem tártara — *loshad* (cavalo), *bazar* (mercado), *ambar* (estábulo), *sunduk* (cofre) e mais várias centenas.[24] Como já se observou, as palavras tártaras importadas eram especialmente comuns nas línguas do comércio e da administração, onde dominavam os descendentes da Horda Dourada. No século XV, o uso de termos tártaros estava tão na moda na corte de Moscóvia que o grão-duque Vassili acusou os cortesãos de "amor excessivo aos tártaros e à sua fala".[25] Mas as expressões turcomanas também deixaram a sua marca na linguagem das ruas, talvez mais notadamente naquele refrão verbal "*davai*" que assinala a intenção de tantos atos cotidianos: "*davai poidem*" ("vamos embora"), "*davai possidim*" ("vamos sentar) e "*davai popem*" ("vamos nos embebedar").

Os costumes russos foram igualmente influenciados pela imigração tártara, embora seja mais fácil determinar isso no nível da corte e da alta sociedade, em que os costumes russos de hospitalidade foram claramente influenciados pela cultura dos cãs, do que no nível do povo russo comum. Ainda assim, o arqueólogo Viesselovski identificou os tabus populares russos ligados à soleira da porta (como não pisar nela ou não cumprimentar alguém por cima dela) como originários dos costumes e crenças da Horda Dourada. Também encontrou origem mongol no costume camponês russo de homenagear alguém jogando-o no ar — cerimônia realizada por uma multidão de camponeses agradecidos com o pai de Nabokov depois que ele resolveu uma disputa na propriedade.[26]

> Do meu lugar na mesa, eu veria de repente, por uma das janelas a oeste, uma fantástica demonstração de levitação. Lá, por um instante, a imagem do meu pai, com o seu terno branco de verão ondulando ao vento, se exibiria abrindo-se gloriosamente em pleno ar, os membros numa interessante atitude casual, as feições belas e imperturbáveis voltadas para o céu. Três vezes, ao poderoso upa-upa dos seus arremessadores invisíveis, ele voaria dessa maneira, e na segunda vez iria mais alto do que na primeira, e depois lá estaria, no terceiro e mais alto voo, reclinado, como se para sempre, contra o azul-cobalto do meio-dia de verão, como um daqueles personagens paradisíacos que esvoaçam confortavelmente, com tamanha riqueza de dobras nas vestimentas, no teto abobadado de uma igreja enquanto embaixo, uma a uma, as velas de cera em mãos mortais se acendem para formar um enxame de chamas minúsculas em meio ao incenso, o padre canta o repouso eterno e lírios fúnebres ocultam o rosto de quem jaz ali, entre as luzes ondulantes, no caixão aberto.[27]

Também há razões para supor que os cultos xamanísticos das tribos mongóis tenham se incorporado à fé camponesa russa, como Kandinski e os seus colegas antropólogos defenderam no final do século XIX (embora seja revelador não terem encontrado vestígios da religião muçulmana que a Horda Dourada adotou no século XIV).* Muitas seitas camponesas, os "lamentadores" e os "saltadores", por exemplo, usavam técnicas que lembravam muito os xamãs asiáticos para chegar a um estado de êxtase religioso semelhante ao transe.[28]

O Louco Santo (*iurodivi*) provavelmente também descendia dos xamãs asiáticos, apesar da imagem de quintessência do "tipo russo" em muitas obras de arte. É difícil dizer de onde vieram os Loucos Santos. É claro que não havia escola de Loucos Santos e, como Rasputin (que, a seu modo, era um tipo de Louco Santo), parece que surgiam como homens simples, com técnicas próprias de profecia e cura que lhes permitiam partir numa vida de perambulação religiosa. No folclore russo, o "louco em nome de Cristo" tinha o status de um santo — embora agisse mais como louco do que como o mártir que nega a si mesmo, como exigido por são Paulo. Amplamente considerado clarividente e feiticeiro, o Louco Santo usava roupas esquisitas, com um chapéu de ferro ou arreio na cabeça e correntes debaixo da camisa. Perambulava como pobre pelo campo, vivendo das esmolas dos aldeões que, geralmente, acreditavam nos seus poderes sobrenaturais de cura e adivinhação. Costumava ser recebido, alimentado e abrigado nas residências da aristocracia provinciana.

Em Iasnaia Poliana, a família Tolstoi contava com os serviços de um Louco Santo. No livro *Infância*, semificcional e semiautobiográfico, Tolstoi conta uma cena memorável na qual as crianças da casa se escondem num armário escuro no quarto do Louco Grisha para dar uma olhada nas suas correntes quando ia se deitar.

---

* Muito antes que o xamanismo entrasse em moda, o impacto muçulmano sobre a cultura russa era tabu. Mesmo em São Petersburgo, cidade fundada sobre o princípio da tolerância religiosa, só houve mesquita em 1909.

Quase na mesma hora, Grisha chegou com o seu passo suave. Numa das mãos trazia o cajado, na outra uma vela de sebo num castiçal de latão. Prendemos a respiração.

— Senhor Jesus Cristo! Santíssima Mãe de Deus! Ao Pai, ao Filho e ao Espírito Santo... — ele não parava de dizer, inspirando o ar nos pulmões e falando com as entonações e abreviações diferentes peculiares àqueles que repetem com frequência essas palavras.

Com uma oração, pôs o cajado num canto do quarto e inspecionou a cama; depois disso, começou a se despir. Depois de soltar o velho cinturão preto, tirou lentamente do corpo o casaco esfarrapado de nanquim, dobrou-o com cuidado e o pendurou nas costas de uma cadeira. [...] Os seus movimentos eram deliberados e meditados.

Vestido apenas com a camisa e a roupa de baixo, curvou-se suavemente sobre a cama, fez o sinal da cruz em torno dela toda e, com esforço (pois fez uma careta), ajeitou as correntes debaixo da camisa. Depois de ficar algum tempo ali sentado e examinar ansioso vários rasgões na sua roupa de cama, ele se levantou e, erguendo a vela com uma oração até o nível do estojo de vidro onde estavam alguns ícones, fez o sinal da cruz diante deles e virou a vela de cabeça para baixo. Ela crepitou e se apagou.

A lua quase cheia brilhava pelas janelas que davam para a floresta. A figura branca e comprida do louco estava iluminada de um lado pelos seus raios pálidos e prateados; do outro, a sua longa sombra, em companhia da sombra das molduras da janela, caía no chão, na parede e ia até o teto. Lá fora, no pátio, o vigia batia no seu painel de ferro.

Cruzando as mãos enormes sobre o peito, Grisha ficou em silêncio, com a cabeça curvada diante dos ícones, respirando com força o tempo todo. Depois, com dificuldade, caiu de joelhos e começou a rezar.

A princípio, recitou baixinho orações conhecidas, enfatizando apenas algumas palavras; depois, repetiu-as, mas mais alto e com muita animação. Então, começou a rezar com palavras próprias, fazendo um esforço evidente de se exprimir em eslavo eclesiástico. Embora incoerentes, as palavras eram comoventes. Ele rezou por todos os seus benfeitores (como chamava todos os que o recebiam com hospitalidade), entre eles nós e a nossa mãe; rezou por si, pedindo a Deus que perdoasse os seus graves pecados, e não parava de repetir: "Oh, Senhor, perdoai os meus inimigos!" Ele se pôs de pé com um gemido e, repetindo as mesmas palavras sem parar, caiu no chão e se levantou de novo, apesar do peso das correntes, que batiam contra o chão todas as vezes com um som seco e áspero [...]

Durante muito tempo, Grisha continuou nesse estado de êxtase religioso, improvisando orações. Em seguida repetia várias vezes, em sucessão, *Senhor, tende misericórdia*, mas cada vez com força e expressão renovadas. Depois, rezou *Perdoai-me, oh, Senhor, ensinai-me a viver, ensinai-me a viver, oh, Senhor*, com tanto sentimento que parecia esperar resposta imediata à sua petição. Os soluços piedosos eram só o que conseguíamos escutar [...] Ele se pôs de joelhos, cruzou as mãos no peito e calou-se.[29]

Escritores e artistas retrataram o Louco Santo como arquétipo do crente russo simples. Em *Boris Godunov*, de Pushkin e de Mussorgski, o Louco Santo surge como consciência do tsar e como voz do povo sofredor. O epilético príncipe Mishkin, herói parecido com Cristo de *O idiota*, é chamado de Louco Santo pelo rico mercador Rogojin; e é claro que Dostoievski queria criar nele um indivíduo genuinamente cristão que, como o Louco Santo, é empurrado para a margem da sociedade. No quadro *Na Rússia* (1916), Mikhail Nesterov retratou o Louco Santo como líder espiritual extraoficial do povo russo. Mas os sacramentos do Louco, sem orientação e em boa parte improvisados, provavelmente deviam mais aos xamãs asiáticos do que à Igreja russa. Como o xamã, o Louco Santo fazia um tipo de dança rodopiante com estranhos guinchos e gritos para entrar em êxtase religioso; usava tambor e sinos nos seus rituais mágicos; e vestia correntes na crença, compartilhada pelos xamãs asiáticos, de que o ferro tinha qualidades sobrenaturais. Também como o xamã, o Louco Santo costumava empregar nos seus rituais a imagem do corvo — pássaro com posição mágica e subversiva no folclore russo. Durante todo o século XIX, os camponeses da região do Volga viram os líderes rebeldes cossacos Pugachev e Razin na forma de corvos gigantes no céu.[30]

Muitos elementos comuns da vestimenta russa também tinham origem asiática, fato refletido na derivação turcomana das palavras russas para peças de roupa como *kaftan*, *zipun* (um casaco leve), *armiak* (casaco grosso), *sarafan* e *khalat*.[31] Até a coroa do tsar, ou Gorro de Monomakh — segundo a lenda vinda de Bizâncio — tinha provavelmente origem tártara.[32] A culinária da Rússia também foi profundamente influenciada pelas culturas do Oriente, com muitos pratos básicos russos, como *plov* (arroz pilaf), *lapsha* (macarrão) e *tvorog* (um tipo de ricota), importados do Cáucaso e da Ásia central, e outros hábitos alimentares, como o gosto dos russos por carne de cavalo e *koumis* (leite de égua fermentado), vindos, sem dúvida, das tribos mongóis. Ao contrário do Ocidente cristão e da maioria das culturas budistas do Oriente, não havia sanção religiosa contra o consumo de carne de cavalo na Rússia. Como as tribos mongóis, os russos chegaram a criar um tipo específico de cavalo de corte ou (na região do Volga) de leite para fazer *koumis*. Essas práticas eram praticamente desconhecidas na Europa ocidental, pelo menos até o século XIX, quando reformadores sociais franceses começaram a defender o consumo de carne de cavalo como solução para o problema da pobreza e da desnutrição. Mas mesmo aí havia um certo estigma em comer carne de cavalo. A prática de criar cavalos de corte era considerada bárbara no Ocidente.[33]

Todas as principais tribos da Ásia central — os cazaques, os uzbeques, os calmuques e os quirguizes — brotaram da Horda Dourada. Com a dissolução da Horda no século XV, eles permaneceram na estepe russa e se tornaram aliados ou súditos do tsar. Os ancestrais dos cazaques — mongóis islâmico-turcomanos — saíram da Horda Dourada no século XV. Aos poucos se aproximaram dos russos ao serem forçados pelas tribos rivais, os djungares e os uzbeques, a deixar os pastos mais ricos da estepe. Os uzbeques também saíram da Horda no século XV. Instalaram-se como agricultores na planície fértil de Ferghana e herdaram as riquezas das antigas cidades iranianas dos oásis entre os rios Oxus e Jaxartes (herança de Tamerlão), com base nas quais criaram os Estados uzbeques de Bukhara, Khiva e Khokand e estabeleceram relações comerciais com o tsar. Quanto aos calmuques, eles eram mongóis ocidentais (oirates) que deixaram o exército mongol e se mantiveram na estepe quando a Horda Dourada se dissolveu (o verbo turcomano *kalmak*, do qual os calmuques receberam o nome, significa "residir"). Forçados a avançar para oeste por outras tribos, instalaram-se com os seus rebanhos perto de Astracã, na margem norte do mar Cáspio, e se tornaram os principais fornecedores da cavalaria russa, levando 50 mil cavalos por ano a Moscou até que o comércio declinou no século XVIII.[34] Colonos russos forçaram os calmuques a deixar a estepe do Volga nas primeiras décadas do século XIX. A maioria dessas tribos voltou para o leste; mas outras se instalaram na Rússia, onde adotaram ofícios ou a agricultura e se converteram à crença ortodoxa. Lenin descendia de um desses calmuques. Nikolai Ulianov, o seu avô paterno, era calmuque de Astracã. Essa ascendência mongol era claramente visível na aparência de Lenin.

3

Para comemorar a derrota dos canatos mongóis de Kazan e Astracã, Ivan, o Terrível, ordenou a construção de uma nova catedral na Praça Vermelha, em Moscou. A Catedral de São Basílio, como se tornaria popularmente conhecida em homenagem ao Louco Santo favorito da cidade, foi concluída em 1560, apenas cinco anos depois de começada a obra. Era muito mais do que um símbolo da vitória da Rússia sobre os canatos mongóis. Era uma proclamação triunfante da libertação do país da cultura tártara que o dominara desde o século XIII. Com sua extravagante mistura de cores, ornamentos lúdicos e imensas cúpulas bulbosas, a Catedral de São Basílio pretendia ser um alegre enaltecimento das tradições bizantinas às quais a Rússia então voltava (embora, para falar a verdade, não houvesse nada tão ornamentado na tradição ortodoxa, e suas características que lembram uma mesquita provavelmente derivassem de algum estilo oriental).

O nome original era catedral da Intercessão da Virgem, para marcar o fato de Kazan ter sido capturada naquele dia santo (*Pokrova*) em 1552. A vitória de Moscou contra os tártaros foi concebida como triunfo religioso, e, em vários aspectos, o império iniciado por aquela vitória foi considerado uma cruzada ortodoxa. A conquista da estepe asiática foi retratada como missão sagrada de defender a Igreja dos tártaros infiéis.

DESCENDENTES DE GÊNGIS KHAN

Baseava-se na doutrina de Moscou como Terceira Roma, doutrina que são Basílio gravou em pedra, e assim a Rússia passou a se ver como líder de um império cristão verdadeiramente universal construído sobre a tradição de Bizâncio. Assim como o poderoso Estado russo se formou com base na necessidade de defender os colonos cristãos na estepe pagã, a consciência nacional russa foi forjada por essa guerra religiosa contra o Oriente. Na mente russa, essa fronteira religiosa sempre foi mais importante do que a étnica, e as palavras mais antigas que significam "estrangeiro" (por exemplo, *inoverets*) trazem conotações de fé diferente. É igualmente revelador que a palavra russa que significa camponês (*krestianin*), que, em todas as outras línguas europeias, vem da ideia de campo ou de terra, está ligada à palavra que significa cristão (*khristianin*).

Da captura de Kazan em 1552 à Revolução de 1917, o Império Russo cresceu no ritmo fantástico de 100 mil quilômetros quadrados por ano. Os russos foram impelidos para leste pela pele de animais, o "ouro macio" que representava dois terços dos cofres imperiais no ponto máximo do comércio de peles no século XVII.[35] A expansão colonial da Rússia foi uma imensa caçada de ursos e martas, zibelinas, arminhos, raposas e lontras. Logo atrás dos caçadores de peles, iam os mercenários cossacos, como os comandados pelo herói russo Iermak, que tomou as ricas minas dos Urais para o seu patrono Stroganov e, finalmente, derrotou o canato da Sibéria em 1582. Depois vieram os soldados do tsar, que construíram fortalezas e cobraram tributos das tribos nativas, seguidos pouco depois pelos missionários da Igreja, que se puseram a privá-las dos cultos xamanísticos. O enorme quadro *A conquista da Sibéria por Iermak* (1895), de Surikov — uma movimentada cena de batalha entre os cossacos com mosquetes e ícones e os pagãos das tribos de arco e flecha com os seus xamãs tocando tambor —, foi a obra de arte que mais fez para firmar essa imagem mítica do Império Russo na consciência nacional. No retrato de Surikov, a verdadeira questão da conquista era enfraquecer os xamãs, que tinham posição divina nas tribos asiáticas.

Essa conquista religiosa da estepe asiática foi muito mais fundamental para o império russo do que o papel equivalente que missões como ela tiveram nos impérios ultramarinos dos Estados europeus. A explicação é a geografia. Não havia um grande oceano que separasse a Rússia das colônias asiáticas: todas faziam parte da mesma massa de terra. Os montes Urais, que oficialmente dividiam a estepe europeia da asiática, fisicamente não passavam de uma série de grandes colinas com trechos extensos de estepe entre elas, e o viajante que os atravessasse teria de perguntar ao guia onde ficava essa cordilheira tão famosa. Portanto, sem um divisor geográfico claro para distingui-los das colônias asiáticas, os russos buscaram categorias culturais. Isso se tornou muito importante no século XVIII, quando a Rússia buscou se redefinir como império europeu com presença no Ocidente. Se queria se intitular Estado ocidental, a Rússia precisava construir uma fronteira cultural clara para se destacar do seu "outro asiático" no Oriente. A religião era a mais fácil dessas categorias. Todas as tribos não cristãs do tsar foram chamadas de "tártaras", fosse qual fosse a sua origem e a sua fé, muçulmana, xamânica ou budista. Para reforçar essa divisão entre "bem e mal", a palavra *"tatar"* (nome da tribo original) foi escrita erradamente de propósito, com um "r" a mais, para alinhá-la à palavra grega que significa "inferno" (*tartarus*). Em termos mais gerais, havia a tendência a pensar todos os territórios recém-conquistados da Rússia (a Sibéria, o Cáucaso e a Ásia central) como um "leste" não diferenciado — uma *"Aziatschina"* que se tornou sinônimo de "languidez oriental" e "atraso". A imagem do Cáucaso foi orientalizada, com histórias de viajantes sobre as suas tribos selvagens. Os mapas do século XVIII consignavam o Cáucaso ao Oriente muçulmano, embora em termos geográficos ficasse ao sul e em termos históricos fosse parte antiga do Ocidente cristão. Na Geórgia e na Armênia, o Cáucaso continha civilizações cristãs que datavam do século IV, quinhentos anos antes de os russos se converterem ao cristianismo. Foram os primeiros Estados da Europa a adotar a fé cristã, antes mesmo da conversão de Constantino, o Grande, e da fundação do Império Bizantino.

Onde os russos mais se preocuparam em erigir fronteiras culturais foi na Sibéria. Na imaginação do século XVIII, os Urais foram transformados numa vasta cadeia de montanhas, como se criadas por Deus no meio da estepe para marcar o limite oriental do mundo civilizado.* Os russos do lado oeste dessas montanhas eram cristãos nos seus costumes, enquanto os asiáticos do lado leste eram descritos pelos viajantes russos como "selvagens" que precisavam ser domados.[36] Para asianizar a sua imagem, os atlas russos do século XVIII privaram a Sibéria do nome russo ("*Sibir*") e se referiam a ela como "Grande Tartária", título tomado emprestado do léxico geográfico ocidental. Os escritores sobre viagens falavam das suas tribos asiáticas, os tungus, iacutos e buriatos, sem sequer mencionar a população russa instalada na Sibéria, embora já fosse considerável. Dessa maneira, para justificar todo o projeto colonial no leste, a estepe foi reconstruída na mente russa como um território selvagem e exótico de riquezas inexploradas. Era o "nosso Peru" e a "nossa Índia".[37]

Essa atitude colonial fortaleceu-se ainda mais com o declínio econômico da Sibéria no século XVIII e começo do século XIX. Com a mudança da moda na Europa, a perda de importância do comércio de peles e o fracasso da iniciativa do Estado russo de desenvolver a mineração para compensar a perda de receita, a promessa de um continente virgem foi repentinamente suplantada pela imagem desoladora de uma terra imensa e devastada. "A avenida Nevski, sozinha, vale pelo menos cinco vezes mais do que a Sibéria inteira", escreveu um burocrata.[38] Em 1841, outro escritor achou que a Rússia estaria em melhores condições se o "oceano de neve" que era a Sibéria fosse substituído por um mar de verdade, que pelo menos permitiria um comércio marítimo mais conveniente com o Extremo Oriente.[39] Essa visão pessimista da Sibéria foi reforçada pela sua transformação em vasto campo de prisioneiros.

---

* A importância cultural dos montes Urais para a autoidentificação europeia da Rússia persiste até hoje, como comprova a noção de uma Europa "do Atlântico aos Urais" apresentada por Gorbachev.

Em expressões coloquiais, a palavra "Sibéria" se tornou sinônima de servidão penal onde quer que ocorresse, de crueldade selvagem (*sibirnyi*) e vida dura (*sibirschina*).⁴⁰ Na imaginação poética, a natureza implacável da Sibéria era, em si, um tipo de tirania:

> A natureza sombria dessas terras
> É sempre áspera e selvagem,
> O rio furioso ruge
> A tempestade estruge
> E as nuvens são escuras.
>
> Temendo o inverno
> Gelado e sem fim,
> Ninguém visita
> Essa terra infeliz,
> Essa vasta prisão de exilados.⁴¹

Essa Sibéria era uma região da mente, uma terra imaginária à qual se atribuíam todos os opostos da Rússia europeia. As suas fronteiras estavam em fluxo constante. Para as elites urbanas do início do século XIX, a "Sibéria" começava onde a sua pequena "Rússia" — São Petersburgo ou Moscou e a estrada até a propriedade — dava lugar a um mundo que não conheciam. Katenin dizia que Kostroma, apenas 300 quilômetros a nordeste de Moscou, "não fica longe da Sibéria". Herzen achava que Viatka, centenas de quilômetros a oeste dos Urais, fosse a Sibéria (e em certo sentido era, pois ele ficou exilado lá em 1835). Viguel pensava que Perm, um pouco mais a leste mas ainda não à vista dos montes Urais, ficava "nas profundezas da Sibéria". Outros acreditavam que Vladimir, Voronej e Riazan, todas a um dia mais ou menos de carruagem de Moscou, eram o começo da "estepe asiática".⁴²

Mas a atitude russa perante o Oriente estava longe de ser apenas colonial. Politicamente a Rússia era tão imperialista quanto qualquer Estado ocidental. Mas, em termos culturais, havia uma profunda ambivalência, de modo que, além da costumeira postura ocidental de superioridade diante do "Oriente", havia um fascínio extraordinário e até, de certo modo, uma afinidade com ele.* Boa parte disso era consequência natural de viver à beira da estepe asiática, dilacerada entre as forças contrárias do Oriente e do Ocidente. Essa geografia ambígua era fonte de profunda insegurança, principalmente em relação ao Ocidente, embora esse sentimento fosse sempre a mola principal da atitude titubeante da Rússia em relação ao Oriente também. Os russos podiam se definir como europeus em relação à Ásia, mas eram "asiáticos" para o Ocidente. Nenhum escritor ocidental deixou de ressaltar essa questão. De acordo com o marquês de Custine, o centro de São Petersburgo era a única parte europeia do vasto império do tsar, e ir além da avenida Nevski era se aventurar no reino do "barbarismo asiático pelo qual Petersburgo é constantemente sitiada".[43] Os próprios russos instruídos amaldiçoavam o "atraso asiático" do seu país. Ansiavam por serem aceitos como iguais pelo Ocidente, por entrar e fazer parte da linha principal da vida europeia. Mas, quando rejeitados ou quando sentiam que os valores da Rússia tinham sido subestimados pelo Ocidente, até o mais ocidentalizado intelectual russo tendia a se ressentir e a guinar rumo a um orgulho chauvinista do tamanho asiático ameaçador do seu país. Pushkin, por exemplo, era totalmente europeu na sua criação e, como todos os homens do Iluminismo, via o Ocidente como o destino da Rússia. Mas, quando a Europa condenou a Rússia por sufocar a insurreição polonesa de 1831, ele escreveu um poema nacionalista, "Aos caluniadores da Rússia", em que enfatizava a natureza asiática da sua terra natal, "dos penhascos frios da Finlândia aos penhascos fogosos de Colchis" (nome grego do Cáucaso).

---

* Isso faz da Rússia uma exceção enorme ao polêmico argumento de Edward Said em *Orientalismo*: que a arrogante noção europeia de superioridade cultural impôs ao "Oriente" um "antitipo" ou "outro" que subscrevia a conquista do Oriente pelo Ocidente (E. Said, *Orientalism*, Nova York, 1979). Said não menciona o caso russo.

No entanto, havia muito mais do que simples ressentimento com o Ocidente nessa orientação asiática. O Império Russo cresceu pela colonização, e os russos que foram para as zonas de fronteira, alguns para plantar ou comerciar, outros para fugir do domínio tsar, tinham tanta probabilidade de adotar a cultura nativa quanto de impor o seu modo de vida russo às tribos locais. Os Aksakov, por exemplo, que se instalaram na estepe perto de Oremburgo no século XVIII, usavam remédios tártaros quando adoeciam. Eles envolviam tomar *koumis* numa bolsa de couro de cavalo, usar ervas especiais e fazer uma dieta de gordura de carneiro.[44] O comércio e o casamento eram formas universais de intercâmbio cultural na estepe siberiana, mas quanto mais se ia para leste, mais provável ficava que fossem os russos a mudar o modo de vida. Em Iakutsk, por exemplo, no nordeste da Sibéria, "todos os russos falam a língua iacuta", de acordo com um escritor da década de 1820.[45] Mikhail Volkonski, filho do dezembrista que teve papel importante na conquista e povoamento russo da bacia do Amur nos anos 1850, recorda ter estacionado um destacamento de cossacos numa aldeia local para ensinar russo aos buriatos. Um ano depois, Volkonski voltou para ver como os cossacos estavam se saindo: nenhum buriato conseguia conversar em russo, mas todos os duzentos cossacos falavam buriato fluentemente.[46]

Uma coisa dessas nunca aconteceria nos impérios ultramarinos dos Estados europeus, pelo menos não depois que o modo de operação passou do comércio ao controle colonial. Afinal, com poucas exceções, os europeus não precisavam se instalar nas colônias (e não tinham de se interessar muito pelas suas culturas) para lhes drenar a riqueza. Mas essas coisas eram quase obrigatórias num império territorial tão imenso quanto o do tsar, no qual os colonos russos das regiões mais remotas, a seis meses de viagem da capital, eram muitas vezes forçados a adotar os costumes locais. O Império Russo se desenvolveu pela imposição da cultura russa à estepe asiática, mas nesse mesmo processo muitos colonizadores também se tornaram asiáticos. Uma das consequências desse encontro foi uma solidariedade cultural com as colônias raramente encontrada nos colonizadores dos Estados europeus. Era comum acontecer que até os mais empedernidos imperialistas do tsar se entusiasmassem e estudassem as civilizações orientais. Potemkin, príncipe de Tauride, por exemplo, deliciava-se com a mistura étnica da Crimeia, que ele arrancou do último canato mongol em 1783. Para comemorar a vitória, construiu para si um palácio no estilo turco-moldavo, com cúpula e quatro minaretes, como uma mesquita.[47] Na verdade, não só na Rússia como na Europa do século XVIII como um todo, era típico que, exatamente naquele momento em que os soldados russos marchavam para leste e esmagavam infiéis, os arquitetos de Catarina construíssem em Tsarskoie Selo aldeias e pagodes chineses, grutas orientais e pavilhões em estilo turco.[48]

Personificação viva desse dualismo foi Grigori Volkonski, pai do famoso dezembrista, que se reformou como herói da cavalaria de Suvorov e se tornou governador de Oremburgo de 1803 a 1816. Na época, Oremburgo era um baluarte importante do Império Russo. Aninhada no sopé sul dos montes Urais, era a porta de entrada na Rússia para todas as principais rotas comerciais entre a Ásia central e a Sibéria. Todo dia, mil caravanas de camelos com mercadorias preciosas da Ásia, gado, tapetes, algodões, sedas e joias, passavam por Oremburgo a caminho dos mercados da Europa.[49] Era dever do governador tributar, proteger e promover esse comércio. Ali Volkonski foi extremamente bem-sucedido e desenvolveu novas rotas para Khiva e Bukhara, reinos algodoeiros importantes, que abriram caminho para a Pérsia e a Índia.[50] Mas Oremburgo também era o último posto avançado do Estado imperial, uma fortaleza para defender os agricultores russos nas estepes do Volga das tribos nômades, os nogais e basquírios, os calmuques e quirguizes, que percorriam o lado oriental das estepes áridas.

No decorrer do século XVIII, os pastores basquírios se rebelaram numa série de revoltas contra o Estado tsar quando colonos russos começaram a invadir os seus antigos pastos. Muitos basquírios se uniram ao líder cossaco Pugachev na rebelião contra o duro regime de Catarina, a Grande, em 1773-74. Sitiaram Oremburgo (história contada por Pushkin em *A filha do capitão*) e capturaram todas as outras cidades entre o Volga e os Urais, saqueando propriedades e aterrorizando os habitantes. Depois de suprimida a rebelião, as autoridades tsaristas reforçaram a cidade de Oremburgo. A partir dessa fortaleza, realizaram uma campanha violenta de pacificação contra as tribos da estepe. Essa campanha foi continuada por Volkonski, que também teve de lidar com um levante grave dos cossacos dos Urais. No trato com os dois, foi duríssimo. Por ordem de Volkonski, várias centenas de líderes rebeldes basquírios e cossacos foram publicamente açoitados e marcados na testa ou mandados para campos de prisioneiros no Extremo Oriente. Entre os basquírios, o governador passou a ser conhecido como "Volkonski o Severo"; era um demônio no folclore dos cossacos, que ainda cantavam a seu respeito na década de 1910.[51] Mas de modo algum Volkonski era sempre tão severo. Por natureza, era suave e de coração bondoso, de acordo com a família, de espírito poético e apaixonado por música, intensamente cristão na vida privada. Entre os cidadãos de Oremburgo, tinha fama de excêntrico. Talvez fosse consequência do ferimento de estilhaço que recebera na guerra contra os turcos, que o deixou com vozes estranhas na cabeça. No meio do inverno, quando a temperatura de Oremburgo alcançava 30 graus negativos, ele andava pelas ruas de camisola, às vezes apenas de calções, proclamando que Suvorov (que morrera anos antes) estava "ainda vivo" dentro dele. Nesse estado, ia até a feira e distribuía comida e dinheiro entre os pobres ou ia rezar na igreja totalmente nu.[52]

Apesar do tratamento brutal da população basquíria, Volkonski era um conhecedor da sua cultura turcomana. Aprendeu o idioma e falava com os membros locais da tribo na sua língua natal.[53] Viajou muito pela Ásia central e escreveu bastante sobre a flora e a fauna, os costumes, a história e as culturas antigas nos seus diários particulares e nas cartas para casa. Achava que o rio Tobol, no lado leste dos montes Urais, era "o melhor canto de toda a Rússia".⁵⁴ Era um conhecedor de xales, tapetes, porcelana e joias orientais, que os amigos de Petersburgo pediam que comprasse.⁵⁵ Nos seus últimos anos em Oremburgo, chegou a levar uma vida semioriental. "Amo este lugar", escreveu ao sobrinho Pavel Volkonski, chefe do Estado-maior do imperador Alexandre. "Amo o seu modo de vida nômade."⁵⁶ Volkonski morou como um sultão persa no seu palácio exótico, cercado por um séquito de servos domésticos quirguizes e calmuques que ele considerava a sua "segunda família".⁵⁷ Também mantinha um harém secreto de "esposas" basquírias.⁵⁸ Volkonski se imiscuiu numa grande sociedade de membros de tribos tártaras, que gostava de chamar de "meus nativos".⁵⁹ Abandonou a farda imperial e recebia os cãs quirguizes com uma farda cerimonial mongol ou mesmo de *khalat*.⁶⁰ Durante todos anos em que morou em Oremburgo, Volkonski nunca disse ter saudades de São Petersburgo e só voltou lá uma vez. "A vida tranquila da estepe asiática combina com o meu temperamento", escreveu à filha Sofia. "Pode me considerar asiático, talvez eu mesmo me veja assim."⁶¹

4

"Uma terra dos contos de fadas das *Mil e uma noites*", proclamou Catarina, a Grande, em 1783, na sua primeira viagem às terras tártaras da Crimeia, recém-anexadas.[62] A literatura e o império tiveram um relacionamento íntimo na conquista russa do Oriente. As maravilhas desses lugares eram uma fonte tão fértil para a imaginação que muitos estadistas passaram a vê-los através da sua imagem na literatura e nas artes plásticas. Os contos do século XVIII, desde a tradução russa de *As mil e uma noites* (1763-71), retratavam o Oriente como um reino hedonista de indolência e luxúria sensual, serralhos e sultões, como tudo, na verdade, que o norte austero não era. Esses temas ressurgiram nos mundos de sonho orientais do século XIX.

Esse "Oriente" não era um lugar que se pudesse achar no mapa. Ficava no sul, no Cáucaso e na Crimeia, e também no leste. Os dois pontos da bússola, sul e leste, se combinaram num "Oriente" imaginário — uma contracultura exótica na imaginação russa — composto como um tipo de *pot-pourri* de muitos elementos culturais diferentes. Por exemplo, em *Príncipe Igor*, de Borodin, a música melismática das Danças Polovetsianas, que passaram a representar a quintessência do som do Oriente, na verdade vinha de melodias tchuvaches, basquírias, húngaras, argelinas, tunisianas e árabes. Continha até canções de escravos da América.[63]

Muito antes de sequer conhecer as suas colônias como fatos etnográficos, os russos as inventaram na literatura e nas artes plásticas. O Cáucaso ocupava um lugar especial na imaginação russa e, durante boa parte do século XIX, enquanto os exércitos do tsar lutavam para controlar o seu terreno montanhoso e travavam uma guerra sangrenta contra as suas tribos muçulmanas, escritores, artistas plásticos e compositores russos se identificaram com ele de forma romântica. O Cáucaso representado nas suas obras era um lugar selvagem e perigoso, de encanto e beleza exóticos, onde os russos do norte se confrontavam de forma impressionante com as culturas tribais do sul muçulmano. Foi Pushkin quem mais fez para firmar a imagem russa do Cáucaso. Ele o reinventou como "Alpes russos", um lugar de contemplação e recuperação dos males da vida urbana, no poema *O prisioneiro do Cáucaso* — um tipo de *A peregrinação de Childe Harold* do Oriente. O poema serviu de guia para várias gerações de famílias nobres russas que viajavam até o Cáucaso atrás de curas. Na década de 1830, quando Lermontov ambientou o romance *O herói do nosso tempo* no balneário de Piatigorsk, a "cura caucasiana" estava tão na moda junto às classes superiores que a viagem anual para o sul chegava a ser comparada à peregrinação dos muçulmanos a Meca.[64] Alguns viajantes se desapontavam ao não encontrar o espírito selvagem e exótico do poema de Pushkin na realidade cinzenta e prosaica das praças-fortes russas, onde, por questões de segurança, eram obrigados a ficar. A fome de aventura e romance era tamanha que até um beletrista sabidamente de segunda linha (e hoje quase inteiramente esquecido) como Alexandre Bestujev-Marlinski foi amplamente saudado como gênio literário (o "Pushkin da prosa") simplesmente por conta dos seus contos caucasianos e diários de viagem.[65]

O centro desse fascínio pelo Cáucaso era mais do que uma busca de encanto exótico, pelo menos no que dizia respeito aos escritores da Rússia. A geração de Pushkin foi profundamente influenciada pela "teoria do sul" do Romantismo, exposta por Sismondi em *De la littérature du Midi de l'Europe* (1813), que retratava os antigos árabes como os românticos originais. Para os jovens românticos da Rússia que procuravam uma fonte que distinguisse a cultura russa do Ocidente, a teoria de Sismondi foi uma revelação: de repente, parecia que os russos tinham o seu próprio "sul" no Cáucaso, uma colônia inigualável de cultura muçulmano-cristã cuja posse os aproximara mais do novo espírito romântico do que todas as nações do Ocidente. No ensaio *Da poesia romântica* (1823), o escritor Orest Somov afirmou que a Rússia era o local de origem de uma nova cultura romântica porque, por meio do Cáucaso, absorvera o espírito da Arábia. O poeta dezembrista Vilguem Kiukhelbeker clamava por uma poesia russa que combinasse "todos os tesouros mentais da Europa e da Arábia".[66] Lermontov disse certa vez que a poesia russa encontraria o seu destino "seguindo o Oriente em vez de seguir a Europa e os franceses".[67]

Os cossacos foram uma casta especial de soldados ferozmente russos que, desde o século XVI, viviam nas fronteiras sul e leste do império, em comunidades autogovernadas nas regiões do Don e do Kuban ao longo do rio Terek, no Cáucaso, na estepe de Oremburgo e, em povoados estrategicamente mais importantes, perto de Omsk, do lago Baikal e do rio Amur, na Sibéria. Esses guerreiros ur-russos eram semiasiáticos no seu modo de vida, com pouco que os distinguisse das tribos tártaras das estepes orientais e do Cáucaso, de quem realmente podem ter descendido ("cossaco" ou *quzzaq* é uma palavra turcomana que significa cavaleiro). Tanto os cossacos quanto os tártaros exibiam coragem feroz em defesa da sua liberdade; ambos tinham ternura e espontaneidade naturais; ambos amavam a boa vida. Gogol enfatizou o caráter "asiático" e "sulista" dos cossacos ucranianos no conto "Taras Bulba"; na verdade, usou esses dois adjetivos de forma intercambiável. Num texto relacionado ("Um olhar sobre a formação da Pequena Rússia", isto é, a Ucrânia), ele explicou o que queria dizer:

> Os cossacos são um povo que pertence à Europa na fé e na localização, mas ao mesmo tempo é totalmente asiático no modo de vida, nos costumes e vestimenta. São um povo em que duas partes opostas do

mundo, dois espíritos opostos estranhamente se reuniram: prudência europeia e abandono asiático; simplicidade e esperteza; uma forte noção de atividade e amor ao ócio; um impulso para o desenvolvimento e a perfeição e, ao mesmo tempo, um desejo de parecer desdenhoso de toda perfeição.[68]

Como historiador, Gogol tentou vincular a natureza dos cossacos às ondas periódicas de migração nômade que varreram a estepe desde "os hunos na antiguidade". Ele defendia que só um povo enérgico e belicoso como os cossacos seria capaz de sobreviver na planície. Os cossacos cavalgavam "à moda asiática pela estepe". Precipitavam-se com a "rapidez de um tigre ao sair dos esconderijos quando lançavam um ataque".[69] Tolstoi, que conhecera os cossacos quando oficial do exército, também os considerava de caráter semiasiático. Em *Os cossacos* (1863), mostrou com detalhes etnográficos que os cossacos russos do lado norte do rio Terek viviam um modo de vida praticamente indistinto das tribos das colinas chechenas no lado sul do mesmo rio.

Quando viajou até o Cáucaso no início dos anos 1820, Pushkin achou que ia a uma terra estrangeira. "Nunca estive além da minha própria Rússia sem fronteiras", escreveu em *Viagem a Arzrum* (1836).[70] Mas Lermontov, que foi até lá uma década depois, adotou o Cáucaso como "pátria espiritual" e pediu que as montanhas o abençoassem "como um filho":

> No coração, sou vosso
> Para sempre e por toda parte vosso![71]

As montanhas foram a inspiração e, na verdade, o cenário de muitas obras suas, inclusive a sua maior obra-prima, *O herói do nosso tempo*, primeiro romance em prosa russo de categoria realmente mundial. Nascido em Moscou em 1814, Lermontov sofreu febres reumáticas quando menino e, assim, foi levado algumas vezes ao balneário de Piatigorsk.

O selvagem espírito romântico das paisagens montanhosas deixou uma impressão duradoura no jovem poeta. No início dos anos 1830, ele estudava filosofia e literatura oriental na Universidade de Moscou. Desde essa época, sentia-se muito atraído pela visão de mundo fatalista que via como herança recebida pela Rússia do mundo muçulmano (ideia que explora no último capítulo de *O herói do nosso tempo*). Lermontov demonstrou intenso interesse pelo folclore caucasiano, principalmente pelas lendas contadas por Shora Nogmov, mulá de Piatigorsk transformado em oficial da Guarda, sobre as façanhas dos guerreiros da montanha. Em 1832, uma dessas histórias o inspirou a escrever o seu primeiro grande poema, *Izmail Bey* (embora só tenha sido publicado muitos anos depois). Conta a história de um príncipe muçulmano entregue como refém aos soldados russos na conquista do Cáucaso. Criado como nobre russo, Izmail Bey abandona o seu posto no Exército russo e assume a defesa dos compatriotas chechenos, cujas aldeias são destruídas pelos soldados tsaristas. O próprio Lermontov foi engajado na Guarda para combater essas tribos da montanha e, até certo ponto, identificava-se com Izmail Bey, sentindo quase a mesma divisão de lealdades. O poeta lutou com coragem extraordinária contra os chechenos no forte Grozni, mas ficou enojado com a guerra selvagem de terror a que assistiu contra os bastiões chechenos nas aldeias da montanha. Em *Izmail Bey*, Lermontov conclui com uma condenação amarga do Império Russo que a pena do censor tsar não conseguiu disfarçar:

> Onde estão os montes, as estepes, os mares
> Que os eslavos em guerra não conquistaram?
> E onde a traição e a inimizade
> Ao grande tsar da Rússia não se curvaram?
> Circassiano, não luta mais! Queiram ou não,
> Leste e Oeste teu destino compartirão.
> O tempo virá: e dirás, com todo orgulho,
> "Sou escravo, mas meu tsar governa o mundo."
> O tempo virá: e o Norte presenteado
> Por uma nova Roma e um segundo Augusto.

> Aldeias ardem, seus defensores vencidos,
> Os filhos da terra agora estão caídos.
> Como grande cometa que os olhos assusta
> Um brilho brinca no céu; e daquela justa,
> o rapinante vencedor de baioneta
> Uma casa em paz ataca à sua veneta;
> As crianças mata, não poupa os mais velhos.
> E com as mãos cobertas de sangue vermelho
> Ataca as donzelas, as jovens mães ataca.
> Mas o brio dos irmãos à mulher não falta!
> Depois daqueles beijos, puxa-se uma adaga;
> Um russo recua, ofega... e lá se acaba
> "Vingai-me, camaradas!" E, num desatino
> (Bela vingança pela morte do assassino)
> A casinha agora arde, linda de se olhar,
> A liberdade circassiana a se queimar![72]

Lermontov era um aquarelista talentoso e, num autorretrato, ele se pinta com uma espada bem segura na mão, o corpo envolto numa capa caucasiana e um estojo de cartuchos usado pelos homens das tribos da montanha preso à frente do uniforme da Guarda. Essa mesma identidade mista, meio russa, meio asiática, foi atribuída por Lermontov a Pechorin, protagonista de *O herói do nosso tempo*. Inquieto, cínico e desiludido com a alta sociedade de São Petersburgo, Pechorin sofre uma transformação ao ser transferido, como oficial da Guarda, para o Cáucaso. Apaixona-se por Bela, filha de um chefe circassiano, aprende a sua língua turcomana e usa roupas circassianas para declarar o seu amor a ela. Em certo momento, o narrador o compara a um bandido checheno. Parece que aí essa era a questão essencial: não havia fronteira clara entre o comportamento dos colonos russos e os atos "bárbaros" das tribos asiáticas.

Lermontov não foi o único russo a adotar o Cáucaso como seu "lar espiritual". O compositor Balakirev foi outro "filho das montanhas".

O fundador da "escola da música russa" vinha de antiga linhagem tártara e se orgulhava dela, a julgar pela frequência com que posava para retratos com roupas caucasianas.[73] "Os circassianos", escreveu a Stassov em 1862, "a começar pela vestimenta (não conheço roupa melhor do que a do circassiano) são tão do meu agrado quanto do de Lermontov."[74] Rimski-Korsakov descreveu Balakirev como "meio russo e meio tártaro no seu caráter". Stravinski recordou-o como "homem grande, calvo, com cabeça calmuque e o olhar astuto e afiado de um Lenin".[75] Em 1862, Balakirev viajou pelo Cáucaso. Apaixonou-se pela paisagem selvagem da região. Ela evocava o espírito de Lermontov, o seu poeta favorito. "De tudo o que é russo", escreveu de Piatigorsk a Stassov, "Lermontov é o que mais me afeta."[76]

Balakirev tentou evocar esse amor pelo escritor no seu poema sinfônico *Tamara* (1866-81), baseado no poema de mesmo nome de Lermontov. *Tamara* (1841), de Lermontov, recontava a história folclórica de uma rainha georgiana cuja voz sedutora atraía amantes ao seu castelo nas montanhas, que dava para o rio Terek. Depois de uma noite de dança orgíaca, ela, na torre do castelo, lançava no rio lá embaixo o corpo dos amantes que assassinara. Foi o espírito da "dança rodopiante" de Tamara, como diria Stassov, que Balakirev tentou recriar na música frenética da sua suíte para piano:

> E loucos sons estranhos
> Ouviram-se lá a noite inteira
> Como se nessa torre vazia
> Cem moças e rapazes excitados
> Se unissem numa noite de núpcias
> Ou no banquete de um grande funeral.[77]

Os recursos musicais que Balakirev usou vinham principalmente do estoque comum de "sons orientais" — escalas cromáticas sensuais, ritmos de dança sincopados e harmonias langorosas que visavam a evocar o mundo exótico de prazer hedonista que o povo do Ocidente associava havia muito tempo ao Oriente. Mas Balakirev também utilizou um estonteante recurso novo que tirou das suas transcrições de canções populares caucasianas. Afinal, ele notara que, em todas essas canções, a harmonia se baseava na escala pentatônica (de cinco notas) comum na música da Ásia. A característica que distingue a escala pentatônica ou "indo-chinesa" é evitar os semitons e, assim, qualquer gravitação melódica rumo a algum tom específico. Ela cria a sensação de "sons flutuantes" que, especificamente, é característica da música do sudeste asiático. *Tamara* foi a primeira grande peça musical russa a fazer uso extenso da escala pentatônica. A inovação de Balakirev correspondeu à descoberta de uma nova linguagem artística para dar à música russa o seu "toque oriental" e, assim, torná-la distinta da música do Ocidente. A escala pentatônica seria usada de forma extraordinária por todos os compositores russos que seguiram a "escola nacional" de Balakirev, de Rimski-Korsakov a Stravinski.

Esse elemento oriental foi um dos marcos da escola de música russa desenvolvida pelos *kuchkistas* — o "poderoso punhado" (*kuchka*) de compositores nacionalistas que incluía Balakirev, Mussorgski, Borodin e Rimski-Korsakov. Muitas obras "russas" exemplares dos *kuchkistas* — da fantasia para piano *Islamei*, de Balakirev (pedra fundamental da escola pianística russa e "peça obrigatória" no Concurso Tchaikovski de Piano) ao *Príncipe Igor*, de Borodin, e à *Scheherazade*, de Rimski-Korsakov — foram compostas nesse estilo oriental. Como fundador da escola, Balakirev estimulara o uso de temas e harmonias orientais para distinguir essa autoconsciente música "russa" do sinfonismo alemão de Anton Rubinstein e do Conservatório. A "Primeira sinfonia russa" de Rimski-Korsakov, que de fato foi composta mais de doze anos depois da *Sinfonia Oceano* de Rubinstein, ganhou o apelido devido ao uso de melodias orientais e folclóricas russas, que Balakirev, professor de Rimski, transcrevera no Cáucaso. "A sinfonia é boa", escreveu o compositor Cesar Cui a Rimski em 1863. "Nós a apresentamos alguns dias atrás na casa de Balakirev, para grande prazer de Stassov. É realmente russa. Só um russo conseguiria compô-la, porque lhe falta o mais leve traço de germanidade [*nemetschina*] estagnada."[78]

Ao lado de Balakirev, Stassov foi a principal influência no desenvolvimento de um estilo musical russo-oriental. Muitas obras *kuchkistas* pioneiras que configuraram o estilo, como *Príncipe Igor* e *Scheherazade*, foram dedicadas ao crítico nacionalista. Em 1882, Stassov escreveu um artigo sobre "Vinte e cinco anos de arte russa" no qual tentou explicar a profunda influência do Oriente sobre os compositores russos.

> Alguns deles viram o Oriente em pessoa. Outros, embora não tenham viajado até lá, se cercaram de impressões orientais a vida inteira. Portanto, exprimiram-nas de forma viva e extraordinária. Nisso, tiveram em comum a empatia russa geral com tudo o que é oriental. A sua influência impregnou a vida russa e deu às artes uma cor singular. Ver nisso apenas estranho capricho e extravagância dos compositores russos [...] seria absurdo.[79]

Para Stassov, a importância da característica oriental da arte russa ia bem além da decoração exótica. Ela era uma comprovação do fato histórico de que a Rússia descendia das antigas culturas do Oriente. Stassov acreditava que a influência da Ásia era "manifesta em todos os campos da cultura russa: na língua, na vestimenta, nos costumes, na construção, na mobília e nos utensílios cotidianos, em ornamentos, em melodias e harmonias e em todos os nossos contos de fadas".[80]

Stassov começou a delinear a discussão da sua tese sobre a origem da ornamentação russa durante a década de 1860.[81] Ao analisar os manuscritos medievais da Igreja russa, ele vinculou a ornamentação das capitulares a motivos semelhantes (losangos, rosetas, suásticas, padrões quadriculados e certos tipos de desenhos florais e animais) da Pérsia e da Mongólia. Encontravam-se motivos comparáveis em outras culturas de Bizâncio nas quais a influência persa também era marcante; mas, enquanto os bizantinos tinham tomado emprestado somente alguns ornamentos persas, os russos adotaram quase todos, e para Stassov isso indicava que os russos os tinham importado diretamente da Pérsia. É difícil provar um argumento desses, já que motivos simples desse tipo se encontram no mundo inteiro. Mas Stassov se concentrou em algumas similaridades notáveis. Havia, por exemplo, semelhança fora do comum na imagem ornamental da árvore que, segundo Stassov, estava vinculada ao fato de que tanto os persas quanto os russos pagãos tinham "idealizado a árvore como culto sagrado".[82] Em ambas as tradições, a árvore tinha base cônica, uma espiral em torno do tronco e galhos nus com flores magnoliáceas na ponta. A imagem aparecia com frequência em rituais pagãos do culto da árvore, que, como Kandinski descobrira, ainda era encontrado no povo komi nas últimas décadas do século XIX. Stassov a encontrou até como o tronco caligráfico da letra "Б" ("V") num evangelho de Novgorod do século XIV, no qual um homem se ajoelha em oração ao pé de uma árvore. Aí está uma ilustração perfeita da mistura complexa de elementos asiáticos, pagãos e cristãos que forma as principais tendências da cultura folclórica russa.

Em seguida, Stassov passou ao estudo das bilinas, canções épicas que continham os mitos e lendas folclóricos russos mais antigos, afirmando que também vinham da Ásia. Em *Origem das bilinas russas* (1868), ele defendia que as bilinas eram derivações russificadas de mitos e histórias hinduístas, budistas ou sânscritos, levadas à Rússia por exércitos, mercadores e imigrantes nômades da Pérsia, da Índia e da Mongólia. O argumento de Stassov se baseava na teoria do empréstimo cultural, na época recentemente apresentada pelo filólogo alemão Theodor Benfey. Nas últimas décadas do século XIX, a teoria de Benfey foi cada vez mais aceita pelos folcloristas do Ocidente (Gödeke e Köhler, Clouston e Liebrecht) que defendiam que as histórias folclóricas europeias eram versões secundárias de originais orientais. Stassov foi o primeiro a fazer uma discussão detalhada em defesa de Benfey. O seu argumento se baseava numa análise comparativa das bilinas com os textos de vários contos asiáticos, principalmente as antigas histórias indianas dos *Mahabharata*, do *Ramaiana* e do *Panchantra*, traduzidos para o alemão por Benfey em 1859.

Stassov deu atenção especial aos detalhes narrativos, símbolos e motivos desses contos antigos (talvez não a melhor base para inferir influências culturais, já que é fácil encontrar semelhanças básicas de enredo e personagens em contos folclóricos do mundo inteiro).* Por exemplo, Stassov concluiu que a lenda russa de *Sadko* (na qual um mercador vai a um reino submarino em busca de riqueza) derivava da história brâmane do *Harivamsha* (na qual a fuga para o submundo é uma viagem espiritual em busca da verdade). De acordo com Stassov, só nas versões posteriores do conto russo (os que datam de depois do século XV) o elemento religioso foi suplantado pelo motivo da riqueza comercial. Foi nessa época que a lenda foi transposta para o personagem histórico Sadko, rico integrante de uma guilda de navegantes de Novgorod que patrocinara uma igreja de São Boris e São Gleb no século XII.[83]

Stassov argumentava que, na verdade, os heróis folclóricos (*bogatyres*) das bilinas descendiam dos deuses orientais. O mais famoso desses *bogatyres* era Ilia Muromets, guerreiro bravo e honesto que defendia a causa do povo contra inimigos como *Solovei Razboinik*, o "Ladrão Rouxinol", geralmente caracterizado com traços tártaros nas versões posteriores desse conto russo: Stassov chamou atenção para a idade sobrenatural de Ilia Muromets — várias centenas de anos por dedução lógica com base nos detalhes da história. Isso indicava que Muromets descendia dos reis míticos que governaram a Índia durante séculos ou dos deuses orientais que transcendiam o tempo humano.[84] A própria palavra "*bogatyr*" derivava de "*bagadur*", "guerreiro" em mongol, de

---

* No entanto, há alguns indícios históricos em apoio à tese de Stassov. Sem dúvida os contos indianos foram transportados por migrantes até o sudeste da Ásia, onde são amplamente conhecidos hoje; e a história do *Ramaiana* era conhecida no Tibete, por meio de traduções, pelo menos desde o século XIII (ver J. W. de Jong, *The Story of Rama in Tibet: Text and Translation of the Tun-huang Manuscripts*, Stuttgart, 1999).

acordo com Stassov. Ele se baseou em indícios dos filólogos europeus, que tinham buscado os parentes etimológicos da palavra em todos os países já ocupados pelas hordas mongóis: *bahadir* (em persa), *behader* (em turco), *bohater* (em polonês), *bator* (em húngaro) etc.[85]

Finalmente, Stassov analisou os detalhes etnográficos dos textos — nomes de lugares, sistemas de numeração, paisagens e prédios, móveis e utensílios domésticos, vestimentas, jogos e costumes —, todos os quais indicavam que as bilinas não tinham vindo das florestas russas do norte, mas da estepe.

> Se as bilinas realmente brotaram do nosso solo nativo em tempos antigos, então, por mais que tivessem sido alteradas mais tarde pelos príncipes e tsar, ainda deveriam conter os vestígios da nossa terra russa. Assim, deveríamos ler nelas sobre os nossos invernos russos, a nossa neve e lagos congelados. Deveríamos ler sobre os nossos campos e prados russos; sobre a natureza agrícola do nosso povo; sobre as nossas cabanas camponesas e, em geral, sobre os prédios e utensílios nativos, sempre de madeira; sobre a nossa lareira russa e as crenças espirituais que a cercam; sobre as canções e rituais do coro da aldeia; sobre o modo como cultuamos os nossos ancestrais; sobre a nossa crença em sereias, duendes, espíritos domésticos e várias outras superstições da Rus pagã. Em resumo, tudo deveria transpirar o espírito da nossa vida campestre. Mas nada disso está nas bilinas. Não há inverno, neve nem gelo, como se esses contos não se situassem na terra russa, mas em algum clima quente da Ásia ou do Oriente. Não há lagos nem margens musgosas de rios nas bilinas. Nunca se vê nelas a vida agrícola. Não há prédios de madeira. Não se descreve nenhum dos nossos costumes camponeses. Não há nada que indique o modo de vida russo — e o que vemos citado é a árida estepe asiática.[86]

Stassov provocou considerável indignação entre os eslavófilos e outros nacionalistas com a sua teoria asiática das bilinas. Foi acusado de, nada mais, nada menos, "vilipendiar a Rússia"; o livro foi condenado como "fonte de vergonha nacional" e as suas conclusões gerais, de "indignas de um patriota russo".[87] Não foi só que os críticos de Stassov se ofendessem com a sua "fantasia oriental" de que "a nossa cultura poderia descender dos nômades bárbaros da estepe asiática".[88] Segundo eles, a teoria de Stassov constituía um questionamento fundamental da identidade da nação. Toda a filosofia dos eslavófilos se construíra sobre o pressuposto de que a cultura da nação nascera no seu solo nativo. Durante mais de trinta anos, tinham prodigalizado atenções às bilinas, percorrendo as aldeias e escrevendo esses contos na crença arraigada de que eram expressões verdadeiras do povo russo. Contos como *Sadko* e *Ilia Muromets* eram tesouros sagrados da história do povo, sustentavam os eslavófilos, fato indicado pela própria palavra *bylina*, que, diziam eles, derivava do passado do verbo "ser" (*byl*).[89]

Um dos baluartes eslavófilos era a "escola mitológica" de folcloristas e estudiosos literários originária do movimento romântico europeu do início do século XIX. Os críticos mais ferozes de Stassov pertenciam a essa escola, que tinha entre os seus seguidores os folcloristas mais veneráveis, como Buslaiev e Afanassiev. Os expoentes da teoria mitológica trabalhavam com o pressuposto bastante questionável de que as antigas crenças do povo russo poderiam ser reconstruídas com base na sua vida e arte contemporâneas. Para Buslaiev, as canções sobre Sadko eram "as mais belas relíquias vivas da poesia do nosso povo, preservadas com toda a pureza e sem o menor vestígio de influência externa". Ilia Muromets era um verdadeiro herói popular do passado distante, "que personifica, na forma mais pura, os ideais espirituais do povo".[90] De repente, no início da década de 1860, as bilinas se tornaram uma prova nova e fundamental da escola mitológica. Afinal, Pavel Rybnikov revelara que elas ainda eram uma forma viva e em evolução. Rybnikov era um ex-funcionário público que fora exilado no campo, em Olonets, 200 quilômetros a nordeste de Petersburgo, como punição pelo envolvimento com um grupo revolucionário. Como tantos exilados internos do tsar, Rybnikov se tornou folclorista. Ao viajar pelas aldeias de Olonets, registrou mais de trinta cantores de bilinas, cada um deles com versões próprias dos principais contos, como *Ilia Muromets*. A publicação dos quatro volumes dessas *Canções* entre 1861 e 1867 deflagrou um imenso debate sobre o caráter e a origem da cultura popular da Rússia, que, a julgar pelo romance *Fumaça* (1867), de Turgueniev, envolveu até a comunidade de emigrados na Alemanha. De repente, a origem das bilinas se tornou o campo de batalha de visões opostas da Rússia e do seu destino cultural. De um lado estava Stassov, que defendia que o pulso da antiga Ásia ainda batia nas aldeias russas; do outro, os eslavófilos, que viam as bilinas como prova viva de que a cultura cristã da Rússia lá permanecera imutável durante muitos séculos.

Esse foi o pano de fundo dos conflitos intelectuais gerados com a concepção da ópera *Sadko* (1897), de Rimski-Korsakov. A evolução da obra foi típica das tradições coletivistas da escola *kuchkista*. Stassov dera a ideia original a Balakirev já em 1867; o compositor a passou a Mussorgski, que a transmitiu a Rimski-Korsakov. É fácil ver por que Rimski se sentiria atraído pelo libreto da ópera. Como Sadko, Rimski era marinheiro (ex-oficial da Marinha, para ser exato) e músico que viera de Novgorod. Além disso, como Stassov lhe escreveu com o esboço de roteiro em 1894, o tema permitiria ao compositor explorar "os elementos mágicos da cultura russa pagã, sentidos com tanta força em teu caráter artístico".[91] Nas versões tradicionais da bilina, Sadko é um humilde menestrel (*skomorokh*) que toca *gusli* e entoa canções sobre zarpar para terras distantes em busca de novos mercados para a cidade. Ninguém na elite mercadora o apoia, e Sadko canta a sua música ao lago Ilmen, onde a Princesa do Mar aparece e lhe declara o seu amor. Sadko viaja para o mundo submarino onde o Rei do Mar, maravilhado com o canto do menestrel, o recompensa com a mão da filha em casamento. Nas bodas, a dança é tão animada com a música tocada por Sadko que provoca furacões e uma violenta tempestade no mar, que afunda todos os navios de Novgorod. Quando a tempestade se amaina, Sadko é lançado à terra às margens do lago Ilmen, com uma rede de peixes dourados. Ele volta a Novgorod, distribui o seu dinheiro pelos mercadores arruinados pela tempestade e patrocina a igreja de São Boris e São Gleb.

Para Stassov, essa bilina era o veículo perfeito para a sua política cultural. O espírito de rebelião que Sadko demonstrou contra a elite de Novgorod simbolizava a luta da escola russa contra as instituições musicais oficiais. Mas o mais importante, como Stassov esperava, era que a ópera seria uma oportunidade para chamar atenção para os elementos orientais da história de Sadko. Como o crítico explicou a Rimski-Korsakov no seu esboço de roteiro, *Sadko* estava cheio de magia xamânica, e isso indicava a proveniência asiática, principalmente do *Harivamsha* brâmane. Na opinião de Stassov, o *skomorokh* era um descendente russo dos xamãs asiáticos (opinião, aliás, compartilhada por muitos estudiosos modernos).[92] Como os xamãs, sabia-se que o *skomorokh* usava máscara e pele de urso, batia no seu *gusli* como se fosse um tambor e cantava e dançava até o frenesi do transe, entoando encantos para convocar os espíritos do mundo mágico.[93] No esboço de roteiro, Stassov ressaltou esses poderes xamânicos ao fazer a música de Sadko servir de principal agente da fuga transcendental para o mundo submarino e da volta de lá; e, como enfatizou a Rimski-Korsakov, "o efeito mágico da sua música é que deve ser visto como causa da tempestade que afunda todos os navios".* A odisseia de Sadko deveria ser retratada como fuga xamânica para um mundo de sonhos, uma "viagem espiritual para dentro do próprio ser", como Stassov detalhou para o compositor, e o herói da ópera deveria retornar a Novgorod "como se despertasse de um sonho".[94]

Havia boas razões para Stassov procurar Rimski como compositor ideal para a ópera. No passado, Rimski se interessara pela versão oriental do Sadko de Stassov. Em 1867, compusera a suíte sinfônica *Sadko*, obra

---

* De acordo com A. N. Afanassiev, grande estudioso da mitologia no século XIX, Sadko era o deus pagão do vento e das tempestades dos antigos eslavos (ver o seu *Poetitcheskie vozzreniia slavian na prirodu*, 3 vols., Moscou, 1865-69, vol. 2, p. 214).

cuja dívida para com *Tamara,* de Balakirev ("longe de estar terminada na época, mas já bem conhecida para mim pelos fragmentos tocados pelo compositor"), foi sinceramente admitida por Rimski nas suas *Reminiscências*.[95] A dança rodopiante de Sadko é praticamente idêntica ao tema de Tamara e, como Balakirev, Rimski usou a escala pentatônica para criar uma sensação oriental autêntica.* No entanto, na época da ópera *Sadko,* Rimski se tornara professor do Conservatório e, como muitos professores, era conformista demais para voltar às experiências com harmonias pentatônicas ou programas orientais para o libreto. Além disso, nesse estágio Rimski estava muito mais interessado nos motivos cristãos da bilina. Era um interesse que refletia a sua preocupação crescente com o ideal cristão da Rússia — ideal que exprimiu na sua última grande ópera, *A lenda da cidade invisível de Kitej e a donzela Fevronia* (1907). Rimski rejeitou o esboço de roteiro que Stassov, à sua maneira sedutora de sempre, insistira que adotasse (o único lugar onde Rimski cedeu a Stassov foi na cena cívica da abertura: ela lhe permitiu começar *Sadko* com a cena grandiosa para orquestra e coro que se tornara característica quase obrigatória da ópera nacionalista russa). Não havia na música nada que recriasse a sensação oriental da suíte sinfônica, além do estoque comum de motivos ornamentais que os compositores do passado tinham usado para evocar o "Oriente exótico" (Rimski os usou aqui para criar o sobrenatural Reino do Mar). Com a ajuda dos folcloristas eslavófilos que tinham criticado Stassov, Rimski fez de *Sadko* uma "ópera russa", com uma mensagem cívica e cristã para o público no final. No ponto culminante da cena das bodas, o Rei do Mar convoca os mares para transbordar e "destruir o povo ortodoxo!" Mas nisso um peregrino russo (são Nicolau de Mojaisk, na bilina) surge em cena para quebrar o feitiço do Rei do Mar e mandar Sadko de volta a Novgorod. Por milagre, a Princesa do Mar se transforma no rio Volkhova, dando a Novgorod uma saída para o mar. O desaparecimento dela pretende

---

* A dança de Sadko chega a ser escrita no tom de ré bemol maior, o favorito de Balakirev.

representar o fim do paganismo e o triunfo do espírito cristão na Rússia, espírito simbolizado pela construção da Igreja de São Boris e São Gleb.

Parece que, no final, a concepção de *Sadko* (Садко, em russo) como história que ligava a Rússia à estepe asiática era controvertida demais para ser produzida no palco. Afinal de contas, *Sadko* era um mito nacional, tão importante para os russos quanto *Beowulf* para os ingleses e o *Kalevala* para os finlandeses. O único lugar onde a Ásia deixou a sua marca na ópera foi no projeto de Stassov para a capa da partitura. Ele usou os motivos dos manuscritos medievais cuja origem identificara como claramente oriental. O "Д" ("D") central tem o formato de um *skomorokh* com o seu *gusli*. Ele está ali sentado como um ídolo ou um buda do Oriente. A roseta debaixo da letra "C" foi tirada de um portal do palácio de Isfahan.[96] A mensagem cristã da ópera foi sutilmente corroída pela sua primeira expressão.

5

Em abril de 1890, Chekhov partiu de Moscou numa viagem de três meses a Sacalina, uma ilha estéril e infernal no mar de Okhotsk, 800 quilômetros ao norte do Japão, aonde o governo tsar mandava os criminosos mais perigosos condenados a trabalhos forçados. Poucos amigos de Chekhov conseguiram entender por que o escritor de fama recente abandonaria tudo por uma viagem tão comprida e horrorosa, principalmente em vista da sua saúde precária. O próprio Chekhov disse a Suvorin que partia "totalmente convencido de que a minha viagem não renderá nenhuma contribuição de valor à literatura nem à ciência".[97] Mas a autodepreciação lhe era natural. Quer tenha sido impelido pelo fim de um romance,* pela necessidade de encontrar nova inspiração para o seu trabalho, pela morte recente do irmão Nikolai de tuberculose, quer simplesmente pelo desejo de fugir do clima opressor da sua doença, parecia que Chekhov sentia a necessidade desesperadora de se afastar e realizar algo "sério" antes de morrer.

Um dos heróis de Chekhov era o viajante e escritor Nicolai Prjevalski, que levara o mundo da Ásia central e do Tibete ao público leitor russo quando Chekhov era menino. Quando Prjevalski morreu, Chekhov lhe

---

* Com Lídia Avilova (uma mulher casada).

escreveu um elogio fúnebre que nos revela muito sobre o seu estado de espírito. "Um Prjevalski", escreveu,

> vale dezenas de instituições acadêmicas e centenas de bons livros [...] Na nossa época adoecida em que as sociedades europeias são tomadas pela indolência, os heróis são tão necessários quanto o sol. A sua personalidade é a prova viva de que, além de quem escreve por tédio histórias insignificantes, planos e dissertações desnecessárias, há quem, com fé e objetivo claros, realize grandes feitos.[98]

Chekhov queria se tornar um Prjevalski, obter alguma conquista óbvia para a humanidade e escrever algo com mais importância do que as "histórias insignificantes" que redigira até então. Leu muito para se preparar para a viagem e pesquisou tudo, da geologia até a colônia penal da ilha remota, a ponto de se queixar de estar sendo levado à insanidade: *Mania Sacalinosa*.[99]

A meta original de Chekhov, até onde se pode ver pela correspondência, era "pagar um pouco da minha dívida à ciência da medicina" concentrando a atenção no tratamento dos prisioneiros de Sacalina. "Lamento não ser sentimentalista", escreveu a Suvorin,

> senão diria que deveríamos fazer peregrinações a lugares como Sacalina assim como os turcos vão a Meca. Pelos livros que li, é claro que permitimos que milhões apodrecessem nas prisões, apodrecessem sem nenhum propósito, sem nenhum cuidado e de maneira bárbara [...] Todos nós somos culpados, mas nada disso tem algo a ver conosco, simplesmente não é interessante.[100]

Durante os três meses que passou em Sacalina, Chekhov entrevistou milhares de prisioneiros, trabalhando até dezoito horas por dia e registrando todos os detalhes num banco de dados de cartões que mandara imprimir para a pesquisa. As autoridades se espantaram com a facilidade com que ele conquistava a confiança dos condenados, capacidade que talvez tivesse desenvolvido no trabalho como médico. Isso deu aos seus achados, que registrou num estilo simples e factual em *A ilha de Sacalina* (1893-94), a autoridade inconfundível da verdade. Num dos últimos capítulo dessa obra, Chekhov faz uma descrição inesquecível das surras brutais que eram impostas de forma quase casual a presos e presas.

> O carrasco fica de lado e açoita de maneira que o chicote caia de través no corpo. Depois de cinco golpes, ele vai para o outro lado e permite-se ao prisioneiro um descanso de meio minuto. O cabelo de Prokhorov [o prisioneiro] está grudado na testa, o pescoço está inchado. Depois dos primeiros cinco ou dez golpes, o corpo, coberto de cicatrizes de surras anteriores, fica roxo e azul, e a pele se arrebenta a cada chicotada.
>
> Entre os gritos e guinchos podem-se ouvir as palavras "Vossa Excelência! Vossa Excelência! Misericórdia, Vossa Excelência!"
>
> E mais tarde, depois de vinte ou trinta golpes, ele se queixa como um bêbado ou como quem delira:
>
> — Pobre de mim, pobre de mim, estás me matando [...] Por que me castigas?
>
> Depois se segue um esticar peculiar do pescoço, o ruído do vômito. Toda uma eternidade parece ter se passado desde o começo da punição. O guarda grita "Quarenta e dois! Quarenta e três!" É um longo caminho até noventa.[101]

O trecho causou tamanha impressão no público russo que ajudou finalmente a produzir a abolição do castigo corporal, primeiro para mulheres (em 1897), depois para homens (em 1904). A campanha foi encabeçada por médicos, com Chekhov num papel clamoroso.[102]

Condenação emocionante do sistema penal tsar, *Sacalina* também é uma obra-prima como descrição de viagem cuja sensibilidade extraordinária para a paisagem e a vida selvagem da estepe siberiana continua insuperável.

Digamos sem querer ofender os ciumentos admiradores do Volga que nunca na vida vi um rio mais magnífico do que o Ienissei. Uma beldade lindamente vestida, recatada e melancólica o Volga pode ser, mas, no outro extremo, o Ienissei é um Hércules forte e colérico que não sabe o que fazer com o seu poder e juventude. No Volga, o homem parte com animação mas termina com um gemido que se chama canção; as esperanças douradas e radiantes são substituídas por uma enfermidade cujo nome correto é "pessimismo russo", enquanto no Ienissei a vida começa com um gemido e termina com um tipo de vivacidade com que não podemos sequer sonhar. Pouco depois do Ienissei, começa a tão louvada taiga. A princípio, fica-se mesmo um pouco desapontado. Nos dois lados da estrada, estendem-se as costumeiras florestas de pinheiros, alerces, abetos e bétulas. Não há árvores de cinco cúbitos de circunferência, não há cristas cuja visão faça a cabeça girar; as árvores não são nem um nadinha maiores do que as que crescem no Sokolniki de Moscou. Disseram-me que a taiga não tinha sons e que a sua vegetação não tinha aroma. Era o que eu esperava, mas, durante todo o tempo em que viajei pela taiga, os pássaros despejaram canções e os insetos zumbiram; as agulhas de pinheiro aquecidas pelo sol saturavam o ar com a espessa fragrância da resina; os vales e bordas da floresta estavam cobertos de delicadas flores azul-pálidas, rosas e amarelas que não acariciavam meramente o sentido da visão. O poder e o encantamento da taiga não jazem em árvores monumentais nem no silêncio do cemitério, mas no fato de que somente as aves migratórias sabem onde termina.[103]

Enquanto descia o rio Amur passando por aldeias russas criadas apenas quarenta anos antes, ele teve a impressão de que "não estava mais na Rússia, mas em algum lugar da Patagônia ou do Texas; sem sequer mencionar a paisagem distinta e nada russa, pareceu-me o tempo todo que o teor da nossa vida russa é completamente estranho ao nativo do Amur, que Pushkin e Gogol não são entendidos aqui e, portanto, não são necessários, que a nossa história é tediosa e que nós que chegamos da

Rússia europeia parecemos estrangeiros".[104] Os prisioneiros russos eram subjugados por essa mesma noção de alienação, tanto que, de acordo com Chekhov, os condenados que tentavam fugir da ilha motivavam-se principalmente pelo anseio físico de ver a terra natal:

> Em primeiro lugar e acima de tudo, o exilado é incitado a deixar Sacalina pelo amor apaixonado pelo seu distrito natal. Quando se ouvem os condenados... que felicidade, que alegria é viver na própria casa na própria terra! Eles falam de Sacalina, a terra daqui, o povo, as árvores e o clima com riso desdenhoso, com exasperação e asco, enquanto na Rússia europeia tudo é maravilhoso e encantador; o pensamento mais ousado não consegue admitir que na Rússia europeia possa haver alguém infeliz, já que viver em algum ponto da região de Tula ou Kursk, ver cabanas de troncos todos os dias e respirar o ar russo só por si constituem a suprema felicidade. Deus sabe que é possível aguentar pobreza, doença, cegueira, surdez e desgraça causada por quem estiver em volta desde que Ele permita que se morra em casa.[105]

O envolvimento visual com a paisagem de Sacalina é tão intenso que, às vezes, parece que as palavras de Chekhov são substitutos da tinta.

> Se um pintor de paisagens vier por acaso a Sacalina, recomendo que dê atenção ao vale de Arkovo. Esse lugar, além da beleza da sua localização, é muito rico em tons e nuances, de modo que é difícil continuar sem a comparação trivial com um tapete multicolorido ou um caleidoscópio. Eis ali a vegetação densa e pujante com bardanas gigantescas cintilando com a chuva que acabou de cair; ao lado, numa área não maior do que alguns palmos quadrados mais ou menos, há o verdor do centeio, depois um trecho de terra com cevada, depois bardana de novo, com um espaço atrás coberto de aveia, depois disso canteiros de batata, dois girassóis imaturos com a cabeça caída, e então, formando uma pequena cunha, um canteiro de cânhamo de verde profundo; aqui e ali, plantas da família das umbelíferas parecidas com candelabros erguem orgulho-

sas a cabeça, e toda essa diversidade de cor é polvilhada de pontinhos rosa, vermelho-vivo e púrpura das papoulas. Na estrada, encontramos camponesas que se cobriram contra a chuva com grandes folhas de bardana como lenços e, por causa disso, parecem besouros verdes. E as encostas das montanhas... bem, talvez não sejam as montanhas do Cáucaso, mas são montanhas mesmo assim.[106]

Houve de fato um pintor de paisagens que pretendia ir com Chekhov na viagem a Sacalina. Isaak Levitan era amigo íntimo do escritor. Contemporâneos exatos, conheciam-se desde a adolescência, quando Levitan teve contato com o irmão de Chekhov na escola de artes plásticas. Nascido numa família judia pobre da Lituânia, Levitan era órfão na época em que conheceu os Chekhov, que o adotaram como irmão e amigo. Levitan e Chekhov tinham as mesmas paixões — caçar, pescar, perseguir mulheres, visitar bordéis — e talvez tenha sido por conhecer tão bem o amigo que, quando o artista se apaixonou pela irmã do escritor, este tenha aconselhado Maria a não se casar com ele.[107] Os dois eram amigos tão íntimos e tinham tanto em comum no temperamento artístico que a sua vida e a sua arte se entrelaçaram de várias maneiras. Levitan aparece sob várias formas nas obras de Chekhov — talvez a mais famosa (e quase ao custo da amizade) seja em "O gafanhoto", como Riabovski, o pintor libidinoso que tem um caso com a mulher casada a quem dá aulas de pintura. Muitas cenas de *A gaivota* — a tentativa de suicídio do dramaturgo Trepliov, a morte do pássaro — foram tiradas diretamente da vida de Levitan.[108]

Na pintura de paisagens, a abordagem de Levitan era muito semelhante às descrições da natureza do próprio Chekhov. Ambos tinham a mesma paixão pelo campo humilde e lamacento das províncias de Moscou, cuja poesia melancólica foi captada perfeitamente nas obras de ambos. Os dois admiravam profundamente a obra um do outro. Muitos quadros de Levitan são protótipos das melhores descrições do campo de Chekhov, enquanto Levitan achava que esse trecho do conto "Fortuna" (1887) era "o máximo da perfeição" da arte paisagística:[109]

> Um grande rebanho de ovelhas passava a noite junto à larga estrada da estepe chamada de via principal. Dois pastores as vigiavam. Um era um velho de uns 80 anos, sem dentes, com um rosto que chocava, e deitado de barriga à beira de estrada, com os cotovelos descansando em plantas cobertas de pó. O outro era um rapazola de sobrancelhas negras e grossas e sem bigode, vestido com o tipo de pano com que se fazem sacos baratos, e deitado de costas com as mãos atrás da cabeça olhando o céu, onde estrelas piscavam e a Via Láctea se estendia bem acima do seu rosto [...] As ovelhas dormiam. As silhuetas das ovelhas que estavam acordadas podiam ser vistas aqui e ali contra o pano de fundo cinzento da aurora, que já começava a cobrir a parte leste do céu; estavam em pé e tinham a cabeça baixa, pensando em alguma coisa [...] No ar parado e sonolento havia um zumbido monótono do qual não podemos nos afastar numa noite de verão na estepe. Grilos trilavam sem parar, codornas cantavam e jovens rouxinóis assoviavam preguiçosos cerca de uma versta além do rebanho, numa ravina onde corria um riacho e cresciam salgueiros [...] Já chegava a luz. A Via Láctea estava pálida e se derretia aos pouquinhos como a neve, perdendo a definição. O céu ficou nublado e sombrio, de modo que não se podia determinar se estava limpo ou completamente cheio de nuvens, e só pela tira clara e lustrosa na direção do leste e a estrela ocasional aqui e ali é que se podia entender o que estava acontecendo [...] E quando o sol começou a tostar a terra, prometendo uma calmaria longa e invencível, tudo que durante a noite se movera e emitira sons agora afundava na sonolência.[110]

O que Chekhov mais admirava na arte de Levitan (e Levitan na de Chekhov) era a reação espiritual ao mundo natural. As paisagens de Levitan evocam emoções e estados de espírito, mesmo que os temas sejam os mais mundanos. Nesse aspecto, ele era um bom discípulo do seu mestre Savrassov, cujo famoso quadro *O retorno das gralhas* (1871) era uma ilustração perfeita da poesia contida na mais prosaica cena provinciana. Chekhov encontrava em Levitan o tipo de imagem que queria criar na mente do leitor. Em "Três anos" (1895), ele faz uma descrição do quadro *Moradia tranquila* (1891), de Levitan, que capta perfeitamente o efeito que o próprio Chekhov queria atingir.

> Na semana da Páscoa, os Laptev foram à Escola de Artes para ver uma exposição de quadros [...] Júlia parou diante de uma pequena paisagem e a olhou, indolente. O primeiro plano era um riacho atravessado por uma ponte de madeira com um caminho que se fundia na grama escura no lado mais distante. À direita, havia parte de um bosque com uma fogueira perto — devia haver cavalos pastando e vigias por ali. Lá longe fumegavam os últimos fogos do pôr do sol. Júlia imaginou passar pela ponte e depois avançar mais e mais pelo caminho. Era tranquilo lá, codornizões sonolentos gritavam. Uma luz piscava bem distante. De repente, ela sentiu vagamente que os vira muitas vezes havia muito tempo — aquelas nuvens que atravessavam o vermelho do céu, aquele bosque, aqueles campos. Sentiu-se solitária, queria andar, andar pelo caminho. Lá, no fim do pôr do sol, jazia refletido algo eterno e sobrenatural.[111]

Chekhov conhecia as obras de Monet e Cézanne; ainda assim, considerava Levitan o maior pintor de paisagens do seu tempo.[112] Durante a vida inteira, arrependeu-se amargamente de não ter comprado o seu quadro favorito de Levitan, *A aldeia* (1888). Como contou a um jornalista em 1904, era apenas uma "aldeia sem graça e miserável, sem vida e esquecida por Deus, mas o quadro transmite um encanto tão inexprimível que não se consegue tirar os olhos dele; só se quer ficar olhando e olhando. Ninguém conseguiu atingir a simplicidade e a pureza de concepção que Levitan obteve no fim da vida e não sei se mais alguém conseguirá algo parecido."[113]

Em 1886, Levitan fez a primeira de várias viagens à estepe do Volga. Elas marcaram o começo de um novo estilo épico nas suas paisagens, completamente diferente da abordagem íntima e lírica da natureza nas paisagens mais antigas das províncias de Moscou. A primeira dessas telas épicas foi *Noites no Volga* (1888), na qual a ampla extensão da estepe é sugerida indiretamente pela presença dominadora do céu. Chekhov também se inspirou com uma visita às estepes do Volga nessa época. A sua abordagem da paisagem em "A estepe" (1887), primeiro conto a lhe dar fama literária, foi muito parecida com a de Levitan.

> Uma larga planície sem limites cercada por uma cadeia de colinas baixas jazia estendida diante dos olhos dos viajantes. Amontoadas e espiando umas detrás das outras, essas colinas se fundiam num terreno elevado que se esticava até o próprio horizonte e desaparecia na distância violeta; pode-se avançar e avançar sem discernir onde começa nem onde acaba [...][114]

Entusiasmados com a estepe, os dois homens pensaram em viajar juntos para a Sibéria, e Chekhov incluiu o amigo nos planos da viagem a Sacalina. Levitan estava no séquito de amigos e familiares que acompanhou o escritor no primeiro trecho da viagem. Mas não foi com Chekhov para a Sibéria e acabou decidindo que não conseguiria deixar a amante e o marido dela durante tanto tempo. Chekhov ficou incomodado com Levitan (talvez tenha sido essa a causa da sátira cruel de "O gafanhoto", que fez com que rompessem relações durante três anos). Em várias cartas da Sibéria, Chekhov disse à irmã que o artista era um tolo por perder a paisagem do Ienissei, as florestas desconhecidas e as montanhas do Baikal: "Que ravinas! Que penhascos!"[115]

Como Chekhov, Levitan se sentia atraído pela história penal da Sibéria. Em *Vladimirka* (1892), ele combinou a arte paisagística com a história social da estepe. Foi a tentativa de Levitan de conseguir na pintura o que Chekhov fizera em *Sacalina*. A ideia do quadro viera a Levitan numa caçada com a amante, a jovem artista Sofia Kuvshinnikova (descrita por Chekhov em "O gafanhoto"). O pintor encontrou por acaso a famosa estrada perto de Boldino, na província de Vladimir. Levitan acabara de passar algum tempo com Chekhov e este lhe falara da viagem a Sacalina, logo talvez isso tivesse influenciado o modo como viu a estrada.[116] "A cena era prenhe de um silêncio maravilhoso", recordou Kuvshinnikova.

> A longa linha branca da estrada desbotava ao desaparecer entre as florestas no horizonte azul. À distância, mal se conseguia perceber a figura de dois peregrinos [...] Tudo era calmo e belo. De repente, Levitan lembrou que estrada era aquela. "Pare", disse ele. "Essa é a Vladimirka, aquela em que tantos morreram na longa caminhada para a Sibéria." No silêncio dessa linda paisagem, fomos repentinamente inundados por um intenso sentimento de tristeza.[117]

Ao olhar esse cenário como Levitan o retratou, é impossível não sentir a desolação — ele é assombrado pelo sofrimento daqueles prisioneiros distantes, por pessoas como Volkonski que, durante três meses quentes de verão, arrastaram as correntes pesadas pela Vladimirka até a Sibéria.

"A estepe", de Chekhov, também é dominado por esse clima de sofrimento. O seu espaço sem limites parece inescapável, uma prisão em si. No conto, a paisagem é sufocante e opressiva, sem som nem movimento para atrapalhar o tédio. O tempo parece parar, o cenário nunca muda enquanto quatro homens atravessam a estepe numa "surrada charrete coberta". Tudo é dominado por um sentimento de estagnação e desolação. Até o canto de uma mulher à distância soa tão triste que "deixou o ar mais sufocante e estagnado".[118]

A ambiguidade de Chekhov com a estepe — vendo tanto a beleza quanto a monotonia lúgubre da vastidão — era comum a vários escritores e artistas plásticos. Por outro lado, havia muitos que se orgulhavam da grandeza da estepe e nela se inspiravam. Nos épicos quadros históricos de Vasnetsov e Vrubel, por exemplo, a estatura heroica dos personagens lendários do passado russo recebe mais destaque com a grandeza monumental da estepe. No quadro *Depois da batalha de Igor com os polovetsianos* (1880), de Vasnetsov, a noção do épico é inteiramente transmitida pela vastidão da estepe, pois o que comanda os olhos é a linha baixa do horizonte. Do mesmo modo, em *Bogatires* (1898), a paisagem é que é o verdadeiro tema do quadro, e não os guerreiros lendários cujo nome recebe. Isso é enfatizado pelo *bogatyr* no centro, que põe a mão na testa para fitar mais longe à distância. Nesse aspecto, o painel de Vrubel sobre o lendário agricultor *Mikula Selianovich* (1896) é similar — a figura estranhamente inerte do camponês se eleva a uma posição épica pela relação com a paisagem. Para esses artistas, o caráter nacional fora configurado pela vastidão da planície: os russos eram de natureza tão "larga e irrestrita" quanto a estepe ilimitada. Foi essa a opinião que Gogol adotou em "Ideias sobre a geografia", publicado na coletânea *Arabescos* em 1835. Ele também a expôs na novela "Taras Bulba", na qual o imenso tamanho da estepe é usado como projeção da natureza aberta e da expansividade dos cossacos. Muitos artistas achavam que a planície sem limites era um estímulo à contemplação e à esperança religiosa — o seu horizonte infinito forçaria o povo a erguer os olhos para o céu.[119] Chekhov também tendia a fantasiar que "gigantes com passos imensos como Ilia Muromets" ainda viviam e que, caso vivessem, "que combinação perfeita com a estepe [...] seriam eles!"[120]

Por outro lado, a monotonia absoluta da estepe sem fim levou muitos poetas russos ao desespero. Mandelstam a chamou de "vazio de melancia da Rússia" e Mussorgski, de "atoleiro de todas as Rússias".[121] Em tais momentos de desespero, esses artistas tendiam a ver a estepe como uma limitação à imaginação e à criatividade. Gorki achava que a planície sem limites tinha

> a peculiaridade venenosa de esvaziar o homem, de sugar todos os seus desejos. O camponês só precisa passar dos limites da aldeia e olhar o vazio à sua volta para sentir, em pouco tempo, que esse vazio se insinua

na sua própria alma. Em lugar nenhum se consegue ver o resultado do trabalho criativo. As terras dos proprietários? Mas são poucas e habitadas por inimigos. As cidades? Mas ficam longe e não são muito mais cultivadas. Em toda volta jazem planícies sem fim e, no centro delas, insignificante, o homem minúsculo abandonado nessa terra baça para cumprir pena de trabalhos forçados. E o homem se enche com o sentimento de indiferença a matar a capacidade de pensar, de lembrar o passado, de elaborar as ideias a partir da experiência.[122]

Mas não era apenas o camponês que se tornava mais embotado por viver na estepe. A nobreza também. A solidão de morar numa casa de campo a quilômetros de vizinhos da mesma classe social, a falta de estímulo, as horas intermináveis sem nada para fazer a não ser olhar pela janela a planície interminável: seria de surpreender que a nobreza ficasse gorda e lenta na estepe? Saltykov-Schedrin faz uma descrição maravilhosa dessa sonolência mental em *A família Golovliov* (1880):

> [Arina] passava a maior parte do dia cochilando. Sentava-se na sua poltrona junto à mesa onde as pegajosas cartas de baralho estavam dispostas e cochilava. Depois acordava de repente, olhava pela janela e fitava de olhos vazios os campos aparentemente intermináveis, a se estender na distância remota [...] À toda volta havia campos, campos sem fim, sem árvores no horizonte. No entanto, como Arina vivera quase apenas no campo desde a infância, essa paisagem miserável não lhe parecia nem um pouco deprimente; ao contrário, no seu coração evocava até um tipo de reação, remexendo fagulhas de sentimento que ainda fumegavam por lá. A melhor parte do seu ser vivera naqueles campos nus e intermináveis e, por instinto, os olhos dela os buscavam em qualquer oportunidade. Ela fitava os campos que recuavam à distância, as aldeias ensopadas de chuva que pareciam pontinhos pretos no horizonte, as igrejas brancas nos cemitérios das aldeias, os retalhos multicoloridos de luz lançados sobre a planície pelas nuvens que perambulavam nos raios do sol, o camponês que nunca vira que, na verdade,

andava entre os regos do arado mas que, para ela, parecia bastante imóvel. Enquanto fitava, ela não pensava em nada — ou melhor, os seus pensamentos ficavam tão confusos que não se demoravam em nada por muito tempo. Ela meramente fitava e fitava, até que uma sonolência senil começava a zumbir de novo nos seus ouvidos, velando em névoa os campos, igrejas, aldeias e aquele distante camponês a andar.[123]

Os russos têm uma palavra para essa inércia, *oblomovschina*, que vem do nobre ocioso do romance *Oblomov*, de Goncharov, que passa o dia inteiro deitado no sofá e sonhando.* Graças ao crítico literário Nikolai Dobroliubov, que cunhou a palavra logo depois da publicação do livro em 1859, a *oblomovschina* passou a ser considerada uma doença nacional. O seu símbolo era o roupão (*khalat*) de Oblomov. Dobroliubov chegou a afirmar que "o esforço mais sincero de todos os nossos oblomovs é o empenho em repousar de roupão".[124] Goncharov fez a máxima questão de enfatizar a origem asiática do roupão do seu herói. Era um "roupão oriental de verdade, sem a mínima sugestão de Europa, sem borlas, sem debruns de veludo", e, na verdadeira "moda asiática", as mangas "ficavam mais largas dos ombros às mãos".[125] Por viver "como um sultão", cercado de servos e nunca fazendo nada que pudesse ordenar-lhes que fizessem no seu lugar, Oblomov se tornou um monumento cultural à "imobilidade asiática" da Rússia. Lenin usou a palavra quando se frustrou com a dificuldade de reformar a vida social russa. "O velho Oblomov está em nós", escreveu em 1920, "e ainda por muito tempo ainda precisará ser lavado, limpo, sacudido e bem espancado para que algo venha dele."[126]

---

* Embora Gogol também se referisse a esses russos "deitados na cama" no segundo volume de *Almas mortas* (N. Gogol, *Dead Souls*, trad. D. Magarshack, Harmondsworth, 1961, p. 165).

6

Em 1874, o Ministério do Interior de São Petersburgo patrocinou uma exposição extraordinária do pintor Vassili Vereschaguin, cujas enormes cenas de batalha da campanha do Turquestão tinham voltado recentemente com muito aplauso de uma turnê europeia. Uma multidão imensa visitou a exposição (30 mil exemplares do catálogo foram vendidos na primeira semana) e o prédio do ministério ficou tão lotado que houve várias brigas enquanto os espectadores se acotovelavam para ver melhor. Os quadros de Vereschaguin eram a primeira vez em que o público tinha uma visão real da guerra imperial travada pelos russos nos últimos dez anos contra as tribos muçulmanas enquanto os soldados do tsar conquistavam o Turquestão. O público russo se orgulhava muito da captura pelo exército dos canatos de Kokand, Bukhara e Khiva, seguida pela conquista de Tashkent e da estepe árida da Ásia central até as fronteiras do Afeganistão e da Índia britânica. Depois da derrota na Guerra da Crimeia, a campanha mostrava ao mundo que a Rússia era uma potência a ser respeitada. Mas as imagens de combate quase fotográficas de Vereschaguin revelavam uma selvageria nunca vista por civis. Nos seus quadros da guerra, não ficava claro quem era mais "selvagem": os soldados russos ou os adversários asiáticos. Havia "algo fascinante, algo profundamente horripilante, na energia selvagem dessas telas", concluiu na imprensa um resenhador. "Vemos uma violência que não poderia ser francesa nem sequer dos Bálcãs: é semibárbara e semiasiática — é uma violência russa."[127]

Traçar esse paralelo não fora a meta original do pintor. Vereschaguin começara como artista bélico oficial e não fazia parte do seu papel criticar a conduta das forças armadas russas. Ele fora convidado pelo general Kaufman, comandante-mor da campanha do Turquestão, a entrar no exército como topógrafo e lutara com distinção (o único pintor russo a ser condecorado com a Ordem de São Jorge) antes de receber do grão-duque Vladimir (o mesmo que comprara *Os barqueiros do Volga* de Repin) a encomenda das cenas de combate asiáticas.[128] Mas a sua experiência na guerra do Turquestão deu origem a dúvidas quanto à "missão civilizadora" do Império Russo no Oriente. Certa ocasião, depois que os soldados russos massacraram o povo de uma aldeia turcomana, o próprio Vereschaguin cavou os seus túmulos. Nenhum compatriota seu tocaria os mortos.[129] Vereschaguin passou a ver a guerra como um massacre sem sentido. "É essencial sublinhar que ambos os lados rezam para o mesmo Deus", aconselhou ao amigo Stassov sobre um texto que preparava para a exposição, "já que esse é o significado trágico da minha arte."[130] A mensagem das telas épicas de Vereschaguin foi entendida com clareza. Ele não retratou os membros das tribos asiáticas como selvagens, mas como seres humanos simples impelidos a defender a terra natal. "O que o público viu", escreveu Stassov mais tarde, "foram ambos os lados da guerra — a conquista militar e o sofrimento humano. Os seus quadros foram os primeiros a fazer um protesto estrondoso contra o barbarismo da guerra imperial."[131]

Houve um imenso combate de controvérsias. Os liberais elogiaram o artista pela postura contra todas as guerras.* Os conservadores o acu-

---

* Até o kaiser Guilherme II, o mais militarista dos imperadores alemães, disse a Vereschaguin na exposição em Berlim, em 1897: *"Vos tableaux sont la meilleure assurance contre la guerre"* ["Os vossos quadros são a melhor garantia contra a guerra"] (F. I. Bulgakov, *V. V. Vereschaguin i ego proizvedeniia*, São Petersburgo, 1905, p. 11).

saram de "traidor da Rússia" e criaram uma campanha para lhe tirar a Ordem de São Jorge.[132] O general Kaufman ficou tão enraivecido ao ver os quadros do pintor que começou a berrar e a xingar Vereschaguin e o atacou fisicamente na presença dos colegas oficiais. O Estado-maior geral condenou os quadros como "calúnias contra o exército imperial" e exigiu que fossem destruídos; mas o tsar, ironicamente, ficou do lado dos liberais. Enquanto isso, a imprensa direitista se ofendeu com o fato de oferecerem a Vereschaguin uma cátedra na Academia Imperial de Artes (e se ofendeu mais ainda quando o artista a recusou). Os críticos atacaram a sua "arte bárbara" com a base racista de que nenhum russo verdadeiro que merecesse esse nome pintaria aqueles homens das tribos como seres humanos iguais. "É uma ofensa", argumentou um professor universitário na revista *Mundo Russo*, "pensar que todas essas obras foram pintadas por um homem que se diz europeu! Só se pode supor que deixou de ser russo ao pintá-las; deve ter assumido a mente de um dos seus selvagens asiáticos."[133]

Como sabiam os adversários, Vereschaguin era de origem tártara. A avó nascera numa tribo turcomana.[134] Por essa razão, ele sentia bastante afinidade com a paisagem e o povo da estepe da Ásia central. "Insisto", escreveu certa vez a Stassov, "que só aprendi a pintar quando fui para o Turquestão. Tive mais liberdade lá para os meus estudos do que teria se tivesse estudado no Ocidente. Em vez do sótão parisiense, morei numa tenda quirguiz; em vez do modelo pago, desenhei pessoas reais."[135] Stassov afirmou que o sentimento de Vereschaguin pela estepe da Ásia central "só poderia vir de um artista da Rússia (não de um europeu) que tivesse morado junto ao povo do Oriente".[136]

Amargurado e deprimido com a campanha contra ele na imprensa nacionalista, Vereschaguin fugiu de São Petersburgo, onde a polícia se recusara a protegê-lo de ameaças contra a sua vida. Partiu da Rússia bem antes do final da exposição. Foi primeiro para a Índia, onde sentiu, como escreveu para contar a Stassov, "que algo me atrai ainda mais para leste". Depois, percorreu o Himalaia, ressaltando em esboços que mandou ao amigo "as semelhanças arquitetônicas entre o Tibete e a antiga Rus".[137] Stassov foi proibido de expor esses esboços na biblioteca pública de São Petersburgo (mesmo sendo o seu bibliotecário-chefe).[138] Sob pressão da imprensa direitista, despachou-se para a fronteira com a Mongólia um mandado de prisão contra o pintor exilado.[139] O mandado foi emitido no mesmo prédio onde os quadros de Vereschaguin estavam expostos até serem comprados por Tretyakov (nenhuma academia os aceitaria). Banido da terra natal por vinte anos, Vereschaguin passou o resto da vida na Europa ocidental, onde os seus quadros foram aclamados. Mas sempre desejou retornar ao Oriente e finalmente conseguiu em 1904, quando o almirante Makarov o convidou a se unir à frota como pintor durante a guerra contra o Japão. Ele morreria três meses depois, a bordo do *Petropavlovsk*, quando a explosão de uma bomba afundou o navio, afogando todos a bordo.

 Nos círculos instruídos da Rússia, a conquista militar da estepe da Ásia central produziu duas reações opostas. A primeira foi o tipo de atitude imperialista que os quadros de Vereschaguin tanto fizeram para ofender. Baseava-se numa noção de superioridade racial em relação às tribos asiáticas e, ao mesmo tempo, no temor a essas mesmas tribos, temor a ser inundado pelo "perigo amarelo" que chegou a se transformar em febre na guerra com o Japão. A segunda reação não foi menos imperialista, mas justificava a missão oriental do império com base no argumento discutível de que a pátria cultural da Rússia ficava na estepe eurasiana. Ao marchar para a Ásia, os russos retornariam ao antigo lar. A justificativa foi apresentada pela primeira vez em 1840 pelo orientalista Grigoriev. "Quem fica mais perto da Ásia do que nós?", perguntara ele. "Qual das raças europeias manteve mais o elemento asiático do que as raças eslavas, últimos dos grandes povos europeus a deixar a antiga pátria na Ásia?" Foi a "Providência que convocou os russos a reivindicar a estepe asiática"; e, devido às "nossas relações íntimas com o mundo asiático", esse seria um processo pacífico de "reunião com os nossos irmãos primevos" em vez de subjugação de uma raça estrangeira.¹⁴⁰ Durante a campanha na Ásia central, apresentou-se a mesma tese. Os eslavos retornavam ao seu "lar pré-histórico", argumentou o coronel Veniukov, geógrafo do exército de Kaufman, pois "os nossos ancestrais viveram junto ao Indo e o Oxus antes de serem desalojados pelas hordas mongóis". Veniukov sustentava que a Ásia central devia ser colonizada pelos russos. Os colonos russos deveriam ser estimulados a se casar nas tribos muçulmanas para regenerar a raça "turaniana" que já vivera na estepe eurasiana. Dessa maneira, o império se expandiria com base no "princípio russo" de "evolução e assimilação pacíficas" em vez de pela conquista e pela segregação racial, como nos impérios dos Estados europeus.¹⁴¹

A ideia de que a Rússia tinha pretensões culturais e históricas na Ásia se tornou um mito da criação do império. Durante a construção da ferrovia Transiberiana, na década de 1890, o príncipe Ukhtomski, magnata da imprensa e assessor do jovem tsar Nicolau II, defendeu a expansão do império por todo o continente asiático, raciocinando que a Rússia era um tipo de "irmão mais velho" dos chineses e indianos. "Sempre pertencemos à Ásia", disse Ukhtomski ao tsar. "Levamos a sua vida e sentimos os seus interesses. Não temos nada para conquistar."¹⁴²

Inspirado pela conquista da Ásia central, Dostoievski também defendeu a noção de que o destino da Rússia não estava na Europa, como se supusera durante tanto tempo, mas no Oriente. Em 1881, ele disse aos leitores do seu *Diário de um escritor*:

> A Rússia não está só na Europa, mas na Ásia também [...] Devemos pôr de lado o nosso temor servil de que a Europa nos chame de bárbaros asiáticos e dizer que somos mais asiáticos do que europeus [...] Essa noção errônea de nós mesmos como exclusivamente europeus e não asiáticos (e nunca deixamos de ser estes últimos) [...] nos custou muito caro nesses dois séculos, e pagamos por ela com a perda da nossa independência espiritual [...] Para nós é difícil virar as costas à janela que dá para a Europa; mas essa é uma questão do nosso destino [...] Quando nos voltamos para a Ásia com a nova visão que temos dela,

pode nos acontecer algo do mesmo tipo que aconteceu à Europa quando a América foi descoberta. Afinal, em verdade, para nós a Ásia é aquela mesma América que ainda não descobrimos. Com o nosso avanço rumo à Ásia, teremos um surto renovado de força e vigor [...] Na Europa, éramos parasitas e escravos, mas na Ásia seremos senhores. Na Europa éramos tártaros, mas na Ásia podemos ser europeus. A nossa missão, a nossa missão civilizadora na Ásia estimulará o nosso espírito e nos inspirará; o movimento só precisa começar.[143]

Essa citação é uma ilustração perfeita da tendência dos russos a definir as suas relações com o Oriente como reação à sua autoestima e status no Ocidente. Na verdade, Dostoievski não defendia que a Rússia fosse uma cultura asiática, só que os europeus pensavam que fosse. Do mesmo modo, o seu argumento de que a Rússia deveria abraçar o Oriente não era que devesse buscar ser uma força asiática; ao contrário, era de que só na Ásia encontraria nova energia para reafirmar a sua europeidade. A raiz da virada de Dostoievski para o Oriente era o amargo ressentimento que ele, como muitos russos, sentiu com a traição pelo Ocidente da causa cristã da Rússia na Guerra da Crimeia, quando a França e a Grã-Bretanha ficaram do lado otomano contra a Rússia para defender interesses imperiais próprios. Nos únicos versos publicados que escreveu (e as qualidades poéticas de "Sobre os eventos europeus de 1854" são tais que dá para ver por que foi assim), Dostoievski retratou a Guerra da Crimeia como "crucifixão do Cristo russo". Mas, como avisou aos leitores ocidentais do seu poema, a Rússia se levantaria e, quando o fizesse, se viraria para o Oriente na missão providencial de cristianizar o mundo.

> Obscuras para vós é a sua predestinação [da Rússia]!
> O Oriente — é dela! A ela um milhão de gerações
> Estende as mãos incansáveis [...]
> E a ressurreição do antigo Oriente
> Pela Rússia (assim Deus ordenou) se aproxima.[144]

O desprezo ressentido pelos valores ocidentais era uma reação russa comum ao sentimento de rejeição pelo Ocidente. Durante o século XIX, o "temperamento cita" — bárbaro e rude, iconoclasta e extremado, sem a contenção e a moderação do cidadão europeu instruído — entrou no léxico cultural como um tipo de russianidade "asiática" que insistia no seu direito de ser "não civilizada". Foi esse o sentido dos versos de Pushkin:

> Agora a temperança não é adequada
> Quero beber como um cita selvagem.[145]

E foi nesse sentido que Herzen escreveu a Proudhon em 1849:

> Mas sabeis, Monsieur, que assinastes um contrato [com Herzen para financiamento conjunto de um jornal] com um bárbaro, e um bárbaro que é ainda mais incorrigível por sê-lo não só por nascimento como por convicção? [...] Verdadeiro cita, observo com prazer esse velho mundo se destruir e não tenho a mínima piedade por ele.[146]

Os "poetas citas", como se autointitulavam os escritores desse grupo frouxo que incluía Blok e Bieli e o crítico Ivanov-Razumnik, adotou esse espírito selvagem como desafio ao Ocidente. Mas, ao mesmo tempo, a sua poesia estava mergulhada na vanguarda europeia. Eles tiraram o nome dos antigos citas, tribos nômades de língua iraniana que partiram da Ásia central no século VIII a.C. e dominaram a estepe em torno dos mares Negro e Cáspio nos quinhentos anos seguintes. Os intelectuais russos do século XIX passaram a ver os citas como um tipo de mítica raça ancestral dos eslavos orientais. Nas últimas décadas do século, arqueólogos como Zabelin e Viesselovski realizaram imensas escavações dos *kurgans* citas, os amontoados fúnebres espalhados no sul da Rússia, no sudeste da estepe, na Ásia central e na Sibéria, no esforço de determinar um vínculo cultural entre os citas e os antigos eslavos. Em 1897, o artista Roerich, arqueólogo de formação antes de ficar famoso com o projeto cita de *A sagração da primavera*, trabalhou com Viesselovski na escavação do *kurgan* de Maikop, na Crimeia. Os tesouros em ouro e prata que desenterraram ainda podem ser vistos hoje no Museu Hermitage, em São Petersburgo.[147]

Quando estudava arqueologia, Roerich foi profundamente influenciado pelas ideias de Stassov sobre a origem oriental da cultura russa. Em 1897, planejou uma série de doze quadros sobre a criação da Rússia no século IX. Só um desses quadros chegou a ser concluído — *O mensageiro (levante de tribo contra tribo)* (1897), que Roerich apresentou como projeto de graduação na Academia —, mas é um bom exemplo do programa etnográfico que planejava executar. Roerich verificou cada pequeno detalhe do modo de vida dos antigos eslavos em cartas a Stassov. Não que se soubesse muito sobre os primeiros eslavos. Portanto, havia a licença artística para extrapolar esses detalhes a partir da arqueologia dos antigos citas e de outras tribos orientais, no pressuposto, como Stassov escreveu a Roerich, de que "o antigo Oriente signifique a antiga Rússia: os dois são indivisíveis".[148] Quando Roerich lhe perguntou como eram as molduras das janelas, por exemplo, Stassov respondeu que não havia registro de ornamentação russa antes do século XI. Aconselhou o artista a fazer frisos tirados de motivos encontrados na antiga Ásia e no Oriente Próximo.[149]

Essa qualidade imaginária também seria encontrada nos quadros de Roerich sobre a Idade da Pedra na Rússia. O pintor idealizou o mundo pré-histórico dessa Cítia-com-Rus como reino perfeito de beleza espiritual onde homem e natureza viviam em harmonia, e vida e arte eram uma só. No ensaio "Alegria na arte" (1909), no qual descreve o antigo ritual eslavo primaveril de sacrifício humano sobre o qual se baseou *A sagração da primavera*, Roerich argumenta que essa Rússia pré-histórica não podia ser conhecida por meio de fatos etnográficos: só poderia ser abordada pela intuição artística ou pela fé religiosa. Era esse o espírito dos seus quadros sobre a Idade da Pedra, como *Os ídolos* (1901), que, apesar de toda a aparência de autenticidade arqueológica, não passavam de ilustrações abstratas ou simbólicas dos ideais místicos do pintor. O mesmo aconteceu com os seus projetos para Diaguilev e os Ballets Russes. A imagem asiática da antiga Rus dos citas foi conjurada por Roerich na cenografia e no figurino de *A sagração da primavera* e na ópera *A donzela da neve* de Rimski. Ambientado no mundo mítico do passado cita da Rússia, o projeto dessas duas obras combinava motivos da ornamentação russa medieval com detalhes etnográficos (como as joias pesadas ou o toucado de aparência tártara das moças da aldeia) para sugerir a natureza semiasiática dos primeiros eslavos. É fácil esquecer que, na controvérsia que cercou a primeira apresentação de *A sagração da primavera*, o ar asiático do figurino de Roerich é que foi considerado, por muitos críticos, o elemento mais chocante do balé.[150]

Os poetas citas eram fascinados por esse reino pré-histórico. Na sua imaginação, os citas eram um símbolo da natureza selvagem e rebelde do homem russo primevo. Eles se regozijavam com o espírito elemental ("*stikhiia*") da Rússia selvagem e camponesa e se convenceram de que a revolução iminente, que todos pressentiam depois da de 1905, varreria o peso morto da civilização europeia e criaria uma nova cultura na qual homem e natureza, arte e vida seriam um só. O famoso poema *Os citas* (1918), de Blok, era uma declaração programática dessa postura asiática frente ao Ocidente:

> Sois milhões, somos multidões
> E multidões e multidões.
> Vinde lutar! Sim, somos citas
> Sim, asiáticos gananciosos, de olhos puxados.

Era menos uma rejeição ideológica do Ocidente do que um abraço ameaçador, um apelo à Europa para que se unisse à revolução das "hordas selvagens" e se renovasse por meio da síntese cultural de Oriente e Ocidente: se assim não fosse, correria o risco de ser inundada pelas "multidões". Durante séculos, argumentava Blok, a Rússia protegera a ingrata Europa das tribos asiáticas:

> Como escravos, obedientes, odiados,
> Fomos o escudo entre as raças da Europa
> E as hordas de mongóis irados.

Mas agora chegara a hora de o "velho mundo" da Europa "parar diante da esfinge":

> Sim, a Rússia é uma esfinge. Exultante, triste,
> Suando sangue, ela não pode afastar
> Os olhos que não deixam de fitar-te e fitar
> A ti com amor e ódio nos lábios de pedra.

A Rússia ainda tinha o que a Europa havia tanto perdera — "um amor que arde como fogo" — uma violência que se renova ao devastar. Ao se unir à Revolução Russa, o Ocidente viveria um renascimento espiritual por meio da conciliação pacífica com o Oriente.

> Vinde a nós dos horrores da guerra,
> Vinde em nossos braços em paz descansar.
> Camaradas, antes que seja tarde,
> Embainhai a velha espada para a irmandade abençoar.

Mas, se o Ocidente se recusasse a abraçar esse "espírito russo", a Rússia lançaria contra ele as hordas asiáticas:

> O vosso escudo não mais seremos
> E assistiremos ao furor da luta
> Sem atentar aos gritos de guerra,
> Indiferentes, os olhos duros

Não nos moveremos quando o huno
Pilhar cadáveres, deixá-los nus,
Queimar cidades, pôr bois na igreja
E a fumaça de carne branca encher o ar.[151]

A inspiração da visão apocalíptica de Blok (e de muito mais além dela na vanguarda russa) era o filósofo Vladimir Soloviev. Os primeiros versos do seu memorável poema "Pan-mongolismo" (1894) foram usados por Blok como epígrafe de *Os citas*. Eles exprimem com perfeição a inquietação ambivalente, o medo e o fascínio que a geração de Blok sentia pelo Oriente:

Pan-mongolismo! Que nome selvagem!
Mas é música aos meus ouvidos.[152]

No seu último grande ensaio *Três diálogos sobre guerra, progresso e o fim da história* (1900), Soloviev descreveu uma vasta invasão asiática da Europa sob a bandeira do Anticristo. Para ele, esse "perigo amarelo" era uma ameaça espantosa. Mas para os citas representava a renovação. Misturado à cultura europeia da Rússia, o espírito elementar da estepe asiática voltaria a unir o mundo.

Andrei Bieli era outro discípulo de Soloviev. Em *Petersburgo*, ele mapeia uma cidade que vive à beira de uma imensa catástrofe. Situada no meio da Revolução de 1905, quando a Rússia estava em guerra com o Japão, a sua Petersburgo é varrida por ventos uivantes da estepe asiática que quase sopram a cidade de volta para o mar. O romance se baseia na visão do século XIX de uma inundação que tudo destruiria, tema constante no mito literário da capital russa. Construída como desafio à ordem natural sobre terra roubada do mar, a criação de pedra de Pedro parecia ser um convite à vingança da Natureza. Pushkin foi o primeiro de muitos escritores russos a desenvolver o tema do dilúvio em *O cavaleiro de bronze*. Odoievski também o usou como base do conto "O sorriso da morte" em *Noites russas*.*

Em meados do século XIX, a noção da enchente se integrara tanto ao destino imaginado da cidade que até o famoso quadro *Os últimos dias de Pompeia* (1833), de Karl Bruilov, foi considerado um alerta a São Petersburgo.** Eslavófilos como Gogol, amigo íntimo de Bruilov, o viram como profecia de castigo divino à decadência ocidental. "Os relâmpagos se despejaram e inundaram tudo", comentou Gogol, como se destacasse que a cidade à beira do Neva vivia em perigo constante de sofrer catástrofe semelhante.[153] Mas ocidentalistas como Herzen também traçaram o paralelo: "Pompeia é a musa de Petersburgo!"[154] Enquanto o ano de 1917 se aproximava, a inundação se transformou em tempestade revolucionária. Todos tinham consciência da destruição iminente. Isso se exprimiu em todas as artes, das ilustrações de Benois para *O cavaleiro de bronze* (1905–18) que pareciam pressagiar a revolução iminente no regirar do mar e do céu até os ritmos violentos ("citas") de *A sagração da primavera* e da poesia de Blok:

> E sobre a Rússia vejo um calado
> Fogo veloz que tudo consome.[155]

Bieli retrata Petersburgo como civilização ocidental frágil precariamente equilibrada no alto da selvagem cultura "oriental" do campesinato. Pedro, o Grande, na forma do *Cavaleiro de bronze*, é remodelado como

---

* História de uma linda princesa que abandona o jovem amante para se casar com um funcionário público de meia-idade. Numa tempestuosa noite de outono, eles vão a um baile em São Petersburgo, onde ela sofre um desmaio. No seu sonho, o Neva rompe os diques. A água inunda o salão de baile e traz um caixão cuja tampa se escancara e revela o amante morto. As paredes do palácio desmoronam e Petersburgo é varrida para o mar.

** As fantasias apocalípticas de cidades tecnológicas modernas destruídas pela Natureza obcecaram a imaginação literária da Europa no século XIX (ver G. Steiner, *In Bluebeard's Castle: Some Notes Towards the Redefinition of Culture*, New Haven, 1971, p. 20-24).

o Anticristo, o cavaleiro do Apocalipse que segue em espiral rumo ao fim dos tempos, arrastando a Rússia para o seu vórtice. A bomba que estrutura a trama escassa (um estudante é convencido pelos revolucionários a assassinar o pai, burocrata em cargo elevado) é um símbolo dessa catástrofe iminente.

O romance adota a divisão como tema central. A cidade é dividida em zonas de guerra baseadas na classe, e os dois personagens principais, o senador Apollon Apollonovich Ableukhov e o filho estudante revolucionário Nikolai Apollonovich, estão em lados opostos das barricadas. Como a própria Rússia, os Ableukhov são formados de elementos discordantes da Europa e da Ásia. Descendem dos cavaleiros mongóis que invadiram a Rússia com Gêngis Khan; por mais europeizados que pareçam, esse elemento asiático ainda está dentro deles. Nikolai é seguidor de Kant mas "inteiramente mongol" no seu modo de vida, portanto "a sua alma se divide em duas". Apollon é um burocrata tipicamente europeu que pensa em linhas racionais e gosta de ruas bem traçadas. Mas tem um medo mórbido da estepe asiática, onde quando menino quase morrera congelado, e pensa escutar o troar dos cascos de cavalos quando os mongóis das tribos atacam vindos da planície.

> Ele tinha medo do espaço. A paisagem do campo realmente o apavorava. Além da neve, além do gelo e do horizonte recortado da floresta, viria a tempestade. Lá, por um acidente estúpido, ele quase morreu congelado, o que aconteceu uns cinquenta anos antes. Enquanto quase morria congelado, os dedos frios de alguém, forçando caminho no seu peito, golpearam rudemente o coração e uma mão gelada o levou. Ele escalara os degraus de sua carreira com aquela mesma expansão inacreditável sempre diante dos olhos. E de lá chamava uma mão gelada. A imensidão desmedida voava: o Império da Rússia.
>
> Apollon Apollonovich Ableukhov se escondeu durante muitos anos atrás dos muros da cidade, odiando as distâncias órfãs das províncias, as colunas de fumaça das minúsculas aldeias, e as gralhas. Apenas uma vez se arriscara a cortar essas distâncias no trem expresso: numa

missão oficial de Petersburgo a Tóquio. Apollon Apollonovich não discutia com ninguém a sua estada no Japão. Costumava dizer ao ministro: "A Rússia é uma planície gelada. É percorrida por lobos!" E o ministro o olhava, cofiando com a mão branca o bigode grisalho e bem cuidado. E nada dizia, e suspirava. No término dos seus deveres oficiais, ele pretendia...

Mas morreu.

E Apollon Apollonovich ficou completamente sozinho. Atrás dele, as eras se estendiam em extensões incomensuráveis. À sua frente, a mão gelada revelava extensões incomensuráveis. Extensões incomensuráveis voavam para encontrá-lo.

Ah, Rus, Rus!

Foste tu quem fizeste os ventos, tempestades e neves uivarem pela estepe? Parecia ao senador que, de uma colina, uma voz o chamava. Somente lobos famintos se reúnem em matilhas por lá.[156]

Esse medo agorafóbico da Ásia chega ao nível de febre na visão do filho revolucionário num pesadelo:

Nikolai Apollonovich era um monstro depravado [...] estava na China, e lá Apollon Apollonovich, imperador da China, ordenou que massacrasse muitos milhares (o que foi feito). Em época mais recente, milhares de cavaleiros de Tamerlão tinham se despejado sobre a Rus. Nikolai Apollonovich galopara nessa Rus num corcel das estepes. Então, encarnara no sangue de um nobre russo. E revertera aos antigos modos: massacrou milhares lá. Agora queria jogar uma bomba no pai. Mas o pai era Saturno. O círculo do tempo fizera a volta completa. O reino de Saturno retornara.[157]

O trovão desses atacantes da estepe era o som de 1917 a se aproximar. Afinal, na mente dos europeus da Rússia, a violência destrutiva da revolução era uma força asiática.

Entre os emigrados que fugiram da Rússia soviética havia um grupo de intelectuais conhecidos como eurasianistas. Stravinski viu-se no meio do seu círculo em Paris, na década de 1920; os seus amigos Lev Karsavin, filósofo, e o brilhante crítico musical Pierre Souvchinski (genro de Karsavin) eram membros importantes do grupo. Mas o eurasianismo era uma tendência intelectual dominante em todas as comunidades de emigrados. Muitos exilados russos famosos, como o príncipe filólogo N. S. Trubetskoi, o pensador religioso padre George Florovski, o historiador George Vernadski e o teórico linguístico Roman Jakobson pertenciam ao grupo. Em essência, o eurasianismo foi um fenômeno da emigração, na medida em que se enraizava na noção de traição da Rússia pelo Ocidente entre 1917 e 1921. Os seus seguidores, em grande medida aristocratas, censuravam as potências ocidentais por não derrotarem os bolcheviques na Revolução nem na guerra civil, que terminou com o colapso da Rússia como potência europeia e a expulsão deles da terra natal. Desiludidos com o Ocidente mas ainda não sem esperanças de um possível futuro na Rússia, remodelaram a pátria como cultura sem igual ("turaniana") na estepe asiática.

O manifesto de criação do movimento era *Êxodo para o leste*, coletânea de dez ensaios publicados em Sófia, em 1921, na qual os eurasianistas previam a destruição do Ocidente e o surgimento de uma nova civilização comandada pela Rússia ou pela Eurásia. No fundo, argumentava Trubetskoi, autor do ensaio mais importante da coletânea, a Rússia era uma cultura asiática da estepe. As influências bizantina e europeia que configuraram o Estado russo e a sua cultura elevada mal penetraram até os estratos inferiores da cultura popular russa, que se desenvolvera mais por meio do contato com o Oriente. Durante séculos, os russos tinham se misturado livremente com as tribos fino-úgricas, os mongóis e outros povos nômades da estepe. Assimilaram elementos das línguas, da música, dos costumes e da religião, de modo que essas culturas asiáticas foram absorvidas pela evolução histórica da própria Rússia.

Trubetskoi inspirou-se na geografia russa, na qual a ideia eurasianista tinha antigo *pedigree*. Nas últimas décadas do século XIX, o geólogo Vladimir Lamanski demonstrou que a estrutura do solo era a mesma nos dois lados dos montes Urais: havia uma única estepe imensa a se estender da fronteira ocidental do Império Russo até o Pacífico. Com base na obra de Lamanski, o geógrafo eurasianista Savitski demonstrou que toda a massa terrestre da Eurásia era contínua em termos biogeográficos. Era formada de uma série de zonas paralelas que corriam como faixas latitudinais pelo continente, sem serem afetadas em nada pelos montes Urais, das planícies da Hungria até a Mongólia. Savitski agrupou essas faixas em quatro categorias, começando com a tundra ao norte, seguida pela floresta, a estepe e depois o deserto no extremo sul. Não havia nada excepcional nessa geografia, mas ela serviu como um tipo de base "científica" para argumentos mais ousados sobre a influência oriental na cultura popular da Rússia.

No ensaio "Dos estratos superior e inferior da cultura russa" (1921), Trubetskoi dispôs-se a provar a influência asiática sobre a música, a dança e a psicologia russas. Argumentou que a música popular russa derivava, em essência, da escala pentatônica, argumento que baseou na observação das canções camponesas mais simples. De acordo com ele, a dança folclórica também tinha muito em comum com a dança do Oriente, em especial com a do Cáucaso. A dança russa era em linhas e círculos e não em pares, como na tradição ocidental. Os seus movimentos rítmicos eram realizados por mãos e ombros, não só pelos pés. O homem era virtuosístico ao dançar, como exemplificado na dança cossaca, com calcanhares batendo nas mãos e saltos de grande altura. Não havia nada parecido com isso na tradição ocidental, com a exceção isolada da dança espanhola (que Trubetskoi atribuiu à influência moura). A dança das mulheres também exibia caráter oriental, com a grande importância dada a manter a cabeça imóvel e aos movimentos sutis de boneca do resto do corpo. Trubetskoi considerava todas essas formas culturais manifestações russas de uma tendência distintamente oriental de fórmulas esquemáticas.

Essa "psique oriental" se manifestava na tendência à contemplação do povo russo, na sua atitude fatalista, no amor à simetria abstrata e às leis universais, na ênfase dada ao ritual religioso e no seu *"udal"*, ou bravura feroz. Segundo Trubetskoi, esses atributos mentais não eram comuns aos eslavos da Europa oriental, o que, na sua opinião, indicava que deviam ter chegado à Rússia vindos da Ásia e não de Bizâncio. A "psicologia turaniana" penetrara no nível subconsciente da mente russa e deixara uma marca profunda no caráter nacional. Até a ortodoxia russa, embora superficialmente derivada de Bizâncio, era "essencialmente asiática na sua estrutura psicológica", na medida em que dependia de "uma unidade completa entre ritual, vida e arte". Para Trubetskoi, essa unidade explicava a natureza quase religiosa da autoridade estatal da Rússia e a disposição dos russos de se submeter a ela. Igreja, Estado e nação eram indivisíveis.[158]

Essas ideias pouco tinham para sustentá-las à guisa de prova etnográfica. Eram todas uma postura polêmica e ressentida contra o Ocidente. Nesse aspecto, vinham do mesmo berço da noção apresentada antes por Dostoievski de que o destino do império estava na Ásia (onde os russos podiam ser "europeus") e não na Europa (onde eram "parasitas"). Mas, devido ao poder emotivo, as ideias eurasianistas tiveram forte impacto cultural sobre a emigração russa dos anos 1920, quando os que choravam o desaparecimento do seu país do mapa europeu puderam achar nova esperança para ele no mapa da Eurásia. Stravinski, por exemplo, sofreu profunda influência das opiniões místicas dos eurasianistas, principalmente da noção de uma tendência russa ("turaniana") natural à coletividade, que a música de obras como *As bodas*, com a sua ausência de expressão individual nas partes cantadas e a busca de um som escasso e impessoal, pretendia refletir.[159] De acordo com Souchinski, a imobilidade rítmica (*nepodvijnost'*), que era a característica mais importante da música de Stravinski em *As bodas* e *A sagração da primavera,* tinha caráter "turaniano". Como na tradição musical oriental, a música de Stravinski se desenvolvia por meio da repetição constante de um padrão rítmico com variações na melodia e não pelo contraste de ideias musicais, como na tradição ocidental. Era essa imobilidade rítmica que criava a energia explosiva da música "turaniana" de Stravinski. Kandinski buscava um efeito semelhante de acúmulo de energia na padronagem geométrica de linhas e formas que se tornou o marco da sua obra abstrata.

7

"No seu hábitat primitivo encontrei pela primeira vez na vida algo verdadeiramente maravilhoso, e esse maravilhamento se tornou um elemento de todas as minhas obras posteriores."[160] Assim Kandinski recordou o impacto do encontro com o povo komi sobre a sua evolução rumo à arte abstrata.

O vínculo entre a arte "primitiva" e a arte abstrata moderna não é exclusivo da vanguarda russa. Em todo o mundo ocidental havia um fascínio pela vida e pela arte das tribos das colônias distantes, de culturas pré-históricas, camponeses e até crianças, cujas formas primais de expressão foram inspiração para artistas tão diferentes quanto Gauguin e Picasso, Kirchner e Klee, Nolde e Franz Marc. Mas, enquanto os artistas ocidentais tinham de viajar à Martinica ou a outras terras distantes atrás de inspiração selvagem, os "primitivos" dos russos ficavam ali no quintal. Isso deu à sua arte frescor e importância extraordinários.

Os primitivistas russos (Malevich e Kandinski, Chagall, Goncharova, Larionov e Burliuk) tiraram inspiração da arte dos camponeses russos e das culturas tribais da estepe asiática. Viam esse "barbarismo" como fonte da libertação da Rússia das garras da Europa e das suas velhas normas artísticas. "Somos contra o Ocidente", declarou Larionov. "Somos contra sociedades artísticas que levam à estagnação."[161] Os artistas de vanguarda que se agruparam em torno de Larionov e da esposa Goncharova consideravam a arte folclórica e oriental russa uma nova visão de mundo. Goncharova falava de uma "estética camponesa" mais próxima das formas artísticas simbólicas do Oriente do que da tradição representativa do Ocidente. Ela refletia essa característica simbólica (a característica dos ícones) nos camponeses monumentais aos quais chegou a dar aparência asiática em obras como *Corte do feno* (1910). Todos esses artistas adotaram a Ásia como parte da identidade cultural da Rússia. "O neoprimitivismo é um fenômeno profundamente nacional", escreveu o pintor Shevchenko. "A Rússia e o Oriente têm se interligado de forma indissolúvel desde as invasões tártaras, e o espírito dos tártaros, do Oriente, se enraizou a tal ponto na nossa vida que às vezes é difícil distinguir onde termina uma característica nacional e onde começa uma influência oriental [...] Mas somos Ásia e nos orgulhamos disso." Shevchenko fez uma defesa detalhada da arte russa originária do Oriente. Ao comparar a arte popular russa com a indo-persa, afirmou que se podia "ver a origem comum".[162]

O próprio Kandinski era grande admirador da arte persa e igualava os seus ideais de simplicidade e verdade com "os ícones mais antigos da nossa Rus".[163] Antes da Primeira Guerra Mundial, Kandinski morou em Munique, onde ele e Marc foram editores do almanaque *Der Blaue Reiter* (*O cavaleiro azul*). Ao lado de obras dos principais artistas da Europa, *O cavaleiro azul* apresentava arte camponesa e desenhos de crianças, gravuras folclóricas e ícones, máscaras e totens tribais — tudo, de fato, que refletisse o ideal de vitalidade e expressão espontânea que Kandinski punha no centro da sua filosofia artística. Como os citas, nessa época Kandinski se aproximava da ideia de uma síntese entre as culturas ocidental, primitiva e oriental. Via a Rússia como a Terra Prometida (e voltou para lá depois de 1917). Essa busca da síntese era o tema principal das suas primeiras obras, ditas "russas" (que ainda eram pictóricas e não abstratas). Nesses quadros, há realmente uma mistura complexa de imagens cristãs, pagãs e xamânicas do Komi.

Em *Vida colorida* (1907), por exemplo, a cena se situa claramente na capital komi de Ust-Sysolsk, na confluência dos rios Sysola e Vichegda (uma pequena estrutura de troncos no canto superior direito da tela, logo abaixo do mosteiro no alto do morro, confirma a localização: os komis usavam essas cabanas sobre suportes como barracões de armazenagem). Na superfície, parece ser uma cena russo-cristã. Mas, como o pintor sugere no título *Vida colorida*, sob a superfície há uma colisão de crenças diversas. O esquilo vermelho na árvore, diretamente no centro visual do quadro, que reflete a cúpula dourada da capela à direita, é um símbolo dos espíritos da floresta aos quais o povo komi oferecia peles de esquilo em sacrifício. O velho no primeiro plano pode ter a aparência de um peregrino cristão, mas a barba de cor sobrenatural (verde-claro) também pode marcá-lo como feiticeiro, enquanto o seu cajado e o músico acompanhante, como o flautista à direita, sugerem conhecimento xamânico.[164]

Várias das primeiras obras de Kandinski narram a história do confronto de santo Estêvão com o xamã komi Pam às margens do rio Vichegda. De acordo com a lenda, Pam comandou a resistência do povo komi ao missionário russo do século XIV. Num debate público à margem do rio, Pam baseou a sua defesa da religião pagã na noção de que os xamãs eram melhores do que os cristãos para caçar ursos e outros animais da floresta. Mas Estêvão o desafiou a um "julgamento divino pelo fogo e pela água" e convidou Pam a andar por uma cabana em chamas e mergulhar no rio gelado. O xamã foi forçado a admitir a derrota. Na versão que Kandinski pintou da lenda, *Todos os Santos II* (1911), Pam escapa da perseguição num barco. Usa um pontudo "chapéu de feiticeiro". Uma sereia nada junto ao barco; outra está sentada na pedra à direita. Em pé na pedra, há um par de santos. Eles também usam chapéus de feiticeiro, mas têm auréolas que simbolizam a fusão das tradições pagã e cristã. À esquerda, santo Elias conduz a sua troica por uma tempestade, soprada por um trombeteiro no céu — referência ao "Trovejador", deus fino-úgrico cujo lugar Elias ocupou na imaginação religiosa popular. São Simão está sobre uma coluna no canto inferior direito do quadro. Ele é outra figura composta que combina elementos do ferreiro Simão, que constrói uma coluna de ferro para examinar o mundo na história camponesa russa dos "Sete Simões", e de são Simeão Estilita, que passou a vida em meditação no alto de uma coluna e se tornou santo padroeiro de todos os ferreiros. Finalmente, o personagem em primeiro plano montado num cavalo com os braços abertos é o Homem que Vigia o Mundo. Aqui, é visto em forma dupla: como o xamã que cavalga até o mundo dos espíritos e como são Jorge.[165] Esse personagem ressurge em toda a obra de Kandinski, desde a primeira tela abstrata, *Composição II*, de 1910, até o último quadro, *Ímpeto moderado*, de 1944. Era um tipo de assinatura simbólica do seu *alter ego* xamã que usava a arte como instrumento mágico para evocar um mundo espiritual superior.

O tambor oval do xamã é outro *leitmotif* da arte de Kandinski. O círculo e a linha que dominam os esquemas abstratos do pintor eram símbolos do tambor e da baqueta do xamã. Muitos quadros seus, como *Oval n° 2* (1925), tinham forma de tambor. Eram pintados com hieróglifos inventados por Kandinski para simular os símbolos que vira nos tambores dos xamãs siberianos: uma curva em gancho e uma linha para simbolizar o cavalo, círculos para o Sol e a Lua ou bicos e olhos para representar a forma de pássaro que muitos xamãs usavam como toucado de dança.[166] A curva em gancho e a linha era uma cifra dupla. Representavam o cavalo de pau no qual o xamã viajava para o mundo dos espíritos nas sessões. Os xamãs buriatos batiam as suas varas (chamadas "cavalos") enquanto dançavam: o alto delas tinha forma de cabeça de cavalo, a parte de baixo, pontas como cascos. Nas tribos fino-úgricas, o próprio tambor do xamã era chamado de "cavalo" e equipado com rédeas, enquanto a baqueta era chamada de "chicote".[167]

Na Europa oriental, o cavalo de pau tem um *pedigree* sobrenatural que contradiz a sua condição benigna no quarto das crianças do Ocidente. O *taltos* ou feiticeiro húngaro cavalgava com velocidade mágica num cavalo de junco — uma cana entre as pernas — que, por sua vez, se tornou modelo de um brinquedo camponês. No *Kalevala*, o herói Väinämöinen viaja para o norte num garanhão de palha imitado por gerações de meninos e meninas finlandeses. Na Rússia, o cavalo tem uma ressonância cultural especial como símbolo do legado asiático do país — as ondas sucessivas de invasões de cavaleiros nômades da estepe, dos cazares aos mongóis, que configuraram o rumo da história russa. O cavalo se tornou a grande metáfora poética do destino da Rússia. Pushkin lhe deu início com O *cavaleiro de bronze*.

        Aonde galoparás, altivo corcel,
        Onde pousarão teus cascos velozes?[168]

Para os círculos simbolistas que Kandinski frequentava, o cavalo era símbolo da estepe asiática na qual se construíra a civilização europeia da Rússia. Aparecia constantemente em quadros simbolistas (talvez o mais famoso seja O *banho do cavalo vermelho*, 1912 e era *leitmotif* da poesia cita, de "Égua das estepes", de Blok, a "O pálido cavaleiro", de Briussov. E o som dos cascos dos cavalos mongóis a se aproximar vindos da estepe ecoa pela Petersburgo de Bieli. Atribuir um "lado sombrio" ao cavalo do pau da Rússia, onde sem dúvida as crianças brincam com ele com toda a inocência, seria absurdo. Mas, desde pequenos, os russos sabem o que significa "galopar num corcel da estepe". Sentem sob os pés o alarido pesado dos cascos dos cavalos na estepe asiática.

7

A Rússia pela lente soviética

1

Akhmatova chegou à Casa da Fonte, o ex-palácio dos Sheremetev, em 1918, quando foi morar lá com o segundo marido, Vladimir Chileiko. A casa continuava a ser o que sempre fora, um santuário contra a destruição da guerra e da revolução que transformara Petersburgo nos quatro anos passados desde que rebatizada de Petrogrado;* mas, como a cidade (que perdera a condição de capital), a beleza do palácio era retrospectiva. O último proprietário, conde Serguei, neto de Praskovia e Nicolai Petrovich, conservara a casa como museu da família. Ele mesmo escrevera vários livros sobre a história do clã Sheremetev. Durante a Revolução de Fevereiro de 1917, quando a multidão foi até a casa e exigiu armas para ajudá-los na luta contra os últimos soldados leais ao tsar, o conde abrira os armários da coleção do marechal de campo Boris Petrovich, que construiu o palácio, e lhes entregou algumas lanças e achas de guerra do século XVI.[1] Para salvar o lar da violência da turba, ele o entregou ao Estado e assinou um acordo com o governo soviético recém-instalado para preservar a casa como museu antes que a família fugisse para o estrangeiro. Os antigos

---

* Depois de deflagrada a Primeira Guerra Mundial, o nome germanizado de São Petersburgo foi mudado para o mais eslavo Petrogrado para amainar o sentimento patriótico. A cidade manteve esse nome até 1914, quando, depois da morte de Lenin, foi rebatizada de Leningrado.

criados dos Sheremetev foram mantidos e Shileiko, especialista jovem e brilhante em arqueologia do Oriente Médio que fora tutor dos netos do último conde e amigo íntimo da família, teve permissão de manter o seu apartamento na ala norte. Akhmatova conhecia Shileiko desde antes da guerra, quando ele era um poeta menor do círculo boêmio do cabaré literário *Brodiachaia Sobaka* (Cão Vadio), juntamente com Mandelstam e o ex-marido dela, o poeta Nikolai Gumilev. Mais do que apenas um cenário para o romance com Shileiko, a Casa da Fonte a atraiu para ele de um modo espiritual. O lema dos Sheremetev, "*Deus conservat omnia*" ("Deus conserva tudo"), inscrito na cota de armas da Casa da Fonte onde ela moraria durante trinta anos, se tornou o princípio condutor e redentor da vida e da arte de Akhmatova.

Embora tivesse apenas 29 anos quando se mudou para o palácio dos Sheremetev, Akhmatova, como o seu novo lar, vinha de um mundo desaparecido. Nascida em 1889, frequentara a escola de Tsarskoie Selo, onde, como Pushkin, se embebera do espírito da poesia francesa. Em 1911, foi para Paris, onde fez amizade com o pintor Amedeo Modigliani, cujo retrato dela, um entre muitos, ficou até 1952 no seu apartamento na Casa da Fonte. Os seus primeiros poemas foram influenciados pelos simbolistas. Mas, em 1913, ela se uniu a Gumilev e Mandelstam num novo grupo literário, os acmeístas, que rejeitaram o misticismo dos simbolistas e voltaram aos princípios poéticos clássicos de clareza, concisão e expressão precisa da experiência emocional. Ela foi aclamada pelos poemas de amor de *Noite* (1912) e depois *Rosário* (1914): a acessibilidade e a simplicidade do estilo dos seus versos tornaram a poesia fácil de guardar de cor; e a voz e sensibilidade femininas, naquela época novidades na Rússia, a tornaram popular, principalmente entre as mulheres. Akhmatova teve muitas imitadoras do seu estilo inicial, fato que lamentaria anos depois. Como escreveu em "Epigrama" (1958):

> Ensinei as mulheres a falar [...]
> Mas, Senhor, como fazê-las parar![2]

Às vésperas da Primeira Guerra Mundial, Akhmatova estava no ápice do sucesso. Alta e belíssima, vivia cercada de amigos, amantes e admiradores. Liberdade, alegria e espírito boêmio encheram esses anos. Ela e Mandelstam faziam-se rir "tanto que caíamos no sofá, que cantava com todas as suas molas".[3] Então, de repente, com o início da guerra, "envelhecemos cem anos", como disse ela no poema "In Memoriam, 19 de julho de 1914" (1916):

> Envelhecemos cem anos,
>
> O que aconteceu em uma única hora:
> O breve verão já terminara,
> O corpo das planícies aradas fumegava.
>
> De repente, a estrada tranquila explodiu em cor,
> Um lamento se ergueu como um dobre de prata...
> Cobrindo o rosto, implorei a Deus
> Que me destruísse antes da primeira batalha.
>
> Como um fardo agora desnecessário,
> As sombras da música e da paixão sumiram
> da minha memória.
> E uma vez vazia, o Senhor ordenou
> que se tornasse um sombrio livro de calamidades.[4]

Depois de todos os horrores da Primeira Guerra Mundial e da Revolução Russa, o estilo lírico e íntimo da poesia de Akhmatova parecia vir de um mundo diferente. Parecia fora de moda, vindo de outro século.

A Revolução de Fevereiro varrera não só a monarquia como também toda uma civilização. Os liberais e os socialistas moderados como Alexandre Kerenski, que formaram o Governo Provisório para conduzir o país até o final da Primeira Guerra Mundial e a eleição de uma Assembleia Constituinte, supuseram que a Revolução poderia ser confinada à esfera política. Mas, quase da noite para o dia, todas as instituições com autoridade desmoronaram — a Igreja, o sistema jurídico, o poder da nobreza sobre a terra, a autoridade dos oficiais do exército e da marinha, a deferência a personagens mais velhos —, de modo que o único poder real do país passou para as mãos dos comitês revolucionários locais (os Sovietes) de operários, camponeses e soldados. Foi em seu nome que os bolcheviques de Lenin tomaram o poder em outubro de 1917 e instituíram a sua ditadura do proletariado. Esta se consolidou quando saíram da guerra e compraram a paz com a Alemanha. O custo do tratado de Brest-Litovsk, assinado em março de 1918, foi um terço da terra agrícola do Império Russo e mais da metade da sua base industrial, pois a Polônia, os territórios do Báltico e a maior parte da Ucrânia receberam independência nominal sob proteção alemã. A Rússia soviética, como potência europeia, reduziu-se a uma condição comparável à de Moscóvia no século XVII. Com os remanescentes do exército imperial, os bolcheviques criaram o Exército Vermelho para lutar contra os Brancos (uma reunião heterogênea de monarquistas, democratas e socialistas opostos ao regime soviético) e contra as forças intervencionistas da Grã-Bretanha, da França, do Japão, dos EUA e de uma dúzia de outras potências ocidentais que os apoiaram na guerra civil de 1918 a 1921.

Vista popularmente como guerra contra todos os privilégios, a ideologia prática da Revolução Russa devia menos a Marx — cujas obras mal eram conhecidas pelas massas semianalfabetas — e mais aos costumes igualitários e anseios utópicos do campesinato. Muito antes de ser escrita por Marx, o povo russo vivera segundo a ideia de que o excesso de riqueza era imoral, que toda propriedade era roubo e que o trabalho manual era a única fonte verdadeira de valor. Na mente do camponês russo, havia virtude cristã em ser pobre — fato que os bolcheviques exploraram com brilho quando chamaram o seu jornal de *O pobre camponês* (*Krestianskaia bednota*). Essa aspiração à *pravda*, a verdade e justiça social, é que deu à Revolução a sua condição semirreligiosa na consciência popular: a guerra à riqueza privada era um purgatório sangrento a caminho do paraíso na Terra.

Ao dar forma institucional a essa cruzada, os bolcheviques conseguiram aproveitar a energia revolucionária daqueles numerosos elementos entre os pobres que se satisfaziam ao ver os ricos e poderosos destruídos, ainda que essa destruição não trouxesse nenhuma melhora à sua própria sorte. Deram licença aos Guardas Vermelhos e a outros grupos autonomeados de trabalhadores armados para que atacassem as casas dos "ricos" e confiscassem a sua propriedade. Eles prenderam as classes ociosas e as obrigaram a cumprir tarefas como limpar a neve ou catar o lixo das ruas. Akhmatova recebeu ordem de limpar as ruas em torno da Casa da Fonte.[5] Os Comitês de Moradia (em geral formados por ex-porteiros e criados domésticos) foram orientados a transferir os pobres urbanos para os aposentos das antigas elites privilegiadas. Palácios como a Casa da Fonte foram subdivididos e transformados em prédios de apartamentos. Pouco depois da tomada do poder, os bolcheviques deflagraram uma campanha de terror em massa, estimulando operários e camponeses a denunciar os vizinhos aos Tribunais Revolucionários e à Cheka local, ou polícia política. Quase tudo podia ser concebido como "contrarrevolucionário" — esconder propriedade, chegar atrasado ao trabalho, embebedar-se ou demonstrar comportamento desregrado — e as prisões logo se encheram. A maioria dos presos pela Cheka nos primeiros anos do regime bolchevique foi denunciada por vizinhos, muitas vezes em consequência de alguma vingança. Nesse clima de terror em massa, nenhum espaço privado ficou intocado. Todos viviam sob vigilância constante, fiscalizados o tempo todo pelos Comitês de Moradia, sempre com medo da prisão. Não era época para poesia lírica.

Akhmatova foi desdenhada como personagem do passado. Os críticos de esquerda disseram que a sua poesia privada era incompatível com a nova ordem coletivista. Outros poetas da sua geração, como Pasternak, conseguiram se adaptar às novas condições da Revolução. Ou, como Maiakovski, estavam prontos para ela. Mas Akhmatova tinha raízes numa tradição clássica derrubada em 1917 e achou difícil se entender, como fez Mandelstam, com o novo ambiente. Escreveu pouquíssimo nos primeiros anos soviéticos. A sua energia foi consumida pela luta para sobreviver às condições difíceis da guerra civil em Petrogrado, onde a falta crônica de alimentos e combustível reduziu a população a menos da metade enquanto os habitantes morriam ou fugiam da cidade faminta para o campo. Árvores e casas de madeira foram derrubadas e usadas como lenha; cavalos jaziam mortos no meio da rua; as águas dos rios Moika e Fontanka se encheram de lixo; verminoses e doenças se disseminaram; e a vida cotidiana da capital dos tsar pareceu retornar à época pré-histórica, com pessoas desesperadas atrás de um pedaço de pão para comer ou de madeira para queimar.⁶

> E, confinados a esta capital selvagem,
> Esquecemos para sempre
> Os lagos, as estepes, as cidades
> E as auroras da nossa grande terra natal.
> Dia e noite no círculo sangrento
> Um langor brutal nos domina [...]
> Ninguém quer nos ajudar
> Porque ficamos em casa,
> Porque, por amar a cidade
> E não a liberdade alada,
> Preservamos para nós
> Os seus palácios, o seu fogo e água.
> Uma época diferente se aproxima,
> O vento da morte já gela o coração,
> Mas a cidade sagrada de Pedro
> Será sem querer o nosso monumento.⁷

Para a antiga *intelligentsia*, as condições de vida ficaram duríssimas. Na ditadura do proletariado, ela passou à parte de baixo da pilha social. Embora a maioria fosse recrutada pelo Estado para as equipes de trabalho, poucos tinham emprego. Mesmo que recebessem comida do Estado, era a ração mendicante de terceira classe, "pão apenas suficiente para não se esquecer do cheiro", nas palavras de Zinoviev, chefe do Partido em Petrogrado.[8] Gorki assumiu a defesa da *intelligentsia* faminta de Petrogrado e implorou aos bolcheviques, entre os quais era muito prestigiado pelo compromisso esquerdista anterior a 1917, rações especiais e acomodações melhores. Criou um refúgio para escritores, seguido mais tarde por uma Casa dos Artistas, e fundou uma editora própria, chamada Literatura Mundial, para publicar edições baratas dos clássicos para as massas. A Literatura Mundial deu serviço a um número imenso de escritores, músicos e artistas plásticos como tradutores e revisores. Na verdade, muitos grandes nomes da literatura do século XX (Zamiatin, Babel, Chukovski, Khodassevich, Mandelstam, Piast, Zoschenko, Blok e Gumilev) deveram a sobrevivência nesses anos de fome ao patrocínio de Gorki.

Akhmatova também recorreu à ajuda de Gorki e lhe pediu trabalho e rações. Ela dividia com Shileiko a ração reduzida que recebia como assistente do departamento de relíquias do Museu Hermitage. Não tinham combustível para se aquecer, a disenteria era constante entre os moradores da Casa da Fonte e, por mais extravagante que pareça, tinham de alimentar um cão São Bernardo que Shileiko encontrara abandonado e que, no espírito do lema dos Sheremetev, eles decidiram manter. Gorki disse a Akhmatova que ela só conseguiria a mais mendicante das rações se fizesse algum tipo de serviço de escritório e a levou para ver a sua valiosa coleção de tapetes orientais. De acordo com Nadejda Mandelstam, "Akhmatova olhou os tapetes de Gorki, disse que eram bonitos e foi embora de mãos vazias. Acho que, em consequência disso, ela passou a alimentar um desagrado permanente por tapetes. Cheiravam demais a poeira e a um tipo de prosperidade estranha numa cidade que morria de forma tão catastrófica".[9] Talvez Gorki temesse ajudar Akhmatova; talvez não gostasse dela nem da sua poesia. Mas, em 1920, ela finalmente conseguiu emprego de bibliotecária no Instituto de Agronomia de Petrogrado e talvez Gorki tenha ajudado.

Em agosto de 1921, Nikolai Gumilev, ex-marido de Akhmatova, foi preso pela Cheka de Petrogrado, encarcerado por alguns dias e depois fuzilado sem julgamento pela acusação quase certamente falsa de participar de uma conspiração monarquista. Gumilev foi o primeiro grande poeta a ser executado pelos bolcheviques, embora muitos mais se seguissem. Com a sua morte, houve nas classes instruídas a sensação de que se ultrapassara uma fronteira: a sua civilização falecera. Os comoventes poemas de Akhmatova na coletânea *Anno Domini MCMXXI* (*No ano de Nosso Senhor de 1921*) eram como orações, como um réquiem pelo ex-marido e pelos valores do seu tempo.

> O outono manchado de lágrimas, qual viúva
> Em ervas negras nubla todos os corações [...]
> Ao recordar as palavras do marido,
> Ela soluça sem cessar.
> E assim será, até que a neve mais calada
> Se apiede dos cansados e tristonhos [...]
> Esquecidos da dor e esquecidos da glória —
> Abandonar a vida por isso não é coisa pouca.[10]

Akhmatova não tinha esperanças na Revolução, só temores. Mas deixou claro que achava um pecado os poetas abandonarem a Rússia após 1917:

> Não estou com aqueles que abandonaram a sua terra
> Às lacerações do inimigo.
> Estou surda às suas lisonjas grosseiras,
> Não lhes darei minhas canções.
>
> Mas para mim o exílio é para sempre uma pena,
> Como um prisioneiro, como um doente.
> Escura é a tua estrada, viajante,
> Cheira a losna o pão dos estrangeiros.

> Mas aqui, na fumaça cegante da conflagração
> Que destrói o que restou de juventude
> Não rechaçamos de nós
> Um único golpe.
>
> E sabemos que no ajuste final
> Cada hora se justificará [...]
> Mas não há na Terra ninguém tão sem lágrimas,
> Tão simples e tão cheio de orgulho.¹¹

Como todos os grandes poetas da Rússia, Akhmatova sentia a obrigação moral de ser a "voz da memória" do seu país.¹² Mas a sua noção de dever transcendia a nação; ela sentia um imperativo cristão de permanecer na Rússia e sofrer com o povo o seu destino. Como muitos poetas da sua geração, ela considerava a Revolução uma punição dos pecados e acreditava que a sua missão era compensar as transgressões da Rússia com a oração da poesia. Akhmatova foi uma poeta da redenção, a "última grande poeta da ortodoxia", de acordo com Chukovski, e o tema do sacrifício, de sofrer pela Rússia, surge em toda a sua obra.¹³

> Dai-me anos amargos de doença,
> Sufocação, insônia, febre,
> Levai meu filho e meu amante
> E o meu dom misterioso da canção —
> Isso rezo em vossa liturgia
> Depois de tantos dias atormentados
> Para que a nuvem tempestuosa sobre a Rússia escurecida
> Torne-se uma nuvem de raios gloriosos.¹⁴

A Casa da Fonte tinha lugar especial no universo de Akhmatova. Ela a via como um lugar abençoado, o núcleo espiritual de São Petersburgo, que se tornou a Cidade Ideal da sua poesia. Em vários poemas seus, comparou São Petersburgo ("a cidade sagrada de Pedro") a Kitej, a cidade lendária que preservou os seus valores sagrados dos mongóis infiéis ao sumir num reino espiritual no fundo do lago Svetloiar.[15] A Casa da Fonte era outro mundo enclausurado pela água. O seu santuário representava a civilização europeia, a cultura universal desaparecida pela qual Akhmatova ansiava nostalgicamente.* Ela se sentia atraída pela história da casa. Via-se como sua guardiã. No primeiro outono que passou lá conseguiu determinar que os carvalhos do jardim eram mais antigos do que a própria São Petersburgo. Eram mais duradouros do que qualquer governo.[16] Ela pesquisou a história do clã Sheremetev e sentia um apego especialmente íntimo por Praskovia, que tinha o mesmo "dom da canção" que ela e, como ela, vivera como *persona non grata* na Casa da Fonte.

> O que murmuras, meia-noite?
> Que importa, Parasha está morta,
> A jovem senhora do palácio.[17]

A história cultural do palácio foi uma verdadeira inspiração para Akhmatova. Ela sentia a presença dos grandes poetas russos que tinham sido ligados à casa. Tiutchev (amigo do conde Serguei); Viazemski, que visitara a casa (embora Akhmatova estivesse enganada na crença de que ele morrera no quarto onde morava);** e Pushkin, acima de tudo,

---

* Em 1945, no seu famoso encontro com a poeta na Casa da Fonte, o filósofo Isaiah Berlin perguntou a Akhmatova se, para ela, o Renascimento era um passado histórico real, habitado por seres humanos imperfeitos, ou a imagem idealizada de um mundo imaginário. "Ela respondeu que, naturalmente, era o último; para ela, toda poesia e arte era — aqui ela empregou uma expressão já usada por Mandelstam — uma forma de nostalgia, um anseio por uma cultura universal como Goethe e Schlegel a tinham concebido, do que fora transmutado em arte e pensamento [...]" (I. Berlin, "Meetings with Russian Writers in 1945 and 1956", em *Personal Impressions*, Oxford, 1982, p. 198).
** O quarto continha uma escrivaninha com o nome "Príncipe Viazemski" escrito, mas pertencera ao filho do poeta, que morreu naquele quarto em 1888. O poeta morrera em Baden-Baden dez anos antes (N. I. Popova e O. E. Rubinchuk, *Anna Akhmatova i fontanny dom*, São Petersburgo, 2000, p. 36-38).

o poeta que ela adorava e fora amigo do filho de Praskovia, Dmitri Sheremetev, pai do último dono da casa. Rejeitada pelos editores soviéticos por acharem os seus versos esotéricos demais, Akhmatova se aproximou ainda mais de Pushkin a partir de meados dos anos 1920. Ele também fora censurado, embora pelo tsar cem anos antes, e a sua identificação com ele deu um significado inigualável aos seus estudos sobre o poeta, tema de alguns dos seus melhores textos desse período. Como colega poeta, ela podia chamar a atenção para o modo como ele desafiara as autoridades escrevendo sobre política e outras questões morais em formas literárias disfarçadas — como ela fazia ao escrever sobre Pushkin.

Akhmatova e Shileiko se divorciaram em 1926. Ele fora um marido ciumento, com ciúmes não apenas dos outros amantes dela como do seu talento (certa vez, com raiva, chegara a queimar os seus poemas). Akhmatova se mudou da Casa da Fonte, mas logo voltou a morar lá com o novo amante, Nikolai Punin, e a esposa (de quem estava separado) no apartamento deles na ala sul. Punin era crítico de arte, um personagem importante do movimento futurista, mas, ao contrário de muitos futuristas, conhecia o valor cultural dos poetas do passado. Em 1922, num artigo corajoso, chegara a falar contra Trotski, que publicara um ataque no *Pravda* à poesia de Akhmatova e Tsvetaieva ("emigradas interna e externa") como "literatura irrelevante para Outubro".[18] Era um aviso do terror que viria.* Punin perguntou: "E se vestisse um casaco de couro e uma estrela do Exército Vermelho, Akhmatova seria relevante para Outubro?" Se Akhmatova seria rejeitada, "por que permitir as obras de Bach?"[19]

Apesar do seu compromisso com o grupo futurista de artistas de esquerda, o apartamento de Punin na Casa da Fonte mantinha o clima da Petersburgo pré-revolucionária. Sempre havia visitantes, conversas

---

* Os dois artigos de Trotski foram publicados apenas uma quinzena antes da expulsão do país de várias centenas de intelectuais importantes (acusados de "contrarrevolucionários") em setembro de 1922.

tarde da noite em volta da mesa da cozinha, gente dormindo no chão. Além da ex-mulher de Punin, da mãe e da filha dela e uma empregada doméstica chamada Anushka, sempre havia gente hospedada no minúsculo apartamento de quatro cômodos. Pelos padrões soviéticos, isso era muito mais espaço cúbico a que os Punin teriam direito e, em 1931, o filho de Anushka e a sua nova esposa, uma camponesa analfabeta que fora trabalhar como operária em Petrogrado, foram levados para lá pelo Comitê de Moradia, e o apartamento passou a ser comunitário.[20] A vida amontoada e a pobreza paralisante de viver do parco salário de Punin (pois a própria Akhmatova nada ganhava na década de 1930) tensionavam o relacionamento dos dois. Havia discussões frequentes por comida e dinheiro que costumavam transbordar para o corredor, de modo que os vizinhos escutavam.[21] Lidia Chukovskaia descreve a visita que fez a Akhmatova na Casa da Fonte em 1938, pouco antes do rompimento dela com Punin:

> Subi a traiçoeira escada dos fundos que pertencia a outro século, cada degrau da altura de três. Ainda havia alguma ligação entre a escada e ela, mas então! Quando toquei a campainha, uma mulher abriu a porta, limpando a espuma de sabão das mãos. Essa espuma e o saguão decadente, com restos de papel de parede descascado, foram de certa forma inesperados. A mulher andou à minha frente. A cozinha; roupa lavada na corda, a sua umidade batendo no rosto. A roupa molhada era exatamente como o final de uma história desagradável, como algo saído de Dostoievski, talvez. Além da cozinha, um pequeno corredor e, à esquerda, uma porta que levava ao seu quarto.[22]

2

A Casa da Fonte foi apenas um de muitos ex-palácios transformados em apartamentos comunitários depois de 1917. A mansão Volkonski em Moscou, onde a princesa Zinaida Volkonski mantivera o seu famoso salão nos anos 1820, foi transformada do mesmo modo em apartamentos para operários. O escritor soviético Nikolai Ostrovski morou num deles nos últimos anos de vida, de 1935 a 1936, depois do sucesso do seu romance realista socialista *Assim foi temperado o aço* (1932), que vendeu mais de 2 milhões de exemplares nos três primeiros anos e, em 1935, conferiu ao autor a mais elevada comenda soviética, a Ordem de Lenin.[23] Enquanto isso, o sobrinho neto de Zinaida, príncipe S. M. Volkonski, neto do dezembrista, morou de 1918 a 1921 num apartamento comunitário para operários nos subúrbios de Moscou.[24]

Nada ilustra melhor a realidade cotidiana da Revolução do que essa transformação do espaço doméstico. A nobreza das províncias foi privada das suas propriedades, as mansões queimadas ou confiscadas pelas comunas camponesas ou pelo soviete local, e os ricos foram forçados a dividir os seus grandes apartamentos com os pobres urbanos ou ceder os cômodos aos antigos criados domésticos e suas famílias. Essa "guerra contra os palácios" dos soviéticos era uma guerra ao privilégio e aos símbolos culturais do passado tsar. Mas também fazia parte da cruzada para construir um modo de vida mais coletivo que estava no âmago da revolução cultural da União Soviética. Ao forçar as pessoas a dividirem apartamentos comunitários, os bolcheviques acreditavam que conseguiriam torná-las comunistas no comportamento e no pensamento básicos. A propriedade e o espaço privados desapareceriam, a família patriarcal ("burguesa") seria substituída pela organização e pela fraternidade comunistas e a vida do indivíduo mergulharia na comunidade.

Nos primeiros anos da Revolução, o plano incluía a socialização do estoque existente de moradias: as famílias eram designadas para um único cômodo, às vezes até menos, nos antigos prédios de apartamentos, dividindo cozinhas e banheiros com outras famílias. Mas, a partir da década de 1920, novos tipos de moradia foram projetados para provocar essa transformação da mentalidade. Os arquitetos soviéticos mais radicais, como os construtivistas da União de Arquitetos Contemporâneos, propunham a destruição completa da esfera privada construindo casas comuns (*dom kommuny*) onde toda propriedade, incluindo até roupas comuns e íntimas, seriam compartilhadas pelos moradores, onde as tarefas domésticas como cozinhar e cuidar das crianças seriam atribuídas a equipes em esquema de rodízio e onde todos dormiriam num grande dormitório dividido por sexo, com quartos particulares reservados para relações sexuais.[25]

Poucas casas desse tipo chegaram a ser construídas, embora assomassem grandiosas na imaginação utópica e em romances futuristas, como *Nós* (1920), de Zamiatin. A maioria dos projetos que se materializaram, como o prédio do Narkomfin (Ministério da Fazenda), projetado pelo construtivista Moisei Ginzburg e construído em Moscou entre 1928 e 1930, tendiam a praticamente adotar a forma comunitária, com espaços de moradia privados e blocos comunitários com lavanderias e casas de banho, salas de jantar e cozinhas, creches e escolas.[26] Mas a meta continuava a ser manobrar a arquitetura de modo a induzir o indivíduo a se afastar das formas de domesticidade privadas ("burguesas") rumo a um modo de vida mais coletivo. Os arquitetos vislumbravam uma utopia onde todos morariam em enormes casas comunitárias que subiam até o céu, com grandes espaços verdes e abertos em volta (muito parecidas com as concebidas por Le Corbusier ou com o movimento das cidades-jardins na Europa da época), e tudo fornecido com base social, do entretenimento à eletricidade. Concebiam a cidade como um vasto laboratório para organizar o comportamento e a psique das massas, como ambiente totalmente controlado onde os impulsos egoístas dos indivíduos pudessem ser racionalmente remoldados para funcionar como uma única máquina ou corpo coletivo.[27]

A meta dos bolcheviques sempre foi criar um novo tipo de ser humano. Como marxistas, acreditavam que a natureza humana era produto do desenvolvimento histórico e, portanto, podia ser transformada por uma revolução no modo de vida das pessoas. Lenin foi profundamente influenciado pelas ideias do fisiologista Ivan Sechenov, que defendia que o cérebro era um dispositivo eletromecânico que reagia a estímulos externos. O materialismo de Sechenov foi o ponto de partida da pesquisa de I. P. Pavlov sobre os reflexos condicionados do cérebro (especificamente, do cérebro dos cães), que teve todo o apoio do governo soviético apesar das conhecidas opiniões antissoviéticas do cientista. Era onde ciência e socialismo se encontravam. Lenin falava do trabalho de Pavlov como "de uma importância imensa para a nossa revolução".[28] Trotski se encheu de lirismo ao falar da "real possibilidade científica" de reconstruir o homem:

> O que é o homem? Não é, de modo algum, um ser acabado nem harmonioso. Não, ainda é uma criatura muito esquisita. O homem, como animal, não evoluiu de acordo com um plano, mas espontaneamente, e acumulou muitas contradições. A questão de como educar e regular, de como melhorar e completar a construção física e espiritual do homem é um problema colossal que só pode ser entendido com base no socialismo. Podemos construir uma ferrovia que atravesse o Saara, podemos

construir a Torre Eiffel e falar diretamente com Nova York, mas decerto não podemos aprimorar o homem. Sim, podemos! Produzir uma nova "versão melhorada" do homem: eis a tarefa futura do comunismo. E para isso temos primeiro de descobrir tudo sobre o homem, a sua anatomia, a sua fisiologia e aquela parte da sua fisiologia que é chamada de psicologia. O homem tem de olhar para si e se ver como matéria-prima ou, no máximo, como produto semimanufaturado e dizer: "Finalmente, meu caro *Homo sapiens*, vou trabalhar com você."[29]

O artista também tinha um papel fundamental a desempenhar na construção do homem soviético. Foi Stalin o primeiro a usar, em 1932, a famosa expressão sobre o artista como "engenheiro da alma humana". Mas o conceito do artista como engenheiro estava no centro de toda a vanguarda soviética (não só dos artistas que seguiam a linha do Partido) e aplicou-se a muitos grupos experimentais e de esquerda que dedicaram a sua arte à construção de um Novo Mundo depois de 1917: os construtivistas, os futuristas, os artistas alinhados ao Proletkult e à Frente de Esquerda das Artes (LEF), Vsievolod Meyerhold no teatro ou o grupo Kinok e Eisenstein no cinema — todos compartilhavam amplamente o ideal comunista. Todos esses artistas estavam envolvidos em revoluções próprias contra a arte "burguesa" e convencidos de que poderiam treinar a mente humana para ver o mundo de um modo mais socialista por meio de novas formas artísticas. Consideravam o cérebro uma máquina complexa que poderiam recondicionar por meio de reflexos produzidos pela sua arte mecanicista (montagem cinematográfica, biomecânica no teatro, arte industrial, etc.). Como acreditavam que a consciência era configurada pelo ambiente, concentraram-se em formas de arte como a arquitetura e o documentário, a fotomontagem e os cartazes, projetos para roupas e tecidos, móveis e utensílios domésticos que tivessem impacto direto na vida cotidiana.

Os construtivistas estavam na primeira fila desse movimento para levar a arte à união com a vida. Nos seus manifestos iniciais, escritos em 1921, afastaram-se da história da arte e rejeitaram a pintura de cavalete e outros modos artísticos do gênero como individualistas e irrelevantes para a nova sociedade; como "construtores" e "técnicos", declararam, ao contrário, o seu compromisso com o projeto e a produção de objetos práticos que acreditavam poder transformar a vida social.[30] Com esse fim, Varvara Stepanova e Vladimir Tatlin desenharam roupas e uniformes para trabalhadores. Os modelos de Stepanova, muito geométricos e impessoais, romperam as divisões entre roupas masculinas e femininas. Os modelos de Tatlin subordinavam o elemento artístico à funcionalidade. Um casaco masculino de primavera, por exemplo, era projetado para ser leve e ainda assim reter o calor, mas feito de tecido não tingido e sem elementos decorativos.[31] Alexandre Rodchenko e Gustav Klutsis usaram fotomontagens para inserir agitação em anúncios comerciais e até embalagens. El Lissitzky (convertido tardio à arte de produção dos construtivistas) projetou móveis simples e leves que podiam ser produzidos em massa para uso padronizado. Eram versáteis e de fácil transporte, como necessário nas circunstâncias instáveis da casa comunitária. A sua cama dobrável era um bom exemplo da filosofia construtivista. Era extremamente prática, realmente economizava espaço nos apinhados apartamentos soviéticos e, ao mesmo tempo, na medida em que permitia ao indivíduo mudar o lugar de dormir e o parceiro de cama, era projetada para ser instrumental no movimento comunista de romper as relações conjugais da família burguesa.[32]

O movimento Proletkult (Cultura Proletária) era igualmente dedicado à ideia do artista que promovia novas formas de vida social. "Uma ciência, arte, literatura e moralidade novas", escreveu em 1918 Pavel Lebedev-Polianski, um dos seus fundadores, "prepara um novo ser humano com um novo sistema de emoções e crenças."[33] As origens do movimento datavam da década de 1900, quando o grupo Avante (*Vperedist*) de social-democratas (Gorki, Bogdanov e Anatoli Lunacharski) criou escolas na Itália para trabalhadores secretamente saídos da Rússia.

O objetivo era educar uma camada de "socialistas proletários conscientes", um tipo de *intelligentsia* da classe operária que depois disseminaria o seu conhecimento aos outros trabalhadores e, portanto, asseguraria a criação pelo movimento revolucionário da sua própria revolução cultural. Na opinião dos vperedistas, o desenvolvimento orgânico de uma cultura da classe operária era requisito essencial para o sucesso de uma revolução socialista e democrática, porque o conhecimento era a chave do poder e, até que o controlassem, as massas dependeriam da burguesia. Os vperedistas se chocaram amargamente com Lenin, que desdenhava o potencial dos operários como força cultural independente, mas, depois de 1917, quando os líderes bolcheviques se preocupavam com a questão mais premente da guerra civil, a política cultural foi deixada principalmente nas suas mãos. Lunacharski recebeu o título evocativo de Comissário do Esclarecimento (ou Instrução Pública), enquanto Bogdanov assumia a liderança do movimento Proletkult. No seu ápice, em 1920, o Proletkult afirmava ter mais de 400 mil membros nos seus teatros e clubes de fábrica, oficinas de artistas e grupos de redação criativa, coros e bandas marciais, organizados em cerca de trezentas filiais espalhadas pelo território soviético. Havia até uma Universidade Proletária em Moscou e uma *Enciclopédia socialista*, cuja publicação foi considerada por Bogdanov uma preparação para a futura civilização proletária, assim como, na sua opinião, a *Encyclopédie* de Diderot fora uma tentativa da burguesia em ascensão na França do século XVIII de preparar a sua revolução cultural própria.[34]

Como seria de esperar num movimento tão amplo, houve grande diversidade de opiniões sobre o conteúdo apropriado dessa cultura revolucionária. A principal divisão ideológica dizia respeito à relação, na civilização proletária, entre o novo e o velho, o soviético e o russo. Na extrema esquerda do Proletkult havia uma forte tendência iconoclasta que se alegrava com a destruição do velho mundo. "Está na hora de as balas apimentarem os museus", declarou Maiakovski, fundador da LEF, associação frouxa de futuristas e construtivistas que buscava ligar a vanguarda ao Proletkult e ao Estado soviético. Ele desdenhava os clássicos como "velho lixo estético" e brincava que Rastrelli, o grande construtor de palácios de São Petersburgo, deveria ser levado ao paredão (em russo, *rasstreliat* significa executar). Boa parte disso era fanfarronice intelectual, como esses versos do poema "Nós", de Vladimir Kirilov, o poeta do Proletkult:

> Em nome do nosso amanhã queimamos Rafael,
> Destruímos o museu e pisoteamos a Arte.[35]

Mas também havia a fé utópica de que uma nova cultura seria construída sobre os escombros da velha. Os membros mais dedicados do Proletkult acreditavam seriamente na ideia de uma civilização puramente soviética expurgada por completo de elementos históricos e nacionais. Essa "cultura soviética" seria internacionalista, coletivista e proletária. Haveria filosofia proletária, ciência proletária e artes plásticas proletárias. Sob a influência dessas ideias, surgiram formas de arte experimentais. Houve filmes sem atores profissionais (usando "tipos" selecionados nas ruas), orquestras sem maestro e "concertos na fábrica" com sirenes, assovios, buzinas, colheres e tábuas de lavar roupa como instrumentos. Shostakovich (talvez de brincadeira) usou o som de apitos de fábrica no clímax da Segunda Sinfonia ("A Outubro"), em 1927.

Mas seria possível construir uma cultura nova sem aprender com a velha? Como ter uma "cultura proletária" ou uma "*intelligentsia* proletária" sem que antes o proletariado fosse educado nas artes e ciências da antiga civilização? E se fossem assim educados, eles ou a sua cultura ainda seriam proletários? Os membros mais moderados do Proletkult foram forçados a reconhecer que não poderiam construir a sua nova cultura totalmente do nada e que, por mais utópicos que fossem os planos, boa parte do seu trabalho consistiria em educar os trabalhadores na cultura antiga. Depois de 1921, assim que a vitória bolchevique na guerra civil foi assegurada, a política oficial estimulou uma certa reaproximação com o setor da "pequena burguesia" (isto é, camponeses e pequenos comerciantes) e o que restava da *intelligentsia* por meio da Nova Política Econômica (NEP).

Lenin, conservador em questões artísticas, sempre se consternara com o niilismo cultural da vanguarda. Certa vez, confessou a Klara Zetkin, comunista alemã, que não conseguia entender nem extrair nenhum prazer das obras de arte moderna. A sua política cultural se baseava firmemente nos ideais iluministas da *intelligentsia* do século XIX, e ele era da opinião que a tarefa da Revolução era erguer a classe operária ao nível da antiga cultura de elite. Como explicou a Zetkin, "devemos conservar o belo, adotá-lo como modelo, usá-lo como ponto de partida, mesmo que seja 'velho'. Por que virar as costas ao verdadeiramente belo só porque é 'velho'? Por que nos curvar diante do novo como se fosse Deus só porque é 'novo'?"[36]

Mas a pressão sobre o Proletkult vinha tanto de baixo quanto de cima. A maioria dos operários que visitava os clubes queria aprender a falar francês ou dançar em pares; queriam se tornar, como diziam, mais "*kul'turny*" ("aculturados"), querendo dizer mais "refinados". Nos seus hábitos e gostos artísticos, as massas russas pareciam resistir às experiências da vanguarda. Havia pouco entusiasmo real pela moradia comunitária, que nunca fugia às associações com a triste necessidade. Até os moradores das casas comunitárias raramente usavam o espaço social: pegavam as refeições na cantina e iam comer na cama, em vez de usar a sala de jantar comunitária.[37] Na casa comunitária modelo do Soviete de Moscou, construída em 1930, os moradores puseram ícones e calendários de santos nas paredes do dormitório.[38] As imagens da vanguarda, distantes da realidade, eram igualmente estranhas para um povo cujo contato limitado com as artes visuais se baseava no ícone. Depois de decorar as ruas de Vitebsk para o primeiro aniversário da Revolução de Outubro, as autoridades locais perguntaram a Chagall: "Por que a vaca é verde e por que a casa está voando no céu, por quê? Qual é a ligação com Marx e Engels?"[39] Pesquisas sobre hábitos populares de leitura nos anos 1920 mostram que os operários continuavam a preferir as histórias de aventuras que liam antes de 1917 e até os clássicos do século XIX à "poesia proletária" da vanguarda.[40] A nova música teve o mesmo insucesso. Num "concerto na fábrica", houve tanta cacofonia de sirenes e buzinas que nem os trabalhadores reconheceram a música do que deveria ser o hino da sua civilização proletária: era a Internacional.[41]

3

"Para nós, a arte mais importante de todas é o cinema" são palavras atribuídas a Lenin.[42] Ele valorizava o cinema acima de tudo pelo seu papel na propaganda. Num país como a Rússia, onde, em 1920, somente dois em cada cinco adultos sabiam ler,[43] o cinema era uma arma vital na batalha para aumentar o alcance do Partido até o campo mais distante, onde se instalaram cinemas improvisados em igrejas e salões comunitários requisitados nas aldeias. Trotski disse que o cinema competiria com a taberna e a igreja: falaria a uma sociedade jovem, cujo caráter se formava, como o de uma criança, pelas brincadeiras.[44] O fato de que, no início dos anos 1920, quase metade do público dos cinemas soviéticos tinha idade entre 10 e 15 anos (idade em que as ideias políticas começam a se formar na mente) era uma das principais virtudes dessa mídia no que dizia respeito aos seus patrocinadores no Kremlin.[45] Ali estava a forma de arte da nova sociedade socialista: tecnologicamente mais avançada, mais democrática e mais "fiel à vida" do que todas as artes do velho mundo.

"O teatro é um jogo. O cinema é a vida", escreveu um crítico soviético em 1927.[46] Foi o realismo da imagem fotográfica que fez do cinema a "arte do futuro" na União Soviética.[47] Outras formas de arte representavam a vida, mas só o cinema a captava e a reorganizava numa nova realidade. Era essa a premissa do grupo Kinok, formado em 1922 pelo brilhante diretor Dziga Vertov, a sua mulher e editora de cinema documental Elizaveta Svilova e Mikhail Kaufman, irmão dele e câmera ousado que estivera no Exército Vermelho durante a guerra civil. Os três estavam envolvidos na produção de filmes de propaganda da *agitprop* soviética. Ao viajarem em "agit-trens" especiais pelas regiões da linha de frente na guerra civil, eles notaram que os aldeões a quem mostravam os filmes não tinham expectativa de uma narrativa. A maioria jamais assistira a filmes nem peças. "Eu era gerente do vagão-cinema de um dos agit-trens", escreveu Vertov mais tarde. "A plateia era formada de camponeses analfabetos ou semianalfabetos. Não conseguiam ler nem as legendas. Esses espectadores intactos não entenderiam as convenções teatrais."[48] A partir dessa descoberta, o grupo Kinok se convenceu de que o futuro do cinema na Rússia soviética estaria nos documentários. A ideia básica do grupo se revelava no nome. A palavra *Kinok* era um amálgama de *kino* (cinema) e *oko* (olho) — e os *kinoki*, ou "cine-olhos", estavam envolvidos numa batalha pela visão. O grupo declarou guerra aos filmes de ficção dos estúdios, as "fábricas de sonhos" que tinham escravizado as massas à burguesia, e levaram a câmera para as ruas para fazer filmes cujo propósito era "captar a vida como ela é" — ou melhor, na medida em que a sua meta era "ver e mostrar o mundo em nome da revolução proletária", captar a vida como ela deveria ser.[49]

Esse elemento de manipulação era a diferença fundamental entre os *kinoki* e o que passaria a ser chamado de *cinema verité* ou cinema--verdade na tradição cinematográfica ocidental: o *cinema verité* aspirava a um naturalismo relativamente objetivo, enquanto os *kinoki* (apesar das alegações em contrário) arranjavam as suas imagens da vida real de um jeito simbólico, talvez porque a sua abordagem visual tivesse raízes na tradição icônica da Rússia. *O homem com a câmera* (1929), filme mais famoso do grupo Kinok, é um tipo de sinfonia de imagens de um dia na metrópole soviética ideal, começando com cenas de manhãzinha com diversos tipos de trabalho e avançando até os esportes e recreações noturnas. Termina com uma visita ao cinema onde *O homem com a câmera* está na tela. O filme é cheio desses truques e brincadeiras visuais, projetado para derrubar as fantasias do filme de ficção. Mas o que surge dessa ironia brincalhona, mesmo que seja preciso ver muitas vezes para decodificar, é um brilhante discurso intelectual sobre visão e realidade. O que vemos quando olhamos um filme? A vida "como ela é" ou como é representada para as câmeras? A câmera é uma janela para a vida ou faz a própria realidade?

Vertov, como todos os diretores soviéticos de vanguarda, queria que o cinema mudasse a forma como os espectadores viam o mundo. Para construir a consciência soviética, adotaram uma nova técnica, a montagem. Ao interpor tomadas para criar associações e contrastes chocantes, a montagem visava a manipular as reações do público, direcionando-o às ideias a que o diretor queria que chegasse. Lev Kuleshov foi o primeiro diretor a usar montagem no cinema, muito antes de ser adotada no Ocidente. Ele chegou à técnica por acaso, quando a escassez crônica de filme virgem durante a guerra civil o levou a experimentar fazer filmes novos cortando e rearrumando pedacinhos de filmes velhos. A escassez de filme obrigou todos os primeiros diretores soviéticos a planejar as cenas primeiro em papel (*storyboarding*). O efeito foi reforçar a composição intelectual dos filmes como uma sequência de gestos e movimentos simbólicos. Kuleshov acreditava que o significado visual do filme era mais bem transmitido pelo arranjo (montage) dos quadros e não pelo conteúdo das tomadas individuais, como praticado pelos filmes mudos e até nas primeiras experiências de montagem de D. W. Griffith, nos Estados Unidos. De acordo com Kuleshov, era por meio da montagem de imagens contrastantes que o cinema conseguiria criar significado e emoções na plateia. Para demonstrar a sua teoria, ele contrapôs um único close-up neutro do ator Ivan Mozzukhin com três sequências visuais diferentes: um prato de sopa fumegante, um corpo de mulher deitado num caixão e uma criança brincando. No fim das contas, a plateia interpretou o significado do close-up de acordo com o contexto em que estava situado e viu fome no rosto de Mozzukhin na primeira sequência, pesar na segunda e alegria na terceira, embora as três tomadas fossem idênticas.⁵⁰ Todos os outros grandes diretores de cinema soviéticos da década de 1920 usaram montagens: Dziga Vertov, Vsievolod Pudovkin, Boris Barnet e, na sua forma mais intelectualizada, Serguei Eisenstein. A montagem era tão fundamental para o efeito visual do cinema experimental soviético que os seus expoentes temeram que o seu meio de expressão se destruísse com a chegada do filme sonoro. A essência da arte cinematográfica, na visão desses diretores, estava na orquestração das imagens e no uso do movimento e da pantomima para sugerir emoções e ideias. A introdução do elemento verbal estava destinada a reduzir o cinema a um substituto barato do teatro. Com o surgimento do som, Eisenstein e Pudovkin propuseram usá-lo "contrapontisticamente", contrastando som e imagens como mais um elemento da montagem.⁵¹

A montagem exigia um tipo diferente de atuação capaz de transmitir o significado do filme de forma rápida e econômica. Boa parte da teoria por trás dessa nova maneira de representar derivava do trabalho de François Delsarte e Émile Jacques Dalcroze, que desenvolveram sistemas de pantomima, dança e ginástica rítmica (euritmia). O sistema se baseava na ideia de que era possível usar combinações de gestos e movimentos para transmitir ideias e emoções para a plateia, e essa mesma ideia foi aplicada por Kulechov tanto ao treinamento dos atores quanto à edição da montagem para o cinema.

O sistema Delsarte-Dalcroze fora levado à Rússia pelo príncipe Serguei Volkonski no início dos anos 1910. O neto do dezembrista fora diretor do Teatro Imperial de 1899 a 1901 e demitido depois de romper com a primeira bailarina (e amante do tsar) Mathilde Kshesinskaia. A causa da demissão foi uma crinolina. Kshesinskaia se recusou a usá-la no balé *Kamargo* e, quando Volkonski a multou, ela convenceu o tsar a demiti-lo do cargo. Volkonski poderia ter salvado a carreira rescindindo a multa, mas, como o avô, não era do tipo que se desviaria por ordem da corte do que considerava seu dever profissional.⁵² O único verdadeiro legado do breve mandato de Volkonski foi a descoberta de Diaguilev, que promoveu ao seu primeiro cargo no mundo do teatro como editor da revista anual do Teatro Imperial.* Depois de 1901, Volkonski se tornou um dos críticos de teatro e artes plásticas mais importantes da Rússia. Assim, quando começou a propagandear o sistema Delsarte-Dalcroze e chegou a fundar uma escola de ginástica rítmica em Petersburgo, atraiu muitos convertidos no teatro russo, como Diaguilev e os seus Ballets Russes. A essência dos ensinamentos de Volkonski era a concepção do corpo humano como um dínamo cujos movimentos rítmicos podem ser treinados para exprimir de forma subconsciente as emoções exigidas pela obra de arte.** Volkonski concebia o corpo humano como uma máquina que obedece às "leis gerais da mecânica", mas que é "lubrificada e movida pelo sentimento".⁵³ A partir de 1917, essa ideia foi adotada pelos círculos teatrais e cinematográficos soviéticos, nos quais teorias semelhantes de "biomecânica" eram defendidas por Meyerhold, o grande diretor de vanguarda. Em 1919, Volkonski criou um Instituto Rítmico em Moscou. Até ser forçado a fugir da Rússia soviética em 1921, também ensinou as suas teorias na Primeira Escola Estatal de Cinema, onde Kuleshov foi um dos diretores influenciados por elas. Na oficina do próprio Kuleshov, fundada em Moscou em 1920, os atores eram treinados num léxico de gestos e movimentos baseados nos princípios rítmicos de Volkonski.⁵⁴

Dos diretores soviéticos de vanguarda mais importantes, muitos se formaram na oficina de Kuleshov, entre eles Pudovkin, Barnet e

---

* Diaguilev foi demitido quando Volkonski saiu do Teatro Imperial. A demissão de Diaguilev fez com que fosse cortado de qualquer futuro emprego no Teatro Imperial, de modo que, em certo sentido, Volkonski influenciou a fundação dos Ballets Russes.
** A teoria não era muito diferente da concepção de Gordon Craig do ator como "supermarionete", com a distinção importante de que os movimentos do ator de Craig eram coreografados pelo diretor, enquanto o ator de Volkonski deveria internalizar esses impulsos rítmicos a ponto de se tornarem inteiramente inconscientes. Ver também M. Yampolsky, "Kuleshov's Experiments and the New Anthropology of the Actor", em R. Taylor e I. Christie, *Inside the Film Factory: New Approaches to Russian and Soviet Cinema*, Londres, 1991, p. 32-33.

Eisenstein. Nascido em Riga em 1898, Serguei Eisenstein era filho de um famoso arquiteto do *style moderne*, de origem russo-germano--judaica. Em 1915, foi a Petrogrado estudar para se tornar engenheiro civil. Foi lá, em 1917, que, como estudante de 19 anos, envolveu-se na multidão revolucionária que se tornaria tema dos seus filmes históricos. Na primeira semana de julho, Eisenstein participou de manifestações bolcheviques contra o Governo Provisório e se viu no meio do povo quando atiradores da polícia escondidos nos telhados acima da avenida Nevski abriram fogo contra os manifestantes. Houve gente correndo para todo lado. "Vi pessoas bem fora de forma e até mal equipadas para correr numa fuga desabalada", recordou ele.

> Relógios em correntes pularam do bolso dos coletes. Cigarreiras saíram voando dos bolsos laterais. E bengalas. Bengalas. Bengalas. Chapéus panamá [...] As minhas pernas me levaram para fora do alcance das metralhadoras. Mas não foi nada assustador [...] Esses dias ficaram na história. História pela qual sentia tanta sede, na qual tanto queria pôr as mãos![55]

Eisenstein usaria essas imagens na sua recriação cinematográfica da cena em *Outubro* (1928), às vezes intitulado *Dez dias que abalaram o mundo*.

Entusiasmado com a tomada do poder pelos bolcheviques, Eisenstein entrou para o Exército Vermelho como engenheiro na frente norte, perto de Petrogrado. Participou da guerra civil contra o Exército Branco do general Iudenich, que chegou aos portões da cidade no outono de 1919. O pai de Eisenstein servia como engenheiro dos Brancos. Ao recordar esses fatos por meio dos filmes, Eisenstein viu a Revolução como uma luta dos jovens contra os velhos. Os seus filmes estão imbuídos do espírito de um proletariado jovem que se levanta contra a disciplina patriarcal da ordem capitalista. Os personagens burgueses de todos os seus filmes, dos chefes da fábrica no primeiro filme, *A greve* (1924), à figura elegante do premiê Kerenski em *Outubro* têm muita semelhança com o seu próprio pai. "Papai tinha quarenta pares de sapatos de verniz", recordou Eisenstein. "Não admitia nenhum outro tipo. E tinha uma coleção imensa deles 'para todas as ocasiões'. Chegava a listá-los num registro, com as características distintivas indicadas: 'novo', 'velho', 'um arranhão'. De vez em quando, fazia chamada e inspeção."[56] Eisenstein escreveu certa vez que a razão pela qual apoiou a Revolução "pouco tinha a ver com o sofrimento real da injustiça social [...] mas direta e completamente com o que, com certeza, é o protótipo de toda tirania social: o despotismo do pai numa família".[57]

Mas o seu compromisso com a Revolução estava igualmente ligado à sua visão artística de uma nova sociedade. Num dos capítulos das suas memórias, "Como me tornei diretor de cinema", ele situa a fonte da sua inspiração artística no movimento coletivo do corpo de engenharia do Exército Vermelho para construir uma ponte perto de Petrogrado:

> Um formigueiro de recrutas de rosto jovem se movia com precisão e disciplina por caminhos bem medidos e trabalhava em harmonia para construir uma ponte que crescia sem parar para atravessar o rio. Em algum ponto desse formigueiro, eu também me movia. Almofadas quadradas de couro nos meus ombros apoiavam uma tábua, que descansava de lado. Como as partes de um mecanismo de relógio, as figuras se moviam rapidamente, indo até os pontilhões e jogando de uns para os outros vigas e corrimões enfestoados com cabos — era um modelo fácil e harmonioso de motor perpétuo a se estender a partir da margem numa estrada cada vez mais longa rumo à borda da ponte sempre a retroceder [...] Tudo isso se fundia numa experiência maravilhosa, orquestral, polifônica de fazer alguma coisa [...] Diabos, era bom! [...] Não: não foi em padrões de produções clássicas, nem em gravações de desempenhos extraordinários, nem em complexas partituras orquestrais, nem em evoluções complicadas do *corps de ballet* que vivi pela primeira vez o arrebatamento, o prazer do movimento dos corpos

correndo em velocidades diferentes e em várias direções no gráfico de uma extensão aberta: foi no jogo de órbitas entrecruzadas, a forma dinâmica sempre mutável que assumia a combinação desses caminhos e as suas colisões em padrões momentâneos de complexidade antes de se separarem para sempre. O pontilhão [...] abriu os meus olhos pela primeira vez para o prazer desse fascínio que nunca mais me deixaria.[58]

Eisenstein tentaria recriar essa noção de poesia nas cenas de multidão que dominam os seus filmes, de *A greve* a *Outubro*.

Em 1920, no retorno a Moscou, Eisenstein entrou para o Proletkult como diretor de teatro e se envolveu na oficina de Kulechov. Ambos o levaram à teoria da *tipagem* — o uso de atores amadores ou "tipos reais" tirados (às vezes literalmente) das ruas. A técnica foi usada por Kulechov em *As aventuras extraordinárias de Mr. West na Terra dos Bolcheviques* (1923) e, de forma mais famosa, pelo próprio Eisenstein em *O encouraçado Potemkin* (1925) e *Outubro*. O Proletkult exerceria influência duradoura sobre Eisenstein, principalmente no tratamento das massas nos seus filmes históricos. Mas a maior influência sobre Eisenstein foi do diretor Meyerhold, em cuja escola de teatro ele entrou em 1921.

Vsevolod Meyerhold foi um personagem importante da vanguarda russa. Nascido em 1874 numa família amante do teatro na cidade provinciana de Penza, Meyerhold começou a carreira de ator no Teatro das Artes de Moscou. Na década de 1900, começou a dirigir produções experimentais próprias sob a influência das ideias simbolistas. Via o teatro como forma de arte altamente estilizada, abstrata até, não como imitação da realidade, e enfatizava o uso do gesto e da pantomima para transmitir ideias à plateia. Desenvolveu essas ideias a partir das tradições da *commedia dell'arte* italiana e do teatro kabuki japonês, que não eram tão diferentes assim das práticas de Delsarte e Dalcroze. Entre 1915 e 1917, Meyerhold encenou várias produções brilhantes em Petrogrado e foi um dos poucos artistas a apoiar os bolcheviques quando nacionalizaram os teatros em novembro de 1917. Chegou a entrar no Partido no ano seguinte. Em 1920, Meyerhold foi encarregado do departamento de teatro do Comissariado de Instrução Pública, principal autoridade soviética na educação e nas artes. Com o lema "Outubro no teatro", começou uma revolução contra as antigas convenções naturalistas da cena teatral. Em 1921, fundou a Escola Estatal de Direção de Teatro para formar novos diretores que levassem para as ruas o seu teatro revolucionário. Eisenstein foi um dos primeiros alunos de Meyerhold. Ele creditava às peças de Meyerhold a inspiração que o levou a "abandonar a engenharia" e "entregar-me à arte".[59] Por meio de Meyerhold, Eisenstein chegou à ideia de espetáculo de massa, um teatro da vida real que derrubaria as convenções e ilusões do palco. Aprendeu a treinar o ator como um atleta que exprimisse emoções e ideias por meio de gestos e movimentos; e, como Meyerhold, levou à sua arte farsa e pantomima, ginástica e truques de circo, montagem e fortes símbolos visuais.

O estilo de montagem cinematográfica de Eisenstein também revela a abordagem estilizada de Meyerhold. Ao contrário da montagem de Kuleshov, que pretendia afetar as emoções de forma subliminar, a de Eisenstein era explicitamente didática e expositiva. A justaposição de imagens pretendia envolver a plateia de forma consciente e levá-la à conclusão ideológica correta. Em *Outubro*, por exemplo, Eisenstein alterna imagens de um cavalo branco que cai de uma ponte no rio Neva com cenas que mostram as forças cossacas sufocando as manifestações de trabalhadores contra o Governo Provisório, em julho de 1917. As imagens são muito complexas. Havia muito tempo que o cavalo era símbolo do apocalipse na tradição intelectual russa. Antes de 1917, fora usado pelos simbolistas para representar a Revolução, cuja iminência sentiam. (*Petersburgo*, de Bieli, é assombrada pelo som dos cascos dos cavalos mongóis a se aproximar vindos da estepe.) O cavalo branco, especificamente, também era, de forma paradoxal, um símbolo da tradição bonapartista. Na propaganda bolchevique, o general montado num cavalo branco era o símbolo padronizado da contrarrevolução. Depois da repressão das manifestações de julho, Alexandre Kerenski, o novo premiê do Governo Provisório, ordenara a prisão dos líderes bolcheviques que pretendiam usar as manifestações para dar início ao seu golpe de Estado. Forçado a se esconder, Lenin condenou Kerenski como contrarrevolucionário bonapartista, questão reforçada na sequência de *Outubro* que alterna cenas de Kerenski vivendo como imperador no Palácio de Inverno com imagens de Napoleão. De acordo com Lenin, os fatos de julho transformaram a Revolução numa guerra civil, uma luta militar entre os Vermelhos e os Brancos. Ele defendeu a tomada do poder ao afirmar que Kerenski criaria uma ditadura bonapartista própria caso os Sovietes não assumissem o controle. Todas essas ideias estão envolvidas na imagem do cavalo em queda de Eisenstein. A ideia era fazer a plateia perceber a repressão das manifestações de julho como Lenin a descrevera, como o ponto de virada fundamental de 1917.

Pode-se encontrar o uso igualmente conceitual da montagem na sequência, ironicamente intitulada "Em nome de Deus e da Pátria", que dramatiza a marcha das forças cossacas contrarrevolucionárias comandadas pelo general Kornilov contra Petrogrado, em agosto de 1917. Eisenstein fez uma desconstrução visual do conceito de "Deus" bombardeando o espectador com uma série de imagens (ícone-machado-sabre-bênção-sangue) que questiona cada vez mais a ideia.[60] Ele também usou a montagem para ampliar o tempo e aumentar a tensão, como em *O encouraçado Potemkin* (1925), na famosa cena do massacre na escadaria de Odessa na qual a ação é retardada pela alternância de closes dos rostos da multidão com imagens repetidas da descida dos soldados pelos degraus.* A cena, aliás, era totalmente fictícia: não houve nenhum massacre na escadaria de Odessa em 1905, embora ele costume aparecer nos livros de história.

---

* Descrita geralmente como "expansão temporal pela justaposição de planos". Ver D. Bordwell e K. Thompson, *Film Art, An Introduction*, 3ª ed., Nova York, 1990, p. 217.

Essa também não foi a única vez em que a história foi alterada pelas imagens míticas dos filmes de Eisenstein. Quando chegou ao Palácio de Inverno para filmar a cena do ataque de *Outubro*, mostraram-lhe a escadaria da esquerda ("Outubro") onde ocorrera a subida dos bolcheviques. Mas era pequena demais para a ação em massa que tinha em mente, e o diretor filmou a cena na imensa escadaria Jordão, usada em procissões estatais durante a época tsar. A escadaria Jordão se fixou na mente do público como rota triunfante da própria Revolução de Outubro. Em termos gerais, o *Outubro* de Eisenstein foi uma produção muito maior do que a realidade histórica. Ele convocou 5 mil veteranos da guerra civil, muito mais do que as poucas centenas de marinheiros e guardas vermelhos que participaram do ataque ao palácio em 1917. Muitos levaram armas com munição real e atiraram nos vasos de Sèvres ao subir as escadas, ferindo várias pessoas e, indiscutivelmente, provocando muito mais baixas do que em 1917. Depois dos tiros, Eisenstein se lembrou de um porteiro idoso que varreu os cacos de porcelana e lhe disse: "O seu pessoal foi muito mais cuidadoso na primeira vez que tomou o palácio."[61]

Enquanto isso, Meyerhold atacava barricadas com a sua revolução no teatro. Tudo começou com uma produção espetacular de *Mistério bufo*, de Vladimir Maiakovski (1918, remontada em 1921), um cruzamento entre peça de mistério e comédia de teatro de rua que dramatizava a conquista dos "limpos" (os burgueses) pelos "não limpos" (o proletariado). Meyerhold removeu a boca de cena e, em vez de palco, construiu uma plataforma monumental que se projetava até o meio da plateia. No clímax do espetáculo, ele fazia o público subir na plataforma para se misturar, como se fosse a praça de uma cidade, com os atores fantasiados, os palhaços e acrobatas, e se unir a eles para rasgar a cortina, pintada com os símbolos — perucas e máscaras — do velho teatro.[62] A guerra à ilusão teatral era resumida no prólogo da peça: "Vamos lhes mostrar a vida que é real — mas neste espetáculo ela será transformada em algo bastante extraordinário."[63] Essas ideias eram demasiado radicais para os patrocinadores políticos de Meyerhold e, em 1921, ele foi demitido do cargo no comissariado. Mas continuou a montar produções verdadeiramente revolucionárias. Na produção de 1922 de *O corno magnífico* (1920), do dramaturgo belga Fernand Crommelynck, o palco (da artista construtivista Liubov Popova) se tornou um tipo de "andaime multitarefa"; os personagens estavam todos de macacão e se identificavam realizando vários truques circenses. Na peça *O mundo de cabeça para baixo* (1923), de Serguei Tretyakov, adaptação de *La Nuit*, de Marcel Martinet, drama sobre o motim dos soldados franceses na Primeira Guerra Mundial, havia carros e metralhadoras não só no palco como nos corredores entre as poltronas. A iluminação era feita com imensos holofotes na frente do palco e os atores com fardas militares verdadeiras passavam pela plateia para recolher dinheiro para um avião do Exército Vermelho.[64]

Entre as técnicas mais interessantes de Meyerhold, algumas se aproximavam do cinema, no qual também trabalhou como diretor (fez dois filmes antes de 1917) e sobre o qual, graças ao impacto que teve sobre diretores como Eisenstein e Grigori Kozintsev, indiscutivelmente exerceu a sua maior influência.[65] Por exemplo, em 1924, na produção de *A floresta*, de Ostrovski, Meyerhold usou a montagem ao dividir os cinco atos em 33 pequenos episódios com interlúdios pantomímicos para criar contrastes de ritmo e clima. Em outras produções, mais notadamente a de *O inspetor geral*, de Gogol, em 1926, colocou determinados atores num pequeno carrinho que era empurrado até a frente do palco principal para simular a ideia cinematográfica do close. Ele foi profundamente influenciado por atores de cinema como Buster Keaton e, acima de tudo, Charlie Chaplin, cujos filmes passavam em cinemas de toda a União Soviética. A ênfase de Chaplin na pantomima e no gesto o aproximava do ideal teatral de Meyerhold.[66]

Esse ideal se exprimia no sistema conhecido como "biomecânica", que não diferia muito da reflexologia e da ginástica rítmica da escola delsarte-dalcroziana, na medida em que abordava o corpo do ator como aparelho biomecânico para a expressão física de emoções e ideias. Meyerhold treinava os seus atores nas técnicas do circo acrobático, da esgrima, do boxe, do balé e da euritmia, da ginástica e da dança moderna, de modo que pudessem contar uma história pelos movimentos flexíveis do corpo inteiro ou mesmo só do rosto.[67] O sistema se opunha conscientemente ao método Stanislavski (no qual Meyerhold se formou no Teatro das Artes de Moscou de 1898 a 1902), no qual o ator era estimulado a se identificar com os pensamentos e sentimentos íntimos do personagem recordando momentos de intensa experiência da própria vida. Em vez dessa expressividade livre, Meyerhold insistia na sistematização rítmica do ator. Interessava-se muito pelo programa de cultura física do Exército Vermelho (ginástica sincronizada e tudo o mais) e, em 1921, chegou a assumir o comando de uma seção teatral especial de cultura física do Comissariado de Instrução Pública que visava a usar o sistema de ginástica do exército para a "organização científica do trabalho" num assentamento militar experimental.[68] Esse aspecto do gerenciamento do trabalho era a diferença fundamental entre a biomecânica e a escola delsarte-dalcroziana. Meyerhold vislumbrava o ator como o engenheiro artístico que organiza a "matéria-prima" do próprio corpo com base nos princípios científicos de tempo e movimento. Considerava o seu sistema um equivalente teatral da "administração científica" na indústria. Como todos os bolcheviques, foi especialmente influenciado pelas teorias do engenheiro americano F. W. Taylor, que usava estudos de "tempo e movimento" para dividir e automatizar as tarefas laborais da indústria.

Lenin era um grande fã do taylorismo. A premissa de que o operário era a parte menos eficiente de todo o processo de fabricação combinava com a sua visão da classe operária russa. Ele via os métodos "científicos" do taylorismo como um tipo de disciplina que poderia remodelar o trabalhador e a sociedade numa linha mais regularizada e controlável. Tudo isso correspondia à crença modernista no poder das máquinas de transformar o homem e o universo. O entusiasmo de Meyerhold pela mecânica era bastante comum na vanguarda. Pode-se vê-lo na idealização da tecnologia pelos futuristas; no fascínio pelas máquinas que impregna os filmes de Eisenstein e Vertov; na exaltação da produção fabril na arte de esquerda; e no industrialismo dos construtivistas. Lenin estimulou o culto de Taylor e de outro grande industrial americano, Henry Ford, inventor do igualitário "Modelo T", que prosperou em toda a Rússia da época: até aldeões distantes conheciam o nome Henry Ford (alguns acreditavam que era um tipo de deus que organizava o trabalho de Lenin e Trotski).

O expoente mais radical da ideia taylorista foi Alexei Gastev, o engenheiro e poeta bolchevique que imaginou a mecanização de praticamente todos os aspectos da vida na Rússia soviética, dos métodos de produção aos padrões de pensamento do homem comum. Amigo de Meyerhold, Gastev pode ter sido o primeiro a usar a palavra "biomecânica", por volta de 1922.[69] Como "poeta proletário" (o "Ovídio dos mecânicos, mineiros e metalúrgicos", como o colega poeta Nikolai Asseiev o descrevia[70]), Gastev evocava a visão de uma futura sociedade comunista na qual homem e máquina se fundiriam. Os seus versos reverberam com o som ribombante do alto-forno e a sirene da fábrica. Eles cantam a sua liturgia a um "messias de ferro" que revelará o admirável mundo novo do ser humano totalmente automatizado.

Como diretor do Instituto Central do Trabalho, fundado em 1920, Gastev realizou experiências para treinar os operários para que acabassem agindo como máquinas. Centenas de estagiários vestidos de forma idêntica marchavam em colunas até as bancadas e as ordens eram dadas por zumbidos vindos de máquinas. Os operários aprendiam a martelar corretamente, por exemplo, segurando um martelo preso a uma máquina especial que o movia, para que internalizassem o ritmo mecânico. O mesmo processo era repetido no uso do formão, da lima e em outras habilidades básicas. A meta de Gastev, como ele mesmo admitia, era transformar o operário num tipo de "robô humano" — palavra que, não por coincidência, deriva do verbo russo (e checo) que significa "trabalhar": *rabotat*. Como considerava as máquinas superiores aos seres humanos, Gastev achou que a biomecanização representaria um aprimoramento da humanidade. Na verdade, via-a como o próximo passo lógico da evolução humana. Ele vislumbrava uma utopia na qual as "pessoas" seriam substituídas por "unidades proletárias" identificadas por códigos como "A, B, C ou 325, 075, 0 e assim por diante". Esses autômatos seriam como máquinas, "incapazes de pensamento individual", e simplesmente obedeceriam ao controlador. Um "coletivismo mecanizado" viria a "ocupar o lugar da personalidade individual na psicologia do proletariado". Não haveria mais necessidade de emoções, e a alma humana não seria mais medida "por um grito ou um sorriso, mas por um barômetro ou velocímetro".[71] Esse era o paraíso soviético que Zamiatin satirizou no romance *Nós*, que descreve um mundo futurista de racionalidade e muita tecnologia, com seres parecidos com robôs conhecidos por números em vez de nomes cuja vida é controlada em todos os aspectos pelo Estado Único e o Benfeitor, o seu governante parecido com o Grande Irmão. O romance de Zamiatin inspirou *1984*, de George Orwell.[72]

Graças à influência de Meyerhold, dois grandes artistas foram atraídos para a órbita do cinema. Um foi Dmitri Shostakovich, que trabalhou no teatro de Meyerhold de 1928 a 1929, época em que, influenciado sem dúvida pela produção de *O inspetor geral*, compôs a ópera gogoliana *O nariz* (1930). Nos tempos de estudante entre 1924 e 1926, Shostakovich trabalhara como pianista para fundo musical de filmes mudos no cinema Piccadilly, na avenida Nevski, em Leningrado.[73] O serviço criou um padrão para a sua vida: compor para o cinema a fim ganhar um dinheirinho extra e ficar longe de encrencas (no total, ele musicaria mais de trinta filmes).[74]

Escrever para a tela teve grande influência sobre o estilo de composição de Shostakovich, assim como sobre toda a escola musical soviética.[75] O grandioso som cinematográfico da orquestra soviética e a necessidade de melodias agradáveis para atrair as massas são bastante óbvios. Com exceção de Miaskovski, nenhum compositor do século XX escreveu mais sinfonias do que Shostakovich; nenhum escreveu melodias melhores do que Prokofiev — em ambos os casos, sem dúvida como efeito de escrever para o cinema. Os filmes, em especial os que usavam montagem, exigiam novas técnicas de composição musical para refletir a dramaturgia polifônica. Pediam um novo tratamento rítmico e mudanças harmônicas mais rápidas para acompanhar os cortes constantes entre os quadros* e as uniões bruscas entre as cenas e para destacar a associação entre temas e imagens. Essas qualidades cinematográficas são perceptíveis em muitas obras de Shostakovich, principalmente a música de *O nariz* e a sua Sinfonia n. 3 ("Primeiro de maio") (1930), com a montagem veloz de quadros musicais. Certa vez, Shostakovich explicou que, ao escrever para o cinema, ele não seguia o princípio ocidental padrão de ilustrar ou acompanhar, mas buscava ligar uma série de sequências com uma ideia musical, de modo que, nesse sentido, a música é que revelasse a "essência e a ideia do filme".[76] A música devia ser um elemento a mais da montagem. Esse ideal se exprimiu melhor na primeira partitura de Shostakovich para o cinema, *A nova Babilônia* (1929), reconstrução cinematográfica dos acontecimentos revolucionários da Comuna de Paris, em 1871. Como explicou o diretor Kozintsev, o propósito da música não era apenas refletir ou ilustrar a ação, mas participar ativamente dela ao transmitir à plateia as emoções subjacentes do filme.[77]

O outro recruta de Meyerhold para o cinema foi o poeta Maiakovski, que escreveu uns treze roteiros para o cinema e, homem de aparência extraordinária, também estrelou vários filmes. Meyerhold e Maiakovski eram amigos íntimos desde antes da guerra. Na política e no teatro, tinham o mesmo ponto de vista de extrema esquerda que encontrou expressão na sua parceria em *Mistério bufo*. Maiakovski represen-

---

* Os filmes soviéticos que usavam montagem tinham um número muito mais alto de tomadas (em *Outubro*, por exemplo, foram 3.200 tomadas) em comparação com a média (por volta de 600) dos filmes convencionais de Hollywood nos anos 1920.

tou o papel da "Pessoa do futuro" — um *deus ex machina* proletário que aparecia no palco descendo do teto — na primeira produção dessa peça, em 1918. Como ele disse, referindo-se a si e Meyerhold, foi a "nossa revolução em poesia e teatro. O mistério é a grandeza da ação; o bufo, o riso que há nela".[78] Maiakovski dispersava bastante o seu talento: à poesia e ao trabalho no teatro e no cinema, acrescentou jornalismo, música e sátiras para o rádio, cartuns desenhados com pequenas legendas para os cartazes de propaganda estilo *lubok* da Agência Russa de Informação e Telegrafia (ROSTA), *jingles* de publicidade para lojas estatais e palavras de ordem para as faixas que surgiam em todas as ruas. A sua poesia estava mergulhada na política, até a íntima poesia lírica para a amante Lili Brik, e boa parte dos seus versos mais conhecidos, como a alegoria *150.000.000* (1921), paródia soviética da bilina que conta a história da batalha entre Ivan, líder dos 150 milhões de operários russos, e o vilão capitalista ocidental Woodrow Wilson, era de agitação. O estilo conciso e iconoclasta de Maiakovski era sob medida para o efeito político num país como a Rússia no qual o *lubok* e a *chastushka* (uma canção rimada simples e muitas vezes desbocada) tinham raízes profundas na consciência da massa, e ele imitou ambas as formas literárias.

> Avante, meu país,
> com mais pressa!
> Vamos com isso,
> fora com o lixo antiquado!
> Mais força, comuna,
> ataque o inimigo,
> Faça morrer
> aquele monstro, o velho modo de vida.[79]

Maiakovski abraçou a revolução como uma aceleração do tempo. Ansiava em varrer o lixo do passado, a domesticidade "pequeno-burguesa" do "velho modo de vida" (*byt*), e substituí-lo por uma vida mais elevada e espiritual *(bytie)*.* A batalha contra o *byt* estava no âmago da ânsia revolucionária russa de criar um modo de vida mais comunista.[80] Maiakovski odiava o *byt*. Detestava toda rotina. Detestava todos os objetos banais da "casa aconchegante": o *samovar*, a planta de plástico, o retrato de Marx na sua moldurinha, o gato deitado sobre antigos números de *Izvestiia*, a porcelana ornamental sobre a lareira, os canários a cantar.

> Da parede Marx observa e observa
> E de repente
> Escancara a boca,
> Começa a gritar:
> A Revolução está emaranhada em fios filisteus
> Mais terrível do que Wrangel** é o *byt* burguês
> Melhor
> Arrancar a cabeça dos canários —
> Para que o comunismo
> Não seja derrubado por canários.[81]

Em boa parte dos seus textos, Maiakovski falava do desejo de fugir desse mundo monótono de coisas materiais ("transformará todos nós em filisteus") e voar para longe, como um personagem de Chagall, para um reino espiritual mais elevado. Esse é o tema do seu longo poema *Pro eto (Sobre isso)* (1923), escrito na forma de uma canção de amor dedicada a Lili Brik, com quem às vezes morou, em Petersburgo e Moscou, num *ménage a trois* com o marido dela, o poeta e crítico de esquerda Ossip Brik. Na autobiografia, Maiakovski registra que escreveu o poema "sobre o nosso modo de vida em geral mas baseado em material

---

* A palavra *byt* ("modo de vida") derivava do verbo *byvat*, que significa "acontecer". Mas, a partir do século XIX, *bytie* adotou a ideia positiva de "vida com significado" e se tornou fundamental na tradição intelectual russa, enquanto *byt* ficou cada vez mais associado aos aspectos negativos do "velho" modo de vida.

** Líder dos exércitos brancos no sul da Rússia durante a guerra civil.

pessoal". Disse que era um poema "sobre *byt*, e com isso quero dizer um modo de vida que não mudou nada e que é o nosso maior inimigo".[82] *Pro eto* narra a reação de Maiakovski a uma separação de dois meses imposta por Lili Brik em dezembro de 1922. Nele, um poeta que mora sozinho no seu quarto minúsculo enquanto a amante Lili prossegue na movimentada vida social e doméstica sonha sobre um poema que escreveu antes de 1917 no qual um personagem parecido com Cristo, uma versão mais pura do seu eu posterior, se prepara para a revolução vindoura. Desesperado, o herói ameaça se matar pulando de uma ponte do rio Neva: o seu amor por Lili complica a crise de identidade, porque na imaginação dele ela está amarrada ao *byt* "pequeno-burguês" da Rússia da NEP que o desviou do caminho ascético do verdadeiro revolucionário. Essa traição leva à encenação dramática da crucifixão do narrador, que então dá lugar à visão redentora de uma futura utopia comunista na qual o amor não é mais pessoal nem corporal e assume uma forma mais elevada de irmandade. No clímax do poema, o narrador se catapulta mil anos no futuro até um mundo de amor comunitário, onde implora a um químico que o traga de volta à vida:

> Ressuscita-me —
>   quero viver o meu quinhão!
> Onde o amor não será — um criado
> de casamentos,
>   luxúria,
>   dinheiro.
> A amaldiçoar a cama.
>   a se erguer do sofá,
> o amor caminhará pelo universo.[83]

4

Em 1930, aos 37 anos, Maiakovski se matou com um tiro no apartamento comunitário onde morava, perto do edifício Lubianka, em Moscou, quando os Brik não quiseram recebê-lo. O suicídio era tema constante na poesia de Maiakovski. O poema que escreveu como bilhete suicida cita (com pequenas alterações) um poema sem título e inacabado escrito, provavelmente, no verão de 1929:

> Como dizem,
>   uma história estragada.
> O barco do amor
>   esmagado
>   contra a existência.
> E estamos quites
>   com a vida.
>   Então por que deveríamos
> nos repreender ociosos
>   com dor e insultos?
> Aos que ficam — desejo felicidade.[84]

Os Brik explicaram o suicídio como "resultado inevitável da atitude hiperbólica de Maiakovski diante da vida".[85] As expectativas e esperanças transcendentais tinham se chocado com a realidade da vida. Indícios recentes levaram a alegações de que Maiakovski não se matou. Foi revelado que Lili Brik era agente do NKVD, a polícia política de Stalin, e passava informações sobre as opiniões particulares do poeta. No seu apartamento comunitário havia um acesso oculto pelo qual alguém poderia ter entrado no quarto de Maiakovski, dado um tiro no poeta e fugido sem ser notado pelos vizinhos. Anotações descobertas nos arquivos do seu amigo íntimo Eisenstein revelam que Maiakovski vivia com medo de ser preso. "Ele tinha de ser afastado — portanto, se livraram dele", concluiu Eisenstein.[86]

Suicídio ou assassinato, a importância da morte do poeta era clara: não havia mais espaço para individualistas na literatura soviética. Maiakovski era enraizado demais na época pré-revolucionária, e a sua tragédia foi compartilhada por toda a vanguarda que, como ele, entregou o seu destino à nova sociedade. As últimas obras de Maiakovski tinham sido cruelmente atacadas pelas autoridades soviéticas. A imprensa condenou *O percevejo* (1929), sátira estonteante dos modos soviéticos e da nova burocracia com música borbulhante de Shostakovich, que intensificou a montagem ao fazer várias bandas tocarem diversos tipos de música (da clássica ao foxtrote) dentro e fora do palco.[87] Disseram que a peça não conseguira retratar o futuro soviético em termos heroicos. "Somos levados a concluir", queixou-se um resenhista, "que a vida sob o socialismo será muito maçante em 1979" (mas acabou sendo um retrato bem preciso dos anos Brejnev).[88] A peça seguinte, *Os banhos*, que estreou no teatro de Meyerhold em Moscou um mês apenas antes da morte do poeta, foi um fracasso total, e sua crítica hilariante dos burocratas soviéticos acabou mais uma vez condenada violentamente pela imprensa. Mas a última palha foi a exposição retrospectiva da obra plástica de Maiakovski, organizada em Moscou em março de 1930. A exposição foi conscientemente evitada pela *intelligentsia* artística; a poeta

Olga Berggolts, que foi visitar Maiakovski lá, recorda ter visto o "homem alto de rosto triste e austero, os braços cruzados nas costas, a percorrer as salas vazias".[89] Numa noite dedicada à exposição, Maiakovski disse que não podia mais realizar o que se dispusera a fazer — "rir de coisas que considerava erradas [...] e levar os operários à grande poesia sem textos por encomenda nem rebaixamento deliberado do padrão".[90]

As atividades da RAPP (Associação Russa de Escritores Proletários) tornavam a vida impossível para escritores não proletários e "companheiros de viagem" como Maiakovski, que, nas últimas semanas de vida, saiu da LEF, a Frente de Esquerda, e entrou para a RAPP numa última jogada desesperada para salvar-se. Formada em 1928 como ala literária do Plano Quinquenal de Stalin para a indústria, a RAPP via-se como vanguarda militante de uma revolução cultural contra a antiga *intelligentsia*. "A única tarefa da literatura soviética", declarava a sua revista em 1930, "é a descrição do Plano Quinquenal e da luta de classes."[91] O Plano Quinquenal pretendia ser o início de uma nova revolução que transformaria a Rússia em Estado avançado e industrializado e entregaria o poder à classe operária. Começou uma nova onda de terror contra os chamados administradores "burgueses" da indústria (isto é, os que mantinham o emprego desde 1917), seguida por um ataque semelhante aos "especialistas burgueses" nas profissões liberais e nas artes. Com o apoio do Estado, a RAPP atacou os "inimigos burgueses" da literatura soviética, que, segundo ela, estavam escondidos na vanguarda de esquerda. Apenas cinco dias antes da sua morte, Maiakovski foi condenado numa assembleia da RAPP na qual os críticos exigiram provas de que ele ainda seria lido dali a vinte anos.[92]

No início dos anos 1930, todo escritor com voz individual foi considerado politicamente suspeito. Os satiristas que prosperaram no clima relativamente liberal dos anos 1920 foram os primeiros a cair sob ataque. Havia Mikhail Zoschenko, cujas sátiras morais da verborragia oca da burocracia soviética e a vida nos apartamentos comunitários apinhados de repente foram consideradas antissoviéticas no novo clima político do

Plano Quinquenal, em que se esperava que os escritores fossem positivos e o único objeto aceitável para sátiras seriam os inimigos estrangeiros da União Soviética. Depois foi Mikhail Bulgakov, cujas sátiras gogolianas sobre a censura (*A ilha púrpura*), a vida cotidiana em Moscou durante a NEP (*As aventuras de Tchitchikov*), a xenofobia soviética (*Ovos fatais*) e o seu brilhante romance cômico *Coração de cão* (no qual um cientista experimental parecido com Pavlov transplanta o cérebro e os órgãos sexuais de um homem num cachorro) tiveram proibida não só a publicação como também a leitura em manuscritos passados de mão em mão. Finalmente, havia Andrei Platonov, engenheiro e comunista utópico (até ser expulso do Partido bolchevique em 1926) cujas dúvidas crescentes a respeito do custo humano da experiência soviética se refletiram numa série de sátiras distópicas extraordinárias: *As comportas de Epifan* (1927), oportuna alegoria sobre os projetos de construção de canais de Pedro, o Grande, grandiosos mas finalmente desastrosos; *Chevengur* (também de 1927), odisseia fatal em busca da verdadeira sociedade comunista; e *O poço da fundação* (1930), visão da coletivização como pesadelo no qual o poço dos alicerces de um imenso edifício comunitário para o proletariado local se transforma em túmulo monumental da humanidade. Os três foram condenados como "contrarrevolucionários" e proibidos de serem publicados durante mais de sessenta anos.

Mas a "guerra de classes" da RAPP se tornou febril em 1929, com a campanha de difamação organizada contra Zamiatin e Pilniak. Ambos tinham publicado obras no exterior que foram censuradas na União Soviética: *Nós*, de Zamiatin, foi publicado em Praga em 1927; e *Mogno vermelho*, de Pilniak, comentário amargo sobre o declínio dos ideais revolucionários do Estado soviético, foi publicado em Berlim em 1929. Mas o ataque a eles teve importância maior do que a condenação de obras específicas. Boris Pilniak, presidente da União dos Escritores de Todas as Rússias e, efetivamente, o escritor número um da União

Soviética, talvez fosse o prosador sério mais lido e imitado do país.*
A sua perseguição foi um aviso prévio da obediência e conformidade estritas que o Estado soviético exigiria de todos os escritores a partir do início do primeiro Plano Quinquenal.

Afinal, o Plano Quinquenal não era apenas um programa de industrialização. Era nada mais, nada menos uma revolução cultural na qual todas as artes seriam convocadas pelo Estado numa campanha para construir uma nova sociedade. De acordo com o plano, a meta primária do escritor soviético era aumentar a consciência dos trabalhadores, alistá-los na "batalha" pela "construção socialista" escrevendo livros com conteúdo social cujos ideais positivos pudessem entender e identificar. Para os militantes da RAPP, isso só seria conseguido por escritores como Gorki, com o seu histórico proletário impecável, não por escritores "burgueses" de esquerda, considerados apenas "companheiros de viagem". Entre 1928 e 1931, cerca de 10 mil "escritores de choque", confrades literários dos "operários de choque" que encabeçariam o ataque para cumprir o Plano, foram colhidos do chão de fábrica e treinados pela RAPP para escrever histórias de operários para a imprensa soviética.[93]

Gorki foi louvado como modelo dessa literatura soviética. Em 1921, horrorizado com a virada da Revolução para a violência e a ditadura, Gorki fugiu para a Europa. Mas não conseguiu suportar a vida de exilado: desiludiu-se com a ascensão do fascismo na Itália, sua pátria de adoção; e se convenceu de que a vida na Rússia de Stalin se tornaria mais suportável depois que o Plano Quinquenal varresse o atraso camponês que, na sua opinião, fora a causa do fracasso da Revolução. A partir de 1928, Gorki começou a passar o verão na União Soviética e, em 1931, voltou para casa de vez. O filho pródigo foi coberto de honrarias: ruas, prédios, fazendas e escolas receberam o seu nome; uma trilogia de filmes foi feita sobre a sua vida; o Teatro de Artes de Moscou passou a ser

---

* Os romances mais conhecidos de Pilniak são *O ano nu* (1921), *Pão preto* (1923) e *Máquinas e lobos* (1924).

Teatro Gorki; e a sua cidade natal (Nijnii Novgorod) também recebeu o seu nome. Ele também foi nomeado presidente da União dos Escritores, cargo previamente ocupado por Pilniak.

A princípio, Gorki apoiara a campanha da RAPP de promover escritores operários como experiência temporária, mas logo percebeu que a qualidade da escrita não era boa. Em abril de 1932, o Comitê Central aprovou uma resolução para abolir a RAPP, juntamente com todos os outros grupos literários independentes, e deixá-los sob o controle centralizado da União dos Escritores. A influência de Gorki foi importante nessa mudança súbita de direção, mas a situação não ficou como ele planejara. A intenção de Gorki fora dupla: interromper a destrutiva "guerra de classes" liderada pela RAPP e restaurar, na literatura soviética, os princípios estéticos estabelecidos por Tolstoi. Em outubro de 1932, houve uma famosa reunião, com a presença de Stalin e outros líderes do Kremlin além de cinquenta escritores e outros funcionários públicos, na casa de Gorki em Moscou. Foi nessa reunião que se formulou a doutrina do realismo socialista, embora, na época, não ficasse claro para Gorki que ela se tornaria uma ortodoxia regimental para todos os artistas da União Soviética. O entendimento de Gorki era que o realismo socialista uniria as tradições realistas críticas da literatura do século XIX com o romantismo revolucionário da tradição bolchevique. Deveria combinar a descrição da humilde realidade cotidiana da vida na União Soviética com a visão da promessa heroica da Revolução. Mas, na versão da doutrina de Stalin, definida no Primeiro Congresso da União dos Escritores, em 1934, o artista teria de retratar a vida soviética não como era na realidade, mas como deveria se tornar:

> O realismo socialista não significa apenas conhecer a realidade como ela é, mas saber para onde se move. Ela se move rumo ao socialismo, rumo à vitória do proletariado internacional. E a obra de arte criada por um realista socialista é a que mostra aonde leva aquele conflito de contradições que o artista viu na vida e refletiu na sua obra.[94]

Nessa fórmula, o artista devia produzir um panegírico ou forma de arte simbólica que obedecesse estritamente à narrativa do Partido sobre o desenvolvimento socialista.[95] Enquanto os *kinoki* e outros artistas de vanguarda da década de 1920 buscaram expandir a visão de liberdade e possibilidade do seu público, agora os artistas deveriam consertar essa visão de maneira estritamente prescrita pelo Estado. O novo escritor soviético não era mais o criador de obras de arte originais e sim um cronista de histórias já contidas no folclore do próprio Partido.[96] Havia um tipo de "trama modelo" que os escritores soviéticos teriam de usar para dar forma aos seus romances e personagens. Na sua forma clássica, como estabelecida no romance *A mãe* (1906), um dos primeiros de Gorki, a trama era uma versão bolchevique do *Bildungsroman*: o jovem herói operário se une à luta de classes e, por meio da tutelagem de camaradas mais velhos do Partido, chega a uma consciência mais elevada, a uma melhor compreensão do mundo à sua volta e das tarefas que o esperam em prol da Revolução, antes de morrer como mártir pela causa. Os romances posteriores acrescentaram elementos a esse modelo de trama: *Chapaev* (1923), de Dmitri Furmanov, fixou o modelo do herói da guerra civil, enquanto *Cimento* (1925), de Fiodor Gladkov, e *Assim foi temperado o aço*, de Ostrovski, elevaram o operário comunista à condição de Prometeu capaz de vencer tudo à sua frente, até mesmo as forças mais indomáveis do mundo natural, desde que permitisse ao Partido direcionar a sua energia. Mas, basicamente, a história que o romancista podia contar estava estritamente circunscrita à versão mítica da história revolucionária do próprio Partido; até escritores antigos foram forçados a mudar as suas obras que não obedecessem a essa doxologia.*

---

* O exemplo mais famoso é o de Alexandre Fadeev. Em 1946, ele ganhou o Prêmio Stalin por *A guarda jovem*, romance semifactual sobre a organização juvenil clandestina na Ucrânia ocupada durante a Segunda Guerra Mundial. Atacado na imprensa por subestimar o papel da liderança do Partido, Fadeev foi forçado a acrescentar novo material ao romance. Essa versão ampliada, publicada em 1951, foi então saudada como texto clássico do realismo socialista.

Sem dúvida, para o leitor ocidental sofisticado isso parece uma horrível perversão do papel da literatura. Mas não era o que parecia na Rússia de Stalin, onde a massa avassaladora do público leitor era nova para as convenções da ficção literária e havia menos consciência da diferença entre o mundo real e o mundo dos livros. As pessoas abordavam a literatura como talvez tivessem abordado os ícones ou as histórias de santos, na convicção de que continha verdades morais para orientá-las na vida. O escritor alemão Lion Feuchtwanger comentou essa característica peculiar do público leitor soviético quando visitou Moscou em 1937:

> No povo soviético, a sede de leitura é totalmente inimaginável. Jornais, revistas, livros: tudo isso é absorvido sem saciar a sede no mínimo grau. Ler é uma das principais atividades da vida cotidiana. Mas, para o leitor da União Soviética, não há, por assim dizer, divisões claras entre a realidade em que vive e o mundo sobre o qual lê nos livros. O leitor trata os heróis dos livros como se fossem pessoas de verdade. Discute com eles, censura-os e até lê realidades nos eventos da história e dos personagens.[97]

Isaiah Berlin notou a mesma atitude diante da literatura na sua visita à União Soviética em 1945:

> A censura rígida que, com tantas outras coisas, suprimiu a pornografia, o lixo e os livros de mistério de baixo nível que enchem as bancas das ferrovias no Ocidente, serviu para tornar mais pura, mais direta e mais ingênua do que a nossa a reação dos leitores soviéticos e das plateias do teatro: notei que, em apresentações de Shakespeare, Sheridan ou Griboiedov, indivíduos do público, alguns obviamente gente do campo, eram capazes de reagir à ação no palco ou a falas dos atores [...] com expressões ruidosas de aprovação ou desaprovação; às vezes, a empolgação gerada era fortíssima e, para um visitante do Ocidente, ao mesmo tempo incomum e comovente.[98]

No cinema, a preocupação do Estado para que a arte desempenhasse um papel moralmente didático foi fundamental para a ascensão do filme realista socialista. Com o início do Plano Quinquenal, o Partido exprimiu a sua impaciência com os diretores de vanguarda cujos filmes intelectuais nunca chegaram a atrair a massa do público. As pesquisas mostraram que o público soviético preferia filmes estrangeiros, aventuras cheias de ação ou comédias românticas aos filmes de propaganda de Vertov ou Eisenstein.[99] Em 1928, realizou-se uma conferência do Partido sobre cinema na qual houve exigências clamorosas para que os filmes tivessem um papel mais eficaz na mobilização do entusiasmo popular pelo Plano Quinquenal e pela luta de classes. Os diretores de vanguarda da década de 1920 — Vertov, Pudovkin, Kuleshov — foram todos condenados como "formalistas", intelectuais mais preocupados com o cinema como arte do que em fazer filmes que pudessem "ser entendidos por milhões".[100] *Outubro*, de Eisenstein, lançado às vésperas da conferência, foi ferozmente atacado pela preocupação "formalista" com a montagem, pela falta de heróis individuais no filme que tornava difícil que a massa do público se identificasse, pela tipagem na escolha do ator para representar Lenin (um operário chamado Nikandrov), cuja rigidez muito fez para ofender a sensibilidade do Partido e — ofensa especial para Stalin, que ordenou que a imagem fosse cortada depois de assistir ao filme no estúdio antes do lançamento — pelo fato de mostrar Trotski, líder militar da insurreição de outubro que fora expulso do Partido apenas três meses antes do início da conferência.[101]

Mas também houve muitas críticas à liderança da Sovkino, a empresa cinematográfica soviética sob o comando do Comissariado de Lunatcharski, por não oferecer uma alternativa soviética atraente e mais saudável aos filmes baratos de entretenimento importados do exterior. Como arma de propaganda do Estado, o cinema soviético necessitava ser popular. "Os nossos filmes precisam ser 100% corretos em termos ideológicos e 100% viáveis em termos comerciais", declarou uma autoridade do Partido.[102]

Em 1930, a Sovkino foi finalmente dissolvida, juntamente com os estúdios independentes que tinham prosperado nos anos 1920, e o cinema soviético foi nacionalizado como uma enorme empresa estatal sob a direção centralizada da Soiuzkino (Empresa Cinematográfica de Toda a União Soviética). O seu principal *aparatchik*, Boris Shumiatski, se tornou a autoridade suprema no mundo do cinema soviético (até a sua prisão e execução como "trotskista" em 1938), embora Stalin, que adorava cinema e assistia a filmes com frequência na sala de projeção do Kremlin, ficasse de olho atento aos filmes mais recentes e interviesse com frequência na sua produção.* Shumiatski organizou um tipo de "Hollywood soviética", com imensos estúdios de filmagem em Moscou, Kiev, Leningrado e Minsk que produziram uma série de sucessos retumbantes em musicais, comédias românticas, aventuras de guerra e filmes de fronteira no modelo dos bangue-bangues, como *Chapaev* (1934), o filme favorito de Stalin.** Shumiatski criou um Plano Quinquenal para o cinema que exigia nada menos que quinhentos filmes a serem feitos só em 1932. Todos deveriam obedecer às novas diretrizes ideológicas, que exigiam imagens otimistas da vida soviética com heróis individuais e positivos saídos das fileiras do proletariado. Produtores e departamentos de roteiro controlados pelo Partido foram encarregados da produção para assegurar que o entretenimento fosse politicamente correto. "A vida está ficando mais alegre, camaradas", foi a famosa observação de Stalin. Mas só se permitiam alguns tipos de riso.

Foi a esse clima que Eisenstein retornou em 1932. Nos três anos anteriores, estivera no exterior — um embaixador semidissidente do

---

* Em 1938, nos últimos estágios da edição de *Alexander Nevsky*, de Eisenstein, Stalin pediu para ver a primeira montagem. O cineasta correu para o Kremlin e, na pressa, deixou um rolo para trás. Stalin adorou o filme mas, como ninguém ousou lhe informar que estava incompleto, ele foi lançado sem o rolo esquecido (J. Goodwin. *Eisenstein, Cinema and History*, Urbana, 1993, p. 162).

** Parece que Stalin citava de cor longos trechos do diálogo. Ver R. Taylor e I. Christie (orgs.), *The Film Factory: Russian and Soviet Cinema Documents, 1896-1939*, Londres, 1994, p. 384.

cinema soviético. Foi à Europa e a Hollywood para aprender a nova técnica do som e se candidatou a muitos filmes que nunca fez. Apreciava a liberdade do Ocidente e, sem dúvida, temia voltar à Rússia, onde os ataques de Shumiatski aos "formalistas" eram mais extremados quando dirigidos a ele. Stalin acusou Eisenstein de desertar para o Ocidente. O NKVD importunou a sua pobre mãe para que implorasse a Eisenstein para voltar para casa, ameaçando-a com alguma forma de punição caso ele não retornasse. Nos dois primeiros anos depois da volta, a produção de vários filmes propostos por Eisenstein foi recusada pela Soiuzkino. Ele se retirou para um cargo de professor na Escola Estatal de Cinema e, embora prodigalizasse elogios (nas declarações públicas) aos filmes medíocres produzidos naquela época, manteve-se firme na defesa dos filmes que fizera, recusando-se com coragem a se autocondenar, como lhe foi exigido, na Segunda Conferência do Partido sobre Cinema, em 1935.[103]

Sob pressão de produzir um filme que obedecesse aos moldes realistas socialistas, em 1935 Eisenstein aceitou uma encomenda do Komsomol (a Liga da Juventude Comunista). Devia criar um roteiro que, em russo, tirava o título, embora quase nada mais, do conto "O prado de Bejin", de Turgueniev, história sobre meninos camponeses que discutiam sinais sobrenaturais da morte que fazia parte de *Memórias de um caçador*. Na verdade, o filme* se inspirava na história de Pavlik Morozov, menino herói que, de acordo com a versão propagandeada pelo regime stalinista, fora assassinado pelos "culaques" da sua remota aldeia nos Urais depois que denunciou o próprio pai, presidente do soviete da aldeia, como adversário culaque da campanha soviética pela coletivização.** Em 1935, o culto a Morozov estava no ápice: músicas e poemas, até uma cantata com coro e orquestra completa, tinham sido

---

* No Brasil, o filme recebeu o título *Traição na campina*. [N. da T.]

** Na verdade, Morozov foi assassinado pelo NKVD, que depois executou 37 aldeões culaques falsamente acusados do homicídio do menino com objetivo propagandístico. Veja a história completa em Y. Drujnikov, Informer 001: The Myth of Pavlik Morozov, New Brunswick, 1997.

escritos a seu respeito. Sem dúvida, isso convenceu Eisenstein de que era seguro fazer um filme sobre ele. Mas a sua concepção do filme foi considerada inaceitável. De uma história sobre indivíduos, ele transformou o roteiro em conflito entre tipos, entre o velho e o novo, e, numa cena que mostrava os comunistas demolindo uma igreja para romper a resistência dos culaques sabotadores, chegou perigosamente perto de sugerir que a coletivização fora algo destrutivo. Em agosto de 1936, com a maior parte das tomadas já feitas, Eisenstein recebeu ordens de Shumiatski de reescrever o roteiro. Com a ajuda do escritor Isaac Babel, ele recomeçou a filmar no outono. A cena da igreja foi cortada e acrescentou-se um discurso em tributo a Stalin. Nisso, em março de 1937, Shumiatski ordenou que o trabalho no filme parasse. Num artigo no *Pravda*, acusou Eisenstein de pintar a coletivização como conflito elementar entre o bem e o mal e condenou o filme pelo caráter "formalista" e religioso.[104] Eisenstein foi forçado a publicar na imprensa uma "confissão" dos seus erros, embora redigida de maneira a ser lida por aqueles cuja opinião importava para ele como ataque satírico aos seus senhores stalinistas. Os negativos do filme foram queimados — isto é, com exceção de algumas centenas de cenas estáticas de extraordinária beleza fotográfica encontradas no arquivo pessoal de Eisenstein depois da sua morte em 1948.[105]

A suspensão de *O prado de Bejin* fez parte da campanha constante contra a vanguarda artística. Em 1934, no Primeiro Congresso dos Escritores, Karl Radek, líder do Partido e ex-trotskista que agora compensava os erros do passado mostrando-se um bom stalinista, condenou os textos de James Joyce — que exerceram enorme influência sobre Eisenstein e toda a vanguarda soviética. Radek descreveu *Ulisses* como "um monte de esterco cheio de vermes e fotografado por uma câmera de cinema através de um miscroscópio".[106] Sem dúvida, essa era uma referência à famosa cena dos vermes de *O encouraçado Potemkin*, na qual Eisenstein dá um *zoom* nas larvas nojentas filmando-as pelo monóculo do oficial comandante. Então, em janeiro de 1936, o *Pravda* publicou uma diatribe contra a ópera *Lady Macbeth de Mtsensk*, de Shostakovich, que, depois da estreia em Leningrado, em 1934, fora um grande sucesso, com centenas de apresentações tanto na Rússia quanto no Ocidente. O artigo anônimo "Caos em vez de música" foi evidentemente escrito com todo o apoio do Kremlin, e os indícios mostram, como dizia o boato que correu na época, que Andrei Jdanov, chefe do Partido em Leningrado, o escrevera por instrução pessoal de Stalin que, poucos dias antes da publicação, assistira à ópera e, claramente, a detestara.[107]

> Desde o primeiro momento, o ouvinte se choca com uma torrente de som confusa e deliberadamente dissonante. Fragmentos de melodia, frases embrionárias surgem... só para desaparecer de novo na confusão, na trituração e nos gritos [...] Essa música [...] leva ao teatro [...] as características mais negativas de "meyerholdismo" infinitamente multiplicadas. Aqui temos confusão "esquerdista" em vez de música humana e natural [...] O perigo dessa tendência para a música soviética é claro. A distorção esquerdista na ópera brota da mesma fonte que a distorção esquerdista na pintura, na poesia, no ensino e na ciência. As inovações pequeno-burguesas levam ao rompimento com a arte real, a ciência real e a literatura real. Tudo isso é primitivo e vulgar.[108]

Esse não foi um ataque apenas a Shostakovich, embora, sem dúvida, o seu efeito sobre o compositor tenha sido tão devastador que ele nunca mais ousou escrever ópera. Foi um ataque a todos os modernistas, tanto na pintura, na poesia e no teatro quanto na música. Meyerhold, especificamente, ousado e seguro a ponto de falar publicamente em defesa de Shostakovich e contra a influência sufocante do Partido sobre a arte, foi alvo de denúncias de intensidade febril. Foi condenado na imprensa soviética como "estrangeiro" e, muito embora tentasse se salvar encenando em 1937 o clássico realista socialista *Assim foi temperado o aço*, o seu teatro foi fechado no início do ano seguinte. Stanislavski socorreu o antigo aluno e o convidou para entrar no seu Teatro de Ópera em março de 1938, embora em termos artísticos os dois diretores fossem diametralmente opostos. Naquele verão, quando Stanislavski morreu, Meyerhold se tornou diretor artístico do teatro. Mas, em 1939, foi preso, violentamente torturado pelo NKVD para extrair uma "confissão" e depois, no gelo ártico do início de 1940, fuzilado.[109]

Esse ataque renovado à vanguarda envolveu uma contrarrevolução na política cultural. No final da década de 1930, o regime abandonou completamente o compromisso com a ideia revolucionária de criar uma forma de cultura "proletária" ou "soviética" que pudesse se distinguir da cultura do passado. Em vez disso, promoveu o retorno às tradições nacionalistas do século XIX, reinventadas em forma distorcida como realismo socialista. Essa reafirmação dos "clássicos russos" foi um aspecto fundamental do programa político stalinista, que usou a cultura para criar a ilusão de estabilidade na época dos levantes em massa em que reinava e que defendia especificamente a sua versão da escola nacionalista para contrabalançar a influência da vanguarda "estrangeira". Em todas as artes, agora os clássicos do século XIX eram mostrados como modelo que se esperava que os artistas soviéticos seguissem. Escritores contemporâneos como Akhmatova não encontravam editor, mas as obras completas de Pushkin e Turgueniev, Chekhov e Tolstoi (mas não Dostoievski)* foram lançadas aos milhões para serem apresentadas a novos leitores. A pintura de paisagens, que fora uma arte moribunda na década de 1920, voltou de repente a ser o meio de expressão predi-

---

* Dostoievski era desprezado (mas não lido) por Lenin, que certa vez, notadamente, desdenhou como "lixo reacionário" o romance *Os demônios*, que contém uma crítica arrasadora da mentalidade revolucionária russa. Fora Lunacharski, nenhum dos líderes soviéticos defendia a sua manutenção no cânone literário, e até Gorki queria se livrar dele. Portanto, relativamente poucas edições de obras de Dostoievski foram publicadas nos anos 1930 — cerca de 100 mil exemplares de todas as suas obras foram vendidos entre 1938 e 1941, comparados aos 5 milhões de exemplares de obras de Tolstoi. Só no degelo de Kruchev as tiragens das obras de Dostoievski aumentaram. A edição de 1956 das obras de Dostoievski em dez volumes, publicada para comemorar o 75º aniversário da sua morte, teve 300 mil exemplares — embora ainda fosse extremamente pequena pelos padrões soviéticos (V. Seduro, *Dostoevski in Russian Literary Criticism, 1846-1956*, Nova York, 1957, p. 197; e, do mesmo autor, *Dostoevski's Image in Russia Today*, Belmont, 1975, p. 379).

leto da arte realista socialista, principalmente as cenas que ilustravam o domínio heroico do mundo natural pela indústria soviética; tudo se baseava nos pintores de paisagens do final do século XIX, em Levitan, Kuindji ou os Itinerantes, com quem alguns dos artistas mais velhos tinham chegado a estudar na juventude. Como já observou Ivan Gronski (com a objetividade que seria de esperar do editor do *Izvestiia*), "realismo socialista é Rubens, Rembrandt e Repin postos a serviço da classe operária".[110]

Na música o regime também fez o relógio voltar ao século XIX. Glinka, Tchaikovski e os *kuchkistas*, que caídos em desgraça com os compositores de vanguarda dos anos 1920, eram agora considerados modelos para toda a futura música da União Soviética. As obras de Stassov, que desposara a causa da arte nacionalista popular no século XIX, foram então elevadas a nível de Escritura. A defesa de Stassov da arte com conteúdo democrático e propósito ou ideia progressista foi mobilizada nos anos 1930 como argumento básico da arte realista socialista. A sua oposição ao cosmopolitismo de Diaguilev e à vanguarda europeia foi posta a serviço do regime stalinista em sua campanha contra os modernistas "estrangeiros".* Foi uma distorção grosseira da opinião do crítico. Stassov era ocidentalista. Buscava elevar a cultura da Rússia ao nível da cultura do Ocidente, colocá-la em contato com o Ocidente de igual para igual, e o seu nacionalismo nunca excluiu a influência da Europa. Mas, nas mãos do regime soviético, ele se tornou um chauvinista russo, um inimigo da influência ocidental e um profeta da crença stalinista na superioridade cultural da Rússia.

Em 1937, a Rússia soviética comemorou o centenário da morte de Pushkin. O país inteiro se envolveu nas festividades: pequenos teatros

---

* Por exemplo, no prefácio da edição de 1952 das obras de Stassov em 3 volumes (V. V. Stassov, *Sobranie sotchinenii v 3-kh tomakh, 1847-1906*, Moscou, 1952), os editores soviéticos fizeram o anúncio extraordinário de que "a seleção do material foi determinada pela nossa tentativa de mostrar Stassov na luta contra o cosmopolitanismo da Academia Imperial, na qual, no século XIX, se encontravam os profetas da 'Arte pela Arte', do esteticismo, do formalismo e da decadência na arte".

de província montaram peças; as escolas organizaram comemorações especiais; os Jovens Comunistas fizeram peregrinações a lugares ligados à vida do poeta; as fábricas organizaram grupos de estudos e clubes de "pushkinistas"; as fazendas coletivas montaram festivais de Pushkin com gente fantasiada de personagens dos contos de fadas de Pushkin (e, num dos casos, sem nenhuma razão aparente, um Chapaev com uma metralhadora); fizeram-se vários filmes sobre a sua vida; fundaram-se bibliotecas e teatros com o seu nome; e ruas e praças, teatros e museus receberam o nome do poeta.[111] A explosão de edições de Pushkin foi espantosa. Dezenove milhões de exemplares de obras suas foram vendidos somente nas festas e receberam-se 10 milhões de assinaturas para a nova edição das obras completas planejada para 1937 — embora, devido aos expurgos e às perdas frequentes de pessoal provocadas por eles, a publicação só terminasse em 1949. O culto a Pushkin virou febre quando o *Pravda* o declarou um "ser semidivino" e o Comitê Central baixou um decreto no qual foi considerado "criador da linguagem literária russa", "pai da literatura russa" e até "fundador do comunismo".[112] Num artigo intitulado "Nosso camarada Pushkin", o escritor Andrei Platonov defendeu que Pushkin fora capaz de prever a Revolução de Outubro porque o espírito do povo russo ardia como "carvão em brasa" dentro do seu coração; o mesmo espírito flamejara durante o século XIX e se reacendera na alma de Lenin.[113] Como Pushkin era um poeta verdadeiramente nacional, cuja escrita falava ao povo inteiro, a sua pátria, afirmava o *Pravda*, não era a velha Rússia, mas a União Soviética e toda a humanidade.[114]

"A poesia só é respeitada neste país", diria Mandelstam aos amigos na década de 1930. "Não há lugar onde mais gente seja morta por ela."[115] Ao mesmo tempo que erigia monumentos a Pushkin, o regime soviético assassinava os seus descendentes literários. Dos setecentos escritores que compareceram ao Primeiro Congresso de Escritores de 1934, somente cinquenta sobreviveram para comparecer ao Segundo, em 1954.[116] Stalin era caprichoso na perseguição à fraternidade literária.

Salvou Bulgakov, gostava de Pasternak (ambos os quais poderiam ser considerados antissoviéticos), mas sem hesitar um momento condenou escritores a serviço do Partido e esquerdistas das fileiras da RAPP. Stalin não era ignorante em assuntos culturais. Lia literatura séria (o poeta Demian Bedni detestava lhe emprestar livros porque ele os devolvia com manchas de dedos engordurados).[117] Conhecia o poder da poesia na Rússia e o temia. Punha olhos ciumentos nos escritores mais talentosos ou perigosos: até Gorki vivia sob vigilância constante. Mas, depois de 1934, quando começou o terror em grande escala, ele passou a usar medidas de controle mais drásticas. A virada foi o assassinato, em 1934, de Serguei Kirov, chefe do Partido em Leningrado. É provável que Kirov tenha sido morto por ordem de Stalin: no Partido, era mais popular do que Stalin, favorável a políticas mais moderadas, e havia conspirações para pô-lo no poder. Mas, de qualquer modo, Stalin aproveitou o assassinato para deflagrar uma campanha de terror em massa contra todos os "inimigos" do poder soviético que culminou com os julgamentos de fachada dos líderes bolcheviques Bukharin, Kamenev e Zinoviev, entre 1936 e 1938, e só se reduziu quando a Rússia entrou na Segunda Guerra Mundial, em 1941. Akhmatova chamou o início dos anos 1930 de "anos vegetarianos", querendo dizer que foram relativamente inofensivos em comparação com os anos "carnívoros" que estavam por vir.[118]

Mandelstam foi o primeiro a ser derrubado. Em novembro de 1933, escreveu um poema sobre Stalin que foi lido em segredo pelos amigos. Foram os versos mais simples e diretos que escreveu, fato que a viúva Nadejda explicaria como demonstração da vontade de Mandelstam de torná-los compreensíveis e acessíveis a todos. "No meu entender, foi um gesto, um ato que fluiu logicamente do total da sua vida e obra [...] Ele não queria morrer antes de afirmar, em termos inequívocos, o que pensava do que acontecia à nossa volta."[119]

> Vivemos surdos na terra em que pisamos,
> A dez passos ninguém ouve os discursos,
> Só escutamos o alpinista do Kremlin,
> O assassino e matador de camponeses.
> Os dedos gordos como larvas
> E as palavras caem dos seus lábios como chumbo
> O bigode de barata nos olha torto
> E as botas brilham.
> Em torno dele, uma ralé de líderes de pescoço fino —
> Semi-homens aduladores para ele brincar.
> Relincham, ronronam, ganem
> Enquanto ele tagarela e aponta o dedo,
> Forjando uma a uma as suas leis, lançadas
> Como ferraduras na cabeça, no olho ou na virilha.
> E matar é sempre benfeito
> Para o ossetiano de largo peito.[120]

Em maio de 1934, Akhmatova visitava os Mandelstam em Moscou quando a polícia secreta invadiu o apartamento. "A busca levou a noite toda", escreveu ela num ensaio sobre Mandelstam. "Procuravam poesia e pisaram em manuscritos jogados para fora do baú. Ficamos todos sentados num quarto. Fazia muito silêncio. Do outro lado da parede, no apartamento de Kirsanov, um ukulele tocava [...] Eles o levaram embora às 7 horas da manhã."[121] Durante o interrogatório na Lubianka, Mandelstam não tentou esconder o poema sobre Stalin (chegou a escrevê-lo para os torturadores), pelo qual devia esperar ser mandado diretamente para os *gulags* da Sibéria. No entanto, a decisão de Stalin foi "isolar mas preservar"; nesse estágio, o poeta morto seria mais perigoso para ele do que se ficasse vivo.[122] Nikolai Bukharin, líder bolchevique, interveio a favor de Mandelstam, avisando a Stalin que "os poetas estão sempre certos, a história está do lado deles".[123] E Pasternak, embora obviamente cuidadoso para não se comprometer, fez o possível para defender Mandelstam quando Stalin lhe telefonou em casa.[124]

Os Mandelstam foram exilados em Voronej, 400 quilômetros ao sul de Moscou, e retornaram à região da capital (mas ainda proibidos de entrar na cidade propriamente dita) em 1937. Mais tarde, naquele outono, sem lugar para morar, visitaram Akhmatova em Leningrado e dormiram no sofá da sala dela na Casa da Fonte. Durante essa última visita, Akhmatova escreveu um poema para Ossip Mandelstam, que ela quase considerava seu irmão gêmeo. Era sobre a cidade que ambos amavam:

> Não como uma capital europeia
> Com o primeiro prêmio da beleza —
> Mas como o exílio sufocante no Ienissei,
> Como uma transferência para Chita,
> Para Ishim, para a Irghiz sem água,
> Para a renomada Atbasar,
> A distante Svobodni,
> Para o fedor de cadáver dos catres podres —
> Assim me pareceu esta cidade
> Naquela meia-noite azul-clara —
> Esta cidade, louvada pelo primeiro poeta,
> Por nós pecadores e por ti.[125]

Seis meses depois, Mandelstam foi preso outra vez e condenado a cinco anos de trabalhos forçados em Kolima, no leste da Sibéria — na verdade, uma pena de morte, em vista da sua saúde precária. A caminho de lá, ele passou pelo rio Ienissei, pelas cidades de Chita e Svobodni e terminou num campo perto de Vladivostok, onde morreu de enfarte em 16 de dezembro de 1938.

No ensaio sobre Mandelstam, Akhmatova recorda a última vez que viu o amigo, privado de tudo, na véspera da prisão: "Para mim ele não é apenas um grande poeta, mas um grande ser humano que, quando descobriu (provavelmente por Nádia) como era difícil para mim na Casa à margem do Fontanka, me disse ao se despedir na estação de trem Moscou, em Leningrado: 'Anushka' [apelido que ele nunca usara], 'sempre se lembre de que a minha casa é sua'."[126]

O poema sedicioso de Mandelstam também colaborou com a prisão de Lev Gumilev, filho de Akhmatova, em 1935. Desde a morte do pai em 1921, Lev morara com parentes na cidade de Bejetsk, 250 quilômetros ao norte de Moscou, mas em 1929 mudou-se para o apartamento de Punin na Casa da Fonte e, depois de várias tentativas (todas recusadas por conta da sua "origem social"), finalmente se matriculou, em 1934, como estudante de História na Universidade de Leningrado. Certa noite de primavera, na Casa da Fonte, Lev recitou o poema de Mandelstam, que nessa época, como muita gente, já sabia de cor. Mas entre os amigos estudantes naquela noite estava um informante do NKVD que foi prendê-lo juntamente com Punin em outubro de 1935. Akhmatova ficou alucinada. Correu para Moscou e, com a ajuda de Pasternak, que escreveu pessoalmente a Stalin, assegurou a libertação de Lev. Não foi a primeira vez nem a última que Lev seria preso. Ele nunca se envolveu em agitação antissoviética. Na verdade, o seu único crime era ser filho de Gumilev e Akhmatova; era preso apenas como refém para garantir a aquiescência da mãe ao regime soviético. O simples fato da amizade íntima dela com Mandelstam bastava para provocar suspeitas nas autoridades.

A própria Akhmatova foi vigiada atentamente pelo NKVD em 1935. Os agentes a seguiam e fotografavam os seus visitantes ao chegarem e partirem da Casa da Fonte, preparando, como revelaram agora os arquivos, a sua prisão.[127] Akhmatova tinha consciência do perigo que corria. Depois da prisão de Lev, queimou uma pilha imensa de manuscritos, esperando outro ataque ao apartamento de Punin.[128] Como todos os prédios comunitários, a Casa da Fonte estava cheia de informantes do NKVD — não agentes pagos, mas moradores comuns que também tinham medo e queriam demonstrar lealdade ou que alimentavam algum ressentimento mesquinho contra os vizinhos ou achavam que com denúncias obteriam mais espaço de moradia. As condições de vida nas moradias comunitárias apinhadas estimulavam o que havia de pior nos que eram submetidos a elas. Havia casas comunitárias onde todos se davam bem, mas em geral a realidade de morar junto ficava muito longe do ideal comunista. Os vizinhos brigavam por objetos pessoais, alimentos que sumiam da cozinha compartilhada, amantes barulhentos ou música tocada à noite e, com todos num estado de paranoia nervosa, não era preciso muito para brigas se transformarem em denúncias ao NKVD.

Lev foi preso de novo em março de 1938. Durante oito meses, foi torturado na penitenciária Kresti, em Leningrado, e depois condenado a dez anos de trabalhos forçados no canal do mar Branco, no noroeste da Rússia.* Isso foi no auge do terror stalinista, quando milhões de pessoas desapareceram. Durante oito meses, Akhmatova foi todos os dias para a longa fila da penitenciária, agora apenas mais uma das muitas mulheres da Rússia que esperavam para entregar uma carta ou embrulho por uma janelinha e, se o objeto fosse aceito, ir embora com alegria por saber que o seu ente querido ainda devia estar vivo. Foi esse o pano de fundo do seu ciclo poético *Réquiem* (escrito entre 1935 e 1940; publicado em Munique em 1963). Como Akhmatova explicou no pequeno texto em prosa "No lugar de um prefácio" (1957):

> Nos anos terríveis de Iejov, passei dezessete meses nas filas da prisão de Leningrado. Certa dia, alguém me "reconheceu". Então uma mulher de lábios azulados em pé atrás de mim, que, é claro, nunca ouvira falar no meu nome, acordou do estupor em que sempre ficávamos e sussurrou no meu ouvido (lá todas falavam em sussurros):
>
> — Consegue descrever isso?
>
> E respondi:
>
> — Sim, consigo.
>
> Então algo que pareceu um sorriso surgiu naquilo que já fora o seu rosto.[129]

---

* Mais tarde a pena foi alterada para cinco anos de trabalhos forçados no *gulag* de Norilsk.

Em *Réquiem*, Akhmatova se tornou a voz do povo. O poema representou um momento decisivo na sua evolução artística: o momento em que a poeta lírica da experiência privada se tornou, nas palavras de *Réquiem*, a "boca pela qual cem milhões gritam".[130] É um poema intensamente pessoal. Mas dá voz a uma angústia sentida por todos os que perderam alguém.

> Houve um tempo em que os que sorriam
> Eram os mortos, felizes de descansar.
> E como um apêndice inútil, balançava
> Leningrado, pendurada às suas prisões.
> E quando, enlouquecidos pelo tormento,
> Regimentos de condenados marchavam,
> Para eles as locomotivas apitavam
> Breves canções de despedida.
> As estrelas da morte ficaram sobre nós
> E a Rússia inocente murchou
> Sob as botas ensanguentadas
> E os pneus das Marias Pretas.[131]

Foi então que a decisão de Akhmatova de permanecer na Rússia começou a fazer sentido. Ela participara do sofrimento do seu povo. O poema se tornou um monumento a ele — um canto fúnebre aos mortos entoado em encantamentos sussurrados entre amigos; e, de certo modo, redimiu aquele sofrimento.

> Não, não foi sob um céu estrangeiro
> Nem ao abrigo de estrangeiras asas —
> Eu estava com o meu povo,
> Lá onde o meu povo infelizmente estava.[132]

5

Em algum momento no final dos anos 1940, Akhmatova caminhava em Leningrado com Nadejda Mandelstam e, de repente, observou: "E pensar que os melhores anos da nossa vida foram durante a guerra, quando tanta gente era morta, quando passávamos fome e o meu filho cumpria trabalhos forçados."[133] Para alguém que sofrera com o terror como ela, a Segunda Guerra Mundial deve ter sido uma libertação. Como diz Gordon a Dudorov no epílogo de *Doutor Jivago*, "quando a guerra começou, o seu perigo real e a ameaça de morte foram uma bênção comparados ao poder inumano da mentira, um alívio por quebrar o feitiço da letra morta".[134] Todos puderam e tiveram de agir de maneira que seria impensável antes da guerra. Organizaram-se para a defesa civil. Por necessidade, falavam-se sem pensar nas consequências. Dessa atividade espontânea, surgiu uma nova noção de nacionalidade. Como Pasternak escreveria mais tarde, a guerra foi "um período de vitalidade e, nesse sentido, uma restauração alegre e desabrida da noção de comunidade com todos".[135] Os versos dele durante a guerra estavam cheios de sentimento por essa comunidade, como se a luta despisse o Estado para revelar o âmago da nacionalidade da Rússia:

> Pelas peripécias do passado
> E os anos de guerra e pobreza
> Em silêncio passei a reconhecer
>
> Os traços inimitáveis
> Superando o sentimento de amor
> Observei em adoração
> Velhas, moradores
> Estudantes e serralheiros[136]

Quando os exércitos alemães atravessaram a fronteira soviética em 22 de junho de 1941, o ministro do Exterior Viacheslav Molotov fez um discurso pelo rádio no qual falou da iminente "guerra patriótica pela pátria, pela honra e pela liberdade".[137] No dia seguinte, o *Krasnaia zvezda*, principal jornal do exército soviético, se referiu a ela como "guerra santa".[138] O comunismo estava ostensivamente ausente da propaganda de guerra soviética. Ela foi travada em nome da Rússia, da "família dos povos" da União Soviética, da irmandade pan-eslava ou em nome de Stalin, mas nunca em nome do sistema comunista. Para mobilizar apoio, o regime stalinista chegou a abraçar a Igreja Russa, cuja mensagem patriótica tinha mais probabilidade de persuadir uma população rural que ainda se recuperava do efeito desastroso da coletivização. Em 1943, elegeu-se um patriarca pela primeira vez desde 1917; reabriram-se uma academia teológica e vários seminários; e, depois de anos de perseguição, as igrejas das paróquias tiveram permissão de restaurar um pouco da sua vida espiritual.[139] O regime glorificou os heróis militares da história russa — Alexandre Nevski, Dmitri Donskoi, Kuzma Minin e Dmitri Pojarski, Alexandre Suvorov e Mikhail Kutuzov —, todos convocados como inspiração para a autodefesa da nação. Fizeram-se filmes sobre a sua vida, criaram-se condecorações militares com o seu nome. A história tornou-se a história dos grandes líderes em vez de mapeamento da luta de classes.

Os artistas da Rússia gozaram de nova liberdade e responsabilidade nos anos de guerra. De repente, os poetas vistos com desfavor ou cuja publicação fora proibida pelo regime soviético começaram a receber cartas dos soldados na frente de batalha. Durante os anos do Terror, nunca foram esquecidos pelos leitores; parecia que também não tinham chegado a perder a sua autoridade espiritual. Em 1945, numa visita à Rússia, disseram a Isaiah Berlin:

> a poesia de Blok, Briussov, Sologub, Iessienin, Tsvetaieva, Maiakovski era amplamente lida, decorada e citada por soldados e oficiais e até por comissários políticos. Akhmatova e Pasternak, que por muito tempo viveram num tipo de exílio interno, receberam um número espantosamente grande de cartas da frente de batalha que citavam poemas publicados ou não que, na maior parte, circulavam privativamente em cópias manuscritas; havia pedidos de autógrafo, de confirmação da autenticidade dos textos, de expressões da atitude do autor sobre este ou aquele problema.[140]

Zoschenko recebeu cerca de 6 mil cartas num só ano. Muitas de leitores que diziam ter pensado com frequência em suicídio e que buscavam nele ajuda espiritual.[141] No fim, o valor moral desses escritores acabou por impressionar os burocratas do Partido e as condições de vida desses artistas melhoraram aos poucos. Akhmatova pôde publicar uma coletânea das suas primeiras obras líricas, *De seis livros*. Filas imensas se formaram para comprá-la no dia de verão de 1940 em que foi lançada numa pequena edição de apenas 10 mil exemplares, quando então as autoridades de Leningrado se assustaram e, por ordem de Andrei Jdanov, secretário do Partido, mandaram tirar o livro de circulação.[142]

No poema patriótico "Coragem" (publicado na imprensa soviética em fevereiro de 1942), Akhmatova apresentou a guerra como defesa da "palavra russa" — e o poema deu coragem aos milhões de soldados que foram para a batalha com as suas palavras nos lábios:

Sabemos o que agora está na balança

E o que acontece na realidade.
A hora da coragem soa nos relógios,
E a coragem não nos abandonará.
A chuva de chumbo não nos assusta,
Não nos amarguramos por perder um teto —
E te preservaremos, língua russa,
Poderosa palavra russa!
Nós te deixaremos aos nossos netos
Livre, pura e resgatada do cativeiro
Para sempre![143]

Nos primeiros meses da guerra, Akhmatova entrou para a Defesa Civil de Leningrado. "Eu me lembro dela perto das antigas grades de ferro da Casa à margem do Fontanka", escreveu a poeta Olga Berggolts. "O seu rosto zangado e severo, a máscara de gás pendurada ao ombro, ela assumia o seu turno na vigilância de incêndios como um soldado regular."[144] Quando os exércitos alemães cercaram Leningrado, o crítico literário Gueorgui Makogonenko, marido de Berggolts, recorreu a Akhmatova para animar o espírito da cidade falando ao seu povo numa transmissão de rádio. Durante anos a sua poesia fora proibida pelas autoridades soviéticas. Mas, como o crítico explicou depois, o próprio nome Akhmatova era tão sinônimo do espírito da cidade que até Jdanov se dispôs a se curvar a ele nessa hora de necessidade. Akhmatova estava doente e combinou-se que o discurso seria gravado na Casa da Fonte. A fala de Akhmatova foi orgulhosa e corajosa. Ela apelou ao legado inteiro da cidade — não apenas a Lenin, mas a Pedro, o Grande, Pushkin, Dostoievski e Blok também. E terminou com um tributo comovente às mulheres da antiga capital:

Os nossos descendentes homenagearão todas as mães que viveram no tempo da guerra, mas o seu olhar será captado e preso pela imagem da mulher de Leningrado em pé no telhado de uma casa durante um ataque aéreo, com um croque e tenazes nas mãos, a proteger a cidade de incêndios; a moça voluntária de Leningrado a ajudar os feridos entre as ruínas ainda fumegantes de um prédio [...] Não, uma cidade que criou mulheres como essas não pode ser vencida.[145]

Shostakovich também participou do programa de rádio. Ele e Akhmatova nunca se conheceram, embora amassem o trabalho um do outro e sentissem afinidade espiritual.* Ambos sentiam profundamente o sofrimento da cidade e exprimiram esse sofrimento cada um a seu modo. Como Akhmatova, Shostakovich entrara para a Defesa Civil como bombeiro. Somente a sua vista ruim impedira-o de se alistar no Exército Vermelho nos primeiros dias da guerra. Ele recusou a oportunidade de deixar em julho a cidade sitiada, quando os músicos do Conservatório foram evacuados para Tashkent, no Uzbequistão. Entre os combates a incêndios, ele começou a compor marchas para os soldados da linha de frente e, nas duas primeiras semanas de setembro, quando as bombas começaram a cair sobre Leningrado, trabalhou à luz de velas, numa cidade agora privada de eletricidade, para terminar a sua futura Sétima Sinfonia. Como seria de esperar da cautela induzida pelo Terror e da reserva de São Petersburgo, Shostakovich foi bastante circunspecto no seu discurso pelo rádio. Disse simplesmente à cidade que estava prestes a terminar uma nova sinfonia. A vida normal continuava.[146]

Naquele mesmo dia, 16 de setembro de 1941, os alemães chegaram aos portões de Leningrado. Durante novecentos dias, praticamente

---

* Akhmatova raramente perdia uma estreia de Shostakovich. Depois da primeira apresentação da Sinfonia n. 11 ("O ano de 1905"), em 1957, ela comparou as suas canções revolucionárias cheias de esperança que os críticos desdenharam como sem interesse (era a época do degelo de Khruschev) a "pássaros brancos voando contra um terrível céu negro". No ano seguinte, ela dedicou a edição soviética dos seus *Poemas* "a Dmitri Shostakovich, em cuja época vivi sobre a Terra". Os dois acabaram se conhecendo em 1961. "Ficamos 20 minutos sentados em silêncio. Foi maravilhoso", recordou Akhmatova (E. Wilson, *Shostakovich: A Life Remembered*, Londres, 1994, p. 319, 321).

isolaram a cidade de todas as fontes de comida e combustível; talvez 1 milhão de pessoas, ou um terço da população antes da guerra, morreu de doenças ou fome antes que, finalmente, o cerco de Leningrado fosse rompido em janeiro de 1944. Akhmatova foi evacuada para Tachkent logo depois da invasão alemã; Shostakovich, para a cidade de Kuibyshev, no Volga (hoje conhecida pelo nome pré-revolucionário de Samara), onde terminou o último movimento da Sétima Sinfonia num surrado piano de armário no seu apartamento de dois cômodos. No alto da primeira página, escreveu com tinta vermelha: "À cidade de Leningrado." Em 5 de março de 1942, a sinfonia estreou em Kuibyshev. Foi executada pela orquestra do Teatro Bolshoi, também evacuada para a cidade do Volga. Transmitida pelo rádio para todo o país, representava, nas palavras do violinista David Oistrakh, que escutava em Moscou, "a afirmação profética [...] da nossa fé no triunfo final da luz e da humanidade".[147] A estreia em Moscou, no final daquele mês, foi transmitida para o mundo inteiro, o seu drama ressaltado por um ataque aéreo no meio da apresentação. Logo a sinfonia era executada em todo o mundo aliado como símbolo do espírito de resistência e sobrevivência não só de Leningrado como de todos os países unidos contra a ameaça fascista, com 62 apresentações só nos EUA durante o ano de 1942.[148]

A sinfonia ressoava com temas de Petersburgo: o seu classicismo e beleza lírica, recordados nostalgicamente no movimento *moderato* (originalmente intitulado "Lembranças"); a modernidade e o espírito progressista, assinalados pelos ríspidos acordes stravinskianos dos sopros no adágio da abertura; e a sua história de guerra e violência (pois a marcha do primeiro movimento, parecida com o *Bolero*, não é apenas o som dos exércitos alemães que se aproximam, ela vem de dentro). Desde o ataque stalinista à sua música em 1936, Shostakovich desenvolvera um tipo de duplipensar na sua linguagem musical e usava um idioma para agradar aos senhores do Kremlin e outro para satisfazer a sua consciência moral de artista e cidadão. Por fora, falava com voz triunfante. Mas, debaixo dos sons rituais do regozijo soviético, havia uma voz mais suave e melancólica — a voz cuidadosamente oculta da sátira e da discordância só audível para os que tinham sofrido o que a sua música exprimia. Essas duas vozes são claramente audíveis na Quinta Sinfonia de Shostakovich (a réplica "realista socialista" do compositor aos que tinham atacado *Lady Macbeth*), que recebeu uma ovação de meia hora com força eletrizante ao estrear no Grande Salão da Filarmônica de Leningrado, em novembro de 1937.[149] Debaixo das fanfarras intermináveis que trombeteiam o triunfo do Estado soviético no *finale*, a plateia ouvira o eco distante da marcha fúnebre da Primeira Sinfonia de Mahler e, quer a tenha reconhecido, quer não, sentiu a sua tristeza — pois quase todos naquela plateia teriam perdido alguém no Terror de 1937 — e reagiram à música como uma liberação espiritual.[150] A Sétima Sinfonia teve o mesmo efeito emocional avassalador.

Para atingir o seu objetivo simbólico, era fundamental que aquela sinfonia fosse apresentada em Leningrado, cidade que tanto Hitler quanto Stalin detestavam. A Filarmônica de Leningrado fora evacuada e a Orquestra da Rádio era a única que restava na cidade. O primeiro inverno do cerco a reduzira a meros quinze executantes, e músicos extras tiveram de sair da aposentadoria ou ser tomados de empréstimo do exército que defendia a cidade. A qualidade da execução não foi das melhores, mas isso dificilmente teria importância quando a sinfonia foi finalmente apresentada no Grande Salão bombardeado da Filarmônica em 9 de agosto de 1942 — o mesmo dia em que Hitler planejara comemorar a queda de Leningrado com um opulento banquete no hotel Astória. Enquanto o povo da cidade se congregava no salão ou se reunia junto aos alto-falantes para ouvir o concerto na rua, chegava-se a um ponto de virada. Os cidadãos comuns se uniram por meio da música; sentiram-se ligados pela sensação da força espiritual da cidade, pela convicção de que a cidade se salvaria. O escritor Alexandre Rozen, presente à estreia, a descreve como um tipo de catarse nacional:

> Muita gente chorou no concerto. Alguns choraram por ser a única maneira que tinham de mostrar alegria; outros, porque tinham vivido o que a música expressava com tamanha força; outros, de pesar pelos que tinham perdido; ou apenas por serem tomados pela emoção de ainda estarem vivos.[151]

A guerra foi um período de produtividade e relativa liberdade criativa para os compositores da Rússia. Inspirados pela luta contra os exércitos de Hitler ou talvez aliviados pelo relaxamento temporário do Terror stalinista, reagiram à crise com uma enchente de novas músicas. Sinfonias e canções com animadas melodias marciais para a marcha dos soldados eram os gêneros mais procurados. Houve uma linha de produção desse tipo de música. O compositor Aram Khachaturian recordou que, nos primeiros dias após a invasão dos soldados alemães, criou-se um tipo de "quartel-general musical" na União de Compositores de Moscou.[152] Mas até compositores sérios se sentiram compelidos a responder ao chamado.

Prokofiev estava especialmente ansioso para provar a sua dedicação à causa nacional. Depois de morar dezoito anos no Ocidente, ele voltara à União Soviética no auge do Grande Terror, em 1936, quando qualquer ligação com o estrangeiro era considerada sinal de possível traição. Prokofiev parecia estrangeiro. Morara em Nova York, Paris, Hollywood e se tornara comparativamente rico com as suas composições para os Ballets Russes, o teatro e o cinema. Com as roupas elegantes e coloridas, Prokofiev era um personagem chocante no clima cinzento de Moscou na época. O pianista Sviatoslav Richter, na época aluno do Conservatório, recordou-o vestindo "calças de xadrez com sapatos amarelo-vivo e uma gravata laranja-avermelhada".[153] Lina, a esposa espanhola de Prokofiev que ele levara para Moscou e depois trocou por uma aluna do Instituto de Literatura, foi presa como estrangeira em 1941 depois de se recusar a seguir o compositor e a nova amante quando partiram de Moscou rumo ao Cáucaso.* Prokofiev foi atacado como "formalista" e boa parte da sua música mais experimental, como a partitura para a produção de Meyerhold, em 1937, de *Boris Godunov*, de Pushkin, não foi tocada. No entanto, o que o salvou foi o talento extraordinário para compor melodias. A Quinta Sinfonia (1944) estava cheia de temas expansivos e heroicos que exprimiam com perfeição o espírito do esforço de guerra soviético. A escala imensa do seu registro, com as espessas cores graves e as harmonias borodinescas, revelava a grandeza da terra russa. Essa mesma característica épica se encontraria em *Guerra e paz*, ópera cujo tema, obviamente, era indicado pelos paralelos notáveis entre a guerra da Rússia contra Napoleão e a guerra contra Hitler. A primeira versão da ópera, composta no outono de 1941, deu tanta atenção às cenas íntimas de amor quanto às cenas de batalha. Mas, depois de críticas do Comitê Soviético das Artes, em 1942, Prokofiev foi forçado a compor várias versões revistas nas quais, contrariando diretamente as intenções de Tolstoi, a liderança heroica e o gênio militar (stalinoide) de Kutuzov foram destacados como explicação da vitória da Rússia e o espírito heroico dos soldados camponeses, enfatizado em grandes peças corais com motivos folclóricos russos.[154]

Enquanto Prokofiev trabalhava na partitura de *Guerra e paz*, Eisenstein lhe pediu que compusesse a música do seu filme *Ivan, o Terrível*, lançado em 1944. O cinema era o meio de expressão perfeito para Prokofiev. A sua capacidade de compor melodias a pedido e entregá-las no prazo era fenomenal. Para ele, o cinema se tornou um tipo de versão soviética da tradição operística na qual fora formado por Rimski-Korsakov, no Conservatório, e trouxe nova inspiração ao seu sinfonismo clássico, dando-lhe rédea solta mais uma vez para escrever

---

* Condenada a vinte anos de trabalhos forçados na Sibéria, Lina Prokofiev foi libertada em 1957. Depois de muitos anos de luta pelos seus direitos de viúva, em 1972 obteve finalmente permissão de retornar ao Ocidente. Morreu em Londres, em 1989.

grandes melodias para grandiosas *mises-en-scène*. A colaboração entre Prokofiev e Eisenstein começara em 1938, quando, depois do desastre de *O prado de Bejin*, o diretor de cinema teve mais uma chance de agradar Stalin com um filme histórico épico, *Alexandre Nevski* (1938), sobre o príncipe de Novgorod que defendera a Rússia dos cavaleiros teutônicos no século XIII. Eisenstein pediu a Prokofiev que escrevesse a partitura do seu primeiro filme sonoro. Sob influência de Meyerhold, nessa época os dois se encaminhavam para a ideia de uma síntese de som e imagem — uma concepção basicamente wagneriana que aplicariam tanto à ópera quanto ao cinema.*

Esse ideal teatral está no centro da concepção de *Alexandre Nevski* e *Ivan, o Terrível*. Em essência, esses dois dramas épicos são versões cinematográficas das grandes óperas históricas do século XIX. Em *Ivan*, principalmente, as cenas se estruturam como uma ópera, e a partitura brilhante de Prokofiev não ficaria deslocada em nenhuma montagem operística. O filme começa com uma abertura cujo *leitmotif* tempestuoso foi claramente tomado emprestado de *As valquírias*, de Wagner. Há árias orquestradas e música coral; cânticos litúrgicos; e até, de forma bastante incongruente, uma *polonaise*; e *leitmotifs* sinfônicos ou o som de sinos, que transmitem as emoções do "drama musical", como o descreve Eisenstein numa anotação que delineia o seu novo cinema wagneriano. Nas coloridas cenas finais, onde se combinam música, dança e dramaturgia, há até a tentativa de chegar a uma harmonia completa de som e cor, como Wagner já sonhara.[155]

Para Eisenstein, esses filmes representavam uma inversão dos princípios artísticos: a vanguarda da década de 1920 tentara tirar o teatro do cinema e, agora, ali estava ele colocando-o de volta. A montagem foi abandonada em troca de uma exposição sequencial e clara do tema

---

* Os dois trabalharam com Meyerhold em 1939 na produção da ópera *Semion Kotko*, de Prokofiev. No ano seguinte, depois da assinatura do pacto nazi-soviético, Eisenstein produziu *As valquírias* no Bolshoi, em Moscou. Ver também R. Bartlett, *Wagner and Russia*, Cambridge, 1995, p. 271-81.

por meio do efeito combinado de sons e imagens. Por exemplo, em *Alexandre Nevsky*, a ideia central do filme, o choque emotivo entre os russos pacíficos e os invasores teutônicos, é transmitida tanto pela música programática quanto pelas imagens. Eisenstein remontou o filme para sincronizar as imagens visuais com as musicais. Na famosa cena da batalha no gelo, chegou a filmar de modo a seguir a partitura.[156] Stalin adorou *Alexandre Nevski*. A sua força emocional estava perfeitamente atrelada à mensagem propagandística da liderança heroica e da unidade patriótica de que o regime soviético precisava para promover o moral nacional com o início da guerra. Na verdade, o tema do filme era um paralelo tão óbvio com a ameaça nazista que a sua estreia foi adiada depois da assinatura do pacto nazi-soviético em 1939.

Stalin via Ivan, o Terrível, como protótipo medieval da sua capacidade de estadista. Em 1941, quando a Rússia soviética entrou na guerra, aquele pareceu um bom momento para lembrar ao país as lições que Stalin tirara do reinado de Ivan: que a força e até a crueldade eram necessárias para unir o Estado e expulsar da terra os estrangeiros e traidores. O culto oficial a Ivan decolou em 1939, depois do Grande Terror (como se o justificasse). "O nosso benfeitor acha que temos sido sentimentais demais", escreveu Pasternak a Olga Freidenberg em fevereiro de 1941. "Pedro, o Grande, não é mais um modelo apropriado. A nova paixão, abertamente confessada, é Ivan, o Terrível, a *oprichnina* e a crueldade. Esse é o tema de novas óperas, peças e filmes."[157] Um mês antes, Jdanov encomendara o filme a Eisenstein. Mas a concepção de *Ivan, o Terrível* do diretor estava muito distante da oficial. A primeira parte do filme a surgir na sua imaginação foi a cena da confissão (planejada para a terceira e última parte do filme), na qual Ivan se ajoelha diante do afresco do Juízo Final na Catedral da Assunção e se arrepende dos males do seu reinado enquanto um monge lê uma lista interminável de pessoas executadas por ordem do tsar.[158]

Desde o começo, então, *Ivan* foi concebido como tragédia, uma versão soviética de *Boris Godunov* que conteria um comentário aterrorizante sobre o custo humano da tirania. Mas, como todos sabiam o que Stalin fazia com quem traçasse parábolas como essa, a natureza trágica do filme e o tema contemporâneo só poderiam ser revelados no final.[159] Na primeira parte do filme, Eisenstein descreve os aspectos heroicos de Ivan: a sua visão de um Estado unido; a luta destemida contra os boiardos conspiradores; a liderança e a autoridade forte na guerra contra os tártaros de Kazan. Stalin ficou contente e Eisenstein ganhou o Prêmio Stalin. Mas, num banquete para comemorar o seu triunfo, Eisenstein sofreu um enfarte. Naquele mesmo dia, dera os toques finais na segunda parte do filme épico (só lançada publicamente em 1958). Sabia o que o esperava. Na segunda parte, a ação passa da esfera pública para o mundo íntimo de Ivan. Agora o tsar surge como personagem atormentado, perseguido pelo terror ao qual é levado pela própria paranoia e pelo isolamento da sociedade. Todos os antigos aliados o abandonaram, não há ninguém em quem possa confiar e a esposa foi assassinada numa conspiração de boiardos. Era impossível não ver os paralelos entre Ivan e Stalin. Este também perdera a esposa (ela se matara em 1932) e, sem dúvida, o efeito da sua morte sobre o estado mental dele, que os médicos já haviam diagnosticado como paranoia e esquizofrenia, contribuiu para o terror que deflagrou.[160]

Quando viu o filme, Stalin reagiu violentamente. "Isso não é um filme, é um tipo de pesadelo!"[161] Em fevereiro de 1947, Stalin convocou Eisenstein ao Kremlin para uma conversa tarde da noite, na qual deu uma palestra reveladora sobre história russa. O Ivan de Eisenstein era neurótico e de vontade fraca como Hamlet, disse ele, enquanto o verdadeiro tsar fora grande e sábio ao "proteger o país da influência estrangeira". Ivan fora "crudelíssimo" e Eisenstein poderia "mostrá-lo como homem cruel", mas, explicou Stalin,

> é preciso mostrar por que teve de ser cruel. Um dos erros de Ivan, o Terrível, foi parar antes de extirpar os cinco principais clãs feudais. Se tivesse destruído esses cinco clãs, não haveria o Tempo das Tribulações.

E, quando Ivan, o Terrível, mandava executar alguém, passava muito tempo em arrependimento e oração. Nesse aspecto, Deus o atrapalhou. Ele deveria ter sido mais decidido.[162]

A segunda parte de *Ivan* foi proibida por Stalin, mas Eisenstein teve permissão de continuar a produção da terceira parte desde que incorporasse a ela material aprovado do filme anterior. Por instrução de Stalin, ele prometeu até encurtar a barba de Ivan. Numa pré-apresentação da segunda parte no Instituto Estatal de Cinema, Eisenstein fez um discurso no qual se autocriticou pelos "desvios formalistas" do filme. Mas disse aos amigos que não o mudaria. "O que refilmar?", disse a um diretor. "Não percebe que eu morreria na primeira tomada?"[163] Eisenstein, a quem nunca faltara bravura, preparava evidentemente uma rebelião artística que culminaria na cena da confissão na terceira e última parte do filme, um comentário aterrorizante sobre a loucura e os pecados de Stalin:

> O tsar Ivan bate a testa contra as lajes numa sequência rápida de genuflexões. Os olhos nadam em sangue. O sangue o cega. O sangue entra nas orelhas e o ensurdece. Ele nada vê.[164]

Quando filmaram a cena, o ator Mikhail Kuznetsov perguntou a Eisenstein o que estava acontecendo. "Olhe só, 1.200 boiardos foram mortos. O tsar *é* 'Terrível'! Então por que razão está se arrependendo?" Eisenstein respondeu: "Stalin matou mais gente e não se arrepende. Deixemos que veja isso e então se arrependerá."[165]

Eisenstein se inspirou em Pushkin, cujo grande drama *Boris Godunov* servira como alerta contra a tirania depois da sufocação da revolta dezembrista pelo tsar Nicolau I. Mas há um sentido mais profundo no qual o seu bravo desafio de artista se enraizava em toda a tradição humanista russa do século XIX. Como explicou a um colega diretor que ressaltara a ligação com *Boris Godunov*:

— Céus, você consegue mesmo ver? Fico tão feliz, tão feliz! É claro que é Boris Godunov: "Cinco anos governei em paz, mas minha alma está atribulada..." Não conseguiria fazer um filme desses sem a tradição russa... sem aquela grande tradição de consciência. A violência pode ser explicada, pode ser legalizada, mas não pode ser justificada. Quando se é um ser humano, ela tem de ser expiada. Um homem pode destruir outro, mas como ser humano tenho de achar isso doloroso, porque o homem é o valor mais alto [...] Na minha opinião, essa é a tradição inspiradora do nosso povo, da nossa nação e da nossa literatura.[166]

Eisenstein não teve forças suficientes para completar o seu filme. O enfarte o incapacitou. Ele morreu em 1948.

6

A Leningrado à qual Akhmatova voltou em 1944 era uma sombra do que fora. Para ela, era um "vasto cemitério, o túmulo dos seus amigos", como escreveu Isaiah Berlin: "era como o dia seguinte de um incêndio na floresta — as poucas árvores carbonizadas tornavam a desolação ainda mais desolada".[167] Antes da guerra, ela se apaixonara por Vladimir Garshin, casado e professor de medicina vindo de uma famosa família literária do século XIX. Ele a ajudara durante a prisão do filho e o primeiro enfarte dela em 1940. Com a volta a Leningrado, Akhmatova esperava ficar com ele outra vez. Mas, quando ele foi buscá-la na estação, havia algo errado. Durante o cerco, Garshin se tornara o legista-chefe de Leningrado, e o horror cotidiano que vivenciara na cidade faminta, onde o canibalismo se tornara frequente, arrancara-lhe a sanidade. Em outubro de 1942, a esposa dele caiu de fome na rua e morreu. Ele reconheceu o corpo dela no necrotério.[168] Quando buscou Akhmatova na estação, Garshin foi apenas para lhe dizer que o caso de amor dos dois acabara. Akhmatova voltou para a Casa da Fonte. O palácio fora semidestruído por uma bomba alemã. O seu antigo apartamento tinha grandes rachaduras na parede, as janelas estavam todas destruídas e não havia luz nem água corrente. Em novembro de 1945, o filho Lev foi morar com ela, depois de libertado do campo de trabalho para lutar na guerra, e retomou os estudos na universidade.

Naquele mesmo mês, Akhmatova recebeu um visitante inglês. Em 1945, Isaiah Berlin acabara de chegar como primeiro-secretário da embaixada britânica em Moscou. Nascido em Riga em 1909, filho de um judeu russo comerciante de madeira, Berlin se mudara com a família para Petersburgo em 1916, onde assistira à Revolução de Fevereiro. Em 1919, a família voltou à Letônia e depois emigrou para a Inglaterra. Quando foi nomeado para a embaixada de Moscou, Berlin já se firmara como estudioso importante com o seu livro de 1939 sobre Marx. Durante uma visita a Leningrado, Berlin foi dar uma olhada na Livraria dos Escritores, na avenida Nevski, e "começou uma conversa casual com alguém que folheava um livro de poemas".[169] Acontece que esse alguém era o conhecido crítico literário Vladimir Orlov, que disse a Berlin que Akhmatova ainda estava viva e morava na Casa da Fonte, ali pertinho. Orlov deu um telefonema e, às 15 horas daquela tarde, ele e Berlin subiram as escadas para o apartamento de Akhmatova.

> Havia muito pouca mobília — praticamente tudo, pelo que entendi, fora levado, saqueado ou vendido durante o cerco; havia uma mesinha, três ou quatro cadeiras, um baú de madeira, um sofá e, acima do fogão apagado, um desenho de Modigliani. Uma senhora imponente e grisalha, um xale branco sobre os ombros, levantou-se devagar para nos receber. Ana Andreievna Akhmatova era de uma dignidade imensa, com gestos sem pressa, a cabeça nobre, bela, traços um tanto severos e uma expressão de imensa tristeza.[170]

Depois de conversar algum tempo, de repente Berlin ouviu alguém berrar o seu nome do lado de fora. Era Randolph Churchill, filho de Winston, que Berlin conhecera quando estudava em Oxford e que fora à Rússia como jornalista. Churchill precisava de intérprete e, ao saber da presença de Berlin na cidade, descobrira que estava na Casa da Fonte. Mas, como não conhecia o local exato do apartamento de Akhmatova, "adotou um método que lhe fora muito útil durante os seus dias na Christ Church". Berlin desceu correndo e foi embora com Churchill, cuja presença poderia ser perigosa para Akhmatova. Mas voltou naquela noite e passou-a conversando com a poeta — que talvez tenha se apaixonado por ele. Falaram de literatura russa, da solidão e do isolamento dela e sobre os amigos de Akhmatova no mundo desaparecido de Petersburgo antes da Revolução, alguns dos quais ele conhecera como emigrados no exterior. Aos olhos dela, Berlin era um mensageiro entre as duas Rússias que tinham se separado em 1917. Por meio dele, conseguiu retornar à Rússia europeia de São Petersburgo — cidade de onde sentia que vivera separada como num "exílio interno" em Leningrado. No ciclo de poemas *Cinque*, dos mais belos que escreveu, Akhmatova evoca em termos sagrados o sentimento de ligação com o visitante inglês.

> Sons vão morrendo no éter,
> E a escuridão supera o crepúsculo.
> Num mundo tornado mudo para todo o sempre,
> Só há duas vozes: a sua e a minha.
> E ao som quase de sinos
> Do vento do invisível lago Ladoga,
> Aquele diálogo tarde da noite se tornou
> O delicado cintilar de arco-íris entrelaçados.[171]

"Quer dizer que a nossa freira recebe visitas de espiões estrangeiros", observou Stalin, pelo que dizem, quando lhe contaram a visita de Berlin à Casa da Fonte. A ideia de que Berlin fosse espião era absurda, mas, naquela época, quando a guerra fria começava e a paranoia de Stalin atingia proporções extremas, quem trabalhasse para embaixadas ocidentais virava espião automaticamente. O NKVD aumentou a vigilância da Casa da Fonte, com dois novos agentes na entrada principal para verificar especificamente os visitantes de Akhmatova e aparelhos de escuta instalados desajeitadamente em buracos abertos nas paredes e no teto do seu apartamento. Os buracos deixavam montinhos de massa no chão, um dos quais Akhmatova manteve intacto como aviso aos visitantes.[172] Então, em agosto de 1946, Akhmatova foi atacada por um decreto do Comitê Central que censurava duas revistas por publicar obras suas. Uma semana depois, Andrei Jdanov, chefe de ideologia de Stalin, anunciou a sua expulsão da União dos Escritores com um discurso cruel em que descrevia Akhmatova como "resto deixado pela velha cultura aristocrática" e (numa expressão usada no passado por críticos soviéticos) como "meio freira, meio meretriz, ou melhor, freira-meretriz cujo pecado se mistura à oração".[173]

Akhmatova foi privada do talão de racionamento e forçada a viver da comida doada por amigos. Lev foi impedido de se formar na universidade. Em 1949, Lev voltou a ser preso, torturado para fazer uma confissão e condenado a dez anos de trabalhos forçados num campo perto de Omsk. Akhmatova ficou gravemente enferma. Com a circulação de boatos da sua prisão, ela queimou todos os manuscritos que tinha na Casa da Fonte. Entre eles, o esboço em prosa de uma peça sobre uma escritora julgada e condenada à prisão por um tribunal de escritores. Era uma alegoria da sua posição atormentada. Como o tribunal trai conscientemente a liberdade de pensamento que, como colegas escritores, deveriam defender, os seus burocratas literários são muito mais aterrorizantes do que a polícia do Estado.[174] Um sinal do seu total desespero foi que, na tentativa de assegurar a libertação do filho, ela chegasse a escrever um poema em homenagem a Stalin.* Lev só seria libertado em 1956, após a morte de Stalin. Akhmatova acreditava que a causa da prisão do filho fora o encontro dela com Berlin em 1945. Durante o interrogatório, perguntaram várias vezes a Lev sobre o "espião inglês" — numa ocasião em que batiam a sua cabeça na parede da

---

* Mais tarde, ela pediu que o poema fosse omitido das suas obras reunidas.

prisão.[175] Ela chegou a se convencer (pelo menos a si) que o encontro dos dois fora a causa da guerra fria. Ela "via a mim e a si mesma como personagens históricos mundiais escolhidos pelo destino para começar um conflito cósmico", escreveu Berlin.[176]

Berlin sempre se culpou pelo sofrimento que causara.[177] Mas a visita à Casa da Fonte não foi a causa do ataque a Akhmatova nem da prisão de Lev, embora servisse de pretexto para ambos. O decreto do Comitê Central foi o começo de um novo avanço sobre a liberdade do artista — o último refúgio da liberdade na União Soviética — e Akhmatova era o lugar óbvio para começar. Para a *intelligentsia*, ela era o símbolo vivo de um espírito que o regime não conseguia destruir nem controlar: o espírito de resistência e dignidade humana que lhes dera força para sobreviver ao Terror e à guerra. Zoschenko acreditava que o decreto foi aprovado depois que contaram a Stalin de um sarau literário no Museu Politécnico de Moscou em 1944 no qual Akhmatova recebera uma ovação da plateia de 3 mil espectadores. "Quem organizou essa ovação?", dizem que Stalin perguntou — uma pergunta que combina tão bem com o seu caráter, que ninguém deve tê-la inventado.[178]

Atacado pelo mesmo decreto que Akhmatova foi Mikhail Zoschenko. Como Akhmatova, morava em Leningrado, cidade cuja autonomia espiritual deixava Stalin desconfiado. A repressão a esses dois escritores era um modo de mostrar à *intelligentsia* de Leningrado o seu lugar na sociedade. Zoschenko era o último dos satiristas — Maiakovski, Zamiatin e Bulgakov já haviam morrido — e um grande espinho na pata de Stalin. A causa imediata do ataque foi "Aventuras de um macaco", conto infantil publicado em *Zvezda* (uma das revistas censuradas no decreto) em 1946, no qual um macaco que fugiu do zoológico é treinado como ser humano. Mas já havia alguns anos que Stalin se irritava com as histórias de Zoschenko. Ele se reconheceu no personagem da sentinela de "Lenin e a guarda" (1939), em que Zoschenko retrata um "tipo sulista" rude, impaciente e bigodudo (Stalin era da Geórgia) que Lenin trata como criança.[179] Stalin nunca esquecia insultos como esse.

Tinha interesse pessoal na perseguição a Zoschenko, que via como "parasita", escritor sem crenças políticas positivas cujo cinismo ameaçava corromper a sociedade. Jdanov usou os mesmos termos no discurso maldoso que se seguiu ao decreto. Proibido de publicar, Zoschenko foi forçado a trabalhar como tradutor e voltar ao seu primeiro ofício, de sapateiro, até a morte de Stalin, em 1953, quando foi readmitido na União dos Escritores. Mas nessa fase Zoschenko caíra em depressão tão profunda que não produziu textos importantes até morrer em 1958.

Em breve, o ataque a Akhmatova e Zoschenko foi seguido por uma série de decretos nos quais Jdanov estabelecia uma linha rígida do Partido em todas as outras artes. A influência dele foi tão dominante que o período do pós-guerra ficou conhecido como Jdanovshchina ("reinado de Jdanov"). Embora tenha morrido em 1948, a sua política cultural continuou em vigor até o degelo de Kruchev (e, de certa maneira, até muito depois). A ideologia de Jdanov refletia o triunfalismo soviético surgido nas elites comunistas depois da vitória sobre Hitler e da conquista militar da Europa oriental em 1945. A Guerra Fria levou a novas exigências de disciplina férrea em assuntos culturais. Agora o terror do Estado voltava-se principalmente contra a *intelligentsia* e o seu propósito era impor uma conformidade orwelliana à ideologia do Partido em todas as artes e ciências. Jdanov iniciou uma série de ataques violentos a "influências ocidentais decadentes". Comandou uma nova campanha contra os "formalistas" e uma lista negra de compositores (que incluía Shostakovich, Khachaturian e Prokofiev), acusados de escrever música "alheia ao povo soviético e ao seu gosto artístico", foi publicada pelo Comitê Central em fevereiro de 1948.[180] Para os compositores citados, isso significou a perda súbita de empregos, o cancelamento de apresentações e, na prática, o desaparecimento do repertório soviético. A meta declarada desse novo expurgo era isolar do Ocidente a cultura soviética. Tikhon Khrennikov, o linha-dura jdanovista que dirigia a União dos Compositores, excluiu todos os sinais de influência estrangeira ou modernista (principalmente de

Stravinski) da linha oficial da música soviética. Impôs rigidamente o modelo de Tchaikovski e da escola musical russa do século XIX como ponto de partida para todos os compositores da União Soviética.

Durante a guerra fria, o imenso orgulho nacional pela superioridade cultural e política da Rússia soviética andou de mãos dadas com o sentimento antiocidental. Afirmações absurdas da grandeza da Rússia começaram a surgir na imprensa soviética. "Em toda a história", declarou o *Pravda*, "o grande povo russo enriqueceu a tecnologia mundial com descobertas e invenções extraordinárias."[181] Foram feitas declarações absurdas sobre a superioridade da ciência soviética sob a direção da ideologia marxista-leninista, o que levou à promoção de fraudes e excêntricos como o pseudogeneticista Timofei Lysenko, que afirmava ter desenvolvido uma nova cepa de trigo capaz de crescer no gelo do Ártico. O aeroplano, o motor a vapor, o rádio, a lâmpada incandescente — dificilmente haveria uma invenção ou descoberta que os russos não reivindicassem autoria. Os cínicos chegavam a brincar que a Rússia era a pátria do elefante.*

Esse triunfalismo também encontrou expressão no estilo arquitetônico que dominou os planos de reconstrução das cidades soviéticas depois de 1945. O estilo "imperial soviético" combinava os motivos góticos e neoclássicos do estilo imperial russo que florescera depois de 1812 às estruturas monumentais que trombeteavam a magnificência das conquistas soviéticas. As "catedrais de Stalin", sete estruturas elefantinas parecidas com bolos de noiva (como o Ministério do Exterior e o conjunto da Universidade de Moscou nas colinas Lenin) erigidas em Moscou depois de 1945, são exemplos supremos dessa forma ostentatória. Mas estações de metrô, "palácios da cultura", cinemas e até circos

---

* Andrei Sakharov conta uma piada dos círculos científicos da época. Uma delegação soviética comparece a uma conferência sobre elefantes e divulga um relatório em quatro partes: (1) Clássicos do marxismo-leninismo-stalinismo sobre elefantes; (2) Rússia: pátria do elefante; (3) Elefante soviético: o melhor elefante do mundo; e (4) Elefante bielorrusso: irmão caçula do elefante russo (A. Sakharov, *Memoirs*, Londres, 1990, p. 113).

também foram construídos no estilo imperial soviético, com formas imensas, fachadas e pórticos clássicos e motivos históricos neorrussos. O exemplo mais extraordinário é a estação Komsomolskaia Koltsevaia, em Moscou, construída em 1952. O seu imenso "Salão da Vitória" subterrâneo, concebido como monumento aos heróis militares do passado da Rússia, foi um modelo de barroco russo. Grande parte dos motivos decorativos foi copiada da igreja de Rostov, no Kremlin.[182]

O orgulho soviético pela cultura russa não teve fronteiras no período do pós-guerra. O balé russo foi considerado o melhor, os clássicos russos na literatura e na música, os mais populares do mundo. A dominação cultural da Rússia também foi imposta aos regimes-satélites da Europa oriental e às repúblicas da União Soviética, onde o russo se tornou idioma obrigatório em todas as escolas e as crianças foram formadas lendo literatura e contos de fada russos. Os corais e grupos de dança "folclóricos" soviéticos fizeram turnês frequentes pela Europa oriental, cujos conjuntos "folclóricos" patrocinados pelo Estado (o Lado e o Kolo, na Iugoslávia, o Mazowsze, na Polônia, o Sluk, na Checoslováquia, e o Conjunto Estatal Húngaro) surgiram de acordo com o modelo soviético.[183] O objetivo declarado desses grupos "folclóricos" era promover as culturas regionais e nacionais dentro do bloco soviético. Desde 1934, a política soviética fora promover culturas que fossem "nacionalistas na forma e socialistas no conteúdo".[184] Mas esses grupos tinham pouca ligação real com a cultura popular que deveriam representar. Formados por profissionais, apresentavam um tipo de canto e dança que trazia as óbvias marcas registradas das falsas canções folclóricas executadas pelos conjuntos do Exército Vermelho, e o seu caráter nacional só se refletia nas formas externas (melodias e "trajes típicos" genéricos).

O plano de longo prazo da política soviética era canalizar essas "culturas folclóricas" em formas de arte mais elevadas segundo a linha estabelecida (ou assim se acreditava) pelos nacionalistas russos do século XIX. Moscou designava compositores russos para criar "óperas nacionais" e tradições sinfônicas em repúblicas da Ásia central e do Cáucaso, lugares onde nada disso existia. O teatro de ópera e a sala de concertos europeus chegaram a Alma Ata e Tachkent, a Bukhara e Samarcanda, como pilares dessa cultura russo-soviética importada; e logo se encheram com o estranho som de uma "música nacional" totalmente artificial, baseada em melodias tribais nativas anotadas em estilo europeu e depois inseridas no arcabouço musical do movimento nacional russo do século XIX.

O compositor russo Reinhold Gliere (professor de composição do jovem Prokofiev) escreveu a primeira "ópera nacional" do Azerbaijão misturando antigas melodias azeris com formas e harmonias europeias Gliere também compôs a primeira ópera uzbeque, *Gulsara* (1937), um conto épico soviético de libertação das mulheres do antigo modo de vida patriarcal, com canções populares uzbeques harmonizadas e orquestradas no estilo de Berlioz. A ópera quirguiz foi criada por dois moscovitas (Vladimir Vlassov e Vladimir Fere), que orquestraram melodias quirguizes (anotadas pelo quirguiz Abdilas Maldibaiev) num estilo nacional quirguiz imaginário com muitas harmonias cruas e abertas. Evgueni Brussilovski, fundador russo da ópera nacional cazaque, continuou a escrever óperas cazaques até a década de 1950, muito depois de uma nova geração de compositores nativos surgir no conservatório de Alma Ata. A campanha contra os "formalistas" estimulou muitos compositores a fugir de Moscou e Petersburgo para o clima relativamente liberal dessas repúblicas remotas. Alexandre Mossolov, talvez mais conhecido como compositor de música experimental nos anos 1920, mudou-se, através do *gulag*, para o Turcomenistão, onde ficou até morrer, em 1973, como compositor de música nacional turcomena no estilo de Borodin. Maximilian Steinberg, o rival mais próximo de Stravinski em São Petersburgo na década de 1900 e professor dos principais compositores de vanguarda (inclusive Shostakovich) no início dos anos 1920, terminou a carreira como Artista do Povo da República Socialista Soviética do Uzbequistão.[185]

Quando a guerra fria ficou mais intensa e o medo paranoico do próprio Stalin de "espiões" e "inimigos internos" aumentou, a desconfiança do regime por toda influência estrangeira se transformou em ódio aos judeus. Esse antissemitismo era mal disfarçado pela retórica patriótica soviética (isto é, russa), mas não havia como negar que as vítimas da cruel inquisição contra o "cosmopolitanismo" eram predominantemente judias. Em janeiro de 1948, o famoso ator judeu Solomon Mikhoels, presidente do Comitê Antifascista Judaico (CAFJ), foi morto por tropas de segurança do Estado. O assassinato foi executado segundo instruções pessoais estritas de Stalin, que, três dias antes do brutal homicídio, convocou todos os integrantes do Politburo, condenou Mikhoels num ataque de raiva e, de um modo que sugere que aquele seria um assassinato simbólico,* especificou que "Mikhoels deve ser atingido na cabeça com um machado envolto num casaco acolchoado molhado e, em seguida, atropelado por um caminhão".[186]

O assassinato de Mikhoels estava ligado à prisão de várias dezenas de judeus importantes acusados de participar de uma conspiração americano-sionista organizada pelo CAFJ contra a União Soviética.**
O CAFJ fora criado em 1941 por ordem de Stalin para mobilizar o apoio judeu no exterior para a campanha de guerra soviética. Recebeu apoio entusiasmado da comunidade judaica de esquerda na Palestina, tanto que Stalin chegou a pensar que poderia atrair o novo Estado de Israel para a esfera principal de influência soviética no Oriente Médio. Mas os vínculos crescentes de Israel com os EUA a partir de

---

* O pai de Stalin fora assassinado com um machado envolto num casaco acolchoado; e o provável assassino, um criminoso armênio que trabalhara com Stalin na polícia secreta de Tiflis na década de 1900, foi morto por ordem de Stalin dezesseis anos depois, em 1922, atropelado por um caminhão (R. Brackman, *The Secret File of Joseph Stalin: A Hidden Life*, Londres, 2001, p. 38-43).

** Até duas parentes colaterais de Stalin, Anna Redens e Olga Alliluieva, foram presas por ligações com judeus. Ao explicar à filha a prisão das duas tias, Stalin disse: "Elas sabiam demais. Tagarelavam muito." (S. Allilueva, *Only One Year*, Nova York, 1969, p. 154.)

1948 provocaram o ódio vitalício de Stalin aos judeus.[187] O CAFJ foi abolido, todos os seus membros, presos e acusados de conspirar para transformar a Crimeia numa base americano-sionista para um ataque à União Soviética. Milhares de judeus foram expulsos à força das regiões próximas de Moscou e despachados como "parasitas desenraizados" para a vastidão siberiana, onde se criou uma "Região Judaica Autônoma" em Birobidjan: era um tipo de versão soviética da Madagascar de Hitler, para onde os nazistas chegaram a pensar em exportar os judeus. Em novembro de 1948, o Comitê Central decidiu que todos os judeus da União Soviética teriam de ser reinstalados na Sibéria.[188]

Na esfera cultural, as "feias distorções" da vanguarda foram atribuídas à influência de judeus como Eisenstein, Mandelstam, Chagall. A ofensiva foi pessoalmente instigada por Stalin. Ele chegou a estudar linguística e escreveu longamente a respeito no *Pravda* em 1949, com o objetivo de condenar a teoria "judaica", apresentada por Niko Marr na década de 1900, de que o idioma georgiano tinha origem semita.[189] Em 1953, Stalin ordenou a prisão de vários médicos judeus que trabalhavam para o Kremlin com acusações inventadas (a chamada "Conspiração dos Médicos") de terem envenenado Jdanov e outro membro do Politburo, A. S. Scherbakov.* As invectivas na imprensa contra os "assassinos de jaleco branco" produziram uma onda de ódio contra os judeus e muitos deles foram expulsos das suas casas e dos seus empregos. Cientistas, estudiosos e artistas judeus foram isolados e atacados como "nacionalistas burgueses", muito embora (como acontecia com tanta frequência) fossem mais russos do que judeus.

---

* Um desses médicos de destaque foi Leo, tio de Isaiah Berlin, acusado de passar segredos do Kremlin para os britânicos por meio do sobrinho na sua visita a Moscou em 1945. Depois de apanhar muito, Leo tentou se suicidar e acabou "confessando" ter sido espião. Ficou um ano na prisão e foi solto em 1954, pouco depois da morte de Stalin. Certo dia, ainda enfraquecido pelo período na prisão, viu na rua, à sua frente, um dos torturadores, teve um enfarte e morreu (M. Ignatieff, *Isaiah Berlin: A Life*, Londres, 1998, p. 168-69).

O fato de terem "judeu" escrito no passaporte soviético bastava para condená-los como sionistas.*

Os diretores de cinema judeus (Leonid Trauberg, Dziga Vertov, Mikhail Romm) foram acusados de fazer filmes "antirrussos" e forçados a abandonar os estúdios. O romance *Stalingrado*, de Vassili Grossman, baseado no seu trabalho como correspondente de guerra, foi proibido principalmente porque o personagem principal era um judeu-russo. *O livro negro* (publicado pela primeira vez em Jerusalém, em 1980), relato ainda inigualável de Grossman do Holocausto em solo soviético, com base em lembranças que compilou para a Comissão Literária do CAFJ, nunca foi publicado na União Soviética. Quando começou a escrever nos anos 1930, Grossman se considerava cidadão soviético. A Revolução dera fim à perseguição tsar dos judeus. Mas, no último romance, o épico *Vida e destino*, passado durante a guerra (publicado pela primeira vez na Suíça em 1980), retratou os regimes nazista e soviético não como opostos, mas como reflexos um do outro. Grossman morreu em 1964, 25 anos antes que a sua obra-prima fosse publicada na terra natal. Ele pediu para ser sepultado num cemitério judeu.[190]

"Eu acreditava que, depois da vitória soviética, a experiência dos anos 1930 não poderia nunca mais voltar, mas tudo me lembrava o modo como a situação se desenrolara naquela época", escreveu Ilia Ehrenburg (um dos poucos intelectuais judeus importantes a sair ileso da era Stalin) em *Homens, anos, vida* (1961–66).[191] Por ter vindo depois da liberação dos anos de guerra, essa nova onda de terror, de certa forma, deve ter parecido mais opressora do que a anterior; tentar sobreviver a uma coisa dessas uma segunda vez deve ter sido como tentar conservar a própria sanidade. Ehrenburg visitou Akhmatova na Casa da Fonte em 1947.

---

* Todos os cidadãos da URSS tinham passaporte soviético. Mas, dentro do passaporte, havia uma categoria que os definia por "nacionalidade" (etnia).

Ela estava sentada numa salinha onde o seu retrato de Modigliani pendia na parede e, triste e majestosa como sempre, lia Horácio. Os infortúnios caíram sobre ela como uma avalanche; era preciso mais do que a coragem comum para conservar tanta dignidade, compostura e orgulho.[192]

Ler Horácio era uma forma de preservar a sanidade. Alguns escritores recorreram a estudos literários ou, como Kornei Chukovski, a escrever livros para crianças. Outros, como Pasternak, recorreram à tradução de obras estrangeiras.

As traduções de Shakespeare para o russo feitas por Pasternak são obras de real beleza artística, ainda que não totalmente fiéis ao original. Ele era o poeta favorito de Stalin, precioso demais para ser preso. O seu amor à Geórgia e as traduções de poesia georgiana fizeram o líder soviético gostar dele. Mas, embora vivesse em meio a todos os confortos materiais de um cavalheiro de Moscou, Pasternak sofreu de outra maneira com o Terror. Suportou a culpa do sofrimento dos escritores que não pôde ajudar com a sua influência. Foi torturado pela noção de que a sua mera sobrevivência provava que não era honrado como homem — e muito menos como grande escritor daquela tradição russa que tirava os seus valores morais dos dezembristas. Isaiah Berlin, que em 1945 se encontrou várias vezes com Pasternak, recordou que ele "não parava de voltar a esse assunto e se esforçava de forma absurda para negar que fosse capaz de [alguma frágil concessão às autoridades] da qual ninguém que o conhecesse conseguiria sequer começar a conceber que fosse culpado".[193]

Pasternak se recusou a comparecer à reunião da União dos Escritores na qual Akhmatova e Zoschenko foram condenados. Por isso, foi expulso da diretoria da organização. Foi visitar Akhmatova. Deu-lhe dinheiro, o que pode ter levado ao ataque do *Pravda* a ele como "estrangeiro" e "distante da realidade soviética".[194] Depois de todo o seu otimismo na guerra, Pasternak se sentiu esmagado pela volta do velho regime de crueldade e mentiras. Afastou-se da cena pública e trabalhou no que agora considerava a sua última mensagem ao mundo: o grande romance *Doutor Jivago*. Situado no horrendo caos da Revolução Russa e da guerra civil, não é por coincidência que o tema central do romance é a importância de conservar a antiga *intelligentsia*, representada por Jivago. De várias maneiras, o irmão mais novo do herói, o estranho personagem chamado Evgraf que tinha alguma influência junto aos revolucionários e várias vezes ajuda o irmão a sair de situações complicadas telefonando às pessoas certas, é o tipo de salvador que o próprio Pasternak gostaria de ter sido. O escritor via o romance como a sua maior obra (muito mais importante do que a poesia), o seu testamento em prosa, e decidiu que seria lido pelo maior público possível. A decisão de publicá-lo no exterior depois de ser adiado e recusado pela revista *Novyi mir* foi o seu último ato de rebelião contra a perseguição do regime soviético.*

Shostakovich encontrou outra maneira de manter a sanidade. Em 1948, foi demitido do cargo de professor dos conservatórios de Moscou e Leningrado — os seus alunos também foram forçados a se arrepender de ter estudado com um "formalista". Com temor pela família, Shostakovich admitiu os seus "erros" num Congresso de Compositores em abril: prometeu escrever música que "o Povo" pudesse apreciar e entender. Durante algum tempo, o compositor pensou em suicídio. As suas obras foram retiradas do repertório dos concertos. Mas, como antes, ele encontrou refúgio e válvula de escape no cinema. Entre 1948 e 1953, Shostakovich escreveu a música de nada menos do que sete filmes.[195] "Isso me permite comer", escreveu ao amigo Isaak Glickman, "mas me provoca extrema fadiga."[196] Ele disse a colegas compositores que era trabalho "desagradável", a ser feito "só em caso de extrema pobreza".[197] Shostakovich precisava de todo o dinheiro que pudesse ganhar com

---

* Contrabandeado para fora da Rússia e publicado pela primeira vez na Itália, em 1957, *Doutor Jivago* se tornou um best-seller internacional, e Pasternak foi indicado para o Prêmio Nobel em 1958, mas, sob pressão da União dos Escritores e uma avalanche de agressões nacionalistas contra ele na imprensa soviética, foi forçado a recusar o prêmio. Pasternak morreu em 1960.

esse trabalho por encomenda. Mas também tinha de mostrar que participava da "vida criativa do Partido". Cinco das trilhas sonoras que compôs nesses anos receberam o prestigiado Prêmio Stalin, e duas músicas de *Encontro no Elba* (1948), de Alexandrov, se tornaram sucessos com enorme venda de discos. A reabilitação política do compositor e um pouco de conforto material para a sua família foram assegurados.

Mas, o tempo todo, Shostakovich escrevia música secreta "para a gaveta". Em parte, eram sátiras musicais como *Rayok*, uma cantata satírica sobre a época de Jdanov, com música baseada nos discursos pomposos dos líderes soviéticos, que finalmente estreou em Washington em 1989.* Mais do que qualquer outro artista, Shostakovich ria (por dentro) para preservar a sanidade: por isso gostava tanto dos textos de Gogol e Zoschenko. Mas a maior parte da música que compôs nessa época foi profundamente pessoal, como as que tinham temas judaicos. Shostakovich se identificava com o sofrimento dos judeus. Até certo ponto, chegou a assumir uma identidade judia, preferindo exprimir-se como compositor num idioma judeu e incorporando melodias judaicas nas suas composições. Como ele mesmo explicou numa entrevista reveladora, o que mais gostava na música dos judeus era a "capacidade de construir uma melodia alegre sobre entonações tristes. Por que alguém toca uma canção alegre? Porque no fundo se sente triste".[198] Mas usar música judaica também era uma afirmação moral: era o protesto de um artista que sempre se opusera a todas as formas de fascismo.

Shostakovich usou temas judeus pela primeira vez no *finale* do Segundo Trio para Piano (1944), dedicado ao seu maior amigo, o musicólogo Ivan Sollertinski, que morrera em fevereiro de 1944. Foi composto enquanto chegavam os relatórios da captura pelo Exército

---

* Não se tem total clareza de quando Shostakovich escreveu *Rayok*. Parece que os esboços datam de 1948, mas com a ameaça constante de ter a casa revistada, parece improvável que ele ousasse compor a partitura completa antes da morte de Stalin (ver também M. Yakubov, "Shostakovich's *Anti-formalist Rayok:* A History of the Work's Composition and Its Musical and Literary Sources", em R. Bartlett (org.), *Shostakovich in Context*, Oxford, 2000, p. 135-58).

Vermelho dos campos de extermínio nazistas em Majdanek, Belzec e Treblinka. Quando Stalin começou a sua campanha contra os judeus, Shostakovich fez o seu protesto adotando temas judaicos em muitas obras suas: o ciclo *Canções da lírica judaica* (1948), apresentado corajosamente em concertos particulares no seu apartamento no auge da Conspiração dos Médicos; a Sinfonia n. 13 (1962), a "Babi Yar", com o seu réquiem, a letra composta pelo poeta Ievtuchenko, em homenagem aos judeus de Kiev assassinados pelos nazistas em 1941; e praticamente todos os quartetos de cordas, do nº 3 (de 1946) ao inesquecível nº 8 (de 1961). A dedicatória oficial do Oitavo Quarteto era "Às vítimas do fascismo", mas Shostakovich disse à filha que, na verdade, era "dedicado a mim mesmo".[199] O Oitavo Quarteto foi a autobiografia musical de Shostakovich — um resumo trágico de toda a sua vida e da vida do seu país na era stalinista. Em toda essa obra intensamente pessoal, cheia de autocitações, se repetem as mesmas quatro notas (ré, mi bemol, dó, si) que, no sistema alemão de notação musical, formam quatro letras do nome do compositor (D-S-C-H). As quatro notas são como um canto fúnebre. Caem como lágrimas. No quarto e último movimento, o pesar se torna insuportável quando essas quatro notas se combinam simbolicamente com o lamento fúnebre revolucionário dos trabalhadores, "Torturados por cruel servidão", que aqui Shostakovich canta para si.

7

Em 4 de outubro de 1957, quando o Sputnik I fez o seu voo pioneiro, ouviram-se os primeiros bipes do espaço. Algumas semanas depois, bem a tempo do quadragésimo aniversário da Revolução de Outubro, a cadela Laika se aventurou pelo espaço no Sputnik II. Com esse pequeno passo, de repente pareceu que a União Soviética pulara à frente do mundo ocidental em ciência e tecnologia. Kruchev aproveitou o sucesso e afirmou que se anunciava o triunfo do ideário comunista. No ano seguinte, uma bandeira vermelha foi plantada na superfície da Lua e depois, em abril de 1961, Yuri Gagarin se tornou o primeiro homem a deixar a atmosfera da Terra.

O sistema soviético se definia pela sua crença na ciência e na tecnologia. Depois de 1945, o regime fez um investimento enorme em instituições científicas e, além da física nuclear e de outras disciplinas úteis para as forças armadas, também promoveu ciências acadêmicas e matemáticas. O Estado transformou a ciência em prioridade máxima e elevou os cientistas a um nível comparável ao dos principais administradores industriais e autoridades do Partido. Todo o núcleo marxista da ideologia do sistema era uma fé otimista no poder da razão humana de banir o sofrimento e dominar as forças do universo. O regime soviético baseara-se no tipo de visão futurista imaginado por Júlio

Verne e H. G. Wells, cujos textos eram mais populares na Rússia do que em todos os outros países do mundo. Wells foi um dos primeiros escritores ocidentais a visitar a Rússia soviética, em 1919, e mesmo então, em meio à devastação do país com a guerra civil, encontrou Lenin sonhando no Kremlin com viagens pelo espaço.[200]

A Rússia tinha a sua variedade própria e prodigiosa de ficção científica que, ao contrário da do Ocidente, desde o começo fazia parte da literatura oficial. A ficção científica servia de arena para projetos utópicos de sociedades futuras, como o "Quarto sonho" do romance *Que fazer?* (1862), de Chernishevski, do qual Lenin tirou os seus ideais comunistas. Ela era um campo de provas das grandes ideias morais da literatura russa — como em "O sonho de um homem ridículo" (1877), conto de ficção científica de Dostoievski no qual a visão da salvação pelo progresso científico e material apresentada por Chernishevski foi desmontada num sonho de utopia numa irmã gêmea perfeita da Terra: o paraíso cósmico logo se decompõe numa sociedade de senhores e escravos, e o narrador acorda do sonho e vê que a única salvação verdadeira é pelo amor cristão ao próximo.

A mistura de ficção científica com crença mística era típica da tradição literária russa, na qual o caminho para o ideal era visto com tanta frequência em termos da transcendência desse mundo quanto da sua realidade mundana. A Revolução Russa foi acompanhada de um surto imenso de ficção científica apocalíptica. Bogdanov, o bolchevique que foi um dos fundadores do Proletkult, assumiu a liderança com os seus romances de ficção científica *Estrela vermelha* (1908) e *Engenheiro Menni* (1913), que retratavam a utopia comunista no planeta Marte em algum momento no meio do terceiro milênio. Essa visão cósmica de redenção socialista alimentou a explosão da ficção científica nos anos 1920, desde os contos utópicos de Platonov a *Aelita* (1922) e *A máquina infernal do engenheiro Garin* (1916), romances de sucesso de Alexei Tolstoi que voltavam ao tema marciano da ciência a serviço do proletariado. Como os antecessores do século XIX, essa literatura fantástica foi veículo para as grandes questões filosóficas e morais sobre ciência e consciência. A ficção científica de Zamiatin baseou-se na tradição russa para desenvolver uma crítica humanista da utopia tecnológica soviética. O seu romance distópico *Nós* tirava de Dostoievski boa parte do seu argumento moral. O conflito central do romance entre o Estado racional, de alta tecnologia e que fornecia tudo, e a bela e sedutora I-330, cuja necessidade aberrante e irracional de liberdade ameaça subverter o poder daquele Estado absolutista, é uma continuação do discurso que está no centro de "O grande inquisidor" de *Os irmãos Karamazov* sobre o conflito interminável entre as necessidades humanas de segurança e liberdade.*

A ficção científica praticamente desapareceu nas décadas de 1930 e 1940. O realismo socialista não dava espaço para sonhos utópicos nem para nenhuma forma de ambiguidade moral, e a única ficção científica não reprimida foi aquela que exaltava a tecnologia soviética. Mas o programa espacial da década de 1950 levou ao ressurgimento da ficção científica na União Soviética, e Khruschov, entusiasta do gênero, estimulou os escritores a voltarem à tradição dos anos pré-stalinistas.

Andrômeda (1957), de Ivan Efremov, talvez tenha sido a obra mais importante dessa nova onda e, sem dúvida, foi uma das que mais vendeu (com mais de 20 milhões de exemplares vendidos só na União Soviética). Passado num futuro distante em que a Terra se uniu a outras galáxias numa civilização universal, retrata um paraíso cósmico no qual a ciência tem o papel discreto de atender a todas as necessidades humanas; mas, acima de tudo, o que surge como propósito da vida é a

---

* Pode ser que o título do romance *Nós*, de Zamiatin, tenha saído, pelo menos em parte, de Dostoievski — especificamente, das palavras de Verkhovenski a Stavroguin (em *The Devils*, trad. D. Magarshack, Harmondsworth, 1971, p. 413) ao descrever a sua visão da futura ditadura revolucionária ("[Nós] pensaremos em como construir um edifício de pedra [...] Nós o construiremos, nós, só nós!"). Talvez, de modo mais óbvio, o título fosse uma referência ao culto revolucionário do coletivo (o poeta Kirilov, do Proletkult, chegou a escrever um poema com o título "Nós"). Ver também G. Kern, *Zamyatin's We: A Collection of Critical Essays*, Ann Arbor, 1988, p. 63.

necessidade eterna dos seres humanos de ter relacionamentos éticos, liberdade, beleza e criatividade. Efremov foi muito atacado pelos linhas-duras comunistas: a sua ênfase nos valores espirituais se aproximava desconfortavelmente de um questionamento fundamental de toda a filosofia materialista do regime soviético. Mas ele não era o único. A ficção científica se tornava rapidamente a principal arena das críticas liberais, religiosas e dissidentes à visão de mundo soviética. Em *Na tempestade* (1962), de Daniel Granin, o protagonista é físico e humanista, um Piotr Kapitsa ou um Andrei Sakharov, que entende a necessidade de atrelar a ciência a objetivos espirituais humanos. Ele pergunta: "O que distingue as pessoas dos animais? A energia atômica? O telefone? Respondo: a consciência moral, a imaginação, os ideais espirituais. A alma humana não se aprimorará porque eu e você estudamos os campos magnéticos da Terra."[201]

Os romances de ficção científica dos irmãos Strugatski (Arkadi e Boris) foram concebidos, de forma subversiva, como sátira social contemporânea à moda de Gogol e, aproveitando muito de Dostoievski, como crítica ideológica da utopia materialista soviética. Sem dúvida, assim foram recebidos por milhões de leitores da União Soviética que, com anos de censura, tinham se acostumado a ler toda literatura como alegoria. Em *Coisas predatórias do século* (1965), os Strugatski retrataram uma sociedade do futuro parecida com a soviética na qual a ciência e tecnologia nuclear davam todos os poderes concebíveis ao Estado burocrático onipresente. Como não há mais nenhuma necessidade de trabalho nem de pensamento independente, o povo se transformou em idiotas felizes. Saciados com bens de consumo, os cidadãos se tornaram espiritualmente mortos. Essa mesma ideia foi adotada pelo escritor dissidente Andrei Siniavski em *Pensamentos improvisados* (1966), coletânea de ensaios aforísticos que renunciam à ciência e ao materialismo em troca de uma fé russa e um nacionalismo do tipo "solo nativo" que poderiam ter saído diretamente das páginas de Dostoievski.

Do mesmo modo, os filmes de ficção científica foram um veículo para o questionamento do materialismo soviético. Em *Nove dias* (1962), de Romm, por exemplo, alguns cientistas se envolvem em longos debates sobre as questões morais impostas pela energia atômica. Eles filosofam sobre os meios e os fins da ciência como um todo, a ponto de esse filme muito verbal começar a lembrar uma cena de Dostoievski em que os personagens discutem a existência de Deus. Na obra-prima *Solaris* (1972), de Andrei Tarkovski, a exploração do espaço exterior se torna uma busca moral e espiritual de autoconhecimento, amor e fé. O viajante cósmico, um cientista chamado Cris, vai a uma estação especial numa galáxia distante onde os cientistas pesquisam o misterioso poder regenerador de uma imensa estrela ardente. A viagem se torna uma busca mais pessoal em que Cris redescobre a capacidade de amar quando Hari, sua ex-amante que ele levara ao suicídio com a sua frieza emocional, é trazida de volta à vida, ou a uma miragem de vida, pelos poderes da estrela. O sacrifício de Hari (ela se destrói novamente) liberta Cris da dependência emocional e lhe permite voltar à Terra (um oásis que aparece na estrela ardente). Num espírito de expiação, ele se ajoelha diante do pai para pedir perdão pelos seus pecados. A Terra, portanto, surge como destino apropriado de todas as viagens pelo espaço. O homem se aventura não para descobrir novos mundos, mas para encontrar no espaço uma réplica da Terra. Essa afirmação do espírito humano é transmitida de forma maravilhosa na cena passada na estação espacial em que Hari olha o quadro *Caçadores na neve*, de Bruegel, que a ajuda a recordar a antiga vida na Terra. A câmera examina com detalhes o quadro de Bruegel enquanto o Prelúdio Coral em fá menor de Bach, intercalado com os sons da floresta e dos sinos de Rostov, louva a beleza do nosso mundo. *Solaris* não é uma história sobre o espaço no sentido literal de *2001*, de Stanley Kubrick, com o qual é comparado com frequência. Enquanto o filme de Kubrick olha o cosmo da Terra, o de Tarkovski olha a Terra do cosmo. É um filme sobre os valores humanos nos quais todas as culturas cristãs, inclusive a da Rússia soviética, veem a sua redenção.

Em *Esculpir o tempo* (1986), o seu credo cinematográfico, Tarkovski compara o artista a um sacerdote cuja missão é revelar a beleza que está "oculta dos olhos daqueles que não procuram a verdade".[202] Uma declaração dessas pertence à tradição artística russa que data de Dostoievski, Tolstoi e mais para trás, desde os pintores medievais de ícones como aquele cuja vida e arte Tarkovski comemorou na obra--prima *Andrei Rublev* (1966). De fato, os filmes de Tarkovski são como ícones. Contemplar a sua beleza visual e as imagens simbólicas, como se é forçado a fazer pela lentidão da ação, é se unir à busca de ideal espiritual do próprio artista. "A arte tem de dar ao homem fé e esperança", escreveu o diretor.[203] Todos os seus filmes tratam de viagens em busca da verdade moral. Como Aliosha de *Os irmãos Karamazov*, Andrei Rublev abandona o mosteiro e vai para o mundo *viver* a verdade do amor e da fraternidade cristãos entre os compatriotas russos sob o domínio mongol. "A verdade tem de ser vivida e não ensinada. Preparai-vos para a batalha!" Tarkovski disse que esse verso de Hermann Hesse em *O jogo das contas de vidro* (1943) "bem poderia servir de epígrafe a *Andrei Rublev*".[204]

O mesmo tema religioso está no centro de *Stalker* (1979), que, na descrição do próprio Tarkovski, pretendia ser um discurso sobre "a existência de Deus no homem".[205] O *stalker* do filme, uma espécie de guia, conduz um professor e um escritor até a "zona", uma vastidão sobrenatural abandonada pelo Estado depois de alguma catástrofe industrial. Ele vem diretamente da tradição russa do Louco Santo. Mora sozinho na pobreza, desprezado por uma sociedade onde todos deixaram de acreditar em Deus há muito tempo, mas mesmo assim ele tira poder espiritual da sua fé religiosa. Entende que o coração da "zona" é apenas um quarto vazio numa casa abandonada. Mas, como conta aos companheiros de viagem, a base da verdadeira fé é a *crença* na Terra Prometida: é a viagem e não a chegada. A necessidade de fé, de algo em que acreditar fora de si mesmo, definiu o povo russo na sua autocompreensão mítica desde os dias de Gogol e da "alma russa". Tarkovski reviveu esse mito nacional como oposição ao sistema de valores do regime soviético, com as suas ideias estrangeiras de materialismo racional. "A moderna cultura de massa", escreveu Tarkovski, "está aleijando a alma do povo, construindo barreiras entre o homem e as questões fundamentais da existência, da consciência de si como ser espiritual."[206] Ele acreditava que essa consciência espiritual era a contribuição que a Rússia poderia dar ao Ocidente — ideia incorporada na última imagem simbólica do filme *Nostalgia* (1983), no qual uma casa camponesa russa é retratada dentro de uma catedral italiana em ruínas.

Pode parecer extraordinário que filmes como *Stalker* e *Solaris* tenham sido produzidos na época de Brejnev, quando todas as formas de religião organizada foram severamente circunscritas e a ortodoxia amortecedora do "socialismo desenvolvido" mantinha sob controle a política do país. Mas, dentro do monolito soviético, havia muitas vozes diferentes que clamavam pelo retorno aos "princípios russos". Uma delas era a revista literária *Molodaia gvardia* (Guarda jovem), que servia de fórum dos nacionalistas e conservacionistas russos, defensores da Igreja russa e neopopulistas, como os "escritores da prosa aldeã" Fiodor Abramov e Valentin Rasputin, que pintavam um quadro nostálgico do campo e idealizavam o camponês honesto e trabalhador como o verdadeiro sustentáculo da alma russa e da sua missão no mundo. A *Molodaia gvardia* teve o apoio da liderança mais alta do Partido durante a década de 1970.* Mas a sua política cultural dificilmente seria comunista; e, às vezes, como na oposição à demolição de igrejas

---

* A revista tinha a proteção política de Mikhail Suslov, membro do Politburo e chefe de ideologia de Brejnev. Quando Alexandre Iakovlev atacou a *Molodaia gvardia* como antileninista por conta do nacionalismo e da ênfase religiosa, Suslov conseguiu conquistar Brejnev para o lado da revista. Iakovlev foi exonerado do Departamento de Propaganda do Partido. Em 1973, foi demitido do Comitê Central e nomeado embaixador soviético no Canadá (de onde voltaria para se tornar o principal ideólogo de Gorbachev).

e monumentos históricos ou nos ensaios controvertidos que publicou do pintor nacionalista Ilia Glazunov, que condenavam explicitamente a Revolução de Outubro como interrupção da tradição nacional, era até antissoviética. A revista tinha vínculos com grupos de oposição na Igreja russa, o movimento de conservação (que chegava a vários milhões de integrantes na década de 1960) e a *intelligentsia* dissidente. Até Soljenitsin se levantou em sua defesa quando foi atacada pela revista *Novy mir* (a mesma revista que fizera fama ao publicar *Um dia na vida de Ivan Denisovich* em 1962).[207] Nos anos 1970, o nacionalismo russo era um movimento crescente que recebia apoio tanto de membros do Partido quanto de dissidentes. Havia várias revistas como *Molodaia gvardia* — algumas oficiais, outras dissidentes e publicadas clandestinamente (*samizdat*) — e várias associações estatais e voluntárias, desde sociedades literárias até grupos de conservacionistas, que forjaram uma ampla comunidade de "princípios russos". Como explicou o editor da revista clandestina *Veche* no primeiro editorial, em 1971: "Apesar de tudo, ainda há russos. Não é tarde demais para voltar à terra natal."[208]

No final, o que era a "cultura soviética"? Era alguma coisa? Pode-se dizer que havia um gênero soviético específico nas artes? A vanguarda dos anos 1920, que tomou muita coisa emprestada da Europa ocidental, era realmente a continuação do modernismo da virada do século. Era revolucionária, em vários aspectos mais revolucionária do que o regime bolchevique, mas no fim das contas não era compatível com o Estado soviético, que nunca poderia ser construído sobre sonhos de artistas. A ideia de construir a cultura soviética sobre uma base "proletária" era igualmente insustentável — embora, sem dúvida, fosse essa a única ideia de cultura intrinsecamente "soviética": apitos de fábrica não são música (e, de qualquer modo, o que é "arte proletária"?). É indiscutível que o realismo socialista também era uma forma de arte distintamente soviética. Mas grande parte dele era uma distorção horrenda da tradição do século XIX, não muito diferente da arte do Terceiro Reich ou da Itália fascista. Em última análise, o elemento "soviético" (que se reduzia ao peso amortecedor da ideologia) nada acrescentou à arte.

O diretor de cinema georgiano Otar Iosseliani recorda uma conversa com o veterano cineasta Boris Barnet, em 1962:

> Ele me perguntou: "Quem é você?" Respondi: "Um diretor" [...] "Soviético", corrigiu ele, "você sempre tem de dizer 'diretor soviético'. É uma profissão muito especial." "De que maneira?", perguntei. "Porque, se um dia conseguir ser sincero, o que me surpreenderia, você poderá remover a palavra 'soviético'."[209]

8

>Debaixo dessas ruínas falo,
>Debaixo dessa avalanche grito,
>Como se sob a abóbada de um fétido porão
>Eu ardesse em cal viva.
>Fingirei silêncio neste inverno
>Baterei para sempre as portas eternas,
>E mesmo assim reconhecerão minha voz,
>E mesmo assim acreditarão nela mais uma vez.[210]

Anna Akhmatova foi um dos grandes sobreviventes. A sua voz poética era irreprimível. Nos últimos dez anos da sua longa vida, desde a libertação do filho do *gulag* em 1956, Akhmatova gozou de uma existência relativamente tranquila. Teve a sorte de manter até o fim a capacidade de escrever poesia.

Em 1963, escreveu os últimos acréscimos à sua obra-prima, *Poema sem herói*, que começara a redigir em 1940. Isaiah Berlin, a quem leu o poema na Casa da Fonte em 1945, descreveu-o como um "tipo de último memorial à sua vida de poeta e ao passado da cidade — São Petersburgo — que fazia parte do seu ser".[211] O poema conjura, sob a forma de uma procissão carnavalesca de personagens mascarados que surge diante da autora na Casa da Fonte, toda uma geração de amigos desaparecidos e personagens de Petersburgo que a história deixou para trás em 1913. Por meio desse ato criativo de lembrança, a poeta redime e salva aquela história. Na dedicatória de abertura, Akhmatova escreve:

> [...] e porque não tenho papel suficiente,
> escrevo sobre o teu primeiro rascunho.*[212]

O poema é cheio de referências literárias sobre as quais estudiosos incontáveis se debruçaram, mas a sua essência, como indicado pela dedicatória, foi prevista por Mandelstam num poema parecido com uma oração que Akhmatova cita como epígrafe do terceiro capítulo do seu livro:

> Vamos nos reencontrar em Petersburgo
> como se nela tivéssemos enterrado o sol
> e pronunciaremos pela primeira vez
> aquela palavra abençoada e sem sentido.
> No veludo negro da noite soviética,
> no veludo do vácuo universal
> conhecidos olhos de mulheres abençoadas cantam
> e as flores imortais ainda se abrem.[213]

O *Poema* de Akhmatova é um réquiem aos que morreram em Leningrado. Essa recordação é um ato sagrado, em certo sentido uma resposta à oração de Mandelstam. Mas o poema também é uma canção de ressurreição — uma encarnação literal dos valores espirituais que permitiram ao povo daquela cidade suportar a noite soviética e se reencontrar em Petersburgo.

---

* Akhmatova informou a vários amigos que a primeira dedicatória era a Mandelstam. Quando Nadejda Mandelstam ouviu-a ler o poema pela primeira vez e lhe perguntou a quem a dedicatória se referia, Akhmatova respondeu "com alguma irritação": "No rascunho de quem você acha que posso escrever?" (Mandelstam, *Hope Abandoned*, p. 435).

Akhmatova morreu em paz numa casa de convalescença em Moscou, em 5 de março de 1966. O seu corpo foi levado ao necrotério do antigo Asilo Sheremetev, fundado em memória de Praskovia, onde ficou protegido pelo mesmo lema que encimava os portões da Casa da Fonte: "*Deus conservat omnia.*" Milhares de pessoas compareceram ao seu funeral em Leningrado. A igreja barroca de São Nicolau despejou a densa multidão nas ruas, onde um silêncio enlutado se manteve religiosamente durante toda a cerimônia. O povo da cidade fora prestar os últimos respeitos a uma cidadã cuja poesia falara por eles numa época em que ninguém mais podia falar. Akhmatova esteve com o seu povo naquela época: "Lá onde o meu povo, infelizmente, estava." Agora ele estava com ela. Quando passou por Petersburgo a caminho do cemitério Komarovo, o cortejo parou diante da Casa da Fonte, para que ela pudesse lhe dar um último adeus.

8
A Rússia no estrangeiro

1

Saudade da pátria! aquele tão
Desvelado cansaço!
Agora pouco me importa
Onde estou totalmente só

Sobre que pedras perambulo
Carregando uma sacola do mercado
Até uma casa que é tão minha
Quanto um quartel ou hospital.

Leão cativo, não me importo
Por que rostos passo
Eriçada, ou que multidão humana
Me expulsará como deve —

Para dentro de mim, para o meu mundo
Interior, urso polar sem gelo.
Se deixo de me encaixar (e nem tento) ou
Se sou humilhada, dá no mesmo.

Tampouco me seduz o chamado
Materno de minha língua.
Pouco me importa em que língua
Eu me desentenda com quem seja

(Com o leitor
Devorador de toneladas de
Papel-jornal a pingar intrigas?)
Todos pertencem a este século
Mas eu sou anterior ao tempo

Atordoada, como um tronco largado
Em uma avenida de árvores.
As pessoas são indistintas para mim, todas
iguais, e pode ser que o mais

Indiferente de tudo sejam aqueles
Sinais de identidade que já foram
Meus mas as datas apagadas:
Minha alma nasceu em algum lugar,

Mas o meu país cuidou tão pouco
De mim que até o espião mais sagaz poderia
Revistar todo o meu espírito e não
Perceber nenhuma marca de nascença!

As casas são estranhas, as igrejas vazias
É tudo igual para mim:
Mas se pelo caminho encontro um arbusto
E sobretudo se for uma sorveira...[1]

A sorveira provocava lembranças dolorosas na poeta exilada Marina Tsvetaieva. Era uma recordação da sua infância na Rússia, há muito perdida, e a única "marca de nascença" que não conseguia disfarçar nem enterrar debaixo desses versos de indiferença fingida pela terra natal. Desde as suas primeiras tentativas de versejar, Tsvetaieva adotou a sorveira como símbolo da solidão:

> O monte vermelho de uma sorveira se acendeu,
> As folhas caíram, e nasci.[2]

Com essas associações, o exilado saudoso de casa constrói a pátria na mente. A nostalgia é uma saudade de particularidades, não a devoção a uma pátria abstrata. Para Nabokov, a "Rússia" estava contida nos seus sonhos dos verões da infância na propriedade da família: procurar cogumelos na floresta, caçar borboletas, o ranger da neve. Para Stravinski, eram os sons de Petersburgo que ele também recordava da infância: os cascos de cavalo e as rodas de carroça nas pedras do calçamento, os gritos dos vendedores de rua, os sinos da Igreja de São Nicolau e a agitação do Teatro Mariinski onde a sua *persona* musical começou a se formar. Enquanto isso, a "Rússia" de Tsvetaieva era conjurada pela imagem mental da casa do pai em Moscou, na alameda dos Três Lagos. A casa foi demolida e virou lenha no inverno frio de 1918. Mas, depois de quase vinte anos de exílio, quando voltou lá em 1939, ela encontrou a sua sorveira favorita crescendo como antes. A árvore era tudo o que restava da sua "Rússia" e ela implorou a Akhmatova que não falasse a ninguém da sua existência, senão "eles descobrem e a derrubam".[3]

Dos muitos fatores por trás do retorno de Tsvetaieva à Rússia de Stalin, o mais importante foi o desejo de sentir o solo russo sob os pés. Ela precisava estar perto da sorveira. O seu retorno foi o resultado de uma longa e dolorosa luta interior. Como a maioria dos emigrados, sentia-se dilacerada por duas noções diferentes da terra natal. A primeira era a Rússia que "fica dentro da gente": a língua escrita, a literatura, a tradição cultural da qual todos os poetas russos sentiam fazer parte.[4] Essa Rússia interior era um país que não se confinava a nenhum território. "Pode-se viver fora da Rússia e tê-la dentro do coração", explicou Tsvetaieva ao escritor Roman Gul. Era um país onde se podia "viver em qualquer lugar".[5] Como explicou Khodasevich ao partir para Berlim em 1922, era uma "Rússia" que podia ser encapsulada nas palavras de Pushkin e "guardada na mala".

> Tudo que possuo são oito volumes finos,
> E eles contêm a minha terra natal.⁶

A outra Rússia era a terra em si — o lugar que ainda continha lembranças de casa. Apesar de todas as declarações de indiferença, Tsvetaieva não conseguiu resistir ao seu chamado. Como um amante ausente, ansiava pela sua presença física. Sentia saudade da paisagem ampla, do som da fala russa e dessa teia visceral de associações que era a inspiração da sua criatividade.

Três milhões de russos fugiram da terra natal entre 1917 e 1929. Formaram uma nação fantasma que se estendia da Manchúria à Califórnia, com centros importantes de vida cultural russa em Berlim, Paris e Nova York. Ali estavam os remanescentes de um mundo desaparecido: ex-assessores do tsar e autoridades do governo viviam da venda das últimas joias; ex-proprietários de terras trabalhavam como garçons; empresários falidos, como operários; oficiais dos exércitos brancos derrotados trabalhavam à noite como motoristas de táxi e durante o dia redigiam as suas lembranças dos erros do general Denikin, líder do Exército Branco. Famílias grandes como os Sheremetev se fragmentaram quando os membros fugiram em todas as direções. O ramo principal dos Sheremetev partiu em 1918 e foi para Paris e depois Nova York. Mas outros fugiram para a América do Sul, Bélgica, Grécia e Marrocos.

Berlim foi o primeiro grande centro da emigração. Era uma encruzilhada natural entre a Rússia e a Europa. A crise econômica depois da Primeira Guerra Mundial e o colapso do marco tornaram a cidade relativamente barata para aqueles russos que chegavam com joias ou moeda ocidental, e nos bairros da classe média arruinada podiam-se obter facilmente apartamentos grandes e baratos. Em 1921, o governo soviético suspendeu o controle dos vistos de saída como parte da Nova Política Econômica. Naquela época, a Alemanha era o único país

europeu importante a manter relações comerciais e diplomáticas com
a Rússia soviética. Como ainda pagava reparações de guerra e sofria
embargos comerciais impostos pelos governos ocidentais vitoriosos, ela
esperava que a Rússia soviética fosse parceira de negócios e amiga na
diplomacia. Meio milhão de russos se amontoaram em Charlottenburg
e em outros bairros do sudoeste da capital alemã no início da década
de 1920. Os berlinenses apelidaram a maior rua comercial da cidade,
a Kurfürstendamm, de "Nepskii Prospekt". Berlim tinha os seus cafés
russos, os seus teatros e livrarias russos, um cabaré russo. Nos bairros, havia mercearias russas, lavanderias russas, casas de penhores e
antiquários russos. Havia até uma orquestra russa e um time russo de
futebol (com o jovem Vladimir Nabokov no gol).[7]

Berlim era a capital cultural indiscutível da comunidade de emigrados russos. O talento musical era extraordinário: Stravinski,
Rachmaninoff, Heifetz, Horowitz e Nathan Milstein poderiam dividir
o palco em qualquer concerto lá. Em 1922, quando Tsvetaieva chegou,
Berlim se tornara o lar adotivo de alguns dos talentos literários mais
brilhantes da vanguarda russa (Khodasevich, Nabokov, Berberova,
Remizov). A cidade tinha o número espantoso de 86 editoras em língua
russa — superando com folga o número de editoras alemãs —, enquanto
os seus jornais russos eram vendidos no mundo inteiro.[8]

Berlim também foi uma casa de passagem entre a Rússia soviética e
o Ocidente para escritores como Gorki, Bieli, Pasternak, Alexei Tolstoi
e Ilia Ehrenburg, que ainda não tinham decidido onde queriam ficar.
Tornou-se um ponto de encontro para escritores da União Soviética,
os seus confrades literários do Ocidente e a comunidade já instalada de
emigrados russos. O custo de publicar em Berlim era baixíssimo, tanto
que várias editoras e periódicos soviéticos abriram escritórios na capital
alemã. Na Berlim russa do início dos anos 1920, ainda não havia divisão
clara entre a cultura soviética e a dos emigrados. A cidade era o centro da
vanguarda de esquerda, onde a ideia de uma cultura russa comum que
unia a Rússia soviética com a emigração continuava forte depois de 1917.
Em geral, essas ideias eram rejeitadas nos outros principais centros da

emigração. Mas Berlim era diferente — e, por breve período, foi possível para os escritores se deslocar livremente entre Moscou e Berlim. O clima mudou em meados da década, quando um grupo de emigrados conhecido como *Smena vekh* (Mudança de marcos) começou a fazer campanha pela volta permanente à União Soviética e criou uma revista própria, *Nakanune* (Véspera) com apoio soviético. A virada aconteceu em 1923, quando o romancista histórico Alexei Tolstoi voltou para Moscou. No escândalo que se seguiu, a comunidade berlinense de emigrados ficou diametralmente polarizada entre esquerda e direita — entre os que queriam construir pontes com a pátria soviética e os que queriam queimá-las.

Em meados dos anos 1920, o marco alemão se estabilizou, a economia começou a se recuperar e, de repente, Berlim ficou cara para os emigrados russos. A sua população russa se reduziu à metade quando os emigrados se dispersaram pelo continente. Tsvetaieva e o marido Serguei Efron partiram para Praga, onde ele estudaria na Universidade Charles. Praga era um centro de estudos russos. Tomáš Masaryk, primeiro presidente da Checoslováquia, era um importante acadêmico russo. Os checos receberam bem os "russos brancos" como irmãos eslavos e aliados na guerra civil russa. Em 1918, uma legião de nacionalistas checos lutara ao lado dos antibolcheviques na esperança de fazer com que a Rússia voltasse à guerra contra as Potências Centrais.* Depois

---

* Como nacionalistas que lutavam pela independência do Império Austro-Húngaro, os 35 mil soldados da Legião Checa queriam voltar aos campos de batalha da França para continuar a luta contra a Áustria. Em vez de correr o risco de atravessar linhas inimigas, resolveram viajar para leste, dar a volta ao mundo e chegar à Europa via Vladivostok e Estados Unidos. Mas, ao se deslocarem para leste pela Ferrovia Transiberiana, logo se atolaram em pequenas brigas com os sovietes locais, que tentaram lhes tomar as armas. Os checos acabaram unindo forças com os revolucionários socialistas, que tinham fugido de Moscou e São Petersburgo para conquistar, nas províncias do Volga, o apoio dos camponeses contra o regime bolchevique e o fim da guerra depois do fechamento da Assembleia Constituinte em janeiro de 1918. Em 8 de junho, a Legião Checa capturou a cidade de Samara, no Volga, onde um governo composto de ex-integrantes da Assembleia Constituinte manteve um controle tênue até ser derrotado pelo Exército Vermelho em outubro seguinte, quando a Legião Checa se desfez e perdeu a vontade de lutar com a declaração da independência checa em 28 de outubro de 1918.

da criação naquele ano da Checoslováquia independente, o governo de Praga concedeu bolsas a estudantes russos como Efron.

Em 1925, Tsvetaieva e Efron mudaram-se para Paris. Se Berlim era o centro cultural da Rússia no estrangeiro, Paris era a sua capital política. No pós-guerra, a Conferência de Versalhes atraíra delegados de todos os principais partidos e candidatos a governo da Rússia no exílio. Em meados dos anos 1920, Paris era uma incubadora de intrigas políticas, com facções e movimentos russos de todos os tipos brigando pela atenção dos governos ocidentais e pelo apoio dos emigrados russos ricos que tendiam a morar lá. Tsvetaieva e Efron, com os dois filhos pequenos, ficaram no apartamento lotado de Olga Chernov, ex-esposa de Viktor Chernov, o veterano líder revolucionário socialista que fora presidente durante a curta vida da Assembleia Constituinte, fechada pelos bolcheviques em janeiro de 1918. Na "pequena Rússia" que se formou nas cercanias da rue Daru, os Efron encontravam-se regularmente com outros heróis caídos da Revolução: o príncipe Lvov, primeiro-ministro do primeiro Governo Provisório; Pavel Miliukov, o seu ministro do Exterior; e o jovem e elegante Alexandre Kerenski, outro ex-primeiro-ministro que Tsvetaieva comparou ao seu ídolo Bonaparte naquele verão fatídico de 1917.

> E alguém, ao cair no mapa,
> Não dorme nos seus sonhos.
> Aí vem um Bonaparte
> no meu país.[9]

No final da década de 1920, Paris se tornara o centro indiscutível da emigração russa na Europa. A sua posição se confirmou nos anos da depressão, quando os russos fugiram da Alemanha de Hitler para a capital francesa. A vida artística e literária da Paris russa floresceu nos cafés do *seizième arrondissement*, onde artistas como Goncharova e o marido Mikhail Larionov, Benois, Bakst e Alexandra Exter se misturavam a Stravinski, Prokofiev e escritores como Bunin e Merejkovski ou Nina Berberova com o marido Khodasevich, que se mudaram de Berlim para lá em 1925.

Segundo a visão da maioria dos exilados, a Rússia deixara de existir em outubro de 1917. A "*Sovdepia*" (acrônimo de Departamento Soviético), como se referiam com desprezo à Rússia soviética, era, para eles, uma impostora que não merecia o nome. Stravinski sempre disse que, quando foi para o exílio, não deixou a Rússia; ele a "perdeu" para sempre.[10] Em "Poemas a um filho", escritos no início dos anos 1930, Tsvetaieva concluiu que não havia Rússia para onde pudesse retornar:

> Com a lanterna busca-se
> O mundo inteiro sob a lua.
> Aquele país não existe
> No mapa, nem ainda no espaço.
>
> Bebido todo como se de um
> Pires: o fundo brilha!
> Pode-se voltar a uma
> Casa que foi arrasada?[11]

A ideia da Rússia como ilusão de óptica, como algo que sumiu como uma lembrança da infância, foi um tema central da poesia russa no estrangeiro. Como explicou Gueorgui Ivanov:

> A Rússia é felicidade, a Rússia é toda luz.
> Ou talvez a Rússia sumisse na noite.
>
> E no Neva o sol não se põe,
> E Pushkin nunca morreu na nossa cidade europeia,
>
> E não há Petersburgo, não há Kremlin em Moscou —
> Só campos e campos, neve e ainda mais neve.[12]

Para Tsvetaieva, a miragem da Rússia era a imagem evanescente da sua casa demolida na alameda dos Três Lagos. Para Nabokov, no poema "O ciclista" (1922), era o sonho de um passeio de bicicleta até Vyra, a casa de campo da família, que sempre prometia aparecer na próxima curva — mas nunca aparecia.[13] Esse anseio saudoso de um retalho irrecuperável da própria infância é lindamente lembrado por Nabokov em *Fala, memória* (1951). Ser isolado do local da infância é observar o próprio passado sumir no mito.

Tsvetaieva era filha de Ivan Tsvetaiev, professor de História da Arte da Universidade de Moscou e diretor fundador do Museu de Belas-Artes de Moscou (hoje conhecido como Galeria Pushkin). Como a Tatiana de Pushkin em *Eugene Oneguin*, a jovem poeta viveu num mundo de livros. "Sou toda manuscrito", disse Tsvetaieva certa vez.[14] Pushkin e Napoleão foram os seus primeiros apegos românticos e muitas pessoas reais (homens e mulheres) por quem se apaixonou provavelmente não passavam de projeções dos seus ideais literários. Ela chamava esses casos de *"amitiés littéraires"* — e os objetos do seu afeto incluíam os poetas Blok e Bieli, Pasternak e Mandelstam. Nunca ficou claro até que ponto a paixão estava só na mente dela. Efron era a exceção — o único contato humano duradouro da sua vida trágica e a única pessoa sem a qual não conseguia viver. O anseio de ser necessária era tão desesperado que, por ele, ela se dispunha a arruinar a própria vida. Conheceram-se na Crimeia, nas férias do verão de 1911, quando ele ainda estava na escola e ela mal saíra. Efron era um rapaz bonito — rosto magro e olhos enormes — e ela o imaginou como o seu "Bonaparte". Os dois tinham um apego romântico à ideia da Revolução (o pai de Efron fora terrorista na clandestinidade revolucionária). Mas, quando a Revolução finalmente chegou, ambos ficaram do lado do Exército Branco. Tsvetaieva repudiava a noção de massa, que lhe parecia esmagar os indivíduos sob os pés. Quando Efron partiu de Moscou para entrar no exército de Denikin no sul da Rússia, ela o retratou como seu herói em *O campo dos cisnes* (1917-21).

> Guardas brancos: nó górdio
> De russa coragem.
> Guardas brancos: brancos cogumelos
> Da canção do povo russo.
>
> Guardas brancos: brancas estrelas
> A não serem riscadas do céu.
> Guardas brancos: negras unhas
> Nas costelas do Anticristo.[15]

Nos cinco anos seguintes, de 1918 a 1922, o jovem casal viveu separado. Tsvetaieva prometeu que, se ambos sobrevivessem à guerra civil, ela seguiria Efron "como um cão" e moraria onde ele escolhesse. Enquanto Efron lutava com os exércitos de Denikin no sul, Tsvetaieva ficou em Moscou. Envelheceu prematuramente na luta cotidiana por pão e combustível. O príncipe Serguei Volkonski, que se tornou amigo íntimo durante aqueles anos, recordou a vida dela na "casa não aquecida, às vezes sem luz, um apartamento nu [...] a pequena Alia dormindo atrás de um biombo, cercada pelos seus desenhos [...] sem combustível para o fogão miserável, a luz elétrica fraca [...] O escuro e o frio vinham da rua como se fossem donos do lugar."[16] A caça desesperada de comida expôs Tsvetaieva ao efeito brutalizador da Revolução. Parecia-lhe que a gente comum perdera toda noção de carinho e decência humana. Apesar do amor à Rússia, a revelação dessa nova realidade a fez pensar em emigrar. Em 1920, a morte de Irina, a filha mais nova, foi um choque catastrófico. "Mamãe nunca conseguiu tirar da cabeça que aqui crianças podiam morrer de fome", escreveu mais tarde Alia, a filha mais velha.[17] A morte de Irina intensificou a necessidade de Tsvetaieva de estar com Efron. Não houve notícias dele depois do outono de 1920, quando os exércitos brancos derrotados recuaram para o sul pela Crimeia e se amontoaram em navios para fugir dos bolcheviques. Ela disse que se mataria se ele não estivesse vivo. Finalmente, Efron foi localizado em Constantinopla. Ela partiu de Moscou para se encontrar com ele em Berlim.

Tsvetaieva descreve a partida da Rússia como um tipo de morte, uma separação entre corpo e alma, e temia que, separada do país da sua língua natal, não fosse capaz de escrever poesia. "Aqui um sapato quebrado é desafortunado ou heroico", escreveu a Ehrenburg pouco depois da partida de Moscou, "lá é uma desgraça. Vão me tomar por mendiga e me escorraçarão de volta para o lugar de onde vim. Se isso acontecer, me enforcarei."[18]

A perda da Rússia reforçou a preocupação de Tsvetaieva com temas nacionais. Durante a década de 1920, ela escreveu alguns poemas nostálgicos. Os melhores foram reunidos em *Depois da Rússia* (1928), o seu último livro a ser publicado em vida:

> Minhas saudações ao centeio russo,
> Aos trigais mais altos que uma mulher.[19]

Cada vez mais, ela também recorreu à prosa ("a emigração faz de mim uma prosadora"[20]) numa série de recordações intensamente comoventes da Rússia que perdera. "Quero ressuscitar aquele mundo inteiro", explicou a uma colega emigrada, "para que todos eles não tenham vivido em vão, para que eu não tenha vivido em vão."[21] Em ensaios como "Meu Pushkin" (1937), ela ansiava pela tradição cultural que, no seu coração, formava a velha Rússia. Era isso que queria dizer quando escreveu, em "Saudade da pátria", que se sentia

> Atordoada, como um tronco largado
> Em uma avenida de árvores.[22]

Como artista, sentia que ficara órfã ao ser separada da comunidade literária fundada por Pushkin.

Daí a sua atração intensa, quase filial, por Serguei Volkonski, o teórico eurrítmico e ex-diretor do Teatro Imperial forçado a fugir da Rússia soviética em 1921. Em Paris, Volkonski se tornou importante crítico teatral da imprensa emigrada. Deu aulas de história da cultura russa em universidades da Europa e dos Estados Unidos. Mas era o seu vínculo com a tradição cultural do século XIX que o tornava tão atraente para Tsvetaieva. O príncipe era neto do famoso dezembrista; o seu pai fora amigo íntimo de Pushkin. E ele mesmo conhecera o poeta Tiutchev na sala de estar da mãe. Havia até uma ligação entre as famílias Volkonski e Tsvetaiev. Como mencionou Ivan Tsvetaiev no seu discurso na inauguração do Museu de Belas-Artes em 1912, a ideia de fundar um museu como aquele em Moscou fora citada pela primeira vez pela tia-avó do príncipe, Zinaida Volkonski.[23] Tsvetaieva se apaixonou por Volkonski — não de forma sexual (quase com certeza, Volkonski era homossexual), mas à moda inebriante das suas *amitiés littéraires*. Depois de vários anos estéreis, a poesia lírica voltou a fluir em Tsvetaieva. No ciclo de poemas *O discípulo* (1921-22), ela se lança aos pés de um profeta (o "pai") que a ligava à sabedoria e aos valores do passado. O poema "Aos pais" foi dedicado ao "melhor amigo da minha vida", como ela descreveu Volkonski a Evguenia Chirikova, "a pessoa mais inteligente, fascinante, encantadora, à moda antiga, curiosa e... mais brilhante do mundo. Tem 63 anos. Mas quando o vemos esquecemos que idade temos. Esquecemos onde moramos, o século, a data".[24]

> No mundo que ruge:
> "Glória aos que hão de vir!"
> Algo em mim sussurra:
> "Glória aos que se foram!"[25]

Volkonski dedicou as suas *Memórias* (1923) a Tsvetaieva — recompensa, talvez, pelo fato de ela ter datilografado os grossos dois volumes para a editora. Ela via as recordações dele como um testamento sagrado da tradição do século XIX que fora rompida em 1917.

Para marcar a publicação, ela escreveu um ensaio chamado "Cedro: uma apologia". O título foi tirado do nome do príncipe, dado a ele por ter plantado cedros no seu pedaço de terra favorito na propriedade da família em Borissoglebsk, na província de Tambov (hoje é uma floresta de 12 mil hectares).

> O cedro é a mais alta das árvores, a mais reta também, e vem do Norte (o cedro siberiano) e também do Sul (o libanês). Essa é a natureza dupla do clã Volkonski: Sibéria e Roma [onde Zinaida se instalou como emigrada]![26]

No prefácio às suas memórias, Volkonski exprimiu a agonia do exílio:

> Pátria! Que ideia complexa e como é difícil compreendê-la. Amamos a nossa pátria — quem não ama? Mas o que é que amamos? Algo que existiu? Ou algo que existirá? Amamos o nosso país. Mas onde fica o nosso país? Será mais do que um pedaço de terra? E se nos separarmos dessa terra, e ainda, em nossa imaginação, conseguirmos recriá-la, poderemos realmente dizer que há uma pátria; e poderemos realmente dizer que há exílio?[27]

2

As comunidades de russos emigrados eram colônias compactas unidas pela herança cultural. A primeira geração de exilados russos depois de 1917 unia-se, basicamente, pela esperança e pela convicção de que a União Soviética não duraria e que acabariam retornando para a Rússia. Comparavam a sua situação com a dos exilados políticos do século XIX que foram para o exterior combater o regime tsarista na liberdade relativa da Europa e depois voltaram para a terra natal. Como moravam em estado constante de prontidão para o retorno, na verdade nunca desfizeram as malas. Recusavam-se a admitir que não eram apenas exilados temporários. Consideravam tarefa sua preservar as antigas tradições do estilo de vida russo — educar os filhos em escolas de língua russa, manter viva a liturgia da Igreja russa e sustentar os valores e conquistas da cultura russa no século XIX — para que pudessem restaurar todas essas instituições quando voltassem para casa. Viam-se como guardiões do verdadeiro modo de vida russo que estava sendo corroído pelo regime soviético.

Nas "Pequenas Rússias" de Berlim, Paris e Nova York, os emigrados criaram versões míticas próprias da "boa vida russa" antes de 1917. Retornaram a um passado que nunca existiu — um passado, na verdade, que nunca fora tão bom nem tão "russo" quanto era então recordado por eles. Nabokov descreveu a primeira geração de exilados da Rússia soviética como "pessoas dificilmente palpáveis que, em cidades estrangeiras, imitavam uma civilização morta, as miragens remotas, quase lendárias, quase sumérias de São Petersburgo e Moscou, 1900-16 (que, mesmo então, nos anos 1920 e 1930, soavam como 1916-1900 a.C.)".[28] Havia saraus literários em salas particulares e salões alugados, onde atrizes desbotadas ofereciam reflexos nostálgicos do Teatro das Artes de Moscou e escritores medíocres "arrastavam-se por uma neblina de prosa rítmica".[29] Havia missas de Páscoa à meia-noite na igreja russa; viagens de veraneio a Biarritz ("como antes"); e festas de fim de semana em casas chekhovianas no sul da França que recordavam uma época havia muito desaparecida de "idílio nobre" no interior russo. Os russos que, antes da Revolução, tinham adotado modos estrangeiros ou nunca iam à igreja, agora, como exilados, agarravam-se aos costumes nativos e às crenças ortodoxas. Houve um renascimento da fé russa no exterior, com muitas discussões entre os emigrados sobre como a Revolução fora produzida por crenças seculares europeias, e um nível de observância religiosa que nunca tinham demonstrado antes de 1917. Os exilados agarravam-se à língua nativa como se fosse a sua personalidade. Nabokov, que aprendeu a ler inglês antes de ler russo, ficou com tanto medo de perder o domínio da língua russa quando frequentava a Universidade de Cambridge, no início dos anos 1920, que resolveu ler dez páginas do *Dicionário explicativo da língua russa*, de Vladimir Dahl, todos os dias.

Essa ênfase da russianidade dos emigrados foi reforçada pela animosidade mútua entre eles e os seus anfitriões. Os franceses e alemães, especificamente, viam os russos como bárbaros que parasitavam a economia dilacerada pela guerra; enquanto os russos, destituídos mas, em geral, muito mais cultos do que os franceses e alemães, consideravam-se um degrau acima desses tipos "pequeno-burgueses" (de acordo com Nabokov, os russos de Berlim só se misturavam com os judeus). Num trecho de *Fala, memória* que exala essas atitudes,

Nabokov afirma que o único alemão que veio a conhecer em Berlim era um estudante universitário

> bem-nascido, calado, de óculos, cujo passatempo era a pena de morte [...] Embora eu tenha perdido há muito tempo o contato com Dietrich, posso bem imaginar o ar de calma satisfação nos seus olhos azuis de peixe enquanto mostra hoje (talvez no mesmo minuto em que escrevo isto) uma profusão inesperada de tesouros aos colegas veteranos boquiabertos a estapear as coxas — as fotos absolutamente *wunderbar* que tirou durante o reinado de Hitler.[30]

Bastava o simples volume de talentos artísticos nas comunidades de emigrados para separá-los das sociedades onde se encontravam. "O gueto da emigração era, na verdade, um ambiente marcado pela maior concentração de cultura e liberdade de pensamento mais profunda que já havíamos visto naquele ou em qualquer país à nossa volta", recordou-se Nabokov numa entrevista de 1966. "Quem quereria deixar essa liberdade interna para entrar em um mundo desconhecido fora dali?"[31] Além disso, havia uma divisão política entre os intelectuais do Ocidente, geralmente esquerdistas, e aqueles russos que fugiram dos bolcheviques. Berberova sustentava que não havia "um único escritor de renome que ficasse ao nosso lado [dos emigrados]" — e é difícil discordar. H. G. Wells, George Bernard Shaw, Romain Rolland, Thomas Mann, André Gide, Stefan Zweig, todos declararam apoio ao regime soviético; outros, como Hemingway ou o grupo de Bloomsbury, eram basicamente indiferentes ao que acontecia dentro ou fora da União Soviética.

Isolados dessa maneira, os emigrados uniram-se em torno dos símbolos da cultura russa como centro da sua identidade nacional. A cultura era o único elemento estável que tinham num mundo de caos e destruição — a única coisa que lhes restava da velha Rússia — e, apesar de todas as rixas políticas, o que dava aos emigrados a noção de um objetivo comum era a preservação da herança cultural. As "Pequenas

Rússias" da emigração eram pátrias intelectuais. Não se definiam pelo apego ao solo nem mesmo pela história da Rússia real (não havia nenhum período da história russa em torno da qual concordassem em se unir: afinal, a comunidade de emigrados continha monarquistas e antimonarquistas, socialistas e antissocialistas).

Nessas sociedades, a literatura se tornou o *locus patriæ*, sendo a revista literária "grossa", como chamavam, sua instituição central. Ao combinar literatura com política e comentários sociais, essas revistas organizaram os leitores em sociedades de pensamento, como tinham feito na Rússia antes de 1917. Todos os grandes centros da emigração tinham as suas revistas volumosas, e, por sua vez, cada uma delas estava associada aos cafés e clubes literários que representavam as diversas tonalidades da opinião política. A revista mais vendida era publicada em Paris — *Sovremenny zapiski* (*Anais contemporâneos*), título que pretendia ser uma referência às duas revistas liberais mais prestigiadas do século XIX: *Sovremennik* (*O contemporâneo*) e *Otetchestvennie zapiski* (*Anais da pátria*). A sua missão declarada era preservar a herança cultural da Rússia. Isso significava se apegar aos nomes comprovados já estabelecidos antes de 1917 — escritores como Ivan Bunin, Alexei Remizov e Zinaida Guippius (a rainha da Paris literária) —, o que a tornava impenetrável para escritores mais jovens ou mais experimentais, como Nabokov ou Tsvetaieva. A presença tranquilizadora dos clássicos russos tinha demanda suficiente para sustentar uma série de editoras.[32]

Pushkin se tornou um tipo de figura de proa da Rússia no exílio. O seu aniversário era comemorado como feriado nacional na ausência de algum outro fato histórico que os emigrados concordassem em comemorar. Em Pushkin, havia muito com que os emigrados se identificavam: a abordagem liberal-conservadora (karamziniana) da história russa; o apoio cauteloso à monarquia como baluarte contra a violência anarquista da turba revolucionária; o individualismo intransigente e a crença na liberdade artística; e o "exílio" da Rússia (no caso dele, de Moscou e São Petersburgo). Talvez não seja coincidência que a emigração tenha gerado alguns dos mais brilhantes estudiosos de Pushkin do século XX — entre eles, Nabokov, com os quatro volumes da sua tradução comentada de *Eugene Oneguin* para o inglês.[33]

Entre os emigrados parisienses, Bunin era reverenciado como herdeiro desse legado literário, a afirmação viva de que a tradição realista de Turgueniev e Tolstoi continuava na diáspora. Como explicou o próprio Bunin num famoso discurso de 1924, a "Missão da Emigração" era agir pela "Verdadeira Rússia" e proteger a sua herança da corrupção modernista de esquerda e da arte soviética. O manto da liderança nacional só foi conferido a Bunin como escritor depois de 1917. Antes da Revolução, poucos o punham na classe mais alta: comparado aos escritores prediletos da vanguarda, o estilo da sua prosa era pesado e convencional. Mas, depois de 1917, houve uma revolução nos valores artísticos dos emigrados. Eles passaram a rejeitar a vanguarda literária, que associavam aos revolucionários, e, assim que se viram no estrangeiro, encontraram grande consolo nas "virtudes russas" à moda antiga da prosa de Bunin. Como disse um crítico, as obras de Bunin eram o "repositório de uma aliança", um "vínculo sagrado" entre a emigração e a Rússia que se perdera. Até Gorki, em Berlim, abandonaria tudo e se trancaria para ler o volume mais recente de contos de Bunin assim que chegava de Paris pelo correio. Como herdeiro da tradição realista, Gorki via Bunin como o último grande escritor russo na linhagem interrompida de Chekhov e Tolstoi.[34] Em 1933, Bunin recebeu o Prêmio Nobel, o primeiro escritor russo a ser assim homenageado. Por ter vindo numa época em que Stalin acorrentava a cultura soviética, o prêmio foi considerado pelos emigrados o reconhecimento do fato de que a Verdadeira Rússia (definida pela cultura) estava no estrangeiro. Guippius, que de certo modo tendia à adoração dos heróis, chamou Bunin de "primeiro-ministro da Rússia no exílio". Outros o louvaram como o "Moisés russo" que levaria os exilados de volta à terra prometida.[35]

A Rússia que Bunin recria nas suas histórias é uma terra de sonho. Em "Os ceifeiros" (1923) e "A primavera sem pressa" (1924), ele evoca uma visão da antiga Rússia rural que nunca existiu — uma terra feliz e ensolarada de florestas virgens e estepes ilimitadas onde os camponeses eram felizes e trabalhadores, em harmonia com a natureza e com os colegas fazendeiros — a nobreza. Não poderia haver um contraste mais extremado nem mais irônico com o retrato sombrio que Bunin fez da podridão provinciana em *A aldeia*, romance que lhe deu fama em 1910. Afinal, Bunin agora fugia exatamente para o tipo de fantasia rural que ele mesmo tanto fizera para esvaziar nas suas obras anteriores. No exílio, a sua missão literária era contrastar o idílio que imaginava no campo russo com o mal das cidades onde o bolchevismo corrompera os bons modos antigos russos. Mas a terra que retratava, como ele mesmo admitia, era "um Elísio do Passado", uma mudança para "um tipo de sonho",[36] e não um lugar real ao qual os exilados pudessem retornar. Recuar para o passado lendário talvez seja a reação natural do artista deslocado da sua terra natal. Nabokov chegou a tirar inspiração artística da experiência do exílio. Mas, para Bunin, deve ter sido especialmente difícil escrever quando ficou isolado do próprio país. Como um realista poderia escrever sobre uma Rússia que não existia mais?

A emigração tende a gerar conservadores na arte. A nostalgia e a retrospecção são os seus estados de espírito. Até Stravinski se afastou do ultramodernismo de *A sagração da primavera*, última grande obra do seu "período russo", rumo ao neoclassicismo das obras bachianas do exílio parisiense. Outros ficaram presos ao estilo que tinham desenvolvido na terra natal, incapazes de avançar no novo mundo. Isso aconteceu com Rachmaninoff. Como a escrita de Bunin, a sua música permaneceu enjaulada no modo romântico tardio do século XIX.

Serguei Rachmaninoff aprendera composição no Conservatório de Moscou, que, naquela época, tinha em Tchaikovski seu herói musical; e foi Tchaikovski que causou o impacto mais profundo na sua vida e na sua obra. Exilado em Nova York, depois de 1917 Rachmaninoff permaneceu intocado pela vanguarda — o último romântico na idade moderna. Numa entrevista reveladora de 1939, cuja publicação em vida foi proibida pelo compositor, ele explicou a Leonard Liebling, de *The Musical Courier*, o seu sentimento de alienação em relação ao mundo do modernismo. A sua filosofia musical se baseava na tradição espiritual russa, na qual o papel do artista era criar beleza e dizer a verdade do fundo do coração.

> Sinto-me um fantasma perambulando num mundo que ficou estrangeiro. Não consigo largar o velho modo de escrever e não consigo adquirir o novo. Fiz um esforço intenso para sentir a maneira musical de hoje, mas ela não me vem [...] Sempre sinto que a minha música e a minha reação a toda música continuam espiritualmente as mesmas, sempre obedientes à tentativa de criar beleza [...] O novo tipo de música não parece vir do coração, mas da cabeça. Os seus compositores pensam em vez de sentir. Não têm a capacidade de fazer as suas obras exaltarem; elas medeiam, protestam, analisam, raciocinam, calculam e remoem, mas não exaltam.[37]

Na sua última grande entrevista em 1941, Rachmaninoff revelou a ligação espiritual entre esse despejar de emoções e a sua russianidade.

> Sou um compositor russo e a terra onde nasci influenciou o meu temperamento e a minha visão de mundo. A minha música é produto do temperamento, portanto é música russa. Nunca tentei conscientemente escrever música russa nem algum outro tipo de música. O que tento fazer quando escrevo a minha música é dizer de forma simples e direta o que está no meu coração.[38]

A "russianidade" da música de Rachmaninoff, um tipo de nostalgia lírica, se tornou a fonte emocional do seu conservadorismo musical no exílio.

Estar fora de compasso sempre fez parte da sua personalidade. Nascido em 1873 numa antiga família nobre da província de Novgorod, Rachmaninoff foi uma criança infeliz. O pai abandonara a família e deixara a mãe sem tostão quando ele tinha apenas 6 anos. Dois anos depois, mandaram o menino estudar música em São Petersburgo. Ele investiu na música as suas emoções. Passou a se ver como um intruso, e essa noção romântica de alienação se fundiu à sua identidade de artista e, mais tarde, de emigrado. Desde cedo, o exílio e o isolamento figuraram como tema em sua música. Estavam lá até na sua peça de formatura no Conservatório, uma ópera em um ato chamada *Aleko* (1892), baseada em "Ciganos", de Pushkin, no qual o herói russo do poema é rejeitado pelos ciganos e banido para levar a vida de um fugitivo solitário. A música mais conhecida de Rachmaninoff antes de 1917 já estava marcada por uma saudade precoce da terra natal: as *Vésperas* (1915), com a imitação consciente dos antigos cantochões de igreja; *Os sinos* (1912), que lhe permitiu explorar aquele som russo; e, acima de tudo, os concertos para piano. O inesquecível tema de abertura do Terceiro Concerto para Piano (1909) é litúrgico no seu modo e muito parecido com o cântico ortodoxo da missa de vésperas usado no mosteiro de Pechersk, em Kiev, embora o próprio Rachmaninoff negasse a existência de alguma fonte religiosa. Ele nunca foi frequentador regular da igreja e, depois do casamento com a prima-irmã Natalia Satina, matrimônio proibido pela Igreja russa, deixou de vez de comparecer à missa. Mas sentia um profundo apego aos rituais e à música da Igreja, principalmente ao som dos sinos russos que lhe lembravam a infância em Moscou. Essa se tornou uma fonte de nostalgia depois de 1917.

A outra fonte da nostalgia de Rachmaninoff era a saudade da terra russa. Ele ansiava por um pedaço de terra específico: a propriedade da esposa em Ivanovka, 500 quilômetros a sudeste de Moscou, onde passara os verões desde os 8 anos, quando os Rachmaninoff foram forçados a vender a propriedade que tinham. Ivanovka continha a sua infância e as lembranças românticas. Em 1910, a propriedade se tornou sua pelo casamento e ele se mudou para lá com Natalia. Foi em Ivanovka que compôs quase todas as suas obras anteriores a 1917. "Não havia nenhuma maravilha especial — nenhuma montanha, ravina nem vista para o mar", recordou Rachmaninoff em 1931. "Ficava na estepe e, em vez do oceano ilimitado, havia campos intermináveis de trigo e centeio indo até o horizonte."³⁹ Esta é a paisagem cujo espírito se exprime na música de Rachmaninoff. "Os russos", explicou ele a uma revista americana (e claramente pensava mais em si), "sentem um laço mais forte com a terra do que todas as outras nacionalidades. Isso vem de uma tendência instintiva à quietude, à tranquilidade, à admiração da natureza e, talvez, da busca de solidão. Parece-me que todo russo é meio eremita."⁴⁰ Em 1917, os camponeses de Ivanovka forçaram Rachmaninoff a abandonar o seu lar. "Eles se embebedavam com frequência e corriam pela propriedade com tochas acesas", recordou um dos aldeões. "Roubavam gado e invadiam os armazéns." Depois da sua partida — primeiro para a Suécia, depois para os Estados Unidos —, a casa foi saqueada e incendiada.⁴¹ Para Rachmaninoff, a perda de Ivanovka se igualava à perda da pátria, e a dor intensa do exílio que sempre sentiu se misturou à sua lembrança.

As dificuldades financeiras forçaram Rachmaninoff, aos 45 anos, a começar uma nova carreira de virtuose do piano, com turnês anuais pela Europa e Estados Unidos. Esse estilo de vida peripatético lhe deixava pouco tempo para compor. Mas ele mesmo atribuía o fato de não compor à separação dolorosa do solo russo: "Quando parti da Rússia, deixei para trás o desejo de compor; ao perder o meu país, também me perdi."⁴²

Nos Estados Unidos, onde compraram a primeira casa em 1921, e depois na França e na Suíça a partir de 1930, os Rachmaninoff tentaram recriar a atmosfera russa especial de Ivanovka organizando festas para os amigos russos. Bunin, Glazunov, Horowitz, Nabokov, Fokine e Heifetz, todos eram convidados frequentes. Falavam russo, empregavam criadas russas, cozinheiros russos, uma secretária russa, consultavam médicos russos e observavam escrupulosamente todos os costumes russos, como tomar chá num samovar e comparecer à missa da meia-noite. A casa de campo na França, em Clairefontaine, perto de Paris, foi comprada por ser vizinha de um bosque fechado de pinheiros como aquele no qual Rachmaninoff gostava de passear em Ivanovka. O clima russo que o casal ali recriou foi descrito pelos Swan, amigos americanos que os visitaram em 1931:

> Le Pavillon, a casa com jeito de castelo, protegida da rua por uma sólida grade de ferro fundido, prestava-se bem a essa vida russa em grande escala [...] Os degraus largos da varanda aberta davam para o parque. A vista era adorável: um gramado despretensioso diante da casa, uma quadra de tênis abrigada entre arbustos, caminhos de areia flanqueados por árvores altas e antigas que levavam às profundezas do parque, onde havia um grande lago. Todo o conjunto era muito parecido com uma antiga herdade russa [...] Um portãozinho dava para o vasto campo de caça: pinheirais com incontáveis coelhos. Rachmaninoff adorava sentar-se debaixo dos pinheiros e observar as cabriolas dos coelhos. Pela manhã, punha-se para o desjejum à grande mesa da sala de jantar. Como no campo da Rússia, servia-se chá e com ele creme, presunto, queijo, ovos cozidos. Todos passeavam despreocupadamente. Não havia regras rígidas nem horários para perturbar o sono matutino.[43]

Aos poucos, conforme as antigas rotinas de Ivanovka eram retomadas, Rachmaninoff voltou a compor — obras totalmente nostálgicas, como a Terceira Sinfonia (1936). Os críticos ocidentais se surpreenderam com o conservadorismo da linguagem harmônica da sinfonia e a compararam ao romantismo de uma época passada. Mas isso era deixar de ver a sua russianidade. A Terceira Sinfonia era uma obra retrospectiva — um adeus à tradição russa — e todo o seu propósito era *demorar-se* no espírito do passado. Nos anos 1930, num ensaio das *Três canções russas* (1926), nos Estados Unidos, Rachmaninoff implorou ao coro que fosse mais devagar. "Peço-lhes", disse aos cantores, "não a estraguem para um devoto religioso ortodoxo russo. Por favor, cantem mais devagar."[44]

3

"A nossa tragédia", escreveu Nina Berberova sobre os escritores exilados mais jovens da década de 1920, foi "a incapacidade de evoluir em questão de estilo".⁴⁵ A renovação do estilo acarretava um problema fundamental para os emigrados. Se o seu propósito como artistas russos era preservar a cultura nacional, como poderiam evoluir estilisticamente sem se adaptar ao novo ambiente e, portanto, de certa forma, abandonar a Rússia? O problema afetava principalmente a geração mais jovem — escritores como Nabokov que tinham "saído nus da Revolução".⁴⁶ Escritores mais velhos, como Bunin, levaram consigo para o Ocidente um grupo de leitores e um estilo de escrita já estabelecidos, dos quais não podiam se separar. Havia pressão demais sobre eles para que continuassem a tradição confortadora do passado — para que produzissem peças e contos sobre ninhos de fidalgos russos — e os que tentaram se afastar foram pouco valorizados ou mal compreendidos. A tragédia de Tsvetaieva — perder os leitores que a tinham sustentado como estrela ascendente da vanguarda pré-revolucionária — foi outra variante dessa experiência.

> Jogados em livrarias, grisalhos pelo pó e pelo tempo,
> Onde ninguém vê, ninguém procura, abre ou compra,
> Meus versos serão saboreados como os vinhos mais raros —
> Quando forem velhos.⁴⁷

Até Miliukov, ex-estadista, historiador e editor da revista parisiense *Poslednie novosti*, disse: "Não entendo Tsvetaieva."[48] Mas, para escritores como Nabokov que ainda não tinham se encontrado, não havia razão nem possibilidade de retornar ao passado. A velha geração se esvaía e a nova ficava menos russa a cada dia enquanto era assimilada pela linha oficial da cultura europeia. Para criar novos leitores, esses escritores tiveram de romper o padrão.

Nabokov foi o primeiro grande escritor a completar essa metamorfose literária. De acordo com Berberova, foi o único escritor de língua russa da sua geração com genialidade suficiente para criar não só um novo estilo de escrita como também um novo leitor. "Por meio dele, aprendemos a não nos identificar com os seus heróis fictícios" — como os escritores do século XIX esperavam dos leitores —, "mas com o autor, com Nabokov, e os seus temas existenciais se tornaram temas nossos também."[49] Nabokov sempre afirmou que os seus textos não eram sobre a Rússia nem sobre os emigrados. Mas o exílio era o seu tema central. E mesmo que o visse como tema universal, como metáfora da condição humana, o surgimento dos textos de Nabokov em Berlim nos anos 1920 foi recebido pelos emigrados russos como afirmação da sua identidade nacional. Os textos de Nabokov eram a prova de que a "Rússia" (personificada pela sua cultura) ainda estava com eles no Ocidente. Como disse Berberova, em 1930, com a publicação do terceiro romance de Nabokov, *A defesa Lujin*, "nasceu um grande escritor russo como uma fênix das cinzas da Revolução e do exílio. A nossa existência adquiriu novo significado. Toda a minha geração se justificou. Fomos salvos".[50]

O exílio era o tema onipresente de Nabokov, embora ele tivesse descoberto "as tristezas e delícias da nostalgia" muito antes de a Revolução remover a paisagem dos seus primeiros anos.[51] O escritor nasceu em 1899, filho mais velho de uma família aristocrática culta e bastante liberal de São Petersburgo que fugiu da Rússia em 1919. O avô Dmitri Nabokov fora ministro da Justiça nos últimos anos do reinado de Alexandre II, quando o imperador pensou na adoção de uma Constituição liberal nos moldes europeus. Até ser demitido, em 1885, ele se opôs à tentativa de Alexandre III de derrubar as reformas jurídicas liberais de 1864. V. D. Nabokov, pai do escritor, era um famoso advogado liberal e membro influente do Partido Constitucional Democrata (Kadet) na primeira Duma de 1906. Ele esboçou o manifesto pela abdicação do grão-duque Mikhail, convidado por pouco tempo a assumir o trono na Revolução de Fevereiro de 1917 que deu fim oficial à monarquia. No Governo Provisório, também encabeçou a Chancelaria, um tipo de secretaria executiva do gabinete, e teve papel importante na formulação do sistema eleitoral da Assembleia Constituinte. A tomada do poder pelos bolcheviques forçou os Nabokov a deixar a Rússia, mudando-se primeiro para Londres e depois para Berlim, onde o pai do escritor editou o jornal *Rul* até ser assassinado por um monarquista russo em 1922. Durante toda a sua carreira de escritor russo na Europa, Nabokov manteve o pseudônimo "Sirin" (nome de uma ave do paraíso lendária na mitologia russa) para se afastar do pai famoso na comunidade dos emigrados.

A família Nabokov era fortemente anglófila. A mansão de São Petersburgo era cheia de "produtos confortáveis da civilização anglo-saxônica", como Nabokov escreveu em *Fala, memória*:

> O sabonete Pears, preto como alcatrão quando seco, semelhante a um topázio quando erguido contra a luz entre dedos molhados, cuidava do banho matutino. Era agradável o peso decrescente da banheira inglesa desmontável quando forçada a projetar uma língua de borracha e vomitar o conteúdo espumoso no balde de dejetos. "Não conseguimos melhorar o creme, por isso melhoramos o tubo", dizia a pasta de dentes inglesa. No desjejum, o Golden Syrup importado de Londres envolvia com as suas voltas brilhantes a colher giratória da qual quantidade suficiente deslizara sobre uma fatia de pão com manteiga russa. Todo tipo de coisa suave e confortável vinha em

constante procissão da loja inglesa da avenida Nevski: bolos de frutas, sais aromáticos, baralhos, quebra-cabeças, paletós listrados, bolas de tênis brancas como talco.⁵²

Nabokov aprendeu a ler inglês antes de ler a sua língua natal. Ele, o irmão e a irmã ficavam sob os cuidados de "uma sequência desconcertante de babás e governantas inglesas" que lhes liam *Little Lord Fauntleroy*; e depois por uma mademoiselle que lia para as crianças *Les Malheurs de Sophie*, *Le Tour du Monde en Quatre-vingts Jours* e *Le Comte de Monte Cristo*. Em certo sentido, Nabokov foi criado como emigrante. Quando menino de escola, isolava-se, imaginando-se como "poeta exilado com saudades de uma Rússia remota, triste e... insaciável".⁵³ Pushkin era a inspiração de Nabokov. Muitos heróis dos seus romances pretendiam ser o poeta disfarçado. Nabokov se via como herdeiro de Pushkin, tanto que, aos 18 anos, quando se encontrou refugiado na Crimeia, para onde a família fugira dos bolcheviques, ele se inspirou na imagem de si mesmo como exilado romântico que seguia as pegadas de Pushkin, que fora para o exílio cem anos antes. A sua primeira coletânea de poemas a ser publicada, *O caminho empíreo* (1923), traz no frontispício uma epígrafe do poema "Arion".

Da Crimeia a família foi de navio para a Inglaterra, onde Nabokov terminou a sua formação no Trinity College, em Cambridge, entre 1919 e 1922. A realidade da Inglaterra era muito distante do mundo de sonhos anglo-saxões da mansão Nabokov em São Petersburgo. No Trinity, os quartos eram frios e úmidos, a comida, indizível, e os clubes estudantis, cheios de socialistas ingênuos, como "Nesbit", o fumador de cachimbo de *Fala, memória* que só via o mal no passado da Rússia e só o bem nos bolcheviques.* Nabokov ficou saudoso de casa. "A história dos meus anos de faculdade na Inglaterra é, na verdade, a história da

---

* Mais tarde Nabokov identificou R. A. ("Rab") Butler, futuro vice-primeiro-ministro *tory* e "um chato de assustar", como o homem por trás da máscara de R. Nesbit Bain em *Fala, memória* (B. Boyd, *Nabokov: The Russian Years*, Londres, 1990, p. 168).

minha tentativa de me tornar um escritor russo", recordou. "Tinha a sensação de que Cambridge e todas as suas famosas características — olmos veneráveis, janelas adornadas, relógios loquazes nas torres — não tinham consequência nenhuma em si e existiam meramente para emoldurar e sustentar a minha rica nostalgia."[54]

O foco das saudades que Nabokov tinha da Rússia era a propriedade da família em Vyra, perto de São Petersburgo. Continha as suas lembranças da infância. Em *Fala, memória*, ele afirmava ter sentido as primeiras dores da saudade na tenra idade de 5 anos, quando, em férias na Europa, "desenhava com o indicador no travesseiro a estrada para carruagens que levava à nossa casa em Vyra".[55] A dor de perder Vyra foi aguda, talvez mais do que a perda de grande parte da riqueza da família ou a perda da pátria que Nabokov mal conhecia além de Vyra e São Petersburgo. Em *Fala, memória* ele enfatiza a questão.

> O trecho seguinte não é para o leitor geral, mas para o idiota específico que, por ter perdido uma fortuna em alguma crise, acha que me entende.
>
> A minha velha rixa (desde 1917) com a ditadura soviética não tem relação nenhuma com questões de propriedade. O meu desprezo pelo emigrado que "odeia os vermelhos" porque "roubaram" o seu dinheiro e as suas terras é completo. A saudade que venho alimentando todos esses anos é uma sensação hipertrofiada de infância perdida, não tristeza pela perda de papel-moeda.
>
> E, finalmente: reservo-me o direito de ansiar por um nicho ecológico:
>
> > ... Sob o céu
> > Da minha América suspirar
> > Por *um* lugar na Rússia.
>
> O leitor geral pode agora continuar.[56]

Da penumbra de Cambridge — onde o *porridge* do desjejum no Trinity College era "tão cinzento e sem graça quanto o céu acima do Great Court" —, ele escreveu à mãe, que se instalara em Berlim, em outubro de 1920:

> Mãe, querida, ontem acordei no meio da noite e perguntei a alguém — não sei a quem — à noite, às estrelas, a Deus: realmente nunca voltarei, realmente está tudo acabado, varrido, destruído? Mãe, temos de voltar, não temos, não pode ser que tudo isso tenha morrido, virado pó — uma ideia dessas poderia enlouquecer. Gostaria de descrever cada arbustinho, cada talo do nosso divino parque em Vyra — mas ninguém consegue entender isso. Como valorizávamos pouco o nosso paraíso! — deveríamos tê-lo amado mais agudamente, com mais consciência.[57]

Essa saudade de Vyra foi a inspiração de *Fala, memória*, em que ele descreve amorosamente "cada arbustinho" na tentativa de recuperar as lembranças e desejos da infância. Era um tipo de discurso proustiano sobre a sinuosidade do tempo e da consciência. A "memória" de Nabokov era um ato criativo, uma reanimação do passado que se fundia com o presente por meio da associação e, então, era transfigurada em personalidade e arte. Certa vez ele escreveu que o exílio tinha uma noção de tempo mais aguda. Sem dúvida, a sua capacidade extraordinária de recriar com palavras as sensações do passado era o seu dividendo de exilado.

O exílio é um *leitmotif* em toda a obra de Nabokov. *Machenka*, o seu primeiro romance, publicado em Berlim em 1926, pretendia ser um retrato da situação do emigrado, ainda que Nabokov, na introdução à versão em inglês de 1970, insistisse na sua natureza autobiográfica. Ganin, o herói, ao ansiar por Machenka, se torna um símbolo do sonho do exílio: a esperança de recuperar e reviver a felicidade perdida da juventude na Rússia. Em *Glória* (1932), o herói Martin Edelweiss, emigrado russo da Crimeia que estuda na Universidade de Cambridge, sonha em voltar à Rússia. As suas fantasias tomam forma quando ele viaja para Berlim e se aventura pela floresta para atravessar a fronteira russa e nunca mais voltar. O tema de *A dádiva* (1938) também é a "melancolia e a glória do exílio".⁵⁸ Esse é o tema de todos os romances de Nabokov em russo (dos quais há nove). Os personagens trágicos são emigrados perdidos e isolados num mundo estrangeiro ou perseguidos por um passado irrecuperável a não ser pela memória criativa da fantasia ou da arte. Em *A dádiva*, o herói escritor Fiodor Godunov-Cherdyntsev recria a vida literária da Rússia por meio da poesia. Em *Glória* e *Fogo pálido* (escrito em inglês em 1962), o herói vive numa Rússia de sonhos para fugir ao sofrimento do exílio. Os pensamentos de Nabokov sobre a "distante terra do Norte" que chamou de Zembla em *Fogo pálido* revela a reação do escritor ao exílio:

1. A imagem de Zembla tem de se esgueirar no leitor muito gradualmente [...]
4. Ninguém sabe, ninguém deve saber — nem Kinbote sabe direito — se Zembla realmente existe.
5. Zembla e os seus personagens têm de permanecer num estado fluido e nublado [...]
6. Sequer sabemos se Zembla é pura invenção ou um tipo de semelhante lírico da Rússia (Zembla: *Zemlia* [palavra russa que significa "terra"]).⁵⁹

No primeiro romance de Nabokov em língua inglesa, *A verdadeira vida de Sebastian Knight* (1941), o tema do exílio aparece de forma diferente: a identidade dividida. Sebastian, o herói, é tema de uma biografia ostensivamente escrita pelo irmão, que aos poucos surge como o verdadeiro Sebastian. Essa sensação de confusão e divisão íntima era vivenciada por muitos emigrados. Khodasevich escreve de forma muito comovente a esse respeito em "Fotografias de Sorrento" (na sua coletânea de poemas *Noites europeias*, 1922-27), em que compara a consciência dividida do exílio, a confusão dentro da mente das imagens das suas duas vidas, no lar e no exterior, à dupla exposição de um filme.

O fato de Nabokov ter deixado de escrever em russo para escrever em inglês é uma história complicada e intimamente ligada à adoção de uma nova identidade (americana). Deve ter sido uma mudança dolorosa, como Nabokov, famoso pelo talento para o espetáculo, sempre gostava de reforçar. Ele dizia que foi "como aprender a manejar as coisas depois de perder sete ou oito dedos numa explosão".[60] Durante a vida inteira, Nabokov se queixou da desvantagem de escrever em inglês — talvez com frequência demasiada para receber crédito total (certa vez ele confessou numa carta a um amigo que a sua "melhor obra foi escrita em inglês"[61]). Mesmo no ápice do seu talento literário, ele argumenta, no prefácio de 1956 a *Lolita*, que a sua "tragédia particular" tem sido

> abandonar o meu idioma natural, a minha língua russa destaramelada, rica e infinitamente dócil em troca de um tipo de inglês de segunda linha, vazio de todos esses aparatos — o espelho desconcertante, o pano de fundo de veludo negro, as associações e tradições implícitas — que o ilusionista nativo, a cauda do fraque a esvoaçar, pode usar magicamente para transcender a herança a seu modo.[62]

Mas mesmo que tais afirmativas fossem uma forma de afetação, a sua façanha é inegável. É extraordinário que um escritor que foi saudado como estilista supremo da moderna língua inglesa a escrevesse como estrangeiro. Como disse a esposa Vera, além de ter "trocado um tipo de russo muito especial e complexo, só seu, que aperfeiçoou com o passar dos anos em algo único e peculiar", ele abraçou "um inglês que então passou a soldar e curvar à sua vontade até que também, sob a sua pena, se transformasse em algo que nunca fora em melodia e flexibilidade". Ela chegou à conclusão de que o que ele fizera fora substituir o caso apaixonado com a língua russa por *un mariage de raison* que "como às vezes acontece com um *mariage de raison* — torna-se por sua vez um terno caso de amor".[63]

Até que a Revolução destruísse os seus planos, Nabokov decidira se tornar o próximo Pushkin. No fim da vida, ele jogou com essa imagem de gênio frustrado, mesmo que, de fato, o seu estilo de escrita em inglês, que desenvolvera desde os 5 anos, sempre fosse tão bom e talvez até melhor do que o russo. Mas, como estava no exílio, Nabokov tinha a sensação de escrever num vazio. Libertado do regime soviético, começou a sentir que a liberdade de que gozava se devia a trabalhar no vácuo — sem leitores nem contexto público no qual escrever —, de modo que "a coisa toda adquiriu um certo ar de frágil irrealidade".[64] (Tsvetaieva exprimia um desespero semelhante — embora, no caso dela, sem outra língua à qual recorrer, isso assinalasse uma tragédia particular mais profunda: "De um mundo onde os meus poemas eram tão necessários quanto o pão, vim para um mundo onde ninguém precisa de poemas, nem dos meus nem de nenhum, onde os poemas são necessários como... sobremesa: como se alguém... precisasse... de sobremesa..."[65])

A necessidade de público foi o motivo fundamental da mudança de Nabokov. Como ele mesmo explicou, o escritor "precisa de certa reverberação, ainda que não seja uma resposta".[66] O seu público leitor em russo diminuía de tamanho a cada ano que passava, conforme os filhos dos emigrados se assimilavam à cultura na qual viviam. Era praticamente impossível que um jovem escritor russo como Nabokov sobrevivesse só de escrever, e a concorrência era intensa. "Entrar na literatura é como se espremer num bonde lotado. Uma vez dentro, tentamos o melhor possível empurrar para fora todos os recém-chegados que tentam se pendurar", se queixou outro escritor, Gueorgui Ivanov.[67]

Berlim era um lugar especialmente difícil para se viver e milhares de russos fugiram da cidade depois da chegada de Hitler ao poder, em 1933. Os Nabokov ficaram na capital alemã. Viviam na pobreza: Vera trabalhava como secretária e Nabokov dava aulas particulares de inglês e francês. Mas era óbvio que eles também teriam de partir. Vera era judia, e, em 1936, o homem que assassinara o pai de Nabokov, Serguei Taboritski, foi nomeado segundo no comando do departamento hitlerista de assuntos dos emigrados. Em desespero, Nabokov procurou algum cargo acadêmico em Londres, Nova York ou qualquer lugar que não fosse a Alemanha de Hitler, e acabou se mudando para Paris em 1938. Dali, os Nabokov tomaram providências a fim de ir para Nova York na primavera de 1940, duas semanas apenas antes que os alemães chegassem a Paris. No apartamento conjugado perto do Bois de Boulogne, Nabokov se trancou no banheiro, pôs uma mala em cima do bidê e datilografou a sua entrada no mundo literário da língua inglesa: *A verdadeira vida de Sebastian Knight*, publicado em Nova York em 1941.

A passagem de Nabokov para Nova York fora conseguida por Alexandra Tolstoi, filha do romancista e diretora da Fundação Tolstoi, recém-criada para cuidar dos interesses dos emigrados russos nos Estados Unidos. A deflagração da Segunda Guerra Mundial levara para lá uma enchente de refugiados famosos da Europa de Hitler: Einstein, Thomas Mann, Huxley, Auden, Stravinski, Bartók e Chagall — todos criaram para si um novo lar nos EUA. Nova York inchou de emigrados russos. Capital literária da Rússia na América, o seu jornal diário em russo, *Novoie russkoie slovo* (*Nova palavra russa*) tinha meio milhão de leitores no país inteiro. Os Nabokov se instalaram num "apartamentinho pavoroso" na rua 87 Oeste, perto do Central Park. Como escritor, Nabokov não era bem conhecido pelos emigrados dos EUA. Até o escândalo e o sucesso de *Lolita*, concluído em 1952 e só publicado em 1955, ele lutou para sobreviver do que escrevia. Como o herói do seu romance *Pnin* (1957), foi forçado a ganhar a vida com empregos de professor temporário nas universidades de Stanford, Wellesley e Cornell, entre outras. Não que as dificuldades financeiras reduzissem o orgulho considerável de Nabokov. Quando Rachmaninoff mandou ao escritor em dificuldades algumas roupas usadas, Nabokov, meio dândi e filho do homem que talvez tenha sido o mais bem-vestido em toda a história de São Petersburgo,* devolveu os ternos ao compositor, queixando-se de terem sido confeccionados "no período do Prelúdio".[68]

"Agora os Estados Unidos são o meu lar", disse Nabokov em entrevistas em 1964. "Sou um escritor americano."[69] Apesar dos retratos às vezes bastante mordazes dos Estados Unidos (mais notoriamente em *Lolita*), parece que o sentimento era genuíno. Nabokov gostava de representar o verdadeiro americano. Depois de perder a herança dos Nabokov à moda do Velho Mundo, por meio da revolução, ele fez fortuna à moda do Novo Mundo: com trabalho duro e inteligência.[70] O galardão de *Lolita* foi o emblema do seu sucesso como americano, e ele o usava com grande orgulho. "Esse é o único caso conhecido na história em que um europeu pobre conseguiu se tornar o seu próprio tio americano", escreve um resenhador com inveja mas também admiração pelo escritor russo emigrado Vadim (leia-se: Nabokov) em *Somos todos arlequins* (1974).[71] Nabokov não tolerava nenhuma crítica aos Estados Unidos. Era patriota. Durante a vida inteira, cumpriu o juramento que fez ao se tornar cidadão americano em 1945. Quando, na edição francesa de *Pnin*, a Gallimard produziu uma capa que mostrava o professor em pé sobre uma bandeira americana, Nabokov fez objeção ao uso da bandeira "como cobertura de piso ou pavimento de estrada".[72]

A política antissoviética de Nabokov estava no âmago do seu americanismo. Ele achava que McCarthy provavelmente estava certo a respeito da existência de espiões comunistas no governo americano.

---

* Nabokov *père* era famoso pelos ternos ingleses finamente confeccionados que usava, sem vergonha nenhuma, na assembleia da Duma, onde muitos deputados rurais vestiam roupas camponesas (A. Tyrkova-Williams, *Na putiakh k svobode*, Nova York, 1951, p. 270). A extravagância do seu vestuário era fonte comum de anedotas na Petersburgo pré-revolucionária. Dizia-se até que ele mandava lavar as cuecas na Inglaterra.

Desprezava os liberais que alimentavam simpatia pela União Soviética. Recusava-se a ter algo a ver com a Rússia soviética — mesmo no ápice da Segunda Guerra Mundial, quando foi aliada do Ocidente. Em 1945, ao saber que Vassili Maklakov, representante oficial dos emigrados russos na França, comparecera a um almoço na embaixada soviética em Paris e fizera um brinde "à pátria, ao Exército Vermelho, a Stalin", Nabokov escreveu enraivecido a um amigo:

> Consigo entender que se neguem os próprios princípios num *único* caso excepcional: se me dissessem que aqueles que me são mais próximos seriam torturados ou poupados de acordo com a minha resposta, eu consentiria com tudo, traição ideológica ou atos asquerosos, e até me dedicaria com amor à divisão do traseiro de Stalin. Maklakov estava numa situação dessas? É evidente que não.
>
> Tudo o que resta é delinear uma classificação da emigração. Distingo cinco divisões principais:
>
> 1. A maioria hipócrita que não gosta dos bolcheviques porque lhe tiraram o seu dinheiro ou pedacinho de terra, ou doze cadeiras de Ilf e Petrov.
> 2. Os que sonham com pogroms e um tsar romeno, e agora confraternizam com os soviéticos porque sentem na União Soviética a União Soviética do povo russo.
> 3. Tolos.
> 4. Os que acabaram do outro lado da fronteira por inércia, carreiristas vulgares que buscam vantagem própria e, despreocupados, servem a qualquer líder que seja.
> 5. Gente decente e amante da liberdade, a velha guarda da *intelligentsia* russa, que despreza, de forma inabalável, a violência contra a linguagem, contra o pensamento, contra a verdade.[73]

Nabokov se colocava na última categoria. Nos seus cursos de literatura russa, recusava-se a ensinar qualquer literatura posterior a 1917, embora nas suas aulas na Universidade de Cornell ele fizesse uma concessão a Akhmatova e à poesia de Pasternak.* Nabokov sustentava que o regime comunista impedira o desenvolvimento de uma "literatura autêntica".[74] Era igualmente hostil à tradição realista do século XIX, que buscava na literatura conteúdo e ideias sociais — tradição que via corretamente como antecessora da abordagem soviética da literatura. Foi com base nisso que criticou tanto *Dr. Jivago* ("bobajada monótona e convencional"), que competiu com *Lolita* pelo primeiro lugar nas listas de mais vendidos de 1958, quanto *O arquipélago gulag*, de Soljenitsin (1973-75) ("uma espécie de jornalês picante, amorfo, palavroso e repetitivo")[75] — embora devesse haver um pouco de inveja em ação aí também (pois, ao contrário de Pasternak e Soljenitsin, Nabokov nunca recebeu o Prêmio Nobel). Ainda assim, apesar das negativas políticas, ele sentia um profundo apego à tradição russa. Ansiava em escrever outro romance na língua natal. Sentia que havia algo do seu herói trágico Pnin — o professor de russo emigrado, orgulhoso e de coração nobre, que não consegue se adaptar direito ao ambiente americano — não só em si como em todos os melhores emigrados.

---

* Normalmente, Nabokov via com desdém Akhmatova e as muitas imitadoras do seu estilo inicial. Em Pnin, Liza, a esposa afastada do professor, canta "ritmicamente, num tom arrastado e profundo", uma paródia cruel dos versos de Akhmatova:

> Pus um vestido preto
> E sou mais recatada que uma freira;
> Uma cruz de marfim
> Jaz na minha cama fria.
>
> Mas luzes de orgias fabulosas
> Ardem pelo meu esquecimento,
> E sussurro o nome George —
> O teu dourado nome!

(V. Nabokov, Pnin, Harmondsworth, 2000, p. 47). Akhmatova ficou ofendidíssima com a paródia, que brincara com a imagem de "meio freira, meio meretriz" usada por Jdanov em 1948 (L. Chukovskaia, Zapiski ob Anne Akhmatovoi, 2 vols.., Paris, 1980, vol. 2, p. 383).

Em 1965, Nabokov trabalhou na tradução de *Lolita* para o russo. No posfácio da edição em inglês, ele se referiria à sua troca do russo pelo inglês como "tragédia particular". Mas começou o posfácio da edição russa confessando que o processo de traduzir de volta a sua prosa fora uma desilusão:

> Ah, aquela "maravilhosa língua russa" que pensei que me aguardava em algum lugar, florindo como fiel primavera atrás de um portão bem trancado cuja chave guardei por tantos anos, se mostrou inexistente, e além do portão não há nada, apenas tocos carbonizados e uma paisagem outonal baldada, e a chave na minha mão mais parece um pé de cabra.[76]

A língua russa evoluíra depois que Nabokov deixou a terra natal, e "o espelho desconcertante, o pano de fundo de veludo negro, as associações e tradições implícitas" que usara como mágico nos primeiros romances em russo tinham agora se perdido para o público soviético.

4

Quando a poeta Zinaida Guippius e o marido Dmitri Merejkovski chegaram a Paris em 1919, abriram a porta do apartamento com a sua chave e encontraram tudo no lugar: livros, roupa de cama, utensílios de cozinha.⁷⁷ O exílio foi o retorno ao seu segundo lar. Para muitos integrantes da antiga elite petersburguense, ir a Paris era como voltar à velha vida cosmopolita que tinham imitado em São Petersburgo. O grão-duque Alexandre Mikhailovich, cunhado do último tsar, chegou a Paris no mesmo ano que os Merejkovski e foi para o hotel Ritz como o pombo que volta para casa — as suas contas pagas por cortesia de uma coleção rara de moedas tsaristas com que fugira da terra natal. Essa Paris era menos uma "Pequena Rússia" e mais um microcosmo (e continuação) do extraordinário renascimento cultural de São Petersburgo entre 1900 e 1916. Diaguilev, Stravinski, Benois, Bakst, Chaliapin, Goncharova, Koussevitski e Prokofiev: todos transformaram Paris em lar.

O efeito da chegada desses emigrados foi acentuar duas facetas inter-relacionadas da imagem cultural da Rússia no Ocidente. A primeira foi a apreciação renovada do caráter europeu da cultura russa manifesta no chamado estilo "neoclássico" de Stravinski, Prokofiev e dos Ballets Russes. O próprio Stravinski não gostava do termo; afirmava que não significava "absolutamente nada" e que a música, pela própria natureza, não podia exprimir nada.⁷⁸ Mas, em si, o seu neoclassicismo era uma declaração de princípios artísticos. Era uma rejeição consciente da música camponesa russa da sua primeira fase neonacionalista, dos violentos ritmos citas de *A sagração da primavera* que explodiram na Revolução de 1917. Forçado a se exilar, Stravinski passou a se agarrar nostalgicamente ao ideal de beleza personificado pela herança clássica da sua Petersburgo nativa. Fez empréstimos de Bach e Pergolesi e, acima de tudo, dos ítalo-eslavos (Berezovski, Glinka e Tchaikovski), que tinham configurado um ramo específico do estilo musical russo nos séculos XVIII e XIX.

Um aspecto importante desse compromisso renovado com o passado imperial foi a promoção de Diaguilev, em Paris, dos balés de Tchaikovski. Antes de 1917, Tchaikovski era visto no Ocidente como o menos interessante dos compositores russos. Nas palavras do crítico francês Alfred Bruneau, em 1903, a sua música era "desprovida do caráter russo que nos agrada e nos atrai na música da nova escola eslava".⁷⁹ Visto como imitação pálida de Beethoven e Brahms, faltava-lhe o exótico caráter russo que o Ocidente esperava dos Ballets Russes; os balés de Tchaikovski não figuravam nas *saisons russes*. Mas, depois de 1917, a nostalgia da velha São Petersburgo imperial e das suas tradições clássicas que a música de Tchaikovski condensa levou a um esforço consciente dos emigrados de Paris para se redefinir por meio dessa identidade. Em 1921, Diaguilev reviveu *A bela adormecida* (1890) para a temporada de Paris. Stravinski, que reorquestrou trechos da partitura, escreveu uma carta aberta ao *Times* de Londres na qual louvava o balé como "a expressão mais autêntica da época da nossa vida russa que chamamos de 'período de Petersburgo'". Stravinski agora defendia que essa tradição era tão russa quanto a cultura de base folclórica que, até 1914, os Ballets Russes tinham levado ao Ocidente sob a forma de obras como o seu *Pássaro de fogo*:

> A música de Tchaikovski, que a ninguém parece obviamente russa, costuma ser mais profundamente russa do que a que recebeu, há muito tempo, o rótulo superficial de pitoresco moscovita. Essa música é

tão russa quanto os versos de Pushkin ou as canções de Glinka. Sem cultivar especificamente "a alma camponesa russa" na sua arte, Tchaikovski assimilou inconscientemente as verdadeiras fontes nacionais da nossa raça.[80]

O segundo traço cultural dos emigrados em Paris era a reafirmação dos valores aristocráticos que estavam no âmago do legado imperial petrino. Sob o lustro superficial do exotismo eslavo, esse aristocratismo constituía o espírito essencial do Mundo da Arte. Este também se enraizava na música de Tchaikovski, que começou a reunir os três fundadores do Mundo da Arte, Benois, Filosofov e Diaguilev, no início da década de 1890. O que eles amavam nos balés de Tchaikovski, como explicaria Benois nas suas *Reminiscências* de 1939, era o "espírito aristocrático" que permanecia "intocado por quaisquer desvios democráticos" como os encontrados em formas utilitárias de arte.[81] Esses eram exatamente os valores da "Arte pela Arte" que os emigrados de Paris passaram a valorizar acima de tudo. Criaram o culto da época alexandrina, com o seu alto estilo império francês e a aristocracia artística e *raffiné* exemplificada por Pushkin. Recorrer a essas antigas certezas foi uma reação natural dos emigrados. A Revolução destruíra a civilização aristocrática da qual viera a maioria deles e os forçara a encontrar um segundo lar na Europa. Até certo ponto, apesar das declarações em contrário de Nabokov, eles também se sentiram abalados com a perda do status que gozavam como integrantes da elite proprietária de terras do seu país. Com os seus passaportes Nansen* (da Liga das Nações) e os Cartões de Registro de Estrangeiros, os filhos de grandes proprietários, como Stravinski e

---

* Os passaportes russos dos emigrados perderam a validade depois da formação da União Soviética: como país, a Rússia deixara de existir. Em vez dos antigos documentos, os emigrados e outras pessoas apátridas receberam passaportes "Nansen" provisórios (o nome vinha do explorador polar Fridtjof Nansen, alto-comissário para refugiados da Liga das Nações). Os portadores desses frágeis passaportes sofriam grandes atrasos e interrogatórios hostis de funcionários de todo o Ocidente sempre que viajavam ou se registravam para trabalhar.

Nabokov, se ressentiram de ser tratados pelos países ocidentais como "cidadãos de segunda classe".[82]

Os Ballets Russes eram o centro da vida cultural russa em Paris. Formavam um tipo de embaixada parisiense do renascimento de Petersburgo, encabeçada pelo embaixador Diaguilev. Depois das turnês nos Estados Unidos durante a guerra, ele levara a companhia para a França na esperança de reunir a sua equipe vencedora de artistas e dar fim à crise perpétua de fluxo de caixa aproveitando o mercado francês para as artes russas que fora tão compensador antes da guerra. Como Fokine se instalara nos Estados Unidos, Diaguilev precisava de um novo coreógrafo para dar prosseguimento àquela tradição característica do balé russo que vinha da escola de Petipa. Encontrou-o em Georges Balanchine (nascido Gueorgui Balanchivadze). Nascido em 1904 em São Petersburgo, filho de um compositor georgiano, Balanchine estudara na Academia Imperial de Balé de Petipa e trabalhara na trupe do Teatro Mariinski, de São Petersburgo, antes de partir para uma turnê na Europa em 1924. Diaguilev percebeu em Balanchine um vínculo fundamental com as tradições petersburguenses, e a primeira coisa que lhe pediu depois que os bailarinos de Balanchine executaram algumas rotinas trazidas da Rússia foi que as transferisse para o palco.[83] A afinidade de Balanchine com a música de Stravinski fez dele a escolha ideal para Diaguilev, cujos planos para Paris punham os balés de Stravinski no centro do palco. A primeira colaboração entre Stravinski e Balanchine, *Apollon Musagète* (1918), foi o começo de uma parceria vitalícia entre compositor e coreógrafo. Essa parceria assegurou a sobrevivência do balé moderno — invenção de Diaguilev — como forma artística.

Os Ballets Russes dos anos 1920 definiam-se pelos princípios do neoclassicismo. Na dança, isso significava o retorno ao rigor apolíneo da academia clássica: um projeto abstrato, quase arquitetônico, nas manobras do conjunto; a reabilitação do bailarino do sexo masculino em modo heroico; e o sacrifício do enredo às ligações sensuais entre música, cor e movimento. Na música, isso levou à renúncia da escola nacionalista russa e a uma imitação estilizada das tradições clássicas (e predominantemente italianas) de Petersburgo — como, por exemplo, em *Pulcinella* (1920), *commedia dell'arte* de Stravinski, e na sua ópera bufa em um ato intitulada *Mavra* (1922), dedicada à memória de Pushkin, Glinka e Tchaikovski. Esse novo compromisso com a tradição clássica era uma reação óbvia dos emigrados. Depois do caos e da destruição do período revolucionário, eles ansiavam por alguma noção de ordem e recorreram aos valores europeus e à herança de Petersburgo para se redefinir como europeus e transferir a sua "Rússia" para o Ocidente. Queriam resgatar as antigas certezas debaixo dos escombros de São Petersburgo.

Com a morte de Diaguilev em 1929, os Ballets Russes se dividiram. O empresário sempre fora a inspiração do grupo. Ele possuía o tipo de presença que dava aos outros uma sensação de anticlímax quando saía da sala. Assim, quando partiu deste mundo foi quase inevitável que as suas estrelas se separassem. Muitos trabalharam nas várias companhias viajantes de "Ballet Russes" que herdaram o repertório e o glamour da organização original de Diaguilev: Fokine, Massine, Benois, Nijinska, Balanchine. Outros, como Anna Pavlova, estabeleceram-se por conta própria, criando pequenas companhias que davam continuidade à tradição experimentalista de Diaguilev. Na Inglaterra, os seus ex-alunos lançaram as bases do balé britânico: Ninette de Valois e o Vic-Wells Ballet (que mais tarde se tornou o Royal Ballet), o Ballet Rambert e o Markova-Dolin Ballet, todos descenderam dos Ballets Russes. Balanchine transportou a tradição de Diaguilev para os Estados Unidos, onde criou o New York City Ballet em 1933.

Paris era uma saída para o Ocidente, uma porta pela qual os russos exilados chegavam a uma nova pátria. Muitos que criaram o seu lar em Paris nos anos 1920 terminaram fugindo para os Estados Unidos quando a ameaça de guerra se aproximou na década de 1930. As principais atrações americanas eram a liberdade e a segurança. Artistas como Stravinski e Chagall escaparam da Europa de Hitler para trabalhar em paz nos Estados Unidos. Para Stravinski, não era uma questão política: ele apoiara publicamente os fascistas italianos ("Tenho uma ânsia esmagadora de prestar homenagem ao seu Duce. Ele é o salvador da Itália e, esperemos, da Europa", dissera a um jornal italiano no início da década de 1930[84]); e, embora detestasse os nazistas (atacaram a sua música), tomou o cuidado de se afastar dos contatos germano-judaicos depois de 1933. Foi mais uma questão de conveniência: ele prezava a ordem e precisava dela para trabalhar.

O compositor Nicolas Nabokov (primo do escritor) recorda um incidente revelador. Pouco depois de chegar aos Estados Unidos, Stravinski se preocupou com a possibilidade de revolução por lá. Perguntou a um conhecido se era provável e, quando lhe responderam que seria possível, perguntou, com "voz alarmada e indignada": "Mas para onde irei?"[85] Depois de viver a Revolução russa, o instinto político mais profundo de Stravinski era o medo da desordem.

Após um ano como professor na Universidade de Harvard, ele se refugiou em Los Angeles, onde comprou a sua primeira casa, um pequeno palacete suburbano em West Hollywood que seria o seu lar nos trinta anos seguintes. Los Angeles atraíra muitos artistas da Europa, principalmente devido à indústria cinematográfica; o escritor alemão Thomas Mann descreveu Hollywood durante a guerra como uma "cidade mais estimulante em termos intelectuais e mais cosmopolita do que Paris ou Munique já foram".[86] Entre os amigos de Stravinski, estavam Bertolt Brecht e Charlie Chaplin, René Clair e Greta Garbo, Max Reinhardt e Alma Mahler (casada com Franz Werfel), Lion Feuchtwanger e Erich Maria Remarque. Esse cosmopolitismo fez dos Estados Unidos um lar natural para muitos emigrados russos. O seu "cadinho" de nações, especialmente em Nova York e Los Angeles, lembrava o meio cultural no qual tinham vivido em Petersburgo. Os Estados Unidos lhes permitiam que se desenvolvessem como artistas internacionais sem se perturbarem, como acontecera na Europa, com questões maçantes de identidade nacional.

Essa sensação de querer se livrar da Rússia — de querer se libertar numa nova identidade — foi expressa por Nabokov no poema "À Rússia" (1939), escrito pouco antes da sua partida de Paris para os EUA.

Em paz me deixarás? Imploro-te! Medonho
É o crepúsculo. Os ruídos da vida
Permanecem. Indefeso estou e morro
Do toque cego da tua maré intumescida.

Quem abandona livremente o seu país
nas alturas para lamentá-lo livre está.
Mas agora é lá no vale onde me encontro
e agora de mim não venha se aproximar.

Estou disposto a para sempre me ocultar
e a sem nome algum viver. Estou disposto,
desde que só em sonho nos vejamos,
a todo sonho concebível renegar;

a ser drenado do sangue, a me aleijar,
a me afastar daqueles livros que mais amo,
pelo primeiro idioma disponível
trocar tudo que tenho: o meu falar.

Mas p'ra isso, através das lágrimas, oh, Rússia,
da grama de dois túmulos tão distantes,
através das máculas trêmulas da bétula,
de tudo o que me sustentou desde infante,

com os teus cegos olhos, teus olhos queridos,
para de olhar p'ra mim, de minh'alma tem pena,
não vasculhes em torno da mina de carvão,
por minha vida nessa cova não tateia

porque anos e séculos já passaram,
e por sofrimentos, tristezas e vergonhas,
tarde demais — não há ninguém a perdoar
e ninguém em quem a culpa se ponha.[87]

O êxodo de Stravinski para os Estados Unidos seguiu uma via emocional semelhante. Ele queria esquecer o passado e ir em frente. A sua infância era uma lembrança dolorosa. Perdera o pai, dois irmãos e uma filha antes de "perder" a Rússia em 1917. Precisava deixar a Rússia para trás. Mas ela não o deixava. Como emigrado na França, Stravinski tentou negar a sua russianidade. Adotou um tipo de cosmopolitismo europeu que, às vezes, se tornava sinônimo, como já fora na própria São Petersburgo, de uma altivez e um desprezo aristocráticos pelo que era considerado "Rússia" no Ocidente (ou seja, a versão de cultura camponesa que ele imitara em *O pássaro de fogo* e *A sagração da primavera*). "Não me vejo como particularmente russo", disse a um jornalista suíço em 1928. "Sou cosmopolita."[88] Em Paris, Stravinski se inseriu nos círculos da moda de Cocteau e Proust, Poulenc e Ravel, Picasso e Coco Chanel. Chanel se tornou sua amante e transformou o homem discreto e bem pouco atraente que chegara a Paris em 1920 no *homme dur et monoclé*, elegantemente vestido com ternos bem cortados e desenhado (com olhos asiáticos) por Picasso.

Stravinski fez uma demonstração bem pública de distanciar-se da Rússia camponesa que inspirara as suas primeiras obras. Ela se transformara na Rússia vermelha que desprezava — a Rússia que o traíra. Negou a influência do folclore na sua obra. Afirmou (desonestamente) que o cenário russo antigo de *A sagração da primavera* fora uma opção acidental que se seguiu à música, que compôs primeiro sem dar atenção ao folclore.[89] Do mesmo modo, negou as raízes russas de *As bodas*, obra inteiramente baseada no folclore musical. "Não tomei nada emprestado de peças folclóricas", escreveu em 1935 na *Chronique de ma vie*. "A recriação de um ritual nupcial do campo, que no meu caso nunca vira, não entrou na minha cabeça. As questões etnográficas tinham pouquíssimo interesse para mim."[90] Talvez ele tentasse distinguir a sua música do folclore falsificado (pode-se mesmo chamá-lo de "*fakelore*") do regime stalinista, com os grupos de dança pseudofolclórica e orquestras de balalaicas, os corais do Exército Vermelho que usavam fantasias "folclóricas" genéricas e representavam o papel de camponeses felizes enquanto os camponeses de verdade passavam fome ou definhavam nos *gulags* depois da guerra de Stalin para obrigar todos a entrar nas fazendas coletivas. Mas a extensão do esforço que fez para apagar a sua origem russa indica uma reação mais violenta e pessoal.

A música do período neoclássico de Stravinski foi uma expressão da sua identidade "cosmopolita". Não há quase nada evidentemente "russo" — e com certeza nenhum folclore musical — em obras inspiradas no jazz, como o Octeto de sopros (1923), ou em obras de configuração clássica, como o Concerto para Piano (1924); e menos ainda em obras posteriores, como Concerto em Mi bemol (*Dumbarton Oaks*) (1937), ou a Sinfonia em Dó (1938). O fato de ter escolhido o latim — em vez do russo nativo ou do francês adotado — como idioma da sua "ópera-oratório" *Oedipus Rex* (1927) dá mais peso a essa ideia. Nicolas Nabokov, que passou o Natal de 1947 com os Stravinski em Hollywood, espantou-se com a aparente plenitude do rompimento do compositor com a terra natal. "Para Stravinski, a Rússia é uma linguagem que ele usa com destreza suprema, como a de um *gourmand*; são alguns livros; Glinka e Tchaikovski. O resto o deixa indiferente ou desperta a sua raiva, desprezo e violento desagrado."[91] Stravinski tinha uma capacidade camaleônica e extraordinária de se adaptar e de se sentir à vontade em hábitats estrangeiros. Isso também talvez fosse produto do seu histórico petersburguense. O filho recordou que "toda vez que mudávamos de casa por algumas semanas, o meu pai sempre conseguia dar um ar de permanência ao que, de fato, era muito temporário [...] Durante a vida inteira, onde quer que estivesse, sempre conseguia se cercar de uma atmosfera própria".[92]

Em 1934, o compositor se tornou cidadão da França — decisão que explicou afirmando que encontrara o seu "clima intelectual" em Paris e com que chamou de "um tipo de vergonha da minha pátria".[93] Mas, apesar do passaporte francês e da imagem orquestrada de Artista do Mundo, Stravinski abrigava emoções profundas pelo país onde nascera. Estava muito mais enraizado na cultura nativa do que se dispunha a admitir; e esses sentimentos se exprimiam de forma escondida nas suas obras. Stravinski sentia profunda saudade de São Petersburgo, cidade que "fazia tamanha parte da minha vida", escreveu em 1959, "que quase tenho medo de olhar mais fundo dentro de mim para não descobrir quanto de mim ainda está unido a ela".[94] A lembrança era tão dolorosa que, em 1955, o compositor recusou um convite para ir a Helsinque porque ficava "perto demais de uma certa cidade que não tenho desejo nenhum de rever".[95] Mas amava Roma e Veneza porque lhe lembravam Petersburgo. A saudade sublimada de Stravinski pela cidade onde nascera é claramente audível no balé tchaikovskiano *O beijo da fada* (1928). Sentia também saudades de Ustilug, a propriedade da família em Volhínia, onde compôs *A sagração da primavera*. Ustilug era um tema que não discutia com ninguém.[96] Para ele, significava fonte incomensurável de dor não saber o que acontecera com a casa onde passara os dias mais felizes da infância. Mas o fato de ter labutado mais tempo em *As bodas* do que em qualquer outra partitura é indicação dos seus sentimentos pelo lugar. A obra se baseou em fontes que ele levara da casa na sua última visita.

Durante toda a vida no exílio, Stravinski permaneceu emocionalmente apegado aos rituais e à cultura da Igreja russa, ainda que na França tivesse se sentido intelectualmente atraído pela tradição católica, que homenageou na *Sinfonia dos salmos* (1930). Em meados dos anos 1920, depois de quase trinta anos sem frequentar a igreja, Stravinski retomou a vida ativa na comunidade ortodoxa, em parte por influência da esposa Katia, que se tornou cada vez mais devota durante a longa enfermidade da qual acabou morrendo em 1939. Como artista e emigrado, Stravinski encontrou consolo na disciplina e na ordem da Igreja russa. "Quanto mais nos isolamos dos cânones da Igreja cristã", disse ele a um entrevistador enquanto trabalhava na *Sinfonia dos salmos*, "mais nos isolamos da verdade."

> Esses cânones são tão verdadeiros para a composição de uma orquestra quanto para a vida do indivíduo. São o único lugar onde a ordem é praticada por inteiro: não uma ordem artificial e especulativa, mas a ordem divina que nos é dada e que tem de se revelar tanto na vida íntima quanto na sua exteriorização na pintura, na música etc. É a luta contra a anarquia, não tanto desordem quanto ausência de ordem. Sou um defensor da arquitetura na arte, já que a arquitetura é a personificação da ordem; o trabalho criativo é um protesto contra a anarquia e a não existência.⁹⁷

Stravinski se tornou frequentador regular dos cultos da igreja russa da rue Daru. Cercou-se da parafernália da devoção ortodoxa; as suas casas em Nice e Paris eram cheias de cruzes e ícones. Datava os esboços musicais pelo calendário ortodoxo. Correspondia-se com sacerdotes russos de todos os principais centros da emigração e o sacerdote russo de Nice se tornou "praticamente membro" da sua casa naquela cidade.⁹⁸ Stravinski afirmava que a atração mais forte da Igreja russa era "linguística": ele gostava do som da liturgia eslavônica.⁹⁹ Isso surge nos seus cânticos eslavônicos para a igreja russa.*

Esse desejo de retornar à religião natal também estava ligado a um profundo amor à Rússia. Durante toda a vida, Stravinski seguiu os costumes russos da sua infância na Petersburgo pré-revolucionária. Mesmo em Los Angeles, o seu lar continuou a ser um posto avançado da velha Rússia. A sala era cheia de livros e ornamentos, quadros e ícones russos. Os Stravinski tinham amigos russos. Empregavam criados

---

* Antes de se decidir pelo latim, ele pensou em escrever a *Sinfonia dos salmos* em eslavônico também.

russos. Falavam russo em casa. Stravinski só falava inglês ou francês quando necessário, e mesmo assim com sotaque forte. Tomava chá à moda russa — num copo com geleia. Tomava sopa com a mesma colher com que, quando criança, fora alimentado pela sua *babushka*.[100]

Chagall era outro Artista do Mundo que escondia um coração russo. Como Stravinski, inventou a própria imagem de cosmopolita. Gostava de afirmar que as perguntas sobre identidade que os críticos sempre faziam ("Você é um artista judeu? russo? ou francês?") na verdade não o incomodavam. "Vocês falam, eu trabalho", costumava dizer.[101] Mas essas declarações não podem ser consideradas verdadeiras. Chagall inventou a própria biografia — e a mudava com frequência. Afirmava que as principais decisões da sua vida foram tomadas com base na sua conveniência de artista praticante. Em 1922, emigrou da Rússia soviética porque as condições de vida lá tornaram difícil o seu trabalho. Na Europa ocidental, ao contrário, já era famoso e sabia que poderia enriquecer. Não há provas que mostrem que tenha sido afetado pela destruição pelos bolcheviques de sinagogas e de boa parte do bairro judeu da sua cidade natal de Vitebsk.[102] Em 1941, quando fugiu de Paris para os Estados Unidos, o perigo dos nazistas era bastante real — embora novamente Chagall justificasse a mudança em termos de conveniência pessoal. Ele foi itinerante durante a vida inteira e nunca se estabeleceu em nenhuma terra nem a chamou de sua. Como os personagens dos seus quadros, vivia com os pés fora do chão.

Ainda assim, a pergunta não respondida sobre a sua nacionalidade foi fundamental na vida e na arte do pintor. Dos diversos elementos que se fundiam na sua personalidade (judeu, russo, francês, americano e internacional), era o russo que mais tinha importância para ele. "O título de 'pintor russo'", observou Chagall certa vez, "significa mais para mim do que toda a fama internacional. Nos meus quadros, não há um centímetro livre da saudade da minha terra natal."[103] A saudade de Chagall se concentrava em Vitebsk, a cidade meio judia, meio russa, na fronteira entre a Rússia e Bielorrússia, onde cresceu, filho de um pequeno comerciante, nos anos 1890. Em 1941, foi invadida pelos nazistas e todos os habitantes judeus foram mortos. Três anos depois, Chagall escreveu um lamento comovente "À minha cidade natal, Vitebsk", publicado como carta no *New York Times*.

> Faz muito tempo que te vi por último e me encontrei entre as tuas ruas cercadas. Não me perguntaste com dor por que te abandonei por tantos anos se te amava. Não, pensaste: o rapaz foi a algum lugar em busca de cores brilhantes e incomuns para chover como neve ou estrelas sobre os nossos tetos. Mas de onde ele as tirará? Por que não pode encontrá-las mais perto? Em teu chão deixei o túmulo dos meus ancestrais e pedras espalhadas. Não vivi contigo, mas não há um único dos meus quadros em que tuas alegrias e tristezas não se reflitam. Todos esses anos, tive uma preocupação constante: a minha cidade natal me entende?[104]

Vitebsk era o mundo que Chagall idealizava. Representava menos um lugar do que um ideal mítico, o local artístico das suas lembranças de infância. Nos seus quadros imaginosos, ele recriou Vitebsk como um mundo de sonhos. As ruas lamacentas da cidade real foram magicamente transformadas em cores que lembram um cenário festivo da Mamãe Gansa. Era tamanha a demanda do tema de Vitebsk e a implacabilidade com que Chagall o explorava que os críticos o acusaram de comercializar como arte o seu próprio exotismo. Picasso o considerava um homem de negócios. O pintor Boris Aronson se queixou de que Chagall estava "sempre pintando um *Violinista no telhado*".[105] Mas, por mais que comercializasse o tema de Vitebsk, a sua saudade de casa era bastante genuína.

Os judeus de Israel não conseguiam entender como Chagall podia sentir tanta nostalgia da vida na Rússia. Aquele não era um país de pogroms? Mas Vitebsk era uma cidade onde os judeus, além de coexistir com os russos, foram também beneficiários da cultura russa. Como Mandelstam, judeu polaco-russo, Chagall se identificava com a tradição russa: ela era o meio de entrar na cultura e nos valores da Europa. A Rússia era uma grande civilização cosmopolita antes de 1917. Absorvera toda a cultura ocidental, assim como Chagall, como judeu, absorvera a cultura da Rússia. A Rússia libertava judeus como Chagall das atitudes provincianas das pequenas cidades natais e os ligava ao mundo maior.[106] Só a Rússia conseguiria inspirar sentimentos como esses. Nenhuma das outras civilizações do leste europeu era grande o bastante para dar aos judeus uma pátria cultural.

5

Quando Tsvetaieva se mudou para Paris em 1925, foi na esperança de encontrar um público mais amplo para a sua poesia. Em Praga, lutara para manter "corpo e pena juntos", como Nabokov descreveria de forma tão memorável o sofrimento dos escritores emigrados.[107] Ela sobrevivia com traduções e donativos de amigos. Mas a luta constante provocou tensões na relação com Efron, estudante perpétuo que não conseguia arranjar emprego, e com a filha e o filho recém-nascido.

Efron começou a se afastar dela — sem dúvida perdendo a paciência com os seus constantes casos amorosos — e se envolveu na política. Em Paris, lançou-se imediatamente no movimento eurasiano, cuja concepção da Rússia como continente asiático ou turaniano separado já tomara conta de Stravinski. Em meados da década de 1920, o movimento começara a rachar. A ala direita flertava com os fascistas, enquanto a ala esquerda, à qual Efron tendia, preferia a aliança com o regime soviético como defensor dos seus ideais imperiais da Rússia como líder de uma civilização eurasiana separada em oposição hostil ao Ocidente. Eles puseram de lado a antiga oposição ao regime bolchevique e o reconheceram (erradamente, talvez) como o vencedor popular, e portanto legítimo, da guerra civil, e desposaram a sua causa como única esperança para a ressurreição de uma Grande Rússia. Efron era um defensor inflamado do retorno à pátria. Queria expiar a "culpa" por ter lutado no lado Branco da guerra civil entregando a vida à causa do povo soviético (leia-se: russo). Em 1931, Efron solicitou o regresso à Rússia de Stalin. A sua conhecida saudade da Rússia o transformou em alvo óbvio do NKVD, que tinha uma política de jogar com tais fraquezas para se infiltrar na comunidade de emigrados. Efron foi recrutado como agente do NKVD com a promessa de que finalmente teria permissão de voltar à Rússia soviética. Na década de 1930, tornou-se o principal organizador da União Parisiense pelo Retorno à Pátria. Era uma fachada para o NKVD.

A política de Efron provocou enorme tensão no seu relacionamento com Tsvetaieva. Ela entendia a necessidade dele de voltar para casa, mas sabia igualmente o que acontecia na Rússia de Stalin. Acusou o marido de ingenuidade: ele fechava os olhos para o que não queria ver. Discutiam constantemente — ela o avisava de que, se voltasse à União Soviética, acabaria na Sibéria ou coisa pior, e ele retorquia que iria "aonde me mandarem".[108] Mas Tsvetaieva sabia que, se ele fosse, seguiria o marido, como sempre, "como um cão".

As atividades de Efron tornaram insustentável a posição de Tsvetaieva na sociedade dos emigrados. Supunha-se que ela também fosse bolchevique, principalmente pelo vínculo constante com "escritores soviéticos", como Pasternak e Bieli, que, como ela, tinham raízes na vanguarda pré-revolucionária. Ela se viu cada vez mais sozinha numa comunidade que, de forma crescente, fugia a qualquer contato com o mundo soviético. "Sinto que não tenho lugar aqui", escreveu ela à escritora tcheca Anna Teskova. Os franceses eram "sociáveis mas superficiais" e "só interessados em si mesmos", enquanto "dos russos estou separada pela minha poesia, que ninguém entende; pelas minhas opiniões pessoais, que alguns consideram bolchevismo, outros, monarquismo ou anarquismo; e, mais uma vez... por tudo de mim."[109] Berberova descreveu Tsvetaieva como uma "excluída" em Paris: "ela não tem leitores" e não havia "reação ao que escrevia".[110] *Depois da Rússia*, a última coletânea de poemas seus a ser publicada em vida, saiu em Paris em 1928. Só vinte e cinco dos cem exemplares numerados foram comprados por assinatura.[111] Nesses últimos anos de vida no estrangeiro, a poesia de Tsvetaieva mostra sinais do seu isolamento e solidão crescentes.

> Diz apenas: basta de tormento — toma
> Um jardim — solitário como eu.
> (Mas não fique por perto, Tu!)
> Um jardim, solitário, como Eu.[112]

"Tudo me força na direção da Rússia", escreveu ela a Anna Teskova em 1931. "Aqui sou desnecessária. Lá sou impossível."[113] Tsvetaieva se tornou cada vez mais desapontada com os editores dos periódicos para emigrados — professores e políticos como Miliukov, que não entendia a sua prosa e a fez em pedaços para se ajustar ao estilo limpo e organizado das suas revistas. A decepção a levou a formar uma ideia excessivamente rósea da vida literária na União Soviética. Ela se convenceu a acreditar que era "necessária" lá, que seria capaz de voltar a publicar e que conseguiria encontrar um novo círculo de amigos escritores que "me verão como um deles".[114] A cada ano que passava, ela sentia o "chamado materno" da língua natal, que sabia ser tão essencial não só para a sua arte como para a própria identidade. Esse anseio físico pela Rússia era muito mais forte e imediato do que toda racionalização intelectual do seu exílio constante: que a Rússia estava contida dentro dela e, como uma mala cheia de obras de Pushkin, podia ser levada para qualquer lugar. "O poeta", concluiu ela, "não consegue sobreviver na emigração: não há chão onde ficar — não há meio de comunicação nem linguagem. Não há — raízes."[115] Como o arbusto da sorveira, a sua arte precisava estar enraizada no solo.

Em 1937, Efron foi denunciado como agente soviético e acusado de envolvimento no assassinato de um espião soviético que se recusou a voltar à União Soviética. Perseguido pela polícia francesa, Efron fugiu para a União Soviética, onde Alia já se instalara no início daquele ano. Agora Tsvetaieva não poderia mais permanecer na França. Evitada por todos, a sua vida lá ficou impossível. Berberova a viu pela última vez no outono de 1938. Foi no funeral do príncipe Serguei Volkonski — no momento em que o seu caixão era levado para fora da igreja da rue François Gerard. "Ela ficou em pé na entrada, os olhos cheios de lágrimas, envelhecida, quase grisalha, as mãos cruzadas no peito [...] Ficou como se contaminada pela peste: ninguém se aproximava. Como todo mundo, só passei por ela."[116] Em 12 de junho de 1939, Tsvetaieva e o filho partiram do Havre num navio para a União Soviética. Na noite da véspera da partida, ela escreveu a Teskova: "Adeus! O que vem agora não é mais difícil, o que vem agora é destino."[117]

Pasternak alertara Tsvetaieva: "Não volte à Rússia. Faz frio, há uma corrente de ar constante." Era um eco do medo profético dela

De que o vento russo sopre para longe a minha alma![118]

Mas ela era como o marido: não ouvia o que não queria ouvir.

Muitos exilados que retornaram à Rússia de Stalin o fizeram com o conhecimento ou intuição de que voltavam para uma vida de escravidão. Foi um marco da situação desesperadora no Ocidente, da saudade de um contexto social no qual pudessem trabalhar, o fato de se disporem a fechar os olhos à dura realidade da "nova vida" na União Soviética. A saudade superou o instinto básico de sobrevivência.

Máximo Gorki foi o primeiro personagem cultural importante a descobrir os riscos do retorno. O escritor, que defendera a causa da Revolução nos primeiros romances como *A mãe*, se desiludiu com a violência e o caos durante 1917. Ele vira o socialismo como uma força de esclarecimento e progresso cultural que levaria a Rússia para mais perto dos ideais do Ocidente. Mas, em vez de anunciar uma nova civilização, a luta nas ruas que levou Lenin ao poder também levou o país, como Gorki avisara, para a beira de uma "idade das trevas" de "barbarismo asiático". O ódio de classe e o desejo de vingança do povo, atiçado pela retórica dos bolcheviques, ameaçavam destruir tudo o que era bom. O terror selvagem da guerra civil seguido pela fome em que milhões pereceram parecia uma prova pavorosa da profecia de Gorki. Com bravura, ele se pronunciou contra o regime leninista entre 1917 e 1921, quando, profundamente abalado por tudo o que vira naqueles anos, deixou a Rússia e foi para Berlim. Incapaz de viver na Rússia soviética, Gorki também não suportou viver no exterior. Durante vários anos, oscilou nesse estado esquizofrênico, saudoso da Rússia mas enojado demais dela para voltar para casa. Depois de Berlim, perambulou incansável pelos balneários da Alemanha e da Checoslováquia até se instalar na cidade turística italiana de Sorrento. "Não, não posso ir para a Rússia", escreveu a Romain Rolland em 1924. "Na Rússia, eu seria o inimigo de tudo e de todos, seria como bater a cabeça na parede."[119]

No entanto, com a morte de Lenin, em 1924, Gorki reviu a sua atitude. Estava cheio de remorso por ter rompido com o líder bolchevique e se convenceu, como explicou Berberova, "que a morte de Lenin o deixara órfão com a Rússia inteira".[120] O seu laudatório *Lenin* foi o primeiro passo rumo à reconciliação com os sucessores de Lenin no Kremlin. Começou a pensar na ideia de retornar à União Soviética mas adiou a decisão, talvez com medo do que poderia encontrar lá. Enquanto isso, os seus dois romances épicos, *Os Artamonov* (1925) e *A vida de Klim Sanguin* (1925-36), não foram bem no Ocidente, onde o seu estilo didático não agradava mais. A ascensão do fascismo na sua pátria adotada, a Itália, fez Gorki questionar todos os seus ideais anteriores — ideais que tinham formado a base da sua oposição aos bolcheviques — a respeito da Europa como força histórica de civilização e progresso moral. Quanto mais desiludido ficava com a Europa fascista, mais tendia a exaltar a Rússia soviética como sistema moralmente superior. Em 1928, Gorki retornou, na primeira de uma série de viagens de verão à União Soviética, e lá se instalou de vez em 1931. O filho pródigo foi coberto de honrarias; recebeu como residência a famosa mansão Riabushinski (construída por Schekhtel) em Moscou; duas grandes *dachas* no campo; criados particulares (que eram espiões da Lubianka) e mantimentos especiais do mesmo departamento do NKVD que supria Stalin. Tudo isso lhe foi dado com a meta de assegurar o apoio político de Gorki e de apresentá-lo ao mundo ocidental como escritor soviético.[121] Naquela época, a opinião no Ocidente dividia-se igualmente entre Gorki e Bunin para ganhar o Prêmio Nobel. Assim que o Kremlin adotou a causa de Gorki, a competição entre os dois escritores se tornou uma luta política mais ampla sobre quem teria o direito de falar em nome da tradição cultural que datava de Pushkin e Tolstoi: Moscou ou os emigrados de Paris?

O regime soviético ao qual Gorki voltara achava-se profundamente dividido entre os stalinistas e os chamados direitistas, como Tomski e Bukharin, que se opunham à política homicida de coletivização e industrialização de Stalin. Para começar, Gorki ocupou um lugar em algum ponto entre os dois campos: apoiava amplamente as metas de Stalin enquanto tentava refrear a sua política extremista. Mas, cada vez mais, se viu em oposição ao regime stalinista. Gorki nunca foi do tipo que consegue se calar quando não gosta de alguma coisa. Opusera-se a Lenin e ao seu reinado de terror, agora era também um espinho na pata de Stalin. Protestou contra a perseguição a Zamiatin, Bulgakov e Pilniak — embora não conseguisse chamar atenção para a prisão de Mandelstam em 1934. Declarou as suas objeções ao culto da personalidade de Stalin e chegou a recusar uma encomenda do Kremlin de escrever um ensaio hagiográfico sobre ele. Nos seus diários da década de 1930 — trancados nos arquivos do NKVD depois da sua morte —, Gorki comparava Stalin a uma "pulga monstruosa" que a propaganda e o medo da massa "aumentara em proporções incríveis".[122]

O NKVD pôs Gorki sob constante vigilância. Há indícios de que Gorki se envolveu numa conspiração contra Stalin com Bukharin e

Kirov, o chefe do Partido em Leningrado que foi assassinado em 1934, talvez por ordem de Stalin. A morte de Gorki em 1936 também pode ter sido consequência da conspiração. Por algum tempo ele vinha sofrendo de uma gripe crônica, provocada pela doença cardíaca e pulmonar. Durante o julgamento de Bukharin, em 1938, os médicos de Gorki foram considerados culpados do "assassinato clínico" do escritor. Talvez Stalin tenha usado a morte natural do escritor como pretexto para destruir inimigos políticos, mas o envolvimento de Gorki com a oposição torna igualmente provável que Stalin o mandasse matar. É quase certo que o NKVD assassinou o filho de Gorki, Maksim Peshkov, em 1934; e isso pode ter sido parte de um plano para enfraquecê-lo.[123] Sem dúvida, a morte do escritor aconteceu num momento extremamente conveniente para Stalin — pouco antes do julgamento de fachada de Zinoviev e Kameniev, que Gorki pretendera denunciar como impostura na imprensa ocidental. A viúva de Gorki foi inflexível ao declarar que o marido fora morto por agentes de Stalin quando lhe perguntaram sobre isso em 1963. Mas provavelmente a verdade nunca será conhecida.[124]

Prokofiev foi o outro personagem importante a voltar à Rússia de Stalin em 1936, no ponto alto do Grande Terror. O compositor nunca fora famoso pela perspicácia política, mas a hora infeliz do seu retorno, mesmo pelo seu padrão, resultou de uma ingenuidade extraordinária. A política pouco significava para Prokofiev. Ele achava que a sua música estava acima de tudo aquilo. Parecia acreditar que poderia voltar à União Soviética e não ser afetado pela política de Stalin.

Talvez isso estivesse ligado à sua chegada à fama como criança-prodígio em São Petersburgo. Filho de pais prósperos e corujas, desde tenra idade foi instilada em Prokofiev uma crença inabalável no próprio destino. Aos 13 anos, quando entrou para o Conservatório de São Petersburgo, já havia quatro óperas com o seu nome. Ali estava o Mozart russo. Em 1917, escapou da Revolução viajando com a mãe para o Cáucaso e, depois, emigrou para os Estados Unidos por Vladivostok e pelo Japão. Como Rachmaninoff chegara recentemente ao país, a imprensa, inevitavelmente, fez comparações entre os dois. O estilo mais experimental de Prokofiev o colocou em segundo lugar na visão dos críticos americanos, geralmente conservadores. Anos depois, Prokofiev recordou ao perambular pelo Central Park de Nova York e

> pensar com fúria fria nas maravilhosas orquestras americanas que não davam a mínima para a minha música [...] Cheguei aqui cedo demais; esse *enfant* — os Estados Unidos — ainda não tinha amadurecido para a compreensão da nova música. Deveria ter voltado para *casa*? Mas como? A Rússia estava cercada por todos os lados pelas forças dos Brancos, e, de qualquer forma, quem quer voltar para *casa* de mãos vazias?[125]

De acordo com Berberova, ouvira-se Prokofiev dizer em mais de uma ocasião: "Não há lugar para mim enquanto Rachmaninoff viver, e ele viverá mais dez ou quinze anos. A Europa não é suficiente para mim e não desejo ser o segundo nos Estados Unidos."[126]

Em 1920, Prokofiev deixou Nova York e se instalou em Paris. Mas, com Stravinski já estabelecido lá, a conquista da capital francesa seria ainda mais difícil para Prokofiev. O patrocínio de Diaguilev era crucial em Paris — e Stravinski era o "filho predileto" do empresário. Prokofiev gostava de escrever óperas, interesse que brotava do seu amor de transformar em música romances russos. *Guerra e paz*, *O jogador*, de Dostoievski, e *O anjo de fogo*, de Briussov, foram todos transformados em óperas por ele. Mas Diaguilev declarara sabiamente que a ópera era uma forma de arte "desatualizada".[127] Os Ballets Russes tinham sido fundados com base na busca de uma síntese não verbal das artes — dança, pantomima, música e artes visuais, mas não literatura. Stravinski, ao contrário, era dedicado ao balé, forma artística que gozava de enorme glória no Ocidente como a quintessência do que era "russo". Estimulado por Diaguilev, Prokofiev compôs a música de três balés nos anos 1920. *O bufão* (1921) foi um sucesso moderado — embora irritasse Stravinski, que depois tramou para que os árbitros do gosto musical de Paris (Nadia Boulanger, Poulenc e Les Six) se voltassem contra Prokofiev. O segundo, *O passo de aço* (1927), que tratava de temas soviéticos, foi acusado de "propaganda do Kremlin" pelos emigrados de Paris, embora na verdade a ideia fosse de Diaguilev. Só o último balé de Prokofiev, *O filho pródigo* (1929), foi um sucesso absoluto. O tema falava ao coração do compositor.

Prokofiev se tornou um personagem solitário em Paris. Tinha um pequeno círculo de amigos russos, que incluía o compositor Nicolas Nabokov, o maestro Sergue Koussevitski e o poeta Konstantin Balmont. Durante sete anos, labutou na ópera *O anjo de fogo* (1927), que sempre considerou a sua obra-prima mas nunca viu ser apresentada. O tema central — a divisória intransponível entre dois mundos — falava de várias maneiras da sua separação da Rússia.

Isolado da comunidade de emigrados de Paris, Prokofiev começou a fazer contatos com o meio musical soviético. Em 1927, aceitou um convite do Kremlin para fazer uma turnê de concertos na União Soviética. Ao retornar a Petersburgo, foi dominado pela emoção. "De certo modo, eu conseguira esquecer como era Petersburgo", registrou no seu diário da viagem. "Começara a pensar que o seu encanto europeu empalideceria em comparação com o Ocidente e que, ao contrário, Moscou era algo inigualável. Agora, contudo, a grandeza da cidade me deixou sem fôlego."[128] A produção opulenta de *O amor das três laranjas* (1919) no Teatro Mariinski o fez sentir que finalmente fora reconhecido como o maior compositor vivo da Rússia. As autoridades soviéticas fizeram todo o possível para atraí-lo de volta de vez. Lunacharski, comissário de cultura que lhe permitira ir para o exterior em 1917 ("O senhor é revolucionário na música, somos revolucionários na vida [...] Não o impedirei"[129]), tentou então convencer o compositor a voltar à Rússia soviética citando o famoso "Poema-Carta" de Maiakovski a Gorki (1927), no qual lhe perguntara por que morava na Itália quando havia tanto trabalho a fazer na Rússia. Maiakovski era antigo conhecido de

Prokofiev; na véspera da partida do compositor para os Estados Unidos, dedicara-lhe um volume dos seus poemas "Ao presidente mundial da Música, do presidente mundial da Poesia: a Prokofiev". Outro velho amigo seu, o diretor de vanguarda Meyerhold, falou com entusiasmo de novas colaborações para levar os clássicos russos ao palco. A falta desses antigos aliados foi um fator fundamental para Prokofiev tomar a decisão de retornar. "A companhia de estrangeiros não me inspira", confessou em 1933,

> porque sou russo, e isso é dizer que sou o menos adequado dos homens para estar no exílio, para permanecer num clima psicológico que não é da minha raça. Eu e os meus compatriotas carregamos conosco o nosso país. Não todo ele, mas só o suficiente para ser levemente doloroso a princípio, depois cada vez mais até que, afinal, nos alquebra por completo [...] Tenho de viver novamente na atmosfera da minha terra natal. Tenho de ver novamente invernos de verdade e primaveras que explodem em existência de um momento para o outro. Tenho de ouvir a língua russa ecoar nos meus ouvidos. Tenho de falar com quem é da minha carne e do meu sangue, para que possam me dar algo que me falta aqui — as suas canções — as minhas canções.[130]

A partir de 1932, Prokofiev começou a passar metade do ano em Moscou; quatro anos depois, levou a mulher e os dois filhos para lá de vez. Recebeu todo o luxo — um apartamento espaçoso em Moscou com a sua mobília importada de Paris e a liberdade de viajar para o Ocidente (numa época em que cidadãos soviéticos eram despachados para o *gulag* por simplesmente falar com um estrangeiro). Com o seu talento excepcional para escrever canções, Prokofiev recebeu encomendas de numerosas partituras para a tela e o palco soviéticos, como a suíte *Tenente Kije* (1934) e *Romeu e Julieta* (1935-36). Seguiram-se os prêmios — entre 1942 e 1949, ele recebeu o prestigiado Prêmio Stalin em nada menos do que cinco ocasiões — e, muito embora soubesse que eram de fachada, ficou lisonjeado com o reconhecimento da terra natal.

Ainda assim, apesar de todos os elogios, a vida profissional de Prokofiev na sua terra ficou cada vez mais difícil. Atacado como "formalista" na campanha que começou em 1936 com a suspensão da ópera *Lady Macbeth de Mtsensk*, de Shostakovich, Prokofiev recuou voltando a sua atenção para a música para jovens: *Pedro e o lobo* (1936) é produto (e talvez alegoria) dos anos do Terror (a caçada ao lobo tem nuances do ataque aos "inimigos do povo"). Muitas obras mais experimentais suas ficaram sem ser apresentadas: a imensa *Cantata do vigésimo aniversário da Revolução de Outubro* (1937); a música para a produção de Meyerhold de *Boris Godunov*, no centenário de Pushkin em 1937; até a ópera *Guerra e paz* só foi encenada na Rússia (na sua versão final) em 1959. Depois de 1948, quando Jdanov renovou o ataque stalinista aos "formalistas", quase toda a música que Prokofiev escrevera em Paris e Nova York foi banida do repertório de concerto soviético.

O compositor passou seus últimos anos praticamente isolado. Como Shostakovich, recorreu cada vez mais ao domínio íntimo da música de câmara, na qual podia dar expressão à sua tristeza particular. A mais comovente de todas essas obras é a Sonata para violino em ré maior (ironicamente, recebeu o Prêmio Stalin em 1947). Prokofiev disse ao violinista David Oistrakh que o seu pungente movimento de abertura deveria soar "como o vento num cemitério".[131] Oistrakh tocou a sonata no funeral de Prokofiev, um caso triste mal notado pelo público soviético. Stalin morreu no mesmo dia que o compositor, em 5 de março de 1953. Não havia mais flores para comprar, e assim um único ramo de pinheiro foi posto no seu túmulo.

Em 1939, Tsvetaieva retornou para morar com Efron e o casal de filhos numa *dacha* perto de Moscou. Depois da esperança de redescobrir o tipo de círculo de escritores que deixara para trás quase vinte anos antes, foi um choque encontrar-se quase completamente isolada ao voltar à Rússia. Como recordou Nadejda Mandelstam, sob Stalin "tornara-se segunda natureza ignorar quem voltava do Ocidente".[132] Tudo em Tsvetaieva a tornava uma pessoa perigosa de conhecer — ou de pensarem que se conhecia. Ela parecia estrangeira e fora de moda, uma personagem do passado, de outro mundo. Poucos recordavam a sua poesia.

Dois meses depois do retorno, Alia, a filha de Tsvetaieva, foi presa e acusada de espionar para as potências ocidentais aliadas aos trotskistas. Pouco depois, prenderam Efron também. Tsvetaieva se uniu às mulheres nas filas da prisão cujo fardo pavoroso foi registrado por Akhmatova. Tsvetaieva nunca mais viu o marido nem a filha. Sequer descobriu o que foi feito deles.* Com o filho, foi morar em Moscou com a irmã de Efron. Magra e exausta, o rosto cinzento e sem cor, sobrevivia traduzindo poesia. Finalmente, depois que Pasternak foi em seu socorro, ela se mudou para uma aldeia próxima da colônia de escritores em Golitsino, na estrada entre Moscou e Minsk, onde arranjou emprego como lavadora de pratos e tinha permissão de fazer as refeições. Alguns escritores mais velhos de lá ainda recordavam a sua poesia e a trataram com um respeito próximo do espanto. Mas, do ponto de vista da literatura soviética oficial, Tsvetaieva deixara de existir havia muito tempo. O seu último livro na Rússia fora publicado em 1922 — e, no clima de 1939, havia pouquíssima possibilidade de que os seus poemas fossem publicados por lá outra vez. Em 1940, ela apresentou uma coletânea de poemas aos editores estatais, mas em vez dos versos mais cívicos ou patrióticos escolheu incluir muitos poemas do período em que Efron lutava pelos Brancos. Não surpreende que a coletânea fosse recusada como antissoviética. Isso era típico da recusa voluntariosa de Tsvetaieva a ceder e negociar. Ela era incapaz de se segurar, mesmo com o risco de desastre para si. Não conseguia fazer as pazes com a época em que era obrigada a viver.

---

* Alia serviu oito anos num campo de trabalhos forçados. Efron foi fuzilado em 1941.

Pouco antes de partir da França, Tsvetaieva dissera a um amigo que, se não conseguisse escrever na União Soviética, se mataria. Estava cada vez mais fixada na ideia de suicídio. Já o usara muitas vezes como ameaça. Depois de 1940, escreveu pouca poesia, e os poucos versos que compôs estavam cheios de morte:

> É hora de tirar o âmbar,
> É hora de mudar a linguagem,
> É hora de apagar o lampião
> Acima da porta.[133]

O seu último poema, escrito em março de 1941, era endereçado ao belo e jovem poeta Arseni Tarkovski (pai do futuro diretor de cinema), por quem estava apaixonada. Era um refrão fantasmagórico que falava da sua sensação de abandono, não só por Tarkovski, mas por todos aqueles amigos sem nome aos quais se referia como as "seis almas":

> Não sou ninguém: nem irmão, nem filho, nem marido.
> Nem amigo — e ainda te repreendo:
> Tu que puseste a mesa para seis — *almas*
> Mas não me pôs à cabeceira.[134]

Mur, o filho de Tsvetaieva, era a sua última esperança e apoio emocional. Mas o adolescente lutava para se libertar das garras sufocantes da mãe. Em agosto de 1941, enquanto os alemães avançavam pela Rússia rumo a Moscou, os dois foram evacuados para a cidadezinha de Elabuga, na república tártara perto de Kazan. Alugaram meio quarto numa casinha de madeira. Tsvetaieva não tinha meios de sustento. Em 30 de agosto, um domingo, os senhorios e o filho foram passar o dia pescando. Enquanto estavam fora, ela se enforcou. Deixou um bilhete para Mur:

Murlyga! Perdoe-me, mas continuar seria pior. Estou gravemente enferma, isso não sou mais eu. Amo-o com paixão. Entenda que não consigo mais viver. Diga a papai e Alia, caso os veja algum dia, que os amei até o último momento e explique-lhes que me vi numa armadilha.[135]

Tsvetaieva foi sepultada num túmulo sem identificação. Ninguém compareceu ao funeral, nem mesmo o filho.

6

Em 1962, Stravinski aceitou um convite soviético para visitar o país onde nascera. Tinham se passado exatos cinquenta anos desde que partira da Rússia e havia um complicado emaranhado de emoções por trás da decisão de retornar. Como emigrado, sempre dera a impressão de rejeitar com violência o seu passado russo. Ele disse ao maestro Robert Craft, amigo íntimo e assistente musical, que pensava na sua infância em São Petersburgo como um "período de espera pelo momento em que eu pudesse mandar para o inferno tudo e todos ligados a ela".[136] Boa parte dessa antipatia era a reação do emigrado ao regime soviético que rejeitara a sua música e privara o compositor da terra natal. A mera menção da União Soviética bastava para lhe provocar um ataque de raiva. Em 1957, quando um pobre garçom alemão foi até a sua mesa e lhe perguntou se estava orgulhoso dos russos devido ao recente lançamento do Sputnik no espaço, Stravinski ficou "furioso em igual medida com os russos por terem conseguido e com os americanos por não terem".[137]

Ele era especialmente corrosivo a respeito do meio acadêmico musical soviético, no qual o espírito dos Rimski-Korsakovs e Glazunovs que tinham agredido *A sagração da primavera* ainda estava vivo e ativo contra os modernistas. "O virtuoso soviético não tem literatura além do século XIX", disse Stravinski a um entrevistador alemão em 1957. As orquestras soviéticas, se encarregadas de apresentar a música de Stravinski ou dos "três vienenses" (Schoenberg, Berg e Webern), seriam "incapazes de lidar com os problemas mais simples da execução rítmica que introduzimos na música cinquenta anos atrás".[138] A sua música fora banida do repertório soviético de concerto desde o início da década de 1930, quando Stravinski foi acusado pelo meio musical oficial soviético de ser "um ideólogo artístico da burguesia imperialista".[139] Era um tipo de guerra fria musical.

Mas, depois da morte de Stalin, o clima mudou. O "degelo" de Kruchev dera fim à campanha jdanovista contra os chamados "formalistas" e restaurara Shostakovich ao seu devido lugar no alto do meio musical oficial soviético. Surgiam novos compositores que se inspiravam na obra de Stravinski (Edisson Denissov, Sofia Gubaidulina e Alfred Schnittke). Uma geração brilhante de músicos soviéticos (Oistrakh, Richter, Rostropovich, o Quarteto Beethoven) se tornava famosa com gravações e turnês pelo Ocidente. A Rússia, em resumo, parecia voltar ao centro do mundo musical europeu — lugar que ocupava quando Stravinski partira em 1912.

Apesar das próprias negativas, Stravinski sempre lamentara as circunstâncias do seu exílio da Rússia. Ele levava consigo a separação do passado como uma ferida aberta. O fato de ter feito 80 anos em 1962 deve ter pesado na decisão de retornar. Conforme envelhecia, pensava mais na própria infância. Costumava escorregar em expressões e diminutivos infantis russos. Releu os livros que lera na Rússia, como *A mãe*, de Gorki. "Eu o li quando foi publicado [em 1906] e estou tentando de novo agora", disse a Craft, "provavelmente porque quero voltar para dentro de mim."[140] Stravinski disse à imprensa americana que a sua decisão de ir à União Soviética "deve-se principalmente à prova que recebi de um desejo ou necessidade genuína que a geração mais jovem de músicos russos tem de mim".[141] Talvez houvesse, por parte de Stravinski, o desejo de assegurar o seu legado no país onde nasceu.

Mas, apesar das afirmativas de que a saudade não tinha papel nenhum na visita pretendida, esse sentimento sem dúvida estava no seu coração. Ele queria ver a Rússia antes de morrer.

Em 21 de setembro de 1962, os Stravinski pousaram em Sheremetevo num avião soviético. Ao se esforçar para avistar as florestas que ficavam amarelas, os prados, campos e lagos enquanto o avião se aproximava da terra, Stravinski sufocava de emoção e empolgação, de acordo com Craft, que acompanhou o casal durante toda a viagem. Quando o avião parou e a porta se abriu, Stravinski saiu e, em pé no alto da escada de desembarque, fez uma profunda reverência na tradição russa. Foi um gesto de outra época, assim como os óculos escuros de Stravinski, que agora o protegiam dos refletores da televisão, simbolizavam outro tipo de vida em Hollywood. Ao descer, Stravinski foi cercado por um grande comitê de boas-vindas, do qual saiu Maria Iudina, mulher robusta de olhos tártaros (ou assim pareceram a Craft) que se apresentou ao compositor como sua sobrinha. Também estava lá a filha de Konstantin Balmont, poeta que apresentara Stravinski ao antigo mundo pagão de *O pássaro de fogo* e *A sagração da primavera*. Ela deu a Craft um "cesto de casca de bétula contendo um raminho, uma folha, uma espiga de trigo, uma bolota de carvalho, um pouco de musgo e outras lembranças da terra russa" das quais o jovem americano "não precisava muito naquele momento". Para essas duas mulheres, um sonho vitalício se realizava. Craft comparou o clima ao da festa de aniversário de uma criança: "todo mundo, inclusive o próprio I.S. [Stravinski], explode de alívio".[142]

A viagem liberou em Stravinski uma grande efusão de emoções. Nos quinze anos em que o conhecia, Robert Craft nunca percebera como a Rússia era importante para o compositor nem quanto dela ainda estava dentro do seu coração. "Há apenas dois dias, em Paris, eu negaria que I.S. [...] poderia se sentir novamente à vontade aqui [...] Agora vejo que meio século de expatriação pode ser, tenha sido ou não, esquecido numa noite."[143] Não era à União Soviética que Stravinski retornava, mas à Rússia. Quando Khrennikov, presidente da União dos Compositores Soviéticos, o recebeu no aeroporto, Stravinski se recusou a apertar a mão do velho stalinista e lhe ofereceu a bengala.[144] No dia seguinte, os Stravinski foram com Craft à Colina dos Pardais, de onde Napoleão examinara Moscou pela primeira vez, e, enquanto olhavam a cidade lá embaixo, Craft pensou que o casal ficou "tão calado e comovido como nunca vi".[145] No mosteiro de Novodeviche, os Stravinski ficaram visivelmente "perturbados não por alguma razão religiosa ou política, simplesmente porque o Novodeviche é a Rússia que conheciam, a Rússia que ainda faz parte deles". Atrás dos antigos muros do mosteiro estava uma ilha da velha Rússia. Nos jardins, mulheres de lenço preto e casacos e sapatos gastos cuidavam dos túmulos, e na igreja um sacerdote rezava uma missa em que, pareceu a Craft, "os membros mais fervorosos [da congregação] jazem ajoelhados com a testa no chão, na posição totalmente prostrada que I.S. costuma assumir na sua devoção na igreja russa de Hollywood".[146] Apesar de todo o torvelinho por que passara a União Soviética, ainda havia costumes russos que tinham permanecido imutáveis.

O mesmo acontecia com a tradição musical, como descobriu Robert Craft ao ensaiar a Orquestra Nacional de Moscou no Salão Tchaikovski do Conservatório para uma apresentação de *A sagração da primavera*.

> O conjunto orquestral é bom, rápido ao adotar as minhas exigências estrangeiras de fraseado e articulação e mais trabalhador do que as orquestras europeias em geral. A *Sagração*, tocada com uma emoção que só posso descrever como não gaulesa nem teutônica, é uma peça totalmente diferente. O som não faísca como acontece com as orquestras americanas e é menos volumoso, embora ainda ensurdecedor nesta sala muito viva [...] Essa sobriedade combina muito com o gosto de I.S. [...] Outra esquisitice satisfatória é o tambor baixo, aberto de um lado como se fosse serrado ao meio; a articulação clara e seca da única pele

> faz o começo da *Danse de la terre* soar como o estouro que I.S. diz que tinha em mente [...] I.S. observa que o timbre do fagote é diferente dos Estados Unidos e que "Os cinco *fagiotti* no final da *Évocation des ancêtres* soam como os *cinq vieillards* que imaginei".[147]

Stravinski teve um grande prazer com esse som orquestral distinto. Ele trouxe de volta à vida os seus balés russos.

Ele também exultou com a redescoberta do russo falado. A partir do momento em que voltou ao solo russo, caía facilmente em modos de fala e conversa, usando palavras e expressões e até frases já esquecidas da infância que não empregava havia mais de cinquenta anos. Quando falava russo, sempre parecera a Craft "uma pessoa diferente"; mas agora, "falando russo com músicos que o chamavam de 'Igor Fiodorovich', o que logo criava aquela sensação de família peculiar aos russos — ele está mais exuberante do que nunca".[148] Craft se espantou com a transformação do caráter de Stravinski. Quando lhe perguntaram se acreditava que agora via "o verdadeiro Stravinski", o americano respondeu que "todos os I.S. são bastante verdadeiros [...] mas a minha imagem dele finalmente recebeu um histórico, o que exclui grande parte do que supus serem 'traços de caráter' ou idiossincrasias pessoais".[149] Craft escreveu que, como resultado da visita à Rússia, o seu ouvido se afinou para os elementos russos da música de Stravinski durante os anos pós--Rússia. A russianidade das últimas composições de Stravinski não é óbvia de imediato. Mas está lá — na energia rítmica e nas melodias que lembram cânticos. De *A sinfonia dos salmos* ao *Réquiem* (1966), a sua linguagem musical mantém um núcleo russo.[150] Como ele mesmo explicou à imprensa soviética:

> Falei russo a vida inteira, penso em russo, o meu modo de me expressar é russo. Talvez não seja perceptível na minha música quando se ouve pela primeira vez, mas é inerente à minha música e faz parte do seu caráter oculto.[151]

A RÚSSIA NO ESTRANGEIRO

Havia muito da Rússia no coração de Stravinski. Era formada por mais do que os ícones da casa, os livros que lia ou a colher favorita da infância com que comia. Ele manteve uma sensação física e uma lembrança da terra, dos hábitos e costumes russos, dos modos russos de falar e de interagir socialmente, e todas essas sensações o inundaram de novo desde o momento em que pôs os pés no solo nativo. Uma cultura é mais do que uma tradição. Não pode ser contida numa biblioteca, muito menos nos "oito volumes finos" que os exilados punham nas malas. É algo visceral, emocional, instintivo, uma sensibilidade que configura a personalidade e liga aquela pessoa a um povo e um lugar. O público ocidental viu Stravinski como exilado que visitava o país onde nasceu. Os russos o reconheceram como um russo que voltava para casa.

Stravinski mal conhecia Moscou. Só estivera lá uma vez numa viagem curta, uns sessenta anos antes.[152] O seu retorno a Petersburgo, cidade onde nasceu, foi ainda mais emocionado. No aeroporto, os Stravinski foram recebidos por um cavalheiro idoso que começou a chorar. Craft recorda o encontro:

> É Vladimir Rimski-Korsakov [filho do compositor], e I.S. não o reconheceu, pela razão dada de que tinha bigode em vez da barba quando visto pela última vez (1910); mas a verdadeira razão, I.S. me conta depois, é que "Ele disse 'Igor Fiodorovich' em vez de 'Guima'. Ele sempre nos chamava, eu e o meu irmão, de 'Gury e Guima'."[153]

Nos poucos dias passados desde sua chegada à Rússia, Stravinski retrocedera uns cinquenta anos. O seu rosto se franziu de prazer ao reconhecer o Teatro Mariinski (naquela época rebatizado de Kirov) onde, quando menino, tinha se sentado no camarote do pai para assistir ao balé. Lembrava-se dos cupidos alados do camarote, a ornamentação azul e dourada do auditório, os candelabros cintilantes, a plateia ricamente perfumada e, em certa ocasião, em 1892, quando saiu do camarote e chegou ao *foyer* numa apresentação de gala de *Ruslan e Liudmila*, de Glinka (na qual o pai cantara o papel de Farlaf), avistar Tchaikovski, de cabeça toda branca aos 52 anos.[154] Stravinski praticamente crescera no Teatro Mariinski. Ficava a poucos metros do apartamento da família no Canal Kriukov. Quando foram ver a casa onde vivera os primeiros vinte e quatro anos de vida, Stravinski não mostrou nenhuma emoção. Mas, como explicou a Craft, foi só porque "não podia me permitir".[155] Todos os prédios eram *"chudno"* (mágicos) ou *"krassivo"* (belos). A fila para o concerto em homenagem a Stravinski no Grande Salão da Filarmônica foi um monumento vivo ao papel da arte na Rússia e do lugar dele naquela tradição sagrada: a fila começara um ano antes e se desenvolvera como sistema social complexo, com as pessoas se revezando para ficar na fila num grupo grande de cadeiras. Uma prima de 84 anos de Stravinski foi forçada a assistir ao concerto pela televisão porque o seu número na fila era 5001.[156]

"Onde está Shostakovich?", não parava de perguntar Stravinski perguntar desde o momento em que chegara. Enquanto Stravinski estava em Moscou, Shostakovich estava em Leningrado; e assim que Stravinski foi para Leningrado, Shostakovich voltou a Moscou. "Qual é o problema desse Shostakovich?", perguntou Stravinski a Khachaturian. "Por que ele não para de fugir de mim?"[157] Como artista, Shostakovich cultuava Stravinski, que era a sua musa secreta. Debaixo do vidro da escrivaninha, Shostakovich guardava duas fotografias: uma sua com o Quarteto Beethoven; a outra, um grande retrato de Stravinski.[158] Embora nunca exprimisse nenhuma simpatia pública pela música de Stravinski, a influência é clara em muitas obras suas (como o tema de *Petrushka* na Décima Sinfonia ou o adágio da Sétima Sinfonia, claramente reminiscente da *Sinfonia dos salmos* de Stravinski.

O degelo de Kruchev foi uma enorme liberação para Shostakovich. Permitiu-lhe restabelecer os vínculos com a tradição clássica de São Petersburgo, onde ele e Stravinski tinham nascido. Não que a sua vida fosse inteiramente livre de problemas. A Décima Terceira Sinfonia (1962), baseada no poema *Babi Yar* (1961), de Ievgueni Ievtuchenko, foi atacada pelo Partido (que tentou impedir a sua estreia) por supostamente apequenar o sofrimento dos russos na guerra ao concentrar a atenção no massacre nazista dos judeus de Kiev. Mas, fora isso, o degelo foi uma primavera criativa para Shostakovich. Ele voltou ao cargo de professor do Conservatório de Leningrado. A sua música foi amplamente tocada. Ele foi homenageado com prêmios oficiais e teve permissão de viajar bastante pelo exterior. Algumas das suas obras mais sublimes foram compostas nos seus últimos anos de vida — os três últimos quartetos de cordas e a *Sonata para viola*, um réquiem pessoal e artístico que resumia a sua própria vida e que foi terminada um mês antes da sua morte em 9 de agosto de 1975. Ele conseguiu até encontrar tempo para escrever a música de dois filmes — *Hamlet* (1964) e *Rei Lear* (1971) — encomendada pelo velho amigo Grigori Kozintsev, o diretor de cinema para quem Shostakovich escrevera a primeira trilha cinematográfica em 1929. Boa parte do que compôs nesses anos inspirou-se na herança europeia de Petersburgo, perdida em 1917. No seu mundo particular, Shostakovich vivia na literatura. A sua conversa era cheia de alusões e expressões literárias dos romances russos clássicos do século XIX. Amava as sátiras de Gogol e os contos de Chekhov. Sentia uma afinidade particularmente intensa com Dostoievski, que tomava o cuidado de esconder — até os últimos anos, em que compôs um ciclo de canções baseado nos "Quatro poemas do capitão Lebiadkin" de *Os demônios*. Shostakovich confessou certa vez que sempre sonhara em compor música com temas de Dostoievski, mas sempre tivera "muito medo". "Amo-o e admiro-o como grande artista", escreveu Shostakovich. "Admiro o seu amor pelo povo russo, pelos humilhados e miseráveis."[159]

Shostakovich e Stravinski finalmente se encontraram em Moscou, no hotel Metrópole, onde a ministra da Cultura Ekaterina Furtseva (que Shostakovich chamava de "Catarina III") deu um banquete em homenagem a Stravinski. O encontro não foi um reencontro nem uma reconciliação dos dois russos que tinham seguido caminhos separados em 1917. Mas foi o símbolo de uma unidade cultural que, no final, triunfaria sobre a política. Os dois compositores viviam em mundos separados, mas as suas músicas tinham a mesma batida russa. "Foi um encontro muito tenso", recorda Khachaturian:

> Eles estavam colocados um ao lado do outro e ficaram sentados em completo silêncio. Eu estava diante deles. Finalmente, Shostakovich juntou coragem e iniciou a conversa:
> — O que pensa de Puccini?
> — Não o suporto — respondeu Stravinski.
> — Ah, nem eu, nem eu — disse Shostakovich.[160]

Isso foi praticamente tudo que os dois homens disseram. Mas num segundo banquete no Metrópole, na noite anterior à partida de Stravinski, eles reataram a conversa e estabeleceu-se um tipo de diálogo. Foi uma ocasião memorável, um daqueles eventos tipicamente "russos" marcados por uma sucessão regular de brindes de vodca cada vez mais expansivos — e logo, como Craft recordou, a sala se transformou num "banho finlandês, em cujos vapores todos, proclamando e aclamando a russianidade uns dos outros, dizem quase a mesma coisa [...] Repetidas vezes, cada um se deprecia diante do mistério da sua russianidade, e o mesmo, percebo com choque, faz I.S., cujas respostas logo superam os brindes". Num discurso perfeitamente sóbrio — ele era o menos alcoolicamente alto da sala —, Stravinski proclamou:

> O cheiro da terra russa é diferente, e essas coisas são impossíveis de esquecer [...] O homem tem um local de nascimento, uma pátria, um país — ele só *pode* ter um país — e o local do seu nascimento é o fator mais importante da vida. Lamento que as circunstâncias

tenham me separado da minha pátria, que não tenha dado à luz as minhas obras aqui e, acima de tudo, que não estivesse aqui para ajudar a nova União Soviética a criar a sua nova música. Não deixei a Rússia de livre vontade, muito embora não gostasse de muita coisa na minha Rússia e na Rússia em geral. Mas o direito de criticar a Rússia é meu porque a Rússia é minha e porque a amo, e não dou a nenhum estrangeiro esse direito.[161]

Ele falava sério.

Notas

As referências a arquivos nas notas são as seguintes:

AG	Arquivo Gorki, Instituto de Literatura Mundial, Moscou
GARF	Arquivo Estatal da Federação Russa, Moscou
IRL RAN	Instituto de Literatura Russa, Academia Russa de Ciências, São Petersburgo
RGASPI	Arquivo Estatal Russo de História Social e Política
RGIA	Arquivos Históricos Estatais Russos, São Petersburgo
SP-PLMD	Divisão de Manuscritos da Biblioteca Pública de São Petersburgo
Ts GADA	Arquivo Estatal Central de Leis Antigas, Moscou

INTRODUÇÃO

1. L. Tolstoi, *War and Peace*, trad. L. e A. Maude (Oxford, 1998), p. 546.
2. Ver, por exemplo, E. Khvoschinskaia, "Vospominania", *Russkaia starina*, vol. 93 (1898), p. 581. Esse assunto é discutido no capítulo 2.
3. L. Tolstoi, *Polnoie sobranie sochinenii*, 91 vols. (Moscou, 1929-64), vol. 16, p. 7.
4. Ver o ensaio brilhante de Richard Taruskin, "N. A. Lvov and the Folk", em seu *Defining Russia Musically: Historical and Hermeneutical Essays* (Princeton, 1997), p. 3-24.
5. A. S. Famintsin, *Domra i rodnie ei muzykalnie instrumenty russkogo naroda* (São Petersburgo, 1891).
6. V. Nabokov, *Speak, Memory* (Harmondsworth, 1969), p. 35.

1. A RÚSSIA EUROPEIA

1. S. Soloviev, *Istoria Rossii ot drevneishikh vremen*, 29 vols. (Moscou, 1864-79), vol. 14, p. 1.270.
2. "Peterburg v 1720 g. Zapiski poliaka-ochevidtsa", *Russkaia starina*, 25 (1879), p. 265.
3. *Peterburg petrovskogo vremeni* (Leningrado, 1948), p. 22; "Opissanie Sanktpeterburga i Kronshlota v 1710-m i 1711-m gg.", em *Russkaia starina*, 25 (1879), p. 37.
4. A. Darinski, *Istoria Sankt-Peterburga* (São Petersburgo, 1999), p. 26. Esse livro nos dá um número de 150 mil trabalhadores, mas exclui soldados e prisioneiros de guerra suecos.
5. A. S. Pushkin, *Polnoie sobranie sochinenii*, 17 vols. (Moscou, 1937-49), vol. 5, p. 436.
6. A. Bulak e N. Abakumova, *Kamennoie ubranstvo tsentra Leningrada* (Leningrado, 1987), p. 4-11.
7. Ia. Zembnitski, *Ob upotrebleni granita v Sankt-Peterburgue* (São Petersburgo, 1834), p. 21.
8. O. Monferran, *Svedenia o dobyvani 36-ti granitnikh kolonn, naznachennikh dlia portikov Isaakievskogo sobora* (São Petersburgo, 1820), p. 18 e seg.
9. S. Alopeus, *Kratkoie opissanie mramornikh i druguikh kamennikh lomok, gor i kamennikh porod, nakhodiaschikhsia v rossiskoi Kareli* (São Petersburgo, 1787), p. 35-6; V. P. Sobolevski, "Geognosticheskoie obozrenie staroi Finliandi i opissanie ruskol'skikh mramornikh lomok", *Gornyi jurnal* (1839), kn. 2-6, p. 72-3.
10. *Journey for Our Time: The Journals of the Marquis de Custine*, trad. P. Penn Kohler (Londres, 1953), p. 110.
11. G. Kaganov, *Images of Space: St Petersburg in the Visual and Verbal Arts*, trad. S. Monas (Stanford, 1997), p. 15.
12. "Peterburg v 1720 g. Zapiski poliaka-ochevidtsa", p. 267.
13. S. Luppov, *Istoria stroitel'stva Peterburga v pervoi chetverti XVIII veka* (Moscou e Leningrado, 1957), p. 48; *Ocherki istori Leningrada*, vol. 1, *Period feodalizma* (Moscou e Leningrado, 1955), p. 116.

14. *Letters to Lord Harvey and the Marquis Scipio Maffei, containing the state of the trade, marine, revenues, and forces of the Russian empire: with the history of the late war between the Russians and the Turks* (Glasgow, 1770), p. 76.
15. A. I. Guertsen, "Moskva i Peterburg", *Polnoie sobranie sochinenii*, 30 vols. (Moscou, 1954), vol. 2, p. 36.
16. A. Benua, "Jivopisnyi Peterburg", *Mir iskusstva*, vol. 7, nº 2 (1902), p. 1.
17. F. Dostoevsky, *Notes from Underground. The Double,* trad. J. Coulson (Harmondsworth, 1972), p. 17.
18. L. E. Barry e R. O. Crumney (org.), *Rude and Barbarous Kingdom: Russia in the Accounts of Sixteenth-century English Voyagers* (Madison, Wisconsin, 1968), p. 83.
19. L. Hughes, *Russia in the Age of Peter the Great* (New Haven, 1998), p. 317.
20. Benua, "Jivopisnyi Peterburg", p. 1.
21. *Journey for Our Time*, p. 97.
22. Citado em N. P. Antsiferov, *Dusha Peterburga* (Petrogrado, 1922), p. 98.
23. Hughes, *Russia in the Age of Peter the Great*, p. 222.
24. *Peterburg i druguye novye rossiiskie goroda XVIII-pervoi poloviny XIX vekov* (Moscou, 1995), p. 168.
25. "Shards" (1952), em *The Complete Poems of Anna Akhmatova*, trad. J. Hemschemeyer (Edimburgo, 1992), p. 701.
26. B. M. Matveiev e A. V. Krasko, *Fontanny dom* (São Petersburgo, 1996), p. 16.
27. *The Travels of Olearius in Seventeenth-century Russia*, org. e trad. S. Baron (Stanford, 1967), p. 155.
28. *Iasnaia Poliana. Putevoditel'* (Moscou e Leningrado, 1928), p. 10–12.
29. *The Travels of Olearius in Seventeenth-century Russia*, p. 131.
30. S. Collins, *The Present State of Russia: In a Letter to a Friend at London* (Londres, 1671), p. 68.
31. P. Roosevelt, *Life on the Russian Country Estate: A Social and Cultural History* (New Haven, 1995), p. 12.
32. N. Chechulin, *Russkoie provintsial'noie obschestvo vo vtoroi polovine XVIII veka* (São Petersburgo, 1889), p. 35.
33. Ia. Tolmachev, *Voennoie krasnorechie, osnovannoie na obschikh nachalakh slovesnosti*, chast' 2 (São Petersburgo, 1825), p. 120.

34. E. Lavrent'eva, *Svetskii etiket pushkinskoi pory* (Moscou, 1999), p. 23, 25.
35. Iu. Lotman, *Bessedy o russkoi kul'ture: kyt i traditsii russkogo dvorianstva XVIII-nachalo XIX veka* (São Petersburgo, 1994), p. 31.
36. *Jizn', anekdoty, voiennye i politicheskie deianiia rossiiskogo general--fel'd-marshala grafa Borissa Petrovicha Sheremeteva* (São Petersburgo, 1808), p. 182.
37. V. Staniukevich, *Biudjet sheremetevykh (1798–1910)* (Moscou, 1927), p. 19–20; G. Mingay, *English Landed Society in the Eighteenth Century* (Londres, 1963), p. 10 e seg.
38. Staniukevich, *Biudjet sheremetevykh*, p. 17.
39. V. S. Dediukhina, "K voprossu o roli krepostnykh masterov v istorii stroitelstva dvorianskoi usad'by XVIIIv. (na primere Kuskovo i Ostankino)", *Vestnik moskovskogo gossudarstvennogo universiteta (Istoriia)*, ser. 8, 4 (1981), p. 85.
40. Staniukevich, *Biudjet sheremetevykh*, p. 10; Matveiev e Krasko, *Fontanny Dom*, p. 55; B. e J. Harley, *A Gardener in Chatsworth: Three Years in the Life of Robert Aughtie (1848–1850)* (s.l., 1992.).
41. *Memoirs of Louis Philippe Comte de Ségur*, org. E. Cruickshanks (Londres, 1960), p. 238.
42. *Zapiski Dmitriia Nikolaievicha Sverbeieva*, 2 vols. (São Petersburgo, 1899), vol. 1, p. 48.
43. V. V. Selivanov, *Sochineniia* (Vladimir, 1901), p. 25, 35.
44. M. D. Prisselkov, "Garderob vel'moji kontsa XVIII-nach. XIX v.v.", em *Zapiski istoriko-bytovogo otdela gossudarstvennogo russkogo muzeia*, (Leningrado, 1928), p. 107–15.
45. N. Sindalovskii, *Peterburgskii fol'klor* (São Petersburgo, 1994), p. 149, 281.
46. L. D. Beliaiev, "Zagranichnie zakupki grafa P. B. Sheremeteva za 1770–1788 gg.", em *Zapiski istoriko-bytovogo otdela gossudarstvennogo russkogo muzeia*, vyp. 1 (Leningrado, 1928), p. 86.
47. Matveiev e Krasko, *Fontanny dom*, p. 27, 29, 35–6.
48. Idem, p. 38.
49. A. Chenevière, *Russian Furniture: The Golden Age, 1780–1840* (Nova York, 1988), p. 89–93, 122–3; E. Beskin, *Krepostnoi teatr* (Moscou, 1927), p. 12.

50. L. Lepskaia, *Repertuar krepostnogo teatra Sheremetevykh* (Moscou, 1996), p. 26, 31, 39; N. Elizarova, *Teatry Sheremetevykh* (Moscou, 1944), p. 30–32.
51. E. Beskin, *Krepostnoi teatr* (Moscou, 1927), p. 13–14.
52. V. K. Staniukevich, "Krepostnye khudojniki Sheremetevykh. K dvukhsotletiiu so dnia rojdeniia Ivana Argunova", in *Zapiski istoriko-bytovogo otdela*, p. 133–65.
53. S. D. Sheremetev, *Otgoloski VIII veka*, vyp. 11, *Vremia Imperatora Pavla, 1796–1800* (Moscou, 1905), p. 15, 142, 293.
54. Idem, p. 161.
55. Lepskaia, *Repertuar krepostnogo teatra Sheremetevykh*, p. 24.
56. Ver as fichas médicas em Lepskaia, *Repertuar krepostnogo teatra Sheremetevykh*, p. 21–29.
57. RGIA, f. 1088, op. 1, d. 68, l. 3.
58. P. Bessonov, *Praskovia Ivanovna Sheremeteva, eie narodnaia pesnia i rodnoie eie Kuskovo* (Moscou, 1872), p. 43, 48; K. Bestujev, *Krepostnoi teatr* (Moscou, 1913), p. 62–63.
59. Sheremetev, *Otgoloski VIII veka*, vyp. 11, p. 102, 116, 270. Ver também Roosevelt, *Life on the Russian Country Estate*, p. 108.
60. Idem, p. 283.
61. S. T. Aksakov, *The Family Chronicle*, trad. M. Beverley (Westport, Connecticut, 1985), p. 55–62.
62. Ver, por exemplo, Selivanov, *Sochineniia*, p. 37; N. D. Bashkirtseva, 'Iz ukrainskoi stariny. Moia rodoslovnaia', *Russkii arkhiv* (1900), vol. 1, n° 3, p. 350.
63. 'Zapiski Ia. M. Neverova', *Russkaia starina* (1883), vol. 11, p. 429 e seg. Veja mais sobre Koshkarov em Roosevelt, *Life on the Russian Country Estate*, p. 183–7.
64. Lepskaia, *Repertuar krepostnogo teatra Sheremetevykh*, p. 37–8.
65. Bestujev, *Krepostnoi teatr*, p. 66–70.
66. Lepskaia, *Repertuar krepostnogo teatra Sheremetevykh*, p. 42; Sheremetev, *Otgoloski VIII veka*, vyp. 4 (Moscou, 1897), p. 12.
67. Sheremetev, *Otgoloski VIII veka*, vyp. 4, p. 14.
68. Sheremetev, *Otgoloski VIII veka*, vyp. 11, *Vremia Imperatora Pavla, 1796–1800*, p. 322; Matveiev e Krasko, *Fontanny dom*, p. 45.

69. 'Iz bumag i perepiski grafa Nikolaia Petrovicha Sheremeteva', *Russkii arkhiv* (1896), nº 6, p. 189.
70. Encontra-se hoje em RGIA, f. 1088, op. 1, d. 65, l. 3.
71. "Iz bumag i perepiski grafa Nikolaia Petrovicha Sheremeteva", p. 517.
72. RGIA, f. 1088, op. 1, d. 24, l. 4.
73. RGIA, f. 1088, op. 1, d. 24, l. 6-7.
74. "Iz bumag i perepiski grafa Nikolaia Petrovicha Sheremeteva", p. 515.
75. S. D. Sheremetev (org.), *Otgoloski XVIII veka*, vyp. 2 (Moscou, 1896), p. 10-11; Sheremetev, *Otgoloski XVIII veka*, vyp. 11, p. 249, 277; RGIA, f. 1088, op. 1, d. 770, l. 27.
76. S. D. Sheremetev, *Strannoprimny dom sheremetevykh, 1810–1910* (Moscou, 1910), p. 22.
77. Sheremetev, *Otgoloski XVIII veka,* vyp. 2, p. 11.
78. "Iz bumag i perepiski grafa Nikolaia Petrovicha Sheremeteva", p. 511.
79. RGIA, f. 1088, op. 1, d. 76, l. 11.
80. RGIA, f. 1088, op. 1, d. 24, l. 5.
81. RGIA, f. 1088, op. 1, dd. 770, 776, 780.
82. RGIA, f. 1088, op. 1, d. 79, l. 1-8. Alterei o texto russo e fiz pequenos cortes para torná-lo compreensível. Está sendo publicado aqui pela primeira vez.
83. D. Blagovo, "Rasskazy babushki. Iz vospominanii piati pokolenii (Elizaveta Petrovna Iankova, 1768–1861)", em *Rasskazy babushki, zapissannie i sobrannie eio vnukom* (São Petersburgo, 1885), p. 207.
84. Lepskaia, *Repertuar krepostnogo teatra Sheremetevykh*, p. 17; *Glinka v vospominaniiakh sovremennikov* (Moscou, 1955), p. 30.
85. Beskin, *Krepostnoi teatr*, p. 13.
86. Lepskaia, *Repertuar krepostnogo teatra Sheremetevykh*, p. 19, 28–29.
87. Idem, p. 23.
88. Ver Roosevelt, *Life on the Russian Country Estate*, p. 130–32.
89. A. Pushkin, *Eugene Onegin*, trad. J. Falen (Oxford, 1990), p. 15.
90. *Iunosti chestnoie zertsalo* (São Petersburgo, 1717), p. 73–74.
91. Iu. Lotman, L. Ginsburg, B. Uspenskii, *The Semiotics of Russian Cultural History* (Ithaca, 1985), p. 67–70.
92. Citado em Lavrent'eva, *Svetskii etiket pushkinskoi pory*, p. 228.

93. L. Tolstoy, *Childhood, Boyhood and Youth*, trad. L. e A. Maude (Oxford, 1969), p. 339.
94. E. Lansere, "Fontanny dom (postroika i peredelki)", em *Zapiski istoriko-bytovogo otdela gossudarstvennogo russkogo muzeia*, vyp. 1 (Leningrado, 1928), p. 76.
95. Matveiev e Krasko, *Fontanny dom*, p. 55.
96. I. A. Bogdanov, *Tri veka peterburgskoi bany* (São Petersburgo, 2000), p. 59.
97. *Zapiski Iusta Iiulia, datskogo poslannika pri Petre Velikom* (Moscou, 1899), p. 85.
98. Ver E. Levin, "Childbirth in Pre-Petrine Russia: Canon Law and Popular Traditions", em B. Clements *et al.* (orgs.), *Russia's Women. Accommodation, Resistance, Transformation* (Berkeley, 1991), principalmente p. 44-51; e (como comprovação dos mesmos costumes em época posterior) T. Listova, "Russian Rituals, Customs and Beliefs Associated with the Midwife (1850-1930)", em H. Balzer (org.), *Russian Traditional Culture* (Armonk, Nova York, 1992), p. 130-32.
99. Bogdanov, *Tri veka peterburgskoi bani*, p. 16.
100. *Memoirs of Louis Philippe Comte de Ségur*, p. 236-7.
101. Pushkin, *Eugene Onegin*, p. 196.
102. *A. S. Pushkin v vospominaniakh sovremennikov*, 2 vols. (Moscou, 1974), vol. 2, p. 63.
103. Citado em S. M. Volkonskii, *Moi vospominania*, 2 vols. (Moscou, 1992), vol. 1, p. 130.
104. A. Pushkin, *The Queen of Spades and Other Stories*, trad. R. Edmonds (Harmondsworth, 1962), p. 158.
105. V. V. Sipovskii, *Ocherki iz istorii russkogo roman* (São Petersburgo, 1909), kn. 1, vyp. 1, p. 43.
106. Ver o artigo de 1802 de Karamzin, "Ochego v Rossii malo avtorskikh talantov?", em *Sochineniia*, vol. 3, p. 526-33.
107. *Pomeschich'ia Rossiia po zapiskam sovremennikov* (Moscou, 1911), p. 134.
108. V. Vinogradov, *Ocherki po istorii russkogo literaturnogo iazyka XVII-XIX vv.* (Leiden, 1949), p. 239.
109. Pushkin, *Eugene Onegin*, p. 16.

110. Iu. Lotman e B. Uspenskii, "'Pis'ma russkogo puteshestvennika' Karamzina i ikh mesto v razvitii russkoi kul'tury", em N. M. Karamzin, *Pis'ma russkogo puteshestvennika* (Leningrado, 1984), p. 598; N. Kheraskov, *Izbrannye proizvedeniia* (Moscou e Leningrado, 1961), p. 83.
111. L. Tolstoy, *War and Peace*, trad. L. e A. Maude (Oxford, 1998), p. 3.
112. Vinogradov, *Ocherki po istorii russkogo literaturnogo iazyka XVII-XIX vv.*, p. 239.
113. S. Karlinsky, *Russian Drama from Its Beginnings to the Age of Pushkin* (Berkeley, 1985), p. 143-44.
114. *Rossiiskii teatr*, 43 vol. (São Petersburgo, 1786-94), vol. 10 (1786), p. 66.
115. *Rossiiskii teatr*, vol. 16 (1787), p. 17; *Russkaia komediia XVIII veka* (Moscou e Leningrado, 1950), p. 76-77.
116. D. I. Fonvizin, *Sobranie sochinenii*, 2 vols. (Moscou e Leningrado, 1959), vol. 1, p. 77-78.
117. F. Dostoevsky, *A Writer's Diary*, trad. K. Lantz, 2 vols. (Londres, 1993), vol. 2, p. 986.
118. L. Tolstoy, *Anna Karenin*, trad. R. Edmonds (Harmondsworth, 1974), p. 34.
119. M. E. Saltykov-Schedrin, *Polnoie sobranie sochinenii*, 20 vols. (Moscou, 1934-47), vol. 14, p. 111.
120. *Vospominania kniaguini E. R. Dashkovoi* (Leipzig, s/d), p. 11, 32.
121. C. Sutherland, *The Princess of Siberia: The Story of Maria Volkonsky and the Decembrist Exiles* (Londres, 1984), p. 172-73. Ver também Volkonskii, *Moi vospominania*, vol. 2, p. 20.
122. Tolstoy, *War and Peace*, p. 3.
123. E. Khvoschinskaia, "Vospominania", *Russkaia starina*, vol. 89 (1898), p. 518.
124. A. K. Lelong, "Vospominania", *Russkii arkhiv* (1914), kn. 2, nº. 6/7, p. 393.
125. E. I. Raievskaia, "Vospominania", *Russkii arkhiv* (1883), kn. 1, nº 1, p. 201.
126. Tolstoy, *Anna Karenin*, p. 292-93.
127. V. Nabokov, *Speak, Memory* (Harmondsworth, 1967), p. 57.
128. A. Herzen, *My Past and Thoughts: The Memoirs of Alexander Herzen*, trad. C. Garnett (Berkeley, 1982), p. 242; J. Frank, *Dostoevsky: Seeds of Revolt, 1821-1849* (Princeton, 1977), p. 42-43.
129. *Four Russian Plays*, trad. J. Cooper (Harmondsworth, 1972), p. 74.

130. "Derevnia" ("The Village"), em P. A. Viazemskii, *Izbrannye stikhotvoreniia* (Moscou e Leningrado, 1935), p. 123.
131. *Satiricheskie jurnaly N. I. Novikova* (Moscou e Leningrado, 1951), p. 65-67.
132. "Neizdannie stikhi N. A. Lvova", *Literaturnoie nasledstvo*, nº 9-10 (1933), p. 275.
133. A. Radishchev, A *Journey from St Petersburg to Moscow*, trad. L. Wiener (Cambridge, Massachusetts, 1958), p. 131.
134. Pushkin, *Eugene Onegin*, p. 37.
135. Pushkin, *Polnoie sobranie sochinenii*, vol. 11, p. 249.
136. H. M. Hyde, *The Empress Catherine and the Princess Dashkov* (Londres, 1935), p. 107. A *Viagem* ("Puteshestvie odnoi rossiiskoi znatnoi gospoji po nekotorym angliiskim provintsiiam"), de Dashkova, encontra-se em *Opyt trudov vol'nogo rossiiskogo sobraniia*, vyp. 2, (1775), p. 105-45.
137. Lotman e Uspenski, "'Pis'ma russkogo puteshestvennika' Karamzina i ikh mesto v razvitii russkoi kul'tury", p. 531-32.
138. N. M. Karamzin, *Pis'ma russkogo puteshestvennika* (Leningrado, 1984), p. 12, 66. Sobre as atitudes francesas, ver D. von Mohrenschildt, *Russia in the Intellectual Life of Eighteenth-century France* (Colúmbia, 1936), p. 56-57.
139. Karamzin, *Pis'ma russkogo puteshestvennika*, p. 338.
140. Fonvizin, *Sobranie sochinenii*, vol. 2, p. 449, 480.
141. Ver Mohrenschildt, *Russia in the Intellectual Life of Eighteenth-century France*, p. 40, 46.
142. Fonvizin, *Sobranie sochinenii*, vol. 2, p. 420, 439, 460, 476-77, 480-81, 485-86.
143. Karamzin, *Pis'ma russkogo puteshestvennika*, p. 243; A. P. Obolensky, *Food Notes on Gogol* (Machitoba, 1972), p. 109.
144. A. Nikitenko, *The Diary of a Russian Censor*, org. e trad. H. Jacobson (Amherst, 1975), p. 213-14.
145. R. Jakobson, "Der russische Frankreich-Mythus", *Slavische Rundschau*, 3 (1931), p. 639-40.
146. A. I. Guertsen, "Djon-stiuart Mill' i ego kniga 'On Liberty'", em *Sobranie sochinenii*, 30 vols. (Moscou, 1954-65), vol. 11, p. 66.
147. Herzen, *My Past and Thoughts*, p. 97.
148. *Aglaia*, kn. 2 (1795), p. 68.

149. Karamzin, *Sochineniia*, vol. 3, p. 349.
150. Idem, p. 444.
151. V. P. Semennikov (org.), *Materialy dlia istorii russkoi literatury* (São Petersburgo, 1914), p. 34.
152. Citado em H. Rogger, *National Consciousness in Eighteenth-century Russia* (Cambridge, Massachusetts, 1960), p. 247.
153. Karamzin, *Sochineniia*, vol. 7, p. 198.

2. FILHOS DE 1812

1. S. M. Volkonski, *Zapiski* (São Petersburgo, 1901), p. 193.
2. M. I. Muraviev-Apostol, *Vospominania i pis'ma* (Petrogrado, 1922), p. 178.
3. A. Bogdanov, *Skazanie o volkonskikh kniaz'iakh* (Moscou, 1989), p. 4-5.
4. S. M. Volkonski, *O dekabristakh: po semeinum vospominaniam* (Moscou, 1994), p. 77.
5. Volkonski, *Zapiski*, p. 136-7. Os três outros ajudantes de campo eram Nikita e Nikolai Volkonski (os dois irmãos de Serguei) e o príncipe Piotr Mikhailovich Volkonski (seu cunhado). O general Paul Volkonski também pertencia ao círculo íntimo do imperador.
6. C. Sutherland, *The Princess of Siberia: The Story of Maria Volkonsky and the Decembrist Exiles* (Londres, 1984), p. 111.
7. RGIA, f. 844, op. 2, d. 42.
8. F. Glinka, *Pis'ma russkogo ofitsera* (Moscou, 1815), parte 5, p. 46-47, 199.
9. TsGADA, f. 1278, op. 1, d. 362, l. 183.
10. *Vosstanie dekabristov*, 11 vol. (Moscou, 1915-1958), vol. 1, p. 267.
11. Volkonskii, *Zapiski,* p. 387.
12. IRL RAN, f. 57, op. 1, n. 9, l. 1-9.
13. IRL RAN, f. 57, op. 1, n. 21, l. 9-10.
14. N. P. Grot, *Iz semeinoi khroniki. Vospominania dlia detei i vnukov* (São Petersburgo, 1900), p. 1-8.
15. D. Davydov, *Sochineniia* (Moscou, 1962), p. 320.
16. Volkonski, *Zapiski,* p. 327.
17. E. Lavrentieva, *Svetskii etiket pushkinskoi pory* (Moscou, 1999), p. 198, 290-91.
18. *Zapiski, stat'i, pis'ma dekabrista I. D. Iakushkina* (Moscou, 1951), p. 9.

19. "To Chaadaiev" (1821), em A. S. Pushkin, *Polnoie sobranie sochinenii*, 17 vols. (Moscou, 1937-49), vol. 7, p. 246.
20. A. Herzen, *My Past and Thoughts*, trad. C. Garnett (Berkeley, 1973), p. 68.
21. I. Vinogradov, "Zapiski P. I. Vinogradova", *Russkaia starina*, vol. 22 (1878), p. 566.
22. F. F. Viguel', *Zapiski*, chast' 1 (Moscou, 1891), p. 159.
23. Lavrent'eva, *Svetskii etiket pushkinskoi pory*, p. 22.
24. N. Rimsky-Korsakov, *My Musical Life* (Londres, 1989), p. 9.
25. N. Gogol, *Diary of a Madman and Other Stories*, trad. R. Wilks (Harmondsworth, 1972), p. 32; A. Chekhov, "Uprazdnili!", em *Polnoie sobranie sochinenii*, 30 vols. (Moscou, 1974-83), vol. 3, p. 226.
26. *The Complete Prose Tales of Alexander Sergeyevich Pushkin*, trad. G. Aitken (Londres, 1966), p. 73.
27. Volkonskii, *Zapiski*, p. 130-31.
28. N. A. Belogolovi, *Vospominania i druguie stat'i* (Moscou, 1898), p. 70.
29. Ver Iu. Lotman, "Dekabrist v povsednevnoi jizni", em *Bessedy o russkoi kul'ture: byt i traditsii russkogo dvorianstva XVIII-nachalo XIX veka* (São Petersburgo, 1994), p. 360-64.
30. "To Kaverin", em Pushkin, *Polnoie sobranie sochinenii*, vol. 1, p. 238.
31. Volkonskii, *Zapiski*, p. 4.
32. L. Tolstoy, *War and Peace*, trad. L. e A. Maude (Oxford, 1998), p. 417-18.
33. Ia. A. Galinkovskii, *Korifei ili kliuch literatury* (São Petersburgo, 1802), kn. 2, p. 170.
34. "The Time Has Come" (19 de outubro de 1836), em *The Complete Works of Alexander Pushkin*, 15 vols., org. I. Sproat *et al.* (Norfolk, 1999), vol. 3, p. 253-54.
35. Pushkin, *Polnoie sobranie sochinenii*, vol. 2, p. 425.
36. Ver a carta nº 8 em "Um romance em cartas" — escrito em 1829 mas só publicado (com cortes) em 1857 — em Pushkin, *Polnoie sobranie sochinenii*, vol. 8, p. 52-54.
37. *Vosstanie dekabristov*, vol. 7, p. 222.
38. *Syn otechestva* (1816), chast' 27, p. 161.
39. A. Bestujev, "Pis'mo k N. A. i K. A. Polevym, 1 ianvaria 1832", *Russkii vestnik* (1861), vol. 32, p. 319.

40. Citado em A. Ulam, *Russia's Failed Revolutions: From the Decembrists to the Dissidents* (Nova York, 1981), p. 21.
41. IRL RAN, f. 57, op. 1, n. 63, l. 57.
42. Pushkin, *Polnoie sobranie sochinenii*, vol. 6, p. 525.
43. *Arkhiv dekabrista S. G. Volkonskogo*, t. 1, *Do sibiri* (Petrogrado, 1918), p. 149.
44. Pushkin, *Polnoie sobranie sochinenii*, vol. 12, p. 303.
45. Volkonskii, *Zapiski,* p. 212.
46. Idem, p. 402.
47. A. Pushkin, *Eugene Onegin*, trad. J. Falen (Oxford, 1990), p. 19.
48. Pushkin, *Polnoie sobranie sochinenii*, vol. 2, p. 72.
49. Sobre o papel de Volkonski no recrutamento de Pushkin, ver S. M. Volkonskii, *O dekabristakh: po semeinum vospominaniam* (Moscou, 1994), p. 35-36.
50. Volkonskii, *Zapiski,* p. 434.
51. Ulam, *Russia's Failed Revolutions*, p. 44.
52. Volkonskii, *Zapiski,* p. 421.
53. GARF, f. 48, op. 1, d. 412, l. 19.
54. Ulam, *Russia's Failed Revolutions*, p. 5.
55. RGIA, f. 1405, op. 24, d. 1344, l. 12; GARF, f. 1146, op. 1, d. 2028, l. 6.
56. *Arkhiv dekabrista S. G. Volkonskogo*, p. xix, xxiii.
57. IRL RAN, f. 57, op. 1, n. 61, l. 65.
58. GARF, f. 1146, op. 1, d. 2028, l. 7.
59. GARF, f. 1146, op. 1, d. 2028, l. 13.
60. "Neizdannie pis'ma M. N. Volkonskoi", *Trudy gossudarstvennogo istoricheskogo muzeia*, vyp. 2 (Moscou, 1926), p. 16.
61. Citado em K. Bestujev, *Jeny dekabristov* (Moscou, 1913), p. 47.
62. Lotman, "Dekabrist v povsednevnoi jizni", p. 352-3.
63. F. F. Viguel', *Zapiski*, chast' 1 (Moscou, 1891), p. 12.
64. K. Batiushkov, *Sochineniia* (Moscou e Leningrado, 1934), p. 373.
65. Lotman, "Dekabrist v povsednevnoi jizni", p. 353-4.
66. K. Rileiev, *Polnoie sobranie stikhotvorenii* (Leningrado, 1971), p. 168.
67. GARF, f. 1146, op. 1, d. 2028, l. 12.
68. IRL RAN, f. 57, op. 5, n. 22, l. 88.

NOTAS

69. *The Complete Works of Alexander Pushkin*, vol. 3, p. 42.
70. GARF, f. 1146, op. 1, d. 2028, l. 28.
71. *Zapiski kniaguini M. N. Volkonskoi* (Chita, 1960), p. 66.
72. Idem, p. 67.
73. Idem, p. 70.
74. *Arkhiv dekabrista S. G. Volkonskogo*, p. xxxi.
75. *Dekabristy. Letopissi gossudarstvennogo literaturnogo muzeia*, kn. 3 (Moscou, 1938), p. 354.
76. *Zapiski kniaguini M. N. Volkonskoi* (Chita, 1960), p. 101.
77. Citado em Sutherland, *The Princess of Siberia*, p. 253.
78. M. P. Volkonski, "Pis'ma dekabrista S. G. Volkonskogo", *Zapiski otdela rukopisei*, vyp. 24 (Moscou, 1961), p. 399.
79. Volkonski, *O dekabristakh*, p. 66.
80. *Dekabristy. Letopissi gossudarstvennogo literaturnogo muzeia*, p. 91, 96, 100; Volkonski, "Pis'ma dekabrista S. G. Volkonskogo', p. 369, 378, 384.
81. N. A. Belogolovi, *Vospominania*, p. 36.
82. IRL RAN, f. 57, op. 1, n. 50, l. 11-19.
83. IRL RAN, f. 57, op. 1, n. 63, l. 52.
84. IRL RAN, f. 57, op. 1, n. 65, l. 2.
85. IRL RAN, f. 57, op. 1, n. 97, l. 1.
86. Belogolovi, *Vospominania*, p. 37.
87. Volkonski, "Pis'ma dekabrista S. G. Volkonskogo", p. 371.
88. Idem, p. 372.
89. Volkonski, *Zapiski*, p. 478.
90. Belogolovi, *Vospominania*, p. 37.
91. Tolstoy, *War and Peace*, p. 582.
92. F. F. Viguel', *Zapiski*, chast' 2 (Moscou, 1892), p. 56.
93. RGIA, f. 1088, op. 1, d. 439.
94. N. S. Ashukin, *Pushkinskaia Moskva* (São Petersburgo, 1998), p. 44.
95. S. L. Tolstoi, *Mat' i ded L. N. Tolstogo* (Moscou, 1928), p. 45.
96. Iu. Lotman, "Jenskii mir", em *Bessedy o russkoi kul'ture*, p. 57.
97. Tolstoy, *War and Peace*, p. 159, 898.
98. Ver, por exemplo, RGIA, f. 1035, op. 1, d. 87, l. 1-2, 14; f. 914, op. 1, d. 34, l. 3-10 (esp. l. 5).

99. N. A. Reshetov, "Dielo davno minuvshikh dnei", *Russkii arkhiv* (1885), kn. 3, nº 11, p. 443-5.
100. I. S. Jirkevich, "Zapiski", *Russkaia starina*, vol. 9 (1875), p. 237.
101. D. I. Zavaliashin, "Vospominania o grafe A. I. Osterman-Tolstom (1770-1851)", *Istoricheskii vestnik* (1880), vol. 2, nº 5, p. 94-5.
102. Lavrent'eva, *Svetskii etiket*, p. 321.
103. E. Khvoschinskaia, "Vospominania", *Russkaia starina* (1898), vol. 93, p. 581.
104. M. N. Khruschov, "Piotr Stepanovich Kotliarevskii (otryvok iz vospominanii)", *Izvestiia tavricheskoi uchenoi arkhivnoi komissii*, nº 54 (1918), p. 298; K. A. Soloviev, *"V vkuse umnoi stariny". Usadebnyi byt rossiiskogo dvorianstva II poloviny VXIII — 1 poloviny XIX vekov* (São Petersburgo, 1998), p. 30; V. V. Selivanov, *Sochineniia* (Vladimir, 1901), p. 151; S. M. Zagoskin, "Vospominania", *Istoricheskii vestnik* (1900), vol. 79, nº 1, p. 611; V. N. Kharuzina, *Proshloie. Vospominania detskikh i otrocheskikh let* (Moscou, 1999), p. 312; N. P. Grot, *Iz semeinoi khroniki. Vospominaniya dlia detei i vnukov* (São Petersburgo, 1900), p. 58-9.
105. Tolstoy, *War and Peace*, p. 544.
106. Selivanov, *Sochineniia*, p. 78.
107. E. Mengden, "Iz dnevnika vnuchki", *Russkaia starina*, vol. 153, nº 1, p. 105.
108. Ver, por exemplo, *Pomeschich'ia Rossia. Po zapiskam sovremennikov* (Moscou, 1911), p. 61-2; N. V. Davydov, "Ocherki byloi pomeschechei jizni", *Iz Proshlogo* (Moscou, 1914), p. 425; e as memórias maravilhosas de S. T. Aksakov, *The Family Chronicle*, trad. M. Beverley (Westport, Connecticut, 1985), principalmente p. 199.
109. I. Turgenev, *Sketches from a Hunter's Album*, trad. R. Freeborn (Harmondsworth, 1967), p. 247.
110. *Sharfy i shali russkoi raboty pervoi poloviny XIX v.* (Leningrado, 1981).
111. Sverbeiev, *Zapiski, 1799-1826*, vol. I, p. 415.
112. M. Fairweather, *The Pilgrim Princess: A Life of Princess Zinaida Volkonsky* (Londres, 1999), p. 36.
113. Iu. Lotman, "Jenskii mir", p. 52.
114. Idem.
115. Pushkin, *Eugene Onegin*, p. 209.
116. Idem, p. 232.

117. Idem, p. 65.
118. Idem, p. 167.
119. Idem, p. 210.
120. W. M. Todd III, "*Eugene Onegin*: 'Life's Novel'", em, do mesmo autor (org.), *Literature and Society in Imperial Russia, 1800-1914* (Stanford, 1978), p. 228-9.
121. M. Azadovski, *Literatura i forklor* (Leningrado, 1938), p. 89, 287-9.
122. Carta de 21 de agosto de 1831 em *Letters of Nikolai Gogol*, org. e trad. C. Proffer (Ann Arbor, 1967), p. 38 (modifiquei a tradução).
123. *Mikhail Lermontov: Major Poetical Works*, trad. A. Liberman (Londres, 1984), p. 103.
124. Ver R. Taruskin, *Defining Russia Musically* (Princeton, 1997), p. 41-47.
125. R. Taruskin, *Musorgsky: Eight Essays and an Epilogue* (Princeton, 1993), p. 302-308.
126. Citado em Taruskin, *Defining Russia Musically*, p. 33.
127. *Aleksei Gavrilovich Venetsianov* (Leningrado, 1980), p. 13.
128. Selivanov, *Sochineniia*, p. 12. E. I. Stogov (1797-1880) faz um relato semelhante da sua criação em "Zapiski E. I. Stogova", *Russkaia starina*, vol. 113 (1898), p. 137-38.
129. V. A. Sollogub, *Otryvki iz vospominania* (São Petersburgo, 1881), p. 7.
130. N. I. Shatilov, "Iz nedavnego proshlogo", *Golos minuvshego* (1916), nº 4, p. 219.
131. Ver, por exemplo, A. Labzina, *Vospominania* (São Petersburgo, 1914), p. 9; A. N. Kazina, "Jenskaia jizn", *Otechestvennye zapiski*, 219, nº 3 (1875), p. 211; E. Iunge, *Vospominania* (Moscou, 1933), p. 41.
132. L. Tolstoy, *Anna Karenin*, trad. R. Edmonds (Harmondsworth, 1974), p. 650.
133. Herzen, *My Past and Thoughts*, p. 26.
134. Idem, p. 32-33.
135. Ver, por exemplo, A. K. Lelong, "Vospominania", *Russkii arkhiv* (1913), kn. 2, chast' 6, p. 789.
136. Pushkin, *Eugene Onegin*, p. 115.
137. Lelong, "Vospominania", p. 794, 808. Sobre jogos de aldeia, ver I. I. Shanguina, *Russkie dieti i ikh igry* (São Petersburgo, 2000).

138. Herzen, *My Past and Thoughts*, p. 26.
139. K. Grup, *Rukovodstvo k vospitaniiu, obrazovaniiu i sokhraneniiu zdorov'ia dietei*, 3 vols. (São Petersburgo, 1843), vol. 1, p. 63.
140. P. Sumarokov, *Stary i novy byt. Maiak sovremennogo prosvescheniia i obrazovannosti* (São Petersburgo, 1841), nº 16, p. 20.
141. Lelong, "Vospominania", chast' 6, p. 788 e chast' 7, p. 99.
142. A. Tyrkova-Williams, *To, chego bol'she ne budet* (Paris, 1954), p. 38.
143. Lelong, "Vospominania", chast' 6, p. 785.
144. A. K. Chertkova, *Iz moiego dietstva* (Moscou, 1911), p. 175.
145. A. V. Vereschaguin, *Doma i na voine* (São Petersburgo, 1885), p. 48.
146. V. A. Tikhonov, "Byloie (iz semeinoi khroniki)", *Istoricheskii vestnik*, vol. 79, nº 2 (1900), p. 541-42; nº 3 (1990), p. 948-49.
147. *Druz'ia Pushkin*, 2 vols. (Moscou, 1984), vol. 2, p. 117.
148. "To My Nanny" (1826), em *The Complete Poems of Alexander Pushkin*, 15 vols. (Londres, 1999–), vol. 3, p. 34.
149. S. Lifar, *Diaguilev i s Diaguilevym* (Moscou, 1994), p. 17-19.
150. L. Tolstoy, *Childhood, Boyhood and Youth*, trad. L. e A. Maude (Londres, 1969), p. 58. Sobre esse cânone, ver A. Wachtel, *The Battle for Childhood: Creation of a Russian Myth* (Stanford, 1990).
151. Herzen, *My Past and Thoughts*, p. 10.
152. Lelong, "Vospominania", chast' 6, p. 792, 797.
153. *Pis'ma N. M. Karamzina k I. I. Dmitrievu* (São Petersburgo, 1866), p. 168.
154. Pushkin, *Polnoie sobranie sochinenii*, vol. II, p. 57.
155. V. G. Belinskii, *Polnoie sobranie sochinenii*, 13 vols. (Moscou, 1953-1959), vol. 1, p. 18.
156. *Sochineniia i pis'ma P. Ia. Chaadaeva*, 2 vols. (Moscou, 1913-1914), vol. 1, p. 188.
157. Idem, p. 74-92.
158. R. T. McNally, *Chaadayev and His Friends* (Tallahassee, Flórida, 1971), p. 32.
159. Citado em M. Guershenzon, *Chaadaev* (São Petersburgo, 1908), p. 64.
160. A. Korye, *La Philosophie et le problème national en Russie au debut du XIX siècle* (Paris, 1929), p. 286.
161. I. Turgenev, A *Nobleman's Nest*, trad. R. Hare (Londres, 1947), p. 43.

162. I. I. Panaiev, *Literaturnye vospominania* (Leningrado, 1950), p. 151.
163. *Dekabristy-literatory. Literaturnoie nasledstvo* (Moscou, 1954), vol. 59, p. 582.
164. N. M. Karamzin, *Istoriia gossudarstva rossiiskogo*, 3 vols. (São Petersburgo, 1842-3), vol. 1, p. 43.
165. S. S. Volk, *Istoricheskie vzgliady dekabristov* (Moscou e Leningrado, 1958), p. 331-33, 342.
166. D. V. Venevitanov, *Polnoie sobranie sochinenii* (Leningrado, 1960), p. 86.
167. V. A. Ashik, *Pamiatniki medali v pamiat' boievykh podvigov russkoi armii v voinakh 1812, 1813 i 1814 godov i v pamiat' Imperatora Aleksandra I* (São Petersburgo, 1913), p. 182.
168. IRL RAN, f. 57, op. 1, n. 62, l. 31.
169. L. N. Tolstoi, *Polnoie sobranie sochinenii v 90 tomakh* (Moscou, 1949), vol. 60, p. 374.
170. Boris Eikhenbaum, estudioso de Tolstoi, embora reconhecesse a dívida para com Volkonski, sugere que Bolkonski também se inspirou em outro dezembrista, D. I. Zavalishin (*Lev Tolstoi: 60e gody* (Leningrado-Moscou, 1931), p. 199-208).
171. Citado em V. Shklovski, *Lev Tolstoi*, trad. O. Shartse (Moscou, 1988), p.31.
172. S. L. Tolstoi, *Mat' i ded L. N. Tol'stogo* (Moscou, 1928), p. 9.
173. L. Tolstoy, "The Devil", trad. A. Maude, em *The Kreutzer Sonata and Other Tales* (Oxford, 1968), p. 236.
174. Volkonskii, *O dekabristakh*, p. 82.
175. IRL RAN, f. 57, op. 3, n. 20, l. 1.
176. Belogolovi, *Vospominania*, p. 37; *Dekabristy. Letopissi gossudarstvennogo literaturnogo muzeia*, p. 119.
177. IRL RAN, f. 57, op. 1, n. 65, l. 79.
178. Volkonski, *O dekabristakh*, p. 81.
179. Idem, p. 81-82.
180. RGIA, f. 914, op. 1, d. 68, l. 1-2.
181. IRL RAN, f. 57, op. 1, n. 7, l. 20.
182. IRL RAN, f. 57, op. 1, n. 7, l. 16.
183. *Dekabristy. Letopissi gossudarstvennogo literaturnogo muzeia*, p. 113.
184. IRL RAN, f. 57, op. 1, n. 7, l. 20-23.

185. RGIA, f. 914, op. 1, d. 68, l. 1–3.
186. IRL RAN, f. 57, op. 1, n. 80, l. 58–9.
187. Volkonski, *O dekabristakh,* p. 3.

3. MOSCOU! MOSCOU!

1. D. Olivier, *The Burning of Moscow*, trad. M. Heron (Londres, 1966), p. 43.
2. L. Tolstoy, *War and Peace*, trad. L. e A. Maude (Oxford, 1998), p. 935.
3. S. N. Glinka, *Zapiski* (São Petersburgo, 1895), p. 263.
4. N. Nicolson, *Napoleon: 1812* (Londres, 1985), p. 95–97; Conde P. de Ségur, *Napoleon's Russian Campaign*, trad. J. Townsend (Londres, 1959), p. 114
5. Idem, p. 117.
6. *The Memoirs of Catherine the Great*, org. D. Maroger, trad. M. Budberg (Londres, 1955), p. 365.
7. *Four Russian Plays*, trad. J. Cooper (Harmondsworth, 1972), p. 155.
8. Ver A. Schmidt, "The Restoration of Moscow after 1812", *Slavic Review*, vol. 40, nº 1 (primavera de 1981), p. 37–48.
9. Tolstoy, *War and Peace,* p. 1.186.
10. K. N. Batiushkov, *Sochineniia* (Moscou, 1955), p. 308–309.
11. V. G. Belinskii, *Polnoie sobranie sochinenii*, 13 vols. (Moscou, 1953–59), vol. 8, p. 391.
12. Marquês de Custine, *Empire of the Czar* (Nova York, 1989), p. 419.
13. A. Brett-James (org.), *1812: Eyewitness Accounts of Napoleon's Defeat in Russia* (Londres, 1966), p. 176–77.
14. K. N. Batiushkov, "Progulka po Moskve", em *Sochineniia* (Moscou, 1902), p. 208.
15. Op. cit.
16. A. Gaidamuk, *Russian Empire: Architecture, Decorative and Applied Arts, Interior Decoration 1800–1830* (Moscou, 2000), p. 26–37.
17. S. D. Sheremetev, *Staraia Vozdvijenka* (São Petersburgo, 1892), p. 5–7.
18. S. D. Sheremetev, *Moskovskie vospominania, 1860 gg.* (Moscou, 1900), p. 8.
19. N. V. Gogol, *Sobranie sochinenii v semi tomakh* (Moscou, 1978), vol. 6, p. 172.
20. M. I. Semevskii, *Slovo i delo! 1700–1725* (São Petersburgo, 1884), p. 87–90.

21. A. D. P. Briggs, *Alexander Pushkin: A Critical Study* (Londres, 1983), p. 117; W. Lednicki, *Pushkin's Bronze Horseman* (Berkeley, 1955), p. 80.
22. R. D. Timenchuk, "'Medny Vsadnik' v literaturnom soznanii nachala XX veka", *Problemy pushkinovedeniia* (Riga, 1938), p. 83.
23. A. S. Pushkin, *Polnoie sobranie sochinenii*, 17 vols. (Moscou, 1937-49), vol. 5, p. 447.
24. N. Gogol, *Plays and Petersburg Tales*, trad. C. English (Oxford, 1995), p. 35-36.
25. Citado em W. Rowe, *Through Gogol's Looking Glass* (Nova York, 1976), p. 113.
26. Ver D. Fanger, *Dostoevsky and Romantic Realism* (Cambridge, Massachusetts, 1965), p. 132.
27. F. M. Dostoievskii, *Polnoie sobranie sochinenii*, 30 vols. (Leningrado, 1972-1988), vol. 19, p. 69.
28. Pushkin, *Polnoie sobranie sochinenii*, vol. 11, p. 246.
29. "Dnievniki N. Turguenieva", em *Arkhiv brat'ev Turguenievikh*, vol. 3, nº 5 (Petrogrado, 1921), p. 259.
30. F. F. Viguel', *Zapiski*, chast' 1 (Moscou, 1891), p. 169.
31. V. Guiliarovskii, *Moskva i moskvichy* (Moscou, 1955), p. 151-2, 304-15.
32. M. I. Pyliaiev, *Staroie jit'e. Ocherki i rasskazy* (São Petersburgo, 1892), p. 5-6, 10.
33. Idem, p. 15-16.
34. S. D. Sheremetev, *Otgoloski XVIII veka*, vyp. 11, *Vremia Imperatora Pavla, 1796-1800* (Moscou, 1905), p. 15. Um cozinheiro servo emprestou 45 mil rublos ao seu senhor quando o pagamento das rendas da propriedade atrasou (ver E. Lavrent'eva, *Svetskii etiket pushkinskoi pory* (Moscou, 1999), p. 470).
35. Pyliaiev, *Staroie jit'e*, p. 6.
36. E. Lavrenteva, *Kul'tura zastol'ia XIX veka pushkinskoi pory* (Moscou, 1999), p. 51.
37. Idem, p. 2.
38. R. E. F. Smith e D. Christian, *Bread and Salt: A Social and Economic History of Food and Drink in Russia* (Cambridge, 1984), p. 174-76.
39. S. Tempest, "Stovelore in Russian Folklife", em M. Glants e J. Toomre (orgs.), *Food in Russian History and Culture* (Bloomington, 1997), p. 1-14.

40. Lavrentieva, *Kul'tura zasto'ia,* p. 44-45.
41. G. Munro, "Food in Catherinian St Petersburg", em Giants e Toomre, *Food in Russian History and Culture,* p. 32.
42. A. Chekhov, *Plays,* trad. E. Fen (Harmondsworth, 1972), p. 344.
43. Idem, p. 275.
44. *The Complete Tales of Nikolai Gogol,* org. e trad. L. Kent, 2 vols. (Chicago, 1985), vol. 2, p. 24.
45. Smith e Christian, *Bread and Salt,* p. 324.
46. E. I. Stogov, "Zapiski", *Russkaia starina* (abril de 1903), p. 135.
47. N. Matveiev, *Moskva i jizn' eie nakanune nashestviia 1812 g.* (Moscou, 1912), p. 35.
48. Iu. Shamurin, *Podmoskov'ia,* em *Kul'turnye sokrovischa Rossii,* vyp. 3 (Moscou, 1914), p. 30-31; L. Lepskaia, *Repertuar krepostnogo teatra Sheremetevykh* (Moscou, 1996), p. 39; E. Beskin, *Krepostnoi teatr* (Moscou, 1927), p. 13-14; K. Bestujev, *Krepostnoi teatr* (Moscou, 1913), p. 58-59.
49. Lavrentieva, *Svetskii etiket push kinskoi pory,* p. 81-82, 84.
50. "Zametka iz vospominanii kn. P. A. Viazemskogo (O. M. I. Rimskoi Korsakovoi)", *Russkii arkhiv* (1867), nº 7, p. 1069.
51. "Vospominania o Lialichakh", *Istoricheskii vestnik,* vol. 120 (1910), nº 4.
52. *Russkii byt' po vospominaniam sovremennikov. XVIII vek,* chast' 2, *Ot Petra do pavla 1* (Moscou, 1918), p. 66.
53. D. I. Zavalishin, "Vospominaniya o grafe A. I. Osterman-Tolstom (1770-1851)", *Istoricheskii vestnik,* vol. 2, nº 5 (1880), p. 90; Lavrent'eva, *Svetskii etiket pushkinskoi pory,* p. 376.
54. S. M. Volkonskii, *Moi vospominania,* 2 vols. (Moscou, 1992), vol. 2, p. 191.
55. E. V. Dukov, "Polikhroniia rossiiskikh razvlechenii XIX veka", em *Razvlekatel'naia kul'tura Rossii XVIII-XIX vv.* (Moscou, 2000), p. 507.
56. S. I. Taneiev, "Maskarady v stolitsakh", *Russkii arkhiv* (1885), nº 9, p. 152.
57. C. Emerson, *The Life of Musorgsky* (Cambridge, 1999), p. 122, 169.
58. N. Sultanov, "Vozrojdenie russkogo iskusstva", *Zodchii* (1881), nº 2, p. ii.
59. Sobre Solntsev e a Escola Stroganov, ver E. Kirichenko, *Russian Design and the Fine Arts: 1750-1917* (Nova York, 1991), p. 78-86.
60. V. I. Plotnikov, *Fol'klor i russkoie izobratel'noie iskusstvo vtoroi poloviny XIX veka* (Leningrado, 1987), p. 58.

61. V. Stassov, *Izbrannye sochineniia*, 3 vols. (Moscou e Leningrado, 1937), vol. 2, p. 214.
62. Citado em Kirichenko, *Russian Design and the Fine Arts*, p. 109.
63. *The Musorgsky Reader: A Life of Modeste Petrovich Musorgsky in Letters and Documents*, org. e trad. J. Leyda e S. Bertensson (Nova York, 1947), p. 17-18.
64. *M. A. Balakirev: vospominania i pis'ma* (Leningrado, 1962), p. 320.
65. V. Stassov, "Dvadtsat' pissem Turguenieva i moie znakomstvo s nim", em *Sobranie kriticheskikh materialov dlia izucheniia proizvedenii I. C. Turguenieva*, 2 vols. (Moscou, 1915), vol. 2, vyp. 2, p. 291.
66. *V. V. Stassov i russkoie iskusstvo* (São Petersburgo, 1998), p. 23.
67. Ver o brilhante ensaio de R. Taruskin "How the Acorn Took Root", em seu *Defining Russia Musically* (Princeton, 1997), cap. 8.
68. V. V. Stassov, *Izbrannie sochineniia*, 2 vols. (Moscou, 1937), vol. 2, p. 536.
69. Idem, p. 557.
70. Ver R. Taruskin, *Defining Russia Musically*, p. xiii e seg.
71. N. A. Rimsky-Korsakov, *My Musical Life*, trad. J. Joffe (Londres, 1924), p. 331; V. V. Yastrebtsev, *Reminiscences of Rimsky-Korsakov*, trad. F. Jonas (Nova York, 1985), p. 38.
72. *The Musorgsky Reader*, p. 120.
73. N. M. Karamzin, *Istoriia gossudarstva rossiiskogo*, 12 vols. (São Petersburgo, 1892), vol. 11, p. 57.
74. R. Taruskin, "'The Present in the Past': Russian Opera and Russian Historiography, c. 1870", em M. H. Brown (org.), *Russian and Soviet Music: Essays for Boris Schwarz* (Ann Arbor, 1984), p. 128-9.
75. Idem, p. 124-5.
76. N. I. Kostomarov, *Sobranie sochineniia*, 8 vols. (São Petersburgo, 1903-6), vol. 2, p. 43.
77. M. P. Mussorgskii, *Pis'ma* (Moscou, 1981), p. 138.
78. *The Musorgsky Reader*, p. 17-18.
79. *Modeste Petrovich Mussorgski. Literaturnoie nasledie*, 2 vols. (Moscou, 1971-72), vol. 1, p. 132.
80. *The Musorgsky Reader*, p. 244.

81. M. A. Voloshin, "Surikov (materialy dlia biografii)", *Apollon* (1916), n° 6-7, p. 65.
82. S. Glagol', "V. I. Surikov", *Nasha starina* (1917), n° 2, p. 69; Voloshin, "Surikov", p. 56.
83. *Vasilii Ivanovich Surikov. Pis'ma, vospominania o khudojnike* (Leningrado, 1977), p. 185; V. S. Kemenov, *V. I. Surikov. Istoricheskaia jivopis', 1870-1890* (Moscou, 1987), p. 385.
84. Kemenov, *V. I. Surikov*, p. 402.
85. J. Bradley, "Moscow: From Big Village to Metropolis", em M. Hamm (org.), *The City in Late Imperial Russia* (Bloomington, 1986), p. 13.
86. V. G. Belinskii, *Sochineniia*, 4 vols. (São Petersburgo, 1900), vol. 4, p. 198.
87. M. M. Dostoievskii, "'Groza' A. N. Ostrovskogo", *Svetoch*, vol. 2 (março de 1860), p. 7-8.
88. J. Patouillet, *Ostrovski et son théâtre de mœurs russes* (Paris, 1912), p. 334.
89. V. Nemirovich-Danchenko, *My Life in the Russian Theatre*, trad. J. Cournos (Londres, 1968), p. 131-32.
90. Citado em S. Grover, "Savva Mamontov and the Mamontov Circle, 1870-1905: Artistic Patronage and the Rise of Nationalism in Russian Art", diss. Ph.D. (Universidade de Wisconsin, 1971), p. 18.
91. C. Stanislavski, *My Life in Art* (Londres, 1948), p. 296; Nemirovich--Danchenko, *My Life*, p. 117.
92. *Pis'ma khudojnikov Pavlu Mikhailovichu Tret'iakovu 1856-1869* (Moscou, 1960), p. 302.
93. Ia. Minchenkov, *Vospominania o peredvijnikakh* (Leningrado, 1963), p. 118.
94. A. Benois, *Vozniknoveniia mira iskusstva* (Leningrado, 1928), p. 23.
95. Citado em J. Ruckman, *The Moscow Business Elite: A Social and Cultural Portrait of Two Generations, 1840-1905* (DeKalb, Illinois, 1984), p. 98.
96. V. I. Konashevich, "O sebe i svoiem dele", *Novyi mir*, n° 10 (1965), p. 10.
97. A. Chekhov, "Poprygun'ia", *Polnoie sobranie sochinenii*, 30 vols. (Moscou, 1974-83), vol. 7, p. 9.
98. RGIA, f. 528, op. 1, d. 960, l. 9-10; f. 1340, op. 1, d. 545, l. 10; f. 472., op. 43, d. 19, l. 179.
99. *Viktor Mikhailovich Vasnetsov: jizn' i tvorchestvo* (Moscou, 1960), p. 148.

100. Plotnikov, *Fol'klor i russkoie izobratel'noie iskusstvo vtoroi poloviny XIX veka*, p. 156.
101. *Vrubel: perepiska, vospominania o khudojnike* (Moscou, 1963), p. 79.
102. Stanislavski, *My Life in Art*, p. 141-42.
103. SP-PLMD, f. 640, op. 1, d. 1003, l. 25-32.
104. Citado em V. V. Iastrebtsev, *Nikolai Andreievich Rimskii-Korsakov: vospominania, 1886-1908*, 2 vols. (Leningrado, 1959-60), vol. 1, p. 434.
105. RGIA, f. 799, "Cherez 10 let posle protsessa po neizdannym dokumentam" (1910).
106. Stanislavski, *My Life in Art*, p. 12, 22-23.
107. Nemirovich-Danchenko, *My Life in the Russian Theatre*, p. 80-81, 159-60.
108. Idem, p. 108.
109. Op. cit, p. 188.
110. A. Chekhov, *Sredi milykh moskvichei* (Moscou, 1988), p. 3.
111. Chekhov, *Polnoie sobranie sochinenii*, vol. 11, p. 311.
112. O. Mandelstam, "O p'ese A. Chekhova 'Diadia Vania' ", *Sobranie sochinenii*, 4 vols. (Paris, 1981), vol. 4, p. 107.
113. A. Chekhov, *Plays*, trad. E. Fen (Harmondsworth, 1954), p. 306.
114. Citado em D. Rayfield, *Understanding Chekhov* (Londres, 1999), p. 117.
115. A. P. Chekhov, *Polnoie sobranie sochinenii i pissem*, 18 vols. (Moscou, 1973-83), vol. 17, p. 17.
116. Chekhov, *Plays*, p. 244-45.
117. P. S. Sheremetev, *O russkikh khudojestvennykh promyslakh* (Moscou, 1915), p. 469.
118. Nemirovich-Danchenko, *My Life in the Russian Theatre*, p. 209.
119. A. P. Chekhov, *Polnoie sobranie sochinenii i pissem*, 20 vols. (Moscou, 1944-51), vol. 20, p. 160.
120. E. Clowes, "Social Discourse in the Moscow Art Theatre", em E. Clowes, S. Kassow e J. West (orgs.), *Between Tsar and People: Educated Society and the Quest for Public Identity in Late Imperial Russia* (Princeton, 1991), p. 279.
121. V. Meyerhold, "The Naturalistic Theatre and the Theatre of Mood", em *Meyerhold on Theatre,* trad. e org. Edward Braun (Londres, 1969), p. 29.

122. Citado em S. Grover, "The World of Art Movement in Russia", *Russian Review*, vol. 32, nº 1 (1973), p. 34.
123. A. Beli, *Mejdu dvukh revoliutsii* (Leningrado, 1934), p. 244.
124. Idem, p. 219, 224-5.
125. A. Lentulov, "Avtobiografiia", em *Sovetskie khudojniki*, 3 vols. (Moscou, 1937), vol. 1, p. 162.
126. F. Bowers, *Scriabin*, 2 vols. (Londres, 1969), vol. 2, p. 248.
127. "De rua em rua" (1913), em V. Maiakovski, *Polnoie sobranie sochinenii*, 13 vols. (Moscou, 1955-61), vol. 1, p. 38-9.
128. Citado em N. Khardjiev e V. Trenin, *Poeticheskaia kul'tura Maiakovskogo* (Moscou, 1970), p. 44. Sobre o forte vínculo entre Maiakovski e Malevich, ver J. Stapanian, *Mayakovsky's Cubo-Futurist Vision* (Houston, Texas. 1986), principalmente o cap. 4.
129. M. Tsvetaeva, A *Captive Spirit: Selected Prose*, trad. e org. J. King (Londres, 1983), p. 168. Os versos são do ciclo "Poemas a Akhmatova", em *Sochineniia v dvukh tomakh* (Moscou, 1980), vol. 1, p. 85.
130. N. Mandelstam, *Hope Abandoned*, trad. M. Hayward (Londres, 1989), p. 467.
131. M. Bulgakov, *The Master and Margarita*, trad. M. Glenny (Londres, 1984), p. 397.
132. "Spring" (1944), em C. Barnes, *Boris Pasternak: A Literary Biography*, 2 vols. (Cambridge, 1989-98), vol. 2, p. 202.

4. O CASAMENTO CAMPONÊS

1. O. V. Aptekhman, *Obschestvo "Zemlia i Volia" 70-kh godov* (Petrogrado, 1924), p. 168.
2. Citado em T. Szamuely, *The Russian Tradition* (Londres, 1974), p. 201.
3. F. M. Dostoievski, *Polnoie sobranie sochinenii*, 30 vols. (Leningrado, 1972-88), vol. 18, p. 57.
4. G. I. Uspenskii, *Polnoie sobranie sochinenii*, 15 vols. (Moscou e Leningrado, 1940-54), vol. 14, p. 576-77.
5. I. S. Turgueniev, *Polnoie sobranie sochineniia i pissem*, 28 vols. (Moscou e Leningrado, 1960-68), vol. 2, p. 160.

6. "Silêncio" (1857), em N. A. Nekrassov, *Sochineniia*, 3 vols. (Moscou, 1959), vol. 1, p. 201.
7. F. Buslaiev, "Etnograficheskie vymysly nashikh predkov", *Sbornik antropologicheskikh i etnograficheskikh statei o Rossii i stranakh ei prilejaschikh* (Moscou, 1868), p. 95.
8. I. D. Beliaiev, "Po povodu etnograficheskoi vystavki imeiuschei otkryt'sia vesnoi 1867 goda", *Den'* (1865), n° 41, p. 983.
9. Ver C. Frierson, *Peasant Icons: Representations of Rural People in Late Nineteenth-century Russia* (Oxford, 1993), p. 118.
10. B. Sokolov, "Mujik v izobrajenii Turguenieva", em I. N. Rozanov e Iu. M. Sokolov (orgs.), *Tvorchestvo Turguenieva: sbornik statei* (Moscou, 1920), p. 203.
11. S. Birkenmayer, *Nikolaj Nekrasov: His Life and Poetic Work* (The Hague, 1968), p. 76. A acusação de "ataque à poesia" foi feita por A. Grigoriev, "Stikhotvoreniia N. Nekrassova", *Vremia*, vol. 12 (1862), p. 38.
12. Dostoievski, *Polnoie sobranie sochinenii*, vol. 22, p. 44.
13. K. S. Aksakov, *Polnoie sobranie sochinenii*, 2 vols. (São Petersburgo, 1861), vol. 1, p. 292.
14. F. Dostoevsky, *A Writer's Diary*, trad. K. Lantz (Illinois, 1993), p. 160 e segs.
15. V. G. Belinski, *Izbrannye filosofskie sochineniia*, 2 vols. (Moscou, 1948), vol. 2, p. 443.
16. Ver, por exemplo, I. S. Aksakov, "Moskva, 24 marta", em *Den'* (24 de março de 1862), p. 2–3.
17. A. Blok, "The People and the Intelligentsia", em M. Raeff, *Russian Intellectual History: An Anthology* (Nova Jersey, 1978), p. 359.
18. Szamuely, *The Russian Tradition*, p. 383.
19. Há uma visão perspicaz da profunda ambivalência de Turgueniev em A. Kelly, "The Nihilism of Ivan Turgenev", em *Toward Another Shore: Russian Thinkers between Necessity and Chance* (New Haven, 1998).
20. F. Seeley, *Turgenev: A Reading of His Fiction* (Cambridge, 1991), p. 339.
21. V. S. Prichett, *The Gentle Barbarian: The Life and Work of Turgenev* (Londres, 1977), p. 216.
22. GARF, f. 112, op. 1, d. 395, l. 96.
23. Aptekhman, *Obschestvo "Zemlia i Volia" 70–kh godov*, p. 145.

24. GARF, f. 112, op. 1, d. 282, l. 151.
25. I. Repin, *Dalekoie i blizkoie*, 5ª ed. (Moscou, 1960), p. 238.
26. Idem, p. 247.
27. Idem, p. 272.
28. Idem, p. 251-52, 272-73.
29. V. V. Stassov, *Izbrannye sochineniia*, 2 vols. (Moscou, 1937), vol. 1, p. 94.
30. E. Valkenier, *Ilya Repin and the World of Russian Art* (Nova York, 1990), p. 32.
31. Ver as suas cartas a Antokoiski em IRL LAN, f. 294, op. 1, d. 22.
32. *I. Repin. Izbrannye pis'ma v dvukh tomakh* (Moscou, 1969), vol. 1, p. 184-85.
33. R. Taruskin, *Musorgsky: Eight Essays and an Epilogue* (Princeton, 1993), p. 9.
34. *The Musorgsky Reader: A Life of Modeste Petrovich Musorgsky in Letters and Documents*, trad. e org. J. Leyda e S. Bertensson (Nova York, 1947), p. 244.
35. *M. P. Mussorgski. Pis'ma i dokumenty* (Moscou e Leningrado, 1932), p. 251.
36. Há uma crítica pioneira da versão populista em R. Taruskin, *Musorgsky*, principalmente em "Who Speaks for Musorgsky?", p. 3-37.
37. M. P. Mussorgski, *Literaturnoie nasledie*, 2 vols. (Moscou, 1971-72), vol. 1, p. 270.
38. N. Gogol, *Village Evenings near Dikanka and Mirgorod*, trad. C. English (Oxford, 1994), p. 12.
39. *M. P. Mussorgski. Pis'ma i dokumenty*, p. 250.
40. *V. V. Stassov. Pis'ma k deiateliam russkoi kul'tury*, 2 vols. (Moscou, 1962), vol. 1, p. 19.
41. *I. Repin. Izbrannye pis'ma*, vol. 1, p. 143.
42. Repin, *Dalekoie i blizkoie*, p. 382.
43. *Tolstoy's Diaries*, org. e trad. R. F. Christian (Londres, 1994), p. 100.
44. V. Shklovsky, *Lev Tolstoi*, trad. O. Shartse (Moscou, 1988), p. 33.
45. A. Fodor, *Tolstoy and the Russians: Reflections on a Relationship* (Ann Arbor, 1984), p. 27.
46. A. N. Wilson, *Tolstoy* (Londres, 1988), p. 219-20.
47. *Reminiscences of Lev Tolstoi by His Contemporaries* (Moscou, 1965), p. 148-49.

48. Citado em K. Feuer, *Tolstoy and the Genesis of War and Peace* (Cornell, 1996), p. 29.
49. L. Tolstoy, *Anna Karenin*, trad. R. Edmonds (Harmondsworth, 1974), p. 272-73.
50. *Tolstoy's Diaries*, p. 134.
51. Op. cit.
52. Idem, p. 140.
53. *Pis'ma k A. B. Drujininu. Gossudarstvennyi literaturnyi muzei* (Moscou, 1948), p. 328.
54. Ver V. S. Prichett, *The Gentle Barbarian: The Life and Work of Turgenev* (Londres, 1977), p. 71.
55. L. N. Tolstoi, *Polnoie sobranie sochinenii*, 90 vols. (Moscou e Leningrado, 1928-58), vol. 57, p. 218.
56. Tolstoi, *Polnoie sobranie sochinenii*, vol. 7, p. 58.
57. Citado em A. Tolstoi, "Tolstoy and the Peasants", *Russian Review*, vol. 19, nº 2 (abril de 1960), p. 151.
58. *I. E. Repin i L. N. Tolstoi*, 2 vols. (Moscou e Leningrado, 1949), vol. 2, p. 36.
59. Repin, *Dalekoie i blizkoie*, p. 370.
60. L. Tolstoy, *War and Peace*, trad. L. e A. Maude (Oxford, 1998), p. 1.040.
61. I. Tolstoy, *Tolstoy, My Father: Reminiscences*, trad. A. Dunnigan (Londres, 1972), p. 174.
62. L. Tolstoy, *Anna Karenin*, trad. R. Edmonds (Harmondsworth, 1974), p. 467.
63. A. Pushkin, *Eugene Onegin*, trad. J. Falen (Oxford, 1990), p. 65-66.
64. Tolstoy, *Anna Karenin*, p. 481-82.
65. Ver J. Hajnal, "European Marriage Patterns in Perspective", em D. Glass e D. Eversley (orgs.), *Population in History: Essays in Historical Demography* (Londres, 1965), p. 101-43.
66. P. Laslett, "Characteristics of the Western Family Considered over Time", em *Family Life and Illicit Love in Earlier Generations* (Cambridge, 1977), p. 29.
67. D. A. Sverbeiev, *Zapiski, 1799-1826*, 2 vols. (Moscou, 1899), vol. 2, p. 43.
68. E. I. Raievskaia, "Vospominania", *Russkii arkhiv* (1883), kn. 2, ch. 3, p. 72.

69. Sobre costumes camponeses e rituais matrimoniais, ver C. Worobec, *Peasant Russia: Family and Community in the Post-emancipation Period* (Princeton, 1991), caps. 4 e 5.
70. V. Dal', *Tolkovyi slovar' jivogo velikorusskogo iazyka*, 4 vols. (São Petersburgo, 1882), vol. 3, p. 119.
71. W. R. Shedden-Ralston, *The Songs of the Russian People, as Illustrative of Slavonic Mythology and Russian Social Life* (Londres, 1872), p. 289.
72. S. T. Aksakov, *The Family Chronicle*, trad. M. Beverley (Westport, Conn., 1985), p. 108.
73. N. Chechulin, *Russkoie provintsial'noie obschestvo vo vtoroi polovine XVIII veka* (São Petersburgo, 1889), p. 43–44.
74. Aksakov, *The Family Chronicle*, p. 109.
75. *Russkii byt' po vospominaniam sovremennikov. XVIII vek*, chast' 2, *Ot Petra do pavla 1* (Moscou, 1918), p. 275.
76. Pushkin, *Eugene Onegin*, p. 168.
77. F. F. Viguel, *Zapiski*, chast' 1 (Moscou 1891), p. 174.
78. Tolstoy, *Anna Karenin*, p. 483–84.
79. Chechulin, *Russkoie provintsial'noie obschestvo vo vtoroi polovine XVIII veka*, p. 44.
80. W. Wagner, *Marriage, Property, and Law in Late Imperial Russia* (Oxford, 1994), p. 63.
81. Idem, p. 134.
82. Ver também Wagner, *Marriage, Property and Law in Late Imperial Russia*, p. 66.
83. V. Dal', *Poslovitsy russkogo naroda*, 2 vols. (Moscou, 1984), vol. 1, p. 291.
84. Dostoievski, *Polnoie sobranie sochinenii*, vol. 21, p. 21.
85. A. Labzina, *Vospominania* (São Petersburgo, 1914), p. 16–109.
86. M. Adam, "Iz semeinoi khroniki", *Istoricheskii vestnik*, vol. 94, nº 12 (1903), p. 816–21.
87. Wagner, *Marriage, Property and Law in Late Imperial Russia*, p. 70.
88. Tolstoy, *Anna Karenin*, p. 483.
89. Tolstoi, *Polnoie sobranie sochinenii*, vol. 52, p. 143.
90. A. Chekhov, "Peasants", em *The Kiss and Other Stories*, trad. R. Wilks (Harmondsworth, 1982), p. 79–80.

91. *L. N. Tolstoi i A. P. Chekhov: Rasskazyvaiut sovremenniki, arkhivy, muzei* (Moscou, 1998), p. 233.
92. A. P. Chekhov, *Polnoie sobranie sochinenii*, 30 vols. (Moscou, 1974-83), vol. 9, p. 519-23; D. Rayfield, *Anton Chekhov: A Life* (Londres, 1997), p. 431.
93. D. Rayfield, *Chekhov: The Evolution of His Art* (Londres, 1975), p. 177.
94. A. Chekhov, *Polnoie sobranie sochinenii*, vol. 9, p. 400.
95. A. Chekhov, *Letters of Anton Chekhov*, selecionadas por S. Karlinsky (Londres, 1973), p. 237.
96. Rayfield, *Chekhov: The Evolution of His Art*, p. 171.
97. P. Gatrell, *The Tsarist Economy 1850-1917* (Londres, 1986), p. 50-51; G. T. Robinson, *Rural Russia under the Old Regime* (Berkeley, 1932), p. 94-97; T. Shanin, *The Awkward Class* (Oxford, 1972), p. 48.
98. J. Brooks, *When Russia Learned to Read: Literacy and Popular Literature, 1861-1917* (Princeton, 1985), p. 13, 55-56.
99. S. T. Semenov, *Dvadtsat' plat' let v derevne* (Petrogrado, 1915), p. 5-6.
100. T. Lindstrom, "From Chapbooks to Classics: The Story of the Intermediary", *The American Slavic and East European Review*, vol. 15 (1957), p. 193.
101. Idem, p. 195.
102. *Landmarks: A Collection of Essays of the Russian Intelligentsia*, trad. M. Schwartz (Nova York, 1977), p. 80-81.
103. *A. M. Gor'kii v epokhu revoliutsii, 1905-1907 gg. Materialy, vospominania, issledovania* (Moscou, 1957), p. 52.
104. T. Marullo, *Ivan Bunin: Russian Requiem, 1885-1920* (Chicago, 1993), p. 112-13.
105. I. Bunin, *Stories and Poems*, trad. O. Shartse (Moscou, 1979), p. 179.
106. Citado em R. Pipes, *The Russian Revolution, 1899-1919* (Londres, 1990), p. 113.
107. M. Gorky, *Letters* (Moscou, 1964), p. 54.
108. M. Gorky, *My Childhood* (Harmondsworth, 1966), p. 9.
109. M. Gorky, *My Universities* (Harmondsworth, 1966), p. 140-50.
110. M. Gorky, "On the Russian Peasantry", em R. E. F. Smith (org.), *The Russian Peasant 1920 and 1984* (Londres, 1977), p. 18-19.
111. Citado em R. Buckle, *Diaghilev* (Nova York, 1979), p. 300.

112. V. D. Polenov. E. D. Polenova. *Khronika sem'i khudojnikov* (Moscou, 1964), p. 363.
113. N. V. Polenova, *Ambramtsevo: vospominania* (Moscou, 1922), p. 44.
114. V. D. Polenov. E. D. Polenova. *Khronika sem'i khudojnikov*, p. 507.
115. M. Tenisheva, *Vpechatleniia moei jizni* (Paris, 1933), p. 337.
116. W. Salmond, *Arts and Crafts in Late Imperial Russia: Reviving the Kustar Art Industries, 1870-1917* (Cambridge, 1996), p. 86.
117. S. Diaguilev, "Neskol'ko sloe o S. V. Maliutine", *Mir iskusstva*, nº 4 (1903), p. 159-60.
118. Tenisheva, *Vpechatleniia moei jizni*, p. 263.
119. S. Diaguilev, "Slojnie voprosy. Nash mnimyi upadok", *Mir iskusstva*, nº 1 (1898-99), p. 10-11.
120. A. Benua, *Moi vospominania*, 2 vols. (Moscou, 1980), vol. 1, p. 500.
121. A. Haskell, *Diaghileff. His Artistic and Private Life* (Londres, 1935), p. 160.
122. S. Diaghilev, "Evropeiskie vystavki i russkie khudojniki", *Novosti i birjevaia gazeta* (26 de agosto de 1896).
123. M. Normand, "La Russie à l'Exposition", *L'Illustration* (5 de maio de 1900), p. 282, 283.
124. Ver Salmond, *Arts and Crafts in Late Imperial Russia*, p. 102-103, 161-63.
125. Tenisheva, *Vpechatleniia moei jizni*, p. 426.
126. Citado em *Serguei Diaguilev i russkoie iskusstvo* (Moscou, 1982), p. 109-10.
127. Prince P. Lieven, *The Birth of the Ballets-Russes* (Londres, 1936), p. 56.
128. R. Taruskin, *Stravinsky and the Russian Traditions: A Biography of the Works through Mavra*, 2 vols. (Oxford, 1996), vol. 1, p. 536.
129. N. A. Rimski-Korsakov, *Polnoie sobranie sochinenii: literaturnye proizvedeniia i perepiska*, 8 vols. (Moscou, 1955-82), vol. 8b, p. 105.
130. P. Tchaikovski, *Polnoie sobranie sochinenii: literaturnye proizvedeniia i perepiska* (Moscou, 1953-81), vol. 15b, p. 293.
131. A. Benois, *Reminiscences of the Russian Ballet* (Londres, 1941), p. 124.
132. Idem, p. 266.
133. A. Benois, "Russkie spektakli v Parije", *Rech'* (25 de julho de 1909), p. 2.
134. A. Benois, "Khudojestvennye pis'ma: russkie spektakli v Parije: 'Jar ptitsa'", *Rech'* (18 de julho de 1910).
135. Há uma análise brilhante da música e da cenografia em Taruskin, *Stravinsky and the Russian Traditions*, vol. 1, cap. 9.

136. E. Liniova, *Velikorusskie pesni v narodnoi garmonizatsii*, 2 vols. (São Petersburgo, 1904-09). Há uma versão em inglês: E. Lineva, *The Peasant Songs of Great Russia as They Are in the Folk's Harmonization: Collected and Transcribed from Phonograms by Eugenie Lineff* (São Petersburgo, 1905-12).
137. Liniova, *Velikorusskie pesni v narodnoi garmonizatsii*, vol. 2, p. xxv-xxvi.
138. L. Bakst, "Puti klassitsizma v iskusstve", *Apollon*, nº 2 (1909), p. 77.
139. Há uma análise detalhada em Taruskin, *Stravinsky and the Russian Traditions*, vol. 1, p. 695-717.
140. N. Rerikh, "Na Kurgane", em *Pervaia kniga* (Moscou, 1914).
141. Taruskin, *Stravinsky and the Russian Traditions*, vol. 1, p. 881-86.
142. Há uma análise brilhante dessas fontes folclóricas em Taruskin, *Stravinsky and the Russian Traditions*, vol. 1, p. 891-965.
143. Citado em M. Oliver, *Stravinsky* (Londres, 1995), p. 88.
144. R. Rolland, *Journal des années de guerre, 1914-1919* (Paris, 1952), p. 59.
145. E. White, *Stravinsky: The Composer and His Works* (Londres, 1979), p. 151.
146. As anotações feitas para a peça não foram publicadas. Encontram-se no arquivo Paul Sacher, em Basel (Caderno A de Igor Stravinski). Sobre o esforço emocional investido nas canções, ver Taruskin, *Stravinsky and the Russian Traditions*, vol. 2, p. 1.192.
147. I. Stravinsky e R. Craft, *Expositions and Developments* (Berkeley, 1980), p. 138. Stravinski fez essa observação pela primeira vez em *Chronique de ma vie*, 2 vols. (Paris, 1935-36).
148. C.-F. Ramuz, *Souvenirs sur Igor Strawinsky*, em *Œuvres completes*, 20 vols. (Lausanne, 1941), vol. 14, p. 68.
149. Stravinsky e Craft, *Expositions and Developments*, p. 118.
150. B. Nijinska, "Creation of *Les Noces*", *Dance Magazine* (dezembro de 1974), p. 59.

5. EM BUSCA DA ALMA RUSSA

1. L. Stanton, *The Optina Pustyn Monastery in the Russian Literary Imagination: Iconic Vision in Works by Dostoevsky, Gogol, Tolstoy, and Others* (Nova York, 1995), p. 63-64.

2. S. Chetverikov, *Optina Pustyn* (Paris, 1951), p. 26.
3. Idem, p. 40; Stanton, *The Optina Pustyn Monastery in the Russian Literary Imagination*, p. 46.
4. Ver também V. Lossky, *The Mystical Theology of the Eastern Church* (Londres, 1957), principalmente cap. 1.
5. R. Ware, *The Orthodox Church* (Harmondsworth, 1997), p. 164-65.
6. A. Chekhov, *Polnoie sobranie sochinenii*, 30 vols. (Moscou, 1974-83), vol. 5, p. 100-101 (tradução de Rosamund Bartlett).
7. A. Guertsen, *Byloie i dumy*, 2 vols. (Moscou, 1962), vol. 1, p. 467.
8. L. Ouspensky, "The Meaning and Language of Icons", em *The Meaning of Icons* (Nova York, 1981), p. 42.
9. Ver M. Cherniavsky, *Tsar and People: Studies in Russian Myths* (New Haven, 1961), p. 44-71.
10. A. K. Lelong, "Vospominania", *Russkii arkhiv* (1913), kn. 2, nº 7, p. 65.
11. N. M. Zernov (org.), *Na perelome: tri pokoleniia odnoi moskovskoi semi* (Paris, 1970), p. 228.
12. Idem, p. 230.
13. M. Nikolieva, "Cherty starinnogo dvorianskogo byta", *Russkii arkhiv* (1893), kn. 3, chast' 10, p. 130-31.
14. V. N. Kharuzina, *Proshloie. Vospominania dietskikh i otrocheskikh let* (Moscou, 1999), p. 363-4.
15. V. D. Bonch-Bruevich, "O religuii, religuioznom sektanstve i tserkvi", *Izbrannye sochineniia*, 3 vols. (Moscou, 1959-63), vol. 1, p. 174-75.
16. V. S. Solov'ev, *O khristianskom edinstve* (Moscou, 1994), p. 171.
17. F. Dostoievski, *A Writer's Diary*, trad. K. Lantz, 2 vols. (Londres, 1994), vols. 2, p. 1.351.
18. A. Tereschenko, *Byt russkogo naroda* (São Petersburgo, 1848), chast' 3, p. 254.
19. K. V. Chistov, *Russkie narodnye sotsial'no-utopicheskie legendy XVII-XIX vv.* (Moscou, 1967), p. 290-91; N. K. Rerikh, "Serdtse Azii", em *Izbrannoie* (Moscou, 1979), p. 177.
20. Z. Guippius, "Svetloie ozero. Dnevnik", *Novyi put'* (1904), nº 1, p. 168-69.
21. Chistov, *Russkie narodnye sotsial'no-utopicheskie legendy XVII-XIX vv*, p. 239-40, 148-49.

22. Idem, p. 261-70.
23. Stanton, *The Optina Pustyn Monastery in the Russian Literary Imagination*, p. 51.
24. V. Sechkarev, *Gogol: His Life and Works* (Nova York, 1965), p. 5.
25. V. Veressaiev, *Gogol v jizni: sistemacheskii svod podlinnikh svidetel'stv sovremennikov* (Moscou, 1990), p. 43.
26. Ver a carta de Gogol a S. P. Shevyrev ("I came to Christ by the Protestant path" — "Cheguei a Cristo pela via protestante"), em *Letters of Nikolai Gogol*, org. e trad. C. Proffer (Ann Arbor, 1967), p. 171-2.
27. G. Florovski, *Puti russkogo bogosloviia* (Paris, 1937), p. 262.
28. Ver J. Schillinger, "Gogol's 'The Overcoat' as a Travesty of Hagiography", *Slavic and East European Journal*, 16 (1972), p. 36-41; V. E. Vetlovskaia, "Jitiinie istochniki gogolevskoi 'Shinel'", *Russkaia literatura* (1999), p. 18-35.
29. L. Knapp, "Gogol and the Ascent of Jacob's Ladder: Realization of Biblical Metaphor", *Christianity and the Eastern Slavs, Californian Slavic Studies*, vol. 3, nº 18 (1995), p. 8.
30. Florovski, *Puti russkogo bogosloviia*, p. 278.
31. K. Aksakov, *Polnoie sobranie sochinenii*, 3 vols. (Moscou, 1861-80), vol. 1, p. 630.
32. F. Odoevsky, *Russian Nights*, trad. O. Koshansky-Olienikov e R. E. Matlaw (Nova York, 1965), p. 37-8.
33. "Nechto o vrojdennom svoistve dush rossiiskikh", *Zritel'* (1792), nº 3, p. 173.
34. N. Gogol, "Taras Bulba", em *Village Evenings near Dikanka and Mirgorod*, trad. C. English (Oxford, 1994), p. 327-28.
35. N. Gogol, *Dead Souls*, trad. D. Magarshack (Harmondsworth, 1961), p. 258.
36. M. Malia, *Alexander Herzen and the Birth of Russian Socialism* (Cambridge, 1961), p. 223.
37. *Letters of Nikolai Gogol*, p. 162.
38. V. A. Kotel'nikov, "Optina Pustin' i russkaia literatura", *Russkaia literatura*, nº 1 (1989), p. 69.

39. N. Gogol, *Polnoie sobranie sochinenii*, 14 vols. (Moscou e Leningrado, 1937-52), vol. 6, p. 200; vol. 10, p. 181. Ver também E. A. Smirnova, *Poema Gogolia "Mertvie dushi"* (Leningrado, 1987), p. 70-74.
40. Smirnova, *Poema Gogolia "Mertvie dushi"*, p. 143.
41. Gogol, *Polnoie sobranie sochinenii*, vol. 14, p. 191.
42. N. V. Gogol, *Pis'ma*, 4 vols. (São Petersburgo, s.d.), vol. 2., p. 508.
43. V. G. Belinski, *Polnoie sobranie sochinenii*, 13 vols. (Moscou, 1953-59), vols. 10, p. 212.
44. S. T. Aksakov, *Istoriia moiego jakomstva s gogolem* (Moscou, 1960), p. 170.
45. Citado em D. P. Bogdanov, "Optina Pustin' i polomnichestvo v nee russkikh pissatelei", *Istoricheskii vestnik*, 112 (outubro de 1910), p. 332-34.
46. Citado em J. M. Holquist, "The Burden of Prophecy: Gogol's Conception of Russia", *Review of National Literatures*, vol. 3, nº 1 (1973), p. 39.
47. "Pis'mo k N. V. Gogoliu", em Belinski, *Polnoie sobranie sochinenii*, vol. 4, p. 215.
48. I. S. Belliutsin, *Description of the Clergy in Rural Russia*, trad. G. Freeze (Cornell, 1985), p. 35.
49. M. Gorky, *My Universities* (Harmondsworth, 1966), p. 122.
50. G. Fedotov, *The Russian Religious Mind*, 2 vols. (Cambridge, Massachusetts, 1966), vol. 1, p. 12-14, 358-62; J. Hubbs, *Mother Russia: The Feminine Myth in Russian Culture* (Bloomington, 1988), p. 19-20.
51. V. G. Vlasov, "The Christianization of the Russian Peasants", em M. Balzer (org.), *Russian Traditional Culture: Religion, Gender and Customary Law* (Londres, 1992), p. 25.
52. J. Billington, *The Face of Russia* (Nova York, 1999), p. 52.
53. E. A. Boriak, "Traditsionnie znaniia, obriady i verovaniia ukraintsev sviazannye s tkachestvom (seredina XIX v — nachalo XX v)", diss. Kand. (Universidade de Kiev, 1989), p. 157.
54. P. P. Chubinski, *Trudy etnograficheskо-statisticheskoi ekspeditsii v zapadno-russkii krai* (São Petersburgo, 1877), vol. 4, p. 4.
55. I. V. Kostolovski, "K pover'iam o poiase krest'ian' iaroslavskoi gubernii", *Etnograficheskoie obozrenie* (1909), nº 1, p. 48-49; I. A. Kremleva, "Obevoliutsii nekotorykh arkhaichnykh obychaiev russkikh", em *Russkie: semeiny i obshchestvennyi byt* (Moscou, 1989), p. 252.

56. A. Pushkin, *Eugene Onegin*, trad. J. Falen (Oxford, 1990), p. 52.
57. N. Chechulin, *Russkoie provintsial'noie obschestvo vo vtoroi polovine XVIII veka* (São Petersburgo, 1889), p. 36; Lelong, "Vospominania", *Russkii arkhiv,* kn. 2, nº 6, p. 807.
58. Lelong, "Vospominania", *Russkii arkhiv*, p. 52-53.
59. C. Beaumont, *Serge Diaghilev* (Londres, 1933), p. 26.
60. Ver a respeito disso os comentários de P. A. Viazemski em *Pushkin v vospominaniakh sovremennikov* (Moscou, 1985), p. 194.
61. A. P. Moguilianski, *Lichnost' Pushkin* (São Petersburgo, 1995), p. 38; *Druz'ia Pushkin*, 2 vols. (Moscou, 1985), vol. 2, p. 318.
62. V. V. Gippius, *Gogol* (Ann Arbor, 1981), p. 176. Sobre Tolstoi, ver K. Parthé, "Death-masks in Tolstoi", *Slavic Review*, vol. 41, nº 2 (1982), p. 297-305; e, do mesmo autor, "The Metamorphosis of Death in L. N. Tolstoi", *Language and Style*, vol. 18, nº 2 (1985), p. 205-14.
63. *Vospominania o Chaikovskom* (Moscou, 1962), p. 29.
64. Ver a carta de Dostoievski a V. V. Mikhailov (16 de março de 1878) em F. Dostoievski, *Complete Letters*, org. e trad. D. Lowe e R. Meyer, 5 vols. (Ann Arbor, 1988-91), vol. 5, p. 18.
65. Stanton, *The Optina Pustyn Monastery in the Russian Literary Imagination*, p. 174-75.
66. V. A. Kotel'nikov, "Optina Pustin' i russkaia literatura", *Russkaia literatura*, nº 1 (1989), p. 20, 22.
67. F. Dostoievski, *The Brothers Karamazov*, trad. D. Magarshack (Harmondsworth, 1988), p. 51-53.
68. Idem, p. 187.
69. Dostoievski, *Complete Letters*, vol. 5, p. 83.
70. J. Frank, *Dostoivski: The Seeds of Revolt* (Princeton, 1977), p. 43 e seg.
71. Dostoievski, *A Writer's Diary*, vol. 1, p. 129.
72. Dostoievski, *Complete Letters*, vol. 1, p. 190 (modifiquei a tradução).
73. F. Dostoievski, *The House of the Dead*, trad. D. McDuff (Londres, 1985), p. 35-36.
74. Dostoievski, *A Writer's Diary*, vol. 2, p. 351-55.
75. Idem, vol. 2, p. 354.
76. Idem, vol. 2, p. 355.

77. Idem, vol. 2, p. 347-48.
78. Dostoievski, *Complete Letters*, vol. 3, p. 114.
79. F. M. Dostoievski, *Pis'ma*, 4 vol. (Moscou, 1928-1959), vol. 1, p. 141.
80. F. Dostoievski, *The Devils*, trad. D. Magarshack (Harmondsworth, 1971), p. 259 (grifos meus).
81. Há uma excelente discussão de Dostoievski nessa linha em A. Kelly, "Dostoievski and the Divided Conscience", em *Toward Another Shore: Russian Thinkers between Necessity and Chance* (New Haven, 1998), p. 55-79. T. Masaryk apresenta argumento semelhante em *The Spirit of Russia*, 3 vols. (Londres, 1967), vol. 3, p. 54-63.
82. Dostoivski, *Complete Letters*, vol. 1, p. 95.
83. Dostoivski, *The Brothers Karamazov*, p. 152.
84. F. Dostoivski, *Crime and Punishment*, trad. D. McDuff (Harmondsworth, 1991), p. 629.
85. Iu. Mann, *V poiskakh jivoi dushi. "Mertvie dushi': pisatel' — kritika — chitatel"* (Moscou, 1984), p. 321-22; Gogol', *Polnoie sobranie sochinenii*, vol. 14, p. 264-65.
86. S. G. Volkonski, *Zapiski* (São Petersburgo, 1901), p. 499.
87. Dostoievski, *A Writer's Diary*, vol. 1, p. 130 (grifos meus).
88. Idem, vol. 1, p. 135.
89. Idem, vol. 1, p. 162.
90. Dostoievski, *The Brothers Karamazov*, p. 190, 339, 356.
91. Idem, p. 350.
92. Idem, p. 596-97.
93. Idem, p. 667.
94. Idem, p. 694.
95. Sobre a opinião do arquimandrita Bukharev, que pode ter influcienciado Dostoievski, ver G. Freeze, "Die Laisierung des Archimandriten Feodor (Bucharev) und ihre kirchenpolitische Hintergrtinde. Theologie und Politik im Russland der Mitte des 19. Jahrhunderts", *Kirche im Osten*, 28 (1985), p. 26-52. Ver também K. Onasch, "En quête d'une orthodoxie 'alternative'. Le Christ et l'église dans l'œuvre de F. M. Dostoievski", *Mille ans de christianisme russe 988-1988. Actes du Colloque International de L'Université de Paris X — Nanterre 20-23 Janvier 1988* (Paris, 1989), p. 247-52.

96. Dostoievski, *The Brothers Karamazov*, p. 65-75 (citação na página 73). Quanto ao contexto político, ver O. Khakhordin, "Civil Society and Orthodox Christianity", *Europe-Asia Studies*, vol. 50, nº 6 (1998), p. 949-68.
97. Dostoievski, *The Brothers Karamazov*, p. 73-74. Quanto à ligação com o Optina, ver Stanton, *The Optina Pustyn Monastery in the Russian Literary Imagination*, p. 174-75.
98. V. S. Solov'ev, *Sobranie sochinenii*, 6 vols. (São Petersburgo, 1901-07), vol. 3, p. 182.
99. Dostoievski, *The Brothers Karamazov*, p. 612.
100. Idem, p. 32.
101. V. Lebedev, "Otryvok iz romana 'Brat'ia Karamazovy' pered sudom tsenzury", *Russkaia literatura*, nº 2 (1970), p. 123-25.
102. Dostoievski, *A Writer's Diary*, vol. 2, p. 1.351.
103. Ver R. Gustafson, *Leo Tolstoy, Resident and Stranger: A Study in Fiction and Theology* (Princeton, 1986).
104. Idem, p. 334-35.
105. Ver, por exemplo, N. Berdiaiev, "Vetkhii i novyi zavet v religuioznom soznanii L. Tolstogo", em *O religuii L'va Tolstogo* (Moscou, 1912). Veja mais detalhes sobre esse ponto de vista em D. Matual, *Tolstoy's Translation of the Gospels: A Critical Study* (Lewiston, 1992), p. 14. Especialistas em literatura encontraram vestígios de budismo nas obras de Tolstoi, principalmente na cena da morte do príncipe Andrei em *Guerra e paz*. Ver A. N. Strijev (org.), *Dukhovnaia tragediia L'va Tolstogo* (Moscou, 1995), p. 17-18.
106. A. S. Suvorin, *Diary* (Moscou-Petrogrado, 1923), p. 263.
107. S. Pozoiski, *K istorii otluchenii L. Tolstogo ot tserkvi* (Moscou, 1979), p. 65-71.
108. A. N. Wilson, *Tolstoy* (Londres, 1988), p. 458.
109. *Lev Tolstoi i V. V. Stassov. Perepiska 1878-1906* (Leningrado, 1929), p. 227, 235.
110. A. Donskov (org.), *Sergei Tolstoy and the Doukhobors: A Journey to Canada (Diary and Correspondence)* (Ottawa, 1998), p. 151-52. Pozoiski, *K istorii otluchenii L. Tolstogo ot tserkvi*, p. 113-17.
111. Ver Donskov, anteriormente.

112. A. Etkind, *Khlyst: Sekty, literatura i revoliutsiia* (Moscou, 1998), p. 128-29. Sobre a correspondência de Tolstoi com outras seitas, ver A. Donskov (org.), *L. N. Tolstoi i T. M. Bondarev: perepiska* (Munique, 1996); A. Donskov (org.), *L. N. Tolstoi i M. P. Novikov: perepiska* (Munique, 1996); V. Bonch-Bruevich, *Materialy k istorii i izucheniu russkgo sektanstva i raskola*, vyp. 1 (São Petersburgo, 1908). Há uma avaliação crítica do tolstoísmo como seita em T. V. Butkevich e V. M. Skvortsov, "Tolstovstvo kak sekta", *Missionerskoie obozrenie* (1897), nº 1, p. 807-31.
113. A. Heard, *The Russian Church and Russian Dissent, Comprising Orthodoxy, Dissent and Errant Sects* (Londres, 1887), p. 37-38.
114. L. Tolstoi, *Polnoie sobranie sochinenii*, 91 vols. (Moscou, 1929-64), vol. 26, p. 401.
115. Ver M. Aucouturier e M. Sémon, *Tolstoï et la mort, Cahiers Leon Tolstoï*, nº 4 (Paris, 1986).
116. A. P. Chekhov, *Polnoie sobranie sochinenii i pissem*, 20 vols. (Moscou, 1944-51), vol. 18, p. 386.
117. Idem, vol. 17, p. 64.
118. *Dnevnik A. S. Suvorina* (Moscou-Petrogrado, 1923), p. 165.
119. G. McVay, "Religioznaia tema v pis'makh A. P. Chekhova", em V. Kataev et al. (orgs.), *Anton P. Cechov — Philosophische und religiose Dimensionen im Leben und im Werk* (Munique, 1997), p. 251-64; A. Izmailov, *Chekhov, 1860-1904, biograficheskii Ocherk* (Moscou, 1916), p. 536.
120. A. V. Chanilo, "Ikony i kresty A. P. Chekhova i ego blizkikh v yaltinskom muzeie", em Kataev et al. (orgs.), *Anton P. Cekhov*, p. 385-89.
121. A. P. Kuzicheva, "Ob istokakh rasskaza 'Arkhierei'", em Kataev et al. (orgs.), *Anton P. Cekhov*, p. 437-39.
122. McVay, "Religioznaia tema v pis'makh A. P. Chekhova", p. 253-59, 262.
123. Izmailov, *Chekhov*, p. 552.
124. Carta de dezembro de 1895 em McVay, "Religioznaia tema v pis'makh A. P. Chekhova", p. 258.
125. A. Chekhov, *Three Sisters*, trad. M. Frayn (Londres, 1983), p. 35.
126. A. Chekhov, *Polnoie sobranie sochinenii i pissem*, 30 vols. (Moscou, 1974-83), vol. 2, p. 280-81.
127. Izmailov, *Chekhov*, p. 546.

128. Chekhov, *Polnoie sobranie sochinenii*, vol. 5, p. 468.
129. A. Chekhov, *Plays*, trad. E. Fen (Harmondsworth, 1972), p. 244-45.
130. *Perepiska A. P. Chekhova v trekh tomakh* (Moscou, 1996), vol. 3, p. 536.
131. V. Feider, *A. P. Chekhov. Literaturnyi byt i tvorchestvo po memuarnyrn materialam* (Leningrado, 1927), p. 453.
132. Idem, p. 456.
133. Ver J. Metzele, *The Presentation of Death in Tolstoy's Prose* (Frankfurt, 1996).
134. L. Tolstoy, *The Death of Ivan Ilich and Other Stories*, trad. R. Edmonds (Harmondsworth, 1960), p. 140, 143.
135. Aucouturier e Sémon, *Tolstoï et la mort*, p. 77-78.
136. D. I. Pissarev, *Sochineniia*, 4 vols. (Moscou 1955) , vol. 1, p. 36.
137. I. Turgenev, *Sketches from a Hunter's Album*, trad. R. Freeborn (Harmondsworth, 1990), p. 222.
138. Idem, p. 225.
139. A. Soljenitsin, *Cancer Ward*, trad. N. Bethell e D. Burg (Londres, 2000), p. 110-11.
140. Há fontes de memórias em E. Fevralev, *Russkii doreformenny byt i khristianskie idealy* (Kiev, 1907); N. V. Davydov, "Ocherki byloi pomeschechei jizni", *Iz Proshlogo* (Moscou, 1914), p. 384-85; D. I. Nikiforov, *Vospominania iz vremen imp. Nik. I* (Moscou, 1903), p. 116-25. Há estudos etnográficos em V. Nalimov, "Zagrobnyi mir po verovaniiam zyrian", *Etnograficheskoie obozrenie* (1907), nº 1-2, p. 1-23; e P. V. Ivanov, "Ocherk vozzrenii krest'ianskogo nasseleniia kupianskogo uezda na dushi i na zagrobnuiu jizni", *Sbornik khar'kovskogo istoriko-filologuicheskogo obschestva* (1909), nº 18, p. 244-55. Ver também C. Worobec, "Death Ritual among Ukrainian Peasants: Linkages between the Living and the Dead", em S. Frank e M. Steinberg (orgs.), *Cultures in Flux: Lower-class Values, Practices and Resistance in Late Imperial Russia* (Princeton, 1994), p. 11-33.
141. Fevralev, *Russkii doreformenny byt i khristianskie idealy*, p. 161.
142. D. Ransel, "Infant-care Cultures in the Russian Empire", em *Russia's Women: Accommodation, Resistance, Transformation*, org. B. Clements, B. Engel, C. Worobec (Berkeley, 1991), p. 120.

143. T. Ivanovskaia, "Dieti v poslovitsakh i pogovorkakh russkogo naroda", *Vestnik vospitaniia* (1908), nº 19, p. 124.
144. Ransel, "Infant-care Cultures in the Russian Empire", p. 121; mesmo autor, *Mothers of Misery: Child Abandonment in Russia* (Princeton, 1988).
145. "Smert' i dusha v pover'iakh i v razskazakh krest'ian' i meschan' riazanskogo, ranenburgskogo, i dankovskogo uezdov riazanskoi gubernii", *Jivaia starina* (São Petersburgo, 1898), vyp. 1, p. 231.
146. Na literatura de memórias há um bom relato desse processo em Nikiforov, *Vospominania iz vremen imp. Nik. I*, p. 20–25. Ver também Nalimov, "Zagrobnyi mir po verovaniiam zyrian", p. 10; Ivanov, "Ocherk", p. 248–49; e também Worobec, "Death Ritual among Ukrainian Peasants", p. 16–18.
147. Worobec, "Death Ritual among Ukrainian Peasants", p. 30.
148. Ivanov, "Ocherk", p. 250–53; A. Tereschenko, *Byt russkogo naroda* (São Petersburgo, 1848), p. 84; Nalimov, "Zagrobnyi mir po verovaniiam zyrian", p. 5–7.
149. Tereschenko, *Byt russkogo naroda*, p. 95, 121–24; "Smert' i dusha", p. 231–2.
150. Dostoievski, *The Brothers Karamazov*, p. 906.
151. Strijev, *Dukhovnaia tragediia L'va Tolstogo*, p. 67.
152. L. Tolstoi, *Polnoie sobranie sochinenii*, vol. 54, p. 133.
153. Pozoiski, *K istorii otluchenii L. Tolstogo ot tserkvi*, p. 128–34.
154. Wilson, *Tolstoy*, p. 517.

6. DESCENDENTES DE GÊNGIS KHAN

1. N. A. Dobrotvorski, "Permiaki", *Vestnik evropy*, nº 3 (1833), p. 261.
2. Ver P. Weiss, *Kandinsky and Old Russia. The Artist as Ethnographer and Shaman* (New Haven, 1995).
3. V. V. Kandinski, "Stupeni", em *Tekst khudojnika* (Moscou, 1918), p. 27.
4. V. V. Kandinski, "Iz materialov po etnografii sysol'skikh i vychegodskikh zyrian", *Etnograficheskoie obozrenie*, nº 3 (1889), p. 105–108.
5. L. N. Jerebtsov, *Istoriko-kul'turnie vzaimootsheniia komi s sosednimi narodami* (Moscou, 1982), p. 19; o diário não publicado da viagem de Kandinski está em Fonds Kandinski, Centre Georges Pompidou, Musée National d'Art Moderne, Paris.

6. M. A. Castren, *Nordische Reisen* (São Petersburgo, 1853–56).
7. Ver F. Oinas, "Shamanic Components in the *Kalevala*", em J. Fernandez--Vest (org.), *Kalevale et traditions orales du monde* (Paris, 1987), p. 39–52.
8. N. Findeizin, *Ocherki po istorii muzyki v Rossii*, 2 vols. (Moscou e Leningrado, 1929), vol. 2, p. 219–21.
9. Sobre os ancestrais de Kandinski, ver V. V. Baraiev, *Drevo dekabristy i semeistvo kandinskikh* (Moscou, 1991).
10. N. A. Baskakov, *Russkie familii tiurkskogo proiskhojdeniia* (Moscou 1979), p. 11, 58, 83, 100, 155–56, 169, 201–203, 223.
11. Idem, p. 142; V. Nabokov, *Strong Opinions* (Nova York, 1973), p. 119.
12. Há uma avaliação desse trabalho em B. Farmakovskii, *N. I. Viesselovskii — Arkheolog* (São Petersburgo, 1919).
13. E. V. Anichkov et al., *Istoriia russkoi literatury* (Moscou, 1908), vol. 1, p. 99; P. Bogaievski, "Religioznye predstavleniia votiakov", *Etnograficheskoie obozrenie* (1890), nº 2.
14. V. G. Tan-Bogoraz, "K psikhologii shamanstva narodov severnovostochnoi Azii", *Etnograficheskoie obozrenie*, nº 1–2 (1910).
15. D. Zelenin, *Le Culte des idoles en Siberie* (Paris, s/d), p. 13–59, 118–20, 153.
16. Ver J. Fennell, *The Crisis of Medieval Russia* (Londres, 1983), p. 78–79, 87–89.
17. D. Likhachev, *Russkaia kul'tura* (Moscou, 2000), p. 21.
18. N. M. Karamzin, *Istoriia gossudarstva rossiiskogo* (São Petersburgo, 1817), vol. 5, p. 358, 359–60, 373–74.
19. Carta (em francês) a Chaadaev, 19 de outubro de 1836, em *Sochineniia Pushkina, Perepiska*, 3 vols. (São Petersburgo, 1906–11), vol. 3, p. 388.
20. A. Pushkin, *Eugene Onegin*, trad. J. Falen (Oxford, 1990), p. 26.
21. V. O. Kliuchevski, *Kurs russkoi istorii*, 5 vols. (Moscou, 1937), vol. 4, p. 352.
22. M. Cherniavsky, "Khan or Basileus: An Aspect of Russian Medieval Political Theory", *Journal of the History of Ideas*, 20 (1959), p. 459–76; C. Halperin, *Russia and the Golden Horde: The Mongol Impact on Medieval Russian History* (Bloomington, 1985), p. 98.
23. B. Ischboldin, *Essays on Tartar History* (Nova Délhi, 1973), p. 96–109.
24. V. V. Stassov, "Kritika moikh kritikov", *Sobranie sochinenii V. V. Stassova, 1847–1886*, 3 vols. (São Petersburgo, 1894), vol. 3, p. 1336, 1350.

25. Citado em G. Vernadsky, *The Mongols and Russia* (New Haven, 1953), p. 383.
26. N. I. Viesselovski, "Perejitki nekotorykh Tatarskikh obychaiev u russkikh", *Jivaia starina*, vol. 21, n° 1 (1912), p. 27-38.
27. V. Nabokov, *Speak, Memory* (Harmondsworth, 1969), p. 26-27.
28. D. Mackenzie Wallace, *Russia*, 2 vols. (Londres, 1905), vol. 1, p. 331-32.
29. L. Tolstoy, *Childhood, Boyhood, Youth*, trad. R. Edmonds (Londres, 1964), p. 43-44.
30. Ver P. Longworth, "The Subversive Legend of Stenka Razin", em V. Strada (org.), *Russia*, 2 vols. (Turim, 1975), vol. 2, p. 29.
31. *Russkii traditsionnyi kostium. Illiustrirovannia entsiklopedia* (São Petersburgo, 1999), p. 21-22, 91-92, 107, 282-6, 334-35.
32. R. Wortman, *Scenarios of Power: Myth and Ceremony in Russian Monarchy*, 2 vols. (Princeton, 1995), vol. 1, p. 26.
33. E. Edwards, *Horses: Their Role in the History of Man* (Londres, 1987), p. 213; F. Simmons, *Eat Not This Flesh: Food Avoidance from Prehistory to the Present* (Londres, 1994), p. 183.
34. M. Khodarkovsky, *Where Two Worlds Met: The Russian State and the Kalmyk Nomads 1600-1771* (Ithaca, 1992), p. 5-28.
35. M. Bassin, "Inventing Siberia: Visions of the Russian East in the Early Nineteenth Century", *American Historical Review*, vol. 96, n° 3 (1991), p. 767.
36. M. Khodarkovsky, "'Ignoble Savages and Unfaithful Subjects': Constructing Non-Christian Identities in Early Modern Russia", em D. Brower e E. Lazzerini (orgs.), *Russia's Orient: Imperial Borderlands and Peoples, 1700-1917* (Bloomington, 1997), p. 10.
37. Bassin, "Inventing Siberia", p. 768-70.
38. Citado em A. I. Stepanchenko, *Gordost nasha Sibir': molodym o zavetnom kraie* (Irkutsk, 1964), p. 5.
39. Bassin, "Inventing Siberia", p. 772. Na verdade, havia uma lenda popular de que, originalmente, a estepe siberiana fora um mar. Ver F. F. Viguel, *Zapiski*, chast' 2 (Moscou, 1892), p. 154.
40. V. Dal', *Tolkovyi slovar' jivago velikoruskago iazyka*, 4 vols. (São Petersburgo, 1882), vol. 4, p. 180.

NOTAS

41. K. Rileiev, "Voinarovskii" (1825), em *Polnoie sobranie sochinenii* (Leningrado, 1971), p. 192.
42. Iu. Lotman, L. Ginsburg, B. Uspenski, *The Semiotics of Russian Cultural History* (Ithaca, 1985), p. 1; A. Herzen, *My Past and Thoughts*, trad. C. Garnett (Berkeley, 1999), p. 170 e seg.; Viguel, *Zapiski*, p. 144; E. Lavrentieva, *Svetskii etiket pushkinskoi gory* (Moscou, 1999), p. 346.
43. Marquis de Custine, *Empire of the Czar: A Journey through Eternal Russia* (Nova York, 1989), p. 211.
44. S. T. Aksakov, *The Family Chronicle*, trad. M. Beverley (Westport, Connecticut, 1985), p. 208-11.
45. F. I. Stogov, "Zapiski", *Russkaia starina* (1903), vol. 114, p. 123.
46. S. M. Volkonski, *O dekabristakh: po semeinum vospominaniam* (Moscou, 1994), p. 72.
47. S. Sebag Montefiore, *Prince of Princes: The Life of Potemkin* (Londres, 2000), p. 293.
48. Ver D. Shvidkovsky, *The Empress and the Architect: British Architecture and Gardens at the Court of Catherine the Great* (New Haven, 1996), cap. 4.
49. F. I. Lobissevich, *Gorod Orenburg: Istòricheskii-statisticheskii Ocherk* (São Petersburgo, 1878), p. 7; A. Alektorov, *Istoriia orenburgskoi gubernii* (Oremburgo, 1883), p. 4.
50. S. M. Volkonski, *Arkhiv dekabrista S. G. Volkonskogo*, t. 1, *Do sibiri* (Petrogrado, 1918), p. 79-80, 276.
51. Idem, p. 45-51.
52. Idem, p. 116-18.
53. P. I. Richkov, *Istoriia orenburgskaia* (Oremburgo, 1896), p. 13.
54. Volkonski, *Arkhiv dekabrista S. G. Volkonskogo*, p. 261.
55. IRL RAN, f. 57, op. 2, n. 20, l. 95, 130, 154; op. 4, n. 96, l. 17.
56. IRL RAN, f. 57, op. 4, n. 144, l. 17-18.
57. IRL RAN, f. 57, op. 4, n. 95, l. 14.
58. IRL RAN, f. 57, op. 4, n. 95, l. 29.
59. IRL RAN, f. 57, op. 2, n. 20, l. 7, 9 e outras.
60. IRL RAN, f. 57, op. 4, n. 95, l. 12, 16.
61. IRL RAN, f. 57, op. 4, n. 96, l. 6.

62. Citado em G. Semin, *Sevastopol': istoricheskii Ocherk* (Moscou, 1954), p. 24.
63. S. Dianin, *Borodin* (Oxford, 1963), p. 307.
64. S. Layton, *Russian Literature and Empire: The Conquest of the Caucasus from Pushkin to Tolstoy* (Cambridge, 1994), p. 54.
65. Idem, p. 110.
66. V. K. Kiukhel'beker, *Sochineniia* (Leningrado, 1989), p. 442.
67. L. Grossman, "Lermontov i kul'tura vostoka", *Literaturnoie nasledstvo*, n[os]. 43-44 (1941), p. 736.
68. N. Gogol, *Polnoie sobranie sochinenii*, 14 vols. (Moscou e Leningrado, 1937-52), vol. 8, p. 13-49.
69. Idem, p. 56-58.
70. Pushkin, *Polonoie sobranie sochinenii*, vol. 8, p. 463.
71. *Izmail Bey* (1832), em M. Lermontov, *Polnoie sobranie sochinenii*, 10 vols. (Moscou, 1999), vol. 3, p. 189.
72. Idem, p. 275-76.
73. Ver, por exemplo, as inserções fotográficas de *M. A. Balakirev: vospominania i pis'ma* (Leningrado, 1962) e *Balakirev: Issledovania i stat'i* (Leningrado, 1961).
74. E. Brown, *Balakirev: A Critical Study of his Life and Music* (Londres, 1967), p. 48-50.
75. N. Rimski-Korsakov, *My Musical Life*, trad. J. Joffe (Londres, 1924), p. 33; I. Stravinski e R. Craft, *Conversations with Igor Stravinsky* (Londres, 1959), p. 45.
76. *M. A. Balakirev i V. V. Stassov. Perepiska*, 2 vols. (Moscou, 1970-71), vol. 1, p. 188.
77. "Tamara" (1841), em M. Lermontov, *Polnoie sobranie sochinenii*, 5 vols. (São Petersburgo, 1910-13), vol. 2, p. 342.
78. A. N. Rimski-Korsakov, *N. A. Rimskii-Korsakov: jizn' i tvorchestvo*, vyp. 2 (Moscou, 1935), p. 31.
79. V. Stassov, *Izbrannye sochineniia v trekh tomakh* (Moscou, 1952), vol. 2, p. 528.
80. Citado em V. Karenin, *Vladimir Stassov. Ocherk ego jizni i deiatel'nosti*, 2 vols. (Leningrado, 1927), vol. 1, p. 306.

81. V. Stassov, *Russkii narodnyi ornament* (São Petersburgo, 1872). O livro levou muitos anos para ser publicado e, assim, saiu depois da obra de Stassov sobre as bilinas (publicada em 1868); ver nota 83 abaixo.
82. Idem, p. 76.
83. V. Stassov, *Proiskhojdenie russkikh bylin'*, 3 vols. (São Petersburgo, 1868), vol. 1, p. 225-62.
84. Idem, vol. 2, p. 651-75; vol. 3, p. 617.
85. Stassov, "Kritika moikh kritikov", p. 1317-18. O principal filólogo em questão foi Wilhelm Schott, *Uber das Altaische oder finnische-tatarische Sprachgeschlecht* (Berlim, 1849).
86. Stassov, *Proiskhojdenie russkikh bylin'*, vol. 3, p. 334-36.
87. G. Gilferding, "Proiskhojdenie russkikh bylin V. V. Stassova", *Vestnik evropy* (1868), vol. 1-4, p. 687; Stassov, "Kritika moikh kritikov", p. 1.324, 1.350; A. A. Shifner, "Otzyv o sochinenii V. Stassova: 'O proiskhojdenii russkikh bylin'" (São Petersburgo, 1870), p. 2.
88. V. Miller, "O sravnitel'nom metode avtora 'Proiskhojdeniia russkikh bylin'", s/d, Biblioteca Pública de Petersburgo, cat. nº 18.116.2.292.
89. K. Aksakov, "Bogatyri vremen velikogo kniazia Vladimira", *Sochineniia*, 2 vols. (São Petersburgo, 1861), vol. 1, p. 342.
90. F. Buslaiev, "Russkii bogatyrskii epos", *Russkii vestnik* (1862), vol. 5, p. 543.
91. N. Rimski-Korsakov, *Literaturnye proizvedeniia i perepiska* (Moscou, 1963), p. 417.
92. Ver, por exemplo, R. Zguta, *Russian Minstrels: A History of the Skomorokhi* (Pensilvânia, 1978).
93. A. S. Famintsyn, *Skomorokhi na Russi. Izsledovanie* (São Petersburgo, 1889), p. 161-67.
94. SP-PLMD, f. 738, op. 1, d. 17; Rimskii-Korsakov, *Literaturnye proizvedeniia*, p. 420.
95. Rimski-Korsakov, *My Musical Life*, p. 79.
96. Stassov, *Russkii narodnyi ornament*, p. xiii-xiv, xviii-xix.
97. A. Chekhov, *Polnoie sobranie sochinenii*, 30 vols. (Moscou, 1974-83), vol. 4, p. 31.
98. Chekhov, *Polnoie sobranie sochinenii*, vol. 16, p. 236-37.
99. Idem, vol. 4, p. 19.

100. Idem, vol. 4, p. 31-32.
101. A. Chekhov, *The Island of Sakhalin*, trad. L. e M. Terpak (Londres, 1989), p. 208. A tradução que B. Reeve fez deste trecho encontra-se nas p. 329-30 de A. Chekhov, *A Journey to Sakhalin* (Cambridge, 1993).
102. Ver N. Frieden, *Russian Physicians in the Era of Reform and Revolution, 1856-1905* (Princeton, 1985), p. 189-90.
103. Chekhov, *A Journey to Sakhalin*, p. 59.
104. Idem, p. 72.
105. Idem, p. 338.
106. Idem, p. 145.
107. R. Hingley, *A Life of Chekhov* (Oxford, 1976), p. 63-64.
108. V. S. Prichett, *Chekhov: A Spirit Set Free* (Londres, 1988), p. 111, 148, 155-56.
109. A. Fedorov-Davydov, *Isaak Il'ich Levitan: Pis'ma, dokumenty, vospominania* (Moscou, 1956), p. 37.
110. Chekhov, *Polnoie sobranie sochinenii*, vol. 6, p. 210.
111. A. Chekhov, "Three Years", em *The Princess and Other Stories*, trad. R. Hingley (Oxford, 1990), p. 128-29.
112. S. Lafitte, "Deux amis: Cechov et Levitan", *Revue des Études Slaves*, 41 (1962), p. 147.
113. Fedorov-Davydov, *Isaak Il'ich Levitan*, p. 136.
114. A. Chekhov, "The Steppe", trad. C. Garnett e D. Rayfield, em *The Chekhov Omnibus: Selected Stories* (Londres, 1994), p. 5-6.
115. Fedorov-Davydov, *Isaak Il'ich Levitan*, p. 8, 133.
116. Chekhov, *Polnoie sobranie sochinenii*, vol. 15, p. 368.
117. S. P. Kuvshinnikova, "Iz vospominanii khudojnitsy", em A. Fedorov-Davydov, *Isaak Il'ich Levitan*, p. 58.
118. Chekhov, "The Steppe", p. 3, 13.
119. Ver, por exemplo, N. Berdyaev, *The Russian Idea* (Londres, 1947), p. 2-3.
120. Chekhov, "The Steppe", p. 34.
121. O. Mandelstam, *The Collected Critical Prose and Letters*, trad. J. Harris e C. Link (Londres, 1991), p. 352; *M. P. Mussorgskii. Pis'ma i dokumenty* (Moscou, 1932), p. 250 (carta ao pintor Repin, 1873).
122. Citado em T. Shanin (org.), *Peasants and Peasant Societies* (Oxford, 1987), p. 382-83.

123. M. Saltykov-Shchedrin, *The Golovlyov Family*, trad. R. Wilks (Harmondsworth, 1988), p. 113.
124. N. A. Dobroliubov, *Sobranie sochinenii*, 9 vols. (Moscou, 1962), vol. 4, p. 336.
125. I. Goncharov, *Oblomov*, trad. D. Magarshack (Harmondsworth, 1954), p. 14.
126. V. I. Lenin, *Polnoie sobranie sochinenii*, 56 vols. (Moscou, 1958-65), vol. 45, p. 13.
127. SP-PLMD, f. 708, op. 1, d. 1.315, l. 20.
128. F. I. Bulgakov, V. V. *Vereschaguin i ego proizvedeniia* (São Petersburgo, 1905), p. 9.
129. SP-PLMD, f. 708, op. 1, d. 1.315, l. 6.
130. *Perepiska V. V. Vereschaguina i V. V. Stassova. I: 1874-1878* (Moscou, 1950), p. 15.
131. SP-PLMD, f. 708, op. 1, d. 1.315, l. 22.
132. SP-PLMD, f. 708, op. 1, d. 1.315, l. 24.
133. *Russkii mir* (1875), nº 65, p. 27.
134. Bulgakov, *V. V. Vereschaguin i ego proizvedeniia*, p. 17.
135. Idem, p. 44.
136. SP-PLMD, f. 708, op. 1, d. 1.315, l. 23.
137. Idem, l. 30.
138. Idem, l. 31.
139. Idem, l. 27.
140. V. Grigoriev, *Ob otnoshenii Rossii k vostoku* (Odessa, 1840), p. 8-9, 11.
141. M. I. Veniukov, "Postupaternoie dvijenie Rossii v Srednei Azii", *Sbornik gosudarstvennykh znanii* (1877), nº 3, p. 164.
142. A. Malozemoff, *Russian Far Eastern Policy 1881-1904* (Berkeley, 1958), p. 43-44.
143. F. Dostoievski, *A Writer's Diary*, trad. K. Lantz, 2 vols. (Londres, 1994), vol. 2, p. 1.369-74.
144. Citado em J. Frank, *Dostoevsky: The Years of Ordeal, 1850-1859* (Londres, 1983), p. 182.
145. Pushkin, *Polnoie sobranie sochinenii*, vol. 3, p. 390.
146. A. I. Guertsen, *Sobranie sochinenii v tridtsati tomakh* (Moscou, 1954-65), vol. 23, p. 175.

147. G. S. Lebedev, *Istoriia Otechestvennoi arkheologii 1700–1917 gg.* (São Petersburgo, 1992), p. 238.
148. N. K. Rerikh. *Pism'a k V. V. Stassovu. Pis'ma V. V. Stassova k N. K. Rerikhu* (São Petersburgo, 1993), p. 27.
149. Idem, p. 28–29.
150. E. Iakovleva, *Teatral'no-dekoratsionnoe iskusstvo N. K. Rerikha* (s.l., 1996), p. 56–57, 134–40.
151. A. Blok, *Sobranie sochinenii v vos'mi tomakh* (Moscou e Leningrado, 1961–63), vol. 3, p. 360–61.
152. A. Blok, *Polnoie sobranie sochinenii i pissem v dvadtsati tomakh* (Moscou, 1997–), vol. 5, p. 77–80.
153. Citado em *Istoricheskii vestnik*, nº 1 (1881), p. 137.
154. Citado em N. P. Antsiferov, *Dusha Peterburga* (São Petersburgo, 1922), p. 100.
155. "Na pole Kulikovom" (1908), em Blok, *Polnoie sobranie sochinenii i pissem*, vol. 3, p. 172.
156. A. Bely, *Petersburg*, trad. R. Maguire e J. Malmstad (Harmondsworth, 1983), p. 52–53.
157. Idem, p. 167.
158. N. S. Trubetskoi, *K probleme russkogo samopoznaniia* (Paris, 1927), p. 41–42, 48–51. Ideia semelhante foi apresentada pelo filósofo Lev Karsayin em *Vostok, zapad i russkaia ideia* (Petrogrado, 1922).
159. Ver R. Taruskin, *Stravinsky and the Russian Traditions: A Biography of the Works through Mavra*, 2 vols. (Oxford, 1996), vol. 2, p. 1.319–1.440; e, do mesmo autor, *Defining Russia Musically* (Princeton, 1997), p. 389–467.
160. Kandinski, "Stupeni", p. 27.
161. Citado em C. Gray, *The Russian Experiment in Art, 1863–1922* (Londres, 1986), p. 138.
162. A. Shevchenko, "Neoprimitivism: Its Theory, Its Potentials, Its Achievements", em J. Bowlt (org.), *Russian Art of the Avant-garde: Theory and Criticism, 1902–34* (Nova York, 1976), p. 49.
163. *Kandinsky: Complete Writings on Art*, org. K. Lindsay e P. Vergo, 2 vols. (Boston, 1982), vol. 1, p. 74.
164. Weiss, *Kandinsky and Old Russia*, p. 49–52.

165. Idem, p. 56-60.
166. Idem, p. 153-70.
167. Oinas, "Shamanic Components in the *Kalevala*", p. 47-48.
168. A. Pushkin, *Collected Narrative and Lyrical Poetry*, trad. W. Arndt (Ann Arbor, 1984), p. 437.

7. A RÚSSIA PELA LENTE SOVIÉTICA

1. N. Drizen, "Iz stat'i 'Teatr vo vremia revoliutsii'", em R. D. Timenchik e V. Ia. Morderer (orgs.), *Poema bez gueroia* (Moscou, 1989), p. 147.
2. *The Complete Poems of Anna Akhmatova*, trad. J. Hemschemeyer, org. R. Reeder (Edimburgo, 1992), p. 417.
3. A. Naiman, "Introduction", em *The Complete Poems of Anna Akhmatova*, p. 24.
4. *The Complete Poems of Anna Akhmatova*, p. 210-11.
5. N. I. Popova e O. E. Rubinchuk, *Anna Akhmatova i fontanny dom* (São Petersburgo, 2000), p. 18.
6. O. Figes, *A People's Tragedy: The Russian Revolution, 1891-1924* (Londres, 1996), p. 603-05.
7. "Petrograd, 1919", de *Anno Domini MCMXXI* em *The Complete Poems of Anna Akhmatova*, p. 259.
8. Figes, *A People's Tragedy*, p. 727.
9. N. Mandelstam, *Hope Abandoned*, trad. M. Hayward (Londres, 1989), p. 64.
10. "15 September, 1921", de *Anno Domini MCMXXI* em *The Complete Poems of Anna Akhmatova*, p. 297.
11. "July 1922", de *Anno Domini MCMXXI*. Idem, p. 263.
12. Título do capítulo 3 de *Anno Domini MCMXXI*. Idem.
13. K. Chukovski, "Akhmatova i Maiakovskii", *Dom iskusstv*, nº 1 (1921), p. 42.
14. "Prayer, May 1915, Pentecost", de *White Flock* em *The Complete Poems of Anna Akhmatova*, p. 203.
15. Ver, por exemplo, o poema "The Way of All the Earth" (1940). Idem, p. 530-34.
16. *Zapisnye knijki Anny Akhmatovy* (1958-66) (Moscou, 1996), p. 32.

17. *Poem without a Hero* (1940-63), em *The Complete Poems of Anna Akhmatova*, p. 583.
18. Os artigos ("Vneoktiabr'skaia literatura") foram publicados no *Pravda* em 17 e 22 de outubro de 1922.
19. N. N. Punin, "Revoliutsia bez literatury", *Minuvsheie*, nº 8 (1989), p. 346.
20. Popova e Rubinchuk, *Anna Akhmatova i fontanny dom*, p. 68.
21. Idem, p. 67.
22. L. Chukovskaya, *The Akhmatova Diaries: Volume I. 1938-41*, trad. M. Michalski e S. Rubashova (Nova York, 1994), p. 10.
23. L. Anninski e E. L. Tseitlin, *Vekhi pamiati: o knigakh N. A. Ostrovskogo "Kak zakalialas stal" i Vs. Ivanova Tronepoezd 14-69"* (Moscou, 1987), p. 23. Ver também V. S. Panaieva, *Nikolai Ostrovskii* (Moscou, 1987).
24. S. M. Volkonski, *Moi vospominania v dvukh tomakh* (Moscou, 1992), vol. 2., p. 326-27.
25. O. Matich, "Utopia in Daily Life", em J. Bowlt e O. Matich (orgs.), *Laboratory of Dreams: The Russian Avant-garde and Cultural Experiment* (Stanford, 1996), p. 65-66; V. Buchli, *An Archaeology of Socialism* (Oxford, 1999), p. 29.
26. Buchli, *An Archaeology of Socialism*, p. 65-68.
27. R. Stites, *Revolutionary Dreams: Utopian Vision and Experimental Life in the Russian Revolution* (Oxford, 1989), p. 190-99; M. Bliznakov, "Soviet Housing during the Experimental Years, 1918 to 1933", em W. Brumfield e B. Ruble (orgs.), *Russian Housing in the Modern Age: Design and Social History* (Cambridge, 1993), p. 89-90, 99; F. Starr, "Visionary Town Planning during the Cultural Revolution", em S. Fitzpatrick (org.), *Cultural Revolution in Russia, 1928-1931* (Bloomington, 1978), p. 207-11.
28. V. I. Lenin, *Polnoie sobranie sochinenii*, 56 vols. (Moscou, 1958-65), vol. 42, p. 262.
29. L. Trotski, *Sochineniia* (Moscou, 1925-27), vol. 21, p. 110-12.
30. Sobre a ideologia dos construtivistas, ver C. Lodder, *Russian Constructivism* (New Haven, 1983).
31. Ver C. Kaier, "The Russian Constructivist 'Object' and the Revolutionizing of Everyday Life, 1921-1929", diss. Ph.D. (Univ. da Califórnia, 1995), p. 66-68.

32. Lodder, *Russian Constructivism*, p. 159; Matich, "Utopia in Daily Life", p. 60.
33. Pavel Lebedev-Polianskii, citado em L. Mally, *Culture of the Future: The Proletkult Movement in Revolutionary Russia* (Berkeley, 1990), p. 160.
34. Mally, *Culture of the Future*, p. xix; RGASPI, f. 17, op. 60, d. 43, l. 19; C. Read, *Culture and Power in Revolutionary Russia: The Intelligentsia and the Transition from Tsarism to Communism* (Londres, 1990), p. 113-14.
35. V. Kirilov, "Nós" (1917), em *Stikhotvoreniia i poemy* (Moscou, 1970), p. 35.
36. K. Zetkin, *Reminiscences of Lenin* (Londres, 1929), p. 14.
37. M. Bliznakov, "Soviet Housing during the Experimental Years, 1918 to 1933", p. 117.
38. T. Colton, *Moscow: Governing the Socialist Metropolis* (Cambridge, Massachusetts, 1995), p. 223.
39. M. Chagall, *My Life* (Londres, 1965), p. 137.
40. J. Brooks, "Studies of the Reader in the 1920s", *Russian History*, vol. 9, nº 2-3 (1982), p. 187-202; V. Volkov, "Limits to Propaganda: Soviet Power and the Peasant Reader in the 1920s", em J. Raven, *Free Print and Non-commercial Publishing since 1700* (Aldershot, 2000), p. 179.
41. R. Fülöp-Miller, *Geist and Gesicht des Bolschewismus* (Zurique, 1926), p. 245.
42. *Samoie vajnoie iz vsekh iskusstv. Lenin o kino* (Moscou, 1963), p. 124.
43. P. Kenez, *The Birth of the Propaganda State: Soviet Methods of Mass Mobilization* (Cambridge, 1985), p. 73.
44. L. Trotski, "Vodka, tservkov i kinematograf", *Pravda* (12 de julho de 1923), citado em tradução em L. Trotsky, *Problems of Everyday Life and Other Writings on Culture and Science* (Nova York, 1973), p. 31-35.
45. Sobre os números do público soviético, ver D. Youngblood, *Movies for the Masses: Popular Cinema and Soviet Society in the 1920s* (Cambridge, 1992), p. 25-28.
46. K. Samarin, "Kino ne teatr", *Sovetskoe kino*, nº 2 (1927), p. 8.
47. G. M. Boltianski, "Iskusstvo budushchego", *Kino*, nº. 1/2 (1922), p. 6.
48. D. Vertov, *Stat'i, dnevniki, zamysli* (Moscou, 1966), p. 90.
49. R. Taylor, *The Politics of the Soviet Cinema, 1917-1929* (Cambridge, 1979), p. 129. Quanto aos textos teóricos de Vertov traduzidos, ver D. Vertov, *Kino-Eye*, org. A. Michelson, trad. K. O'Brien (Berkeley, 1984).

50. V. Pudovkin, *Film Technique and Film Acting*, trad. I. Montagu (Nova York, 1970), p. 168-69.
51. Há uma boa discussão geral desse assunto em I. Christie, "Making Sense of Early Soviet Sound", em R. Taylor e I. Christie (orgs.), *Inside the Film Factory: New Approaches to Russian and Soviet Cinema* (Londres, 1991), p. 176-92. A declaração sobre o uso contrapontístico do som (feita em 1928 por Eisenstein e Pudovkin) está em R. Taylor e I. Christie (org.), *The Film Factory: Russian and Soviet Cinema Documents, 1896-1939* (Londres, 1994), p. 234-35.
52. S. M. Volkonski, *Moi vospominania v dvukh tomakh* (Moscou, 1992), vol. 1, p. 19.
53. S. M. Volkonski, *Vyrazitel'nyi chelovek: stsenicheskoe vospitanie jesta (po Del'sartu)* (São Petersburgo, 1913), p. 132.
54. M. Yampolsky, "Kuleshov's Experiments and the New Anthropology of the Actor", em Taylor e Christie, *Inside the Film Factory*, p. 42-50.
55. S. Eisenstein, *Selected Works*, 4 vols. (Londres, 1988-95), vol. 4, p. 67.
56. Idem, vol. 4, p. 527.
57. Citado em R. Bergan, *Eisenstein: A Life in Conflict* (Londres, 1997), p. 28.
58. Eisenstein, *Selected Works*, vol. 4, p. 27.
59. Citado em Bergan, *Eisenstein,* p. 50.
60. Sobre os comentários do próprio Eisenstein sobre essa sequência, ver o seu ensaio "A Dialectic Approach to Film Form", em *Film Form: Essays in Film Theory,* org. e trad. J. Leyda (Nova York, 1949), p. 62.
61. Eisenstein, *Selected Works*, vol. 1, p. 131.
62. K. Rudnitsky, *Russian and Soviet Theatre: Tradition and Avant-garde*, trad. R. Permar (Londres, 1988), p. 63.
63. V. Maiakovski, *Polnoie sobranie sochinenii*, 13 vols. (Moscou, 1955-61), vol. 2, p. 248.
64. E. Braun, *The Theatre of Meyerhold: Revolution and the Modern Stage* (Londres, 1986), p. 169-73, 180-82.
65. Ver A. Fevralski, *Puti k sintezu: Meierhol'd i kino* (Moscou, 1978).
66. Braun, *The Theatre of Meyerhold*, p. 196, 211, 218.
67. Há um relato testemunhal de uma das aulas de biomecânica de Meyerhold no início da década de 1930 em A. van Gyseghem, *Theatre in Soviet Russia* (Londres, 1943), p. 27-29.

68. A. Law e M. Gordon, *Meyerhold, Eisenstein and Biomechanics: Actor Training in Revolutionary Russia* (Jefferson, Carolina do Norte, 1996), p. 30-31.
69. Idem, p. 40-41.
70. *Deiateli soiuza sovietskikh sotsialisticheskikh respublik i oktiabr'skoi revoliutsii. Entsiklopedicheskii slovar*, 7ª ed. (Moscou, 1989), vol. 41, parte 2, p. 101-02.
71. Stites, *Revolutionary Dreams*, p. 146-57; E. Toiler, *Which World? Which Way?* (Londres, 1931), p. 114.
72. A respeito da dívida de Orwell para com Zamiatin, ver E. Brown, *Brave New World, 1984, and We: An Essay on Anti-Utopia* (Ann Arbor, 1976), principalmente p. 221-26. Quanto aos textos de Orwell sobre Zamiatin, ver S. Orwell e I. Angus (orgs.), *The Collected Essays, Journalism and Letters of George Orwell*, 4 vols. (Londres, 1968), vol. 4, p. 72-75, 485.
73. E. Wilson, *Shostakovich: A Life Remembered* (Londres, 1994), p. 61.
74. D. Flanning, *Shostakovich Studies* (Cambridge, 1995), p. 426.
75. Há uma boa introdução a esse tema em T. Egorovna, *Soviet Film Music: An Historical Survey* (Amsterdã, 1997).
76. Flanning, *Shostakovich Studies*, p. 426.
77. G. Kozintsev, *Sobranie sochinenii v piati tomakh* (Leningrado, 1984), vol. 4, p. 254.
78. V. Maiakovski, "Teatr i kino", em *Polnoie sobranie sochinenii*, vol. 1, p. 322.
79. Idem, vol. 11, p. 339.
80. Há uma discussão fascinante dessa história cultural em S. Boym, *Common Places: Mythologies of Everyday Life in Russia* (Cambridge, Mass., 1994).
81. Maiakovski, *Polnoie sobranie sochinenii*, vol. 2, p. 74-75.
82. Idem, vol. 4, p. 436.
83. Idem, vol. 4, p. 184.
84. "Presdsmertnoie pis'mo maiakovskogo", em *Literaturnoie nasledstvo*, vol. 65 (Moscou, 1958), p. 199.
85. A. Charters e S. Charters, *I Love: The Story of Vladimir Mayakovsky and Lily Brik* (Londres, 1979), p. 362.
86. V. Skoriatin, "Taina guibeli Vladimira Maiakovskogo: novaia versiia tragicheskikh sobytii, osnovannaia na poslednikh nakhodkakh v sekre-

tnykh arkhivakh", *XX vek: liki, litsa, lichiny* (Moscou, 1998), p. 112-14, 125, 139, 233 (citação de Eisenstein na p. 12.).
87. K. Rudnitsky, *Meyerhold the Director* (Ann Arbor, 1981), p. 445.
88. *Izvestiia* (26 de fevereiro de 1929).
89. O. Berggoltz, "Prodoljenie jizni", em B. Kornilov, *Stikhotvoreniia i poemy* (Leningrado, 1957), p. 10.
90. Maiakovski, *Polnoie sobranie sochinenii*, vol. 12, p. 423.
91. Citado em H. Borland, *Soviet Literary Theory and Practice during the First Five-year Plan, 1928-1932* (Nova York, 1950), p. 24.
92. W. Woroszylski, *The Life of Mayakovsky*, trad. B. Taborski (Nova York, 1970), p. 516.
93. Borland, *Soviet Literary Theory and Practice during the First Five-year Plan*, p. 57-58.
94. *Soviet Writers' Congress, 1934. The Debate of Socialist Realism and Modernism* (Londres, 1977), p. 157.
95. Sobre o realismo socialista como forma de arte panegírica, ver A. Tertz, *On Socialist Realism* (Nova York, 1960), p. 24.
96. Ver a discussão brilhante de K. Clark, *The Soviet Novel: History as Ritual* (Chicago, 1981), na qual se baseia a primeira parte deste parágrafo.
97. L. Feuchtwanger, *Moskva, 1937* (Tallinn, 1990), p. 33.
98. I. Berlin, "Meetings with Russian Writers in 1945 and 1956", em *Personal Impressions* (Oxford, 1982), p. 162.
99. P. Kenez, *Cinema and Soviet Society, 1917-1953* (Cambridge, 1992), p. 91-92; Taylor, *The Politics of the Soviet Cinema*, p. 95-96.
100. *Puti kino: pervoie vsessoiuznoie soveschanie po kinematografii* (Moscou, 1929), p. 37.
101. Youngblood, *Movies for the Masses*, p. 93-94; Taylor, *The Politics of the Soviet Cinema*, p. 141.
102. Citado em M. Turovskaya, "The 1930s and 1940s: Cinema in Context", em R. Taylor e D. Spring (orgs.), *Stalinism and Soviet Cinema* (Londres, 1993), p. 43.
103. Ver D. Youngblood, *Soviet Cinema in the Silent Era, 1917-1935* (Ann Arbor, 1985), p. 230-32.
104. "O filme *Bejin lug*", *Pravda* (19 de março de 1939), p. 3.

105. Bergan, *Eisenstein*, p. 283-86.
106. *Pervyi vsessoiuznyi s'ezd sovetskikh pissatelei* (Moscou, 1934), p. 316.
107. R. Taruskin, "Shostakovich and Us", em R. Bartlett (org.), *Shostakovich in Context* (Oxford, 2000), p. 16-17.
108. "Sumbur vmesto muzyki", *Pravda* (28 de janeiro de 1936).
109. Sobre a sua tortura e confissão, ver V. Shentalinsky, *The KGB's Literary Archive: The Discovery and Ultimate Fate of Russia's Suppressed Writers*, trad. J. Crowfoot (Londres, 1995), p. 25-26.
110. Citado em M. Brown, *Art under Stalin* (Nova York, 1991), p. 92.
111. Iu. Molok, *Pushkin v 1937 godu* (Moscou, 2000), p. 31.
112. M. Levitt, *Russian Literary Politics and the Pushkin Celebration of 1880* (Cornell, 1989), p. 164.
113. A. Platonov, *Thoughts of a Reader* (Moscou, 1980), p. 24, 41.
114. Citado em Levitt, *Russian Literary Politics*, p. 165.
115. N. Mandelstam, *Hope Against Hope*, trad. M. Hayward (Londres, 1989), p. 159.
116. R. Conquest, *Tyrants and Typewriters: Communiqués from the Struggle for Truth* (Lexington, 1989), p. 61.
117. Mandelstam, *Hope Against Hope*, p. 26.
118. R. Reeder, *Anna Akhmatova: Poet and Prophet* (Londres, 1995), p. 197.
119. Mandelstam, *Hope Against Hope*, p. 161.
120. Idem, p. 13. Esta é a primeira versão do poema a cair nas mãos do NKVD.
121. A. Akhmatova, *My Half Century: Selected Prose*, org. R. Meyer (Ann Arbor, 1992), p. 101.
122. E. Polianovski, *Guibel' Osipa Mandelstama* (São Petersburgo, 1993), p. 104.
123. Shentalinsky, *The KGB's Literary Archive*, p. 183.
124. Sobre o comportamento de Pasternak nesse incidente famoso em que foi acusado de trair Mandelstam, o melhor é consultar o relato de Nadejda Mandelstam, que afirma que o marido ficou "muito satisfeito com o modo como Pasternak lidara com a situação" (*Hope Against Hope*, p. 148).
125. "A Little Geography, O.M." (1937), em *The Complete Poems of Anna Akhmatova*, p. 664.
126. Akhmatova, *My Half Century*, p. 108.

127. O. Kaluguin, "Dielo KGB na Annu Akhmatovu", em *Gosbezopasnost' i literatura na opyte Rossii i Germanii* (Moscou, 1994), p. 32.
128. Popova e Rubinchuk, *Anna Akhmatova i fontanny dom*, p. 70.
129. *The Complete Poems of Anna Akhmatova*, p. 384.
130. Idem, p. 393.
131. Idem, p. 386.
132. Epígrafe de *Requiem* (1961), idem, p. 384.
133. Mandelstam, *Hope Abandoned*, p. 252.
134. B. Pasternak, *Doctor Zhivago*, trad. M. Hayward e M. Hari (Londres, 1988), p. 453.
135. Citado em O. Ivinskaia, *Vplenu vremeni: Body s B. Pasternakom* (Moscou, 1972), p. 96.
136. *Nos primeiros trens* (1943), em B. Pasternak, *Sobranie sochinenii v piati tomakh* (Moscou, 1989), vol. 2, p. 35-36.
137. *Pravda* (23 de junho de 1941).
138. *Krasnaia zvezda* (24 de junho de 1941).
139. Ver F. Corley, *Religion in the Soviet Union: An Archival Reader* (Basingstoke, 1996), p. 142-44.
140. Berlin, "Meetings with Russian Writers", p. 160-61.
141. *Mikhail Zoschenko: materialy k tvorcheskoi biografii*, org. N. Groznova (São Petersburgo, 1997), p. 173, 193.
142. Popova e Rubinchuk, *Anna Akhmatova i fontanny dom*, p. 91-92.
143. "Courage" (1942), em *The Complete Poems of Anna Akhmatova*, p. 428.
144. Citado em A. I. Pavlovski, *Anna Akhmatova* (Leningrado, 1982), p. 99.
145. A. Haight, *Anna Akhmatova: poeticheskoie stranstvie: dnevniki, vospominania, pis'ma* (Moscou, 1991), p. 122.
146. G. P. Makogonenko, "Iz tret'ei epokhi vospominanii", em *Ob Anne Akhmatovoi* (Leningrado, 1990), p. 263-64.
147. D. Oistrakh, "Velikii khudojnik nashego vremeni", em *Shostakovich: stat'i i materialy* (Moscou, 1976), p. 26.
148. I. MacDonald, *The New Shostakovich* (Oxford, 1991), p. 153-55.
149. Wilson, *Shostakovich*, p. 134.
150. Sobre as fontes mahlerianas do *finale* da sinfonia, ver I. Barsova, "Between 'Social Demands' and the 'Music of Grand Passions': The Years

1934-1937 in the Life of Dmitry Shostakovich", em R. Bartlett (org.), *Shostakovich in Context* (Oxford, 2000), p. 85-86.
151. A. Rozen, "Razgovor s drugom", *Zvezda*, vol. 2, nº 1 (1973), p. 81.
152. Citado em H. Robinson, "Composing for Victory: Classical Music", em R. Stites (org.), *Culture and Entertainment in War-time Russia* (Indiana, 1995) p. 62.
153. *Serguei Prokofiev: materialy, dokumenty, vospominania* (Moscou, 1960), p. 457.
154. Ver H. Robinson, *Sergei Prokofiev* (Londres, 1987), cap. 22.
155. S. Eisenstein, "From Lectures on Music and Colour in *Ivan the Terrible*", em *Selected Works*, vol. 3, p. 153, 168-69, 317-19, 326-27.
156. Ver *Serguei Prokofiev: materialy, dokumenty, vospominania*, p. 481-92.
157. Ivinskaia, *V plenu vremeni*, p. 96.
158. L. Kozlov, "The Artist and the Shadow of Ivan", p. 114-15.
159. Em Io. Iuzovski, *Eizenshtein v vospominaniakh sovremennikov* (Moscou, 1974), p. 402, há uma nítida declaração de intenções de Eisenstein. Sobre a influência de Pushkin e da sua obra dramática sobre o diretor nessa época, ver Kozlov, "The Artist and the Shadow of Ivan", p. 115, 123.
160. Os indícios mais recentes do estado mental de Stalin encontram-se em R. Brackman, *The Secret File of Joseph Stalin: A Hidden Life* (Londres, 2001), p. 195-97, 219-21, 416-17.
161. Kozlov, "The Artist and the Shadow of Ivan", p. 127.
162. *Moscow News* (1988), nº 32, p. 8.
163. Kozlov, "The Artist and the Shadow of Ivan", p. 148.
164. J. Goodwin, *Eisenstein, Cinema and History* (Urbana, 1993), p. 191.
165. Citado em Kozlov, "The Artist and the Shadow of Ivan", p. 123.
166. Iuzovski, *Eizenshtein v vospominaniakh sovremennikov*, p. 412-13.
167. Berlin, "Meetings with Russian Writers", p. 198.
168. Iu. Budyko, "Istoriia odnogo posviascheniia", *Russkaia literatura*, nº 1 (1984), p. 236.
169. Berlin, "Meetings with Russian Writers", p. 189.
170. Idem, p. 190.
171. "20 December 1945", em *The Complete Poems of Anna Akhmatova*, p. 454.
172. Mandelstam, *Hope Abandoned*, p. 368-72.

173. "Doklad t. Jdanova o jurnalakh Zvezda i Leningrad", *Znamiia*, vol. 10 (1946), p. 7-22.
174. Mandelstam, *Hope Abandoned*, p. 350-57.
175. E. Gershtein, *Memuary* (São Petersburgo, 1998), p. 345.
176. Berlin, "Meetings with Russian Writers", p. 202.
177. Ver G. Dalos, *The Guest from the Future: Anna Akhmatova and Isaiah Berlin* (Londres, 1998), p. 85.
178. Mandelstam, *Hope Abandoned*, p. 375.
179. G. Carleton, *The Politics of Reception: Critical Constructions of Mikhail Zoshchenko* (Evanston, Illinois, 1998), p. 231-32.
180. B. Schwarz, *Music and Musical Life in Soviet Russia, 1917-1970* (Londres, 1972), p. 208, 218.
181. *Pravda* (9 de janeiro de 1949).
182. A. Tarkhanov e S. Kavtaradze, *Architecture of the Stalin Era* (Nova York, 1992), p. 144; A. V. Ikonnikov, *Istorizm v arkhitekturu* (Moscou, 1997), p. 462-84; A. Ryabushin e N. Smolina, *Landmarks of Soviet Architecture, 1917-1991* (Nova York, 1992), p. 122.
183. Ver M. Slobin (org.), *Returning Culture: Musical Changes in Central and Eastern Europe* (Durham, Carolina do Norte, 1996).
184. M. Frolova-Walker, "'National in Form, Socialist in Content': Musical Nation-building in the Soviet Republics", *Journal of the American Musicological Society*, vol. 51, nº 2 (1998), p. 334.
185. Frolova-Walker, "'National in Form, Socialist in Content'", p. 331-38, 349-50; T. C. Levin, "Music in Modern Uzbekistan: The Convergence of Marxist Aesthetics and Central Asian Tradition", *Asian Music*, vol. 12 (1979), nº 1, p. 149-58.
186. Brackman, *The Secret File of Joseph Stalin*, p. 373.
187. Sobre o ódio de Stalin aos judeus, ver os comentários esclarecedores da sua filha Svetlana Alliluieva, *Dvadtsat' pissem k drugu* (Nova York, 1967), p. 150.
188. A. Vaisberg, "Evreiskii antifashistskii komitet u M. A. Suslov", *Zveniiaistoricheskii almanakh* (Moscou, 1991), p. 535-54.
189. Brackman, *The Secret File of Joseph Stalin*, p. 380.
190. J. Garrard e C. Garrard, *The Bones of Berdichev: The Life and Fate of Vasily Grossman* (Londres, 1996), p. 298.

191. I. Ehrenburg, *Men, Years — Life*, 6 vols. (Londres, 1961-66), vol. 6, p. 55.
192. Idem, vol. 6, p. 55.
193. Berlin, "Meetings with Russian Writers", p. 183.
194. C. Barnes, *Boris Pasternak: A Literary Biography*, 2 vols. (Cambridge, 1998), vol. 2, p. 233-34.
195. Egorovna, *Soviet Film Music*, p. 122.
196. Citado em Wilson, *Shostakovich*, p. 242.
197. V. Raznikov, *Kirill Kondrashin rasskazyvaiet o muzyke i jizni* (Moscou, 1989), p. 201.
198. Wilson, *Shostakovich*, p. 235.
199. *Shostakovich 1906-75* (Londres, 1998), p. 62.
200. H. G. Wells, "The Dreamer in the Kremlin", em *Russia in the Shadows* (Londres, 1920).
201. Citado em R. Marsh, *Soviet Science-fiction since Stalin: Science, Politics and Literature* (Londres, 1986), p. 216.
202. A. Tarkovsky, *Sculpting in Time: Reflections on the Cinema*, trad. K. Hunter-Blair (Austin, 1986), p. 42.
203. Idem, p. 192.
204. Idem, p. 89.
205. A. Tarkovskii, *Time Within Time: The Diaries, 1970-1986*, trad. K. Hunter-Blair (Calcutá, 1991), p. 159.
206. Tarkovsky, *Sculpting in Time*, p. 42.
207. Y. Brudny, *Reinventing Russia: Russian Nationalism and the Soviet State, 1953-1991* (Cambridge, Massachusetts, 1998), p. 61-73; John B. Dunlop, *The Faces of Contemporary Russian Nationalism* (Princeton, 1983), p. 226-27.
208. *Veche*, nº 1 (janeiro de 1971), p. 2.
209. Citado em B. Eisenschitz, "A Fickle Man, or Portrait of Boris Barnet as a Soviet Director", em Taylor e Christie, *Inside the Film Factory*, p. 163.
210. "Leningrad, 1959", em *The Complete Poems of Anna Akhmatova*, p. 716.
211. Berlin, "Meetings with Russian Writers", p. 194.
212. *The Complete Poems of Anna Akhmatova*, p. 545.
213. O. Mandel'shtam, *Selected Poems*, trad. D. McDuff (Londres, 1983), p. 69.

8. A RÚSSIA NO ESTRANGEIRO

1. M. Tsvetaeva, "Homesickness" (1934), in *Twentieth-century Russian Poetry*, org. Y. Yevtushenko (Londres, 1993), p. 234-35. Tradução para o inglês de Elaine Feinstein.
2. Citado em Irma Broude, *Ot Khodassevicha do Nabokova: nostal'guicheskaia tema v poezii pervoi russkoi emigratsii* (Tenafly, Nova Jersey, 1990), p. 49.
3. N. Mandelstam, *Hope Abandoned*, trad. M. Hayward (Londres, 1989), p. 468.
4. M. Tsvetaieva, *Neizdannie pis'ma*, org. G. e N. Struve (Nova York, 1972), p. 415; I. Kudrova, *Posle Rossii. Marina Tsvetaeva: gody chujbiny* (Moscou, 1997), p. 203.
5. Kudrova, *Posle Rossii*, p. 203.
6. V. Khodassevich, *Stikhotvoreniia* (Leningrado, 1989), p. 295.
7. O. Friedrich, *Before the Deluge* (Nova York, 1972), p. 86; B. Boyd, *Nabokov. The Russian Years* (Londres, 1990), p. 376.
8. Boyd, *Nabokov: The Russian Years*, p. 197.
9. "Ao tsar na Páscoa, 21 de maio de 1917", em M. Tsvetaieva, *Stikhotvoreniia i poemy v piati tomakh*, org. A. Sumerkin e V. Schweitzer (Nova York, 1980-90), vol. 2, p. 63.
10. R. Taruskin, *Stravinsky and the Russian Traditions: A Biography of the Works through Mavra*, 2 vols. (Oxford, 1996), vol. 2, p. 965.
11. Tsvetaieva, *Stikhotvoreniia i poemy*, vol. 3, p. 168-69.
12. De "Otplytie na ostrov Tsiteru" (1937), em G. Ivanov, *Izbrannye stikhi* (Paris, 1980), p. 35.
13. Ver Broude, *Ot Khodassevicha do Nabokova*, p. 66.
14. A. Saakiants, *Marina Tsvetaieva: jizn' i tvorchestvo* (Moscou, 1997), p. 725.
15. "White Guards" (27 de julho de 1918), de *The Camp of Swans* (1917-21) em M. Tsvetaeva, *Selected Poems*, trad. D. McDuff (Newcastle, 1987), p. 62.
16. Citado em V. Schweitzer, *Tsvetaeva*, trad. H. Willetts (Londres, 1992), p. 182-83.
17. Carta não publicada citada em Schweitzer, *Tsvetaeva*, p. 168.
18. Citado em L. Feiler, *Marina Tsvetaeva* (Londres, 1994), p. 203.
19. "Russkoi rji of menia poklon" (7 de maio de 1925), em Tsvetaieva, *Stikhotvoreniia i poemy*, vol. 3, p. 126.

20. Tsvetaieva, *Stikhotvoreniia i poemy*, vol. 3, p. 164.
21. Tsvetaieva, *Neizdannie pis'ma*, p. 411. Muitos desses textos estão disponíveis em inglês em M. Tsvetaeva, *A Captive Spirit: Selected Prose*, trad. J. King (Londres, 1983).
22. Tsvetaeva, "Homesickness", in *Twentieth-century Russian Poetry*, p. 234.
23. S. M. Volkonski, *O dekabristakh: po semeinum vospominaniam* (Moscou, 1994), p. 214. As ideias de Zinaida Volkonski sobre um Museu de Belas-Artes foram publicadas em 1831 na revista *Teleskop* (O telescópio). Ver também M. Fairweather, *Pilgrim Princess: A Life of Princess Zinaida Volkonsky* (Londres, 1999), p. 226-27.
24. Saakiants, *Marina Tsvetaieva*, p. 249.
25. Tsvetaieva, *Stikhotvoreniia i poemy*, vol. 3, p. 187.
26. S. M. Volkonskii, *Moi vospominania v dvukh tomakh* (Moscou, 1992), p. 32.
27. Idem, p. 234-35.
28. V. Nabokov, *Speak, Memory: An Autobiography Revisited* (Harmondsworth, 1969), p. 216.
29. Idem, p. 216.
30. Idem, p. 213-14.
31. B. Boyd, *Nabokov: The Russian Years* (Londres, 1990), p. 161.
32. Ver M. Raeff, *Russia Abroad: A Cultural History of the Russian Emigration, 1919-1939* (Nova York, 1990), cap. 4.
33. A. Pushkin, *Evgenii Onegin*, trad. V. Nabokov, 4 vols. (Londres, 1964).
34. F. Stepun, "Literaturnye zametki", *Sovremennye zapiski*, vol. 27 (Paris, 1926), p. 327; N. Berberova, *The Italics Are Mine*, trad. P. Radley (Londres, 1991), p. 180.
35. *Ivan Bunin: From the Other Shore, 1920-1933: A Portrait from Letters, Diaries and Fiction*, org. T. Marullo (Chicago, 1995), p. 5.
36. J. Woodward, *Ivan Bunin: A Study of His Fiction* (Chapel Hill, 1980), p. 164.
37. Citado em J. Haylock, *Rachmaninov* (Londres, 1996), p. 82.
38. S. Rakhmaninov, *Literaturnoie nasledie v 3-x tomakh* (Moscou, 1978), vol. 3, p. 144-8.
39. Idem, p. 52.

40. Idem, p. 53.
41. Haylock, *Rachmaninov*, p. 58.
42. Rakhmaninov, *Literaturnoie nasledie*, p. 128-31.
43. A. Swan e K. Swan, "Rachmaninoff: Personal Reminiscences", *The Musical Quarterly*, vol. 30 (1944), p. 4.
44. B. Martin, *Rachmaninov: Composer, Pianist, Conductor* (Londres, 1990), p. 312.
45. Berberova, *The Italics Are Mine*, p. 347.
46. Idem, p. 268.
47. Tsvetaieva, *Stikhotvoreniia i poemy*, vol. 1, p. 140.
48. Berberova, *The Italics Are Mine*, p. 348.
49. Idem, p. 321.
50. Idem, p. 319.
51. Nabokov, manuscrito não publicado citado em Boyd, *Nabokov: The Russian Years*, p. 51.
52. Nabokov, *Speak, Memory*, p. 63.
53. V. Nabokov, *Strong Opinions* (Londres, 1973), p. 178.
54. Nabokov, *Speak, Memory*, p. 201.
55. Idem, p. 61.
56. Op. cit, p. 59.
57. Citado em Boyd, *Nabokov: The Russian Years*, p. 177.
58. Nabokov, *Speak, Memory*, p. 214.
59. Citado em B. Boyd, *Nabokov: The American Years* (Londres, 1992), p. 463-64.
60. Citado em A. Milbauer, *Transcending Exile: Conrad, Nabokov, I. B. Singer* (Miami, 1985), p. 41.
61. *The Garland Companion to Vladimir Nabokov* (Nova York, 1995), p. 64.
62. V. Nabokov, "On a Book Entitled *Lolita*", em *Lolita* (Harmondsworth, 1995), p. 316-17.
63. S. Schiff, *Vera (Mrs Vladimir Nabokov)* (Nova York, 1999), p. 97-98.
64. Nabokov, *Speak, Memory*, p. 215.
65. M. Tsvetaeva, "An Otherworldly Evening", em *A Captive Spirit*, p. 166.
66. Entrevista com Alvin Toffler em Nabokov, *Strong Opinions*, p. 37.
67. Citado em V. S. Yanovsky, *Elysian Fields* (De Kalb, Illinois, 1987), p. 12.

68. Boyd, *Nabokov: The American Years*, p. 13.
69. Idem, p. 22; Nabokov, *Strong Opinions*, p. 26.
70. Schiff, *Vera*, p. 246.
71. V. Nabokov, *Look at the Harlequins!* (Harmondsworth, 1980), p. 105.
72. Citado em Schiff, *Vera*, p. 338.
73. Boyd, *Nabokov: The American Years*, p. 84-85.
74. Ver, por exemplo, V. Nabokov, *Selected Letters* (Nova York, 1989), p. 47-48.
75. Boyd, *Nabokov: The American Years*, p. 371, 648.
76. Citado anteriormente, p. 490.
77. Berberova, *The Italics Are Mine*, p. 240-41.
78. M. Oliver, *Igor Stravinsky* (Londres, 1995), p. 96.
79. A. Bruneau, *Musiques de Russie et musiciens de France* (Paris, 1903), p. 28.
80. Citado em Taruskin, *Stravinsky and the Russian Traditions*, vol. 2, p. 1.529, 1.532.
81. A. Benois, *Reminiscences of the Russian Ballet* (Londres, 1941), p. 130.
82. R. Craft, *Stravinsky: Chronicle of a Friendship* (Nova York, 1994), p. 31; Nabokov, *Speak, Memory*, p. 212.
83. S. Volkov, *St Petersburg: A Cultural History* (Londres, 1996), p. 315.
84. Citado em H. Sachs, *Music in Fascist Italy* (Londres, 1987), p. 168.
85. Oliver, *Igor Stravinsky*, p. 139.
86. Citado anteriormente, p. 143.
87. *Twentieth-century Russian Poetry*, p. 379-80. Tradução para o inglês do poeta.
88. Citado em F. Lesure (org.), *Stravinsky: Études et temoignages* (Paris, 1982), p. 243.
89. Taruskin, *Stravinsky and the Russian Traditions*, vol. 1, p. 891.
90. I. Stravinsky, *Chronique de ma vie* (1935); citação da tradução para o inglês: *An Autobiography* (Nova York, 1962), p. 53.
91. N. Nabokov, *Old Friends and New Music* (Londres, 1951), p. 143.
92. T. Stravinsky, *Catherine and Igor Stravinsky: A Family Album* (Londres, 1973), p. 4.
93. S. Walsh, *Igor Stravinsky: A Creative Spring. Russia and France 1882-1934* (Londres, 2000), p. 531.

94. I. Stravinski e R. Craft, *Expositions and Developments* (Londres, 1962), p. 33.
95. Craft, *Stravinsky*, p. 120.
96. Idem, p. 320.
97. Citado em Walsh, *Igor Stravinsky*, p. 500.
98. Stravinski e Craft, *Expositions and Developments*, p. 76.
99. V. Stravinski e R. Craft, *Stravinsky in Pictures and Documents* (Nova York, 1978), p. 76.
100. Craft, *Stravinsky*, p. 329.
101. S. Alexander, *Marc Chagall: A Biography* (Londres, 1979), p. 52.
102. O. Figes, *A People's Tragedy: The Russian Revolution, 1891-1924* (Londres, 1996), p. 749-50.
103. Alexander, *Marc Chagall*, p. 312.
104. *The New York Times* (15 de fevereiro de 1944).
105. Alexander, *Marc Chagall*, p. 255, 434.
106. Sobre esse aspecto da *persona* de Mandelstam, ver C. Cavanagh, "Synthetic Nationality: Mandel'shtam and Chaadaev", *Slavic Review*, vol. 49, nº 4 (1990), p. 597-610.
107. Nabokov, *Speak, Memory*, p. 217.
108. Kudrova, *Posle Rossii*, p. 201.
109. M. Tsvetaieva, *Pis'ma k A. Teskovoi* (Praga, 1969), p. 96-97.
110. Berberova, *The Italics Are Mine*, p. 202.
111. Feiler, *Marina Tsvetaieva*, p. 189.
112. Tsvetaieva, *Stikhotvoreniia i poemy*, vol. 3, p. 176.
113. Tsvetaieva, *Pis'ma k A. Teskovoi*, p. 112.
114. Schweitzer, *Tsvetaeva*, p. 345.
115. Citado em Broude, *Ot Khodassevicha do Nabokova*, p. 19-20.
116. Berberova, *The Italics Are Mine*, p. 352.
117. Tsvetaieva, *Pis'ma k A. Teskovoi*, p. 147.
118. Tsvetaieva, *Stikhotvoreniia i poemy*, vol. 2, p. 292.
119. AG, Pg-In.
120. Berberova, *The Italics Are Mine*, p. 189.
121. Ver V. Shentalinsky, *The KGB's Literary Archive: The Discovery and Ultimate Fate of Russia's Suppressed Writers*, trad. J. Crowfoot (Londres, 1995), p. 252-54.

122. L. Spiridonova, "Gorky and Stalin (According to New Materials from A. M. Gorky's Archive)", *Russian Review*, vol. 54, nº 3 (1995), p. 418-23.
123. Shentalinsky, *The KGB's Literary Archive*, p. 262.
124. Ver também R. Conquest, *The Great Terror: A Reassessment* (Londres, 1990), p. 387-89; V. V. Ivanov, "Pochemu Stalin ubil Gor'kogo?", *Voprossy literatury* (1993), nº 1.
125. *Serguei Prokofiev: materialy, dokumenty, vospominaniia* (Moscou, 1960), p. 166.
126. Berberova, *The Italics Are Mine*, p. 352.
127. *Serguei Prokofiev*, p. 150.
128. S. S. Prokofiev, *Soviet Diary 1927 and Other Writings* (Londres, 1991), p. 69.
129. *Serguei Prokofiev*, p. 161-62.
130. Ver S. Moreux, "Prokofiev: An Intimate Portrait", *Tempo*, 11 (primavera de 1949), p. 9.
131. *Serguei Prokofiev*, p. 453.
132. N. Mandelstam, *Hope Abandoned* (Londres, 1973), p. 464.
133. Tsvetaieva, *Stikhotvoreniia i poemy*, vol. 3, p. 212.
134. Idem, vol. 3, p. 213.
135. Citado em Feiler, *Marina Tsvetaieva*, p. 263.
136. I. Stravinski e R. Craft, *Memories and Commentaries* (Londres, 1960), p. 26.
137. Craft, *Stravinsky*, p. 171.
138. Citado em B. Schwarz, *Music and Musical Life in Soviet Russia* (Bloomington, 1982), p. 355.
139. Idem, p. 354.
140. Craft, *Stravinsky*, p. 461.
141. Schwarz, *Music and Musical Life in Soviet Russia*, p. 355.
142. Craft, *Stravinsky*, p. 313.
143. Idem, p. 317.
144. N. Slominsky, *Music Since 1900* (Nova York, 1971), p. 1.367.
145. Craft, *Stravinsky*, p. 316.
146. Idem, p. 316-17.
147. Idem, p. 315.

148. Idem, p. 318.
149. Idem, p. 319.
150. Ver também, *Stravinsky and the Russian Traditions*, vol. 2, p. 1.605-75.
151. *Komsomol'skaia Pravda* (27 de setembro de 1962).
152. Stravinski e Craft, *Stravinsky in Pictures and Documents*, p. 470.
153. Craft, *Stravinsky*, p. 331.
154. Stravinski e Craft, *Expositions and Developments*, p. 86.
155. Idem, p. 335.
156. Idem, p. 332.
157. E. Wilson, *Shostakovich: A Life Remembered* (Londres, 1994).
158. Idem, p. 466.
159. Idem, p. 460-61.
160. Idem, p. 375.
161. Craft, *Stravinsky*, p. 328.

Glossário

artel   um coletivo de trabalho
balalaica   tipo de instrumento de cordas russo, provavelmente derivado da *dombra* da Ásia central
banya   Banho russo de vapor, geralmente aquecido a lenha
bogatyr   cavaleiro ou herói do folclore; aparece nas bilinas
bogoroditsa   Mãe de Deus
boiardo (boyare)   ordem da aristocracia russa (eliminada por Pedro, o Grande, no início do século XVIII)
bilina   antiga história ou canção épica popular com elementos mitológicos. Muitos folcloristas acreditam que as bilinas datam da Rússia Kievana, no século X. Cantadas originalmente pelos cantores dos séquitos dos príncipes, foram adotadas pelos *skomorokhi* (ver posteriormente) ou menestréis ambulantes das classes inferiores. Os folcloristas começaram a recolhê-las a partir do século XVIII. Ilia Muromets é um herói importante do ciclo de bilinas de Kiev. *Sadko* é o protótipo do ciclo de Novgorod, cujo espírito se aproxima da balada europeia da época medieval
byt   modo de vida (do verbo *byvat*: acontecer ou ocorrer); a partir do século XIX, a palavra foi cada vez mais associada ao "antigo" modo de vida russo pela *intelligentsia*, que contrastava *byt* e *bytie* (ver posteriormente).

Bytie	existência significativa — a transcendência de *byt* — no sentido definido pela *intelligentsia*
cã (khan)	príncipe mongol
kaftan	túnica comprida com faixa na cintura
culaque (kulak)	camponês capitalista
dacha	pequena casa de campo ou suburbana; em geral, casa de veraneio para habitantes urbanos
dievichnik	ritual pré-nupcial acompanhado de canções: a noiva é lavada e a sua trança de donzela é desfeita e refeita em duas tranças, para simbolizar a entrada na vida de casada
gusli	antigo tipo de cítara ou viela russa, associada aos *skomorokhi* (ver posteriormente)
izba	casa camponesa
Jdanovschina	literalmente, "reinado de Jdanov": regime de Andrei Jdanov, chefe de ideologia e política cultural de Stalin, depois de 1945
khalat	tipo de roupão
khorovod	dança cerimonial em grupo
kokochnik	toucado feminino tradicional; o seu formato foi usado como ornamento no estilo arquitetônico neorrusso
koumis	leite de égua fermentado
kuchka	literalmente, "montinho"; expressão cunhada por Vladimir Stassov em 1867 para descrever os jovens compositores nacionalistas russos (*kuchkistas*) agrupados em torno de Balakirev e conhecidos em geral como a "Nova Escola Russa". Às vezes, também chamados de "Os Cinco Poderosos" ou o "Poderoso Punhado": Balakirev, Rimski-Korsakov, Borodin, Cui e Mussorgski
kvas	tipo de cerveja russa leve geralmente feita de centeio fermentado, água e açúcar
LEF	Frente Esquerda da Arte (1922–25); renascida como Nova LEF entre 1927 e 1929

GLOSSÁRIO

Louco Santo (*iurodivi*)	vidente ou feiticeiro, o "louco em nome deCristo", ou Louco Santo para resumir, perambulava pelo campo como eremita. O Louco Santo era tido em alta estima pela gente comum e costumava ser hospedado por famílias nobres. Como um xamã, o Louco Santo realizava danças rituais com berros e gritos; vestia-se de maneira esquisita, com um gorro ou arreio de ferro na cabeça; e usava tambor ou sinos nos rituais mágicos
lubok	cartaz colorido feito em xilogravura com imagens e textos sobre temas do folclore
matrioshka	boneca de encaixe russa
mujique (*mujik*)	camponês
narod	o povo trabalhador
NEP	Nova Política Econômica (1921–29)
nepodvijnost	imobilidade ou estase sem desenvolvimento atribuída aos musicólogos à música folclórica russa.
NKVD	Comissariado do Povo para Assuntos Internos; transformou-se em polícia política na década de 1930
Oblomovschina	inércia ou preguiça "russa"; palavra derivada do personagem Oblomov do romance de mesmo nome de Goncharov.
oprichnina	milícia pessoal de Ivan, o Terrível
pliaska	uma dança russa
pochvennichestvo, pochvenniki	movimento "solo nativo": grupo de intelectuais da década de 1860 que adotou uma síntese de princípios eslavófilos e ocidentalizantes
Proletkult	entidade Cultura Proletária
RAPP	Associação Russa de Escritores Proletários (1928–32)

raznochintsy	pessoas de origem mista (geralmente com um dos pais de origem nobre, outro do clero ou da classe dos mercadores); comum especialmente na *intelligentsia* radical do século XIX
samizdat	publicação clandestina ou não oficial; geralmente associada aos dissidentes da época de Brejnev
samovar	grande urna metálica com torneira para água quente, usada para fazer chá
sarafan	tipo de túnica
skomorokhi	menestréis ambulantes, tocadores de *gusli* (ver anteriormente) e cantores de histórias folclóricas ou bilinas (ver anteriormente); descendiam provavelmente dos antigos xamãs eslavos. Proibidos pelo tsar Alexei em 1648
smotrinie	inspeção costumeira da noiva pela família do noivo antes de aceitar o contrato de casamento
sobornost	concepção eslavófila da Igreja russa como verdadeira comunidade de irmandade e amor cristão
streltsy	mosqueteiros que se ergueram numa série de revoltas para defender os boiardos de Moscou e os Velhos Crentes das reformas de Pedro, o Grande, no final do século XVII
chastushka	canção rimada simples, muitas vezes de teor libertino
troica	carruagem ou trenó com três cavalos
veche	assembleia republicana de Novgorod e outras cidades-estados antes de serem subjugadas a Moscou no final do século XV.
zakuski	entradas
zemstvo	assembleia do governo distrital e provinciano, dominada pela nobreza, de 1864 a 1917

Cronologia

FATOS HISTÓRICOS	MARCOS CULTURAIS
862– grão-príncipes de Kiev	
911 eslavos atacam Constantinopla	
década de 960 ataques de cazares e pechenegues	
988 o príncipe Vladimir se converte ao cristianismo bizantino	
	c. 1017 Crônica Primária
	c. 1040 primeiras crônicas da Rus Kievana
	1041 Santa Sofia, Kiev
	1050 Santa Sofia, Novgorod
1054 cisão entre as igrejas romana e bizantina	
1094 os polovetsianos ocupam Kiev	

	1103 Igreja da Anunciação, Novgorod
1136 Novgorod se separa de Kiev	
	1158 Catedral de Uspenski, Vladimir
1185 campanha do príncipe Igor contra os polovetsianos	
	c. 1187 História da campanha de Igor
	1216–1225 catedrais de Iaroslav, Vladimir-Suzdal
c. 1230 invasão mongol	
1236–1263 Alexandre Nevski governa Novgorod	
1240–1242 Nevski derrota os suecos e os cavaleiros teutônicos	
1270 Novgorod entra para a Liga Hanseática	
1326 o metropolitanato se muda para Moscou	1326 Catedral da Assunção, Kremlin de Moscou
	1333 Catedral do Arcanjo, Kremlin de Moscou
1359–1389 Dmitri Donskoi governa Moscou	
1380 Dmitri derrota os mongóis no Campo de Kulikovo	

CRONOLOGIA

1389–1395 Tamerlão ataca a Horda Dourada

c. 1400 Catedral de Uspenski, Zvenigorod

1405 ícone da Natividade de Rublev

1410–22 ícone da Santíssima Trindade de Rublev

1433 nasce Nil Sorskii

1439 Concílio de Florença

1453 queda de Constantinopla

1462–1505 reinado de IVAN III

1471 Moscou anexa Novgorod

anos 1480 a Horda Dourada se desfaz

1485 Moscou anexa Tver

1487 Arsenal do Kremlin

1505–33 reinado de VASSILI III

1510 Moscou anexa Pskov

1533–84 reinado de IVAN IV ("O TERRÍVEL")

1552–56 conquista dos canatos de Kazan e Astracã

1560 Catedral de São Basílio, Moscou

	1564 impressão do primeiro livro russo
1565 criação da *oprichnina*	
1582 Iermak conquista o canato da Sibéria	
1584-98 reinado de FIODOR I; Boris Godunov é o regente	
1589 criação do patriarcado de Moscou	
1598-1605 reinado de BORIS GODUNOV	1598 Igreja da Trindade, Moscou
1605-13 "Tempo das Tribulações"	
1610 soldados poloneses ocupam Moscou	
1612 Minin e a milícia de Pojarski expulsam os poloneses	
1613-45 reinado de MIKHAIL ROMANOV	1614 gráfica de Moscou
	1632 Academia de Kiev
	1636 Palácio Terem no Kremlin
1639 cossacos chegam ao litoral do Pacífico	
1645-76 reinado de ALEXEI	1648 proibição dos skomorokhi
1653 reformas do patriarca Nikon	
1654 Velhos Crentes dividem a Igreja	

CRONOLOGIA

1670-71 rebelião de Stenka Razin

1676-82 reinado de FIODOR ALE-
XEIVICH

1682-1725 reinado de PEDRO I
("O GRANDE")

1697-98 Pedro visita a Europa

1698 supressão das rebeliões
dos *streltsy*

1703 fundação de São Petersburgo

1709 derrota dos suecos na
batalha de Poltava

1711 criação do Senado

1712 a corte imperial se muda
para São Petersburgo

1721 Patriarcado substituído
pelo Santo Sínodo

1722 Tabela de Hierarquia

1725-27 reinado de CATARINA

1678 Ushakov: *Salvador não
feito por mãos*

1685 Academia Eslavo-Greco-Latina,
Moscou

1700 adoção do calendário juliano

1703 primeiro jornal russo
Fortaleza de Pedro e Paulo

1710 novo alfabeto civil

1714 Palácio de Verão, Kunstkamera
de São Petersburgo

1717 *O honrado espelho da juventude*

1725 Academia de Ciências

1727–30 reinado de PEDRO II	
1730–40 reinado de ANA I	1731 primeira apresentação de ópera na Rússia
	1733 Trezzini: Catedral de Pedro e Paulo
	1734 Teatro do Palácio de Inverno
	1737 Comissão para o Desenvolvimento Ordenado de São Petersburgo
	1739 Tatischev: os Urais como fronteira da Europa
	1740– reconstrução da Casa da Fonte (palácio dos Sheremetev)
1741–61 reinado de ISABEL	1741 Palácio de Verão de Rastrelli, São Petersburgo
	1750 Sumarokov: *Os monstros*
	1754 Palácio de Inverno de Rastrelli
	1755 fundação da Universidade de Moscou
	1757 Academia de Artes, São Petersburgo
	1757 Gramática russa de Lomonossov
1762–96 reinado de CATARINA II ("A GRANDE")	

CRONOLOGIA

1762 a nobreza é emancipada do serviço público compulsório	
1764 tomada das terras da Igreja pelo Estado convento Smolny para mulheres nobres	
	1766 Trediakovski: Tilemakhida
1768-74 guerra com a Turquia	1768– *O cavaleiro de bronze* de Falconet
	1769 Fonvizin: O brigadeiro
	1772 Fomin: Aniuta
1773-74 rebelião de Pugachev	
1775 reforma do governo das províncias	
	1777– Teatro Sheremetev em Kuskovo
	1779 estreia de Praskovia na ópera de Sheremetev Kniajnin: Infortúnios de uma carruagem
	1780– conjunto de Cameron em Pavlovsk
	1782 Fonvizin: O menor
1783 anexação da Crimeia	1783 fundação da Academia Russa
	1784 Shcherbatov: Viagem à terra de Ofir

1788-91 guerra com a Turquia	
1789 Revolução Francesa	
	1790 construção de Ostankino (palácio dos Sheremetev)
	1790 Lvov-Prach: Coletânea de canções populares russas
	1790 Radischev: *Viagem de São Petersburgo a Moscou*
	1791-1801 Karamzin: *Cartas de um viajante russo*
	1792 Karamzin: *Pobre Liza e Natalia*
1796-1801 reinado de PAULO	
1801-25 reinado de ALEXANDRE I	1802 Karamzin: "Panteão de escritores russos"
1801 expansão para o Cáucaso	
	1803 Monopólio imperial dos teatros públicos
1805-07 guerra com a França	
	1810 *lycée* em Tsarskoie Selo
1812 Invasão de Napoleão	
1814 Soldados russos em Paris	
1815 Congresso de Viena	
	1818 Karamzin: *História do Estado russo*

CRONOLOGIA

	1818 Catedral de Santo Isaac, São Petersburgo
	1819 fundação da Universidade de São Petersburgo
	1820 Venetsianov: *Debulha na eira*
	1820 Pushkin: *Ruslan e Liudmila*
	1820-21 Pushkin: *Prisioneiro do Cáucaso*
	1822-24 Griboiedov: *A inteligência, que desgraça!*
1825 Revolta dezembrista	
1825-55 reinado de NICOLAU I	1825 Pushkin: *Boris Godunov*
	1827 Kiprenski: *Retrato de Pushkin*
1830-31 Revolta polonesa	1831 Gogol: *Noites na granja*
	1833 Pushkin: *Eugene Oneguin; O cavaleiro de bronze; História de Pugachev* Bruilov: *Os últimos dias de Pompeia*
	1834 Pushkin: *A dama de espadas*
	1835 Gogol: "Taras Bulba"
	1836 Chaadaev: *Primeira carta filosófica* Glinka: *A vida pelo tsar* Gogol: *O inspetor geral*

1837 incêndio no Palácio de Inverno	
	1840 Lermontov: *O herói do nosso tempo*
1842 construção da primeira ferrovia	1842 Gogol: primeira parte de *Almas mortas*
	1844 Odoievski: *Noites russas*
	1846 Gogol: *Extratos de uma correspondência*
	1846 Solntsev: *Antiguidades do Estado russo*
	1847 Belinski: *Carta a Gogol*
1849 prisão do círculo de Petrashevski (Dostoievski)	
	1852 Turgueniev: *Memórias de um caçador*
	1852 Herzen: *Passado e meditações*
1853-36 Guerra da Crimeia	
1855-81 reinado de ALEXANDRE II	
1858 conquista da região de Amur	
1859 conquista do Cáucaso	1859 Goncharov: *Oblomov*
	1860 Ostrovski: *A tempestade* Escola de Arte Stroganov, Moscou

CRONOLOGIA

1861 emancipação dos servos	1861 revolta de artistas ("Itinerantes") da Academia fundação do Conservatório de São Petersburgo
	1862 Dostoievski: *Casa dos mortos* Turgueniev: *Pais e filhos* Chernishevski: *Que fazer?*
	1863 Niekrassov: *Quem é feliz na Rússia?*
1864 criação dos *zemstvos* reformas jurídicas novas determinações para a educação primária	
1865 relaxamento da censura	1865 Tolstoi: *Guerra e paz*
	1866- Balakirev: *Tamara* Dostoievski: *Crime e castigo* Afanassiev: *A poética visão eslava da Natureza*
1865-76 conquista de Samarcanda, Khiva, Bukhara	
	1868 Stassov: *Origem das bilinas russas* Dostoievski: *O idiota*
	1868-74 Mussorgski: *Boris Godunov*
1870 exploração da Ásia central por Prjevalski	
	1871- Colônia de artistas de Abramtsevo
	1872 Dostoievski: *Os demônios*

	1873 Repin: *Os barqueiros do Volga* Rimski-Korsakov: *A donzela de Pskov*
	1873 Tolstoi: *Anna Karenina*
	1874 movimento de "ida ao povo"
	1874 Mussorgski: *Khovanschina*; *Quadros de uma exposição* Exposição de Vereschaguin em São Petersburgo
1877-78 guerra russo-turca	1877 transcrições de canções camponesas de Balakirev
	1879 Tolstoi: *A confissão*
	1880 Dostoievski: *Os irmãos Karamazov*
1881 assassinato de Alexandre II	
1881-94 reinado de ALEXANDRE III	
1881 criação da polícia política (Okhrana)	
1882 leis antijudaicas	
	1883 Catedral do Cristo Salvador, Moscou
	1884 Surikov: *Morozova, a esposa do boiardo*
	1885 Ópera Privada de Mamontov

CRONOLOGIA

	1886 Tolstoi: *A morte de Ivan Ilitch*
	1887 Chekhov: "A estepe" Levitan: *Noites no Volga*
1890 restrições aos *zemstvos*	1890 Borodin: *Príncipe Igor* Tchaikovski: *A dama de espadas*; *A bela adormecida*
1891-93 crise da fome	1891 Rachmaninoff: Primeiro Concerto para Piano
	1892 Levitan: *Vladimirka* fundação do Museu Tretyakov
	1893-94 Chekhov: *A ilha de Sacalina*
1894-1917 reinado de NICOLAU II	1894 simbolistas russos
	1895 Tchaikovski: *O lago dos cisnes* Surikov: *A conquista da Sibéria por Iermak* Museu Etnográfico, São Petersburgo
	1896 Chekhov: *A gaivota*; *Tio Vânia*
1897 primeiro recenseamento nacional	1897 Rimski-Korsakov: *Sadko* Chekhov: "Camponeses"
1898 formação do Partido Operário Social-Democrata Russo	1898 Teatro de Artes de Moscou
	1898- "Mundo da Arte" colônia de artistas de Talashkino

	1899 Tolstoi: *Ressurreição*
1900 ocupação russa da Manchúria	
1901 formação do Partido Socialista Revolucionário	1901 Roerich: *Os ídolos* Chekhov: *Três irmãs*
1903 completada a ferrovia Transiberiana cisão dos social-democratas: formam-se os bolcheviques	
1904–1905 guerra russo-japonesa	1904 Chekhov: *O jardim das cerejeiras* Blok: *Versos sobre uma bela dama*
	1904– Transcrições de canções camponesas de Liniova
1905 protestos revolucionários Manifesto de Outubro	1905 Scriabin: *Poema do êxtase*
1906 primeira Duma	1906 Gorki: *A mãe*
1906 primeiro-ministro Stolipin	Igreja do Sangue Derramado
1907 segunda Duma; terceira Duma	1907 Kandinski: *Vida colorida* Rimski-Korsakov: *A lenda da cidade invisível de Kitej*
	1909 publicação de *Vekhi* Rachmaninoff: Terceiro Concerto para Piano
	1910 Bunin: *A aldeia* Stravinski/Ballets Russes: *O pássaro de fogo* Goncharova: *Corte do feno*

CRONOLOGIA

	1910– exposição "Valete de Ouros"
1911 assassinato de Stolipin	1911 Stravinski/Ballets Russes: *Petrushka*
	Kandinski: *Todos os santos II*
1912 quarta Duma	
1913 tricentenário dos Romanov	1913 Stravinski/Ballets Russes: *A sagração da primavera*
	Malevich: *Quadrado preto*
	Mandelstam: *Pedra*
	Tsvetaieva: *De dois livros*
1914-18 Primeira Guerra Mundial	1913-14 Bieli: *Petersburgo*
Petersburgo rebatizada como Petrogrado	1914 Akhmatova: *Rosário*
1916 assassinato de Rasputin	1915 Rachmaninoff: *Vésperas*
1917 Revolução de Fevereiro	1917– Proletkult
abdicação do tsar	Tsvetaieva: *O campo dos cisnes* (pub. soviética: 1957)
Governo Provisório	
bolcheviques tomam o poder	
LENIN: presidente do governo soviético	
1918 fechamento da Assembleia Constituinte	1918 Blok: *Os doze*; *Cita*
Tratado de Brest-Litovsk	Maiakovski/Meyerhold: *Mistério bufo*
1918-21 guerra civil	1920 torre Tatlin para a III Internacional
	Zamiatin: *Nós* (pub. soviética: 1988)

1921 Nova Política Econômica (NEP)	1921 execução de Gumilev
1921-22 crise da fome	Tsvetaieva: *Versty* (*Léguas*)
1922 STALIN nomeado secretário--geral do Partido formação da URSS	1922 ataque de Trotski a Akhmatova e Tsvetaieva Akhmatova: *Anno Domini MCMXXI* Mandelstam: *Tristia* produção de *O corno magnífico* por Meyerhold formação da Frente de Esquerda (LEF)
	1923 Maiakovski: *Pro eto* Stravinski/Ballets Russes: *As bodas* Tsvetaieva: *Artesanato*
1924 morte de Lenin Petrogrado rebatizada como Leningrado	1924 Eisenstein: *A greve*
	1925 Eisenstein: *O encouraçado Potemkin* Bulgakov: *Guardas brancos*
1927 Trotski expulso do Partido	
1928 primeiro Plano Quinquenal	1928 Eisenstein: *Outubro* Tsvetaieva: *Depois da Rússia* fundação da Associação Russa de Escritores Proletários (RAPP)
1929 coletivização forçada da agricultura	1929 Vertov: *O homem com a câmera* Maiakovski/Meyerhold: *O percevejo*

CRONOLOGIA

1930 criado o sistema do *gulag*	1930 suicídio de Maiakovski Stravinski: *Sinfonia dos salmos* Shostakovich: *O nariz*
1932 suicídio da esposa de Stalin 1932-34 crise da fome	1932 fundação da União dos Escritores Soviéticos formulação da doutrina do Realismo Socialista Ostrovski: *Assim foi temperado o aço*
	1933 Bunin ganha o Prêmio Nobel
1934 assassinato de Kirov	1934 Primeiro Congresso da União dos Escritores Soviéticos primeira prisão de Mandelstam Shostakovich: *Lady Macbeth de Mtsensk*
1935- expurgos do Partido	1935- Akhmatova: *Réquiem*
1936-38 julgamentos de Moscou	
1937-38 terror em massa	1937 Shostakovich: Quinta Sinfonia
	1938 segunda prisão de Mandelstam Nabokov: *A dádiva* Eisenstein/Prokofiev: *Alexandre Nevski*
1939 pacto nazi-soviético	1940 Bulgakov: *O mestre e Margarida* (pub. soviética 1966)
	1940- Akhmatova: *Poema sem herói*
1941 invasão alemã da União Soviética	1941 Nabokov: *A verdadeira vida de Sebastian Knight*

1941-44 cerco de Leningrado	1941- Prokofiev: *Guerra e paz*
1942 batalha de Stalingrado	1942 Shostakovich: *Sétima sinfonia* ("Leningrado")
1943 Stalin autoriza Concílio da Igreja	
1945 Soldados soviéticos em Berlim	1945 Eisenstein/Prokofiev: *Ivan, o Terrível* (Parte 7)
	1946 ataque do Partido a Akhmatova e Zoschenko
1947 começo da guerra fria	
1948 campanha contra os judeus; assassinato de Mikhoels ataques a "formalistas"	
	1951 Nabokov: *Fala, memória*
1953 Conspiração dos Médicos morte de Stalin KRUSCHEV confirmado como secretário-geral	
	1955 Nabokov: *Lolita*
1956 campanha contra Stalin: o "Degelo"	
1957 lançamento do primeiro Sputnik	1957 Pasternak: *Doutor Jivago* (primeira edição na Itália)
	1958 Pasternak ganha o Prêmio Nobel
1961 voo espacial de Gagarin	
1962 crise dos mísseis em Cuba	1962 Soljenitsin: *Um dia na vida de Ivan Denissovich*

CRONOLOGIA

1964 queda de Khruschev
BREJNEV nomeado
secretário-geral

1966 Tarkovski: *Andrei Rublev*

1970 Soljenitsin ganha
o Prêmio Nobel

1972 Tarkovski: *Solaris*

Agradecimentos

Este livro levou muito tempo para ser escrito e isso não teria acontecido sem o auxílio de muitos indivíduos e instituições.

Tenho uma grande dívida de gratidão para com a Academia Britânica e o Leverhulme Trust por me concederem uma bolsa sênior de pesquisa no último ano do projeto. Isso me liberou da maior parte dos meus deveres de professor no Birkbeck College, em Londres, onde Laurence Cole, que me substituiu nas aulas, foi um colega generoso. Também fui muito afortunado por receber uma bolsa de pesquisa institucional de dois anos do Leverhulme Trust que permitiu ao Birkbeck College contratar três pesquisadores em meio expediente para o meu projeto. Sou profundamente grato ao Trust e, principalmente, ao seu diretor Barry Supple, pelo apoio e atenção generosa.

Fui abençoado com uma soberba equipe de pesquisa. Mariana Haseldine deu orientação especializada sobre questões musicais e muitas outras. Sou especialmente grato a ela por deixar os filhos pequenos aos cuidados do marido Richard e me acompanhar numa viagem de um mês à Rússia, onde o seu encanto me abriu muitas portas. Rosamund Bartlett foi a minha principal assessora sobre literatura e uma assistente primorosa em muitos outros temas de pesquisa. Ela descobriu e vasculhou um número imenso de fontes em busca de material para comprovar as minhas ideias e conferiu os meus originais à procura de erros. Todos os que restaram são meus. A meio caminho do projeto,

Daniel Beer, que terminava o seu Ph.D. em história russa, se uniu a nós. A sua dedicação entusiasmada foi um estímulo imenso ao projeto num momento crucial. Hannah Whitley, Mandy Lehto, Timofei Logvinenko e Masha Kapitsa também trabalharam comigo como assistentes de pesquisa em vários momentos e sou profundamente grato a todos eles.

Na Rússia, tive a sorte de obter acesso a uma variedade de arquivos e museus maior do que normalmente se disponibiliza para estudiosos do Ocidente. Os que me ajudaram são numerosos demais para serem mencionados pelo nome, mas preciso destacar alguns para lhes agradecer. No Museu Russo de São Petersburgo, a vice-diretora Tatiana Vilinbakhova me ajudou com problemas de acesso; Irina Lapina ofereceu orientações especializadas com os manuscritos; e Lena Basner deu bons conselhos sobre as coleções. Sou extremamente grato a Liuba Faenson, pesquisadora-chefe do Hermitage, em São Petersburgo, que abriu mão do tempo livre para me acompanhar pelo museu e me ajudou com várias questões da pesquisa. No Instituto de Literatura Russa (Casa de Pushkin), em São Petersburgo, tenho uma dívida de gratidão para com Tatiana Ivanova, diretora da Divisão de Manuscritos, por me conceder acesso especial aos arquivos; a Natalia Khokhlova, pela ajuda especializada com os documentos de Volkonski; e a Galina Galagan, pelos conselhos sobre Tolstoi. Também gostaria de agradecer a Lia Lepskaia, do Museu Ostankino, pela ajuda com a ópera de Sheremetev; a Serafima Igorovna (como sempre será) pela ajuda para localizar os documentos de Sheremetev e muito mais no Arquivo Histórico Estatal de São Petersburgo; a Vladimir Zaitsev, diretor da Divisão de Manuscritos da Biblioteca Pública de São Petersburgo, pela ajuda com Stassov e Rimski-Korsakov; e a Galia Kuznetsova, do Arquivo Estatal da Federação Russa, em Moscou, por ajudar a encontrar os documentos de Mamontov. Sou gratíssimo às equipes da Biblioteca Pública de São Petersburgo e da Biblioteca Lenin de Moscou, onde se realizou a maior parte da minha pesquisa; e às equipes do Museu Nekrasov, em São Petersburgo, do Museu Pushkin (na antiga casa de Volkonski, em

AGRADECIMENTOS

Moika, 12), em São Petersburgo, do Palácio Sheremetev (Casa da Fonte) e Museu Akhmatova e do Museu Tolstoi em Iasnaia Poliana, que me ajudaram na minha pesquisa.

Sou profundamente grato à minha agente Deborah Rogers, que, como sempre, me deu todo o apoio o tempo todo.

Também devo muito aos meus editores: Simon Winder na Penguin e Sara Bershtel na Metropolitan. Simon me estimulou com o seu entusiasmo inspirador, os comentários sempre temperados com a paixão pelo meu tema. Sara leu os rascunhos dos capítulos com uma sensibilidade e uma atenção aos detalhes raramente encontrada em revisores de hoje. Também sou grato a Neil Belton, meu primeiro editor na Granta Books, que leu os primeiros rascunhos.

Duas outras pessoas leram todo o original datilografado: a minha mãe Eva Figes, cujo juízo literário é a pedra de toque para tudo que escrevo; e Richard Yarlott, cujo intelecto é tão brilhante hoje quanto na minha lembrança do nosso tempo de estudantes em Cambridge, faz mais de vinte anos.

Também gostaria de agradecer a Jonathan Hourigan os seus cultíssimos comentários sobre o cinema e a arte cinematográfica soviéticos — realmente muito além das nossas tagarelices eletrônicas costumeiras sobre o Chelsea Football Club.

Finalmente, na Penguin Books, gostaria de agradecer a Cecilia Mackay, que buscou todas as ilustrações deste livro, e a Andrew Barker, que fez a programação visual.

Muita gente me ajudou com detalhes e me indicou fontes que eu não conhecia. Sou muito agradecido a Irina Kirillova por me esclarecer em assuntos da liturgia ortodoxa; a Stephen Unwin, por me dar algumas ideias sobre o método Stanislavski e sobre Meyerhold; ao professor William Clarence-Smith da Escola de Estudos Orientais e Africanos, por informações sobre os hábitos alimentares mongóis e os rituais da comida; e a Edmund Herzig e Raj Chandavarkar, por me ajudarem a dar forma à minha tese sobre a atitude russa em relação ao Oriente.

Também aprendi muito em conversas com Mark Bassin, Geoffrey Hosking, Gerard McBurney, Michael Holquist, Boris Kolonitskii, Laura Engelstein, Alex McKay, Helen Rappoport e Simon Sebag Montefiore.

Acima de tudo, gostaria de agradecer a Stephanie Palmer, a minha amada esposa e amiga, que viveu com este monstro desde o princípio. Stephanie foi o público dos ensaios sem figurino dos meus argumentos. Ela me acompanhou a tantas apresentações de peças russas obscuras que talvez prefira nem saber quantas foram. E, apesar da agenda lotada, sempre encontrou tempo para ler e comentar os meus rascunhos. Este livro é dedicado às nossas filhas, cujo afeto e delicadeza em boa parte o inspiraram. Ele foi escrito na esperança de que, algum dia, elas possam entender o outro amor do seu pai.

Londres
novembro de 2001

Cessões de direito

O autor gostaria de fazer um agradecimento às seguintes instituições pela permissão de citar trechos de fontes sob *copyright*:

The British Film Institute, pela compilação de Richard Taylor de *Selected Works* de Eisenstein.
Cambridge University Press, pelas citações de *Boris Pasternak: A Literary Biography*, de Christopher Barnes.
Carcanet Press, pelas traduções de Marina Tsvetaieva feitas por Elaine Feinstein.
Harvill Press/Random House e Atheneum/Simon & Schuster, pela tradução de Max Hayward de *Hope Against Hope*.
Northwestern University Press, pela tradução de Kenneth Lantz de *A Writer's Diary*, de Dostoievski.
Oxford University Press, pela tradução de L. e A. Maude de *War and Peace*; pela tradução de James E. Falen de *Eugene Onegin*; pela tradução de C. English de *Village Evenings near Dikanka* e pela tradução de Robert Hingley de *The Princess and Other Stories*.
Penguin Books, pelas traduções de Rosemary Edmonds de *Anna Karenina*, *The Death of Ivan Ilyich* e *Childhood, Boyhood, Youth*; pelas traduções de David Magarshack de *Dead Souls* e *The Brothers Karamazov*; pela tradução de Charles Johnston de *Eugene Onegin*; pelas traduções de Ronald Wilk de *The Kiss and Other Stories*, *My*

Childhood e *My Universities*; pela tradução de David McDuff de *The House of the Dead*; pela tradução de Elisaveta Fen de *Plays*, de Chekhov, e pela tradução de Richard Freeborn de *Sketches from a Hunter's Album*.

Pocket Books/Simon & Schuster, pela tradução de Luba e Michael Terpak de *Sakhalin Island*

Zephyr Press, pelas traduções de Judith Henschmeyer de poemas de Ana Akhmatova e pelo trecho da introdução de Anatoly Naiman para *The Complete Poems of Anna Akhmatova*

Trechos das obras de Vladimir Nabokov foram citados por acordo com o Espólio de Vladimir Nabokov.

Guia de leituras complementares

A pesquisa para este livro envolveu fontes demais para serem listadas numa bibliografia. Sobre todos os assuntos, a literatura em russo é vasta. Nas Notas, incluí apenas as fontes que citei ou das quais fiz muitos empréstimos. O propósito desta seção é conduzir o leitor de língua inglesa a textos de que gostei ou que considerei úteis como introdução ao assunto. Com uma ou outra exceção, não listei fontes em francês, alemão e russo.

INTRODUÇÃO

Como história geral da Rússia, recomendo *Russia and the Russians: A History from Rus to the Russian Federation* (Londres, 2001), de Geoffrey Hosking, embora dois outros livros também sejam muito bons: *A History of Russia*, 6ª edição (Nova York, 2000), de Nicholas Riasanovsky, e Paul Dukes, *A History of Russia: Medieval, Modern, Contemporary, c. 882-1996*, 3ª edição (Basingstoke, 1998).

Há duas pesquisas cronológicas de primeira linha sobre as artes russas desde a época medieval: *The Icon and the Axe: An Interpretive History of Russian Culture* (Nova York, 1966), de James Billington; e *Between Heaven and Hell: The Story of a Thousand Years of Artistic Life in Russia* (Nova York, 1998), de W. Bruce Lincoln. *The Face of Russia* (Nova York, 1998), de James Billington, traz todas as marcas dos livros baseados em programas de TV, mas tem informações interessantes. Três livros mais antigos merecem ser mencionados: Pavel Miliukov, *Outlines of Russian Culture*, 3 vols. (Nova York, 1972) (publicado originalmente em 1896-1903); Tomas Masaryk, *The Spirit of Russia* (Nova York, 1961); e Nikolai Berdyaev, *The Russian Idea* (Londres, 1947).

The Russians (Oxford, 1997), de Robin Milner-Gulland, é uma análise concisa e perspicaz de alguns temas principais da história cultural russa. Ele é especialmente bom no trato de sistemas de crenças e formas de arte icônica. Há alguns ensaios úteis em Nicholas Rjevsky (org.), *The Cambridge Companion to Modern Russian Culture* (Cambridge, 1998) e em Catriona Kelly et al. (orgs.), *Constructing Russian Culture in the Age of Revolution, 1881–1940* (Oxford, 1998).

Sobre sistemas de crenças, mitos e símbolos, também recomendo: Michael Cherniavsky, *Tsar and People: Studies in Russian Myths* (Nova York, 1969); J. Hubbs, *Mother Russia: The Feminine Myth in Russian Culture* (Bloomington, 1988); e Elena Hellberg-Hirn, *Soil and Soul: The Symbolic World of Russianness* (Aldershot, 1997).

A história mais detalhada da arte russa em língua inglesa é *Art and Architecture of Russia*, 3ª edição (Harmondsworth, 1983), de George Hamilton, embora *The Cambridge Companion to Russian Studies*, vol. 3, *An Introduction to Russian Art and Architecture*, de Robin Milner-Gulland e John Bowlt (Cambridge, 1980), também seja muito bom. Para um estudo mais detalhado da arquitetura, comece com William Brumfield, *A History of Russian Architecture* (Cambridge, 1993).

The Handbook of Russian Literature, organizado por Victor Terras (New Haven, 1985), é uma fonte indispensável. Também recomendo: Charles Moser (org.), *The Cambridge History of Russian Literature*, edição revista (Cambridge, 1992); Victor Terras, *A History of Russian Literature* (Nova York, 1991); Richard Freeborn, *Russian Literary Attitudes from Pushkin to Solzhenitsyn* (Londres, 1976); e *The Cambridge Companion to the Classic Russian Novel*, org. Malcolm Jones e Robin Feuer Miller (Cambridge, 1998). O decano da história da música russa no Ocidente é Richard Taruskin: a sua coletânea de ensaios *Defining Russia Musically* (Princeton, 1997) é ótima para começar. Para visitantes da Rússia, recomendo enfaticamente que levem um exemplar de *Literary Russia: A Guide* (Londres, 1997), de Anna Benn e Rosamund Bartlett.

1. A RÚSSIA EUROPEIA

Sobre a Rússia no século XVIII e o seu lugar na Europa, comece com *The Modernization of Russia, 1676–1825* (Cambridge, 1999), de Simon Dixon, cheio de observações ponderadas sobre a cultura e a sociedade russas. Uma boa história geral do reinado de Pedro é Lindsey Hughes, *Russia in the Age of Peter the Great* (New Haven, 1998); do reinado de Catarina, Isabel de Madariaga, *Russia in the Age of Catherine the Great* (Londres, 1991). Marc Raeff escreveu uma grande variedade de ensaios influentes sobre a história intelectual do Estado petrino: dentre os melhores, encontram-se vinte em *Political Ideas and Institutions in Imperial Russia* (Boulder, 1994). Há um estudo fascinante da representação mítica do Estado em Richard Wortman, *Scenarios of Power: Myth and Ceremony in the Russian Monarchy*, vol I: *From Peter the Great to the Death of Nicholas I* (Princeton, 1995). *Prince of Princes: The Life of Potemkin* (Londres, 2000), de Simon Sebag Montefiore, traz uma perspectiva esplêndida sobre o Estado do século XVIII — e é agradabilíssimo.

Os melhores textos sobre a história cultural de São Petersburgo são em russo. No entanto, os leitores de inglês podem começar com Solomon Volkov, *St Petersburg: A Cultural History* (Londres, 1996), obra levemente divagadora e excêntrica. Sobre a cultura de vanguarda do período revolucionário, ver Katerina Clark, *Petersburg: Crucible of Cultural Revolution* (Cambridge, Massachusetts, 1995). A história arquitetônica da cidade é examinada por James Cracraft em *The Petrine Revolution in Russian Architecture* (Londres, 1988), que relata a fundação da cidade; e, em termos mais gerais, por Kathleen Murrell em *St Petersburg: History, Art and Architecture* (Londres, 1995). *The Architectural Planning of St Petersburg* (Athens, Ohio, 1969), de Iurii Egorov, é uma monografia útil traduzida do russo.

A construção de palácios em São Petersburgo é uma história cultural por si só. Um bom lugar para começar é Priscilla Roosevelt, *Life on the Russian Country Estate: A Social and Cultural History* (New Haven, 1995). Os elementos de estilo são comentados por Dimitri Shvidkovsky no esplêndido livro *The Empress and the Architect: British Architecture and Gardens at the Court of Catherine the Great* (New Haven, 1996). Sobre o Palácio de Inverno e o Hermitage, é bom começar com *The Hermitage: The Biography of a Great Museum* (Londres, 1997), de Geraldine Norman.

Sobre São Petersburgo como tema literário, ver Sidney Monas, "Unreal City: St Petersburg and Russian Culture", em Kenneth Brostrom (org.), *Russian Literature and American Critics* (Ann Arbor, 1984), p. 381–91; e, do mesmo autor, "St Petersburg and Moscow as Cultural Symbols", em Theofanis Stavrou (org.), *Art and Culture in Nineteenth-century Russia* (Bloomington, 1983), p. 16–39. Dois outros ensaios também são muito bons: Yury Lotman,

"The Symbolism of St Petersburg", em seu *Universe of the Mind: A Semiotic Theory of Culture*, trad. Ann Shukman (Londres, 1990), p. 191-216; e Aileen Kelly, "The Chaotic City", em seu *Towards Another Shore: Russian Thinkers between Necessity and Chance* (New Haven, 1998), p. 201-20. Sobre Pushkin e São Petersburgo, ver Veronica Shapovalov, "A. S. Pushkin and the St Petersburg Text", em Peter Barta e Ulrich Goebel (orgs.), *The Contexts of Aleksandr Sergeevich Pushkin* (Lewiston, Nova York, 1988), p. 43-54. Sobre Dostoievski e São Petersburgo, ver Sidney Monas, "Across the Threshold: *The Idiot* as a Petersburg Tale", em Malcolm Jones (org.), *New Essays on Dostoevsky* (Cambridge, 1983), p. 67-93. O tema apocalíptico é discutido na ponderada monografia de David Bethea, *The Shape of Apocalypse in Modern Russian Fiction* (Princeton, 1989). Sobre Akhmatova, ver Sharon Leiter, *Akhmatova's Petersburg* (Cambridge, 1983). Em termos mais gerais, também posso recomendar *Images of Space: St Petersburg in the Visual and Verbal Arts*, de Grigorii Kaganov, trad. Sidney Monas (Stanford, 1997), um livro brilhante sobre o lugar da cidade no imaginário russo. Esse também é o tema do ensaio lírico de Joseph Brodski "A Guide to a Renamed City", em seu *Less Than One: Selected Essays* (Londres, 1986), p. 69-94.

A história intelectual da aristocracia russa no século XVIII é um tema vasto e complexo. Os leitores podem começar com *Origins of the Russian Intelligentsia* (Nova York, 1966), de Marc Raeff, e com um estudo comparativo que utiliza fontes russas intensamente como *The Aristocracy in Europe, 1815-1914* (Londres, 1992), de Dominic Lieven. Há alguns ensaios úteis de Isabel de Madariaga em seu *Politics and Culture in Eighteenth-century Russia* (Londres, 1998). Os estudos semióticos de Yuri Lotman sobre literatura e história cultural russas são leitura essencial sobre esse tema. Veja uma amostra desses textos, inclusive o importante ensaio "The Decembrists in Everyday Life", em Iu. Lotman, L. Ginsburg, B. Uspenskii, *The Semiotics of Russian Cultural History* (Ithaca, 1985). Há vários ensaios esclarecedores sobre inúmeros aspectos da sociedade e da cultura nobre russa em John Garrard (org.), *TheEighteenth Century in Russia* (Oxford, 1973). Sobre o desenvolvimento dos saraus e de outras instituições literárias, ver William Mills Todd, *Fiction and Society in the Age of Pushkin: Ideology, Institutions and Narrative* (Cambridge, Massachusetts, 1986). Há pouquíssima literatura em inglês sobre a vida musical da Rússia no século XVIII, mas sobre o teatro (inclusive a ópera cômica) os leitores podem recorrer a Simon Karlinsky, *Russian Drama from Its Beginnings to the Age of*

Pushkin (Berkeley, 1985). Para saber mais sobre Fonvizin, consultar Charles Moser, *Denis Fonvizin* (Boston, 1979); e para saber mais sobre Karamzin, ver Anthony Cross, *N. M. Karamzin: A Study of His Literary Career* (Londres, 1971), e Joseph Black, *Nicholas Karamzin and Russian Society in the Nineteenth Century: A Study in Russian Political and Historical Thought* (Toronto, 1975). O melhor estudo geral do nacionalismo russo no século XVIII ainda é *National Consciousness in Eighteenth-century Russia* (Cambridge, Massachusetts, 1960), de Hans Rogger. Mas há ideias interessantes em Liah Greenfeld, *Nationalism: Five Roads to Modernity* (Cambridge, Massachusetts, 1992).

2. FILHOS DE 1812

Sobre Napoleão na Rússia, comece com Nigel Nicolson, *Napoleon: 1812* (Londres, 1985), ou Alan Palmer, *Napoleon in Russia* (Londres, 1967). Sobre o incêndio de Moscou, ver D. Olivier, *The Burning of Moscow* (Londres, 1966). Também há trechos úteis em A. Brett-James (org.), *1812: Eyewitness Accounts of Napoleon's Defeat in Russia* (Londres, 1966). Mas os melhores relatos em primeira mão são *Memoirs of General de Caulaincourt Duke of Vicenza*, 2 vols. (Londres, 1935), e Philippe-Paul de Ségur, *Napoleon's Russian Campaign* (Londres, 1959). Quanto ao impacto da invasão sobre o campo russo, ver Janet Hartley, "Russia in 1812: Part I: The French Presence in the Gubernii of Smolensk and Mogilev", *Jahrbücher für Geschichte Osteuropas*, vol. 38, n° 2 (1990), p. 178-98; e "Part II: The Russian Administration of Kaluga Gubernia", *Jahrbücher fur Geschichte Osteuropas*, vol. 38, n° 3 (1990), p. 399-416.

Em si, *Guerra e paz*, de Tolstoi, é um tipo de história dos "homens de 1812". Há uma discussão brilhante da sua evolução e concepção histórica em Kathryn Feuer, *Tolstoy and the Genesis of War and Peace* (Cornell, 1996). Ver também R. F. Christian, *Tolstoy's "War and Peace"* (Oxford, 1962).

Sobre os dezembristas, comece com Marc Raeff (org.), *The Decembrist Movement* (Englewood Cliffs, Nova Jersey, 1966). Sobre o contexto intelectual, ver o ensaio de Yuri Lotman "The Decembrists in Everyday Life", em Iu. Lotman, L. Ginsburg, B. Uspenskii, *The Semiotics of Russian Cultural History* (Ithaca, 1985); Marc Raeff, "Russian Youth on the Eve of Romanticism: Andrei I. Turgenev and His Circle", em seu *Political Ideas and Institutions in Imperial Russia* (Boulder, 1994); e Franklin Walker, "Christianity, the Service Ethic and Decembrist Thought", em Geoffrey Hosking (org.), *Church, Nation and State in Russia and Ukraine* (Basingstoke, 1991), p. 79-95. Também recomendo Patrick O'Meara, *K. F. Ryleev: A Political Biography of the Decembrist Poet* (Princeton, 1984).

Sobre os Volkonski há apenas dois livros em inglês: Christine Sutherland, *The Princess of Siberia: The Story of Maria Volkonsky and the Decembrist Exiles* (Londres, 1984); e Maria Fairweather, *Pilgrim Princess: A Life of Princess Zinaida Volkonsky* (Londres, 1999).

A literatura sobre Pushkin é volumosa. *Pushkin* (Londres, 1998), de Elaine Feinstein, é uma boa introdução à vida do poeta, assim como *Pushkin: The Man and His Age* (Londres, 1994), de Robin Edmond. Sobre a poesia, comece com A. D. P. Briggs, *Pushkin: A Critical Study* (Londres, 1983), e John Bayley, *Pushkin: A Comparative Commentary* (Cambridge, 1971). Sobre *Eugene Oneguin*, aprendi muito com dois estudos: Douglas Clayton, *Ice and Flame: Alexander Pushkin's Eugene Onegin* (Toronto, 1985); e William Mills Todd III, "*Eugene Oneguin*: 'Life's Novel'", em, do mesmo autor (org.), *Literature and Society in Imperial Russia, 1800-1914* (Stanford, 1978), p. 203-35. A "leitura social" de *Eugene Oneguin* data da obra de Vissarion Belinski, da década de 1840. O artigo mais importante de Belinski foi publicado em inglês como "Tatiana: A Russian Heroine", trad. S. Hoisington, *Canadian-American Slavic Studies*, vol. 29, nº 3-4 (1995), p. 371-95. Sobre o contexto intelectual de *Eugene Oneguin*, ler as notas de Vladimir Nabokov, *Eugene Onegin*, 4 vols. (Princeton, 1975), embora os leitores possam se desconcertar com a tradução literal de Nabokov. Como alternativa, recomendo a tradução animada (e rimada) de James Falen (Oxford, 1990). Para outros versos de Pushkin, ver *The Bronze Horseman and Other Poems*, com tradução e introdução de D. M. Thomas (Harmondsworth, 1982).

Há poucos estudos específicos sobre a influência do folclore na literatura russa. É possível ter alguma ideia do assunto com o artigo de Faith Wigzell "Folk Stylization in Leskov's *Ledi Makbet of Mtsensk*", *Slavonic and East European Review*, vol. 67, nº 2 (1986). Sobre Gogol, o melhor é começar com Donald Fanger, *The Creation of Nikolai Gogol* (Cambridge, Massachusetts, 1979). Aliás, sobre a influência ucraniana há um livro esplêndido de David Saunders, *The Ukrainian Impact on Russian Culture, 1750-1850* (Edmonton, 1985). Sobre Lermontov, ver Jessie Davies, *The Fey Hussar: The Life of the Russian Poet Mikhail Yur'evich Lermontov, 1814-41* (Liverpool, 1989). Sobre a estética literária do período, ver Victor Terras, *Belinsky and Russian Literary*

Criticism: The Heritage of Organic Esthetics (Madison, 1974); e os trechos de críticas de Belinski em "Thoughts and Notes on Russian Literature", em Ralph Matlaw (org.), *Belinsky, Chernyshevsky and Dobrolyubov: Selected Criticism* (Bloomington, 1962), p. 3-32.

Quanto ao folclore e à música, devo muito a Richard Taruskin, *Defining Russia Musically* (Princeton, 1997), principalmente os artigos "N. A. Lvov and the Folk", (p. 3-24), "M. I. Glinka and the State" (p. 25-47) e "How the Acorn Took Root" (p. 113-51). Também recomendo Alfred Swan, *Russian Music and Its Sources in Chant and Folk Song* (Nova York, 1973). Sobre os temas folclóricos da arte russa, ver S. Frederick Starr, "Russian Art and Society, 1800-1850", em Theofanis Stavrou (org.), *Art and Culture in Nineteenth--century Russia* (Bloomington, 1983), p. 87-112. Sobre Venetsianov, há um artigo excelente de Rosalind Gray, "The Real and the Ideal in the Work of Aleksei Venetsianov", *Russian Review*, vol. 4 (1999), p. 655-75. *Russian Folk Art* (Bloomington, 1995), de Alison Hilton, é um estudo fascinante que toca em alguns aspectos desse tema.

A atitude literária russa perante a infância é discutida em Andrew Wachtel, *The Battle for Childhood: Creation of a Russian Myth* (Stanford, 1990), livro soberbo que muito me ensinou. Catriona Kelly também se refere à infância no seu estudo fascinante das boas maneiras russas, *Refining Russia: Advice Literature, Polite Culture, and Gender from Catherine to Yeltsin* (Oxford, 2001).

A melhor introdução a Alexandre Herzen é ler as suas cativantes memórias *My Past and Thoughts* (Berkeley, 1999). No Ocidente, quem fala de Herzen com mais eloquência é Isaiah Berlin. Veja os seus ensaios: "Herzen and His Memoirs", em *The Proper Study of Mankind: An Anthology of Essays*, org. H. Hardy e R. Hausheer (Londres, 1997) (esse ensaio também está na edição de *My Past and Thoughts* supracitada); "Alexander Herzen" e "Herzen and Bakunin on Individual Liberty" em *Russian Thinkers* (Harmondsworth, 1978). Aileen Kelly tem observações perspicazes a dizer sobre a filosofia de Herzen em *Toward Another Shore: Russian Thinkers between Necessity and Chance* (New Haven, 1998) (principalmente os capítulos 6, 15 e 16); e *Views from the Other Shore: Essays on Herzen, Chekhov and Bakhtin* (New Haven, 1999). Há duas excelentes biografias políticas: Martin Malia, *Alexander Herzen and the Birth of Russian Socialism* (Cambridge, Massachusetts, 1961); e Edward Acton, *Alexander Herzen and the Role of the Intellectual Revolutionary* (Cambridge, 1979).

As *Cartas filosóficas* de Chaadaev estão disponíveis em inglês em *Philosophical Works of Peter Chaadaev*, org. Raymond McNally e Richard Tempest (Boston, 1991). Ver mais sobre Chaadaev em Raymond T. McNally, *Chaadayev and His Friends: An Intellectual History of Peter Chaadayev and His Russian Contemporaries* (Tallahassee, 1971).

Sobre os eslavófilos, os leitores deveriam começar com o estudo soberbo de Andrzej Walicki, *The Slavophile Controversy: History of a Conservative Utopia in Nineteenth-century Russian Thought* (Oxford 1975). Há também um estudo fascinante de Abbott Gleason sobre Ivan Kireievski, *European and Muscovite: Ivan Kireevsky and the Origins of Slavophilism* (Cambridge, Massachusetts, 1972). Encontram-se em inglês alguns textos de eslavófilos: Ivan Kireevsky, "On the Nature of European Culture and Its Relation to the Culture of Rússia", em Marc Raeff (org.), *Russian Intellectual History: An Anthology* (Nova York, 1966), p. 174-207; e Konstantin Aksakov, "On the Internal State of Russia", no mesmo livro, p. 230-51. Em termos mais gerais, sobre a história intelectual do início do século XIX, também recomendo Nicholas Riasanovsky, *A Parting of the Ways: Government and the Educated Public in Russia 1801-1855* (Oxford, 1976); Peter Christoff, *The Third Heart: Some Intellectual-Ideological Currents and Cross-currents, 1800-1830* (The Hague, 1970); e as animadas memórias do escritor do século XIX Pavel Annenkov, *The Extraordinary Decade*, trad. I. Titunik (Ann Arbor, 1968). Isaiah Berlin é leitura essencial, principalmente os ensaios "The Birth of the Russian Intelligentsia", "Vissarion Belinsky" e "German Romanticism in Petersburg and Moscou", em *Russian Thinkers* (Harmondsworth, 1978), e o soberbo ensaio sobre Belinski, "Artistic Commitment: A Russian Legacy", em *The Sense of Reality: Studies in Ideas and Their History*, org. Henry Hardy (Londres, 1996), p. 194-231.

Os textos históricos de Karamzin são estudados por S. Mark Lewis, *Modes of Historical Discourse in J. G. Herder and N. M. Karamzin* (Nova York, 1995). Ver também a introdução de Richard Pipes em N. M. Karamzin, *A Memoir on Ancient and Modern Russia: The Russian Text*, org. R. Pipes (Cambridge, Massachusetts, 1959). Quanto ao debate sobre a origem da Rússia, ver Nicholas Riasanovsky, "The Norman Theory of the Origin of the Russian State", *The Russian Review*, vol. 7, nº 1 (1947), p. 96-110; e, a respeito do debate sobre a monarquia, Frank Mocha, "The Karamzin-Lelewel Controversy", *Slavic Review*, vol. 31, nº 3 (1972), p. 592-610.

GUIA DE LEITURAS COMPLEMENTARES

O "espírito de 1855" — a liberação intelectual que se seguiu à morte de Nicolau I — é muito bem captado por Aileen Kelly em "Carnival of the Intellectuals", em *Toward Another Shore: Russian Thinkers between Necessity and Chance* (New Haven, 1998), p. 37-54. Sobre Alexandre II, ver W. E. Mosse, *Alexander II and the Modernization of Russia* (Londres, 1992) (publicado originalmente em 1958); ou Norman Pereira, *Tsar Liberator: Alexander II of Russia* (Newtonville, 1983). Para mais informações sobre a emancipação dos servos, ver Terence Emmons, *The Russian Landed Gentry and the Peasant Emancipation of 1861* (Cambridge, 1967).

3. MOSCOU! MOSCOU!

A reconstrução de Moscou pós-1812 é discutida em A. Schmidt, "The Restoration of Moscow After 1812", *Slavic Review*, vol. 40, nº 1 (1981), p. 37-48; e em *Moscou: An Architectural History* (Londres, 1990), uma útil pesquisa de Kathleen Berton. Sobre o estilo Império, ver A. Gaydamuk, *Russian Empire: Architecture, Decorative and Applied Arts, Interior Decoration 1800-1830* (Moscou, 2000). Laurence Kelly (org.), *Moscow: A Traveller's Companion* (Londres, 1983), inclui lembranças que evocam o clima de Moscou no início do século XIX. *Moscow: Treasures and Traditions* (Washington, 1990) contém ensaios úteis sobre o estilo de Moscou nas várias artes. Tenho uma dívida para com a obra de Evguenia Kirichenko, *Russian Design and the Fine Arts: 1750-1917* (Nova York, 1991), que também delineia o surgimento do estilo de Moscou.

Sobre comida e bebida, vale a pena consultar R. E. F. Smith e David Christian, *Bread and Salt: A Social and Economic History of Food and Drink in Russia* (Cambridge, 1984), e M. Giants e J. Toomre (orgs.), *Food in Russian History and Culture* (Bloomington, 1997). R. D. LeBlanc, "Food, Orality, and Nostalgia for Childhood: Gastronomic Slavophilism in Mid Nineteenth-century Russian Fiction", *Russian Review*, vol. 58, nº 2 (1999) é um artigo especializado mas fascinante. A literatura sobre vodca é adequadamente extensa, mas as melhores fontes introdutórias são David Christian, *"Living Water": Vodka and Russian Society on the Eve of Emancipation* (Oxford, 1990), e V. V. Pokhlebin, *A History of Vodka* (Londres, 1992).

O nosso entendimento de Mussorgski tem sido drasticamente revisto pela obra de dois estudiosos americanos extraordinários que buscaram resgatar o compositor da ideologia populista e nacionalista da história da música soviética e destacar a complexidade do seu desenvolvimento intelectual: Richard Taruskin, *Musorgsky: Eight Essays and an Epilogue*, 2ª edição (Princeton, 1997), e Caryl Emerson, *The Life of Musorgsky* (Cambridge, 1999). Sobre a amizade de Mussorgski e Gartman, ver Michael Russ, *Musorgsky, Pictures at an Exhibition* (Cambridge, 1992); e Alfred Frankenstein, "Victor Hartmann and Modeste Musorgsky", *Musical Quarterly*, 25 (1939), p. 268–91 (que também contém ilustrações da obra de Gartman). Quanto à história intelectual de *Boris Godunov*, ver Caryl Emerson e Robert Oldani, *Modest Musorgsky and Boris Godunov: Myths, Realities, Reconsiderations* (Cambridge, 1994). Richard Taruskin fez mais do que ninguém para mudar a nossa visão das óperas de Mussorgski. Ver o seu "'The Present in the Past': Russian Opera and Russian Historiography, c. 1870", em Malcolm Brown (org.), *Russian and Soviet Music: Essays for Boris Schwarz* (Ann Arbor, 1984), p. 77–146. Sobre *Khovanschina*, ver os ensaios proveitosos de Jennifer Batchelor e Nicholas John (orgs.), *Khovanshchina* (Londres, 1994). Para conhecer melhor a vida de Mussorgski, ver Alexandra Orlova, *Musorgsky Remembered* (Bloomington, 1991); *Musorgsky: In Memoriam 1881–1981*, org. Malcolm Brown (Ann Arbor, 1982); *The Musorgsky Reader: A Life of Modest Petrovitch Musorgsky in Letters and Documents*, org. e trad. J. Leyda e S. Bertensson (Nova York, 1947).

A melhor introdução a Stassov é Yuri Olkhovsky, *Vladimir Stasov and Russian National Culture* (Ann Arbor, 1983). Alguns dos seus textos sobre música estão disponíveis em inglês: V. V. Stasov, *Selected Essays on Music*, trad. Florence Jonas (Nova York, 1968). A história da fundação da escola de música russa é contada por Robert Ridenour, *Nationalism, Modernism, and Personal Rivalry in Nineteenth-century Russian Music* (Ann Arbor, 1981). Balakirev é estudado por Edward Garden, *Balakirev: A Critical Study of His Life and Music* (Londres, 1967). Quanto à música dos *kuchkistas*, comece com David Brown et al., *The New Grove Russian Masters 1: Glinka, Borodin, Balakirev, Musorgsky, Chaikovsky* (Londres, 1986). Mais especificamente sobre Rimski-Korsakov, ver V. V. Yastrebtsev, *Reminiscences of Rimsky-Korsakov*, org. e trad. Florence Jonas (Nova York, 1985); Gerald Abraham, *Rimsky Korsakov: A Short Biography* (Londres, 1945); e Gerald Seaman, *Nikolai Andreevich Rimsky-Korsakov: A Guide to Research* (Nova York, 1988).

Há extensa literatura sobre os comerciantes de Moscou. Sobre a sua vida social e cultural, achei mais úteis: Jo Ann Ruckman, *The Moscow Business Elite: A Social and Cultural Portrait of Two Generations, 1840–1905* (DeKalb,

GUIA DE LEITURAS COMPLEMENTARES

Illinois, 1984); T. Owen, *Capitalism and Politics in Russia: A Social History of the Moscow Merchants, 1855-1905* (Cambridge, 1981); E. Clowes, S. Kassow, J. West (orgs.), *Between Tsar and People: Educated Society and the Quest for Public Identity in Late Imperial Russia* (Princeton, 1991); R. W. Thurston, *Liberal City, Conservative State: Moscow and Russia's Urban Crisis, 1906-1914* (Oxford, 1987); J. L. West, "The Riabushinkii Circle: Russian Industrialists in Search of a Bourgeoisie 1909-1914", *Jahrbücher fur Geschichte Osteuropas*, vol. 32, nº 3 (1984), p. 358-77; W. Blackwell, "The Old Believers and the Rise of Private Industrial Enterprise in Early Nineteenth-century Moscow", *Slavic Review*, vol. 14, nº 3 (1965), p. 407-24. Para uma descrição do distrito de Zamoskvoreche, não há fonte melhor do que o escritor Apollon Grigoriev, do século XIX, em *My Literary and Moral Wanderings*, trad. Ralph Matlaw (Nova York, 1961). Ver também Robert Whittaker, "'My Literary and Moral Wanderings': Apollon Grigor'ev and the Changing Cultural Topography of Moscou", *Slavic Review*, vol. 41, nº 3 (1983), p. 390-407. Sobre Tretyakov, ver John Norman, "Pavel Tretyakov and Merchant Art Patronage, 1850-1900", em E. Clowes, S. Kassow, J. West (org.), *Between Tsar and People: Educated Society and the Quest for Public Identity in Late Imperial Russia* (Princeton, 1991), p. 93-107. Sobre Mamontov, há um estudo de primeira linha de S. R. Grover, *Savva Mamontov and the Mamontov Circle, 1870-1905: Art Patronage and the Rise of Nationalism in Russian Art* (Ann Arbor, 1971). Sobre o patrocínio dos comerciantes em geral, ver Beverly Kean, *All the Empty Palaces: The Merchant Patrons of Modern Art in Pre-revolutionary Russia* (Londres, 1983). Há mais sobre Ostrovski em Marjorie Hoover, *Alexander Ostrovsky* (Boston, 1981), e no estudo mais recente de Kate Rahman, *Ostrovsky: Reality and Illusion* (Birmingham, 1999). Na minha descrição dos *pochvenniki*, baseei-me bastante em Wayne Dowler, *Dostoevsky, Grigor'ev and Native Soil Conservatism* (Toronto, 1982).

As colônias de Abramtsevo, Solomenko e Talashkino são estudadas por Wendy Salmond em *Arts and Crafts in Late Imperial Russia: Reviving the Kustar Art Industries, 1870-1917* (Cambridge, 1996). Aprendi bastante com o livro pioneiro de Salmond. Abramtsevo e Talashkino também aparecem no soberbo estudo de John Bowit, *The Silver Age: Russian Art of the Early Twentieth Century and the "World of Art" Group* (Newtonville, Massachusetts, 1979).

Sobre o *style moderne* de Moscou, ver William Brumfield, *Origins of Modernism in Russian Architecture* (Berkeley, 1993). E, sobre Chekhtel e a mansão

Riabushinski em particular: Catherine Cook, "Fedor Osipovich Shekhtel: An Architect and His Clients in Turn-of-century Moscow", *Architectural Association Files*, nº 5-6 (1984), p. 5-31; William Brumfield, "The Decorative Arts in Russian Architecture: 1900-1907", *Journal of Decorative and Propaganda Arts*, nº 5 (1987), p. 23-26. A literatura sobre Fabergé é volumosa, mas há relativamente pouco sobre as oficinas da firma em Moscou. O melhor lugar para começar é: Gerard Hill (org.), *Fabergé and the Russian Master Goldsmiths* (Nova York, 1989) e Kenneth Snowman, *Fabergé* (Nova York, 1993). *Russian Design and the Fine Arts: 1750-1917* (Nova York, 1991), de Evgenia Kirichenko, discute Fabergé e os outros ourives de prata de Moscou, como Vashkov e Ovchinnikov. O trabalho de Viktor Vasnetsov ainda não encontrou estudioso ocidental, mas Vrubel é tema de um belo estudo de Aline Isdebsky-Prichard, *The Art of Mikhail Vrubel (1856-1910)* (Ann Arbor, 1982).

Sobre Stanislavski, o lugar óbvio para começar é David Magarshack, *Stanislavsky: A Life* (Londres, 1986). Há livros intermináveis sobre o sistema de ensaios de Stanislavski, mas acho as explicações do próprio diretor mais esclarecedoras: *Stanislavsky on the Art of the Stage*, trad. David Magarshack (Londres, 1967). Do mesmo modo, a história da fundação do Teatro de Artes de Moscou é mais bem contada pelos próprios fundadores: C. Stanislavski, *My Life in Art* (Londres, 1948); V. Nemirovich-Danchenko, *My Life in the Russian Theatre* (Londres, 1968). No meu relato, também pesquisei nos textos de E. Clowes, "Social Discourse in the Moscow Art Theatre", em E. Clowes, S. Kassow, J. West (orgs.), *Between Tsar and People: Educated Society and the Quest for Public Identity in Late Imperial Russia* (Princeton, 1991), p. 271-87.

Chekhov é um tema vasto e complexo. Aprendi muito com Donald Rayfield, *Understanding Chekhov* (Londres, 1999), e, do mesmo autor, *Anton Chekhov: A Life* (Londres, 1997) e *Chekhov: The Evolution of His Art* (Nova York, 1975). V. S. Pritchett, *Chekhov: A Biography* (Harmondsworth, 1988), e Ronald Hingley, *A Life of Anton Chekhov* (Oxford, 1976), são mais antigos mas ainda vale a pena lê-los. Aprendi muito sobre as raízes de Chekhov na cultura popular de Moscou com Vera Gottlieb em *Chekhov and the Vaudeville: A Study of Chekhov's One-act Plays* (Cambridge, 1981). Sobre as principais peças de Chekhov, recomendo: Richard Pearce, *Chekhov: A Study of the Four Major Plays* (New Haven, 1983); Gordon McVay, *Chekhov's Three Sisters* (Londres, 1995); Laurence Senelick, *The Chekhov Theatre: A Century of the Plays in Performance* (Cambridge, 1997). *The Cambridge Companion to Chekhov*, org. Vera Gottlieb e Paul Allain (Cambridge, 2000), está cheio de ideias proveitosas. Sobre o tema complexo da religião de Chekhov (discutido no capítulo 5), ver (por falta de obras importantes em inglês) Vladimir Kataev et al. (orgs.), *Anton P. Cechov — Philosophische and religiose Dimensionen im Leben and im Werk* (Munique, 1997). *Chekhov and Russian Religious Culture: The Poetics of the Marian Paradigm* (Evanston, 1997), de Julie de Sherbinin, é especializadíssimo. As atitudes de Chekhov perante a morte são examinadas por Jerome E. Katsell, "Mortality: Theme and Structure of Chekhov's Later Prose", em Paul Debreczeny e Thomas Eekman (orgs.), *Chekhov's Art of Writing: A Collection of Critical Essays* (Columbus, 1977), p. 54-67. A personalidade enigmática de Chekhov se revela na sua correspondência. Recomendo: *Letters of Anton Chekhov*, org. Simon Karlinsky (Londres, 1973); *Chekhov: A Life in Letters*, org. Gordon McVay (Londres, 1994); *Anton Chekhov's Life and Thought: Selected Letters and Commentary*, trad. Michael Heim, comentários de Simon Karlinsky (Evanston, Illinois, 1997); e *Dear Writer — Dear Actress: The Love Letters of Olga Knipper and Anton Chekhov*, trad. e org. Jean Benedetti (Londres, 1996).

Sobre a vanguarda de Moscou (tema novamente tratado no capítulo 7), recomendo, como introdução: Camilla Gray, *The Russian Experiment in Art, 1863-1922*, edição revista (Londres, 1986); John Bowlt, *The Silver Age: Russian Art of the Early Twentieth Century and the "World of Art" Group* (Newtonville, Massachusetts, 1979); e, com organização do mesmo autor, *Russian Art of the Avant Garde: Theory and Criticism, 1902-1934* (Nova York, 1988). Sobre Riabushinski e o círculo do *Velo de ouro*, ver William Richardson, *Zolotoe Runo and Russian Modernism, 1905-1910* (Ann Arbor, 1986). Também aprendi muito com John Bowlt, "The Moscow Art Market", em E. Clowes, S. Kassow, J. West (orgs.), *Between Tsar and People: Educated Society and the Quest for Public Identity in Late Imperial Russia* (Princeton, 1991), p. 108-28.

Sobre Goncharova, vale a pena consultar Mary Chamot, *Goncharova: Stage Designs and Paintings* (Londres, 1979). O espírito da arte de Goncharova é belamente lembrado por Marina Tsvetaieva na longa obra em prosa (traduzida apenas para o francês) *Nathalie Goncharova* (Paris, 1990). Sobre as artistas de vanguarda em termos mais gerais, ver Myuda Yablonskaya, *Women Artists of Russia's New Age, 1900-1935* (Londres, 1990); e John Bowlt e Matthew Drutt (orgs.), *Amazons of the Avant-garde*, catálogo de exposição, Royal Academy of Arts (Londres, 1999).

Sobre Scriabin, recomendo: Faubion Bowers, *Scriabin: A Biography*, 2 vols. (Londres, 1969); James Baker, *The Music of Alexander Scriabin* (New Haven, 1986); e, sobre as ideias místicas do compositor, Boris de Schloezer, *Scriabin: Artist and Mystic*, trad. Nicolas Slonimsky (Oxford, 1987). Quanto a obras sobre Pasternak, Maiakovski, Tsvetaieva e Bulgakov, ver capítulos 7 e 8 a seguir.

4. O CASAMENTO CAMPONÊS

O relato clássico do movimento populista é Franco Venturi, *Roots of Revolution: A History of the Populist and Socialist Movements in Nineteenth-century Russia*, trad. Francis Haskell (Nova York, 1960). Também fiz empréstimos do ensaio brilhante (e polêmico) de Tibor Szamuely, *The Russian Tradition* (Londres, 1988); e do estudo psicológico mais sensível de Richard Wortman, *The Crisis of Russian Populism* (Cambridge, 1967). Sobre a "ida ao povo", recomendo igualmente Daniel Field, "Peasants and Propagandists in the Russian Movement to the People of 1874", *Journal of Modern History*, nº 59 (1987), p. 415-38; e, a respeito do pano de fundo intelectual do movimento populista, Abbott Gleason, *Young Russia: The Genesis of Russian Radicalism in the 1860s* (Nova York, 1980). *Peasant Icons: Representations of Rural People in Late Nineteenth-century Russia* (Oxford, 1993), de Cathy Frierson, é uma descrição excelente da mudança da imagem do campesinato no final do século XIX.

Quanto a Repin e os Itinerantes, os leitores deveriam começar com o excelente trabalho de Elizabeth Valkenier, *Russian Realist Art: The State and Society: The Peredvizhniki and Their Tradition* (Ann Arbor, 1977), seguido pelo seu igualmente soberbo *Ilya Repin and the World of Russian Art* (Nova York, 1990). Aprendi muitíssimo com ambos os livros. Outra opção para os leitores é consultar Fan e Stephen Parker, *Russia on Canvas: Ilya Repin* (Londres, 1980) ou *Ilya Repin*, de Grigory Sternin e Yelena Kirillina (Bournemouth, 1996).

Sobre Turgueniev e as suas atitudes complexas para com os estudantes revolucionários, devo muito a três ensaios brilhantes: Isaiah Berlin, "Fathers and Children: Turgenev and the Liberal Predicament", em *Russian Thinkers* (Harmondsworth, 1978), p. 261-305; Leonard Schapiro, "Turgenev and Herzen: Two Modes of Russian Political Thought", em seu *Russian Studies* (Londres, 1986), p. 321-37; e Aileen Kelly, "The Nihilism of Ivan Turgenev", em *Toward Another Shore: Russian Thinkers between Necessity and Chance* (New Haven, 1998), p. 91-118. Sobre Turgueniev em geral, recomendo mais três obras: Leonard Schapiro, *Turgenev: His Life and Times* (Oxford, 1978); F. Seeley, *Turgenev: A Reading of His Fiction* (Cambridge, 1991); e V. S. Pritchett, *The Gentle Barbarian: The Life and Work of Turgenev* (Londres, 1977). Escreveu-se muito menos sobre Niekrassov, mas há uma obra geral decente: Sigmund Birkenmayer, *Nikolaj Nekrasov: His Life and Poetic Work* (The Hague, 1968). Aprendi muito com duas obras importantes sobre a estética literária da década de 1860 e o movimento revolucionário: Rufus Matthewson, *The Positive Hero in Russian Literature* (Stanford, 1975); e Irina Paperno, *Chernyshevsky and the Age of Realism* (Stanford, 1988). Há um belo ensaio de Donald Fanger, "The Peasant in Literature", em Wayne Vucinich (org.), *The Peasant in Nineteenth-century Russia* (Stanford, 1968). Tenho uma dívida para com essa obra.

A literatura sobre Tolstoi é grande o bastante para encher sozinha uma biblioteca. Como biografia geral, recomendo enfaticamente A. N. Wilson, *Tolstoy* (Londres, 1988), embora ainda ame o livro que me inspirou quando menino: Henri Troyat, *Tolstoy,* trad. Nancy Amphoux (Harmondsworth, 1970). Boa parte da minha discussão sobre Tolstoi neste capítulo, mas especialmente no capítulo 5, se inspirou em Richard Gustafson, *Leo Tolstoy, Resident and Stranger: A Study in Fiction and Theology* (Princeton, 1986). Outras obras sobre a religião de Tolstoi que achei úteis são: E. B. Greenwood, "Tolstoy and Religion", em M. Jones (org.) *New Essays on Tolstoy* (Cambridge, 1978), p. 149-74; David Matual, *Tolstoy's Translation of the Gospels: A Critical Study* (Lewiston, 1992), e Josef Metzele, *The Presentation of Death in Tolstoy's Prose* (Frankfurt, 1996). As cartas e diários de Tolstoi são leitura essencial para o entendimento do homem: *Tolstoy's Letters*, org. R. F. Christian (Londres, 1978), e *Tolstoy's Diaries*, org. R. F. Christian (Londres, 1985). Para saber mais sobre a vida e obra de Tolstoi, recomendo: Viktor Shklovsky, *Lev Tolstoy*, trad. Olga Shartse (Moscou, 1988); Boris Eikhenbaum, *Tolstoy in the Sixties*, trad. D. White (Ann Arbor, 1979), e *Tolstoy in the Seventies*, trad. Albert Kaspin (Ann Arbor, 1972.); Donna Orwin, *Tolstoy's Art and Thought, 1847-1880* (Princeton, 1993); Malcolm Jones (org.), *New Essays on Tolstoy* (Cambridge, 1978); A. Donskov, "The Peasant in Tolstoy's Thought and Writing", *Canadian Slavonic Papers*, nº 2 (1979), p. 183-96; Alexander Fodor, *Tolstoy and the Russians: Reflections on a Relationship* (Ann Arbor, 1984); Alexander Fodor, *A Quest for a Non-violent Russia — the Partnership of Leo Tolstoy and Vladimir Chertkov* (Londres, 1989); Andrew Donskov e John Wordsworth (orgs.), *Tolstoy and the Concept of Brotherhood* (Nova York, 1996).

Sobre os costumes matrimoniais russos, devo muito à obra de Christine Worobec: *Peasant Russia: Family and Community in the Post-emancipation Period* (Princeton, 1991); e *Russia's Women: Accommodation, Resistance, Transformation*, org. Barbara Clements, Barbara Engel e Christine Worobec (Berkeley, 1991). Também devo bastante a William Wagner, *Marriage, Property, and Law in Late Imperial Russia* (Oxford, 1994); David Ransel (org.), *The Family in Imperial Russia: New Lines of Research* (Urbana, 1978); e Laura Engelstein, *The Keys to Happiness: Sex and the Search for Modernity in Fin-de-siècle Russia* (Cornell, 1992).

O impacto de "Camponeses", de Chekhov, é discutido extensamente por Lee J. Williams, *Chekhov the Iconoclast* (Scranton, 1989), e noutro livro mais antigo mas ainda útil de Walter Bruford, *Chekhov and His Russia: A Sociological Study*, 2ª edição (Londres, 1948). Sobre Bunin, recomendo James Woodward, *Ivan Bunin: A Study of His Fiction* (Chapel Hill, 1980), e Thomas Gaiton Marullo, *Ivan Bunin: Russian Requiem, 1885-1920* (Chicago, 1993).

Sobre a cultura popular urbana na virada do século, recomendo Richard Stites, *Russian Popular Culture: Entertainment and Society since 1900* (Cambridge, 1992). Quanto ao impacto sobre a população rural, ver o esplêndido livro de Jeffrey Brooks, *When Russia Learned to Read: Literacy and Popular Literature, 1861-1917* (Princeton, 1985). Também há ensaios interessantes em Stephen Frank e Mark Steinberg (orgs.), *Cultures in Flux: Lower-class Values, Practices and Resistance in Late Imperial Russia* (Princeton, 1994).

Há mais sobre *Vekhi* e a reação da *intelligentsia* à Revolução de 1905 em Leonard Schapiro, "The Vekhi Group and the Mystique of Revolution", *Slavonic and East European Review*, nº 44 (1955), p. 6-76. Sobre os aspectos filosóficos do movimento, há um ensaio perspicaz de Aileen Kelly, "Which Signposts?", em *Toward Another Shore: Russian Thinkers between Necessity and Chance* (New Haven, 1998), p. 155-200.

Existe uma bibliografia cada vez mais extensa sobre Diaguilev e os Ballets Russes, principalmente em inglês, embora vários livros russos novos e valiosos tenham sido publicados em anos mais recentes. *Diaghilev's Ballets Russes* (Oxford, 1989), de Lynn Garafola, é o estudo mais detalhado da companhia. Ver também Lynn Garafola e Nancy Van Norman Baer (orgs.), *The Ballet Russes and Its World* (New Haven, 1999). Como alternativa, para um estudo abrangente dos Ballets Russes, recomendo Ann Kodicek (org.), *Diaghilev: Creator of the Ballets Russes: Art, Music, Dance*, catálogo de exposição, Barbican Art

Gallery (Londres, 1996). O livro inigualável de John Drummond, *Speaking of Diaghilev* (Londres, 1997), apresenta uma descrição testemunhal do fenômeno dos Ballets Russes feita por integrantes da companhia. Também recomendo o livro clássico de Peter Lieven, *The Birth of the Ballets Russes* (Londres, 1936). Sobre Diaguilev, o melhor livro ainda é Richard Buckle, *Diaghilev* (Londres, 1979). Mas também há muita coisa interessante em Serge Lifar, *Serge Diaghilev: His Work, His Legend. An Intimate Biography* (Nova York, 1976) (publicado originalmente em 1940). As memórias de Benois, embora incompletas em inglês, são uma leitura esplêndida: Alexander Benois, *Memoirs*, 2 vols., trad. Moura Budberg (Londres, 1964). Ver também o seu *Reminiscences of the Russian Ballet*, trad. Mary Britnieva (Londres, 1941). Sobre os aspectos artísticos dos Ballets Russes, recomendo Alexander Schouvaloff, *The Art of the Ballets Russes: The Serge Lifar Collection of Theater Designs, Costumes and Paintings at the Wadsworth Atheneum, Hartford, Connecticut* (New Haven, 1997), e John Bowlt, *Russian Stage Design: Scenic Innovation, 1900-1930* (Jackson, Mississippi, 1982). Sobre a tradição coreográfica: Tim Scholl, *From Petipa to Balanchine: Classical Revival and the Modernization of Ballet* (Londres, 1993); e, leitura fascinante por mérito próprio, Michel Fokine, *Memoirs of a Russian Ballet Master*, trad. Vitale Fokine (Boston, 1961). *Nijinsky* (Londres, 1980), de Richard Buckle, continua a ser a melhor introdução à vida do bailarino. Só há um estudo sobre Roerich em inglês: Jacqueline Decter, *Nicholas Roerich: The Life and Art of a Russian Master* (Rochester, Vermont, 1989).

Sobre Stravinski e os Ballets Russes, nada se compara a *Stravinsky and the Russian Traditions: A Biography of the Works through Mavra*, 2 vols. (Berkeley, 1996), de Richard Taruskin. Devo muitíssimo a essa obra-prima extraordinária. Não é uma obra fácil (precisei da ajuda de um musicólogo para acompanhar boa parte dela). Os leitores que se sentirem intimidados pelo livro volumoso (1.756 páginas) ou pela densidade das citações musicais talvez prefiram consultar Stephen Walsh, *The Music of Stravinski* (Cambridge, 1993), ou a biografia detalhada do mesmo autor, *Igor Stravinsky: A Creative Spring. Russia and France, 1882-1934* (Londres, 2000). Há mais sobre a famosa estreia de *A sagração da primavera* em Thomas Kelly, "The Rite of Spring", em *First Nights: Five Musical Premières* (New Haven, 2000), p. 258-99. Igor Stravinski, *The Rite of Spring: Sketches* (Londres, 1969) contém as cartas de Stravinski a Roerich e a descrição autoelogiosa do compositor da "Coreografia de Stravinski-Nijinski". Veja outras versões da história da

Sagração em Richard Taruskin, "Stravinsky and the Subhuman: A Myth of the Twentieth Century: *The Rite of Spring*, the Tradition of the New, and 'The Music Itself'", em *Defining Russia Musically* (Princeton, 1997), p. 368-88. Sobre *Les Noces*, aprendi muito com o fascinante ensaio de Richard Taruskin, "Stravinsky and the Subhuman: Notes on *Svadebka*" (em *Defining Russia Musically*, p. 389-467), embora tenha as minhas dúvidas sobre o seu argumento de que o balé é uma obra eurasiana.

5. EM BUSCA DA ALMA RUSSA

Como guia geral da religião ortodoxa, recomendo: Timothy Ware, *The Orthodox Church* (Harmondsworth, 1997). Sobre a Igreja russa, o estudo mais detalhado e abrangente é de Georges Florovsky, *Ways of Russian Theology*, 2 vols. (Belmont, Massachusetts, 1979-87), embora não seja um livro fácil. Os leitores talvez achem Jane Ellis, *The Russian Orthodox Church: A Contemporary History* (Bloomington, 1986), bem mais digerível. Georgi Fedotov, *The Russian Religious Mind*, 2 vols. (Cambridge, Massachusetts, 1946) tem coisas interessantes a dizer sobre a consciência religiosa russa num amplo contexto de história cultural. Para uma visão geral concisa do papel da religião na cultura russa, recomendo Dmitry Likhachev, "Religion: Russian Orthodoxy", em Nicholas Rjevsky (org.), *The Cambridge Companion to Modern Russian Culture* (Cambridge, 1998). Gregory Freeze fez um trabalho importante sobre as instituições da Igreja. Há uma discussão da sua relação com o Estado imperial em seu "Handmaiden of the State? The Church in Imperial Russia Reconsidered", *Journal of Ecclesiastical History*, vol. 36 (1985). Sobre a tradição eremítica, aprendi muito com V. N. Lossky, *The Mystical Theology of the Eastern Church* (Londres, 1957). Paul Bushkovich, *Religion and Society in Russia: The Sixteenth and Seventeenth Centuries* (Nova York, 1992), é uma boa descrição do papel da Igreja na sociedade moscovita. Há mais sobre o Optina e a sua influência cultural em Leonard Stanton, *The Optina Pustin Monastery in the Russian Literary Imagination: Iconic Vision in Works by Dostoevsky, Gogol, Tolstoy and Others* (Nova York, 1995).

Sobre o papel cultural dos ícones, os leitores deveriam começar com a obra inspiradora de Leonid Ouspensky: "The Meaning and Language of Icons", em L. Ouspensky e V. Lossky, *The Meaning of Icons* (Nova York, 1989), p. 23-50. Boris Uspensky, *The Semiotics of the Russian Icon* (Lisse, 1976) é uma obra importante. Há um exame fascinante da influência dos ícones na tradição artística russa em Robin Milner-Gulland, "Iconic Russia", em *The Russians* (Oxford, 1997), p. 171-226. Alguns desses mesmos temas são abordados por John Bowlt em "Orthodoxy and the Avant-garde: Sacred Images in the Work of Goncharova, Malevich and Their Contemporaries", em William Brumfield e Milos Velimirovic (orgs.), *Christianity and the Arts in Russia* (Cambridge, 1991).

Robert Crumney é o principal especialista ocidental na Velha Crença. O seu estudo da comunidade do Vyg, *The Old Believers and the World of the Antichrist: The Vyg Community and the Russian State, 1694-1855* (Madison, 1970), é uma leitura fascinante. Também devo bastante ao seu artigo "Old Belief as Popular Religion: New Approaches", *Slavic Review*, vol. 52, nº 4 (1993), p. 700-712; a Michael Cherniavsky, "The Old Believers and the New Religion", *Slavic Review*, vol. 25, nº 1 (1966), p. 1-39; e a Roy R. Robson, "Liturgy and Community among Old Believers, 1905-1917", *Slavic Review*, vol. 52, nº 4 (1993), p. 713-724. Para saber mais sobre as seitas, consulte A. I. Klibanov, *History of Religious Sectarianism in Russia, 1860s-1917*, trad. Ethel Dunn (Oxford, 1982), e Laura Engelstein, *Castration and the Heavenly Kingdom* (Ithaca, 1999).

As crenças religiosas do campesinato russo são um tema fascinante que ainda aguarda um livro abalizado. Aspectos são examinados em vários artigos interessantes: Eve Levin, "*Dvoeverie* and Popular Religion", em S. K. Batalden (org.), *Seeking God: The Recovery of Religious Identity in Orthodox Russia, Ukraine, and Georgia* (De Kalb, Illinois, 1993), p. 31-52; Chris Chulos, "Myths of the Pious or Pagan Peasant in Post-emancipation Central Russia (Voronezh Province)", *Russian History*, vol. 22, nº 2 (1995), p. 181-216; Simon Dixon, "How Holy was Holy Russia? Rediscovering Russian Religion", em G. Hosking e R. Service (orgs.), *Reinterpreting Russia* (Londres, 1999), p. 21-39; V. Shevzov, "Chapels and the Ecclesial World of Prerevolutionary Russian Peasants", *Slavic Review*, vol. 52, nº 3 (1996), p. 593-607. Linda Ivanits, *Russian Folk Belief* (Nova York, 1989) é um resumo útil das crenças e rituais religiosos populares. Sobre o esforço da Igreja para cristianizar os camponeses, ver: Gregory Freeze, "The Rechristianization of Russia: The Church and Popular Religion, 1750-1850", *Studia Slavica Finlandensia*, nº 7 (1990), p. 101-36; e V. G. Vlassov, "The Christianization of the Russian Peasants", em M. Balzer (org.), *Russian Traditional Culture: Religion, Gender and Customary Law* (Londres, 1992). Sobre as atitudes camponesas perante a morte, devo bastante a Christine Worobec, "Death Ritual among Russian and Ukrainian Peasants: Linkages between the Living and the Dead", em S. Frank e M. Steinberg (orgs.), *Cultures in Flux: Lower-class Values, Practices and Resistance in Late Imperial Russia* (Princeton, 1994), p. 11-33.

Sobre a teologia dos eslavófilos, recomendo, como introdução, *An Introduction to Nineteenth-century Russian Slavophilism: A. S. Xomjakov* (Haia, 1961), de Peter K. Christoff, e, do mesmo autor, *An Introduction to Nineteenth--century Russian Slavophiles: F. Samarin* (Westview, 1991); e *An Introduction to Nineteenth-century Russian Slavophiles: I. V. Kirevskii* (Haia, 1972). Sobre a ideia de *sobornost* que estava por trás da noção da "alma russa": Georges Florovsky, "*Sobornost'*: The Catholicity of the Church", em E. Mascall (org.); *The Church of God* (Londres, 1934), p. 5.374; N. Riasanovsky, "Khomiakov on sobornost'", em E. J. Simmons (org.), *Continuity and Change in Russian and Soviet Thought* (Cambridge, Massachusetts, 1955), p. 183-196; P. Tulaev, "*Sobor* and *Sobornost'*: The Russian Orthodox Church and Spiritual Unity of the Russian People", *Russian Studies in Philosophy*, vol. 31, n° 4 (1993), p. 25-53.

Sobre Gogol como escritor religioso, há muita coisa em Vsevolod Sechkarev, *Gogol. His Life and Works* (Nova York, 1965), e em Robert Maguire, *Exploring Gogol* (Stanford, 1994). Os aspectos religiosos dos seus textos são examinados em Dmitry Merejkovsky, "Gogol and the Devil", em Robert Maguire (org.), *Gogol from the Twentieth Century* (Princeton, 1974); A. Ebbinghaus, "Confusions and Allusions to the Devil in Gogol's *Revizor*", *Russian Literature*, vol. 34, n° 3 (1993), p. 291-310; J. Schillinger, "Gogol's 'The Overcoat' as a Travesty of Hagiography", *Slavic and East European Journal*, n° 16 (1972), p. 36-41; e L. Knapp, "Gogol and the Ascent of Jacob's Ladder: Realization of Biblical Metaphor", em *Christianity and the Eastern Slavs, Californian Slavic Studies*, vol. 3, n° 18 (1995). *The Letters of Nikolai Gogol* (org. e trad. C. Proffer (Ann Arbor, 1967)) são esclarecedoras a respeito da luta do escritor para concluir *Almas mortas*. Sobre esse tema, também aprendi muito com James Woodward, *Gogol's "Dead Souls"* (Princeton, 1978); Susanne Fusso, *Designing Dead Souls: An Anatomy of Disorder in Gogol* (Stanford, 1993); e J. M. Holquist, "The Burden of Prophecy: Gogol's Conception of Russia", *Review of National Literatures*, vol. 3, n° 1 (1973), p. 39.

Sobre Dostoievski, a obra de Joseph Frank é inspiradora: *Dostoevsky: The Seeds of Revolt, 1821-1849* (Princeton, 1979); *Dostoevsky: The Years of Ordeal, 1850-1859* (Princeton, 1983); *Dostoevsky: The Stir of Liberation, 1860-1865* (Princeton, 1988); e *Dostoevsky: The Miraculous Years, 1865-1871* (Princeton,

1995). As minhas ideias sobre a luta do escritor com a fé se inspiraram no artigo brilhante de Aileen Kelly, "Dostoevsky and the Divided Conscience", em *Toward Another Shore: Russian Thinkers between Necessity and Chance* (New Haven, 1998), p. 55-79. Sobre este assunto, aprendi bastante com V. Zenkovsky, "Dostoevsky's Religious and Philosophical Views", em Rene Wellek (org.), *Dostoevsky: A Collection of Critical Essays* (Englewood Cliffs, 1962); Gein Kjetsaa, *Dostoevsky and His New Testament* (Oslo, 1984); Robert L. Jackson, *The Art of Dostoevsky* (Princeton, 1981); Sergei Hackel, "The Religious Dimension: Vision or Evasion? Zosima's Discourse in *The Brothers Karamazov*", em M. V. Jones e G. M. Terry (orgs.), *New Essays on Dostoevsky* (Cambridge, 1983), p. 139-68; Sven Linnér, *Starets Zosima in* The Brothers Karamazov: *A Study in the Mimesis of Virtue* (Estocolmo, 1975); Frank Seeley, "Ivan Karamazov", em *Old and New Essays on Tolstoy and Dostoevsky* (Nottingham, 1999), p. 127-44; e Ellis Sandoz, *Political Apocalypse: A Study of Dostoevsky's Grand Inquisitor* (Baton Rouge, Louisiana, 1971). Sobre *Crime e castigo*, recomendo: Victor Terras, "The Art of *Crime and Punishment*", em *Reading Dostoevsky* (Madison, Wisconsin, 1998), p. 51-724; Robert L. Jackson (org.), *Twentieth--century Interpretations of* Crime and Punishment (Englewood Cliffs, 1974); Joseph Brodski, "The Power of the Elements", em *Less Than One* (Londres, 1986), p. 157-63. Sobre *O idiota* e o tema do Louco Santo, ver S. Lesser, "Saint & Sinner: Dostoevsky's *Idiot*", *Modern Fiction Studies*, vol. 4 (1958); Frank Seeley, "The Enigma of Prince Myshkin", em *Old and New Essays on Tolstoy & Dostoevsky*, p. 111-18. Sobre *O diário de um escritor* e o problema complexo do messianismo nacionalista de Dostoievski, ver Gary Morson, *The Boundaries of Genre: Dostoevsky's Diary of a Writer and the Traditions of Literary Utopia* (Austin, 1981); e Hans Kohn, "Dostoevsky and Danielevsky: Nationalist Messianism", em E. J. Simmons (org.), *Continuity and Change in Russian and Soviet Thought* (Cambridge, Massachusetts, 1955), p. 500-15.

Sobre as atitudes religiosas de Chekhov e Tolstoi, ver as minhas recomendações para os capítulos 3 e 4, respectivamente.

6. DESCENDENTES DE GÊNGIS KHAN

Sobre Kandinski, devo muito ao esplêndido livro de Peg Weiss, *Kandinsky and Old Russia. The Artist as Ethnographer and Shaman* (New Haven, 1995). Também aprendi muito com Ulrik Becks-Malorney, *Wassily Kandinsky,*

1866-1944: The Journey to Abstraction (Londres, 1999), e com Rose-Carol Washton Long, *Kandinsky: The Development of an Abstract Style* (Oxford, 1980). Para saber mais sobre as ligações russas de Kandinski, recomendo John Bowlt e Rose-Carol Washton Long (orgs.), *The Life of Vasilii Kandinsky in Russian Art: A Study of "On the Spiritual in Art"* (Newtonville, Massachusetts, 1980). Alguns textos do próprio Kandinski foram traduzidos para o inglês: Kenneth Lindsay e Peter Vergo (orgs.), *Kandinsky: Complete Writings on Art*, 2 vols. (Londres, 1982) (o seu relato da viagem à região komi está no vol. 1, p. 886-98).

Sobre o xamanismo na Eurásia, recomendo Ronald Hutton, *Shamans: Siberian Spirituality and the Western Imagination* (Londres, 2001). Hutton discute, entre outras coisas, o estudo dos xamãs nos séculos XVIII e XIX. Para conhecer mais a respeito, ver Gloria Flaherty, *Shamanism and the Eighteenth Century* (Princeton, 1992).

Sobre o encontro dos russos com as tribos pagãs da Sibéria em termos mais gerais, ver o estudo soberbo de Yuri Slezkine, *Arctic Mirrors: Russia and the Small Peoples of the North* (Cornell, 1994). Ver também: Galya Diment e Yuri Slezkine (orgs.), *Between Heaven and Hell: The Myth of Siberia in Russian Culture* (Nova York, 1993); James Forsyth, *A History of the Peoples of Siberia: Russia's North Asian Colony, 1581-1990* (Cambridge, 1994); e Michael Khodarkovsky, "'Ignoble Savages and Unfaithful Subjects': Constructing Non-Christian Identities in Early Modern Russia", em D. Brower e E. Lazzerini (orgs.), *Russia's Orient: Imperial Borderlands and Peoples, 1700-1917* (Bloomington, 1997). Também tenho uma dívida para com a obra de Mark Bassin: "Expansion and Colonialism on the Eastern Frontier: Views of Siberia and the Far East in Pre-Petrine Russia", *Journal of Historical Geography*, nº 14 (1988), p. 3-21; "Inventing Siberia: Visions of the Russian East in the Early Nineteenth Century", *American Historical Review*, vol. 96, nº 3 (1991); e "Asia", em Nicholas Rjevsky (org.), *The Cambridge Companion to Modern Russian Culture* (Cambridge, 1998).

O impacto mongol sobre a Rússia é enfatizado pelo historiador eurasianista George Vernadsky, *The Mongols and Russia* (New Haven, 1953). Ver também o seu artigo "The Eurasian Nomads and Their Impact on Medieval Europe", *Studii Medievali*, série 3, vol. 4 (1963). Encontra-se um ponto de vista mais sóbrio em Charles Halperin, *Russia and the Golden Horde* (Bloomington, 1985). Sobre Loucos Santos e menestréis, ver Eva Thompson, *Understanding Russia: The Holy Fool in Russian Culture* (Lanham, Madison, 1987) e Russell

Zguta, *Russian Minstrels: A History of the Skomorokhi* (Pensilvânia, 1978). A história das tribos calmuques é contada por Michael Khodarkovsky, *Where Two Worlds Met: The Russian State and the Kalmyk Nomads 1600-1771* (Ithaca, 1992). Outros aspectos do encontro russo com a Ásia central são discutidos em Emmanuel Sarkisyanz, "Russian Conquest in Central Asia: Transformation and Acculturation", em Wayne Vucinich (org.), *Russia and Asia* (Stanford, 1972); Seymour Becker, "The Muslim East in Nineteenth-century Russian Popular Historiography", em *Central Asian Survey*, vol. 5 (1986), p. 25-47; Peter Weisensel, "Russian Self-identification and Travelers' Descriptions of the Ottoman Empire in the First Half of the Nineteenth Century", em *Central Asian Survey*, vol. 10 (1991).

Sobre as ideias russas a respeito do Oriente, também devo bastante a Daniel Brower e Edward Lazzerini (orgs.), *Russia's Orient: Imperial Borderlands and Peoples, 1700-1917* (Bloomington, 1997); Milan Hauner, *What is Asia to Us?* (Londres, 1990); e Nicholas Riasanovsky, "Asia through Russian Eyes", em Wayne Vucinich (org.), *Russia and Asia* (Stanford, 1972). Sobre o Oriente na imaginação literária russa, recomendo enfaticamente Susan Layton, *Russian Literature and Empire: The Conquest of the Caucasus from Pushkin to Tolstoy* (Cambridge, 1994). Ver também Robert Stacy, *India in Russian Literature* (Délhi, 1985). A questão cossaca é discutida por Judith Kornblatt, *The Cossack Hero in Russian Literature: A Study in Cultural Mythology* (Madison, Wisconsin, 1992).

Trechos da obra de Stassov sobre a ornamentação russa foram traduzidos: Vladimir Stasov, *Russian Peasant Design Motifs for Needleworkers and Craftsmen* (Nova York, 1976). A teoria de Benfey (sobre o movimento dos contos folclóricos) é discutida por William Clouston, *Popular Tales and Fictions: Their Migrations and Transformations*, 2 vols. (Londres, 1887). Há mais sobre os épicos folclóricos em Alex Alexander, *Bylina and Fairy Tale: The Origins of Russian Heroic Poetry* (Haia, 1973); e em Felix Oinas e Stephen Soudakoff (org.), *The Study of Russian Folklore* (Haia, 1975).

Não há obras em inglês sobre Levitan. Mas, para saber mais sobre Vereschaguin, os leitores podem recorrer a Vahan Barooshian, *V. V. Vereshchagin: Artist at War* (Gainesville, Flórida, 1993).

Sobre Blok e os simbolistas, devo bastante à obra magistral de Avril Pyman, *The Life of Aleksandr Blok*, 2 vols. (Oxford, 1979-80), e, da mesma autora, *A History of Russian Symbolism* (Cambridge, 1994). Também devo a

Stefani Hoffman, "Scythianism: A Cultural Vision in Revolutionary Russia", diss. Ph.D. (Columbia University, Nova York, 1975). Para saber mais sobre Bieli, recomendo: Samuel Cioran, *The Apocalyptic Symbolism of Andrei Belyj* (Haia, 1973); John Elsworth, *Andrey Bely: A Critical Study of His Novels* (Cambridge, 1983); Vladimir Alexandrov, *Andrey Bely: The Major Symbolist Fiction* (Cambridge, Massachusetts, 1985); e John Malmstad e Gerald Smith (orgs.), *Andrey Bely: Spirit of Symbolism* (Cornell, 1987). Sobre *Petersburgo*, ver Magnus Ljunggren, *The Dream of Rebirth: A Study of Andrej Belyj's Novel* Peterburg, *Acta Universitatis Stockholmiensis, Stockholm Studies in Russian Literature*, nº 15 (Estocolmo, 1982); e Robert Mann, *Andrei Bely's Petersburg and the Cult of Dionysus* (Lawrence, Kansas, 1986). Também recomendo as notas dos tradutores de Andrei Bieli, *Petersburg*, trad. Robert A. Maguire e John E. Malmstad (Harmondsworth, 1983). Sobre Soloviev, há um livro decente de Eugenia Gourvich, *Soloviev: The Man and the Prophet*, trad. J. Deverill (Sussex, 1992).

O movimento eurasiano é discutido por Nicholas Riasanovsky, "The Emergence of Eurasianism", *Californian Slavic Studies*, nº 4 (1967), p. 39-72; Charles Halperin, "Russia and the Steppe: George Vernadsky and Eurasianism", *Forschungen zur osteuropäischen Geschichte*, nº 36 (1985), p. 55-194. Há uma seleção de textos de Nikolai Trubetskoi disponível em tradução: *The Legacy of Genghiz Khan and Other Essays on Russia's Identity*, trad. Anatoly Liberman (Ann Arbor, 1991).

7. A RÚSSIA PELA LENTE SOVIÉTICA

Akhmatova é tema de várias boas biografias: Roberta Reeder, *Anna Akhmatova: Poet and Prophet* (Londres, 1995); Amanda Haight, *Anna Akhmatova: A Poetic Pilgrimage* (Oxford, 1979); e Jessie Davies, *Anna of All the Russias: The Life of Anna Akhmatova (1889-1966)* (Liverpool, 1988). Boa parte dos melhores textos sobre ela assume a forma de reminiscências: Lydia Chukovskaya, *The Akhmatova Journals* (Nova York, 1994); Anatoly Nayman, *Remembering Anna Akhmatova*, trad. Wendy Rosslyn (Londres, 1991). Ela também aparece com destaque em Nadejda Mandelstam, *Hope Abandoned*, trad. M. Hayward (Londres, 1989). A amizade com Isaiah Berlin é discutida por György Dalos, *The Guest from the Future: Anna Akhmatova and Isaiah Berlin* (Londres, 1999). Aspectos da poesia de Akhmatova são examinados por David Wells, *Anna*

GUIA DE LEITURAS COMPLEMENTARES

Akhmatova: Her Poetry (Oxford, 1996); Susan Amert, *In a Shattered Mirror: The Later Poetry of Anna Akhmatova* (Stanford, 1992); Wendy Rosslyn, *The Prince, the Fool and the Nunnery: The Religious Theme in the Early Poetry of Anna Akhmatova* (Amersham, 1984); e Sharon Leiter, *Akhmatova's Petersburg* (Cambridge, 1983). Há material e anotações valiosas em *The Complete Poems of Anna Akhmatova*, trad. J. Hemschemeyer, org. R. Reeder (Edimburgo, 1992).

Existe uma vasta literatura sobre a vanguarda utópica soviética. Como introdução geral, recomendo enfaticamente o dinâmico livro de Richard Stites, *Revolutionary Dreams: Utopian Vision and Experimental Life in the Russian Revolution* (Oxford, 1989). Ver também Victor Arwas, *The Great Russian Utopia* (Londres, 1993). Há ensaios proveitosos em John Bowlt e Olga Matich (org.), *Laboratory of Dreams: The Russian Avant-garde and Cultural Experiment* (Stanford, 1996); e em Abbott Gleason, Peter Kenez e Richard Stites (orgs.), *Bolshevik Culture: Experiment and Order in the Russian Revolution* (Bloomington, 1985).

Sobre os projetos de moradia comunitária, recomendo um livro brilhante de Viktor Buchli, *An Archaeology of Socialism* (Oxford, 1999). Ver também Milka Bliznakov, "Soviet Housing during the Experimental Years, 1918 to 1933", e Vladimir Paperny, "Men, Women, and Living Space", e William Brumfield e Blair A. Ruble (orgs.), *Russian Housing in the Modern Age: Design and Social History* (Cambridge, 1993), p. 85-148 e 149-70, respectivamente. Sobre a arquitetura soviética inicial, em termos mais gerais, os leitores devem consultar: William Brumfield (org.), *Reshaping Russian Architecture: Western Technology, Utopian Dreams* (Cambridge, 1990); Catherine Cooke, *Russian Avant-garde: Theories of Art, Architecture and the City* (Londres, 1995); da mesma autora, "Beauty as a Route to 'the Radiant Future': Responses of Soviet Architecture", *Journal of Design History*, vol. 10, nº 2 (1997), p. 137-60; Frederick Starr, "Visionary Town Planning during the Cultural Revolution", em Sheila Fitzpatrick (org.), *Cultural Revolution in Russia, 1928-1931* (Bloomington e Londres, 1978), p. 207-40; Sima Ingberman, *ABC: International Constructivist Architecture, 1922-1939* (Cambridge, Massachusetts, 1994); e Hugh Hudson, *Blueprints and Blood: The Stalinization of Soviet Architecture, 1917-1937* (Princeton, 1994).

Sobre as concepções do novo homem soviético, ver Lynne Attwood e Catriona Kelly, "Programmes for Identity: The 'New Man' and the 'New Woman'", em Catriona Kelly e David Shepherd (orgs.), *Constructing Russian Culture in the Age of Revolution* (Oxford, 1998), p. 256-90. Os textos de Trotski sobre o assunto encontram-se em *Problems of Everyday Life and Other Writings on Culture and Science* (Nova York, 1973). Os bolcheviques eram fascinados pela psicanálise. Veja mais sobre esse tópico em Martin Miller, *Freud and the Bolsheviks: Psychoanalysis in Imperial Russia and the Soviet Union* (New Haven, 1998), e em David Joraysky, *Russian Psychology: A Critical History* (Oxford, 1989). *Common Places: Mythologies of Everyday Life in Russia* (Cambridge, Massachusetts, 1994), de Svetlana Boym, é uma obra brilhante com muito a dizer, entre outras coisas, sobre a ânsia russa e soviética de transcender a cultura do cotidiano.

O papel da vanguarda artística na revolução cultural dos anos 1920 e 1930 é um tema complexo e controvertido. Alguns historiadores recentes reforçaram a contribuição da vanguarda para o desenvolvimento do Realismo Socialista: Boris Groys, *The Total Art of Stalinism, Avant-garde, Aesthetic Dictatorship and Beyond*, trad. Charles Rougle (Princeton, 1992), e Igor Golomshtock, *Totalitarian Art*, trad. Robert Chandler (Londres, 1990). Outros retrataram a vanguarda como aliada da visão libertária contida na Revolução e na Nova Política Econômica: David Elliot, *New Worlds: Russian Art and Society, 1900-1937* (Londres, 1986), e John Bowlt, *The Russian Avant-garde: Theory and Criticism, 1902-34* (Nova York, 1976).

Sobre os construtivistas, os leitores deveriam começar com o livro maravilhoso de Christine Lodder, *Russian Constructivism* (New Haven, 1983). Ver também George Rickey, *Constructivism: Origins and Evolution* (Nova York, 1995); Richard Andrews et al. (orgs.), *Art into Life: Russian Constructivism, 1914-1932* (Nova York, 1990); Alexander Lavrent'ev e John Bowlt, *Varvara Stepanova: A Constructivist Life* (Londres, 1988); John Milner, *Vladimir Tatlin and the Russian Avant-garde* (New Haven, 1983); Peter Noever (org.), *Aleksandr M. Rodchenko, Varvara F. Stepanova: The Future is Our Only Goal* (Nova York, 1994. Também aprendi muito com a brilhante dissertação de Christine Kaier, "The Russian Constructivist 'Object' and the Revolutionizing of Everyday Life, 1921-1929", diss. Ph.D. (Univ. of California, 1995). O melhor guia sobre o Proletkult é de Lynn Mally, *Culture of the Future: The Proletkult Movement in Revolutionary Russia* (Berkeley, 1990).

Sobre o cinema soviético, recomendo: Peter Kenez, *Cinema and Soviet Society, 1917-1953* (Cambridge, 1992); Dmitry e Vladimir Shlapentokh, *Soviet Cinematography, 1918-1991: Ideological Conflict and Social Reality* (Nova York,

1993); Richard Taylor e Ian Christie (orgs.), *Inside the Film Factory: New Approaches to Russian and Soviet Cinema* (Londres, 1991); dos mesmos organizadores, *The Film Factory: Russian and Soviet Cinema in Documents, 1896–1939*, trad. R. Taylor (Cambridge, Massachusetts, 1988); Richard Taylor, *The Politics of the Soviet Cinema 1917–1929* (Cambridge, 1979); Denise Youngblood, *Movies for the Masses: Popular Cinema and Soviet Society in the 1920s* (Cambridge, 1992); da mesma autora, *Soviet Cinema in the Silent Era, 1917–1935* (Ann Arbor, 1985); Richard Taylor e Derek Spring (orgs.), *Stalinism and Soviet Cinema* (Londres, 1993). Para saber mais sobre os *kinoki*, sugiro a leitura de *Kino-Eye: The Writings of Dziga Vertov*, org. Annette Michelson, trad. Kenneth O'Brien (Berkeley, 1984). O mesmo serve para Kulechov e Pudovkin: *Lev Kuleshov on Film: Writings of Lev Kuleshov*, trad. e org. Ronald Levaco (Berkeley, 1974); Vsevolod Pudovkin, *Film Technique and Film Acting*, trad. I. Montagu (Nova York, 1970). Sobre Eisenstein, há uma biografia bem decente de Ronald Bergan, *Eisenstein: A Life in Conflict* (Londres, 1997), e uma excelente descrição dos seus filmes históricos de Jason Goodwin, *Eisenstein, Cinema and History* (Urbana, 1993). Além desses, recomendo: David Bordwell, *The Cinema of Eisenstein* (Cambridge, Massachusetts, 1993); Ian Christie e Richard Taylor (orgs.), *Eisenstein Rediscovered* (Londres, 1993); e o livro mais antigo mas ainda interessante de Jay Leyda e Zina Voynow, *Eisenstein at Work* (Nova York, 1982).

A melhor fonte geral em língua inglesa sobre Meyerhold é Edward Braun, *The Theatre of Meyerhold: Revolution and the Modern Stage* (Londres, 1986); ver também, do mesmo autor (org.), *Meyerhold on Theatre* (Londres, 1969); o estudo de Robert Leach, *Vsevolod Meyerhold* (Cambridge, 1989), também é útil. Sobre o tópico mais específico da biomecânica, o livro de Alma Law e Mel Gordon, *Meyerhold, Eisenstein, and Biomechanics: Actor Training in Revolutionary Russia* (Jefferson, Carolina do Norte, 1996), é uma leitura essencial. Para saber mais sobre o teatro soviético de vanguarda, recomendo a obra do importante estudioso soviético Konstantin Rudnitsky, *Russian and Soviet Theatre: Tradition and Avant-garde*, trad. R. Permar (Londres, 1988). E também: Lars Kleberg, *Theatre as Action: Soviet Russian Avant-garde Aesthetics*, trad. Charles Rougle (Londres, 1993); Nancy Van Norman Baer, *Theatre in Revolution: Russian Avant-garde Stage Design 1913–1935* (Londres, 1991). Sobre teatro e arte das ruas, ver Vladimir Tolstoi et al. (orgs.), *Street Art of the Revolution: Festivals and Celebrations in Russia 1918–33* (Londres, 1990), e James von Geldern, *Bolshevik Festivals, 1917–1920* (Berkeley, 1993).

Shostakovich é tema de uma literatura crescente. A biografia mais recente e exata é Laurel Fay, *Shostakovich: A Life* (Oxford, 2000). Também vale consultar Ian MacDonald, *The New Shostakovich* (Londres, 1990), embora se possa questionar a apresentação de Shostakovich como dissidente. Há ensaios importantes em David Fanning (org.), *Shostakovich Studies* (Cambridge, 1995); Allan Ho e Dmitry Feofanov (orgs.), *Shostakovich Reconsidered* (Londres, 1998); e Rosamund Bartlett (org.), *Shostakovich in Context* (Oxford, 2000), especialmente a leitura nuançada da sua vida e arte de Richard Taruskin em "Shostakovich and Us". Também recomendo o estudo especializado de Esti Sheinberg, *Irony, Satire, Parody and the Grotesque in the Music* of *Shostakovich* (Ashgate, 2000). Elizabeth Wilson, *Shostakovich: A Life Remembered* (Londres, 1994), contém lembranças valiosas do compositor. Nessa categoria, aprendi muito com Dmitry Sollertinsky e Liudmilla Sollertinsky, *Pages from the Life of Dmitry Shostakovich*, trad. G. Hobbs e C. Midgley (Nova York, 1980), e *Story of a Friendship: The Letters of Dmitry Shostakovich to Isaak Glickman, 1941-1975* (Cornell, 1997). *Testimony: The Memoirs of Dmitry Shostakovich* (Nova York, 1979), de Solomon Volkov, é uma obra controvertida, que pode ou não reproduzir o que Shostakovich disse ao seu autor. Sobre Shostakovich e o cinema, baseei-me principalmente em Tatiana Egorova, *Soviet Film Music: An Historical Survey* (Amsterdã, 1997).

A literatura sobre Maiakovski é mais antiga, embora pesquisas recentes sobre a sua morte ainda não tenham se refletido nas obras em inglês. Entre as obras que eu recomendaria, cito: Victor Terras, *Vladimir Mayakovsky* (Boston, 1983); Edward Brown, *Mayakovsky: A Poet in the Revolution* (Princeton, 1973); A. D. P. Briggs, *Vladimir Mayakovsky: A Tragedy* (Oxford, 1979); Wiktor Woroszylski e Bolesaw Taborski, *The Life of Mayakovsky* (Londres, 1972). Mais especificamente sobre a relação complexa de Maiakovski com os Brik, ver Vahan Barooshian, *Brik and Mayakovsky* (Nova York, 1978), e Ann Charters e Samuel Charters, *I Love: The Story of Vladimir Mayakovsky and Lili Brik* (Londres, 1979).

Não há nenhuma obra realmente satisfatória em inglês sobre a sátira soviética. Para saber mais sobre Zoschenko, recomendo: Gregory Carleton, *The Politics of Reception: Critical Constructions of Mikhail Zoshchenko* (Evanston, Illinois, 1998); Linda Scatton, *Mikhail Zoshchenko: Evolution of a Writer* (Cambridge, 1993); e A. B. Murphy, *Mikhail Zoshchenko: A Literary Profile* (Oxford, 1981). Sobre Bulgakov, consulte Leslie Milne, *Mikhail Bulgakov: A Critical Biography*

(Cambridge, 1990); Edythe Haber, *Mikhail Bulgakov: The Early Years* (Cambridge, 1998); e Julie Curtiss, *Bulgakov's Last Decade: The Writer as Hero* (Cambridge, 1987). Sobre Platonov, ver Thomas Seifrid, *Andrei Platonov: Uncertainties of Spirit* (Cambridge, 1992); e a avaliação de Platonov por Joseph Brodski, "Catastrophes in the Air", em *Less Than* One (Harmondsworth, 1986). Para saber mais sobre Zamiatin e a sua influência sobre *1984*, de Orwell, sugiro aos leitores que comecem por Gary Kern (org.), *Zamyatin's We: A Collection of Critical Essays* (Ann Arbor, 1988); e Robert Russell, *Zamiatin's We* (Bristol, 2000).

A ideia do Plano Quinquenal como "revolução cultural" é apresentada por Sheila Fitzpatrick (org.), *Cultural Revolution in Russia, 1928-1931* (Bloomington, 1978), e, da mesma autora, *The Cultural Front: Power and Culture in Revolutionary Russia* (Cornell, 1992). Sobre a política literária do período, comece com a obra antiga mas não ultrapassada de Harriet Borland, *Soviet Literary Theory and Practice during the First Five-year Plan, 1928-1932* (Nova York, 1950). E sobre os anos 1920 e 1930 em termos mais gerais, inicie com Victor Erlich, *Modernism and Revolution: Russian Literature in Transition* (Cambridge, Massachusetts, 1994). *The Soviet Novel: History as Ritual* (Chicago, 1981), de Katerina Clark, é um estudo brilhante do romance realista socialista como forma literária. Outros bons livros sobre o tema são: Abram Tertz, *On Socialist Realism* (Nova York, 1960); Nina Kolesnikoff e Walter Smyrniw (orgs.), *Socialist Realism Revisited* (Hamilton, 1994); Thomas Lahusen, *How Life Writes the Book: Real Socialism and Socialist Realism in Stalin's Russia* (Cornell, 1997); e Piotr Fast, *Ideology, Aesthetics, Literary History: Socialist Realism and Its Others* (Nova York, 1999). Sobre os hábitos de leitura e a cultura de massa soviética, também devo a Jeffery Brooks, *Thank You, Comrade Stalin! Soviet Public Culture from Revolution to Cold War* (Princeton, 2000); e a Stephen Lovell, *The Russian Reading Revolution: Print Culture in the Soviet and Post-Soviet Eras* (Londres, 2000). Sobre a sovietização da literatura russa, há um bom livro de Maurice Friedberg, *Russian Classics in Soviet Jackets* (Nova York, 1962). Veja mais sobre o culto de Pushkin em Marcus Levitt, *Russian Literary Politics and the Pushkin Celebration of 1880* (Cornell, 1989). Também recomendo a discussão perspicaz de Vera Dunham, *In Stalin's Time: Middle-class Values in Soviet Fiction* (Cambridge, 1976).

Não há descrição melhor da vida durante o Terror do que as memórias de Nadejda Mandelstam, *Hope Against Hope*, trad. M. Hayward (Londres, 1989). Veja mais sobre Mandelstam em Clarence Brown, *Mandelstam* (Cambridge,

1973). Vitaly Shentalinsky, *The KGB's Literary Archive*, trad. John Crowfoot (Londres, 1995), contém informações úteis dos arquivos da KGB. Sobre esse tema, também há um bom livro do destacado historiador do Terror Robert Conquest, *Tyrants and Typewriters: Communiqués in the Struggle for Truth* (Lexington, Massachusetts, 1989).

Sobre os anos da guera, há uma proveitosa coletânea de ensaios organizada por Richard Stites, *Culture and Entertainment in Wartime Russia* (Bloomington, 1995). Sobre Prokofiev, é melhor começar com Daniel Jaffe, *Sergey Prokofiev* (Londres, 1998), ou com Harlow Robinson, *Sergei Prokofiev* (Londres, 1987). Também aprendi muito com Izrael Nestyev, *Prokofiev* (Stanford, 1960); David Gutman, *Prokofiev* (Londres, 1990); e Neil Minturn, *The Music of Sergei Prokofiev* (New Haven, 1997).

Sobre a exportação da cultura russa para o império soviético no pós-guerra, recomendo as memórias de Iuri Elagin, *Taming of the Arts* (Tenafly, Nova Jersey, 1988). Sobre a russificação das culturas musicais nativas, há artigos úteis em M. Slobin (org.), *Returning Culture: Musical Changes in Central and Eastern Europe* (Durham, Carolina do Norte, 1996); Maria Frolova-Walker, "'National in Form, Socialist in Content': Musical Nation-building in the Soviet Republics", *Journal of the American Musicological Society*, vol. 51, nº 2 (1998), p. 331–50; T. C. Levin, "Music in Modern Uzbekistan: The Convergence of Marxist Aesthetics and Central Asian Tradition", *Asian Music*, vol. 12, nº 1 (1979), p. 149–58.

Para saber mais sobre Grossman, vale a pena consultar John Garrard e Carol Garrard, *The Bones of Berdichev: The Life and Fate of Vasily Grossman* (Nova York, 1996), e Frank Ellis, *Vasiliy Grossman: The Genesis and Evolution of a Russian Heretic* (Oxford, 1994).

Sobre Pasternak, o ponto de partida é Christopher Barnes, *Boris Pasternak: A Literary Biography*, 2 vols. (Cambridge, 1989–98), embora também haja muito a aprender em Lazar Fleishman, *Boris Pasternak: The Poet and His Politics* (Cambridge, Massachusetts, 1990), e em Larissa Rudova, *Understanding Boris Pasternak* (Columbia, Carolina do Sul, 1997). Peter Levi, *Boris Pasternak* (Londres, 1991) é bom sobre a poesia. Também vale a pena ler duas memórias: a do filho Evgeny Pasternak, *Boris Pasternak: The Tragic Years 1930–60*, trad. Michael Duncan (Londres, 1991), e a da amante de muitos anos (e inspiração da Lara de *Doutor Jivago*), Olga Ivinskaya, *A Captive of Time: My Years with Pasternak: The Memoirs of Olga Ivinskaya*, trad. Max Hayward (Londres, 1979).

GUIA DE LEITURAS COMPLEMENTARES

Sobre o tema da ficção científica, há um livro correto de Rosalind Marsh, *Soviet Science Fiction since Stalin: Science, Politics and Literature* (Londres, 1986). Ver também David Suvin, "The Utopian Tradition of Russian Science Fiction", *Modern Language Review*, nº 66 (1971), p. 138-51. Sobre o cinema pós-Stalin, devo bastante a Josephine Woll, *Reel Images: Soviet Cinema and the Thaw* (Londres, 2000). Para saber mais sobre Tarkovski, recomendo Maya Turovskaya, *Tarkovsky: Cinema as Poetry* (Londres, 1989); Vida Johnson e Graham Petrie, *The Films of Andrei Tarkovsky: A Visual Fugue* (Bloomington, 1994); Mark Le Fanu, *The Cinema of Andrei Tarkovsky* (Londres, 1987); e a interpretação que o próprio Tarkovski faz da arte cinematográfica, *Sculpting in Time: Reflections on the Cinema*, trad. K. Hunter-Blair (Austin, 1986).

8. A RÚSSIA NO ESTRANGEIRO

A obra mais abalizada sobre as comunidades de emigrados é Marc Raeff, *Russia Abroad: A Cultural History of the Russian Emigration, 1919-1939* (Nova York, 1990). Sobre Paris, há um bom livro de Robert Johnston, *New Mecca, New Babylon: Paris and the Russian Exiles, 1920-1945* (Montreal, 1988), e, sobre os russos em Berlim, Robert Williams, *Culture in Exile: Russian Emigres in Germany, 1881-1941* (Ithaca, 1972). As esplêndidas memórias de Nina Berberova, *The Italics Are Mine*, trad. Philippe Radley (Londres, 1991), são leitura essencial sobre os emigrados. *Ivan Bunin: From the Other Shore, 1920-1933: A Portrait from Letters, Diaries and Fiction*, org. T. Marullo (Chicago, 1995), é menos evocativo mas ainda merece menção. Michael Glenny e Norman Stone (orgs.), *The Other Russia: The Experience of Exile* (Londres, 1990), é uma proveitosa coletânea de reminiscências.

Sobre Tsvetaieva, comece com a biografia de Maria Razumovsky, *Marina Tsvetaeva: A Critical Biography*, trad. A. Gibson (Newcastle, 1994); ou com Lily Feiler, *Marina Tsvetaeva: The Double Beat of Heaven and Hell* (Durham, Carolina do Norte, 1994). Vale a pena ler três outras biografias: Viktoria Schweitzer, *Tsvetaeva*, trad. Robert Chandler e H. T. Willetts (Londres, 1992); Elaine Feinstein, *Marina Tsvetayeva* (Londres, 1989); e Simon Karlinsky, *Marina Tsvetaeva: The Woman, Her World and Her Poetry* (Cambridge, 1985). Joseph Brodski nos dá uma visão especial da sua poesia em "Footnote to a Poem", em *Less Than One: Selected Essays* (Londres, 1986), p. 195-261.

Para um estudo mais detalhado dos seus versos, ver Michael Makin, *Marina Tsvetaeva: Poetics of Appropriation* (Oxford, 1993).

Sobre Rachmaninov, recomendo: Geoffrey Norris, *Rachmaninoff* (Oxford, 2000); Barrie Martyn, *Rachmaninov: Composer, Pianist, Conductor* (Londres, 1990); Julian Haylock, *Sergei Rakhmaninov: An Essential Guide to His Life and Works* (Londres, 1996); Sergei Bertensson e Jay Leyda, *Sergei Rachmaninoff* (Londres, 1965); e o clássico relato soviético de Nikolai Bajanov, *Rachmaninov*, trad. A. Bromfield (Moscou, 1983).

Há uma bela biografia de Nabokov em Brian Boyd, *Nabokov: The Russian Years* (Londres, 1990); e *Nabokov: The American Years* (Londres, 1991). Há também *Vladimir Nabokov* (Plymouth, 1999), de Neil Cornwell. O compêndio de ensaios de Vladimir Alexandrov, *The Garland Companion to Vladimir Nabokov* (Nova York, 1995), é uma fonte abrangente e proveitosa. Vale muito a pena ler *The Nabokov-Wilson Letters: 1940-71*, org. Simon Karlinsky (Nova York, 1980). Também devo bastante ao interessante *Vera (Mrs Vladimir Nabokov)*, de Stacy Schiff (Nova York, 1999). Mas nenhum livro sobre Nabokov pode suplantar as suas memórias, *Speak, Memory: An Autobiography Revisited* (Harmondsworth, 1969).

Índice

n indica nota de rodapé.

abade Nicola, instituto, 113
abares, 446
Abramova, Maria (atriz), teatro particular, 264
Abramtsevo, colônia de artistas, 227, 337, 343-344
Academia de Artes de São Petersburgo, 227
Afanassiev, Alexandre (folclorista), *A poética visão eslava da Natureza*, 352
agitprop, 547
Akhmatova, Anna (poeta, 1889–1966), 45; cartas da frente de batalha, 587; e a Casa da Fonte, 525, 534-35, 599, 628; sobre a década de, 1930 579; e Dostoievski, 588; Ehrenburg sobre, 610; sobre a família Sheremetev, 534-35; funeral, 628; e Gorki, 531; e a guerra, 587, 589-91; início da vida, 526-27; e Isaiah Berlin, 534n, 600-605, 626; e Kitej, 533; e Leningrado no pós-guerra 601-606; Nabokov sobre, 665-66; e Nadejda Mandelstam, 444n, 531; origem familiar, 443-44; e Ossip Mandelstam, 526, 582-84; Pasternak e, 613-14; perseguição, 603-605, 693; e publicação, 577-78; e Punin, 526i, 535; sobre Pushkin, 535; revolução e, 528-534; e a Rússia, 533-534; e Shileiko, 526, 535; sobre Shostakovich, 591n; e os simbolistas, 526; Stalin sobre, 660-62; transmissão em Leningrado, 589-591; Trotski sobre, 535; Tsvetaieva e, 276, 633; sobre Viazemski, 534; vigilância de, 584-85

OBRAS: *Anno Domini MCMXXI*, 532-33; *Cinque*,

603; "Coragem", 589; "In Memoriam, 19 de julho de 1914", 527; *Poema sem herói*, 626-27; *Réquiem*, 585-86; *De seis livros*, 589
Aksakov, família: origem, 445; e remédios tártaros, 466
Aksakov, Ivan, 414
Aksakov, Konstantin (eslavófilo), 183-84; sobre a "alma russa", 387; sobre a comuna camponesa, 288; e Gogol, 391-92
Aksakov, Serguei (eslavófilo): *Anos da infância*, 177; sobre o casamento dos pais, 316; *Crônica de família*, 64-65
Alcoolismo, 121, 220-21
Alemanha, alemães: atitudes perante os russos, 101, 644-45; emigração para a, 633-36, 644-45, 654-55; famílias nobres, tutores, 93, 94-96, 173, 206; sobre a história/origem russa, 184, 480; influências governamentais/jurídicas, 42, 92, 99, 356; invasão (Segunda Guerra Mundial), 279, 588-594, 694; manual de conduta, 79; Pedro, o Grande, e, 42, 99-100, 210; música russa, influência sobre a, 75, 229-230, 232-33, 235-36, 299, 476, 616; relações diplomáticas, 528, 634-36; São Petersburgo, colonos, 37-38, 42-43, 99; Tratado de Brest-Litovsk, 528; *ver também* Berlim
Alexandra Pavlovna, grã-duquesa, 68
Alexandre I, imperador (1801–25), 111, 112-14, 124-27, 130; Coluna Alexandrina, 187; e o culto à Natureza, 157; e o movimento dezembrista, 126-131; Nikolai Petrovich Sheremetev e, 61; reformas políticas, 125-26
Alexandre II, imperador (1855–81), 191; assassinato, 246; e a emancipação dos servos, 193-96; e o Milênio da Rússia, 188; e os *zemstvos*, 290n
Alexandre III, imperador (1881–94): "Contrarreformas", 246; e os *zemstvos*, 290n
Alexandre Nevski, Mosteiro, 44
Alexei Mikhailovich, tsar (1645–1676): casamento, 82, 217; retrato, 41
Algarotti, conde, sobre Petersburgo, 38
"alma russa", Dostoievski e, 409-420; eslavófilos e, 182-84; Gogol sobre, 385-393; ideia/mito, 25-27; origem, 95-98, 386-88
Almirantado, edifício em Petersburgo, 40
Altman, Nathan (artista plástico), 32
amas de leite, 168, 171-73
Amsterdã, 38
Amur, região, 490

ÍNDICE

Amvrosi, padre (ancião do Optina), 401-4; e renascimento espiritual, 365-66; Tolstoi e, 421
Ana, imperatriz (1730-40): e a ópera, 75; Piotr Sheremetev e, 51
Animismo, 446
Aniuta (ópera), 75-77
Annenkov, Pavel (escritor), 285
Ano Novo, rituais da véspera, 399
antissemitismo: entre dezembristas, 127; stalinista, 610-13
Antokolski, Mark (escultor, 1843-1902), 229; Stassov e, 296-97, 300-1
Anuchin, D. N., 446
Araia, Francesco: companhia, *La forza dell'amore* (ópera), 75
Arakcheev, general Alexei (ministro da Guerra, 1769-1834): colônias militares, 126; "esposa" camponesa, 150
Argunov, família, 60
Argunov, Fiodor (arquiteto e escultor, 1716-1767), 60
Argunov, Iacov (pintor, 1784-1830), 60, 61
Argunov, Ivan (pintor, 1727-1802), 60-1, 171
Argunov, Nikolai (pintor, 1771-1833), 60-1
Argunov, Pavel (arquiteto, 1768-1806), 60
aristocracia *ver* nobres
Armênia, 462

arquitetura: igrejas, 38, 187; estilo de Moscou, 203-8, 226-29, 259; estilo neobizantino, 205; estilo russo, 186, 205-6, 228, 342, 487; São Petersburgo, 37-40, 56-8, 467; no século XVIII, 37-38, 39, 57-8, 203, 467; soviética, 537-39, 540, 606-8; stalinista, 606-8; Tsarskoie Selo, 467
art nouveau, 258
artes e ofícios, movimento, 257-62, 337-44; influências folclóricas, 226-8, influências orientais, 478-79; ornamentação russa, 478-79; *ver também* artesanato
artesanato, 150; movimento de artes e ofícios, 257-260, 337-344; em Abramtsevo, 337; estilo folclórico, 226-28, 229, 257-262; influências orientais, 478-79; e Petersburgo, 38-9; ourives de prata, Moscou, 250-60
artistas e movimentos artísticos: *art nouveau*, 258; colônia de artistas de Abramtsevo, 257, 337-38, 343-44; colônia de artistas de Talashkino, 257; construtivistas, 276-77, 537-39, 539-40, 541; "estilo russo", 226, 228, 254-55; exposições Valete de Ouros, 274; grupo Rosa Azul, 274; Itinerantes, 254-55, 295-96; em Moscou, 226-236; em Moscóvia, 41-43; neonacionalistas, 342; primiti-

vistas, 518, 519-20; simbolistas, simbolismo, 274-5, 535; *style moderne,* 258-59; vanguarda, 274-75, 273-79, 576-80, 611-12; *ver também* artes e ofícios, movimento; Mundo da Arte, movimento; pintores e pintura; políticas artísticas

Ásia, Rússia asiática, o Leste, o Oriente: atitudes russas, 444-450, 462-65, 505-7, 508-511, 513-17; conquista imperial, 460-69, 500-4; definição geográfica vaga, 462-5; impacto sobre a cultura russa, 443-5, 446, 448-459, 466-69, 504-8; "Oriente" como conceito, 470-2; religião e, 461-7; *ver também* mongóis

Associação Russa de Escritores Proletários (RAPP), 567-570

Astapovo, casa do chefe da estação, 421, 436

Astracã, 449, 459, 460

Avante, grupo (*Vperedist*), 541-2

Avramov, Mikhail (pintor), 100

Babás, 167-70, 172-7, 399-401

Bachilov, Arkadi (senador), como cozinheiro, 223

bailes: conduta em, 49-51, 77-78; danças camponesas em, 150-1; dezembristas e, 117; exclusão de mercadores, 251; família Sheremetev, 52-3, 54, 57-8, 60-1; infantis, 166; em Moscou, 149-50, 204-5, 214-15, 221-4, 317; Pedro, o Grande, e, 78-9; *polonaise* em, 346; vestimentas nacionais em, 154

Bajenov, Vassili (arquiteto), 203

Bakst, Leon (artista plástico, 1866–1924), 340; em Paris, 637, 669; retrato de Diaguilev, 1, 176-7

Balakirev, Mili (compositor, 1837–1910): e o Cáucaso, 476-7; *Islamei,* 477; e *kuchka,* 232; *Rei Lear,* 230; e Moscou, 229; suíte *Tamara,* 477

Balanchine, Georges (coreógrafo, 1904–83), 671, 672

balé, 337-8, 344-49; má opinião sobre, 345

Ballets Russes, 26, 253; origem, 337, 340, 343-5, 347-9; em Paris, 668-70, 671-73

Balmont, Konstantin (poeta, 1867–1942), 698

banquetes de Moscou, 215-7

banya, 81-83

barbas e europeização, 79

Barnet, Boris (diretor de cinema), 549, 550

basquírios, 365; Grigori Volkonski e revoltas de, 467-9

Batiushkov, Konstantin (poeta), sobre Moscou, 205-7

Bazykina, Aksinia (camponesa), Tolstoi e, 306-8

Beethoven Quartet, 697

Beethoven, Ludwig van, uso de canções folclóricas russas, 161
Bekbulatovich, Simeon, 452-3
Beliaiev, Ivan (etnógrafo), 286
Belinski, Vissarion (crítico, 1811-48): sobre o bairro de Zamoskvoreche, 254; sobre *Eugene Oneguin*, 156; e Gogol, 391,392, 393; sobre a questão do camponês, 288-9; sobre a Rússia europeia, 182; sobre socialismo e religião, 406-8
Belogolovoi, N. A., sobre Serguei Volkonski, 142-43
Belovode (terra prometida), 382
Benckendorff, conde Alexandre (chefe de polícia), 133
Benfey, Theodor (filólogo), sobre empréstimos culturais, 479-80
Benois, Alexandre (artista plástico, 1870-1960), 76n, 672; e o balé, 179-80, 340, 345-8; Diaguilev e, 339; sobre a família Filosofov, 341; ilustrações para *O Cavaleiro de Bronze*, 511; *Le Pavillon d'Armide*, 347; litografias de Petersburgo, 341; sobre Mamontov, 256; em Paris, 637, 669; sobre *O pássaro de fogo*, 348; sobre Petersburgo, 38-9, 42-3; e *Petrushka* (balé), 179-80; e Tchaikovski, 347
Benois, Camille (Cavos), 76n
Berberova, Nina (escritora): em Berlim, 634-5, 638; sobre estilo literário, 654; sobre Nabokov 654-6; em Paris, 637
Berdiaiev, Nikolai (filósofo, 1874-1948), 332, 444
Berezovski, Maxim (compositor), 75-76, 75n, 100, 669
Berggolts, Olga, sobre Maiakovski, 567
Berlim: como centro artístico, 273; Berberova em 638; emigração para, 633-6, 645, 654-5; Gorki em, 648, 685-6; judeus e russos em, 645; Khodassevich e, 633, 638; Nabokov e, 646, 655-6, 658, 659-60, 662-4; como "Pequena Rússia", 644; Tsvetaieva e, 638-41
Berlin, Isaiah: e Akhmatova, 534n, 602-5, 626-7; sobre leitores soviéticos, 572; sobre Pasternak, 613; sobre poesia e soldados, 589
Berlin, Leo, 611
Bestujev-Marlinski, Alexandre (escritor), 124, 471
Bíblia russa, 95, 396
Bieli, Andrei (poeta, 1880-1934), 505-7; em Berlim, 635-6; Petersburgo, 36, 333, 510-4, 554; sobre a Sociedade da Estética Livre, 274
Bilibin, Ivan (artista plástico, 1876-1942), 260
bilinas (canções épicas), 479-486; Ribnikov e, 482-4; Stassov e, 479-486
Biomecânica, 557

Bizâncio: Igreja russa e, 368, 371-3; e a Rússia Kievana, 48
Blok, Alexandre (poeta, 1880–1921), 506-7, 508-510; "Os citas", 508-510; sobre os populistas, 289
blouse russe, moda, 343
bogatyr (heróis folclóricos): na arte, 497; *Bogatires* (Vasnetsov), 496-7; e o caráter russo, 497; derivação, 480-1; e os eslavófilos, 482-3; *Ilia Bogatyr* (Cavos), 76; *ver também* Muromets, Ilia
Bogdanov, Alexandre (filósofo marxista, 1873–1928): *Engenheiro Menni*, 618; e grupo Avante, 541-3; e o Proletkult, 543; *Estrela vermelha*, 618
boiardos, 46-9, 56, 187; revolta dos *streltsy*, 243-44
bolcheviques, Partido Bolchevique, bolchevismo: conceito do homem soviético, 537-545; e a cultura urbana, 330; Gorki e, 537-540; e Henry Ford, 559; Kerenski e, 527; Meyerhold e, 553-54; e a natureza humana, 537-540; sobre socialismo e religião, 424n; e o taylorismo, 558-60; *ver também* Lenin; Stalin; Trotski
Bolshoi Kamenny, teatro, 76
Bolshoi, teatro em Moscou, 74, 76n, 204
bonecas *matrioshka*, 339
bordado, 257, 338
Borodin, Alexandre (compositor, 1833–87): influência oriental, 478; e *kuchka*, 232; *Príncipe Igor*, 230, 233, 347, 470, 477, 478
Bortnianski, Dmitri (compositor), 75, 100
Botkin, família de mercadores, 251
brâmane, influência da literatura, 480-4
Breshkovskaia, Ekaterina (socialista), 291
Brik, Lili, 562-4, 566
Brik, Ossip (poeta e crítico), 563, 566
Brodski, Joseph (poeta, 1940–96), 35n
Bruilov, Karl (pintor), *Os últimos dias de Pompeia*, 511
Bruneau, Alfred (crítico), sobre Tchaikovski, 669
Bukharin, Nikolai (líder bolchevique): ascendência familiar, 443-44; Gorki e, 686-88; e Mandelstam, 687; julgamento de fachada, 688
Bulgakov, Mikhail (escritor, 1891–1940), 567; ascendência familiar, 444; Stalin e, 580
OBRAS: *As aventuras de Chichikov*, 568; *Coração de cão*, 568; *A ilha púrpura*, 568; *O mestre e Margarida*, 278-9; *Neve negra*, 265; *Ovos fatais*, 568
Bunin, Ivan (escritor, 1870–1953): *A aldeia*, 333-4, 649; "Os ceifeiros", 648; estilo, 654; e herança cultural, 647-650; em Paris, 637; Prêmio Nobel, 649, 687; "A primavera sem pressa", 648

buriatos, 446; Mikhail Volkonski e, 466
Burliuk, David (pintor), 518
Buslaiev, Fiodor (folclorista), 286

caça, 152-4
calendário, reformas, 48n
calmuques, 446, 458-9
camponeses, campesinato: agricultura, declínio da, 209-210; animismo, 446; artes e ofícios, 337-8, 338-340, 342; assistência médica, 327; atitudes perante, 113-6, 125-6, 283-359; bem-estar social, governo e, 290; colônias militares, 126; comunas, 287-8, 327-330; costumes nupciais, 311-321; desilusão com, 325-336; Dostoievski sobre, 287-9, 408-410, 406, 412-13; "esposas" (de nobres), 150, 306-8; fé religiosa, 394-402; influência mongol, 454; influência xamânica, 454-5; levantes, 46; e mitos religiosos, 380-2; e a morte, 430-6; mulheres, 403-6; patriotismo, 111, 113-15; pintores e, 293-301; poetas e, 121-3; representação na literatura e na música, 159-162; superstições, 395-403, 430-6; Tolstoi e, 302-525; veneração do nobre à vida camponesa, 141-44; visão populista dos, 283-292; *ver também* servos
campos de prisioneiros, Dostoievski sobre, 407-9

Casa da Fonte, São Petersburgo: Akhmatova e, 525-6, 534-5, 601, 627-8; família Sheremetev e, 45-7, 54, 56-8; como museu, 525; planta-baixa, 80-2; salão, 82-4
casamentos *ver* costumes nupciais
casas de banho, 81-3
castração religiosa, 379-80
Castren, M. A. (explorador), 443
Catarina II (a Grande), imperatriz (1762–96): e as "aldeias de Potemkin", 37; e a cultura tártara, 467,470; era de, 341, 346; e a europeização, 74; e montanhas de comida, 219; e Moscou, 203; N. P. Sheremetev e, 68; e a ópera, 73-4, 76; P. B. Sheremetev e, 50-1; retrato de Argunov, 60; e Tsarskoie Selo, 34, 467; e vestimentas russas, 154
Cáucaso: cristianismo no, 462-3; influências culturais, 470-77; *ver também* Armênia; cossacos; Geórgia
Caulaincourt, conde (embaixador francês), 146
cavalos: como alimento, 458; como metáfora, 531, 554-55
Cavos, Alberto (arquiteto), 76n
Cavos, Catterino (compositor), 76
cazaques, 446, 458
cazares, 446
Chaadaev, Piotr (filósofo, 1794–1856): ascendência familiar, 443-4; so-

bre Europa e Rússia, 102; sobre o legado mongol, 451; *Primeira carta filosófica,* 181-3

Chagall, Marc (artista plástico, 1887–1985): e o almanaque *O cavaleiro azul,* 519; como emigrado, 672-4, 679-80; nos EUA, 672-4; mal entendido, 546; nostalgia pela Rússia, 679-80; e os primitivistas russos, 518, 519-20; "A Vitebsk, minha cidade natal" (carta), 680

Chaplin, Charlie, Meyerhold e, 557

chechenos, 474

Checoslováquia, 636-7

chefs ver cozinheiros

Chekhov, Anton (escritor, 1860–1904), 266-72; aprovação soviética, 577-8; e artes e ofícios, 258; e camponeses, 325-8; contos, 429; sobre cultos na igreja, 368-9; e ferrovias, 248n; e Levitan, 492-6; e a morte, 427-8, 430-2; e Moscou, 265-8; sobre paisagens, 491-3, 496-8; e religião, 427-31; e Sacalina, 487-92; e a Sibéria, 487-96; simbolismo da comida, 219; sobre Tolstoi, 426-7
OBRAS: "Abolidos!", 120; "Camponeses", 325-6; "A dama do cachorrinho", 267; *O demônio da madeira,* 264; "A estepe", 495; "Na estrada", 429; "O gafanhoto", 492, 495-6; *A gaivota,* 265-6, 492; *A ilha de Sacalina,* 489-91; *O jardim das cerejeiras,* 219, 248, 268-72, 430; "Noite de Páscoa", 368-9; *Tio Vânia,* 268, 430; "Três anos", 267; *As três irmãs,* 219, 267-8, 429, 430

Cherepnin, Nikolai (compositor), *Le Pavillon d'Armide,* 347

Cherkasskaia, Varvara, 52

Chernichevski, Nikolai, *Que fazer?,* 285, 618

Chernov, Olga, 637

Chernov, Viktor, 637

Chertkova, A. K., 174

Chevakinski, Savva (arquiteto), 57

Chita, 140

Chulkov, Mikhail (escritor), *ABC de superstições russas,* 158

Churchill, Randolph, 602

ciência e tecnologia soviéticas, 607, 617-19

cinema, 546-56, 557-62, 595-600, 620-23, 624; Conferência do Partido sobre Cinema, 573; estilos de representação, 543-44, 549-550, 557-8; filmes de ficção científica, 620-23; "formalistas", 573, 607, 609; Lenin sobre, 546; e a montagem, 546-9; e a música, 557-8, 595-7, 613-15, 702-4; plateias, 330, 546-7; Realismo Socialista, 573-77; e a Revolução Russa, 330, 539-40, 551-53, 554-55; e o teatro, 548-550, 553, 595; Trotski sobre,

545-7; *ver também diretores de cinema específicos*
citas (grupo literário), 25, 506-7, 508-10
citas, antigos, 351, 506-8
coleções e patrocinadores de arte: estatais, 539-41, 577-79; Forças Armadas, 500-4; Galeria Pushkin (Moscou), 276, 639; Hermitage, 58, 507; Mamontov, 253, 256; de mercadores das províncias, 256; Nicolau II, 259; patronos mercadores de Moscou, 228, 248-49, 250-54, 273-75; de Schukin (Moscou), 228; Sheremetev, 57-8; Tretyakov (Moscou), 228, 250, 253-55, 297; Vladimir Alexandrovich (grão-duque), 297
Collins, Samuel (médico): sobre ícones, 41; sobre nobres, 47
colônias militares, 126
Coluna Alexandrina, 187
comida e bebida, 48; culinária, 215-230; família Sheremetev, 54-7; *gourmands*, 213-25; influência asiática, 457-59; Moscou, 214-225; como presente, 219-31; simbolismo, 219-25
Comissão para a Construção em Cantaria de São Petersburgo, 40
Comissão para o Desenvolvimento Ordenado de São Petersburgo, 39
Comissariado do Esclarecimento (de Educação): Lunacharski e, 541-2, 573; Meyerhold e, 553, 557-58

Comitê Antifascista Judaico (CAFJ), 610
comunistas *ver* bolcheviques
conduta *ver* etiqueta
Conservatório de Petersburgo, 232-33
construtivistas, movimento construtivista, 277, 537-8, 540, 541
Corps des Pages, 113, 150
cosmopolitanismo, 91; emigrados, 668-69; *ver também* europeísmo
cossacos, 471-3; Gogol e 472-3; Grigori Volkonski e, 467-9; marcha sobre Petrogrado, 555; rebeliões, 379-81, 467-9; Tolstoi e, 473; Velhos Crentes e, 379-81
costumes nupciais, 51, 68, 69, 306, 306n, 311-12
cozinheiros, status, 216
Craft, Robert, 696-702
Craig, Gordon, 550n
criados: e crianças, 168-77; família Sheremetev, 53; residências, 54; salários, 59-61
crianças, infância: amas de leite, 167-68, 171-73; atitudes perante, 164-69; babás, 167-70, 172-77, 400-1; bailes infantis, 166; costumes, 166-78; e criados, 168-77; cultura popular, 156, 177-78; jogos, 140, 162, 168-71; de Nabokov, 177-78, 639, 657-59; e servos, 80-1, 51-5; sofrimento, Dostoievski sobre, 406-7, 417

Crimeia, 470; canato, 449; Potemkin e, 467
Cristo Salvador, catedral em Moscou, 187, 205
Crommelynck, Fernard, *O corno magnífico*, 557-8
Crônica primária, 367
Cui, Cesar (compositor, 1835-1918), 447; e *kuchka*, 232
culinária, 215-230; *ver também* comida
Custine, marquês de: sobre o "barbarismo asiático", 466-7; sobre Moscou, 204; sobre Petersburgo, 37-8, 42-3

dachas, 151-2
Dalcroze, Émile Jacques, 549, 557
danças, dançar: russas, 150-1; e os dezembristas, 117; *ver também* bailes
dândis na literatura, 78
Dashkova, princesa Ekaterina (escritora, 1744-1810): sobre a identidade russa, 108-9; sobre a Inglaterra, 100; e a língua russa, 93; *Viagem de uma nobre russa*, 100
Davidov, Denis, 116
Dawe, George (artista plástico inglês), retrato de Volkonski, 193n
Debussy, Claude (compositor): e o estilo russo, 234; e Stravinski, 354
degelo de Kruchev, 697-8, 702-3
Delsarte, François, 549, 557

Demidov, conde Prokopi, 223
Denissov, Edisson (compositor), 697
Derjavin, Gavril (poeta, 1743-1816), 68, 85; presentes de comida, 219; serviço público, 118-120
dezembristas, movimento dezembrista, 112, 120-22, 126-32, 613; Alexandre I e, 127-130; antissemitismo, 129; e o campesinato, 111-19, 123; círculos culturais, 122-23; culto à amizade, 120-23; e a cultura popular, 118, 123, 143-44; e a dança, 117; Dostoievski sobre esposas de dezembristas, 414-16; e a europeização, 117; no exílio, 134-145; farras, 119-122; início do desenvolvimento, 113-119; insurreição, 111-12, 125-28, 130-32; juventude, admiração pelos, 188; e a língua russa, 124; Nicolau I e, 205; e Novgorod, 184-88; opiniões sobre a história, 184; Pasternak e, 613; polacos e, 128; Pushkin e, 122-24, 127, 599; rejeição do serviço público, 118-20; e a Sibéria, 144; Tolstoi e, 189-91; veneração eslavófila dos, 414-16; Venetsianov e 163-64; Volkonski e, 111-12, 117, 120-21, 125-133
Diaguilev, Serguei (empresário teatral, 1872-1929), 76n, 91, 549-50; e a arte camponesa, 340, 342-44; e a babá, 175-177; e o classicismo,

39, 342; cria os Ballets Russes, 337, 339-40, 343-45; início da vida, 340, 345; sobre Moscou, 273; sobre a origem dos Ballets Russes, 337; em Paris, 668-72; superstições, 400-1; e Tchaikovski, 347, 669-70; e Volkonski, 549-550; *ver também* Ballets Russes; Mundo da Arte, movimento

Diderot, Denis, *Encyclopédie,* 542

Divertimentos, 214-25

Divórcio, 320; *ver também* casamento, esposas

Dolgorukaia, Natalia, 135

Dolgoruki, príncipe de Suzdal, e Moscou, 201

Dolgoruki, príncipe Ivan, 135

Domostroi (manual de conduta), 48

Dostoievski, Fiodor (escritor, 1821–1881), 92; Akhmatova e, 590-91; sobre a Ásia Central, 504, 516; sobre *Os barqueiros do Volga,* de Repin, 294; sobre o campesinato russo, 288, 289, 331, 403-406, 408-10, 412, ; sobre campos de prisioneiros, 407-10; sobre "O capote", de Gogol, 212; condenado como reacionário, 557-79n; sobre a corrupção moral da Europa, 104-106; sobre criminosos, 407-410, 413-15; e a emancipação dos servos, 284-85, 409-10; sobre emigrados, 90; escrita para periódicos, 266; e os eslavófilos, 414-15, 418; sobre as esposas de dezembristas, 414-16; experiência de conversão, 408-410, 413, 417; sobre a Guerra da Crimeia, 505; ideia de "alma russa", 409-420; sobre a Igreja, 416-420; e Loucos Santos, 457; sobre a morte, 435; morte do filho e, 403; e o Optina Pustin 363, 403, 418; e o movimento "solo nativo", 251; sobre Muromets, 183n; e Pavlovna, 340; Prokofiev e, 689-690; e religião, 403-7, 409-420; sobre São Petersburgo, 212-14; Shostakovich sobre, 703-4; na Sibéria, 407-410; sobre o sofrimento das crianças, 406-7, 416-17; sobre surrar esposas, 320-21; e os Velhos Crentes, 244

OBRAS: *Crime e castigo,* 36, 408, 413-14; *Os demônios,* 411, 703; *Diário de um escritor,* 408, 415, 504; *Os irmãos Karamazov,* 404-6, 412, 415-17, 418-19, 434, 619, 622; *Memórias do subsolo,* 40; *Notas de inverno sobre impressões de verão,* 104; *Recordações da casa dos mortos,* 407; "O sonho de um homem ridículo", 618

Dostoievski, Mikhail (crítico, 1820–64): e o movimento "solo nativo", 251; e a questão camponesa, 289

dukhobor, seita, 380; Tolstoi e, 425

Duma (1905–17): criação, 332; V. D. Nabokov e, 656, 664n; no Palácio Tauride, 342
Duma (conselho de boiardos), substituída pelo Senado, 49
Dunia (babá de Diaguilev), 176-77
dvoriane ver nobres

Efremov, Ivan, *A nebulosa de Andrômeda*, 619-20
Efron, Serguei (marido de Marina Tsvetaieva): no Exército Branco, 639-41; e o movimento eurasiano, 682; e o NKVD, 683-85; em Paris, 637, 682-85; em Praga, 635-37; preso, 692; e Tsvetaieva, 639-40
Ehrenburg, Ilia (escritor, 1891–1967): em Berlin, 635-36; *Homens, Anos — Vida*, 612
Eisenstein, Serguei (diretor de cinema, 1898–1948), 538-39, 549-556; e *Boris Godunov*, 595, 597, 599; e *Die Walküre*, 595n, 596; no exterior, 573; história e mitos em filmes, 554-56; e Meyerhold, 553-555; e a montagem, 549; e Prokofiev, 595-97; e a Revolução, 551-53; *Semion Kotko*, 595n; e Soiuzkino, 574-77
  OBRAS: *Alexander Nevski*, 596-97; *O prado de Bejin*, 575-76, 596; *O encouraçado Potemkin*, 533, 555-56; *Greve*, 551-52; *Ivan, o Terrível*, 595-99; *Outubro*, 40, 551-52, 553, 554-55, 556, 573
emigração, emigrados: atitudes perante o regime soviético, 354, 594-95, 633-34, 664-67, 675-77, 682-705; em Berlim, 634-36; nos EUA, 663, 673, 675-79, 688-89, 698; identidade cultural, 89-91; na Inglaterra, 602, 655-57; em Los Angeles, 673, 678; noções míticas da Rússia, 641-51; nostalgia, 633, 638-39; em Nova York, 663, 672; em Paris, 637-38, 647-48, 668-682; Pequenas Rússias, 637, 644-47, 668-69; em Praga, 635-37; revistas literárias, 647-48; russos, 631-705
Enciclopédia Socialista, 542
entretenimentos, 214-225
Entrudo, rituais, 371-2
eremitas, 363-367, 366i
eremitérios, 363
escala pentatônica, 476-77
Escola de Música Livre, 232-33
Escola de Pintura de Moscou, 227
Escola Estatal de Direção de Palco, 554
escola mitológica, 482
escolas militares, 43
eslavófilos, 147n; e a "alma russa", 183-84; e "Camponeses", de Chekhov, 326; sobre a corrupção moral da Europa, 102-3; e a cultura asiática, 446; e a cultura popular, 182-83, 257; e os de-

zembristas, 414-15; Dostoievski e, 414-15, 417-18; Gogol e, 385-87, 389-90, 391-92; e mercadores, 248-49; e o Optina Pustin, 363; origem, 147n; e Petersburgo, 511; e a questão camponesa, 142-44, 288-89, 326; e *Sadko*, de Rimski, 485; e São Petersburgo, 211; e a teoria das bilinas de Stassov, 480-82; e os Velhos Crentes, 243-44; e Volkonski, 191; *ver também* Aksakov; Khomiakov, Alexei; Kireievski, Piotr

Eslavos Unidos, 131

esposas: direitos legais, 319-20, 321-22; sofrimento, 319-21; *ver também* costumes nupciais

"estilo russo": arte/arquitetura, 226, 228-29, 254-55; música, 233-36; e províncias, 95-98

estilo turco, Tsarskoie Selo, 467

estúdios do *zemstvo* de Moscou, 257

etiqueta, 48-51, 78-81; conversa de salão, 77, 82-84, 78-80; manuais de conduta, 48, 78-80; oficiais, 50-51; Pushkin sobre, 80, 84; no século XVIII, 42, 49-51, Tolstoi sobre, 80

Eudoxia (esposa de Pedro, o Grande), 243

eurasianismo, eurasianistas, 444-47, 513-520; *Êxodo para o leste,* 514-15; e Stravinski, 516-17; opiniões sobre a cultura popular, 514-16

euritmia, 549, 558

Europa, europeus: atitude perante os russos, 100-2, 504-6, 644-45; atitudes russas perante a, 99-106, 209, 242-43, 248-49, 250-51, 487-88, 644-45; complexo de inferioridade russo, 88-95, 105-6, 464-65; e a "corrupção moral" 102-6; e a educação dos russos, 91, 92, 94-5, 96, 173-74, 206-7; e a identidade russa, 91, 92-3, 101-2, 105-6, 123-4, 181-2, 284-5, 288, 446-7, 450-2; influência russa sobre arte/cultura europeia, 154-5, 342-3, 346-8, 350-1, 354-7; em Moscóvia, 46-7, 99; noções míticas da, 100-1, 105-6; e o progresso político, 39-40, 42-7, 78-80, 117, 125-6, 127-8, 237-240, 538-9, 655-6; na Rússia do século XVIII, 37-8, 41, 112-3; viagem à, 99-104, 146-7, 290, 342-3

europeização, 24, 27-8; na arquitetura, 37-40, 56-8, 202-4, 228-9, 467-8; nas artes plásticas, 57-8, 162-3, 164-5, 226-7, 231-2, 254-5, 260-1, 300-1; Catarina, a Grande, e, 73; e os dezembristas, 117; e os eslavófilos, 180-3; de hábitos e costumes, 46-7, 78,60, 92-4, 100-1, 216-7, 668-9, 671-2, 675, 680; e a identidade russa, 77-108, 605-7; na literatura, 88, 95; mercadores e, 209-210, 244-5, 248-9, 250-2;

e as mulheres nobres, 77-9, 83-4, 85, 312-3, 315-6; na música, 75-8, 100, 163, 229-230, 231-6, 295, 299, 346, 350-1, 477-8, 616, 668-9, 673, 698-9; nobres, 47-9, 56-7, 73-4, 77-81; e os ocidentalistas, 97, 101-2, 105, 180-3, 229, 243-5, 251, 327, 578-580; e palácios, 45, 51-3, 80-3; Pedro, o Grande, e, 42-3, 46, 78-80; em São Petersburgo, 39-40, 42-3, 74, 77-108, 205, 209, 211-2; social, 77-108; da vestimenta, 52, 63-4, 77-80

Evelyn, John, 48

Exército Branco, 551, 634; Efron e, 639-40

Exército Imperial: Arakcheev e, 150; dezembristas e, 114-5, 120-1; Guerra da Crimeia (1853–56), 500-2; jovens no, 167-8, 170; motins de, 1905 331; sistema de castas, 117; Tolstoi e, 303-4, 323; Volkonski e, 113-4, 127, 191

exército *ver* oficiais do Exército; Exército Imperial; Exército Vermelho; Exército Branco

Exército Vermelho: coleta de fundos para, 557; conjuntos, 357, 607-8; criação, 527-9; cultura física, 557-8; Eisenstein no, 551-2; Kaufman e, 504; e Leningrado/Petrogrado, 551, 593; Shostakovich e, 591

exilados *ver* emigração, emigrados

Exposição de Paris (1900), 342

Exposição Politécnica de Moscou, 228

Exter, Alexandra (artista plástica), 637

Fabergé, Carl, 227, 259

Fadeiev, Alexandre, *A guarda jovem,* 571

Falconet, Étienne-Maurice (escultor, 1716–91): *O cavaleiro de bronze* (estátua), 35-6, 210

ferrovias e Moscou, 247-8, 249, 256

Feuchtwanger, Lion (escritor), sobre leitores soviéticos, 572

ficção científica, 618-623

Filaret, padre (ancião do Optina), 390

filmes *ver* cinema

Filosofov, Dmitri: Diaguilev e, 340; histórico familiar, 341; e Tchaikovski, 347

Finlândia, cultura finlandesa, 443

fino-úgricas, tribos, 442, 514

Fiodorov, aldeia em Tsarskoie Selo, 259

Florovski, padre George (pensador religioso), eurasianismo, 514

Fokine, Mikhail (coreógrafo, 1880–1942), 345, 348; *Le Pavillon d'Armide,* 347; *Petrushka,* 350

folclore, folcloristas, 159, 160-1, 285-6, 352, 479-486; dezembristas e, 118, 123, 144; Escola Mitológica, 482; escritores como folcloristas, 93, 98, 124, 158-161; eslavófilos e, 182-3, 257; nacionalistas, 235-6, 241, 186; e *A sagração da*

ÍNDICE

primavera, 351-3; e a vida camponesa, 285
Fomin, Ievstignei (compositor), 75, 100
Fonvizin, Denis (escritor, 1745-92), 85; *O brigadeiro*, 89, 90; sobre a Europa, 101-3; *O menor*, 97, 166
Fonvizina, Natalia (esposa de dezembrista), 415
Ford, Henry, 559
"formalistas", "formalismo", campanha soviética contra, 573, 607, 609-10
Fortaleza de Pedro e Paulo, Petersburgo, 34, 134
França, os franceses: atitudes perante a Rússia, 102, 504-6, 646; colonos, 37-8, 113; Dostoievski sobre, 90-2, 104-5, 504-5; emigração para a, 637-8, 647-8, 663, 668-682, 69-691; Fonvizin sobre, 102-4; francofilia e galomania, 86-90, 92-5, 107; francofobia, 102-4, 107, 147; guerras com a Rússia, 113-4, 115-6, 125-6, 128, 146-7, 160-2, 187-8, 192-3, 505-6; Herzen sobre, 104-5; influência sobre a cultura russa, 76-8, 85-9, 92-5, 102-4, 107, 147, 150-1, 346-7, 540-1, 670; influência sobre a língua russa, 78-80, 85-8, 92-5, 147-150, ; Karamzin sobre, 107, 179-180; linguagem, uso da, 139-142, 143, 147-150, 160-1, 167-8, 544-5; como mercado para a arte russa, 342, 347-8, 670; ópera na Rússia, 76-78; relações com a, 125-6, 146-8, 161-2, 192-3; Revolução e Terror, 107-8, 182-3, 187; Saltykov-Schedrin sobre, 92; Tolstoi sobre, 80, 87, 91, 93-4; viagem à França, 89-90, 100-4, 146-7, 291-2, 342, 645
Frente de Esquerda (LEF), 540, 567
Furmanov, Dmitri (escritor), *Chapaiev*, 571, 574
Furtseva, Ekaterina (ministra da Cultura), 703
futuristas, futurismo, 275-77, 540

Gagarin, Yuri (cosmonauta), 617
Gannibal, Abram (bisavô de Pushkin), 451-2
Garshin, Vladimir (professor de Medicina), 601
Gartman, Viktor (artista plástico, 1834-73), 226, 228, 229-230; em Abramtsevo 257; e a arte camponesa, 337
Gastev, Alexei (engenheiro e poeta), 559-560
Gêngis Khan, 444; comparações com, 451-2; e Moscou, 205; *ver também* Horda Dourada; mongóis
Geórgia: cristianismo na, 462; língua, 611
Ginásio de Moças, Moscou, 93
Ginzburg, Moisei (arquiteto), 538

Gladkov, Fiodor (escritor), *Cimento*, 571
Glazunov, Ilia (pintor), 624
Glière, Reinhold (compositor), 609
Glinka, Fiodor (escritor), *Cartas a um oficial russo*, 114
Glinka, Mikhail (compositor, 1804–57), 76, 161-3, 237; aprovação soviética, 579; como compositor ítalo-eslavo, 669; e o estilo russo, 234; Rubinstein sobre, 232; *Ruslan e Liudmila*, 234; uso de canções populares, 160-1, 162; *A vida pelo tsar,* 162, 237
Gnedich, Nikolai (poeta), 122-3
Godunov, Boris, tsar (1598–1605), 180, 237, 238-241; ascendência, 443-44, 452-3; família Romanov e, 239-40; servos e, 241
Godunova, Irina, 183, 184
Gogol, Nikolai (escritor, 1809–52), 159-61, 210-11; e a "alma russa", 623; busca espiritual, 384-93; sobre a corrupção moral da Europa, 105; e os cossacos, 472-3; sobre as enchentes de São Petersburgo, 511; e os eslavófilos, 386-92, 511-12; como folclorista, 93, 159-61; irmãos Strugatski e, 620; e o mosteiro de Optina, 363, 383, 390; origem familiar, 444; e Paris, 119-20; sobre a Páscoa, 375; sobre os postos, 149-50; primeiros anos, 383; sobre São Petersburgo e Moscou, 207-8, 211-12; Shostakovich e, 615, 703-4; simbolismo da comida, 219-221; superstições, 404-5; Tolstoi e, 309; e a Universidade de São Petersburgo, 180

OBRAS: *Almas mortas*, 159, 384, 385, 414, 499n; *Arabescos*, 497; "Avenida Nevski", 211; "O capote", 212, 385; *Contos de Petersburgo*, 36, 211; "Diário de um louco", 120; *Extratos de uma correspondência*, 391; *Feira de Sorochintsi*, 299; *O inspetor-geral*, 159, 385-6, 497; *Noites na granja ao pé de Dikanka*, 159-60, 219; *Taras Bulba*, 388, 472, 497
Golenischev-Kutuzov, conde (poeta), 300
Golitsyn, família, 93, 101
Golitsyn, princesa Ekaterina, 93
Golitsyn, princesa Elena, e as danças russas, 151
Goncharov, família, teatro de servos, 73
Goncharov, Ivan (escritor, 1812–91): *Oblomov*, 151, 219, 499; e o serviço público, 119-20; simbolismo da comida, 219
Goncharova, Natalia (artista plástica, 1881–1962), 317; *Corte do feno*, 519; em Paris, 637, 669; e os primitivistas, 518
Gorki, Máximo (escritor, 1868–1936): ajuda a escritores, 531; e Akhmatova, 532; em Berlim,

635-6, 648, 686; e os bolcheviques, 531-43; sobre Bunin, 334, 648; sobre as estepes, 497-8; experiências populistas, 335; e o grupo Avante, 541-3; morte, 686-89; morte do filho (Máximo Pechkov), 688; NKVD e, 686-9; e o Prêmio Nobel, 687; e a RAPP, 568-70; retorno à Rússia, 684-9; sobre a revolução, 333; sobre a Rússia camponesa, 334-5; Stalin e, 581
    OBRAS: *Os Artamonov*, 686; *A vida de Klim Sanguin*, 686; *A mãe*, 571, 697; *Lenin*, 686; *Minhas universidades*, 396
Granin, Daniel, *Na tempestade*, 620
Grétry, André (compositor): *L'Amitié à l'épreuve* 62; *Les Mariages Samnites*, 66
Gretsch, N. I. (escritor), 119
Griboiedev, Alexandre (dramaturgo, 1795–1829), *A inteligência, que desgraça!*, 90, 118, 203
Griffith, D. W., 548
Grigoriev, Apollon (crítico), 251
Gronski, Ivan, 579
Grossman, Vassili (escritor, 1905–64): *O livro negro*, 612; *Vida e destino*, 612; *Stalingrado*, 612
Grot, Georg (pintor), 60
Gubaidulina, Sofia (compositora), 697
Guchkov, família de mercadores, 249
Guerra da Crimeia, 193, 194, 500, 505

Guerra de, 1812 111-2, 113-8, 179; comemoração, 187-9; influência, 146-7; como história, 187-9; Napoleão sobre Moscou, 199-201, 205-6
guerra fria, 603-7
Guilherme II, kaiser, 501n
Guiliarovski, Vladimir (escritor), *Moscou e os moscovitas*, 266
Guippius, Zinaida (poeta, 1869–1945), 647, 668-9
GUM, loja em Moscou, 229
Gumilev, Lev (filho de Akhmatova), prisão, 584-5, 601, 604-5
Gumilev, Nikolai (poeta), 526, 532
gusli e tocadores de *gusli*, 42, 443, 483, 484, 486

habitação, política soviética de, 527-8, 537-9, 544-5
Harivamsha, influência sobre as bilinas, 480, 484
Heifetz, Jascha (violinista), 635
Herder, Johann Gottfried von, 101
Hermitage, teatro, Palácio de Inverno, 73, 88
Herzen, Alexandre (escritor, 1812–70), 179; sobre a "alma russa", 389; sobre o campesinato, 285-6, 288; *Cartas da França e da Itália*, 104; como "cita", 506; sobre a corrupção moral da Europa, 104, 105; sobre demonstração emocional, 118; educação reli-

giosa, 96; europeísmo, 92; sobre a infância, 168-70, 171, 177, 178; *Passado e meditações*, 177, 179; sobre Petersburgo, 39, 43-4; sobre a Sibéria, 463-4

hesicasmo, 365-6

história: nas artes plásticas e na música, 237-46; dezembristas e, 13-5; debates sobre, 179-88; eslavófilos e, 182-4; interesse público pela, 179-400; Karamzin sobre, , 179-81, 184-6, 238, 240-1, 444; e mito em filmes, 554-5; Moscou, 237-46; na ópera, 241-7; Chaadaev sobre, 181-2

Hitler, Adolf, 278

Holanda, 42

Horda Dourada, 201, 444, 445, 452-3; *ver também* mongóis

Horowitz, Vladimir (pianista), 635

Hospitalidade, 214-225; família Sheremetev, 54-5; influência mongol, 454-5; Moscou, 221-5

Iablonovski, Serguei (crítico de arte), 275

Iakovlev, Alexandre (ideólogo), 623n

Iakunchikova, Maria (magnata dos tecidos), 257, 271

Iasnaia Poliana (propriedade de Tolstoi), 47-8, 190, 302-10

ícones, 41, 227, 396; estilo, 370-2; e oração, 369-70; pintores, 42, 370-2, 621-2; primitivistas russos e, 519-20; procissões na segunda-feira de Páscoa, 376-7

Ievtuchenko, Ievgueni (poeta), *Babi Yar,* 616

Igreja Ortodoxa *ver* Igreja russa (ortodoxa); religião, experiência religiosa

Igreja russa (ortodoxa), 38, 201-2, 363-82; cisma 377-80; e o divórcio, 322; Dostoievski sobre, 417-20; no exterior, 400-2; e identidade nacional, 372-3; Igreja Oriental e Moscóvia, 41-2; Khomiakov sobre, 386; liturgia, 367-9; misticismo, 364-72; Moscou e, 201-3; e mosteiros, 363-5; e o mosteiro de Optina Pustin, 365-6; nobres e, 94-6; origem bizantina, 367-8, 371-3; padres paroquianos, 395-6; revivalismo, 364-5; Stravinski e, 677-8; subordinação ao Estado, 363-5; e Tolstoi, 423-6

Ilia Muromets (conto populara), 480-3; *ver também* Muromets, Ilia

Índia, literatura, influência, 479-80, 483

Inglaterra, ingleses: Nabokov e, 655-6; nobres e, 100-1; Pedro, o Grande, e, 48

Instituto Central do Trabalho, 558-60

intelligentsia: durante a Revolução, 531-2; expulsão depois de 1917, 535n; instituições culturais, 85-6; oposição à autocracia, 118-20;

origem, 84-6; perseguição do Estado, 567-72, 577-86, 603-5, 609-13, 691-2; Petrogrado, 531-2; populismo, 283-92; preconceito contra mercadores, 248-52; superstições, 399-401

Irkutsk, 138, 140-5

Irving, Washington, *Lendas maravilhosas de Alhambra* (trad.), 158

Isabel, imperatriz (1741-61), 40, 51

Islã, intolerância do, 455n

Itália, italianos: arquitetura, 38-9, 56-7, 88; escolas social-democratas na, 541; fascismo, 569, 624; Gorki e, 541, 569, 685-9, 690-1; influência sobre as artes plásticas russas, 75-6, 82-4, 162-3; influência sobre a música russa, 75-76, 100, 232, 668-9, 672; na Rússia, 37-8

Itinerantes (artistas do estilo russo), 254-5; Stassov e, 295-6

Iudina, Maria, 698

Iussupov, família, 51

Ivan III, 186

Ivan IV (o Terrível), tsar (1533-84), 237, 238, 460-1; e Bekbulatovich, 452-3; Karamzin sobre, 180; e Moscou, 200-1; Stalin sobre, 597-9

Ivanov, Gueorgui (poeta), 638-9

Ivanov-Razumnik, R. V. (crítico), 506-7

Izmailov, Lev, e a caça, 152

Izumudrova, Ana (atriz), 65

Jakobson, Roman, 514

Janáček, Leoš, *Katia Kabanova*, 250

Japão, guerra contra o (1904-5), 503

Jardins de Verão, Petersburgo, 38-9, 40

Jdanov, Andrei (ideólogo comunista), 604-6

jejum religioso, 373

Jemchugova, Praskovia, *ver* Sheremeteva, Praskovia

Jorge IV, rei da Inglaterra, 113

Joyce, James, 576

judeus: e a cultura russa, 296, massacre bolchevique, 679; massacres nazistas, 679-81, 703; perseguição stalinista, 609-13; e os russos em Berlim, 644; Shostakovich e, 614-6; *ver também* antissemitismo

Jukovski, Vassili (poeta, 1783-1852), 45, 193

kaftans, 48, 54, 55, 116, 154, 249, 458

Kalevala (épico finlandês), 443, 486, 522

Kameniev, Lev (líder bolchevique), 581

Kandinski, Vassili (artista plástico, 1866-1944), 274, 518; e o almanaque *O cavaleiro azul*, 519; como antropólogo, 441-7; ascendência familiar, 442-4; e o povo komi, 441-50, 518

OBRAS: *Composição II*, 521; *Ímpeto moderado*, 521; *Oval nº 2*, 521-2; *Todos os santos II*, 520; *Vida colorida*, 520

Kant, Immanuel, 101
Kantemir, príncipe Antiokh (escritor, 1709-44): *Má lição,* 89; sátiras, 89
Karamzin, Nikolai (escritor e historiador, 1766-1826), 179-81; sobre, 1812 179; sobre Boris Godunov, 180, 238, 239, 240; *Cartas de um viajante russo,* 101-2; sobre a corrupção moral da Europa, 104; estilo literário, 122; sobre a Europa, 100-2; sobre a herança mongol, 449-50, 451-2; *História do Estado russo,* 180-1, 184-6, 238, 239, 240, 449; sobre a identidade russa, 108; sobre a literatura russa, 84, 86-7; *Natalia,* 97; origem familiar, 443; *Pobre Liza,* 97; sobre a Revolução Francesa, 107; seguidores, 147
Karsavin, Lev (filósofo), 514
Kaufman, Mikhail (câmera), 547
Kaufman, Rosália (pianista), 275n
Kazakov, Matvei (arquiteto), 203
Kazan 449, 460; estilo de arquitetura de Moscou, 258
Keaton, Buster, Meyerhold e, 557
Kerenski, Alexandre (político), 527; e os bolcheviques, 553; em Paris, 637; Tsvetaieva sobre, 637
Khachaturian, Aram (compositor): campanha contra, 606; sobre a música durante a guerra, 594
Kharuzina, Vera (etnógrafa), 376-7

Kheraskov Mikhail (dramaturgo, 1733-1807): *O execrador,* 89; sátiras, 96
Khlebnikov, Ivan (artesão), 259
khlysti (flagelantes), 380
Khodassevich, Vladislav (poeta, 1886-1939), 306n, 637; em Berlim, 633-4, 638; sobre o exílio, 660; *Noites europeias,* 660; nostalgia, 633
Khomiakov, Alexei (teólogo e eslavófilo), 386, 387, 417
Khovanski, príncipe, Velho Crente, 242-4
Khruschov, Nikita (secretário-geral do PCUS), 617; degelo, 697-8, 702-4
Kinok, grupo 540, 547-8; *O homem com a câmera,* 548
Kiprenski, Orest, retrato de Pushkin, 80
Kireievski, Piotr (eslavófilo), 183; origem familiar, 443; sobre Optina, 390
Kirilov, Vladimir (poeta), "Nós", 543
Kirov, Serguei (líder do Partido em Leningrado), 581
Kitej (cidade lendária), 381, 485-6; Akhmatova sobre, 534
Kiukhelbeker, Vilguem (poeta), 472
Kliuchevski, V. O. (historiador), 451
Klutsis, Gustav (artista plástico), 541
Kniajnin, Iakov (dramaturgo, 1742-91): *Infortúnios de uma carruagem,* 88-9; sátiras, 85, 96

ÍNDICE

komis, 442-50; animismo, 446-7; Kandinski e, 442-50
Komissarjevskaia, Vera (atriz), 264
Konashevich, Vladimir (artista plástico), 258
Königsberg, 43
Korovin, Konstantin (artista plástico): em Abramtsevo, 257-8; cenários para ópera, 263; e a estação de trem em Iaroslav, 256; exposição "Aldeia Russa", 342
Koshkarov, Peter, 64
Kostomarov, Nikolai (historiador populista), 244-5; *A revolta de Stenka Razin,* 241; *Tempo das tribulações,* 242
Koussevitski, Serguei (maestro), 668
Kozintsev, Grigori (diretor de cinema), 557, 561, 703
Kramskoi Ivan (pintor), 296-7
Kremlin, Moscou: Arsenal, 226; Catarina, a Grande, e, 203; cinema de Stalin, 574; construção, 201; copiado nas províncias, 204; Dolgoruki e, 201; ícones, 39; igrejas, 200, 311, 607; Napoleão e, 199-201; Palácio do Kremlin, 278; Palácio Terem, 277; pós-revolução, 278; Tolstoi e, 311; Vasnetsov sobre, 260-1
Krylov, Ivan (fabulista), 45, 54, 86
Kshessinskaia, Mathilde (bailarina), 549
kuchkistas, compositores, 233-6, 350; aprovação soviética, 579; influência oriental, 477-8; Stassov e, 254, 295-6
Kulechov, Lev (diretor de cinema): *As aventuras extraordinárias do Sr. Oeste na Terra dos Bolcheviques,* 553; condenado como formalista, 573; e euritmia, 549; e montagem, 549
Kuskovo, propriedade da família Sheremetev, 54, 58, 66, 75, 77; *ver também* Sheremetev, Teatro
Kutuzov, Mikhail (general 1745-1813), 199, 445
Kuvshinnikova, Sofia (artista plástica), 496
Kuzmin, Mikhail (poeta), 273
Kuznetsov, Mikhail (ator), 599

laca, trabalho em, 277
Ladoga, lago, 33
Laika (cadela cosmonauta), 612
Lamanski, Vladimir (geólogo), 515
Lâmpada Verde, simpósio, 121
Lanceray, Eugene (artista plástico), 341
Larionov, Mikhail (artista plástico), 274; em Paris, 274 e os primitivistas russos, 274-5, 518
Lavrov, Piotr (teórico populista), 291
Lebedev-Polianski, Pavel, 541
Leblond, Jean (arquiteto), 38
LEF (Frente de Esquerda), 540, 542
leitores soviéticos, 572
Lelong, Anna (memorialista), 93; sobre a ama de leite, 172; sobre a babá,

173; sobre o Entrudo, 373-4; sobre a infância, 171; sobre os rituais da véspera de Ano Novo, 399
lendas e pintura, 260-1
Lenin, V. I. (1870–1924): sobre o cinema, 544-5; culto a, 424; Gorki e, 685; e o grupo Avante, 541-2; sobre a guerra civil, 555; influência de Chernichevski, 285; origem calmuque, 459; e Sechenov, 539; e o taylorismo, 558; sobre a vanguarda, 544
Leningrado *ver* São Petersburgo
Lentulov, Aristarkh (artista plástico), 274
Leonid, padre (ancião do Optina), 366
Lermontov, Mikhail (escritor, 1814–41): autorretrato, 475; e o Cáucaso, 471, 473-5; como folclorista, 158,160
    OBRAS: *Borodino,* 160; *Canção do mercador Kalashnikov,* 160; *O herói do nosso tempo,* 90, 286, 471, 473-5; *Izmail Bey,* 474; *Novgorod,* 186
Leskov, Nikolai (escritor, 1831–95), 159, 309; *Lady Macbeth de Mtsensk,* 577-8, 692; *O peregrino encantado,* 443
leste *ver* Ásia; asiático
Levitan, Isaak (artista plástico, 1860–1900), 492-3; *A aldeia,* 597-7; *Moradia tranquila,* 494; *Noites no Volga,* 495; e a Sibéria, 492, 495-6; e Chekhov, 492-6

Levshin, V. A. (escritor), *Contos russos,* 158
Liadov, Anatoli (compositor), 344
Likhachev, Dmitri (historiador cultural), 449
Liniova, Evguenia (etnógrafa),
Lissitzky, El (artista plástico), 541
Literatura Mundial, editora (Gorki), 531-32
literatura: censura, 124, 149, 196, 241, 246, 261, 326, 472-3, 535, 567-9, 571-2, 603, 608; controle e perseguição estatais, 567-73, 577-86; desenvolvimento, 84-98, 123, 156, 158; escritores na emigração, estilo dos, 654-5; estilo, 84-7, 121, 179-81, 286-7, 654-5; ficção científica, 5618-23; e o gosto feminino, 84-7, 148; linguagem literária, 84-7, 92-5, 124, 147, 645-7; literatura popular urbana, 330-1; em Moscóvia, 40, 42; movimentos *ver movimentos específicos*; público leitor, 84-7, 124, 148-50, 310, 330-1, 572, 579-80, 588-9 620-1, 647-8, 654-5, 662-3, 682-4; sátira, 85, 96, 567; temas populares e folclóricos na, 98, 124, 158-60; tradição icônica, 21; *ver também escritores específicos*
Lomonossov, Mikhail, 85, 100
Loucos Santos, 455-8, 460; *Stalker,* de Tarkovski, 622

ÍNDICE

lubok, pintura, 227, 258, 343, 348, 351, 560
Lukin, Vladimir (dramaturgo), 85
Lunacharski, Anatoli (comissário de Esclarecimento): e o grupo Avante, 542-3; e Prokofiev, 690-1
Lunin, Mikhail (dezembrista), 120-127
Lvov, Nikolai (poeta e engenheiro), 97; *Coletânea de canções populares russas*, 161
Lvov, príncipe Gueorgui (primeiro-ministro, 1917), 637

Mãe Rússia, conceito, 397
Mahabharata, influência sobre as bilinas, 480
Maiakovski, Vladimir (poeta, 1893-1930): exposição de artes plásticas, 566; e o grupo LEF, 529-30; e Meyerhold, 556, 560-62; morte, 565-6; e Paris, 100; poesia futurista, 275; e Prokofiev, 690; e a RAPP, 567; e revolução, 529, 562-3
  OBRAS: *150,000,000*, 562; *Os banhos*, 566; *Mistério bufo*, 556, 561; *O percevejo*, 566; *Pro eto*, 563-4
Maikov, Apollon (poeta), 411
Makari, padre (ancião do Optina): e Gogol, 391-2; e o renascimento espiritual, 365-6, 390
Makhaiev, M. I. (artista plástico), 40
Malevich, Kazimir (artista plástico), 274, 275, 276-7; e os primitivistas russos, 518
Maliutin, Serguei (artista plástico), 257, 263; e a arte camponesa, 339, 342-4
Mamontov, Elizaveta, 256, 261; e Abramtsevo, 338
Mamontov, Savva, 253, 256-7; Ópera Privada, 261-3, 344; produção de *A donzela da neve*, 343;
Mandelstam, Nadejda (escritora 1869-1939), 277; sobre Akhmatova, 444n; exílio, 582-3
Mandelstam, Ossip (poeta, 1891-1938), 277; e Akhmatova, 525, 582-4; sobre as estepes, 498; exílio, 582-4; prisão, 581-2; revolução e, 529
Manifesto de Outubro (1905), 331
Mariinski, Teatro, São Petersburgo, 76, 262; balé no, 345-6; Stravinski e, 701-2
Marinha, reforma da, 43
Marr, Niko, sobre a língua georgiana, 611
Martinet, Marcel, *La Nuit*, 557
marxistas, marxismo: sobre "Camponeses", de Chekhov, 327; concepção popular, 527-8; sobre a questão camponesa, 327; e religião, bolcheviques sobre, 424n
Masaryk, Tomáš, 636
Massine, Leonid, 672
maternidade, culto e ícones, 397
matrioshka, bonecas, 339

Mattarnovy, Georg (arquiteto), 38n
Matveiev, Andrei (pintor), 100
Mausoléu de Lenin, Moscou, 278
Meddox, Michael (diretor de teatro), 74
Melgunov, Yuri (etnógrafo), 349
Melikhovo (propriedade de Chekhov), 326
Mengden, barão, e a caça, 152
meninas *ver* mulheres
mercadores: e aristocracia, 251-2; costumes nupciais, 314, 315-6; estereótipos nas artes plásticas e na literatura, 249-53; ética do trabalho, 253; hábitos sociais, 221-225; liderança civil, 251-2; Moscou, 248-254; obras de caridade, 253; patronos das artes, 252-5, 273-5; nas peças de Ostrovski, 249-52; posição social, 251-4; e a Velha Crença, 248-9, 253, 259
Merejkovsky, Dmitri (escritor), 638, 668
Merzliakov, Alexei (poeta), 122,3
messianismo russo: citas e, 506, 507-9; comunismo e, 4508-10; Dostoievski e, 104-5, 251, 3409-19; Herzen e, 92, 104, 105, 389, 506; Odoievski, 387; origem na Terceira Roma, 202, 461, 462-3; regime soviético e, 277-8, 513-6, 519, 606-8; Soloviev e, 510; Chaadaev e, 102, 181-2
Meyerhold, Vsevolod (diretor de teatro, 1874–1940), 540, 553, 558-9;

Boris Godunov, 692; campanha contra, 579; *O corno magnífico,* 557; e o drama simbolista, 274; e Eisenstein, 553-5, 555, 595-6; *A floresta,* 557; *O inspetor geral,* 557; e Maiakovski, 556, 561-2; *Mistério bufo,* 556, 561; e Prokofiev, 690; e Shostakovich, 560; *O mundo de cabeça para baixo,* 557
Mikhailovich, Alexandre, grão-duque, 668
Mikhailovski, Nikolai (populista), 284
Mikhoels, Solomon (ator), assassinato, 610
Mil e uma noites, 470
Miliukov, Pavel (político), 637; sobre Tsvetaieva, 655
Milstein, Nathan, 635
mitológica, escola, 482
moda *ver* vestimenta
Mokosh (deusa), e a Mãe Rússia, 397
Molodaia gvardia (revista literária), 623-4
molokane (bebedores de leite), 380
Molotov, Viacheslav (ministro do Exterior soviético), 588
mongóis: assimilação na Rússia, 443-5, 452-3; eurasianistas sobre, 513-20; hospitalidade, 454; impacto sobre a cultura russa, 443-5, 448-9, 466-9; interesse por, 446; Karamzin sobre, 449, 451; ligação finlandesa, 443; e o mito nacional, 444-50; ocupação

mongol, 47-9, 448-53; Pushkin sobre, 450-2; e a Rus Kievana, 448-50; Soloviev sobre "pan-mongolismo", 510; Stassov sobre, 446; Chaadaev sobre, 451; *ver também* Gêngis Khan; Horda Dourada

montagem (cinema), 548-9

Montferrant, Auguste de (arquiteto), 187

Morozov, Pavlik (menino herói), 575

Morozov, Savva (financista), 252

morte: camponeses e, 431-6; Dostoievski sobre, 436; escritores russos sobre, 433; superstições, 400-1; Chekhov e, 427-8, 430-1; Tolstoi e, 426-8, 431-7; Tsvetaieva e, 694; Turgueniev sobre, 433-4

Moscou: arquitetura, estilo de Moscou, 203-8, 226, 228, 258-9, 460; arte e movimentos artísticos, 226-36, 260-1, 273-9; bailes, 204, 214, 222, 223, 224, 264, 317; bairro de Preobrajenskoie, 245; bairro de Rogojskoie, 245; bairro de Zamoskvoreche, 248-9, 252, 254; banquetes, 215-7; Batiushkov sobre, 205-6, 207; caráter russo, 204-8; Catarina, a Grande, e, 203; como centro comercial, 247-55; coleções de obras de arte e patronos, 228, 248-9, 250-5, 273-5, 276-7, 296-7; comida e entretenimento, 214-24; construção de avenida Jardim, 204; Diaguilev sobre, 273; Dolgoruki e, 201; ferrovias e, 247, 249, 253; Gêngis Khan e, 205; Guiliarovski sobre, 266; Gogol sobre, 208, 211; guerra de, 1812 199-201; história, 201-3, 237-246; hospitalidade, 222-5; e a Igreja, 201-3; Ivan IV (o Terrível) e, 201; como lar/mãe, 201-7, 261; mansões, 206-7, 537; como mercado nupcial, 316; mercadores, 248-53; movimento artesanal, 257-260, 338-9; música e, 226, 229-36, 242-3; Napoleão e, 199-200, 205; Nicolau I e, 205; ourives de prata, 259-61; na Páscoa, 374-5; Pasternak sobre, 279; Pedro, o Grande, e, 42, 202; período soviético, 276-9; poesia futurista, 275-6; Praça Vermelha, 203-4, 228, 277, 398, 460; Pushkin sobre, 215-5; reconstrução depois de 1812, 202; e São Petersburgo, 201, 203, 204, 205, 209-14, 221, 227, 273; Sheremetev sobre, 207; Chekhov e, 266-268; teatro, 73-4, 76n, 204, 253, 257, 264-8, 268-72; Tolstoi sobre, 204; Tsvetaieva e, 276, 639-41; Stalin e, 278-79; vanguarda, 273-79; Velhos Crentes, 244-6; Viguel sobre, 214; visitantes estrangeiros sobre, 200-1, 205; *ver também* Kremlin, Moscou; *e edifícios específicos*

Moscóvia, 239, 244; Abramtsevo e, 257; aldeia de Fedorov, 259; comida, 216-7, 218; culto eslavófilo a, 182, 244, 257, 259-60, 446, 481-3; cultura e arte, 41-5, 78, 154, 204, 228-29, 460-61, 467, 478, 518; e a Igreja oriental, 41-3; língua tártara e, 449-50, 453-4; mongóis e, 444-6, 450-2, 453-4, 460-1; nobreza em, 43-4, 46-51, 56-7, 78-9; Pedro, o Grande, e, 39-40, 42, 99; vida religiosa, 41-2, 243-4 (*ver também* Velhos Crentes); *ver também* Moscou; Novgorod

Moskvitianin (revista), 251

Mossolov, Alexandre (compositor), 609

Mozzukhin, Ivan (ator), 548-9

muçulmanas, tribos, guerra contra, 500-4

mulheres: e *banya*, 82; aprendizado de russo, 148-9; educação, 77-9, 82-4; salões e saraus, 84-4

Mundo da Arte, movimento, 164-7, 264, 340-8; e balé, 177, 345-8; classicismo, 38-9, 341-2, 346-8, 675-7; Mamontov e, 253, 263; origem, 264, 340-1; Repin e, 301; e São Petersburgo, 341; e Tchaikovski, 341, 346-7, 675-7

Muraviev, Alexandra (esposa de Nikita), 135

Muraviev, Nikita (dezembrista), 128, 135, 184

Muraviev-Amurski (governador da Sibéria), 141

Muromets, Ilia (herói folclórico), 183, 261, 288, 381, 480-1

Museu Lenin, Moscou, 229

Museu Russo, Moscou, 228

museus etnográficos, 227, 286

música serial, 275

música, 226, 229-36; coros populares, 608; durante a guerra, 592-6; escala pentatônica, 476-8; estilo folclórico, 76-8, 161-3, 229-30, 233-6, 241-2, 260-2, 348-50, 482-4; estilo imperial, 346; estilo neoclássico, 668-72; estilo russo, 233-6; influência do cinema, 560-1, 595-7, 613-5, 702-4; influências estrangeiras sobre, 74-8, 100-1, 162-3, 229-30, 231-6, 295-6, 299, 346, 350-1, 477-8, 617, 668, 672, 697-8; influência oriental, 476-8; instrumental, perseguida pela Igreja 2; Moscou, 226, 229-36; em Moscóvia, 42, 60; realista socialista, 579; religiosa, 369; serial, 275; som orquestral russo, 700; russa antiga, 75-6; no século XVIII, 62, 73-8, 160-1; soviética, 696-8, 698-700; uso de temas folclóricos, 159-63; vanguarda, 274-5; *ver também* povo, cultura popular, estilo popular; *kuchkistas*, compositores; *e compositore*; vanguarda, 274-5 *específicos*

ÍNDICE

Mussolini, Benito, 672
Mussorgski, Modest (compositor, 1839-81): carreira militar, 119-20; e a cultura popular, 161-2, 235-7, 241-2; sobre as estepes, 497; e o estilo russo, 234-7; e história, 240-4; influência oriental, 477; e *kuchka*, 232; e Moscou, 229-30, 242-3; populismo, 298-99; e Repin, 301; Stassov e, 295-6, 297-301
OBRAS: *Boris Godunov*, 230, 233, 237, 238, 240-2, 299; *Khovanschina*, 230, 233, 237, 241, 243-5; *A noite de São João no Monte Calvo*, 160, 352; *Quadros de uma exposição*, 226, 230-1, 235; *Feira de Sorochintsi*, 160; *Svetik Savichna*, 230, 299

Nabokov, Dmitri (ministro da Justiça), 655
Nabokov, Nicolas (compositor), 673-4, 676-7, 690
Nabokov, origem da família, 445
Nabokov, V. D. (advogado, político), 656, 664-5
Nabokov, Vera, 660-2
Nabokov, Vladimir (escritor, 1899-1977): sobre Akhmatova, 666; americanização, 664-666; atitude antissoviética, 664-7; e Berlim e Paris, 634-5, 646, 656, 658-9, 660, 662-4; sobre os costumes camponeses, 454-5; diário de conquistas, 306n; como emigrado, 633, 639, 644-5, 663-7, 770-2, 682-3; sobre escrever em inglês, 660-3, 688; infância, 176-8, 639, 657-9; e a Inglaterra, 656-7; início da vida, 656-8; e a língua russa, 94, 660-3; nostalgia, 633, 639, 659-61; política, 354, 663-6; e a propriedade de Vyra, 355; e Pushkin, 648-9; e os Rachmaninoff, 652
OBRAS: "O ciclista", 639; *O caminho empíreo*, 657; *Fala, memória*, 639, 657-9; *Fogo pálido*, 660 *Glória*, 659-60; *Lolita*, 661, 663, 664, 666-7; *Machenka* 659; *Pnin*, 663, 664, 666; *A dádiva*, 660; "À Rússia", 674-5; *Somos todos arlequins*, 664; *A verdadeira vida de Sebastian Knight*, 660, 663

Nakanune (revista de emigrados), 636
Napoleão Bonaparte: admiração por, 113-4, 146-7; influência sobre a estrutura política, 125-6; invasão de 1812, 111-1, 113-6; e Moscou, 199-201, 205
Narkomfin, prédio, 538
Naschokin, família, teatro de servos, 73
Nemirovich-Danchenko, Vladimir, 264-7
Nerchinsk, 138-40
Nesselrode, conde Karl (ministro do Exterior), 92
Nesterov, Mikhail (pintor), *Na Rússia*, 457

Neverova, Maria, 65

Nevski Prospekt, avenida de São Petersburgo, 155n, 463, 465; construção, 39-40, 43-4; cinema Carretel Brilhante, 560 ; Gogol, "Avenida Nevski", 211; Livraria dos Escritores, 602; manifestação bolchevique, 551

Nicolau I, tsar (1825–1855), 112, 113, 131-3; comparado a Gêngis Khan, 452; e os dezembristas, 131-2, 205, 601; morte de, 191, 192-3; e Moscou, 205; e Serguei Volkonski, 113, 131-4, 191-2

Nicolau II, tsar (1894–1917): e a aldeia de Fiodorov, 259; culto a Moscóvia, 504-5; diário de conquistas, 306n; gosto e patrocínio artístico, 259-62; reformas, 331; e São Petersburgo, 259

Niekrassov, Nikolai (poeta, 1821–78): sobre camponeses, 286, 287; *Na estrada*, 287; como folclorista, 159; *Os mascates*, 287; sobre Maria Volkonski, 414; Mussorgski e, 300; *Quem é feliz na Rússia?*, 287

niilistas, 285; *ver também* populistas, populismo

Nijinska, Bronislava (coreógrafa), 359; *As bodas*, 357-8

Nijinski, Vatslav (bailarino/coreógrafo, 1890–1950): *Le Pavillon d'Armide*, 347; *A sagração da primavera*, 352-3

Nikitenko, Alexandre (censor), 104

nobres, nobreza: atitude perante os filhos, 164-9; atitude perante os servos, 59-72, 73-6, 80-1, 167-71, 286-7, 313-4; casas em Moscou, 206-7; e a comida russa, 150; conduta, 43-4, 46-51; costumes nupciais, 313-4, 316-20; culto à "vida boa da antiga nobreza", 268-72; declínio econômico, 268-9; educação estrangeira, 99; "esposas" camponesas, 150; ética do serviço, 118-20; europeização, 74, 77-81; e os hábitos russos, 56-57, 74, 77-81, 82-3; e a língua russa, 92-5; e mercadores, 250-1; em Moscóvia, 45-50; obras de caridade, 253-4; palácios, 45-7, 54, 56-8, 81-3; patriotismo, 111, 113-5; patrocínio das artes, 57-8, 297; Hierarquia, Tabela de, 43, 49-1; propriedades, 47-8, 50-1, 54, 57-8, 65-7, 75, 77, 88-9, 151-3; recreações, 54, 119-22, 151-54, 214-225 (*ver também* bailes); *status*, 41-51; superstições camponesas, 398-402; teatralidade dos, 77-79

nômades de língua turcomana, 444

Norman, teoria da origem da Rússia, 185

nostalgia pela Rússia, saudades da Rússia, 631-34, 638-41, 649-53, 659-661

Nouvel, Walter (Valechka), Diaguilev e, 340
Nova Política Econômica (NEP), 544
Nova York, emigrados em, 633
Novgorod: Alexandre Nevski e, 596; dezembristas e, 184-7; evangelho de, 479; família Rachmaninoff e, 650,652; monumento ao Milênio, 188; não tomada pelos mongóis, 448-9; *Novgorod* de Lermontov, 186; Rimski-Korsakov e, 483-486; Sadko e, 480, 483-6
Novikov, Nikolai (escritor), 97
O cavaleiro de bronze: estátua de Falconet, 36-7, 210; ilustrações de Benois para o poema, 511; poema de Pushkin, 36-7, 210-12, 510-11

Oblomovschina, 499
ocidentalistas, 25; e a questão camponesa, 288-90, 326-7; *ver também* Europa, europeus; europeização
Odoievski, príncipe Vladimir (escritor, 1803-69), 48; sobre cidadania, 122-3; sobre a "alma russa", 387
oficiais do Exército: atitudes democráticas, 111, 113-6, 125-6; na cultura de serviço público, 118-20, 121-2; e farras, 121-22; sentimento "russo", 116, 117-9; e soldados servos, 113-6, 125-6; *ver também* dezembristas
Oistrakh, David (violinista), 697; e Prokofiev, 692; sobre a sinfonia "Leningrado", 592

Olearius, Adam, 47
Omsk, 472-3
ópera, 62, 65, 66, 73-4, 75-7; "nacional", 609; Ópera Privada de Mamontov, 261-3, 344; *ver também compositores específicos*
Optina Pustin, mosteiro, 363-7; Dostoievski e, 403-18; Gogol e, 383, 389-91; Tolstoi e, 363, 421-5
oração, ícones e, 369-70
Oremburg, cossacos de, 467, 472
Orlov, conde Mikhail (dezembrista), 115-6, 125-6
Orlov, família, teatro de servos, 73
Orlov, Vladimir (crítico), 602
ornamentação russa, 478-9
Ostankino, propriedade (família Sheremetev), 52, 54, 56-7, 66
Osterman-Tolstoi, conde Alexandre: hábitos russos, 150; hospitalidade, 223
ostiacos, 442-3, 446
Ostrovski, Alexandre (dramaturgo, 1823-86), 249-51; *Um caso de família*, 249; *A floresta*, 557; como folclorista, 159; *O sacrifício final*, 252; *A tempestade*, 250-1
Ostrovski, Nikolai (escritor, 1904-36), *Assim foi temperado o aço*, 537, 571, 577
Otrepev, Grigori (pretendente), 239
ourives de prata, Moscou, 258-60
Ouspensky, Leonid (especialista em ícones), 371

Ovchinnikov, Pavel (projetista), 227, 259

pacifismo, tolstoísmo, 426
paganismo: camponeses, 395-398; povo komi, 441, 442-3
paisagem nas artes, 490-7, 578-9; escola paisagística de Moscou, 254; estepes, 502, 512; Gorki, 497; Itinerantes, 254, 293, 579; Levitan, 492-6; na música, 476, 652; pintura antiga, 41-2; pintura clássica, 163; pintura natural, 164-5, 491-3, 578; realista socialista, 579; Chekhov, 491-6; Tsvetaieva e, 634; Vereschaguin, 502
paisagismo, 38, 57, 77, 100-1, 190
Paisiello, Giovanni, *Il barbiere di Sivilia*, 77
Paissi, padre, e renascimento espiritual, 365, 390
Palácio de Inverno, São Petersburgo: construção, 36, 39, 40; incêndio de São Petersburgo, 81; reconstrução do ataque por Eisenstein, 556
Palácio Tauride, São Petersburgo, 342, 467-8
Palekh, trabalho em laca, 227
Panchantra, influência sobre as bilinas, 480
pão e ritual, 218
Paris, emigrados em, 637-8, 647, 663, 668-82, 689-90

parsuny (retratos), 41
Páscoa, rituais, 374-5
Pasternak, Boris (escritor, 1890–1960): e Akhmatova, 613; em Berlim, 636; Berlin sobre, 613; *Doutor Jivago*, 614; e Mandelstam, 582-3; sobre Moscou, 278; Nabokov sobre, 666; poesia futurista, 275; e o Prêmio Nobel, 666; "Primavera", 278; *Nos primeiros trens*, 586; sobre o retorno à Rússia, 684-5; e revolução, 529; e Scriabin, 275; sobre Stalin, 597; Stalin e, 581, 582, 584, 612-3; traduções de Shakespeare, 612-4; e Tsvetaieva, 685, 693
Pasternak, Leonid (pintor), 275n
Paulo, imperador (1796–1801), 112; N. P. Sheremetev e, 67, 68
Pavlov, I. P. (fisiologista), 539
Pavlova, Ana (bailarina), 672
Pavlovna, Elena, grã-duquesa, 238
Pavlovsk, 151
Pedro e Paulo, fortaleza, Petersburgo, 34, 134
Pedro I (o Grande), imperador (1682–1725), 34-44; e *banya*, 81; bicentenário, 228; e boiardos, 49-50; europeização, 78-80; e Moscou, 42, 201-2; e Moscóvia, 42; e São Petersburgo, 33-40; e a revolta dos *streltsy*, 243-4; e Velhos Crentes, 202-3, 209; viagens à Europa, 42, 48, 99

ÍNDICE

Pedro II, imperador (1727–1730), 50
Pedro III, imperador (1762), 74
pentatônica, escala, 476-8
Pequena Rússia *ver* Ucrânia
Perov, Vassili (artista plástico), 1
Pestel, Pavel (dezembrista),127-29, 130, 132; antissemitismo de, 128; jacobinos, 128; *Verdade russa*, 128
Peterhof, 151
Petersburgo *ver* São Petersburgo
Petipa, Marius (coreógrafo, 1818–1910), 671
Petrashevski, Mikhail, 407
Petrogrado *ver* São Petersburgo 342, 353, 525
Petrópolis *ver* São Petersburgo 35
Petrov-Vodkin, Kuzma (artista plástico), 2
Pilniak, Boris (escritor): *Mogno vermelho*, 568; RAPP e, 568
pintores e pintura: artistas servos, 59-60, 61; *bogatyres* na arte, 496-7; camponeses, 162–5, 171, 293-301; Escola de Moscou, 227, 260-1; grupo Rosa Azul, 274; influência oriental, 478-9; lendas e, 261; paisagem, 491-2, 578-9; e patronos, 254; pintores de ícones, 41, 370-2, 621-2; pintura de *lubok*, 227, 258, 343, 348, 351, 562; pinturas de guerra, 500-3; pinturas pré--históricas, 506-8; primitivistas russos, 301, 518-20; realismo, 294-6; realismo socialista, 579; retratos antigos, 41; simbolistas, 274; Velhos Crentes, 245-6; *ver também* artistas e movimentos artísticos *e pintores específicos*
Platonov, Andrei (escritor, 1899–1951), 568, 580; *As comportas de Epifan*, 568; *O poço da fundação*, 568; *Chevengur*, 568
Plavilshikov, Piotr (escritor), 388
pliaska, 151
Pobedonostsev, Konstantin (procurador-geral), 319
poesia futurista, 275-7
poetas, correspondência de soldados com, 588-90; *ver também poetas específicos*
Poggio, Alessandro (dezembrista), 142
Pogodin, Mikhail (historiador): e Paris, 101; sobre a Velha Crença, 379
Poiret, Paul (costureiro), 343
Polenov, Vassili (artista plástico), 227
Polenova, Elena (artista plástica), 232; e a arte camponesa, 337-8, 342-4
políticas artísticas: Jdanovschina, 606-7; Pedro, o Grande, e, 43; Plano Quinquenal, 569-72; soviética, 534-586
polonaise, 346
Polônia, poloneses, 41; dezembristas e, 131; insurreição (1830–1831), 467-8; invasões da Rússia, 162-3;

música, 163, 346; nacionalistas e o movimento dezembrista, 128; e a visão republicana da história russa, 185

Polovetsianas, Danças (*Príncipe Igor*), 470

polovetsianos, interesse pelos, 446

Pontos de referência ver Vekhi (coletânea de ensaios) 332

populistas, populismo, 244, 283-92; e arte, 254-55; Blok e, 289; sobre "Camponeses", de Chekhov, 326; culto ao campesinato, 143, 283-92, 326; Gorki e, 335-6; "ir ao povo", 283, 284, 292, 308, 337, 349; como movimento cultural amplo, 234, 256, 289-91, 337, 340; e Mussorgski, 297-8; neopopulistas, 623; origem, 190, 283-5; e a questão camponesa, 283-92, 327; e Repin, 297-8; e Tolstoi, 302-3, 326; Turgueniev e, 291-2; e os Velhos Crentes, 245; Volkonski e, 191

Potemkin, príncipe Grigori (1739–91), 50, 216, 467

povo, cultura popular, estilo popular: artes e ofícios, 226-9, 229-30, 257-62; *banya*, 82; canto em estilo camponês, 349; *O cavaleiro de bronze* e, 34–35; compositores e, 76-8, 161-3, 229, 233-7, 241-2, 261-2, 349-50, 482-3; contos folclóricos como gravuras, 42-3;

coros, 608; eurasianismo e, 514-6; heróis épicos, derivação, 480-1; infância, 156, 176-8; menestréis, 42; Nicolau II e, 259; política soviética, 608-10; primeiras óperas russas e, 76-8; Stravinski e, 348-50; Chekhov e, 258; teatro, 76-8, 262-3; ucraniano, 160; uso literário de contos folclóricos, 98, 124, 158-60; *ver também bogatyr*; bilinas; Muromets, Ilia; *Sadko*

Prach, Ivan, *Coletânea de canções populares russas*, 161

Praga, 636-7

Praskovia *ver* Sheremeteva, Praskovia

Primitivistas, 518-22

prisioneiros: em Sacalina, 488-9; na Sibéria, 132-45, 407-10, 496, 583

Prjevalski, Nikolai (explorador), 487

Prokofiev, Lena, 595

Prokofiev, Serguei (1891–1953): campanha contra, 606; e Dostoievski, 689; e Eisenstein, 595-7; nos EUA, 688-90; funeral, 692; sobre a infância, 179; influência do cinema na composição, 560, 595-7; início da vida, 688; em Paris, 637, 668-9, 689-90; retorno à Rússia, 595, 688-92; surgimento, 595

OBRAS: *O amor das três laranjas,* 690; *O anjo de fogo,* 690; *O bufão,* 690; *Cantata do vigésimo aniversário da Revolução de Outubro,* 692; *O filho pródigo,*

690; *Guerra e paz,* 595; *O jogador,* 689; música para *Alexandre Nevsky,* 596-7; música para *Boris Godunov,* 595, 692; música para *Ivan, o Terrível,* 596; *O passo de aço,* 690; *O patinho feio,* 178; *Pedro e o lobo,* 178, 692; Quinta Sinfonia, 595; Sonata para violino (ré maior), 692; *Romeu e Julieta,* 691; *Semion Kotko,* 596n; *Tenente Kije,* 691

Proletkult (movimento Cultura Proletária), 277, 540, 541-5; Eisenstein e, 549

Pskov, 184, 185

publicações: de emigrados, 634-6, 647; Gorki e, 531; em Moscóvia, 42; revistas literárias 251, 274, 605, 623-5, 635-6, 647; século XVIII, 85-6; soviéticas, 535, 542, 567-73, 577-86, 603-4; Tolstoi e, 330-1

Pudovkin, Vsevolod (diretor de cinema), 549, 550, 573

Pugachev, Emelian (líder rebelde cossaco), 184, 379, 380

punição corporal, abolição da, 489

Punin, Nikolai (crítico de arte), 535-6

Puschin, Ivan (dezembrista), 144

Pushkin, Alexandre (escritor, 1799–1837), 45; Akhmatova sobre, 535; e Alexandra Volkonski, 112; ancestrais, 451; aprende russo, 147-8; aprovação soviética, 577-8; sobre a babá, 176; casamento, 317; e o Cáucaso, 471-4; centenário como culto, 577-8; sobre o comportamento elegante, 79-80; e contos folclóricos, 158, 159-60; sobre conversas de salão, 83-4; sobre a corrupção moral da Europa, 103-4; e os dezembristas, 121-4, 599; sobre os dezembristas, 126; emigrados e, 647; europeísmo, 122-4; evita o serviço público, 119; exílio, 158; sobre farras, 121; identidade russa, 91, 124; e a linguagem literária, 84-5, 87; sobre Lomonossov, 100; e Loucos Santos, 457; e Maria Volkonski, 135; monumento (Moscou), 580; Nabokov e, 657; superstições, 400-1; e a vestimenta russa, 155; sobre a vida em Moscou, 214; e Zinaida Volkonski, 136

OBRAS: *Boris Godunov,* 184, 235-6, 237, 240, 595, 597, 599-600; "Aos caluniadores da Rússia", 465; "A camponesa", 87; *O Cavaleiro de Bronze,* 35, 36, 131, 210-11, 511; *Contos de Belkin,* 120; *A dama de espadas,* 85; *Eugene Oneguin,* 78, 83, 84, 90, 99, 127, 155-7, 311, 398, 451; *A fonte de Bakhchissarai,* 129; *O galo de ouro,* 158; *A história de Pugachev,* 184; "Mensagem à Sibéria", 136-7; *O negro de Pedro, o Grande,* 451-2; *O prisioneiro*

do Cáucaso, 129, 471; *Ruslan e Liudmila*, 158; *Tsar Saltan*, 158; *Viagem a Arzrum*, 473
Pushkin, Natalia (*née* Goncharova), 317

Quarenghi, Giacomo (arquiteto), 60, 68, 70, 88
Quaresma, rituais, 374
quirguizes, 458

Rachmaninoff, Serguei (compositor, 1873-1943), 262, 649-53; *Aleko*, 651; ascendência familiar, 445; em Berlim, 633; *Os sinos*, 651; Terceiro Concerto para Piano, 651; Terceira Sinfonia, 653; *Três canções russas*, 653; *Vésperas*, 369, 651
Radek, Karl (líder bolchevique), 576
Radischev, Alexandre, *Viagem de São Petersburgo a Moscou*, 98
Raievski, A. N. (irmão de Maria), 142-3
Raievski, família, e desgraça de Volkonski, 134-6
Raievski, Maria *ver* Volkonski, Maria
Raievski, Vladimir, 115-6
Ramaiana, influência sobre as bilinas, 480
Rasputin, Grigori: e os *khlysti* (flagelantes), 380; como Louco Santo, 455
Rastrelli, Bartolomeo (arquiteto), 57, 543
Razin, Stenka (líder rebelde), 379, 380

Razumovski, conde, 223
realismo socialista, 277, 569-72; no cinema, 573-77; Gorki e, 569-72; Sociedade da Estética Livre, 274; Soiuzkino (Empresa Cinematográfica de Toda a União Soviética), 573-4
realista, tradição (artes plásticas): expositores da "Valete de Ouros" rejeitam, 274; grupo Mundo da Arte rejeita, 342
realista, tradição (literatura): Bunin, 647; Gorki, 648; Nabokov e, 665-6
Região Judaica Autônoma, Sibéria, 611
Regulamento Espiritual, 363
religião, experiência religiosa: atitudes seculares, 147; Dostoievski e, 403-7, 409-19; fé camponesa, 394-407; mitos religiosos, 380-2; em relação à Ásia, 461-3; rituais religiosos, 372-9; seitas, 379, 426-7, 455; Chekhov e, 427-31; Tolstoi e, 422-6; *ver também* Igreja; fé camponesa
Remizov, Alexei (escritor): em Berlim, 634-5; e herança cultural, 647
Repin, Ilia (pintor, 1844-1930), 227, 230, 237; *Os barqueiros do Volga*, 293-5, 297; e camponeses, 283-95; Dostoievski sobre, 295; final da carreira, 300-1; *Ivan, o Terrível e o filho Ivan...*, 238; e Stassov,

297, 300-1; sobre Tolstoi, 308-9; sobre a tradição russa, 301
restaurantes, 214-6
revolução: iminente, 510-4; medo liberal da, 331-3; movimento revolucionário, 508-14, 527-9, 540-2, 562-4, 624; Revolução de 1905, 508, 510, 554-6; Revolução de Fevereiro (1917), 525, 527, 656; Revolução de Outubro, (1917) 527-45
Riabushinski, família de mercadores, 249, 252
Riabushinski, Nikolai (patrono das artes), 274
Richter, Sviatoslav (pianista), 697; sobre Prokofiev, 594
Rileiev, Kondrati (dezembrista e poeta, 1795–1826), 127-8, 132; sobre cidadania, 120-3; *Natalia Dolgorukaia,* 135
Rimski-Korsakov, Elizaveta, 316
Rimski-Korsakov, G. A., 50
Rimski-Korsakov, Maria, 233
Rimski-Korsakov, Nikolai (compositor, 1844–1908): sobre balé, 345; e canções populares, 161; carreira naval, 119; e estilo russo, 120-1; influência oriental, 477-8; e *kuchka,* 232; e *Khovanshchina,* de Mussorgski, 243-5; e lendas folclóricas, 260-3; origem familiar, 443; "Primeira sinfonia russa", 477

OBRAS: *A grande Páscoa russa (Abertura),* 233; *Kaschei, o imortal,* 235, 262; *A lenda da cidade invisível de Kitej...,* 235, 485-6; *A donzela de Pskov,* 233, 237, 241, 262; *Noite de maio,* 160, 262-3; *Sadko,* 231, 235, 262, 483, 484-6; *Scheherazade,* 231, 477-8; *A donzela da neve,* 262; *A noiva do tsar,* 262
Rimski-Korsakov, Vladimir, 701
Ristori, Giovanni (compositor), *Calandro,* 75
Rodchenko, Alexandre (artista plástico, 1891–1956), 274, 277, 541
Rodionovna, Arina (babá de Pushkin), 158, 176
Roerich, Nikolai (artista plástico, 1874–1947), 2; *Alegria na arte,* 508-9; e Belovode, 382; *Os ídolos,* 507; pinturas pré-históricas, 507-8; e *A sagração da primavera,* 351-2
Rojdestvenski, Guennadi (maestro), 354
Romanov, família, 46, 162, 188, 237; e Boris Godunov, 240
romantismo na Rússia, 180-1, 207, 290, 342, 355-6, 497; influência de Herder, 101; influência de Schelling, 387; revolucionário, 570; "teoria do sul", 471
Romm, Mikhail (diretor de cinema), 612; *Nove dias,* 621

Rosa Azul, grupo, 274
Rostopchin, conde (governador de Moscou), 199; ascendência familiar, 444
Rostropovich, Mstislav (violoncelista), 697
roupas, vestir *ver* vestimenta
Rozen, Alexandre, 594
Rubinstein, Anton (compositor, 1829-94), 232; sinfonia *Oceano,* 477
Rublev, Andrei (pintor de ícones), 371, 622
Rul (jornal de emigrados), 656
Rumiantsev, conde, 146
Rus de Kiev, 48, 185, 448-50; e Bizâncio, 48, 368; *Crônica primária,* 185, 367; mongóis e, 448-50
russo (idioma): desdenhado por nobres, 92-5; desenvolvimento, 85-6, 147; dezembristas e, 124; eslavônico eclesiástico antigo, 86, 147n; influência francesa, 86-7, 92-5, 147-50; linguagem literária, 84-7, 92-5, 124, 147, 645-6; Pushkin e, 124; raízes turcomanas, 453-4; renascimento entre os emigrados, 645-6; Volkonski e, 140-1
russos brancos, Checoslováquia e, 636-7
Rybnikov, Pavel (folclorista): e as bilinas, 482-4; *Canções,* 483

Sacalina, Chekhov e, 487-92
Sacchini, Antonio (compositor), *La Colonie,* 62

Sadko (conto folclórico), 480, 482, 483
salões e saraus, 82-4, 117-8, 136-7
Saltykov-Schedrin, Mikhail (escritor, 1826-89): sobre crianças e criados, 168-9; sobre exílio cultural, 92; *A família Golovliov,* 498; como folclorista, 159; e serviço público, 119-20; *Velhos tempos em Poshekhonie,* 433; sobre a vida nas estepes, 498
samoiedas, 443
Santo Isaac, catedral, construção, 37
São Basílio, catedral, Moscou, 201, 460
São Petersburgo: Amsterdã e, 38; Akhmatova e, 589-91, 601-6; arquitetura, 36-40, 43-4, 56-8, 467; Bieli sobre, 36, 333, 510-14, 554; Benois sobre, 39, 43, 341; caráter estrangeiro, 36, 209-10; cerco de Leningrado (1941-44), 589-94; cidade planejada, 36-40; construção, 33-40; defesa de Petrogrado, 551; Dostoievski sobre, 212-3; enchentes, 36, 209-10, 511; como engano e vaidade, 96-7; escritores estrangeiros sobre, 37-38, 38-9, 43-4; eslavófilos e, 211, 511; europeização, 39-40, 42-4, 73-4, 77-108; fundação, 33-35; Gogol sobre, 36, 208, 211, 499; grupo Mundo da Arte e, 341; Herzen sobre, 38, 43; início lendário, 35; medo de destruição, 510-2; mitologia

de, 36; e Moscou, 95-7, 200-1, 202-3, 204, 205, 209-13, 221-2, 273; e Moscóvia, 25, 40-3; Nicolau II e, 259; nível do solo, 36; Palácio de Alexandre I 33-65; Pedro, o Grande, e, 33–40; no período soviético, 589-93, 601-6; como portal da Europa, 99; Shostakovich e, 591-3; Stalin e, 593; teatralidade, 36–38; Veneza e, 38; *ver também* Casa da Fonte; *O Cavaleiro de Bronze*; Nevski Prospekt; Palácio de Inverno *e outros pontos específicos*

sátira, satiristas, 85, 97, 567

Savitski, Piotr (geógrafo), 515

Savrassov, Alexei (pintor), *O retorno das gralhas*, 494

Schapov, Afanasi (historiador), 244

Schelling, Friedrich, 387

Schnittke, Alfred (compositor), 697

Schukin, Serguei, 228

Scriabin, Alexandre (compositor, 1872–1915), 274-5

Sechenov, Ivan (fisiologista), 539

Segunda Guerra Mundial e as artes, 587-9

Ségur, conde Philippe-Paul: sobre a inteligência das mulheres, 83-4; sobre Moscou em 1812, 200-1; sobre residências familiares, 53

Selivanov, Vassili (memorialista) sobre a infância, 167

Senado, 49

serviço público: abolição do serviço compulsório dos nobres (1762), 74; e as artes, 86, 118-20, 233; ética, 118-20; etiqueta, 49-50; obrigatório para os nobres, 118-20, 152, 166-7; Pedro, o Grande, e, 42, 49; postos, 42-3, 50, 118

servos: Alexandre II e a emancipação, 192-6; como amas de leite, 168, 171-3; como artistas e artesãos, 59-72, 73-5, 163-5; como babás, 167-70, 172-77, 399-401; e Boris Godunov, 242; casamentos, 313-4; construção de São Petersburgo, 33-35; Dostoievski e a emancipação, 284-5, 409-10; emancipação, 192-6, 251, 284-5, 409-10; e filhos de nobres, 80, 167-71; haréns, 64-5; Kniajnin sobre, 88-9; obrigações dos nobres para com, 125; oficiais do Exército e, 113-6, 126; orquestras, 73; patriotismo, 111; populistas sobre, 285-6; como propriedade, 46, 50-1, 88-9, 132-3, 138-9, 451; e religião, 96; como soldados, 112-6, 125-6; teatros, 73-4; tratamento cruel dos, 286-7; Turgueniev sobre, 152-4, 214, 287; Volkonski e, 113-6, 125, 192-6; *ver também* camponeses, campesinato; criados

Shaliapin, Fiodor (cantor), 262-3, 668

Shamordino, convento, 421

Shapelev, família, teatro de servos, 73

Shcherbatov, Mikhail (escritor, 1733-1799), *Viagem à terra de Ofir*, 96
Shekhtel, Fiodor (arquiteto), 258
Sheremetev, Boris Petrovich (boiardo, marechal de campo, 1652-1719), 45-6, 48, 50, 135
Sheremetev, conde Dmitri Nikolaievich (1803-71), 69, 148, 535
Sheremetev, conde Nikolai Petrovich (1751-1809), 51-2, 53, 59-72; e as artes, 59-61; o seu cozinheiro, 216; e Praskovia, 61-71; e o teatro, 51-2, 53, 75
Sheremetev, conde Piotr Borissovich (1713-88), 50-2; casamento, 52, 68, 69; casas, 57-8; e o teatro 73-5
Sheremetev, conde Serguei Dmitrievich (1844-1918), 525-6; sobre Moscou, 207
Sheremetev, família, 45-58; Akhmatova sobre, 534-5; hospitalidade, 223, 224; obras de caridade, 253; origem, 444-5; riqueza e modo de vida, 50-7; Staraia Vozdijenka (casa em Moscou), 207; *ver também* Casa da Fonte, São Petersburgo
Sheremetev, Teatro, 58, 73-5
Sheremeteva, Praskovia (Jemchugova), 61-71; Akhmatova sobre, 535
Shervud, Vladimir (arquiteto), 228
Shileiko, Vladimir (arqueólogo): e Akhmatova, 526, 532, 535; e os Sheremetev, 526

Shishkov, Alexandre (ministro da Educação Pública), 147
Shlykova, Tatiana (cantora), 63
Shostakovich, Dmitri (compositor, 1906-75): e Akhmatova, 591n; campanha contra, 576-8, 606; e Dostoievski, 703; e o Exército Vermelho, 591; e Gogol, 615, 703; e o idioma judaico, 615-6; e Meyerhold, 560; e a música de câmara, 692; música para cinema, 560-1, 614-5; reabilitado, 696-7; Stravinski e, 702-5; transmissão em Leningrado, 591
OBRAS: canções de *Encontro no Elba*, 615; *Canções da lírica judaica*, 616; Sinfonia n.11 ("O ano de 1905"), 591n; Sinfonia n.13 (*Babi Yar*), 616, 703; *Hamlet* (partitura para o cinema), 703; *Lady Macbeth de Mtsensk*, 577-8, 692; *O nariz*, 560, 561; *A nova Babilônia* (partitura para o cinema), 561; Oitavo Quarteto, 616; *Rayok*, 615; *O percevejo*, 566; Sinfonia n.5, 593; *Rei Lear* (partitura para o cinema), 703; Sinfonia n.2, 543; Sinfonia n.7 (Leningrado), 592-3; Sinfonia n. 3 (Primeiro de Maio), 561
Shumiatski, Boris (chefe da Soiuzkino), 574-6
Sibéria: atitudes perante a, 462-5; conquista, 461-2; cossacos, 472-

3; declínio econômico, 462-4; Dostoievski na, 407-10; Levitan e, 492, 494-6; Mandelstam na, 583; Região Judaica Autônoma, 611; Serguei e Maria Volkonski, e 132-4; Chekhov e, 487-97
simbolistas, simbolismo, 274-5, 526
Siniavski, Andrei (escritor), *Pensamentos improvisados,* 620
sinos, na música, 233
Sismondi, Jean-Charles-Léonard Simonde de (historiador), *De la littérature du midi de l'Europe,* 471
skomorokhi, 42
skoptsy (autocastradores), 380
Smena Vekh (grupo de emigrados), 636
sobrenome das famílias russas, 444-5
sobrenomes turcomanos, 444-5
sobrenomes turcos, adoção de, 445
Sociedade Etnográfica Imperial, 445
Soljenitsin, Alexandre (escritor, 1918-2008): e *Molodaia gvardia,* 623; Nabokov sobre, 665-7; *Pavilhão dos cancerosos,* 433; Prêmio Nobel, 666
Sollertinski, Ivan (musicólogo), 615
Sollogub, V. A., sobre a infância, 168
Solntsev, Fiodor (artista plástico), *Antiguidades do Estado russo,* 227
"solo nativo", movimento, 251, 410-11
Solomenko, oficina de bordado, 257, 338

Soloviev, Serguei (historiador, 1820-79), *História da Rússia,* 449
Soloviev, Vladimir (filósofo, 1853-1900): sobre *Os irmãos Karamazov,* 418-9; "pan-mongolismo", 510; *Três diálogos sobre guerra, progresso e o fim da história,* 510
Somov, Orest (escritor, 1793-1833): *Haïdamaki,* 159; *Da poesia romântica,* 472
Soroka, Grigori (pintor), 164
Sorski, Nil (monge), e o renascimento espiritual, 365
Souvchinski, Pierre (crítico de música), 514
Sovkino (Empresa Cinematográfica Soviética), 573
Speranski, Mikhail, 125
Sputnik, 512; Stravinski e, 696-7
Staël, Anne-Louise-Germaine de: sobre a literatura russa, 84-5; sobre Petersburgo, 36-38
Stalin, Josef (1879-1953): sobre Akhmatova, 603-5; e alimentos do NKVD, 687; sobre o artista como "engenheiro da alma humana", 540; e o assassinato de Mikhoels, 610; e a catedral de Cristo Salvador, 187; e as suas "catedrais", 607; e o cinema, 573, 574-5; comparado a Gêngis Khan, 452; and folclore falsificado, 357; Gorki e, 686-8; e a guerra, 587; e os "inimigos internos", 610; sobre Ivan,

o Terrível, 597-8; e *Lady Macbeth de Mtsenk,* 577; e Leningrado, 593; e literatura, 580-1; morte, 692, 697; e Moscou, 277-8; e Pasternak, 581, 582, 584, 597, 613; poema de Mandelstam sobre, 581-4; perseguição de judeus, 609-3, 614-6; sobre o realismo socialista, 570-1; e *Chapaiev,* 574; e Zoschenko, 605-6

Stanislavski, Konstantin (ator, 1863–1938), 253, 261, 264-5; e *O jardim das cerejeiras,* 271; e Meyerhold, 577-8; e o Teatro de Artes de Moscou, 262

Stassov, Vladimir (crítico, 1824–1906), 230-2, 245, 260-1, 341; e Antokolski, 296-301; sobre *Os barqueiros do Volga,* de Repin, 294, 297; e as bilinas, 479-86; e os compositores *kuchkistas,* 232-3, 242-3; sobre a cultura asiática, 446, 478-85; Escola de Música Livre, 232; influência oriental, 476-9; e Mussorgski, 230-3, 243-4, 296, 297-301; nacionalismo, 231-3, 579-80; *Origem das bilinas russas,* 479-86; e a ornamentação russa, 478-9, 485-6; sobre a porta "Gato e coruja", de Polenova, 338; sobre realismo na arte, 294-6; e Repin, 297, 300-1; sobre *Ressurreição,* de Tolstoi, 424; e Rimski-Korsakov (*Sadko*), 483-487; e Roerich, 507-8; stalinistas e, 579-80; e Turgueniev, 231; sobre Vereschaguin, 502-3

Steinberg, Maximilian (compositor), 609

Stendahl (romancista), sobre incêndio de Moscou em 1812, 200

Stepanova, Varvara (artista plástica), 277, 541

Stolipin, Piotr (primeiro-ministro, 1906–11), 195, 328

Stranniky (Itinerantes), 380

Strannoprimnyi Dom (hospital), 70

Stravinski, Fiodor (cantor), 262

Stravinski, Igor (compositor, 1882–1971), 76, 354-9, 631-61; em Berlim, 635; nos EUA, 672, 675-9; e os eurasianistas, 513, 516; e os fascistas, 673; identidade russa, 91, 354-9, 675-9, 696-705; e a Igreja russa, 401-2, 677-8; e Liniova, 350; e a música folclórica, 349-50; neoclassicismo, 649, 669-70; nostalgia, 633; em Paris, 637, 669-72, 677, 678-9; e o regime soviético, 355, 675-6, 696-703; e revolução, 354; e Scriabin, 274-5; e Shostakovich, 702-5; superstições, 400; visita à Rússia (1962), 696-705

OBRAS: *Apollon Musagète,* 671; *As bodas (Les Noces, Svadebka),* 355-9, 516, 675, 677; Concerto para Piano, 676; *Dumbarton Oaks,* 676; *Édipo Rei,* 676; *Mavra,* 672; Octeto para Sopros,

676; *O pássaro de fogo,* 235, 348-50, *Petrushka,* 42, 177, 235, 350; *Pulcinella,* 672; *Quatre chants russes,* 335; *A sagração da primavera,* 235, 236, 350-3, 355-7, 507, 508, 516, 669, 675, 677; *Sinfonia em dó,* 676; *Sinfonia dos salmos,* 677
streltsy, revolta dos, 243-5
Stroganov, conde (*gourmand*), 215, 223-4
Stroganov, Escola de Artes, 227
Stroganov, família, 51, 444
Strugatski, Arkadi e Boris, *Coisas predatórias do século,* 620
Strumilin, S. G. (bolchevique), sobre socialismo e religião, 424n
Struve, Piotr, 332
style moderne, artes e ofícios, 258-60
Suécia, 34, 38
Sumarokov, Alexandre (escritor, 1718–77): odes, 85; *Os monstros,* 90
superstições: camponeses, 395-402, 431-6; intelectuais, 399-401
Surikov, Vassili (pintor, 1848–1916), 235-6; *A conquista da Sibéria por Iermak,* 461; *A manhã da execução dos streltsy,* 245, 246; *Morozova, a esposa do boiardo,* 245, 246; e Velhos Crentes, 245-6
surras em esposas, 319-22
Susanin, Ivan (camponês), e Mikhail Romanov, 162-3
Suslov, Mikhail, 623n

Suvorin, A. S. (jornalista), sobre Tolstoi, 428
Sverbeiev, Dmitri (funcionário público), 53
Svilova, Elizaveta (cineasta), 547

tabernas, 215-6
Talashkino, colônia de artistas, 257
Talashkino, oficinas têxteis, 338
Tarkovski, Andrei (diretor de cinema, 1932–86): *Andrei Rublev,* 371, 622; *Esculpir o tempo,* 622; *Nostalgia,* 76n, 623; *Solaris,* 621; *Stalker,* 622
Tarkovski, Arseni (poeta), 694
tártaros *ver* mongóis
tatar, não cristãos rotulados de tártaros, 462-3
Tatlin, Vladimir (artista plástico), 274, 277-8, 541
taylorismo, bolcheviques e, 558-60
Tchaikovski, Piotr (compositor, 1840–93), 76; aprovação soviética, 578-9, 607; como compositor ítalo-eslavo, 669; e Diaguilev, 346-8, 669-70; grupo Mundo da Arte e, 341, 346-8, 676-7; identidade russa, 91, 234, 676; Rachmaninoff e, 649; e serviço público, 119; Stravinski e, 672, 701; superstições, 400
OBRAS: *Abertura 1812,* 188; balés, 345-7, 669-70; *A bela adormecida,* 347, 669; *Dama*

de espadas, 235, 346-7; *Liturgia de São João Crisóstomo,* 369

tchuvaches, 446

Teatro das Artes de Moscou, 253, 264-6, 267-72

Teatro Estúdio (Meyerhold), 275

teatro: Artes de Moscou, 253-4, 264-72; corte, 73-74, 75, 87; cultura popular e, 76-8, 261-3; monopólio imperial, 76, 261-2; no período soviético, 553-4, 556-9, 562-4, 566, 572; público (espectadores), 49-50, 74, 250-1, 255, 262, 556-8, 572; privados, 51-2, 53, 57-8, 62, 73-8, 262; realismo no, 556-9; no século XVIII, 51, 53, 62, 73-5, 85-9, 96; teatros de servos, 73-4; *ver também teatros e dramaturgos específicos*

Tempo das Tribulações, 237

Tenisheva, princesa Maria, e as oficinas de Talashkino, 338

Thon, Konstantin (arquiteto), 187

tipagem (cinema), 553, 573

Tiutchev, família, 45, 444

Tolstoi, Alexei (escritor, 1882–1945): *Aelita,* 618; *A morte de Ivan, o Terrível,* 237; *A máquina infernal do engenheiro Garin,* 618; retorno de Berlim para Moscou, 636; *Tsar Fiodor,* 265

Tolstoi, família, teatro de servos, 73

Tolstoi, Lev (escritor, 1828–1910), 47, 189-91; e Aksinia Bazykina, 306-8; anarquismo cristão, 424-7; aprovação soviética, 577-8; e Belovode, 382; e as camponesas, 306-8; e os camponeses, 302-10; sobre "Camponeses", de Chekhov, 326; e casamento, 322-4; sobre o comportamento elegante, 79-80; e cossacos, 472; diário de conquistas, 306; e Dukhobors, 425-6; e escolas para camponeses, 189, 303; excomunhão, 425-6; e as ferrovias, 427-9n; como folclorista, 159; funeral, 436-7; sobre Gorki, 334; e Iasnaia Poliana, 189-90, 302-10; e a Igreja, 424-6; e *Irmãos Karamazov,* 421; e a língua russa, 93-4, 149; e os Loucos Santos, 455-8; e a morte, 427-8, 431-7; sobre Moscou, 200-1, 204; e o mosteiro de Optina Pustin, 363, 421-4; e publicações para camponeses, 331; e religião, 95-6, 422-7; sobre Serguei Volkonski, 189; simbolismo da comida, 219; superstições, 400-1; tolstoísmo, 426-7; e a vida camponesa, 143, 144-5

OBRAS: *Anna Karenina,* 91, 94-5, 250, 305-6, 311, 312, 317-9, 322-4, 423, 427; *Confissão,* 308, 422; "O diabo", 190; "Felicidade conjugal", 422; *Guerra e paz,* 19-24, 83, 87, 93, 113, 118, 122, 145, 149, 166, 188, 190-1, 200,

305, 309, 346, 401, 423; *Infância, Adolescência* e *Juventude,* 94-5, 177, 445; *A manhã de um senhor,* 303; *A morte de Ivan Ilitch,* 401, 431-2; "Não posso me calar", 425; *Padre Sérgio,* 422; *Ressurreição,* 422, 424-6; *Sobre a vida,* 427; *Três mortes,* 433

Tolstoi, Maria (irmã), no convento de Shamordino, 421

Tolstoi, Nikolai, 437

Tolstoi, Sonia (Sofia, *née* Behrs), 304, 306, 311, 313, 323

Trauberg, Leonid (diretor de cinema), 612

Trediakovski (poeta, 1703–69), 85, 100

Tretyakov, família de mercadores, 249

Tretyakov, Museu, Moscou, 254-5

Tretyakov, Pavel (mercador, patrono das artes), 228, 250, 253-5, 503

Tretyakov, Serguei (dramaturgo), *O mundo de cabeça para baixo,* 557

Trezzini, Domenico (arquiteto), 38n

tribos eslavas, civilização, 185, 506-7

Tropinin, Vassili, retrato de Pushkin, 154

Trotski, Leon (1879–1940): sobre Akhmatova, 535-6; sobre o cinema, 546-7; sobre o mundo camponês, 329-30; Punin sobre, 535; sobre reconstrução humana, 540; Stalin e, 573; sobre Tsvetaieva, 535

Trubetskoi, Ekaterina (esposa de dezembrista), 139, 140

Trubetskoi, príncipe Nikolai (filólogo), 514-6

Tsarskoie Selo, arquitetura, 259, 467

Tsvetaiev, Ivan (historiador da arte), 276, 639, 642-3

Tsvetaieva, Marina (poeta, 1892–1941), 276, 632-40, 654, 688-92, 700-3; e Akhmatova, 276-77, 633; e Berlim, 640; e Efron, 639-40; filha Alia presa, 693; e o filho Mur, 694; sobre Kerenski, 637; Miliukov sobre, 655; e Moscou, 276-7, 639-41; nostalgia, 633-4, 637-9; em Paris, 637-8, 682-5; e Pasternak, 685, 693; perda de leitores, 654, 662, 683-5, 692-4; em Praga, 636-7; e o regime soviético, 634, 682-5, 693; retorno à Rússia, 633, 683-5, 692-4; Trotski sobre, 535; e Volkonski, 640-1, 642-3

OBRAS: *O campo dos cisnes,* 639-40; "Cedro: uma apologia", 642; *Depois da Rússia,* 641, 683; "A discípula", 642; "Meu Pushkin", 642; "Uma noite do outro mundo", 662; *Pis'ma k A. Teskovoi,* 683-5; "Poemas a um filho", 638; "Saudade de casa", 631-3, 640-2; *Stikhotvoreniia i poemy,* 654-5, 682-5, 694; "Ao tsar na Páscoa, 21 de maio de 1917", 637-8

Tukhachesvki, origem da família, 444

tungu, tribo, Kandinski e, 443

turanianos *ver* eurasianistas

turcomana, cultura, Grigori Volkonski e, 468-9
turcomanas, raízes da língua russa, 452-3
Turgueniev, Ivan (escritor, 1818–83): "O prado de Bejin", 575; *Memórias de um caçador,* 152-4, 286, 433-4, 575; aprovação soviética, 578; sobre os camponeses, 286-7, 433-4; sobre a corrupção moral da Europa, 105; educação religiosa, 96; *Fumaça,* 483; e a língua russa, 94-5; *Ninho de fidalgos,* 105, 182; origem familiar, 444; *Pais e filhos,* 285; e os populistas, 290-2; *Rudin,* 90; sobre Stassov, 230
Turgueniev, Nikolai (poeta), 214
Turquestão, campanha do, 500-4

Ukhtomski, príncipe Alexandre, 504
União de Arquitetos Contemporâneos, 538-9
União de Bem-Estar Social, 115, 127; *ver também* dezembristas
União de Salvação, 126-8; *ver também* dezembristas
União dos Escritores, Primeiro Congresso, 568
Universidade Proletária, Moscou, 542
uralo-altaica, família de idiomas, 443
Ushakov, Simon (pintor de ícones), 41
Uspenski, Gleb (escritor), 284, 292
Ustilug (propriedade de Stravinski), 354, 355, 356i

Ust-Sysolsk, 442-6
uzbeques, origem, 458-9

Valete de Ouros, exposições, 274
vanguarda, 274-5; campanha contra, 576-81; judeus culpados da, 610-2; em Moscou, 273-9
varângios, 185
Vashkov, Serguei (ourives de prata), 227, 259
Vasnetsov, Viktor (artista plástico, 1848–1926), 227, 237, 260-1, 262; *Bogatires,* 497-8; *Depois da batalha de Igor com os polovetsianos,* 497; filosofia da cor, 343
Vassilev, Fiodor (artista plástico), 293
Veche (revista *samizdat*), 619
Vekhi (coletânea de ensaios), 332-3
Velhos Crentes, 202-3, 243-6; comunidades e liturgia, 372; mercadores como, 248, 254, 259; sobre Pedro, o Grande, 202, 210; perseguição, 378-80; sobre a reforma do ritual, 377-80
Velo de ouro (revista), 274
Venetsianov, Alexei (pintor), 163-5, 295; e os camponeses, 164-5, 171, 294, 297; e os dezembristas, 164; *Limpeza de beterrabas,* 165; *Manhã da senhora da mansão,* 171; retrato pintado por Soroka, 164
Venevitanov, Dmitri (poeta), *Novgorod,* 186
Veneza, 38

Vereschaguin, Vassili (artista plástico), 500-4; esboços na Ásia, 502; pinturas de guerra, 500-3
vermelho, simbolismo da cor, 398
Vernadski, Gueorgui (historiador), 514
Vertov, Dziga (diretor de cinema, 1896-1954): condenado como formalista, 573; e o grupo Kinok, 547; perseguido, 612
vestimenta, 53-4; amas de leite, 172-173; europeização, 53-4, 78-80; influência turcomana, 458; projeto de roupas pós-revolução, 541; russificação, 151, 154-5, 172-3
Viazemski, Piotr (poeta), 97, 104; Akhmatova sobre, 535; cartas a Pushkin, 176; sobre o mito da Rússia europeia, 182
Viesselovski, N. I. (arqueólogo), 446, 507
Viguel, F. F. (memorialista); sobre casamentos arranjados, 317; sobre a "Sibéria", 464-5; sobre a simplicidade, 155; sobre a vida de Moscou, 214
Vitebsk, 679-80
vodca, hábito de beber, 220-1
vogul, povo, 443
Volkonski, Alexandra, 112, 132, 133
Volkonski, Elena (Nelinka, filha de Maria), 140-1, 143
Volkonski, família, 47, 92-3, 111-2; e a desgraça de Serguei, 133-4
Volkonski, Grigori Grigorievich (governador de Oremburgo, 1746-1825), 467-9
Volkonski, mansão em Moscou, 537
Volkonski, Maria (bisavó de Tolstoi), 190
Volkonski, Maria (mãe de Tolstoi), e a língua russa, 148
Volkonski, Maria (*née* Raievskaia, esposa de Serguei, 1805-63), 93, 129, 134; e Alessandro Poggio, 142; russificação, 139-42, 157; e a Sibéria, 133-45; veneração pela *intelligentsia* 414-5
Volkonski, Mikhail Sergueivich (explorador, 1832-1894), 140-1, 143, 192; e os buriatos, 466
Volkonski, Nikita, 112
Volkonski, Nikolai (avô de Tolstoi), 190
Volkonski, Nikolenka (bebê, filho de Maria), 137
Volkonski, Paul (general e ministro da Corte), 112
Volkonski, Piotr Mikhailovich (chefe do Estado-maior de Alexandre I), 114
Volkonski, Serguei Grigorievich (dezembrista, 1788-1865), 93, 111-7, 121, 125-45, 189-96, 490; e Alexandre I, 111, 112-4, 125-7; e Alexandre II, 193-6; "Anotações sobre a vida dos cossacos dos nossos batalhões", 115; carreira militar, 112, 113-4, 124; e

os eslavófilos, 191, 414; inspiração para *Guerra e paz,* 189-91; e farras, 120; e a Guerra da Crimeia, 193; juventude, 112-4; e a língua russa, 149; *Memórias* 196; monarquismo, 192-4; sobre o monumento do Milênio, 188; e o movimento dezembrista, 112, 117, 120, 125-33; sobre patriotismo, 111, 191-3; e os populistas, 191; e Pushkin, 129-30; retorno do exílio, 188, 190-1; e os servos, 114-6, 193-6; e a Sibéria, 133-45; e o tsar Nicolau I, 113, 131, 132 viagens, 116-7; e a vida camponesa, 141-4

Volkonski, Serguei Mikhailovich (crítico, teórico da representação, 1860–1937), 537; e Diaguilev, 345, 549, 550n; e euritmia, 549-50; e Kshesinskaia, 549; sobre hospitalidade, 223; *Memórias* 642; e Tsvetaieva, 640-1, 642-3

Volkonski, Zinaida, 112, 136, 537; casa em Moscou, 206; e a Igreja romana, 401; sarau, 136; vestimenta russa, 154

Voltaire, 65

Vorontsov, família, 51

Vrubel, Mikhail (artista plástico, 1856–1910), 237, 260, 263; *Mikula Selianovich* 497

Vyra (propriedade de Nabokov), 658-9

xamãs: e a fé camponesa, 454-5; Kandinski e, 519-22; povo komi, 441, 442, 445; Sibéria, 461

Zabelin, Ivan (arqueólogo, 1820–1908), 506

Zamiatin, Ievgueni (escritor, 1884–1937): RAPP e, 568; *Nós,* 538, 560, 568, 619

Zamoskvoreche, bairro de Moscou, 248-49, 252, 253

Zedergolm, padre, influência sobre Dostoievski, 403, 418

Zelenin, Dmitri (antropólogo), 446

zemstvos (assembleias locais), 290

Zernov, Mikhail, sobre a Páscoa em Moscou, 374-5

Zetkin, Klara (comunista alemã), 544

Ziloti, Alexandre (pianista), 251

Zinoviev, Grigori (líder bolchevique, 1883–1936); julgamento de fachada, 581; sobre o racionamento, 530

Zoschenko, Mikhail (satirista), 567, 589, 605; "Aventuras de um macaco", 605; "Lenin e a Guarda", 605

Zvezda (revista), 605

Este livro foi composto na tipografia
Minion Pro Regular, em corpo 11/16, e impresso em
papel off-white no Sistema Digital Instant Duplex da
Divisão Gráfica da Distribuidora Record.